Entstalinisierungskrise in Ostmitteleuropa
1953–1956

Hrsg. von Jan Foitzik

Entstalinisierungskrise in Ostmitteleuropa 1953–1956

Vom 17. Juni bis zum ungarischen Volksaufstand

Politische, militärische, soziale und nationale Dimensionen

Herausgegeben und eingeleitet von
Jan Foitzik

Ferdinand Schöningh
Paderborn · München · Wien · Zürich

Gedruckt mit Unterstützung der
Fritz Thyssen Stiftung

Die Deutsche Bibliothek – CIP-Einheitsaufnahme

Entstalinisierungskrise in Ostmitteleuropa 1953-1956: vom 17. Juni bis zum ungarischen Volksaufstand; politische, militärische, soziale und nationale Dimensionen/hrsg. von Jan Foitzik. – Paderborn; München; Wien; Zürich: Schöningh, 2001
ISBN 3-506-72590-4

Umschlaggestaltung: INNOVA GmbH, D-33178 Borchen

Gedruckt auf umweltfreundlichem, chlorfrei gebleichtem
und alterungsbeständigem Papier ∞ ISO 9706

(Verlag Ferdinand Schöningh GmbH, Jühenplatz 1, D-33098 Paderborn)

Internet: www.schoeningh.de

Printed in Germany. Herstellung: Ferdinand Schöningh, Paderborn

ISBN 3-506-72590-4

Inhaltsverzeichnis

Einleitung

Der Gedanke, auf die sozialen, politischen und militärischen Prozesse in den Jahren 1953 bis 1956 in Ungarn, Polen, der DDR und der CSR ein Schlaglicht zu werfen sowie die sowjetische Rolle in ihnen zu thematisieren, entstand als Reflex auf Einblicke in neue Quellenmaterialien aus den nach 1989 geöffneten osteuropäischen Archiven. Das übergreifende Interesse galt dem im wesentlichen auf soziale Beschwichtigung und machtpolitische Korrekturen reduzierten »nationalen Krisenmanagement«. Dabei zeigten sich interessante Asymmetrien und Interdependenzen zwischen den einzelnen Ländern des »Ostblocks«. Sie reizten zu Fragen nach dem Stellenwert des Nationalismus als politische Integrationskraft im »realen Sozialismus« sowie zu einem Blick auf das Verhältnis zwischen Nationalismus und »proletarischem Internationalismus«. Das Unternehmen gestaltete sich schwieriger als ursprünglich angenommen, da sich die Archive nicht in erhofftem Ausmaß öffneten. Insgesamt gelang es den Autoren jedoch, neue Materialien in mehr als zwanzig in- und ausländischen Archiven auszuwerten, darunter solche, die aus Geheimschutzgründen ausländischen Benutzern verschlossen bleiben.

Übergreifendes Phänomen und folglich Thema aller Beiträge ist die Entstalinisierungskrise der fünfziger Jahre. Als politisches Schlagwort fand der Begriff der »Entstalinisierung« zuerst Eingang in die Zirkel kommunistischer Intellektueller. Er fungiert dort noch heute als Instrument politischer Vergangenheitsbewältigung. Im allgemeinen war und ist das Verhältnis zum Begriff wie zum Phänomen so gespalten und vielschichtig wie seine Inhaltsbestimmung. Entstalinisierung meint ursprünglich die Bereinigung kommunistischer Herrschaft von Methoden ihrer Ausübung, die historisch mit dem Namen Stalins verbunden sind. Zentralen Stellenwert in der Analyse des Phänomens nimmt die Frage ein, ob es sich dabei um strukturelle Elemente der kommunistischen Herrschaft handelt, deren Überwindung letztlich das System als solches in Frage stellt, oder ob lediglich spezifische Formen dieses Systemtypus einer Revision und Reform unterzogen wurden.[1]

Den Protagonisten von »Entstalinisierung« war immer gemeinsam, daß ihre Kritik auf eine bestimmte Ausprägung des kommunistischen Herrschaftstypus zielte, nicht auf das Herrschaftsmodell und seine Legitimation an sich. Den wesentlichen Zusammenhang zwischen beiden stellten sie nicht her. Aus der historischen Perspektive weisen jedoch die Elemente der Entstalinisierungspolitik auf traditionelle Strukturmomente des marxistisch-leninistischen Verständnisses von politischer Praxis hin. »Entstalinisierung« bezweckte keine qualitative Veränderung der monistischen Herrschaft, son-

[1] Der Ausdruck selbst wurde im Westen geprägt. Auch in periodischer Hinsicht blieb er genauso unbestimmt wie die in Osteuropa übliche allegorische Umschreibung als »Tauwetter«, die als »die Zeit der großen Erwartungen« (Sergej Tschuprinin) zwischen 1953 (»dem Tod des Tyrannen«) und 1964 (d.i. Ablösung Chruschtschows durch Breschnew) bzw. 1968 (Intervention in der Tschechoslowakei) sehr unterschiedlich terminiert wird.

dern lediglich eine funktionale – im Grundsatz reversible – Anpassung insbesondere an die veränderten gesellschaftlichen Strukturen und an damit zusammenhängende politische Organisationsformen oder außenpolitische Gegebenheiten.

In diesem Buch werden unter Entstalinisierungskrise die nach Stalins Tod in Ostmitteleuropa latent bzw. manifest aufkommenden Dysfunktionen im sozialen und politischen Bereich verstanden, die Ergebnis sowohl stalinistischer Herrschaftspraxis als auch zunächst vorsichtiger Versuche waren, diese im Rahmen des bestehenden Systems zu beheben. Hinter dieser Krise des Herrschaftstypus verbarg sich ein struktureller Systemdefekt: Die statische Organisationsform der kommunistischen Herrschaft geriet in Konflikt mit den dynamischen und vielschichtigen Interessen der Gesellschaft.

Im allgemeinen wird der historische Prozeß der Entstalinisierung der fünfziger Jahre in zwei Phasen eingeteilt: die vornehmlich sozialpolitisch akzentuierte Phase eines durch partielle Korrekturen geprägten »Neuen Kurses«, der nach Stalins Tod 1953 eingeschlagen wurde und von spontanen Protestentladungen in der Sowjetunion und in Ostmitteleuropa begleitet war[2], sowie den kurzen Abschnitt einer »herrschaftspolitischen Entsorgung« im Umfeld der Chruschtschowschen Kronzeugenschaft über Stalins Verbrechen auf dem XX. Parteitag der KPdSU 1956, in dem die wirtschaftspolitischen Lockerungen der ersten Phase zum Teil wieder revidiert wurden. Inhalt der ersten Phase war die Bewältigung des gesamtgesellschaftlichen Konfliktpotentials durch ökonomische und sozialpolitische Pazifizierung, die in der DDR zunächst mit besonderen Angeboten verbunden war, hatten hier doch die ersten Entstalinisierungsversuche 1953 sofort in eine akute Systemkrise gemündet. Die zweite Phase zielte auf eine kontrollierte politische Mobilisierung der kommunistischen Parteien bei gleichzeitiger Optimierung des Herrschaftsapparates durch organisations- und kaderpolitische Maßnahmen sowie eine Modifizierung der Repressionsfunktion.

In der DDR und der CSR reichte die durch den »Neuen Kurs« erzielte Loyalität der Bevölkerung aus, um die Herrschaftsstrukturen in der zweiten Phase durch kleinere administrative Korrekturen und ohne größeren politischen Druck funktionsfähig zu erhalten. Wie sich herausstellte, war in der DDR die Erfahrung der Bevölkerung mit der die kommunistische Herrschaft garantierenden Besatzungsmacht im Juni 1953 von dauernder Bedeutung. Anders in Polen und Ungarn, wo die Intensität und Komplexität der sozialstrukturellen Wandlungen in den ursprünglich agrarisch geprägten Gesellschaften zu einer unmittelbaren Verbindung zwischen sozialen und herrschaftsinternen Konflikten führten und eine offene Krise des totalitären Systems auslösten. Während aber in Polen der Druck von unten auf die politische Führung durch die Wahl Gomulkas zum Parteichef Ende Oktober 1956 weitgehend gelockert und die Handlungsfähigkeit des Regimes gewahrt werden konnte, löste in Ungarn fast zur gleichen Zeit die militärische Inter-

2 Unter der Bezeichnung »Tauwetter« wird die erste Phase insbesondere in der russischen und polnischen Perzeption stärker kulturpolitisch akzentuiert.

vention der UdSSR eine Kettenreaktion aus, die sämtliche Strukturen des bestehenden Kommandosystems erfaßte und es binnen kurzer Zeit paralysierte.

In Polen, wo der desintegrierten Parteiführung die politischen Prozesse 1956 zunächst durchaus in größerem Maße aus den Händen geglitten waren als in Ungarn (vor der sowjetischen Intervention) und der Konflikt zwischen Herrschaft und Gesellschaft ebenfalls sehr früh und von allen politischen Akteuren »nationalpolitisch« artikuliert wurde, so daß die systemischen Konfliktursachen zeitweilig sogar in den Hintergrund gerieten und als politische Forderungen der Nation artikuliert wurden, gelangen schließlich markante, gleichwohl nur graduelle Eingriffe in das politische System: Durch Reduzierung des Sicherheitsapparats wurden der Massenterror weitgehend gestoppt und die Privatsphäre im weiteren Sinne (vor allem der kulturelle Bereich) dem Zugriff des Staates und der kommunistischen Partei weitgehend entzogen. Die Parteiführung verzichtete ebenfalls auf die Kollektivierung der Landwirtschaft, damals ein wesentlicher Teil der kanonisierten politischen Theorie vom Aufbau des Sozialismus.

In Ungarn war es nicht gelungen, den Konflikt zu ventilieren und die sozialen und politischen Prozesse zu kanalisieren. Die Kräfte im innerherrschaftlichen Konflikt behinderten sich wechselseitig. Der »Neue Kurs« setzte zwar bereits im Juni 1953 ein, doch wird an der weiteren Entwicklung deutlich, daß er nicht notwendigerweise mit einer »Entstalinisierung« zusammenfiel. Vielmehr folgten die ersten zaghaften Schritte und weitgehend verbalen Bekundungen in dieser Richtung den Schwankungen des sowjetischen und ungarischen Führungskonflikts, dem der Reformer Imre Nagy im März 1955 zunächst politisch unterlag. Hier zeigen sich nebenbei gewisse Parallelen zur Niederlage der Ulbricht-Kritiker in der DDR 1953. Erst nach dem XX. Parteitag der KPdSU kondensierte auch in Ungarn die angestaute soziale wie politische Unzufriedenheit in einem kulturellen und historischen nationalen Aufbruch. Zwar versuchte die Parteiführung, durch Entfernung des Parteichefs Matyas Rakosi gegenzusteuern, doch erfolglos: Die monokratische Staatspartei zerfiel schon unter den ersten Schlägen des Volksaufstandes. Ein – nach dem Beispiel des 17. Juni 1953 in der DDR als Demonstration der Stärke angelegter – militärischer Eingriff der UdSSR bewirkte eine weitere Eskalation des politischen Drucks von unten. Spontaneität und Intensität der gesellschaftlichen Bewegung sprengten unter Rückkoppelung auf die reformwillige Staatsführung die Systemgrenzen. Eine der ersten Amtshandlungen der neuen Koalitionsregierung war die Erklärung der außenpolitischen Neutralität und des Austritts Ungarns aus dem Warschauer Pakt. So verließ Ungarn kurzzeitig die »sozialistische Staatengemeinschaft«, und es war auf dem Weg, sogar die Ordnungsgrundlage des »alternativen Sozialismus« nach jugoslawischem Modell hinter sich zu lassen.

Es scheint paradox, doch das Präsidium des ZK der KPdSU trug selbst erheblich zu dieser Entwicklung bei, als es sich anschickte, seine »neue Politik« mit den »alten Methoden« umzusetzen. Am 30. Oktober 1956 materialisierte sich dieser Widerspruch: An diesem Tag veröffentlichte die sowjetische Regierung ihre »Deklaration über die Grundsätze der Entwicklung und weiteren Festigung der Freundschaft und der Zusammenarbeit zwischen der Sowjetunion und anderen sozialistischen Staaten«, in der sie versprach, sich nicht in interne Angelegenheiten der Länder des »sozialistischen Blocks« einzumischen. Am selben Tag beschloß das Präsidium des ZK allerdings auch die zweite militärische Intervention in Ungarn »zum Schutz der Herrschaft des Proletariats«, nachdem die militärischen Vorbereitungen schon angelaufen waren.[3] Die in den ersten Novembertagen in Bukarest zusammengerufenen Vertreter der tschechoslowakischen, bulgarischen und rumänischen kommunistischen Parteien stimmten der Intervention zu, so wie wenige Tage zuvor der chinesische Parteivertreter Liu Shaoqi. Auch Tito, der keine Illusion hegte, daß sich Imre Nagy an der Macht würde halten können, hieß den militärischen Schlag zur Restauration des zusammengebrochenen Systems gut. Der neue polnische Parteiführer Wladyslaw Gomulka, dessen taktisches Geschick die Polen vor einem ähnlichen Schicksal bewahrt hatte, sprach sich am 2. November zwar gegen eine militärische Intervention in Ungarn aus, gleichzeitig aber auch gegen den von der Regierung Nagy verlangten Abzug der sowjetischen Truppen aus dem Land. Sie sollten der ungarischen Führung Rückendeckung bei der Lösung der Krise geben.[4]

Von den zahlreichen Faktoren, die zur Erklärung der nationalen Unterschiede im Krisenverlauf beitragen, verdienen – außer den sozialökonomischen Asymmetrien und den Schwankungen im Interventionismus des Moskauer Führungszentrums – vor allem wohl die spezifischen Kaderstrukturen Beachtung. In Polen war infolge der Vernichtungspolitik Stalins und Hitlers das altkommunistisch geprägte Kaderreservoir sehr gering. Dieser Umstand wirkte sich – zusammen mit der Isolierung der Gruppe der polnischen Moskau-Remigranten durch antisemitische Ressentiments – mildernd auf den Krisenverlauf aus: Die polnischen kommunistischen Funktionseliten bildeten (vor dem Hintergrund der zwischen 1939 und 1945 erlittenen schweren Verluste) eine vergleichsweise homogene, von gesellschaftlichen Traditionen nicht vollständig abgeschnittene Gruppe. In Ungarn hingegen war die kommunistische Führungsschicht stark fragmentiert, einschließlich der ehemaligen Funktionäre der Komintern und der Moskau-Remigranten. Auch antisemitische Aversionen konnten hier, anders als in Polen, nicht gegen eine

[3] Mussatow, Waleri L.: O wengerskych sobytijach: 35 let spustja [Über die ungarischen Ereignisse vor 35 Jahren]. In: Kentawr Moskwa 1-2/1992, S. 32-44, hier: S. 38. Mussatow beruft sich dabei auf Protokolle des Präsidiums des ZK der KPdSU. Eine andere Version bei: Chruschtschow, Sergej: Nikita Chruschtschow: Krisissy i rakety [Chruschtschow: Krisen und Raketen], Moskwa 1994, Bd. 1, S. 245. Laut Pichoja, R. G.: Sowetski Sojus: Istorija wlasti 1945-1991 [Die Sowjetunion: Geschichte ihrer Herrschaft 1945-1991], Moskwa 1998, S. 163f., wurde die Deklaration bereits am 30. Oktober 1956 durch den Rundfunk veröffentlicht, am 31. Oktober beantragte Chruschtschow im Parteipräsidium eine Überprüfung der Haltung gegenüber Ungarn, und am 1. November 1956 habe das KPdSU-Präsidium »notwendige Maßnahmen betreffend die Ereignisse in Ungarn« getroffen.

[4] Chruschtschow, Chruschtschow, a.a.O., S. 251-254.

bestimmte politische Richtung instrumentalisiert werden.[5] In der CSR und in der DDR lagen insoweit Sonderentwicklungen vor, als dort zwar schon 1953 Führungskonflikte entstanden waren, diese aber programmatisch und personell unstrukturiert blieben. Gehemmt war in beiden Ländern auch die nationalpolitische Mobilisierung. In der CSR begrenzte der slowakische Nationalismus die Möglichkeit gesamtgesellschaftlicher Bewegungen im Land. In der DDR wirkte sich nicht nur die Erfahrung des 17. Juni hemmend aus, sondern auch die auf kulturelle Traditionen zurückzuführende Befangenheit gegenüber Osteuropa. Der in beiden Parteiführungen stark ausgeprägte Konservatismus führte dazu, daß die diffuse politische Unzufriedenheit in der Bevölkerung nach den Ereignissen von Posen und Budapest gegen kritische Kräfte ausgenutzt und die wirkliche oder auch nur vermeintliche Opposition mit bürokratischen Mitteln unter Kontrolle bzw. in Gefängnisse gebracht wurde. Damit fiel die Herrschaft in die stalinistische Praxis der prophylaktischen Repression zurück.

Die Beiträge in diesem Sammelband liefern zahlreiche neue Daten zu diesen Prozessen in den vier betrachteten Ländern. Sie zeigen zusätzliche Ursachen- und Wirkungszusammenhänge auf. Insgesamt könnten die Untersuchungen aufgrund ihrer »nationalen Wahrnehmungsperspektive« den Eindruck erwecken, daß ökonomische Grunddaten die landesspezifischen Entwicklungen determinierten. Doch schon die Unterschiede zwischen dem ungarischen und dem polnischen Krisenverlauf unterstreichen die unmittelbare Wirksamkeit politischer Faktoren.

Unverkennbar ist der hohe Stellenwert der nationalen Komponente für die Mobilisierung im Prozeß der gesellschaftlichen Selbstorganisation. Ihre Stabilisierungsfunktion als sekundäre Stütze der Herrschaft darf dabei keineswegs übersehen werden. Ebenso evident ist, daß äußere Faktoren die nationale Selbstbestimmung und in diesem Kontext die Intensität der politischen Krise weitgehend mitbestimmten: Im Teilstaat DDR unterlag die nationale Komponente Entwicklungen der globalen Kräftekonfrontation, wobei noch der »historische Ballast« als besonderer Faktor zu berücksichtigen ist. Aber auch in der von äußeren Symbolen der Fremdherrschaft vergleichsweise wenig belasteten CSR hemmten die geopolitischen Gegebenheiten eine nationalpolitische Ausprägung der Konflikte. Gleiches galt für ihre historische Projektion, die in Polen und Ungarn in der Tradition der Aufstände gegen die russische Fremdherrschaft eine ganz andere Symbolkraft gewann. Überhaupt hatten nationalkulturelle Faktoren im Prozeß der spontanen sozialen Verständigung große Bedeutung. In Polen vor allem die tradierte, historisch tragende Rolle der katholischen Kirche für das polnische Staats- und Natio-

[5] Imre Nagy, selbst Moskau-Remigrant, stieß innerhalb dieser Gruppe auf Mißtrauen wegen des Verdachts, im Moskauer Exil Informant des NKWD gewesen zu sein. Seine Spitzeltätigkeit in den dreißiger Jahren ist inzwischen einwandfrei belegt. Vgl. Agent »Wolodja«. Neiswestnyje fakty is biografii Imre Nadja [Der Agent »Wolodja«. Unbekannte Fakten aus der Biographie von Imre Nagy]. In: Istotschnik 1/1993, S. 71-73. Von früheren Anhängern Nagys wurden solche Meldungen als sowjetische Desinformation hingestellt.

nalbewußtsein, in dem »schwer regierbaren« Ungarn die Tradition der offenen Auflehnung gegen »ungerechte Herrschaft«.

In diesem Zusammenhang ist aber auch zu berücksichtigen, daß der Nationalismus als Instrument der politischen Isolation und Selbstimmunisierung einsetzbar war, was sich nicht nur in xenophoben Reaktionen in der CSR und in der DDR 1956, sondern auch anderswo im Prozeß der nationalen Selbstverständigung vielfach zeigte.[6] Nationalismus war sowohl geeignet, sowjetische Dominanz abzuwehren bzw. zu begrenzen, als auch imstande, das sowjetische Hegemonialsystem zu stabilisieren. Solche ambivalenten integrativen wie desintegrativen, progressiven wie regressiven Wirkungen entfaltete der Nationalismus auch innerhalb des eigenen gesellschaftlichen und politischen Bezugssystems. Er konnte politische Klammer für heterogene soziale Bewegungen sein und auch Initialfunktion übernehmen. Sein Mobilisierungspotential hing jedoch von einem bestimmten Organisationsgrad der sozialen und politischen Bewegung ab. Diffuse Unzufriedenheit konnte über ihn nicht artikuliert werden, und als politisches Organisationsinstrument wurde er erst auf dem Höhepunkt der sozialen Mobilisierung wirksam.

Daß die Beiträge diesen Zusammenhang nicht thematisieren und daß einige Autoren sogar davon ausgehen, daß Nationalismus als dominante Kraft seine Wirkung entfaltete, ist vielleicht als perspektivische Sondergewichtung zu begreifen. Im einleitenden Beitrag versucht der Herausgeber, solche Deutungen zu relativieren. Es folgen sodann je drei Beiträge zur ungarischen und polnischen und je einer zur tschechischen und zur slowakischen Entwicklung, zwei zur Entstalinisierungsproblematik in der DDR sowie zwei Beiträge zur sowjetischen Sicht auf Ostmitteleuropa. Die Autoren der Beiträge sind in ihren Ländern ausgewiesene Sachkenner des Untersuchungsgegenstandes. Das Literaturverzeichnis im Anhang geht über die von den Autoren genutzte und ausgewiesene Fachliteratur hinaus.

Der Sammelband ist als Diskussionsangebot konzipiert. Die vielfältigen methodologischen Probleme der Komparatistik werden nicht thematisiert, sondern unmittelbar vorgestellt. Deshalb versteht es sich von selbst, daß beispielsweise die jeweiligen nationalen statistischen Kategorien nicht automatisch kompatibel sind. Aber auch andere der benutzten Chiffren erfordern eine kritische Rezeption.

Um bessere Verständlichkeit zu erreichen, wurde in den Literaturangaben und bei der Übertragung fremder Personen- und Ortsnamen ins Deutsche undogmatisch verfahren. Verzichtet wurde insbesondere auf diakritische Zeichen. Hierbei waren technische Gründe ausschlaggebend. Da geographische

[6] In Ungarn und in Polen, wo in den »stalinistischen« Parteileitungen jüdische Moskau-Remigranten vertreten waren, wurden antisemitische Ressentiments in allen politischen Richtungen instrumentalisiert. Genauso inkonsequent verhielt sich die Moskauer Führungsgarnitur, deren gelegentlich wüste antisemitische Verbalexzesse sie nicht daran hinderten, vor »antisemitischen Ressentiments« zu warnen, sofern sie ihre Führungsinteressen tangierten. – Gomulka benutzte in den Verhandlungen mit Chruschtschow 1956 auch das Argument, daß Polen in den ungleichen Wirtschaftsverträgen mit der UdSSR faktisch für Deutschland Reparationen zahle. Vgl. Gluchowski, Poland 1956, S. 38-49, hier: S. 38.

Angaben der Orientierung dienen, wurden bei größeren Orten die oft bekannten historischen deutschsprachigen Bezeichnungen benutzt und die landesüblichen in Klammern vermerkt. Wenn manche Autoren und Übersetzer den umgekehrten Weg wählten oder bei kleineren Orten in der Regel nur die landesüblichen Bezeichnungen angaben, so wurde dies toleriert, weil der zur Lösung der eigentlichen Probleme (die etwa bei der russischen Wiedergabe ukrainischer Ortsnamen mit ungarischer und tschechoslowakischer Vorgeschichte entstehen) erforderliche Arbeitsaufwand in keinem Verhältnis zum ohnehin zweifelhaften Informationsnutzen steht. Textteile mit teilweise sehr spezieller militärtechnischer Problematik wurden nicht gekürzt, um eine Vorstellung über die Grenzen ideologischer Handlungsmuster zu vermitteln.

Den Autoren und Übersetzern danke ich ebenso wie Frau Gretel Kilian, Frau Steffi Manske, Frau Katrin Reichelt, Frau Gabriele Tschacher und Bernhard Dietz für ihr Interesse und ihren Beitrag zum Gelingen dieser Unternehmung. Ein besonderer Dank gilt Frau Dr. Elke Scherstjanoi und Dr. Andras Mihalyhegyi, deren Engagement und sachkundige Hilfe von unschätzbarem Wert waren.

Besondere Anerkennung gebührt der Fritz Thyssen Stiftung für die großzügige Förderung.

Jan Foitzik

Verzeichnis der benutzten Archive

AAN	Archiwum Akt Nowych, Warszawa [Archiv für neue Akten, Warschau]
AGS	Archiv generalniho stabu CSA, Praha [Archiv des Generalstabes der Tschechoslowakischen Armee, Prag]
AMP	Archiv Muzea policie, Bratislava [Archiv des Polizeimuseums, Preßburg]
APRF	Archiw Presidenta Rossijskoi Federazii, Moskwa [Archiv des Präsidenten der Russischen Föderation, Moskau]
ASUP	Archiv Statniho uradu planovaciho, Praha [Archiv des Staatlichen Planungsamtes, Prag]
ASWSW	Archiwum bylego Szefowstwa Wojskowej Sluzby Wewnetrznej, Warszawa [Archiv des ehemaligen Kommandos des Militärischen Innendienstes, Warschau]
AUML KSC	Archiv Ustavu marxismu-leninismu UV KSC, Praha [Archiv des Instituts für Marxismus-Leninismus beim ZK der KPTsch, Prag]
AUV KSC	Archiv Ustredniho vyboru KSC, Praha [Archiv des ZK der KPTsch, Prag]
AWPRF	Archiw Wneschnei Politiki Rossijskoi Federazii, Moskwa [Archiv für Außenpolitik der Russischen Föderation, Moskau]
BAP	Bundesarchiv, Abteilungen Potsdam
BStU	Archiv des Bundesbeauftragten für die Unterlagen des Staatssicherheitsdienstes der ehemaligen Deutschen Demokratischen Republik, Berlin
CAMSW	Centralne Archiwum Ministerstwa Spraw Wewnetrznych, Warszawa [Zentralarchiv des Ministeriums des Innern, Warschau]
CAW	Centralne Archiwum Wojskowe, Warszawa [Zentrales Militärarchiv, Warschau]
HL	Hadtörtenelmi Leveltar, Budapest [Archiv für Militärgeschichte, Budapest]
MOL	Magyar Orszagos Leveltar, Budapest [Ungarisches Staatsarchiv, Budapest]
PAAA	Politisches Archiv des Auswärtigen Amtes, Bonn
SAPMO BArch	Stiftung Archive der Parteien und Massenorganisationen der DDR im Bundesarchiv, Berlin
SNA	Slovensky narodni archiv, Bratislava [Slowakisches Nationalarchiv, Preßburg]
SUA	Statni ustredni archiv, Praha [Zentrales Staatsarchiv, Prag]
UOP	Bioro Ewidencji i Archiwum Urzedu Ochrony Panstwa, Warszawa [Evidenzbüro und Archiv des Amtes für Staatsschutz, Warschau]
VHA	Vojensky historicky archiv, Praha [Militärgeschichtliches Archiv, Prag]
ZChSD	Zentr Chranenija Sowremennoi Dokumentazii, Moskwa [Zentrum zur Aufbewahrung zeitgenössischer Dokumentation, Moskau]

Abkürzungen

AAN	Archiwum Akt Nowych, Warszawa [Archiv für neue Akten, Warschau]
ABF	Arbeiter- und Bauern-Fakultät (in der DDR)
AK	Armija Krajowa [Landesarmee, d.i. polnische Untergrundarmee 1939-45]
AGS	Archiv generalniho stabu CSA, Praha [Archiv des Generalstabes, Prag]
AMP	Archiv Muzea policie, Bratislava [Archiv des Polizeimuseums, Preßburg]
APRF	Archiw Presidenta Rossijskoi Federazii, Moskwa [Archiv des Präsidenten der Russischen Föderation, Moskau]
ASUP	Archiv Statniho uradu planovaciho, Praha [Archiv des Staatlichen Planungsamtes, Prag]
ASWSW	Archiwum bylego Szefowstwa Wojskowej Sluzby Wewnetrznej, Warszawa [Archiv des ehemaligen Kommandos des Militärischen Innendienstes, Warschau]
AUML KSC	Archiv Ustavu marxismu-leninismu UV KSC, Praha [Archiv des Instituts für Marxismus-Leninismus, Prag]
AUV KSC	Archiv Ustredniho vyboru KSC, Praha [Archiv des Zentralkomitees der KPTsch]
AWPRF	Archiw Wneschnej Politiki Rossijskoj Federazii, Moskwa [Archiv für Außenpolitik der Russischen Föderation, Moskau]
BAP	Bundesarchiv, Abteilungen Potsdam
BBC	British Broadcasting Corporation
BGL	Betriebs-Gewerkschaftsleitung (in der DDR)
BPO	Betriebs-Parteiorganisation (der SED)
BRD	Bundesrepublik Deutschland
BStU	Der Bundesbeauftragte für die Unterlagen des Staatssicherheitsdienstes der ehemaligen Deutschen Demokratischen Republik, Berlin
CAMSW	Centralne Archiwum Ministerstwa Spraw Wewnetrznych, Warszawa [Zentralarchiv des Ministeriums des Innern, Warschau]
CAW	Centralne Archiwum Wojskowe, Warszawa [Zentrales Militärarchiv, Warschau]
CKKP	Centralna Komisja Kontroli Partyjnej [Zentrale Partei-Kontrollkommission (der PVAP)]
c.j.	cislo jednotky [Bestandsnummer]
CSA	Ceskoslovenska armada [Tschechoslowakische Armee]
d.	delo [Akte]
DDR	Deutsche Demokratische Republik
f.	Fonds, Archivbestand
FDGB	Freier Deutscher Gewerkschaftsbund (in der DDR)

FDJ	Freie Deutsche Jugend
Gosplan	Staatliche Plankommission bzw. Staatliches Plankomitee (beim Ministerrat der UdSSR)
GS CSA	Generalni stab Ceskoslovenske armady [Generalstab der Tschechoslowakischen Armee]
GST	Gesellschaft für Sport und Technik (in der DDR)
GZI	Glowny Zarzad Informacji [Hauptverwaltung Information (der militärischen Abwehr Polens)]
HL	Hadtörtenelmi Leveltar, Budapest [Archiv für Militärgeschichte, Budapest]
HO	(Staatliche) Handelsorganisation (in der DDR)
JZD	Jednotne zemedelske druzstvo [Landwirtschaftliche Produktionsgenossenschaft (in der CSR)]
k., kart.	karton [Karton]
KBP	Komitet Rady Ministrow ds. Bezpieczenstwa Publicznego [Komitee des Ministerrates für öffentliche Sicherheit]
KBW	Korpus Bezpieczenstwa Wewnetrznego [Korps für innere Sicherheit (in Polen)]
KGB	Komitet gossudarstwennoi besopasnosti [Komitee für Staatssicherheit (der UdSSR)]
KVP	Kasernierte Volkspolizei
KP	Kommunistische Partei
KPdSU	Kommunistische Partei der Sowjetunion
KPS	Kommunistische Partei der Slowakei
KPTsch	Kommunistische Partei der Tschechoslowakei
KSS	Komunisticka strana Slovenska [Kommunistische Partei der Slowakei]
l.	list [Blatt]
LPG	Landwirtschaftliche Produktionsgenossenschaft
MBP	Ministerstwo Bezpeczienstwa Publicznego [Ministerium für öffentliche Sicherheit (in Polen)]
MDP	Magyar Dolgozok Partja [Partei der Ungarischen Werktätigen]
MfS	Ministerium für Staatssicherheit (in der DDR)
MNO	Ministerstvo narodni obrany [Ministerium für nationale Verteidigung (in der CSR)]
MO	Milicja Obywatelska [Bürgermiliz, d.i. polnische Polizei]
MOL	Magyar Orszagos Leveltar, Budapest [Ungarisches Staatsarchiv, Budapest]
MPA	Militärpolitische Akademie
Mrd.	Milliarde
MSS	Magyar Szabad Szakszervezet [Freie Gewerkschaft Ungarns]
MSzMP	Magyar Szocialista Munkaspart [Ungarische Sozialistische Arbeiterpartei]
MTS	Maschinen-Traktoren-Station

MWD	Ministerstwo wnutrennych del [Ministerium für Innere Angelegenheiten (der UdSSR)]
NATO	North Atlantic Treaty Organization
ND	Neues Deutschland
NKWD	Narodnyi komissariat wnutrennych del [Volkskommissariat für Innere Angelegenheiten (der UdSSR)]
NÖSPL	Neues Ökonomisches System der Planung und Leitung (in der DDR)
NVA	Nationale Volksarmee (in der DDR)
ö.e.	örzö egyseg [Bestandseinheit]
op.	opis [Bestand]
ORMO	Ochotnicza Rezerwa Milicji Obywatelskiej [Freiwilligenreserve der Bürgermiliz, d.i. paramilitärische Zusatzorganisation der polnischen Polizei]
o. S.	ohne Seitenangabe, nicht paginiert
PAAA	Politisches Archiv des Auswärtigen Amtes, Bonn
p.	papka [Mappe]
PdUW	Partei der Ungarischen Werktätigen
PPR	Polska Partia Robotnicza [Polnische Arbeiterpartei, d.i. polnische kommunistische Partei bis 1948]
PPS	Polska Partia Socjalistyczna [Polnische Sozialistische Partei]
PSL	Polskie Stronnictwo Ludowe [Polnische Bauernpartei]
PVAP	Polnische Vereinigte Arbeiterpartei
RFE	Radio Free Europe
RGW	Rat für Gegenseitige Wirtschaftshilfe
RIAS	Rundfunk im amerikanischen Sektor (Berlins)
SAG	Sowjetische Aktiengesellschaft(en) (in der DDR)
SAPMO BArch	Stiftung Archive der Parteien und Massenorganisationen der DDR im Bundesarchiv, Berlin
SB	Sluzba Biezpeczenstwa [Sicherheitsdienst, d.i. Bezeichnung für die polnische Geheimpolizei nach 1956]
SED	Sozialistische Einheitspartei Deutschlands
sig.	signatura [Signatur]
SPD	Sozialdemokratische Partei Deutschlands
SFRJ	Sozialistische Föderative Republik Jugoslawien
SNA	Slovensky narodni archiv, Bratislava [Slowakisches Nationalarchiv, Preßburg]
SS	Schutzstaffel der NSDAP
Stasi	Staatssicherheitsdienst der DDR
SU	Sowjetunion
SUA	Statni ustredni archiv, Praha [Zentrales Staatsarchiv, Prag]
SzOT	Szakszervezetek Orszagos Tanacsa [Landesrat der Gewerkschaften (in Ungarn)]
TASS	Telegrafitscheskoje Agentstwo Sowetskogo Sojusa [Telegraphische Agentur der Sowjetunion]

UB	Urzad Bezpieczenstwa Publicznego [Amt für öffentliche Sicherheit (in Polen)]
UdSSR	Union der Sozialistischen Sowjetrepubliken
UNO	United Nations Organization
UOP	Bioro Ewidencji i Archiwum Urzedu Ochrony Panstwa [Evidenzbüro und Archiv des Amtes für Staatsschutz, Warschau]
USA	United States of America
UV	Ustredni vybor [Zentralkomitee]
UVR	Ungarische Volksrepublik
VBP	Vereinigte Bauernpartei Polens
VEB	Volkseigener Betrieb (in der DDR)
VHA	Vojensky historicky archiv, Praha [Militärgeschichtliches Archiv, Prag]
VjZ	Vierteljahrshefte für Zeitgeschichte
VP	Volkspolizei (in der DDR)
VRP	Volksrepublik Polen
WOP	Wojska Ochrony Pogranicza [Truppen des Grenzschutzes (in Polen)]
ZChSD	Zentr Chranenija Sowremennoi Dokumentazii, Moskwa [Zentrum zur Aufbewahrung zeitgenössischer Dokumentation, Moskau]
ZK	Zentralkomitee

Ostmitteleuropa zwischen 1953 und 1956. Sozialer Hintergrund und politischer Kontext der Entstalinisierungskrise

von

JAN FOITZIK

Der ungarische Volksaufstand 1956 bildete den symbolträchtigen Höhepunkt verschiedener regionaler wie globaler Entwicklungsprozesse nach dem Ende des Zweiten Weltkriegs. Sie waren ineinander verwoben, überlagerten einander, verstärkten sich wechselseitig bzw. schwächten sich ab. Zur vollen Wirkung kamen zu Beginn der fünfziger Jahre in allen osteuropäischen Ländern offen oder latent auftretende ökonomische, soziale und politische Konflikte als Folgen der mit Stalins Namen verbundenen »beschleunigten sozialistischen Industrialisierung« und der Eigenarten des bestehenden politischen Ordnungssystems. Die Vehemenz der Konflikte löste eine zaghafte Entstalinisierung aus, die 1956 mit Chruschtschows »Geheimrede« über die Verbrechen Stalins auf dem XX. Parteitag der KPdSU einen ersten Kulminationspunkt erreichte. Doch Entstalinisierung steht nicht nur für eine systeminterne Entspannung des Konflikts zwischen Herrschaft und Gesellschaft. Als historisches Phänomen weist sie gleichzeitig auf krisenträchtige Defizite in der Binnenlegitimation der kommunistischen Parteien hin, auf die Möglichkeiten und Grenzen innerer Reformen in totalitären Systemen, auf interne Hegemonialkonflikte zwischen einzelnen Herrschaftsträgern. Unmittelbar tangiert die Entstalinisierung insbesondere den Prozeß der Ablösung des ursprünglich sozial und politisch randständigen »Gesinnungsfunktionärs« durch den sozial und politisch integrierten, volksparteilich profilierten Karrieretypus des »Berufsfunktionärs«.[1]

Auch im internationalen Kontext brachten die fünfziger Jahre wesentliche Veränderungen. Die nach dem Zweiten Weltkrieg entstandene geopolitische Lage konsolidierte sich, 1955 wurden die Bundesrepublik Deutschland in die NATO und 1956 die DDR in den Warschauer Pakt aufgenommen. Die Arrondierung der in den Spitzengesprächen von Jalta und Potsdam abgestimmten europäischen Nachkriegsordnung zementierte gleichzeitig die innenpolitische Herrschaftssituation in Osteuropa in ihrer durch sowjetische Dominanz geprägten Grundform. Zwar löste die schon vor dem Tod Stalins am Horizont

1 Allgemeine Hinweise dazu, in: Foitzik, Jan: Die stalinistischen »Säuberungen« in den ostmitteleuropäischen kommunistischen Parteien. Ein vergleichender Überblick, In: Weber, Hermann/Staritz, Dietrich (Hg.): Kommunisten verfolgen Kommunisten. Stalinistischer Terror und »Säuberungen« in den kommunistischen Parteien Europas seit den dreißiger Jahren, Berlin 1993, S. 401-423, sowie Kowalczuk, Ilko-Sascha/Mitter, Armin/Wolle, Stefan (Hg.): Der Tag X 17. Juni 1953. Die »Innere Staatsgründung« der DDR als Ergebnis der Krise 1952/54, Berlin 1995.

sich abzeichnende Entspannung zwischen den beiden militärischen und politischen Systemen auf beiden Seiten Instabilität aus, doch im Ergebnis all dieser Prozesse wurden die Koordinaten des in der Nachkriegszeit entstandenen geopolitischen Systems nach dem Prinzip der Besitzstandswahrung letztlich nur fixiert. Die westliche Verteidigungsgemeinschaft und Westeuropa, das 1956 auch konkrete Schritte zur Bildung der Europäischen Wirtschaftsgemeinschaft einleitete, gingen so aus der Entwicklung gestärkt hervor. Für die ostmitteleuropäischen Länder war die Festschreibung der globalpolitischen Ordnung jedoch letzten Endes verhängnisvoll. Militärisch und politisch an die Sowjetunion festgegurtet, blieben sie bloße Objekte zum einen sowjetischer Hegemonialinteressen, zum anderen aber auch der weitgehend von den USA definierten westlichen »Politik der Befreiung«, die – lange im bipolaren Globalismus befangen – den einzelnen Ländern noch nicht einmal die Chance zuerkannte, durch nationale Varianten des Kommunismus zu einer stufenweisen Evolution und Desintegration des Gesamtsystems beizutragen.

Soziale und politische Folgen der volksdemokratischen Transformation

Mit der in den vierziger Jahren eingeleiteten extensiven Industrialisierung gingen soziale Umschichtungs- und Nivellierungsprozesse einher, die die ostmitteleuropäischen Gesellschaften von Grund auf veränderten. Die Zahl der Beschäftigten stieg zwischen 1950 und 1955 in Polen um ein Drittel, in der DDR etwa um ein Fünftel und immerhin noch um ein Zehntel in Ungarn und in der CSR an, wobei in der CSR 1955 32,8 Prozent, in Polen 41,4 Prozent und in der DDR 43,7 Prozent der ökonomisch Aktiven in der Industrie beschäftigt waren.[2] 1955 zählten 62 Prozent der CSR-Bewohner (einschließlich der Familienangehörigen) zur »Arbeiterklasse«, die zwischen 1950 und 1955 absolut um 1,4 Millionen Personen gewachsen war.[3] Ende 1955 waren dort – bei einer Gesamtbevölkerung von etwa 13 Millionen – fast 4,4 Millionen außerhalb der Landwirtschaft und zusammen mit den Landwirten über 6 Millionen Personen beschäftigt, wobei 42 Prozent aller Beschäftigten Frauen waren.[4] Über 80 Prozent der tschechoslowakischen Be-

2 Maraschko, G. P. (Hg.): Stroitelstwo osnow sozialisma w stranach Zentralnoi i Jugowostotschnoi Ewropy [Der Aufbau der Grundlagen des Sozialismus in den Ländern Mittel- und Südosteuropas], Moskwa 1989, S. 214. In Ungarn waren 1955 56 Prozent der Beschäftigten außerhalb der Landwirtschaft tätig, vgl. Központi Statisztikai Hivatal (Hg.): Statisztikai evkönyv 1949-1955 [Statistisches Jahrbuch 1949-1955], Budapest 1957, S. 39. – Da die statistischen Kategorien nicht kompatibel und die Daten meistens nicht authentisch sind, dienen hier solche Angaben nur zur Illustration der Prozesse.

3 Referat Hendrych auf der ZK-Tagung der KPTsch am 13.06.1957. An die Mitglieder und Kandidaten des ZK – Vom Büro des Politbüros des ZK der SED/05.07.1957, in: Stiftung Archiv der Parteien und Massenorganisationen der DDR im Bundesarchiv (künftig: SAPMO BArch), ZPA, IV 2, 20, 194.

4 ZK-Tagung der KPTsch 25.-27.9.1956, in: Statni ustredni archiv [Zentrales Staatsarchiv] Praha (künftig: SUA), 01, 49, 54.

völkerung waren 1955 Arbeiter oder Angestellte und nur weniger als 14 Prozent individuell wirtschaftende Bauern, die allerdings noch ein Drittel des verfügbaren Bodens bearbeiteten.[5] Landwirtschaftliche Kooperativen der beiden höheren Typen hatten Ende 1956 fast 400000 Mitglieder.[6] Ähnliche Verschiebungen in der Sozialstruktur fanden in der DDR statt, wo zwischen 1950 und 1954 die Zahl der Beschäftigten um 700000 angestiegen war.[7] In Polen war dieser Prozeß wegen der im Verhältnis zur DDR und zur CSR unterentwickelten Ausgangsbasis sowohl quantitativ als auch – infolge des starken Zustroms früherer Bauern in die Städte – qualitativ besonders dramatisch verlaufen. Im Zeitraum von 1949 bis 1956 war die dortige Arbeiterschaft um 2,5 Millionen gewachsen (bei insgesamt über 4 Millionen »physischen Arbeitern«), wobei ein Viertel der in der Industrie beschäftigten Polen jünger als 25 Jahre war.[8] Ähnliches gilt für Ungarn mit damals 9,5 Millionen Einwohnern. Die Zahl der außerhalb der Landwirtschaft beschäftigten Personen wuchs dort zwischen 1950 und 1955 um mehr als eine halbe Million.[9]

Mehrfache Verwerfungen kennzeichneten dieses soziale Magma. In der Tschechoslowakei, deren soziale Entwicklung verglichen mit den anderen Ländern die geringste Rasanz aufwies, war die Arbeiterschaft zwischen 1948 und 1953 absolut um ca. 330000 auf über 2,2 Millionen angewachsen. Nachdem im Zuge der politischen Transformation etwa 250000 Arbeiter in den Leitungsapparat abgewandert waren, rekrutierten sich die etwa 600000 in die »Arbeiterklasse« übergewechselten »neuen Arbeiter« fast zur Hälfte aus ehemaligen Bauern (270000), ein Viertel (140000) waren früher selbständige Gewerbetreibende, und das übrige Viertel setzte sich jeweils zur Hälfte aus »ungelernten« Frauen und deklassierten Angestellten zusammen.[10] Doch damit nicht genug. Die lohnpolitische Bevorzugung der Schwerindustrie und des Bauwesens, die Nivellierung zwischen qualifizierter und unqualifizierter Arbeit sowie Versorgungsprivilegien für die Industriearbeiterschaft bewirkten weitere Umschichtungen.[11] 1953 hatte von den in der Industrie beschäftigten Arbeitern nur etwa ein Viertel den ausgeübten Beruf auch erlernt, im Bauwesen waren es noch weniger (etwa 17 Prozent). 740000 Arbeiter, also ein Drittel der Arbeiterschaft, waren Nebenerwerbslandwirte, somit hauptsächlich deklassierte Bauern. 40 Prozent aller Arbeiter lebten auf dem Land, und ein gleich hoher Anteil besaß ein eigenes Haus. In 40 Prozent der Arbeiter-

---

5 Nove ukoly ideologicke prace strany v boji za dovrseni socialisticke vystavby v nasi vlasti. Jiri Hendrych, Praha 9.-11. duben 1958, in: Vysoka skola politická, Praha 1971, Band 2, S. 10.

6 Referat Hendrych auf der ZK-Tagung der KPTsch am 13.06.1957, in: SAPMO BArch, ZPA, IV 2, 20, 194.

7 Einschätzung der Tätigkeit der staatlichen Organe in der DDR [1955], in: SAPMO BArch, ZPA, IV 2, 13, 359.

8 Rykowski, Zbyslaw/Wladyka, Wieslaw: Polska Proba Pazdziernik '56 [Der polnische Versuch Oktober 1956], Krakow 1989, S. 176.

9 Központi Statisztikai Hivatal (Hg.): Statisztikai evkönyv 1949-1955, a.a.O., S. 57.

10 Kaplan, Karel: Socialni souvislosti krizi komunistickeho rezimu 1953-1957 a 1968-1975 [Soziale Zusammenhänge der Krisen des kommunistischen Regimes 1953-1957 und 1968-1975]. Sesity Ustavu pro soudobe dejiny AV CR, 9/1993, S. 9.

11 Ebenda, S. 10.

haushalte war neben dem Haushaltsvorstand auch die Frau berufstätig.[12] Solche Zahlen dokumentieren die Vielschichtigkeit der sozialen Veränderungen und indizieren ihre Auswirkungen auf politische und mentale Einstellungen der betroffenen Bevölkerungsgruppen. Dieses fragmentierte Bild der tschechoslowakischen Übergangsgesellschaft vervollständigen etwa vier Millionen Angestellte, deren Löhne – 1948 noch mindestens 30 Prozent höher als Industrielöhne – 1953 bis zu 20 Prozent darunter lagen. Betroffen war von dieser Einkommensentwicklung auch der 1953 in der CSR schon über einer Million liegende Anteil der »neuen Intelligenz« unter den Angestellten. Deren spezifisches Selbstwertgefühl, ohne gefestigte Identität und klar definiertes Rollenprofil, befand sich zudem in einem latenten Widerspruch zum Selbstverständnis der »alten«, vorwiegend noch nach politischen Kriterien rekrutierten Nachkriegsbürokratie.

Die skizzierten Trends prägten im Grundsatz die Entwicklung in allen Ländern Ostmitteleuropas; auf die beispielsweise aus der Integration der Vertriebenen in der DDR resultierende Sonderlage kann hier nur hingewiesen werden. Die spezifischen sozialen und politischen Integrationsprobleme der einzelnen Länder sollen nur an einem Beispiel angedeutet werden: In Ungarn machte 1955 die Zahl »der aus der Arbeiterklasse stammenden Beschäftigten«, wie dort die – in anderen Ländern unübliche – statistische Kategorie lautete, nur ungefähr die Hälfte aller außerhalb der Landwirtschaft Beschäftigten aus.[13] Dies deutet insgesamt auf eine viel dynamischere vertikale Mobilität der Transformationsgesellschaften hin, als dies die oben zitierten Zahlen anzeigen. Dramatischen Verlauf nahm die soziale Entwicklungsdynamik in Ländern mit niedrigem ökonomischem Ausgangsniveau und einem entsprechend großen Nachholbedarf an Leitungskräften. Gleiches galt auch für Statuskonflikte der zahlreichen Aufsteiger in Armee, Verwaltung und Wirtschaft.

Die politischen Auswirkungen dieses komplexen sozialen Umbruchs betrafen unmittelbar die Hegemonialparteien, deren Charakter als Arbeiterparteien in Frage gestellt wurde. Die kommunistischen Parteien hatten keine Gemeinsamkeit mehr mit den in sozialer Hinsicht marginalisierten Parteien der Zwischenkriegszeit. Als Massenparteien, in denen nach Abschluß der Säuberungen 1954 in der CSR fast 12 Prozent, in Ungarn 10 Prozent, in Polen 5 Prozent und in der DDR etwa 6 Prozent der Gesamtbevölkerung organisiert waren[14], hatten sie sich in der unmittelbaren Nachkriegszeit auch programmatisch zu »Volksparteien« gewandelt. 1948 noch weitgehend traditionelle Arbeiterparteien mit einem hohen Anteil des bäuerlichen Elements (1948 waren in der KPTsch 57 Prozent Arbeiter und 31 Prozent Bauern; 1948 in der PVAP 57 Prozent Arbeiter und 22 Prozent Bauern[15]; 1948 in der SED fast 48 Prozent Arbeiter[16] und etwa 6 Prozent Bauern), sank ihr Arbei-

12 Ebenda, S. 11, S. 13.
13 Központi Statisztikai Hivatal (Hg.): Statisztikai evkönyv 1949-1955, a.a.O., S. 57.
14 Vgl. Foitzik, Die stalinistischen »Säuberungen«, a.a.O., S 415.
15 Nach Burks, R. V.: The Dynamics of Communism in Eastern Europe, Princeton 1961, S. 52.
16 Zentralsekretariat der SED – Organisationsabteilung/Parteikonferenz der SED 25. 1.- 28. 1. 1949, in: SAPMO BArch, IV 2, 5, 121.

teranteil bis Mitte der fünfziger Jahre auf etwa ein Drittel (SED 1956 34 Prozent[17]; PVAP 1957 40 Prozent[18]; KPTsch 1949 40 Prozent[19]). Im gleichen Zeitraum stieg der Anteil der Angestellten in der SED auf insgesamt 42 Prozent[20] und in der PVAP auf 39 Prozent an.[21]

Nicht nur in organisationssoziologischer Hinsicht waren aus den kommunistischen Parteien nach dem Krieg andere Parteien geworden. Es waren nicht mehr die bolschewistischen Kampfparteien der dreißiger Jahre, sondern »Allerweltsparteien«. Ihre Mitglieder kamen nicht mehr vornehmlich aus der Masse der ungelernten Arbeiter und Arbeitslosen, die Parteien erfaßten nunmehr große Teile der Gesellschaft mit ihrer heterogenen Motivations- und Interessenstruktur. Völlig ausgegrenzt und in jeder Hinsicht diskriminiert blieben freilich die aus politischen Gründen an den Rand gedrängten gesellschaftlichen Gruppen. Nachdem der traditionelle Klassenkonflikt infolge der sozialen Veränderungen weitgehend relativiert war, gewann jetzt ein Verteilungskampf zwischen den Gruppen der Angestellten und der Arbeiterschaft an Kontur. Schon hinsichtlich der diffusen gesellschaftlichen Struktur konnte er auf weiten Strecken nur politisch artikuliert werden. Die auf identifikatorischem Zwang beruhende Ordnungsstruktur sah andere Formen der Vertretung von Interessen gesellschaftlicher Teilgruppen ohnehin nicht vor.

Der »Neue Kurs« 1953-1955

Stalins Tod ließ im gesamten Ostblock viele Hoffnungen und Erwartungen aufkommen. Die durch die ökonomischen und sozialen Lasten der Industrialisierung und Hochrüstung sowie durch die Folgen des »verschärften Klassenkampfes« traumatisierten Gesellschaften gerieten in Bewegung.[22] In der ČSR machte sich anläßlich einer Währungsreform bereits am 1. Juni 1953 die Unzufriedenheit in spontanen Protestmanifestationen Luft. Der KPTsch-Führung lagen Berichte über Streiks in 129 Betrieben zwischen dem 1. und 5. Juni und über größere Demonstrationen in einigen Städten vor. In Pilsen

[17] Vgl. Analyse zum Stand der Mitgliederbewegung am 1. 1. 1956/23. 2. 1956, in: SAPMO BArch, IV 2, 5, 1371.

[18] Vgl. Foitzik, Die stalinistischen »Säuberungen«, a.a.O., S. 415.

[19] Prehled dejin KSC [Abriß der Geschichte der KPTsch], Praha 1978, S. 263.

[20] Vgl. Analyse zum Stand der Mitgliederbewegung am 1. 1. 1956/23. 2. 1956, in: SAPMO BArch, IV 2, 5, 1371.

[21] Vgl. Foitzik, Die stalinistischen »Säuberungen«, a.a.O., S 415. – Für Ungarn liegen nur Angaben für 1960 vor. Danach waren 35 Prozent der Mitglieder in der Industrie und 19 Prozent in der Landwirtschaft beschäftigt. Vgl. Szasz, Zoltan M.: Die Politik Kadars. In: Hinter dem Eisernen Vorhang 11/1962, S. 4f.

[22] Ende März 1953 trat in der UdSSR der neue Innenminister Berija als erster mit Initiativen zur Minderung des Repressionsdrucks und zur »Wiederherstellung der sozialistischen Gesetzlichkeit« auf, nach »Entlarvung seiner antiparteilichen und antistaatlichen Tätigkeit« im Juli 1953 führten Malenkow und Chruschtschow die Initiative fort. Vgl. Pichoja, Sowetski Sojus, a.a.O., S. 105ff, S. 131.

kam es aus Anlaß einer Straßendemonstration mit über 20 000 Teilnehmern zum Schußwaffengebrauch und zur Inhaftierung von einigen Tausend Demonstranten. Die Regierung griff zwar hart durch, und der politisch-administrative Druck auf die Bevölkerung wurde zunächst noch gesteigert. Dies beeindruckte allerdings wenig. Im Sommer folgte eine Austrittswelle aus den landwirtschaftlichen Genossenschaften, der sich ein Fünftel der Kollektivbauern anschloß.[23]

Zwei Wochen nach Ausbruch der Unruhen in der Tschechoslowakei wurden die kommunistischen Führungen von Berichten über Aufruhr in 400 Orten der DDR schockiert.[24] Nicht nur, weil sich in der Tschechoslowakei damals kein westlicher Zeitungskorrespondent aufhielt, sondern vor allem wegen der unmittelbaren Auswirkungen der »deutschen Frage« auf die Stabilität des globalen atomaren Gleichgewichts, wurden diese Unruhen weit dramatischer wahrgenommen als die bereits zurückliegenden Streikunruhen in deren Nachbarland. Nachdem der sowjetische Ministerpräsident Georgi Malenkow im August 1953 im Obersten Sowjet der UdSSR die Steigerung des Lebensstandards und die Gewährleistung einer »sozialistischen Gesetzlichkeit« zum politischen Ziel erklärt hatte, folgten im September 1953 die tschechoslowakische und im Oktober 1953 die polnische Führung der sowjetischen Empfehlung und verfügten erste ökonomische und sozialpolitische Lockerungen. Für die DDR hatte die neue KPdSU-Führung diesen »Neuen Kurs« bereits Ende Mai 1953 beschlossen und Anfang Juni durch die SED verkünden lassen.[25] Die ungarischen Kommunisten schlugen ihn fast zeitgleich ein.[26]

Ziel des »Neuen Kurses« war vor allem eine Drosselung des Tempos der ökonomischen und gesellschaftlichen Transformation, insbesondere des Ausbaus der Schwerindustrie, zugunsten der Konsumgüterindustrie und des Handels. Außerhalb der Sowjetunion kam überdies eine Verzögerung der Sozialisierung im Agrarbereich hinzu. In der Tschechoslowakei beispielsweise boten sich für den »Neuen Kurs« allein aufgrund der nun freiwerdenden

[23] Kaplan, Karel: Die politische Krise in der Tschechoslowakei 1956. In: Beyrau, Dietrich; Bock, Ivo (Hg.): Das Tauwetter und die Folgen, Bremen 1988, S. 72f. Vgl. auch: Kaplan, Karel: Ceskoslovensko v letech 1953-1966 [Die Tschechoslowakei in den Jahren 1953-1966], Praha 1992, S. 5.

[24] Vgl. hierzu: Bahring, Arnulf: Der 17. Juni 1953, Stuttgart 1983; Kowalczuk, Ilko-Sascha; Mitter, Armin/ Wolle, Stefan (Hg.): Der Tag X, a.a.O., S. 53ff; Prokop, Siegfried: Das Jahr 1953 – vertane Chance? In: Der Stalinismus in der KPD und SED. Wurzeln, Wirkungen, Folgen, Berlin 1991, S. 59-67.

[25] Vgl. hierzu: Scherstjanoi, Elke: »Wollen wir den Sozialismus?« Dokumente aus der Sitzung des Politbüros des ZK der SED am 6. Juni 1953. In: Beiträge zur Geschichte der Arbeiterbewegung 5/1991, S. 658-680.

[26] Vgl. hierzu: Transcript of the Conversations between the Soviet Leadership and a Hungarian United Workers Party Delegation in Moscow on 13 June 1953. In: »This Is Not A Politburo, But A Madhouse«. The Post-Stalin Succession Struggle, Soviet Deutschlandpolitik and the SED: New Evidence from Russian, German, and Hungarian Archives. Introduced and annotated by Christian F. Ostermann. In: Cold War International History Project Bulletin 10, S. 61-111, hier S. 81-86.

aberwitzigen Rüstungsgelder (1953 wurden 55,5 Prozent des Nationaleinkommens für Rüstung ausgegeben) günstige Bedingungen.[27]

Auch durch die 1953 erfolgte Währungsreform, die faktisch zur Enteignung von Ersparnissen privater Haushalte geführt hatte, waren erhebliche finanzielle Reserven entstanden. Durch Senkung von Rüstungskosten und Investitionen, durch Anhebung der Aufkaufpreise für landwirtschaftliche Produkte, durch Preissenkungen und verbesserte Sozialleistungen kamen der Versorgung der Bevölkerung bereits 1954 zusätzlich 10 Milliarden Kronen zugute, wobei sich durch die Auflösung von Reservelagern auch das Angebot an Lebensmitteln und Konsumgütern verbesserte. Insgesamt führte der Anstieg des Lebensstandards in der CSR in den Jahren 1954-1956, verbunden mit einer politischen Beruhigung (Auflösung der Zwangsarbeitslager usw.), zu einer sozialen Konsolidierung.

Ein Paket politischer und sozialpolitischer Maßnahmen wurde in der DDR bereits vor den Juni-Unruhen verabschiedet und in der zweiten Hälfte 1953 nachgebessert. Im Rahmen des »Neuen Kurses« wurden in der DDR über steuerliche Vergünstigungen, Preisnachlässe, Lohn- und Versorgungsverbesserungen allein 1953 1,8 und bis 1954 insgesamt fast vier Milliarden Mark zusätzlich an die Bevölkerung ausgeschüttet.[28] Nicht zu vernachlässigen ist in diesem Zusammenhang die Ventilfunktion der »offenen Grenze«: 1953 flohen 331000, 1954 184000[29], 1955 über 270000 Menschen (d.i. 1,5 Prozent) und 1956 wiederum 1,8 Prozent der DDR-Bevölkerung[30] nach Westdeutschland.

Im November 1953 wurde auch in Polen die erste Preissenkung im Umfang von ca. 4,5 Milliarden Zloty durchgeführt, im April 1954 erfolgte eine weitere mit einem Volumen von 6 Milliarden Zloty. Insgesamt hatten diese Maßnahmen jedoch einen geringeren Umfang als in der CSR und in der DDR. Sie kompensierten nicht einmal jene Kaufkraftverluste, die infolge der erst Anfang 1953 durchgeführten Preiserhöhungen entstanden waren. Zudem standen auf dem polnischen Markt wegen der miserablen Lage in der Landwirtschaft nicht ausreichend Lebensmittel zur Verfügung.[31] Auch in Ungarn verringerte der »Neue Kurs« nicht das Ausmaß der wirtschaftlichen und sozialen Misere. Hier kam es, wie in Polen, zu Beginn der Konsolidierungsversuche sogar zu Preiserhöhungen für Grundnahrungsmittel: Der Brotpreis verdreifachte sich zwischen 1949 und 1954, Schweinefleisch

[27] Vgl. Kaplan, Socialni souvislosti, a.a.O., S. 11.

[28] 3. Nov. 1954/Bericht über die Entwicklung der privaten Industrie, des privaten Groß- und Einzelhandels und des Handwerks seit dem Wirksamwerden des neuen Kurses, in: SAPMO BArch, ZPA, NL 90, 436, sowie Sprawka ob ekonomitscheskom poloschenii Germanskoi demokratitscheskoi respubliki vom 1. Okt. 1954 [Bericht über die Wirtschaftslage in der DDR vom 1. Okt. 1954], in: Archiw Wneschnei politiki Rossijskoi Federazii Moskwa [Archiv für Außenpolitik der Russischen Föderation] (künftig: AWP RF), 082, 40, 287, Bl. 127. Die Angaben divergieren um 0,2 Milliarden.

[29] Weber, Hermann: Geschichte der DDR, München 1985, S. 248.

[30] Berlin, 29.12.1956/Prozentualer Anteil der Republikflucht [...], in: SAPMO BArch, ZPA, IV 2, 5, 1673.

[31] Schwotzer, Aktennotiz April 1954, in: SAPMO BArch, ZPA, IV 2, 20, 155.

kostete 1954 in Ungarn doppelt und Butter dreimal soviel wie vor fünf Jahren.[32]

Der Versuch einer sozialpolitischen Kurskorrektur in der Hauptsache durch Reduzierung der Rüstungsausgaben und Auflösung von Kriegsreserven zugunsten der Konsumtion trug nur in der CSR und in der DDR Früchte. Eine ernsthafte Analyse der sozialen und ökonomischen Probleme blieb aus, denn mit der »Entlarvung der verbrecherischen Partei- und staatsfeindlichen Tätigkeit« Berijas durch die KPdSU am 7. Juli 1953 war ein Sündenbock für die Mißwirtschaft der letzten Jahre gefunden worden. In der DDR wurden auf sowjetischen Druck hin schon ab Spätsommer/Herbst 1953 die repressiven Maßnahmen wieder verschärft. Wenngleich der »Neue Kurs« zweifellos soziale Entlastungen mit sich brachte und in der DDR die Lage der noch privat Wirtschaftenden verbesserte, so daß er nicht unbedingt als ein rein taktisches Manöver bezeichnet werden muß, ist andererseits zu berücksichtigen, daß seine Wirkungen begrenzt und reversibel blieben. Die Menschen bekamen zwar mehr Geld, doch schon nach kurzer Zeit konnten sie dafür erneut kaum etwas kaufen. Mit der Entfernung Malenkows aus der sowjetischen Staatsführung im Januar 1955 fand auch sein Konzept des »Neuen Kurses« auf ökonomischem Gebiet ein Ende, Chruschtschow als Erster Sekretär des ZK der KPdSU setzte wieder auf den Vorrang der Schwer- und Rüstungsindustrie.

Die Maßnahmen im politischen Bereich, die während des »Neuen Kurses« ergriffen wurden, zielten allerdings von Anfang an nur auf kosmetische Korrekturen. So wurden in der DDR von Juni bis Oktober 1953 23853 Personen aus der Haft entlassen.[33] Doch diese gewaltige Zahl entsprach lediglich einem Drittel der nach Verschärfung des politischen Kurses nach der 2. Parteikonferenz der SED ab Juli 1952 bis Mai 1953 und dann im Umfeld des 17. Juni in der DDR Inhaftierten.[34] Auf dem 15. Plenum im Juli 1953 wurden Wilhelm Zaisser und Rudolf Herrnstadt als die lautesten Kritiker Ulbrichts politisch demontiert und einen Monat später aus dem ZK ausgeschlossen. Die Ereignisse vom 17. Juni 1953 hatten die kurzzeitig ins Wanken geratene Position Walter Ulbrichts faktisch erneut gestärkt. Ähnlich grotesk entwickelte sich die Situation in der CSR, obwohl die Anfänge noch viel Hoffnung geweckt hatten. Nach dem plötzlichen Tod des Partei- und Staatschefs Klement Gottwald im März 1953 wurden die obersten Partei- und Staatsäm-

---

[32] Taubinger, Laszlo M. v.: Die Industrialisierung Ungarns. In: Ost-Probleme, 18/1955, S. 716. Die amtliche Statistik von 1957 weist zwar etwas geringere, gleichwohl ebenfalls dramatische Preissteigerungsraten für Lebensmittel aus.

[33] Benjamin/Melsheimer, Zur Durchführung des Neuen Kurses, o.D. [März 1954], in: SAPMO BArch, ZPA, NL 182, 1121. Zit. nach Werkentin, Falco: Strafjustiz in der DDR. In: Steuerung der Justiz in der DDR, hrsg. vom Bundesministerium der Justiz (Hubert Rottleuthner), Köln 1994, S. 107.

[34] Unmittelbar nach dem 17. Juni wurden 4270 Personen festgenommen; in DDR-Gefängnissen saßen im Mai 1953 61 377 Insassen ein, doppelt so viele wie im Juli 1952 (30092). Vgl. Sokolowski-Semjonow/Telefonogramma po WTsch [Fernmündlicher Bericht über {abhörsichere} Hochfrequenzleitung]/Molotow, Bulganin/18. Juni 1953, 9 Uhr Berlin, in: AWP RF, 082, 41, 93, 280, Bl. 11-12 sowie Diedrich, Torsten: Der 17. Juni 1953 in der DDR, Berlin 1991, S. 44.

ter zwar personell getrennt, aber der Kreml installierte in Prag eine sozial wie politisch isolierte und immobile Troika-Führung mit Antonin Novotny als Parteichef, Viliam Siroky als Ministerpräsident und Antonin Zapotocky als Staatspräsident. Im September 1953 löste die KPTsch-Führung das Sicherheitsministerium auf. Dies und der Beschluß vom Dezember 1953, im nächsten Jahr Kommunalwahlen sowie die gemäß Landesverfassung längst überfälligen Parlamentswahlen abzuhalten, waren die einzigen politischen Konzessionen. Der persönliche Machtkampf zwischen Zapotocky und Novotny hatte Vorrang vor angekündigten Reformvorhaben.

Die polnische Führung hinkte der Entwicklung hinterher: Erst auf dem II. Parteitag der PVAP im März 1954 wurde die Personalunion zwischen den Positionen des Ersten Sekretärs und des Premiers aufgehoben.[35] Doch dieser kleine Schritt brachte wenig Veränderung. Im September 1954 brachen in Posen erste größere Streiks wegen niedriger Löhne aus. Zur gleichen Zeit setzten Sendungen des *Radio Free Europe* ein, in denen der frühere Offizier der polnischen Staatssicherheit Jozef Swiatlo Methoden der kommunistischen Herrschaftsausübung brandmarkte[36] und damit in die aktuellen Führungsauseinandersetzungen eingriff. In der PVAP wurde zunehmend offene Kritik an der Partei- und Staatsführung laut, gegen Jahresende war die Parteiführung bereits politisch isoliert und geriet unter starken Druck. Verspätet bekannte sich das Politbüro im November 1954 zum Prinzip der kollektiven Führung. Auch die Auflösung des verhaßten Ministeriums für öffentliche Sicherheit und die Freilassung des inhaftierten früheren Parteichefs Wladyslaw Gomulka im Dezember 1954 beruhigten die Gemüter kaum. Schon im Januar 1955 kritisierten auf dem 3. Plenum des ZK einige Delegierte scharf die Halbheit der Reform.

Die politische Verfolgung ging trotz des »Neuen Kurses« unvermindert weiter. In Polen trieb die Parteiführung die Kirchenverfolgungen auf die Spitze, als im September 1953 der katholische Bischof Czeslaw Kaczmarek zu 12 Jahren Haft verurteilt wurde und aufgrund der Verhandlungsführung kein Zweifel darüber bestehen konnte, daß die eigentliche Drohung dem polnischen Primas, Kardinal Stefan Wyszynski, galt. Schon kurze Zeit später wurde der Primas zusammen mit fünf Bischöfen inhaftiert. 1954 begannen in der polnischen Armee antisemitisch akzentuierte Säuberungen. Verglichen mit der Entwicklung in der UdSSR – aber auch in der CSR – mit erheblicher Verspätung; systemischer Nachholbedarf und »Neuer Kurs« kollidierten in Polen auf eigene Weise. Das Rad der inszenierten politischen Prozesse drehte sich 1953 und 1954 auch in der Tschechoslowakei unge-

[35] Boleslaw Bierut (1892-1956) war u.a. 1944-52 Staatsoberhaupt, 1948-54 Vorsitzender des ZK bzw. des Sekretariats und ab 1954 Erster Sekretär des ZK der PVAP, gleichzeitig (ab 1950 informell) 1952-54 Vorsitzender des Ministerrates.

[36] Nach damaligen polnischen Ermittlungen informierten sich in der zweiten Hälfte 1955 in Polen 29,7 Prozent der »registrierten« Radiohörer ausschließlich aus westlichen Sendern, über 50 Prozent hörten gleichzeitig polnische Sender, der Rest ausschließlich polnische. Bei den über 600 000 »Schwarzhörern« wurde angenommen, daß sie ausschließlich Westsender hören. Vgl. Nowak-Jezioranski, Jan: Wojna w eterze [Der Krieg im Äther], Krakow 1991, S. 256f.

bremst weiter[37], obwohl fast gleichzeitig erste Rehabilitierungen früherer Opfer eingeleitet und Anfang Januar 1955 unter dem Vorsitz des Innenministers Rudolf Barak, der selbst 1953-54 an den Folgeprozessen beteiligt war, sogar die erste Kommission des Politbüros zur Überprüfung der vorangegangenen Strafprozesse eingesetzt wurde. Zunächst jedoch konnte, nach Konsultationen mit der KPdSU-Führung, der Ende 1952 hingerichtete frühere Generalsekretär der KPTsch, Richard Slansky, als »Berija-Mann« hingestellt und so die Öffentlichkeit eingeschüchtert werden.[38] Dann erschienen Anfang 1955 in Polen erste Zeitungsberichte über massive Verletzungen der Rechtsstaatlichkeit, und in der SED mußte am 21. September 1955 die Zentrale Parteikontrollkommission zum ersten Mal die Frage der Verhaftungen deutscher Kommunisten im sowjetischen Exil thematisieren.[39] Handlungsbedarf verursachte hier nicht nur der »Neue Kurs«, sondern auch Adenauers Moskau-Besuch und kommunistische Rückkehrer aus sowjetischen Lagern.

Im Unterschied zur DDR und zur Tschechoslowakei brachte der »Neue Kurs« in Ungarn und Polen nicht einmal kurzfristig eine Entspannung der sozialen und politischen Lage. Während die andauernde soziale Krise des stalinistischen Systems in diesen Ländern in eine politische Krise mündete[40], hemmten in der CSR und in der DDR die sozialpolitischen Befriedungsangebote die politische Aktionsbereitschaft der Bevölkerung nachhaltig und sorgten für eine hinreichende Systemloyalität. Die noch 1953 manifeste ökonomische und soziale Misere fand hier keine Fortsetzung in einer politischen Destabilisierung. Die Entfaltung der innerherrschaftlichen Strukturkonflikte scheiterte in den folgenden Jahren an der sozialen Ruhigstellung der Bevölkerung. Die Parteiführungen konnten eine Infektion durch die Entwicklung in den Nachbarstaaten auch mit Hilfe »antipolnischer« und »antiungarischer« Ressentiments erfolgreich abwehren.

In Polen und Ungarn dagegen sorgten geringe politische Partizipationsangebote an die Bevölkerung dafür, daß der soziale Protest in das Räderwerk des innerherrschaftlichen Machtkampfes umgeleitet wurde. Auf diese Weise eskalierte die Mischung aus sozialem Massenprotest und begrenztem innerem Herrschaftskonflikt zu einer Krise der totalitären Herrschaft und Gesellschaft. Daß die Entwicklung in beiden Ländern zunächst sehr ähnlich

[37] Vgl. Kaplan, Karel: Nekrvava revoluce [Die unblutige Revolution], Toronto 1985, S. 344.

[38] Vgl. O procesech a rehabilitacich II [Über Prozesse und Rehabilitierungen II], Praha 1990, S. 106.

[39] Vgl. SED und Stalinismus. Dokumente aus dem Jahre 1956. Hg. Josef Gabert und Lutz Prieß, Berlin 1990, S. 131.

[40] Vgl. zum Thema: Crusius, Reinhard/Wilke, Manfred (Hg.): Entstalinisierung. Der XX. Parteitag der KPdSU und seine Folgen, Frankfurt/M. 1977, Beyrau/Bock: Tauwetter, a.a.O., Kircheisen, Inge (Hg.): Tauwetter ohne Frühling. Das Jahr 1956 im Spiegel blockinterner Wandlungen und internationaler Krisen, Berlin 1995, Ihme-Tuchel, Beate: Das »nördliche Dreieck«. Die Beziehungen zwischen der DDR, der Tschechoslowakei und Polen in den Jahren 1954 bis 1962, Köln 1994. Zum Verlauf in der Sowjetunion vgl. Filtzer, Donald: Die Chruschtschow-Ära. Entstalinisierung und die Grenzen der Reform in der UdSSR, 1953-1964, Mainz 1995, sowie Pichoja, Sowetski Sojus, a.a.O.

verlief, hing mit Gemeinsamkeiten in der sozialökonomischen Verfassung zusammen. Symptomatisch ist, daß die Popularität beider charismatischer Symbolfiguren der 1956er Bewegung, Wladyslaw Gomulka in Polen und Imre Nagy in Ungarn, auf deren Rolle während der ersten Bodenreform nach dem Krieg zurückzuführen war. Und tatsächlich war die von chronischem Lebensmittelmangel begleitete katastrophale Lage in der Landwirtschaft beider Länder nach der überstürzten Industrialisierung und Zwangskollektivierung ein besonders wirksamer Faktor.

Entstalinisierung als politische Mobilisierung

Bereits auf dem XIX. Parteitag der KPdSU von 1952 wiederholte Malenkow die 1951 von Stalin aufgestellte These, daß ein Krieg zwischen Kapitalismus und Sozialismus nicht mehr, wie lange Zeit angenommen, unvermeidbar ist. Schon bald nach dem Tod des Generalissimus wurden erste innen- wie außenpolitische Entspannungssignale vernommen. In Korea konnte noch im Sommer 1953 ein Waffenstillstand vereinbart werden, 1954/55 fielen wichtige sowjetische Entscheidungen zum Status quo in Europa. Eine Versachlichung der sowjetischen Außenpolitik zeichnete sich mit dem Abschluß des Staatsvertrages mit Österreich am 15. Mai 1955 und der Aufnahme von diplomatischen Beziehungen mit der Bundesrepublik Deutschland im September 1955 ab.[41] Die Genfer Konferenz der Regierungschefs der Großen Vier schien eine neue Ära in den Ost-West-Beziehungen einzuleiten.

Nach der Hinrichtung des Innenministers und langjährigen Sicherheitschefs Berija, dessen Name auch in Ostmitteleuropa zum Synonym für den Staatsterror der letzten zehn Jahre geworden war, schienen die Grundprinzipien des Stalinismus ins Wanken zu geraten, als in der Erklärung über den Besuch des chinesichen Kommunistenführers Mao Zedong in Moskau am 12. Oktober 1954 sowjetischerseits der Verzicht auf die Führung der kommunistischen Weltbewegung dokumentiert und ein Bekenntnis zu den Prinzipien der Gleichheit abgelegt wurden. Die gemeinsame Deklaration der sowjetischen und der jugoslawischen Parteiführungen vom 2. Juni 1955 erkannte dann auch ausdrücklich verschiedene Wege und Formen des Sozialismus an. Schließlich war die Auflösung des Kominforms im April 1956 nur noch ein symbolischer Akt, denn mit der Unterzeichnung des Warschauer Paktes am 14. Mai 1955 hatte sich der »Ostblock« als internationaler Rahmen der von Moskau dominierten Staaten eine völkerrechtliche Grundlage gegeben.

Die erste große politische Zerreißprobe im »Ostblock« in der Mitte der fünfziger Jahre stellt sich vordergründig als eine Reaktion auf Chruschtschows

---

41 Vgl. hierzu auch: Scherstjanoi, Elke: Die sowjetische Deutschlandpolitik nach Stalins Tod 1953. Neue Dokumente aus dem Archiv des Moskauer Außenministeriums. In: VfZ 46 (1998), S. 497-549.

Referat »*Über den Personenkult und seine Folgen*« dar, die dieser auf einer geschlossenen Sitzung des XX. Parteitags der KPdSU am Vormittag des 25. Februar 1956 verlas. Am 5. März 1956 verfügte ein Beschluß des Präsidiums des ZK der KPdSU, sowjetische Kommunisten, Komsomolzen und parteilose Arbeiter mit dem Inhalt dieses »geheimen Berichtes« bekanntzumachen.[42] Die Rede sei angeblich auf allen Partei- und Komsomolversammlungen verlesen worden.[43]

Auf dem XX. Parteitag hörten aber nur die ordentlichen sowjetischen Delegierten Chruschtschows geheime Rede, die ausländischen Parteitagsgäste waren von der Sondersitzung am 25. Februar 1956 ausgeschlossen.[44] Die Ersten Sekretäre der osteuropäischen kommunistischen Parteien informierte Chruschtschow erst auf der Beratung mit der KPdSU-Führung am 27. Februar »über den Inhalt des Referats« mit der Auflage, ihn als eine parteiinterne Angelegenheit zu behandeln.[45] Nur sehr zaghaft reagierte die sowjetische Parteipresse, und auch in den offiziellen Parteidokumenten blieb die Kritik an Stalin abstrakt.[46] Es war offensichtlich, daß Stalins Fehler nur in der geschlossenen Gesellschaft der Kommunisten und unter Kontrolle der Parteiführung thematisiert werden sollten. Bereits Mitte März 1956 berichtete allerdings die Londoner Presse über die geschlossene Sitzung des XX. Parteitags[47], und am 4. Juni 1956 veröffentlichte das US-Außenministerium den vollen Wortlaut der »Geheimrede«.[48] Chruschtschow gab in seinen Memoiren an, daß man »zu den brüderlichen Kommunistischen Parteien« Abschriften von seinem Geheimreferat durchgereicht hatte[49], wobei das für Bierut bestimmte Exemplar nach dessen Tod »einigen polnischen Genossen in die Hände [fiel], die der Sowjetunion feindselig gegenüberstanden. Sie benutzten meine Rede für ihre eigenen Zwecke und stellten Kopien davon her. [...] So kam es, daß das Dokument veröffentlicht wurde, aber wir bestätigten es nicht.« Chruschtschow benannte damals den amerikanischen Geheimdienst als Autor und bekannte sich erst in seinen 1970 in den USA veröffentlichten Memoiren zu seiner »Geheimrede«.[50] Der damalige polnische Staatssicherheitsminister Jakub Berman erklärte später, daß er den Text von Bierut, der sich ihn in Moskau »besorgt« hatte, zum Lesen bekommen habe.[51]

---

[42] Axjutin, Jurin, in: Chruschtschow, Nikita S.: Skizzen zur Biographie, Berlin 1990, S. 45.

[43] Vgl. Die »Geheimrede« Chruschtschows. Über den Personenkult und seine Folgen, Berlin 1990, S. 114f.

[44] Vgl. Interview mit Jakub Berman, in: Toranska, Teresa: Die da oben, Köln 1987, S. 366.

[45] Vgl. Kaplan, Ceskoslovensko, a.a.O., S. 38; Axjutin, in: Chruschtschow, a.a.O., S. 45. – Der Beschluß des Präsidiums des ZK der KPdSU betr. Bekanntmachung von Vertretern ausländischer kommunistischer Parteien mit dem Referat N. S. Chruschtschows erfolgte erst am 28. März 1956. Vgl. Pichoja, Sowetski Sojus, a.a.O., S. 147.

[46] Axjutin, in: Chruschtschow, a.a.O., S. 46f.

[47] Vgl. Telegramm Walter Ulbrichts an das Präsidium des ZK der KPdSU – N. S. Chruschtschow vom 19. März 1956, in: SED und Stalinismus, a.a.O., S. 91.

[48] Vgl. Chruschtschow erinnert sich. Die authentischen Memoiren. Hg. von Strobe Talbott, Reinbek bei Hamburg 1992, S. 489.

[49] Ebenda, S. 329.

[50] Ebenda, S. 329.

[51] Jakub Berman, in: Toranska, Die da oben, a.a.O., S. 366.

Das Procedere der Informationspolitik Chruschtschows war nicht nur Ausdruck der Halbherzigkeit seiner Kritik. Es hatte einen erheblichen Einfluß auf den Verlauf der parteiinternen Diskussionen. Es ist nicht so ohne weiteres von der Hand zu weisen, daß Chruschtschows Indiskretionen gegenüber den osteuropäischen KP-Chefs im Kalkül seiner persönlichen Herrschaftsambitionen eine Rolle spielten. Während von der polnischen und der tschechoslowakischen Delegation nur Bierut und Novotny[52] als Parteichefs informiert wurden, soll den SED-Parteitagsgästen aus Ostberlin in der Nacht nach Abschluß des Parteitags ein Abgesandter des sowjetischen Parteiapparats das »Geheimreferat« »privatissime« mündlich ins Deutsche übertragen haben, wobei Karl Schirdewan ausführliche Notizen anfertigte, die er nach Berlin mitbrachte.[53] Nur die polnischen Kommunisten vervielfältigten später den geheimen Text für einen ausgewählten Führungskreis, wofür Chruschtschow sie schon im Juni 1956 und auch noch in seinen Erinnerungen heftig kritisierte.[54] In Osteuropa wurde der Text des geheimen Referats seinerzeit in der Hauptsache durch die Sendungen von *Radio Free Europe, The Voice of America* und *BBC* bekannt.[55]

Die Bevölkerung in den kommunistischen Ländern reagierte auf die Enthüllungen, die nur andeutungsweise das Ausmaß der politischen Verbrechen erkennen ließen, mit Mißtrauen. Für viele und wohl die meisten war der terroristische Machtmißbrauch kein Geheimnis, ebenso wenig die Praktiken stalinistischer Enthüllungsprovokationen mit ihren Ritualen der Kritik und Selbstkritik. Ambivalent waren sogar die parteiinternen Reaktionen, die von Ermutigung bis Hilflosigkeit, von Verschreckung bis Wut reichten. Nicht zuletzt aber auch deshalb, weil die Akzeptanz der sowjetischen Kritik am stalinistischen Terror einen erneuten bedingungslosen Treue- und Gefolgschaftsbeweis bedeutete. Äußerst vage war zudem die mit der Kritik verbundene Ermahnung zur »Rückkehr zu Leninschen Parteinormen«. Insgesamt folgte die durch Chruschtschows »Geheimrede« inszenierte innerparteiliche Mobilisierungskampagne traditionellen Organisationsritualen der kommunistischen Partei. Sie war durch eine als klassisch zu apostrophierende Legendenbildung geprägt, in der sich Elemente der Wirklichkeit, der abstrakten Zweckprojektion und der retrospektiven Kompensation zu einem unentwirrbaren Komplex verwoben. Nur ein sehr kleiner Kreis kommunistischer Funktionäre, der über authentisches Informationsmaterial der Parteiführung

52 Kaplan, Ceskoslovensko, a.a.O., S. 38 sowie Jakub Berman, in: Toranska, Die da oben, a.a.O., S. 365f.

53 Schirdewan, Karl: Aufstand gegen Ulbricht, Berlin 1994, S. 77. Die (noch nicht greifbaren) Terminkalender der Ersten Sekretäre sollten daraufhin geprüft werden, wer von ihnen überhaupt bzw. wie lange an der Besprechung mit Chruschtschow am 27. Februar teilgenommen hatte, weil einige Delegationsmitglieder aus Moskau früher zurückgekehrt sind.

54 Interview mit Edward Ochab, in: Toranska, Die da oben, a.a.O., S. 58, S. 60.

55 »Offiziell« erschien die »Geheimrede« Chruschtschows erst auf dem Höhepunkt von »Glasnost« im Jahr 1989 in: Iswestija ZK KPSS 3/1989, S. 128-170. Dennoch ist bis heute nicht bekannt, was Chruschtschow auf der Geheimsitzung des XX. Parteitags tatsächlich gesagt hat, weil der Redetext vom Parteiapparat erst am 5. März 1956 definitiv »redigiert« worden war. Vgl. Pichoja, Sowetski Sojus, a.a.O., S. 146.

verfügte, erfuhr von den Geständnissen Moskaus. Einfache Parteimitglieder hörten nur in kleinen Dosen und gerüchteweise von dem, was in der Vergangenheit geschehen war.

Doch gerade diese einzigartige Kommunikation sprengte den Rahmen einer instrumentalisierten, auf individuelle Vergehen reduzierten Vergangenheitsaufarbeitung. Die Diskussionen griffen auf Probleme im eigenen Land über. Viele Kommunisten wehrten sich gegen die Demontage ihrer sentimental verklärten Identifikations- und Integrationsfigur. Es soll »sogar zu einer Reihe von Selbstmorden« gekommen sein, erinnerte sich 1984 der frühere polnische Sicherheitsminister.[56] In der KPTsch stießen durchgesickerte Enthüllungen eher auf Entrüstung über Chruschtschow, sowohl ältere wie jüngere Parteimitglieder verteidigten ihr Stalinbild. In der SED bildete sich – so der Zeitzeuge Heinz Brandt – eine »konservativ-stalinistische Opposition, die Kritik an der ›revisionistischen‹ Linie des XX. Parteitags übte und Ulbricht Prinzipienverrat sowie Charakterlosigkeit vorwarf«.[57] Daß sich in Polen, anders als in der DDR und in der CSR, aber kaum Stimmen zur Verteidigung des Mythos Stalin regten, war auf die starken Aversionen der polnischen Kommunisten und der polnischen Gesellschaft gegenüber Stalin im Gefolge der genoziden Elemente seiner Polenpolitik in den dreißiger und vierziger Jahren zurückzuführen.

Krisenverlauf und Krisenmanagement

Polen

Ende Februar 1956 hatte die polnische Parteiführung beschlossen, für den 3. März das Parteiaktiv einzuberufen, um über Chruschtschows »Geheimrede« zu beraten. Dort unternahm Jakub Berman noch den Versuch, neuen Wein in alte Schläuche zu gießen, als er gegen Gomulka polemisierte. Am 6. März entschloß sich das Politbüro aber für eine Beschleunigung von Rehabilitierungen und zur Einrichtung einer entsprechenden Kommission unter Edward Ochab.[58] Am 12. März wurde der Personenkreis der Rehabilitierten sogar erweitert, sie sollten auch wieder in die Partei aufgenommen werden.[59] Mit dem Tod des Ersten Sekretärs der PVAP, Boleslaw Bierut, am 12. März 1956 in Moskau trat in Polen ein Stimmungswechsel ein. Antisowjetische Verdächtigungen und Gerüchte machten selbst in der Partei die Runde: Hinter vorgehaltener Hand wurden Parallelen zum plötzlichen Tod Dimitroffs 1949 und Gottwalds 1953 gezogen.[60]

---

56 Jakub Berman, in: Toranska, Die da oben, a.a.O., S. 367.

57 Laut Cerny, Jochen: Die Auswertung des XX. Parteitages der KPdSU in der SED. In: Der Stalinismus in der KPD und SED – Wurzeln, Wirkungen, Folgen. Materialien der Konferenz der Historischen Kommission beim PV der PDS am 17./18. November 1990, Berlin 1990, S. 68-77, hier S. 69.

58 Rykowski/Wladyka, Polska proba, a.a.O., S. 120f.

59 Ebenda, S. 124.

60 In Osteuropa hielten sich lange Gerüchte, daß Dimitroff und Gottwald keines natürlichen Todes gestorben seien. Die Tochter Gottwalds war noch nach 1990 davon überzeugt. – Bierut be-

Die Last ihrer Vergangenheit spaltete die polnische Parteiführung in zwei Gruppen. Die »Stalinisten« gerieten in die Defensive, die »Liberalen« gaben jetzt den Ton an. Aber sie befanden sich in einer delikaten Situation, weil ihre Mitglieder als »Juden« diffamiert werden konnten. Nicht wenige waren überdies zu sehr kompromittiert, um glaubwürdig als »Liberale« auftreten zu können, wie der frühere Sicherheitsminister Jakub Berman oder der allmächtige und autoritäre Wirtschaftsminister Hilary Minc. In den Vordergrund rückten daher die weniger Prominenten.

Am 20. März 1956 beriet das 6. Plenum des ZK der PVAP in Anwesenheit Chruschtschows über die Nachfolge Bieruts. Wegen der herrschenden antisemitischen Stimmungen riet Chruschtschow, keinen Parteivorsitzenden »jüdischer Herkunft« zu wählen. Der Sowjetführer machte sich für den »Stalinisten« Zenon Nowak stark. Doch dieser besaß keine Mehrheit im ZK, so daß schließlich der Kompromißkandidat Edward Ochab als von beiden Fraktionen tolerierter Pragmatiker das Rennen machte.[61] So herrschte im Frühjahr 1956 in der PVAP-Spitze ein Gleichgewicht: Die stalinistische Fraktion wußte zwar nur eine Minderheit des ZK hinter sich, doch stützte sie sich auf die sowjetischen Truppen im Lande und auf eine »diskrete« antisemitische Flüsterpropaganda in der Partei, die alle Verantwortung für den Stalinismus auf »Juden« schob. Die Reformer stellten zunächst nur eine Liberalisierung für die ferne Zukunft in Aussicht. Doch am 21. März 1956 beschloß das neugewählte Sekretariat, die »Geheimrede« Chruschtschows zu veröffentlichen und in 20000 Exemplaren zu verteilen – ein einmaliger Vorgang in ganz Osteuropa. Der Parteivorsitzende Ochab unterstützte diese Aktion[62] und berichtete selbst im Parteiorgan *Trybuna ludu* am 7. April 1956 über Rehabilitierungen in den Jahren 1954-55. Diese Veröffentlichungen regten die parteiinternen wie die öffentlichen Diskussionen an. Die Angst verschwand, Intellektuelle, Literaten, Studenten, die Presse wurden aktiv. Am 10. April 1956 beschloß das ZK-Sekretariat zwar, die Verbreitung des Textes der »Geheimrede« einzuschränken und nur Funktionäre mit dem vollen Wortlaut bekanntzumachen, weil von den Mit-

ging in Moskau wahrscheinlich Selbstmord; der kranke Gottwald starb an den Folgen einer Lungenentzündung, die er sich auf dem Flug zu Stalins Begräbnis zugezogen hatte.

61 Albert, Andrzej (d.i. Roszkowski, Wojciech): Najnowsza historia Polski 1918-1980 [Neuere Geschichte Polens 1918-1980], London 1989, S. 706.

62 Insgesamt 72 Seiten, mit dem Impressum: »herausgegeben vom ZK der PVAP im März 1956«. Dem Präsidium der Demokratischen Partei stellte Ochab fünf Exemplare der Chruschtschow-Rede zur Verfügung. So: Interview mit Leon Chajn vom November/Dezember 1980, in: Nachlaß Leon Chajn, in: Archiwum Akt Nowych Warszawa [Archiv für neue Akten] (künftig: AAN), 9021. – Eine leicht abweichende Lesart bei Kupiecki, Robert: Od VIII Plenum do VIII Plenum 1953-1956. Odchodzenie od kultu Stalina w Polsce [Vom VIII. Plenum zum VIII. Plenum 1953-1956. Die Überwindung des Stalinkults in Polen]. In: Kwartalnik historyczny 2/1992, S. 88, wonach statt der genehmigten 3 000 (zur Kontrolle der Verteilung) nummerierten Exemplare von der ZK-Druckerei gleich 15 000 – »parallel nummerierte« – Exemplare hergestellt und teilweise über den »schwarzen Markt« in Umlauf gebracht wurden. Die nummerierten Exemplare mußten als Verschlußsache an das ZK zurückgegeben werden, laut Ochab fehlten am Schluß drei Exemplare.

gliedern zu viele Fragen gestellt würden. Doch dafür war es bereits zu spät.[63]

Am 27. April 1956 wurde in Polen eine allgemeine Amnestie verkündet. Nach Angaben des Justizministeriums wurden bis Oktober 1956 etwa 40 000 Häftlinge entlassen, davon 7000 politische.[64] Doch eine Beruhigung der Lage trat nicht ein. Im Bergbau hatte der Abzug von Häftlingen Arbeitskräftemangel verursacht, der die bestehenden Versorgungsschwierigkeiten noch verschärfte.[65] Ihre Wirkung verfehlten auch die Lohn- und Rentenerhöhungen um insgesamt 2,775 Milliarden Zloty vom April 1956.[66] So eskalierten in Posen am 28. Juni die Kurzstreiks zu einer öffentlichen Massendemonstration, die in mehrtägigen Unruhen mit vielen Toten gipfelte.

Wenige Wochen nach den Posener Unruhen übte Ochab in seinem Referat vor dem 7. Plenum des ZK der PVAP im August scharfe Kritik an der Überzentralisierung und dem Bürokratismus des Leitungsapparats. Während des Plenums hielt sich der damalige sowjetische Ministerpräsident Nikolai Bulganin in Polen auf, der in einer Ansprache am 21. August 1956 keinen Zweifel daran ließ, daß die polnische Liberalisierung Moskau zu weit gehe. Dort sah man die führende Rolle der Partei in Frage gestellt. Im Plenumbeschluß wurden schließlich Maßnahmen verankert, um in den Betrieben eine Arbeiterselbstvertretung zu installieren, mehr Selbständigkeit sollte auch den Nationalräten als Organen der territorialen Selbstverwaltung sowie dem Parlament eingeräumt werden. Außerdem legte das ZK ein Bekenntnis zur sozialistischen Rechtsstaatlichkeit und zum Recht auf Kritik öffentlicher Angelegenheiten ab. Diese hehren Ziele wurden mehrheitlich akzeptiert, obwohl niemand wußte, wie sie erreicht werden sollten. Anfang Oktober veröffentlichten Warschauer Studenten eine Resolution für die Unterstützung der demokratischen Kräfte in der von Fraktionskämpfen paralysierten Parteiführung und richteten einen offenen Brief an alle Studenten.

Die Zuspitzung des Konflikts und die Einforderung tatsächlicher politischer Veränderungen ließen die Spannungen in der Parteiführung weiter zunehmen. Auf dem 8. Plenum des ZK der PVAP vom 19. bis 21. Oktober 1956 stießen in der Parteiführung drei Strömungen hart aufeinander. Zum Plenum erschien in Warschau uneingeladen eine imponierende sowjetische Delegation, der neben Chruschtschow auch Lasar Kaganowitsch, Anastas Mikojan und Wjatscheslaw Molotow – alle Mitglieder der engeren Parteiführung –, Verteidigungsminister Georgi Schukow und der Chef der Truppen des Warschauer Paktes, Iwan Konjew, sowie weitere hohe Generäle angehörten. Nachdem der sowjetische Druck, eine Verschiebung der Tagung zu erreichen, erfolglos geblieben war, führten zwei in Schlesien stationierte sowjetische Panzerdivisionen Bewegungen in Richtung der polni-

63 Rykowski/Wladyka, Polska proba, a.a.O., S 129f.

64 Tarniewski, Marek: Porcja wolnosci (pazdziernik 1956) [Eine Portion Freiheit – Oktober 1956]. In: Alternatywy, Instytut Literacki Paryz 1979, S. 46.

65 Stefan Heymann: Grotewohl, Ulbricht, Schirdewan/Bericht über die Lage in der PVAP/11.06.1956, in: SAPMO BArch, IV 2, 20, 156.

66 Rykowski/Wladyka, Polska proba, a.a.O., S. 175.

schen Hauptstadt durch, vor deren Toren bereits polnische Einheiten unter Führung sowjetischer Offiziere standen. Flottenmanöver in der Danziger Bucht vervollständigten das Kulissenbild. Chruschtschow drohte der polnischen Führung offen mit einer »brutalen Intervention« und erklärte dazu, daß die Sowjets selbst darüber bestimmen, wer Feind der Sowjetunion sei.[67]

Die SED-Führung kritisierte damals intern die »falschen Beschlüsse des 8. Plenums«, in denen der polnischen Bauernpartei die gleichen Rechte eingeräumt worden seien wie der PVAP, worauf deren »führende Rolle« verlorenzugehen drohte. Insgesamt sah die SED-Führung in den polnischen Beschlüssen eine unklare Konzeption des sozialistischen Aufbaus.[68] Doch nicht nur die SED-Führung habe damals einem bereits beschlossenen sowjetischen militärischen Eingriff in Polen zugestimmt, wußte Edward Ochab anderthalb Jahrzehnte später einer polnischen Journalistin zu berichten. Allein Tito und die chinesische Führung verweigerten ihre Zustimmung, was die Polen schließlich vor einer militärischen Intervention bewahrte.[69]

Die sowjetischen Truppenbewegungen alarmierten in Polen breite Bevölkerungsschichten. Am 20. Oktober 1956 versammelten sich 20000 Menschen vor dem Warschauer Polytechnikum und tags darauf – die sowjetische Delegation war inzwischen nach Moskau zurückgekehrt – wählte das ZK-Plenum sein Politbüro und Sekretariat neu: Gomulka, vor sechs Jahren unter wüsten Anschuldigungen und Beschimpfungen aus beiden Gremien fortgejagt, war nun der unangefochtene Sieger, die Parteiführung schien wieder geschlossen. Aus dem ganzen Land trafen Resolutionen zur Unterstützung der neuen Führung ein. Man forderte Gleichberechtigung in den Beziehungen zur Sowjetunion und weitere demokratische Reformen. Auf der zentralen Kundgebung am 24. Oktober 1956 auf dem Warschauer »Plac defilad« gelang es Gomulka, die versammelten 400000 Polen zu besänftigen. Doch gleichzeitig erteilte er jenen eine Absage, die sich Hoffnungen auf einen Austritt Polens aus dem Warschauer Pakt machten.[70] Damit war der kritische Punkt der Protestbewegung überwunden, und der »polnische Oktober« insofern auch ein Vermittlungserfolg Chruschtschows. Dieser hatte – quasi als Ergänzung seiner militanten Drohgebärden – zur Linderung der Versorgungsprobleme die Lieferung des dringend benötigten Getreides versprochen.[71]

---

[67] Toranska, Die da oben, a.a.O., S. 85f.

[68] Disposition/Über die politische Lage in der Volksrepublik Polen [1956], in: SAPMO BArch, ZPA, IV 2, 13, 197.

[69] Toranska, Die da oben, a.a.O., S. 78f. Vgl. dazu auch: Werblan, Andrzej: Rozmowy kierownictwa PZPR z delegacja KPZR. Nieznane dokumenty z pazdziernika 1956 r. [Die Verhandlungen der Führung der PVAP mit der Delegation der KPdSU. Unbekannte Dokumente vom Oktober 1956]. In: Dzis Warszawa 4/1995, S. 105-111.

[70] Kramer, Mark: Hungary and Poland, 1956. In: Cold War International History Project 5/1995, S. 50-56, hier: S. 50.

[71] Ebenda, S 53.

Ungarn

Eine von Budapester Studenten am 23. Oktober organisierte Solidaritätsdemonstration für Polen gipfelte mit ihren 200 000 Teilnehmern in spontaner Aufruhr, als Sicherheitskräfte auf die Menschenmenge das Feuer eröffneten, das erwidert wurde. Das Ereignis löste eine Kettenreaktion aus, bei der die durch interne Gruppenkämpfe paralysierte Parteiführung jede Kontrolle über die Lage verlor. Mit Hilfe politischer Versprechungen konnte sie nur noch versuchen, ihr Gesicht zu wahren.

Schon am Nachmittag des 23. Oktober bat die ungarische Parteiführung um militärische Hilfe, und in den Morgenstunden des 24. Oktober marschierten sowjetische Truppen mit 31500 Soldaten und 1130 Panzern in Budapest und in den größeren Städten des Landes ein.[72] Diese Form der »Pazifizierung« stieß im ganzen Land auf massiven Protest und bewaffneten Widerstand. Spontan entstanden Arbeiterräte und Revolutionskomitees. Sie begannen, die lokale und regionale Macht zu übernehmen. Die Parteiführung versuchte am 24. Oktober, durch die Bestellung Imre Nagys zum Ministerpräsidenten den Sturm der Straße zu bändigen. Nagy, nach seiner Amtsenthebung als Ministerpräsident im April 1955 allgemein anerkannte Galionsfigur der innerparteilichen Opposition, gelang es zwar in diesem zweiten Anlauf und unter dem Druck drohender Ausweitung der bewaffneten Auseinandersetzungen, die Parteiführung zu erneuern und zu konsolidieren. Doch das eigentliche politische Entscheidungszentrum verlagerte sich gleichzeitig von der Parteiführung in die neue Regierung und die unabhängig vom Zentrum im Land entstandenen revolutionären Organe. Anders als in Polen gelang es nicht, in der Parteiführung eine reformbereite Gruppe zu stabilisieren. Schon einige Tage nach dem Führungsrevirement meldeten am 29. Oktober die sowjetischen Beauftragten Mikojan und Michail Suslow aus Budapest, daß der neue Ministerpräsident Nagy die Führung der Massen verloren habe, und am nächsten Tag hieß es, daß die Parteiorgane hilflos seien und die Parteiorganisation zerfalle.[73] Am selben Tag, dem 30. Oktober 1956, bildete Nagy seine Regierung nach dem Vorbild der Mehrparteienkoalition der unmittelbaren Nachkriegszeit um und verkündete tags darauf in einer Regierungserklärung die Absicht, Verhandlungen zum Austritt aus dem Warschauer Pakt aufzunehmen. An diesem Tag entschied die sowjetische Führung über eine zweite militärische Intervention, die in den Morgenstunden des 4. November 1956 begann.

Polen blieb dieses Schicksal erspart. In kleineren Schritten wurde eine gewisse Liberalisierung der Universitäten erzielt, in den Geisteswissenschaften verlor der Marxismus seine Monopolstellung. Freiräume erhielt auch die katholische Kirche, der Staat verzichtete auf Mitspracherechte bei der Investitur von Bischöfen und ließ wieder Religionsunterricht an den Schulen zu.[74] Am 13. November wurde der sowjetische Marschall Konstantin

---

[72] Ebenda, S. 51.

[73] Mussatow, O wengerskych sobytijach, a.a.O., S. 39.

[74] 02.07.1957/Zur Information über die Lage in Polen, in: SAPMO BArch, ZPA, IV 2, 20, 157.

Rokossowski vom Amt des polnischen Verteidigungsministers abgesetzt, und im gleichen Monat erließ die sowjetische Regierung Polen alle Schulden. Sie versprach einen neuen Kredit von 700 Millionen Rubel und die Lieferung von 1,4 Millionen Tonnen Getreide im nächsten Jahr. Beseitigt wurden auch die bis dahin zu ungunsten Polens festgesetzten Kohlepreise im bilateralen Handel.[75] Im polnischen Sejm wurde noch 1956 ein Gesetz über Arbeiterräte beraten. Vor allem auf dem Land mußte sich die PVAP dem massiven Druck beugen und den schwer kompromittierten Parteiapparat verkleinern und erneuern. Die Kollektivierung der Landwirtschaft verschwand von der politischen Tagesordnung: Von den im Oktober 1956 bestehenden 10203 landwirtschaftlichen Produktionsgenossenschaften blieben im März 1957 nur 1942 übrig.[76] Auf dem Land setzte ein gewisser Rekapitalisierungsprozeß ein: Bauern durften wieder Land erwerben und ihre Betriebe bis 15 ha bzw. Zuchtbetriebe bis 20 ha ausbauen. Die Bodenpreise verfünffachten sich innerhalb eines Jahres; in den neuen Westgebieten verdoppelten sie sich.

Zentrale Funktionsteile des angeschlagenen politischen Systems, wie etwa der einheitliche Jugendverband, brachen zusammen; reale soziale und kulturelle Gegensätze zwischen Stadt- und Landjugend, zwischen Lehrlingen und Schülern wirkten weit stärker als die politisch induzierte abstrakte Interessenidentität. Aufgelöst wurde das Ministerium für Staatskontrolle. Die Kompetenzen des Präsidiums des Ministerrats wurden stark beschnitten.[77] In dem am 20. Januar 1957 gewählten Sejm war die PVAP nur noch mit 51,7 Prozent der Abgeordneten vertreten, 26,0 Prozent gehörten der Bauernpartei, 8,5 Prozent der Demokratischen Partei an, und 13,8 Prozent der Mandatare waren Parteilose.[78]

Indes, mit der Festigung seiner Position begann Gomulka, Demokratisierungsprozesse wieder zu bremsen. Rehabilitiert wurde bis Mai 1957 nur ein Teil der Opfer der stalinistischen Willkür. Auch im Sicherheitsapparat fanden keine ernsthaften Überprüfungen der Mitarbeiter wegen Amtsmißbrauchs statt.[79] Die Liberalisierung im kulturellen Bereich wurde mit dem Verbot der Zeitschrift *Po Prostu* am 2. Oktober 1957 weitgehend gestoppt, einige Errungenschaften sogar zurückgenommen. Wie in der ČSR und der DDR war politische Lethargie der Preis für die neu austarierte soziale Loyalität. Und nur noch Studenten protestierten gegen diese Entwicklung.

---

[75] Chruschtschow, Chruschtschow, a.a.O., Bd. 1, S. 276f. – In diesem Zusammenhang ist nicht nur der ökonomische Aspekt zu würdigen, sondern insbesondere der Zuwachs an Souveränität hinsichtlich der sogenannten neu gewonnenen Westgebiete Polens, hingen doch die Kohlepreise unmittelbar mit der völkerrechtlichen Nachkriegsordnung der »deutschen Frage« zusammen.

[76] 02.07.1957/Zur Information über die Lage in Polen, in: SAPMO BArch, ZPA, IV 2, 20, 157.

[77] Vgl. Aussprache mit dem Genossen Rosmarin, in: SAPMO BArch, ZPA, IV 2, 20, 197.

[78] Albert, Najnowsza historia, a.a.O., S. 744.

[79] Ebenda, S. 746.

CSR

In der KPTsch machte Antonin Novotny auf der Politbürositzung am 2. März 1956 den Vorschlag, den Personenkult zu diskutieren. Eine Diskussion über ihre eigene Vergangenheit lehnte die KPTsch-Führung jedoch ab. So erhielten die Bezirks- und Kreisorganisationen gar keine Informationen über den XX. Parteitag der KPdSU, die durch Auslandssendungen aufgescheuchten und verunsicherten Parteimitglieder richteten jedoch Fragen an ihre Parteioberen. Auf der ZK-Sitzung vom 29./30. März 1956 stellte dann Novotny im Bericht über den XX. Parteitag der KPdSU fest, daß die von der KPTsch in der Vergangenheit verfolgte Politik notwendig gewesen sei, weil sonst die Unterstützung traditionell eingestellter Bevölkerungsteile nicht zu erreichen gewesen wäre. Novotny kritisierte aber Stalins These vom »verschärften Klassenkampf«. Deren Übernahme durch die KPTsch habe zur Herrschaft der Staatssicherheit über den Staat und die Partei geführt. Die Fehler seien 1951 von dem ein Jahr später nach einem spektakulären politischen Schauprozeß hingerichteten Generalsekretär der Partei, Slansky, zu verantworten. Einige zu Unrecht Verurteilte habe man aber bereits entlassen oder ihr Strafmaß gesenkt.

Andere ZK-Mitglieder waren zwar in ihrer Kritik weniger zaghaft, doch in seinem Schlußwort redete Novotny von Kollektivhaftung: »Unser ganzes parteiliches und öffentliches Leben unterlag dem Personenkult«, »mehr oder weniger alle Funktionäre, einschließlich der führenden pflegten ihn« [...]. Es sei nötig, diese Erscheinungen als aus der Sowjetunion herübergekommenes System zu begreifen und auszurotten.[80] Novotny plädierte für eine Fortsetzung der parteiinternen Diskussion.

Anfang April machten sich die Grundorganisationen mit seinem (durchaus in die Details gehenden) Referat über den XX. Parteitag vertraut.[81] Die Parteimitglieder reagierten vielfach mit Unsicherheit oder bezweifelten einfach den Wahrheitsgehalt der Informationen über die Verbrechen Stalins. Noch wirkte der Schock der im Dezember 1952 im Slansky-Prozeß gefällten elf Todesurteile nach, man wollte keine neue Entlarvungskampagne mit ungewissem Ausgang. In den parteiinternen Diskussionen wurde dann Stalin eher verteidigt, die Kritik konzentrierte sich auf politische und soziale Probleme im eigenen Land. Am 17. April 1956 hat man im Politbüro die kritischen Stimmen verbal begrüßt: Zum personalpolitischen Opfer bestimmte man den Schwiegersohn Gottwalds, Verteidigungsminister Alexej Cepicka, der alle Ämter verlor. Reformen, insbesondere im Justiz- und Wirtschaftsbereich, wurden angekündigt. Sonst schonte sich die Führung. Zwei Tage später referierte Novotny vor dem ZK über die Ergebnisse der Diskussionen in

80 Antonin Novotny, auf der ZK-Tagung der KPTsch vom 29./30.3.1956, in: SUA, 01, 45, 49.

81 Nach: Pelikan, Jiri: Das Echo des XX. Parteitages der KPdSU in der Tschechoslowakei. In: Medwedew, R.; Havemann, R./Steffen J. u.a.: Entstalinisierung. Der XX. Parteitag der KPdSU und seine Folgen. Hg. von Reinhard Crusius und Manfred Wilke, Frankfurt/M. 1977, S. 165-176, hier S. 170, wurde die Chruschtschow-Rede ins Tschechische übersetzt und sollte als streng geheime Broschüre in allen Grundorganisationen vorgelesen werden.

den Grundorganisationen: Vor allem der Bürokratismus und der Zentralismus seien kritisiert worden. Der Erste Sekretär räumte ein: »Es wäre falsch zu sagen, daß bei uns der Personenkult nicht gepflegt wurde.« Mitglieder des Politbüros und Minister hätten ihn vor allem im Privatleben praktiziert; besonders stark sei er in der Armee und in der Staatssicherheit, bei den Strafgerichten und in der Presse verbreitet gewesen.[82] Im gleichen Sinne äußerten sich im Kampf um die Macht auch andere Führungsfiguren. So kritisierte Staatspräsident Antonin Zapotocky die falsche Politik der Partei gegenüber Schriftstellern, gegenüber den Gewerkschaften und gesellschaftlichen Massenorganisationen.[83]

Ein Teil der Funktionäre trat für eine Fortsetzung der parteiinternen Diskussion und ihre »Lenkung« ein. Doch inzwischen war die Gesellschaft insgesamt wachgerüttelt worden. Bereits am 16. April forderte die kommunistische Gruppe im Schriftstellerverband einen Sonderparteitag. Bis Mai 1956 unterstützten 125 Grundorganisationen der KPTsch diesen Antrag. Noch im April verlangten auch die nichtkommunistischen Blockparteien und die Gewerkschaften nach Autonomie und nach einer Neubestimmung ihres Verhältnisses zur kommunistischen Partei. Auch der Jugendverband regte sich, allen voran die Studenten. Eine besondere Publizität erreichte jedoch nur die Fronde im Schriftstellerverband, der auf seinem Kongreß im April 1956 die von der Parteiführung vorgeschlagene Leitung nicht wählte. Gefordert wurde, in der Diskussion über die Vergangenheit die »Befreiungsmission« der Schriftsteller der Passivität der Parteiführung entgegenzustellen.[84]

Am 2. Mai beschloß das Politbüro plötzlich, die Diskussion über den XX. Parteitag für beendet zu erklären und zur politischen Gegenoffensive überzugehen. Nachdem im April 1956 Mao Zedong in Moskau Protest gegen die einseitige Verurteilung Stalins eingelegt hatte und man dort vor allem wegen der polnischen Entwicklung beunruhigt war, hatte der Kreml am 1. Mai bei der Prager Führung interveniert. Am 14. Mai 1956 legte das KPTsch-Politbüro fest, in den von Arbeitern am heftigsten kritisierten Bereichen des öffentlichen Lebens Korrekturen vorzunehmen. Gegen die in den parteiinternen Diskussionen »entlarvten Kritiker« aber sollte mittels »kaderpolitischer Maßnahmen« vorgegangen werden.[85] Im Juni fand eine gesamtstaatliche Konferenz der KPTsch statt. Zentraler Punkt war die Hyperzentralisierung in der Volkswirtschaft. Zugleich wurde die innerparteiliche Opposition mit administrativen Mitteln mundtot gemacht. Schließlich kapitulierten auch die Gewerkschafter mit ihrer Autonomieforderung. Nachhutgefechte fanden mit dem Schriftstellerverband statt, dessen Leitung auf Befehl der Partei im Juni 1957 die Beschlüsse des Schriftstellerkongresses vom April 1956 verur-

[82] Antonin Novotny, auf der ZK-Tagung der KPTsch vom 19./20.4.1956, in: SUA, 01, 46, 50. – Da im Tschechischen Personenkult so viel wie »Persönlichkeitskult« heißt, wurde die Entstalinisierungsdiskussion in der KPTsch im Volksmund auf einen knappen Nenner gebracht: »Einen Kult hat es bei uns zwar gegeben, aber keine Persönlichkeit.«

[83] Vgl. Protokoll der ZK-Tagung der KPTsch vom 19./20.4.1956, in: SUA, 01, 46, 50.

[84] Vgl. Kaplan, Ceskoslovensko, a.a.O., S. 48.

[85] Ebenda, S. 50.

teilen mußte.[86] Schon Mitte 1956 hatte die Führung der KPTsch die Situation erneut unter Kontrolle. Diese politische Ruhigstellung an der Westgrenze des »Ostblocks« ist insofern bemerkenswert, als zum gleichen Zeitpunkt durch den (veröffentlichten) Beschluß des ZK der KPdSU vom 30. Juni 1956 die Diskussion in der Sowjetunion erneut angefacht und dort erst durch den (unveröffentlichten) Brief des ZK vom 16. Juli 1956 gestoppt wurde.[87]

Daß in der CSR keine offene Krise wie in Polen oder in Ungarn ausbrach, war zum großen Teil die Folge einer relativen Stabilisierung durch sozial- und organisationspolitische Korrekturen in den vorangegangenen drei Jahren. Die oppositionellen Tendenzen in der Gesellschaft wie auch in der KPTsch waren heterogen und ohne eine alternative Plattform. Ihnen gegenüber trat eine Führung auf, die sich in der Ablehnung einer ernsthaften Auseinandersetzung mit der von ihr mitverantworteten Vergangenheit weitgehend eins war. Das ZK-Plenum vom 2. Oktober 1957 zog einen Schlußstrich: Von etwa 7 000 Anträgen auf Rehabilitierung von politisch Verfolgten wurde nur 50 wegen völlig unbegründeter Urteile stattgegeben. Bei 213 Personen seien nur die ursprünglichen Strafen zu hoch gewesen.[88] – Damit waren vollstreckte Todesurteile gemeint. – Am 19. November 1956 stoppte das Politbüro der KPTsch die Entlassung von Opfern des stalinistischen Terrors aus der Haft und die gerichtlichen Revisionen.[89]

Während der Ereignisse in Ungarn präsentierte sich die KPTsch-Führung als eine konservative Bastion im »Ostblock«. Sie brachte auf dem Dezemberplenum 1956 nicht nur starke Vorbehalte gegen die Politik der PVAP vor, sondern übte auch wieder einmal Kritik an Tito, der am 11. November 1956 den ungarischen Aufstand als Kampf für nationale Unabhängigkeit bezeichnet hatte. In der CSR wurde die Volksmiliz mobilisiert, Armee-Einheiten wurden an die ungarische Grenze verlegt und Reservisten einberufen. Verhaftungen in der Slowakei begleiteten die aktive Hilfe für Ungarns moskautreue Kommunisten.[90] Von den politischen Partizipationsangeboten an die Bevölkerung blieb nur eine geringfügige Reform der Nationalen Front, der Nationalausschüsse (=öffentliche Verwaltung) und des Justizsystems übrig. Diese Reformen rührten weder am Herrschaftsmonopol noch an den hierarchisch-zentralistischen Verfahrensweisen der kommunistischen Partei, und so versandete die gesamte Entstalinisierung in elastischeren, gleichwohl stalinistischen Arbeitsformen. Auf der ZK-Tagung am 13. Juni 1957 stellte der ZK-Sekretär Hendrych lakonisch fest, daß die tschechoslowakischen Kommunisten die »nationalen Besonderheiten unseres Weges zum Sozialismus nie überschätzt« hätten.

86 Ebenda, S. 54.
87 Vgl. Sesina, Marija R.: Schokowaja terapija: Ot 1953-go k 1956 godu [Die Schocktherapie von 1953 bis 1956], In: Otetschestwennaja istorija 2/1995, S. 121-135, hier S. 130.
88 O procesech a rehabilitacich, a.a.O., S. 110.
89 Ebenda, S. 109.
90 Protokoll der ZK-Tagung der KPTsch vom 5./6.12.1956, in: SUA, 01, 51, 55.

DDR

Ein Artikel Walter Ulbrichts über den XX. Parteitag, den das Zentralorgan *Neues Deutschland* am 4. März 1956 veröffentlichte, nahm nur auf das offizielle Programm Bezug.[91] Immerhin wurden aber auch wieder »verschiedene Formen des Übergangs zum Sozialismus« erwähnt; die DDR vollziehe ihren auf friedlichem, parlamentarischem Weg.[92] Der »Personenkult Stalins« und die »Verletzung der Leninschen Parteinormen« wurden dagegen nur diskret gestreift.[93] Am 17. März brachten aber Westberliner Zeitungen erste Meldungen über Chruschtschows »Geheimrede«. Die Diskussion schwappte noch am selben Tag in den Osten der Stadt über, wo am Abend des 17. März eine Bezirksdelegiertenkonferenz der SED stattfand. Wie aus dem am 18. März 1956 im *Neuen Deutschland* veröffentlichten Diskussionsbeitrag Ulbrichts hervorging, wurden von den Delegierten Fragen zum XX. Parteitag gestellt. Sie betrafen vor allem die Geschichte der KPdSU. Als Stichworte fielen: die »Verletzungen der Gesetze, besonders in den Jahren 1936 bis 1938 und nach dem Kriege«, Führerkult, persönliche Willkür, Stalins Selbstüberhöhung, Jugoslawien-Frage, Außenpolitik, usw.[94] Die spontanen Erklärungen zu Stalin gingen Ulbricht zu weit. Er betrachtete sie als Einmischung in die inneren Angelegenheiten der KPdSU. Am 19. März 1956 bat er Chruschtschow in einem Telegramm um Verständnis, daß er selbst habe handeln müssen, noch bevor sich die Moskauer *Prawda* zum Thema geäußert hat. Er drängte auf einen Leitartikel der *Prawda* als Richtlinie für die Diskussion.[95]

Anders als Gomulka sah es Ulbricht nicht als notwendig an, die Moskauer Kritik weiterzuführen. Der Druck von unten war relativ gering. Im März 1956 berief sich Ulbricht wieder nur auf die offiziellen Beschlüsse des XX. Parteitags. Neben allgemeinen Hinweisen auf den Personenkult und die innerparteiliche Demokratie benannte er auf der 3. Parteikonferenz nur »Erscheinungen des Spießertums bei einigen Partei- und Staatsfunktionären« der SED, die »in einer Anzahl von Fällen zu statutenwidrigen Parteistrafen geführt« hätten. Eine Kommission zur Überprüfung von bestraften Parteimitgliedern sei ernannt worden, »weil es viele Fälle davon gibt«[96]. Der Geheimbericht Chruschtschows wurde im veröffentlichten Protokoll der Parteikonferenz nur am Rande gestreift, im Zentrum stand der zweite Fünfjahrplan. Karl Schirdewan, der als Mitglied der SED-Delegation zum XX. Parteitag ebenfalls genau über die »Geheimrede« informiert war und, wie wir heute wissen, wohl als einziger Notizen angelegt hatte[97], sprach auch

---

[91] Walter Ulbricht: Über den XX. Parteitag der Kommunistischen Partei der Sowjetunion, in: SED und Stalinismus, a.a.O., S. 93-115.

[92] Ebenda, S. 103f.

[93] Ebenda, S. 112ff.

[94] Antworten auf Fragen auf der Berliner Bezirksdelegiertenkonferenz der SED. Aus der Diskussionsrede Walter Ulbrichts am 17. März 1956, in: Ebenda, S. 116-130, hier S. 121.

[95] Ebenda, S. 91.

[96] Walter Ulbricht, Der zweite Fünfjahrplan und der Aufbau des Sozialismus in der DDR. In: 3. Parteikonferenz der SED vom 24.-30. März 1956, Berlin (Ost) 1956, S. 181ff.

[97] Schirdewan, Karl: Aufstand gegen Ulbricht, Berlin 1994, S. 77.

nur sehr verschwommen von »Verletzungen der Leninschen Normen des Parteilebens«, wobei die KPdSU aber bereits »einen großen Klärungsprozeß hinsichtlich einer Reihe von Irrtümern und Fehlern in der theoretischen und praktischen leitenden Tätigkeit Stalins durchgeführt« habe.[98] Willi Bredel sprach von »schädlichen und hemmenden Folgen eines Dogmatismus als Folge eines sakrosankten Personenkults auf die Literatur und Kunst«, wies auch auf die Notwendigkeit der Chruschtschowschen Stalinkritik in der Partei hin.[99] Immerhin war seine Frage nach der Verantwortlichkeit vor allem der Älteren – mithin seiner eigenen, aber auch der Walter Ulbrichts – beachtlich. In einer geheimen Sitzung der 3. Parteikonferenz soll dann der Text der »Geheimrede« angeblich verlesen worden sein.[100] Die Vorlage blieb bis heute unbekannt. Erst nachträglich wurden Ende März die Konferenzdelegierten legitimiert, »auf Grund ihrer aufgeschriebenen Stichworte [...] gewisse Informationen zu geben«.[101] Das Procedere wurde genau festgelegt. »Den formulierten Bericht geben wir nur den Bezirksaktivs und nirgends anderswo!«, bestimmte Ulbricht resolut.[102] Die Parteimitglieder jedoch »werden [wir] nicht über die Fragen der geschlossenen Sitzung des XX. Parteitags informieren, wie wir überhaupt über diese Frage keine breite Information durchführen wollen. Es liegt gar kein Grund dazu bei uns vor. [...]«[103]. Und Ulbricht fuhr fort: »Wir haben Glück gehabt, daß wir damals schon [d.i. nach 1945 – J.F.] den demokratischen Weg gegangen sind. Uns kann man nicht nachsagen, wir müßten unsere Programmbeschlüsse korrigieren.«[104] Für die kommunistische Führung im deutschen Teilstaat DDR stellte sich jedes größere Eingeständnis von Fehlern als politische Niederlage im nationalen Rahmen dar. Eine Diskussion, so Ulbricht, käme einem Versuch gleich, die Entspannung zurückdatieren zu wollen, würde »Kalten Krieg« bedeuten.[105]

Die 28. Tagung des ZK vom 27. bis 29. Juli 1956 beschloß dann, zu Unrecht verfolgte ehemalige Parteimitglieder zu rehabilitieren.[106] Ab April 1956 stieg auch die Zahl der haftentlassenen Nichtkommunisten: Bis zum 14. Juni 1956 wurden insgesamt etwa 15000 Häftlinge[107] sowie weitere 3308 durch sowjetische Militärgerichte Verurteilte[108] freigelassen, bis Oktober summierten sich die Zahlen auf etwa 21000. Gleichzeitig wurden die Parteistrafen ge-

98 Karl Schirdewan, in: 3. Parteikonferenz der SED vom 24.-30. März 1956, S. 98.

99 Willi Bredel, in: 3. Parteikonferenz der SED vom 24.-30. März 1956, S. 308.

100 Vgl. Walter Ulbricht, in: 27. Tagung des ZK der SED, 30. März 1956, in: Der gespaltene Dichter Johannes R. Becher. Hg. Carsten Gansel, Berlin 1991, S. 139-151, hier S. 145.

101 Ulbricht, in: Ebenda, S. 145.

102 Ebenda, S. 145.

103 Ulbricht, in: Ebenda, S. 146.

104 Ulbricht, in: Ebenda, S. 150.

105 Ulbricht, in: Ebenda, S. 150.

106 Cerny, Auswertung, a.a.O., S 146.

107 Vgl. Zur Entlassung werden vorgeschlagen.... Wirken und Arbeitsergebnisse der Kommission des Zentralkomitees zur Überprüfung von Angelegenheiten von Parteimitgliedern. Dokumente. Mit einem Vorwort von Josef Gabert, Berlin 1991, S. 30f.

108 Zur Entlassung werden vorgeschlagen...., a.a.O., S 105.

gen ehemalige führende Kommunisten wie Franz Dahlem, Anton Ackermann, Hans Jendretzky, Paul Merker und Elli Schmidt aufgehoben.[109]

Schließlich jedoch kamen – wie in der KPTsch – auch in der SED-Führung die Schwankungen in der sowjetischen Diskussionskampagne den Hardlinern zugute. Dem Berliner ZK-Apparat lag bereits am 9. April 1956 ein ins Deutsche übersetzter Beschluß des ZK der KPdSU vom 3. April 1956 »über feindliche Ausfälle auf der Versammlung der Parteiorganisation des wärmetechnischen Laboratoriums der Akademie der Wissenschaften der UdSSR zu den Ergebnissen des XX. Parteitages der KPdSU« vor[110], in dem von »parteifeindlichen Auftritten« die Rede war, »die auf Revision der Generallinie der Partei« hinausliefen und zu ahnden waren. Am 9. Mai 1956 entschied das SED-Politbüro, gegen kritische Parteiorganisationen vorzugehen, so vor allem an Hochschulen.[111] Nach der Kritik Togliattis am XX. Parteitag und der ablehnenden Reaktion des ZK der KPdSU vom 30. Juni 1956 wandte sich das Politbüro der SED am 8. Juli 1956 dezidiert gegen die Behauptung des KPI-Chefs, beim Stalinismus handle es sich um einen Systemdefekt des Sozialismus sowjetischen Typs.[112] Der KPTsch-Führer Antonin Novotny war hier mutiger, als er schon im März – allerdings nur intern und zur eigenen Entlastung – die gleiche Auffassung vertreten hatte wie der Italiener. Die von Ulbricht geführte SED-Spitze stilisierte demgegenüber sogar die ihr 1953 aufgezwungenen Korrekturen zu einer Pionierleistung im Kampf gegen den sogenannten Personenkult um. Im Beschluß der SED hieß es, daß Personenkult in der SED vorhanden gewesen sei, doch das ZK der SED »hat auf Grund eigener Erfahrungen bereits im Jahre 1953 mit Maßnahmen gegen den Personenkult begonnen«.[113]

Mit solchen Erklärungen machte sich die SED-Spitze um Walter Ulbricht zu exponierten Vertretern der Konservativen unter den osteuropäischen Kommunisten. Die Ursachen waren zum einen personeller Art: In der SED fand sich keine Alternative zu Ulbricht, die von Moskau hätte ernstgenommen werden können. Die sich in der Führung formierende Fronde war nervös und unentschlossen.[114] Zwar gab am 3. Juli 1956 Fred Oelßner im Politbüro eine schriftliche Erklärung ab, in der er Kritik an Ulbricht übte, doch

---

109 Weber, Geschichte der DDR, a.a.O., S. 282.

110 In: SAPMO BArch, ZPA, JN 2, 202, 319.

111 Zur Entlassung werden vorgeschlagen...., a.a.O., S 70.

112 Bei seinem Versuch, als Vermittler zwischen Moskau und Belgrad aufzutreten, übernahm der italienische Parteichef Palmiro Togliatti einige Elemente aus Titos Kritik am XX. Parteitag. Die Hauptursache der Fehlentwicklung bestand für Tito in der Deformation des Sowjetsystems und Stalins Personenkult war lediglich ihre Folge, nicht wie bei Chruschtschow die Ursache. – Togliatti verhandelte im Mai 1956 mit Tito und veröffentlichte seine Thesen in der Mai-Juni-Nummer der Zeitschrift *Nuovi argumenti*. Novotny, der schon Ende März 1956 gegen das Sowjetsystem ähnlich argumentierte, deshalb für einen »Antistalinisten« zu halten, wäre schon deshalb arg übertrieben, weil er gegen Ulbrichts Erklärungen von Anfang März 1956 sogar in Moskau interveniert hatte, weil sie ihm zu weit gegangen seien. – Auf solche internen Rückkoppelungseffekte kann hier im einzelnen nicht eingegangen werden.

113 Zur Diskussion über den XX. Parteitag der KPdSU und die 3. Parteikonferenz der SED. Stellungnahme des Politbüros des ZK der SED, Berlin (Ost) 1956, S. 41.

114 Schirdewan, Aufstand, a.a.O., S. 82ff.

eine Diskussion des Papiers im ZK-Plenum unterblieb. Die öffentlichen Überlegungen des Ministerpräsidenten Otto Grotewohl in der Regierungserklärung vom 2. November 1956 hinsichtlich des »weiteren Ausbaus der Rechte der Staatsbürger« und »über die Frage der Arbeiterkontrolle in den Betrieben der sozialistischen Wirtschaft«[115] bewegten sich ebenfalls im Rahmen »kosmetischer Korrekturen«, ohne das Problem des politischen Ordnungssystems auch nur zu streifen. Da gleichzeitig in Polen und in Ungarn die politische Entwicklung eskalierte, schreckten die Kritiker zurück.

Auch in der DDR waren es vor allem Künstler und Intellektuelle, die von der Demontage Stalins vielfach kopflos gemacht wurden. Im Rückblick bekannte Walter Janka, ein Vertreter der antistalinistischen Opposition in der SED, daß die Intellektuellen weniger durch den XX. Parteitag als vielmehr durch die Ereignisse in Polen und in Ungarn wachgerüttelt worden seien.[116] Zu den Prominenten unter ihnen zählten Ernst Bloch, Robert Havemann und Wolfgang Harich.

Auch in der SED-Mitgliederschaft konzentrierte sich die Kritik auf Ulbricht als den Protagonisten des Stalinkults. Manchmal ging die Kritik weiter: Der Zentralismus der Bürokratie, die Allmacht der Führung und des Apparats sowie die bedingungslose Parteidisziplin der Mitglieder waren Gegenstand der Kritik.[117] Dieser zweite Komplex war wie in den anderen ostmitteleuropäischen Parteien für den Diskussionsverlauf charakteristisch. Dennoch blieb die parteiinterne Kritik auf kleine akademische Parteizirkel beschränkt: auf Ökonomen um Fritz Behrens und Arne Benary oder die Disputierergruppe um Wolfgang Harich. Harich erarbeitete im November 1956 eine »Plattform für einen besonderen deutschen Weg zum Sozialismus«.[118] Dieses Diskussionspapier gebliebene Konzept eines »dritten Weges«, das neben Elementen der jugoslawischen Selbstverwaltung, des damaligen chinesischen Parteiprogramms sowie polnischen Reformansätzen auch eine gesamtdeutsche Komponente enthielt[119], war Niederschlag eines politischen, in sozialer Hinsicht jedoch nicht determinierten und weitgehend isolierten Gruppeninteresses in der strukturell gewandelten SED. Die Betonung der technischen Distanz zu den Exekutivorganen der Macht als Basis für die eigene politisch-moralische Legitimation beruhte auf einem Mißverständnis. Es kopierte das Leninsche Organisationsmodell genauso wie die damaligen Vorstellungen der tschechischen Schriftsteller. Nach den Ereignissen in Budapest waren solche Diskussionsbeiträge obsolet geworden.

Am 20. November 1956 entschied das SED-Politbüro, von den Universitäten »alle sichtbar gewordenen provokatorischen Kräfte [...] zu entfer-

---

115 Vgl. hierzu Staritz, Dietrich: Die »Arbeiterkomitees« der Jahre 1956/58. Fallstudie zur Partizipations-Problematik in der DDR. In: Der X. Parteitag der SED. 35 Jahre SED-Politik. Versuch einer Bilanz. Edition Deutschland-Archiv, Köln 1980, S. 63-74.

116 Janka, Walter: Spuren eines Lebens, Berlin 1991, S. 254ff.

117 Zur Entlassung werden vorgeschlagen...., a.a.O., S. 69.

118 In: Harich, Wolfgang: Keine Schwierigkeiten mit der Wahrheit, Berlin 1993, S. 111-160.

119 Ich bin zu früh gekommen. Mit Wolfgang Harich sprach Thomas Grimm, in: Sonntag 3/1990, S. 3.

nen« und die »Organisatoren der Unruhen« zu bestrafen. Eine Woche später wurden Wolfgang Harich und bis Dezember 1956 viele Mitglieder der intellektuellen Disputierzirkel festgenommen. Verhaftungen fanden zeitgleich an den Universitäten in Leipzig, Jena, Dresden statt.[120] Verhindert wurde auch die Auslieferung des Buches von Fritz Behrens und Arne Benary *Zur ökonomischen Theorie und ökonomischen Politik in der Übergangsperiode*. Die SED-Führung machte sich damit die Erfahrungen zu eigen, die am 24. Oktober in Moskau in einer Krisensitzung des Präsidiums des ZK der KPdSU mit Vertretern der tschechoslowakischen, ostdeutschen, bulgarischen und chinesischen Partei von Chruschtschow mitgeteilt worden waren: Intellektuelle und Literaten seien die eigentlichen Brandstifter des ungarischen Aufstandes gewesen.[121] Im Dezember 1956 rief Moskau alle Kommunisten auf, die Parteilinie vor Beschädigung durch Intellektuelle und Künstler besonders zu schützen.[122] Auf der 30. ZK-Tagung der SED vom 30. Januar bis 1. Februar 1957 rechnete Ulbricht mit allen Kritikern ab.

Bemerkenswert war, daß sich die Diskussionen über den »dritten Weg« in der SED argumentativ viel stärker an anderen »Modellen« orientierten, vor allem am »jugoslawischen«, als dies für Polen oder für die Tschechoslowakei festgestellt werden kann. Gleichwohl klangen ihre Thesen weniger radikal als anderswo die Forderungen politischer Praktiker. Beides resultierte aus der besonderen Situation in der DDR, vor allem dem fast vollständigen Austausch der bürgerlichen Funktionseliten in der machtpolitisch-repräsentativen Sphäre, was die nationale Identität der neuen Funktionärsgruppen nachhaltig schwächte. Auffällig ist ebenfalls, daß die »intellektuellen Revisionisten« in der DDR schließlich härter bestraft wurden. In dem geteilten Land wäre allerdings eine aktive SED-Opposition für den Fortbestand der Parteidiktatur auch extrem gefährlich gewesen.

In der Sowjetunion mußte Chruschtschow die kaderpolitischen Entscheidungen innerhalb seiner verbalen Entstalinisierung auf die Zeit nach der Bereinigung der polnischen und der ungarischen Angelegenheiten vertagen. Blockkonsolidierung hatte Vorrang und war Voraussetzung für innere Reorganisation. Sein erster Schritt zur Flexibilisierung des Apparates durch Verjüngung des Führungspersonals Anfang 1957 wäre ihm dabei fast zum Verhängnis geworden. Zwar wurde er am 18. Juni 1957 vom Präsidium des ZK der KPdSU mit sieben gegen drei Stimmen vom Posten des Ersten Sekretärs abgesetzt, weil Molotow die Kritik an Stalin zu weit ging und mancher schon auch andere Vorbehalte gegen ihn hatte. Doch habe eine arithmetische Mehrheit allein nicht ausgereicht[123], berichtet Chruschtschows Sohn. Denn »der Apparat blieb in seiner Hand«, kommentierte später nüchtern der kurz darauf

[120] Vgl. Fricke, Karl Wilhelm: Opposition und Widerstand in der DDR, Köln 1984, S. 124ff.
[121] Kramer, Hungary and Poland, a.a.O., S. 55.
[122] Sesina, Schokowaja terapija, a.a.O., S. 132.
[123] Chruschtschow, Chruschtschow, a.a.O., Bd. 1, S. 310ff.

in die politische Wüste geschickte Altbolschewik Molotow.[124] Mit Hilfe des KGB und mit Rückendeckung der Armee gelang es Chruschtschow, seine politischen Widersacher gleich auf einen Schlag als eine »antiparteiliche Gruppe« aus der Führung zu entfernen. Im Oktober 1957 passierte dies auch einigen Mitkämpfern Chruschtschows. Damit hatte Chruschtschow die von Stalin erprobten Mittel der Herrschaftsstabilisierung erneut gebraucht. Mit der Übernahme des Amtes des Vorsitzenden des Ministerrates machte Chruschtschow 1958 auch die Haupterrungenschaft der Entstalinisierung, die Trennung zwischen Staats- und Parteiamt, zunichte. Walter Ulbricht ließ seine Kritiker, Karl Schirdewan und Ernst Wollweber, im Januar 1958 aus dem ZK ausschließen. Nach dem Tod des DDR-Staatspräsidenten Wilhelm Pieck 1960 tauschte er seine Dauerfunktion als Erster Stellvertreter im Amt des Ministerpräsidenten bzw. des Vorsitzenden des Ministerrates gegen den Vorsitz im neugeschaffenen Staatsrat der DDR. Antonin Novotny war der Zufall gnädig: Nach dem Tod des Staatspräsidenten Antonin Zapotocky im November 1957 fiel ihm die Führung der Partei und des Staates ungeteilt zu. In Ungarn war Janos Kadar 1956 nicht nur als Parteichef, sondern auch als Ministerpräsident eingesetzt worden; Gomulka gehörte als Parteichef ab 1957 gleichzeitig dem polnischen Staatsrat an. Der »Ostblock« schloß seine Reihen wieder fest.

Die westliche Reaktion und ihre Rezeption im Osten

In bezug auf die globalpolitischen Bedingungszusammenhänge der Krise von 1956 finden sich in der tschechischen Rezeption interessante Hinweise auf militärpolitische Aspekte, die auch mit Blick auf die geringe zeitliche Distanz zum Kriegsende zu berücksichtigen sind. Kriegsangst hemmte an den Nahtstellen der Ordnungssysteme die innenpolitische Mobilisierung. Der erste Test der sowjetischen Wasserstoffbombe lag inzwischen drei Jahre zurück, der Aktionsradius sowjetischer Langstreckenbomber betrug 1956 schon 12000 km, und im gleichen Jahr wurde in der sowjetischen Armee die erste Generation der Luft-Boden-Raketen eingeführt. Im Vertrauen auf die Verläßlichkeit der atomaren Abschreckung und das 1954 verkündete Prinzip der »massiven Vergeltung« vernachlässigten die westeuropäischen Mächte ihre konventionelle Rüstung in einem Ausmaß, daß die USA damals das atomare Überengagement der Supermächte als eine Gefahr für die sicherheitspolitische Stabilität in Europa ansahen. Die NATO konstatierte zwar nach der Genfer Konferenz der »Großen Vier« im Juli 1955 einhellig eine Minderung der militärischen Konfliktgefahr, doch galt die sowjetische Entspannungspolitik im Westen als gefährlich.[125] Im Schlußkommunique der NATO-Mini-

---

[124] Sto sorok bessed s Molotowym. Is dnewnika F. Tschujewa [Einhundertvierzig Gespräche mit Molotow. Aus dem Tagebuch von F. Tschujew], Moskwa 1991, S. 354f.

[125] NATO-Außenministerkonferenz 9.-11. Mai 1955 in Paris, in: Politisches Archiv des Auswärtigen Amtes Bonn (künftig: PAAA), Referat 301, 83-00, 37 betr. Ministertagungen NATO 1.1.56 bis 31.12.57.

sterratstagung vom Dezember 1955 hieß es, daß Moskaus »jüngste provozierende Maßnahmen und Erklärungen, die sich auf den Nahen Osten bezogen, [...] in Verbindung mit einem ständigen Anstieg des sowjetischen Militärpotentials neue Probleme und eine neue Herausforderung für die freie Welt« hervorgebracht hätten.[126] Auf der Frühjahrstagung der NATO 1956 wurde angesichts des wachsenden sowjetischen Militärpotentials bereits das Ende der Entspannungsphase festgestellt.[127]

US-Außenminister John Foster Dulles informierte am 30. Oktober 1956 Chruschtschow über das amerikanische Desinteresse an der aktuellen Entwicklung in Polen und Ungarn, undiplomatisch ausgedrückt: über das amerikanische Interesse am außenpolitischen Status quo in Ostmitteleuropa. Noch vor der ersten Intervention erreichte die sowjetische Führung eine inoffizielle Zusicherung, daß die USA Ungarn als sowjetische Interessensphäre respektieren und die ungarische Regierung weder mit Waffengewalt noch mit Waffenlieferungen unterstützen würden.[128] Verhalten reagierte dann der Westen auf die massive zweite Intervention in Ungarn vom 4. November. Zwar forderte der amerikanische Präsident Eisenhower in einem Brief an den sowjetischen Regierungschef, Nikolai Bulganin, noch am gleichen Tag zur Einstellung der Intervention auf.[129] Erst am 7. November 1956 aber wies der Oberbefehlshaber die US-Streitkräfte an, in Europa und im Nahen Osten die Verteidigungsbereitschaft zu erhöhen, und der Oberkommandierende der Vereinigten Streitkräfte der NATO reagierte erst acht Tage nach der zweiten Intervention durch Androhung der atomaren Vergeltung im Falle eines Angriffs.[130] Eine Eskalationsgefahr bestand offenbar kurzzeitig – trotz des am 6. November im Nahen Osten vereinbarten Waffenstillstands – wegen der Drohung Chruschtschows, London und Paris mit Raketen zu beschießen.

Der Nahe und der Mittlere Osten, Algerien und Zypern fesselten in den westlichen Hauptstädten die Aufmerksamkeit der Politiker stärker. Der deutsche Botschafter bei der NATO berichtete über die Sitzung des Nordatlantikrates vom 13. November 1956, daß Übereinstimmung darüber erzielt wurde, die Vorgänge in Ungarn sollten nicht mit Rückberufung der westlichen Botschafter aus Moskau und Budapest beantwortet werden, sondern zunächst lediglich mit der üblichen diplomatischen Zurückhaltung[131], da

[126] Texts of Final Communiques 1949-1974. Issued by Ministerial Sessions of the North Atlantic Council, the Defence Planning Committee, and the Nuclear Planning Group, Brussels o. J., S. 96.

[127] Ebenda, S. 99.

[128] Chruschtschow, Chruschtschow, a.a.O., Bd. 1, S. 267.

[129] Am 6. November taten dies auch Anthony Eden für die britische und Guy Mollet für die französische Regierung; entsprechende öffentliche Erklärungen gaben die Ministerpräsidenten und die Parlamente aller NATO-Staaten ab. Am 9. November stimmte auch die UNO-Vollversammlung für den sofortigen Abzug der sowjetischen Truppen aus Ungarn.

[130] Wiggershaus, Norbert: Nordatlantische Bedrohungsperzeption im »Kalten Krieg« 1948-1956. In: Maier, Klaus A. und Wiggershaus, Norbert (Hg.): Das Nordatlantische Bündnis 1949-1956, München 1993, S. 17-54, hier S. 49.

[131] Blankenhorn an Auswärtiges Amt, Fernschreiben aus Paris vom 13. Nov. 1956, in: PAAA, Abt. 7, 705, 81-15, 2.

man die Sowjetunion nicht provozieren dürfe.[132] Interne Berichte über die NATO-Ministerratssitzung vom 11. bis 14. Dezember 1956 sprachen offen von einem »Zerfall« der NATO infolge der britisch-französischen Aktion in Ägypten[133], nachdem einzelne britische Zeitungen schon nach der NATO-Tagung im Mai 1956 gar den Austritt Großbritanniens aus der westlichen Verteidigungsgemeinschaft gefordert hatten. Aus Berichten über Meinungsverschiedenheiten zwischen dem französischen Außenminister Antoine Pinay und seinem amerikanischen Kollegen Dulles wird jedoch deutlich, daß der Ost-West-Dissens durchaus als Hintergrund für Spannungen innerhalb der NATO diente. Frankreich schlug nämlich trotz oder wegen der aktuellen Entwicklung anstelle einer Isolation der Sowjetunion ihre Einbeziehung in ein Sicherheitskonzept unter dem Dach der UNO vor. In amerikanischen Augen bedeutete dies eine Demontage der atlantischen Allianz.[134] So erschien die sowjetische Intervention in Ungarn aus der Sicht der vollauf mit sich selbst beschäftigten NATO erst im nachhinein als ein »Augenöffner«. »Das sowjetische Experiment«, schlußfolgerte ein Militärhistoriker, das zunächst für Irritationen zwischen den westlichen Bündnispartnern sorgte, stellte sich bald »in jeder Hinsicht als Fehlschlag [...], psychologisch, politisch, wirtschaftlich, militärisch und ideologisch,« heraus.[135]

Die aktuelle innenpolitische Entwicklung in den Ländern des »Ostblocks« wurde in den operativen Organen der NATO anfangs überhaupt nicht beachtet. Im Abschlußbericht des Chefs des Defense College der NATO, Generalleutnant C. E. Byers, über den zwischen dem 3. September 1956 und dem 1. Februar 1957 stattfindenden Lehrgang wurde Ungarn nicht einmal erwähnt. In der Gesprächsgruppe »Kommunismus« ging man lediglich kurz auf den XX. Parteitag der KPdSU ein, und zwar im Zusammenhang mit der These von der »friedlichen Koexistenz«.[136] Erst im Bericht über den nächsten Lehrgang vom 18. Februar bis 26. Juli 1957 tauchte das Stichwort Ungarn im Zusammenhang mit Überlegungen über den sicherheitspolitischen Stellenwert des »Nationalkommunismus« auf.[137] Nichts kennzeichnete den damaligen Wahrnehmungsmodus prägnanter, als die darin enthaltene knappe Feststellung »The world is at present divided in two geographical and political blocks.«[138]

Spontan reagierte die westliche Öffentlichkeit. Proteste gegen die sowjetische Intervention in Ungarn forderten in Paris einen Toten und 100 Verletzte, in Kopenhagen ebenfalls vier Verletzte. Dies zeigt die nervöse politische

---

132 Referat 400, Bonn, den 16. Dez. 1956, Aufzeichnung betr. Ergebnisse der NATO-Ministerratstagung vom 11. bis 14. 12. 1956 in Paris, in: PAAA, Ref. 301, 83-00, 37 betr. Ministertagungen NATO 1.1.56-31.12.57.

133 NATO-Ministerratssitzung vom 11.-14. Dez. 1956, in: PAAA, Referat 301, 83-00, 37 betr. Ministertagungen NATO 1.1.56-31.12.57.

134 Ebenda.

135 Wiggershaus, Nordatlantische Bedrohungsperzeption, a.a.O., S. 49.

136 NATO Defense College Paris/Commandant's Report Nummer 18/11 February 1957, in: PAAA, Referat 301, 85-04, 52, Bd. 1.

137 NATO Defense College Paris/Commandant's Report Nummer 19/26 July 1957, in: Ebenda.

138 Ebenda.

Atmosphäre in Westeuropa und die widersprüchlichen Wirkungen der Entspannungspolitik. Auf die Bitte der ungarischen Regierung vom 5. November 1956 spendeten die USA für 20 Millionen Dollar Medikamente, weitere 25 Millionen Dollar steuerten westeuropäische Länder bei. Die osteuropäische humanitäre Hilfe für Ungarn wurde mit 48 Millionen Dollar bewertet.[139]

Innenpolitische Folgen hatten die ostmitteleuropäischen Herbstereignisse von 1956 vor allem in den USA und in der Bundesrepublik Deutschland, wo einige einflußreiche Stimmen die Schließung des Senders *Radio Free Europe* forderten, dessen angebliche Falschmeldungen über militärische Hilfe von UNO-Truppen den ungarischen Volksaufstand ausgelöst haben sollen.

Obwohl unter anderem ein Untersuchungsausschuß des US-Kongresses und der Europarat die Haltlosigkeit dieser sowjetischen Desinformation im Detail widerlegten, wurde dieses Gerücht in Ost wie in West später gelegentlich instrumentalisiert. In Ostmitteleuropa verfehlten solche propagandistischen Anschuldigungen nicht ihre destruktive Wirkung, weil sie auf eine in weiten Kreisen der Bevölkerung verbreitete Erwartungshaltung stießen, welche die westliche »Politik der Befreiung« als aktive Unterstützung für das nationale Selbstbestimmungsstreben[140] und nicht als leere Versprechungen verstand. Im Westen stand seitdem die Informationspolitik gegenüber dem »Ostblock« stärker im Blickfeld innenpolitischer Interessen und wurde strenger reglementiert. Die Enttäuschung über die Haltung des Westens zu Ostmitteleuropa im Herbst 1956 trug erheblich zur politischen Desillusionierung der inneren Opposition bei. Diese begann jetzt, Konzepte einer stufenweisen kulturellen, sozialen und politischen Selbstbefreiung zu entwickeln.

Zusammenfassung

Aus der Vergleichsperspektive ergeben sich eindeutige Hinweise auf den dirigistischen und instrumentellen Kampagnencharakter des »Neuen Kurses« und der Entstalinisierungspolitik der fünfziger Jahren. Die einzelnen Subsysteme im äußeren und inneren Ordnungsgefüge des Herrschaftssystems wurden zu keinem Zeitpunkt aus der Dispositionsgewalt der kommunistischen Partei als Träger des Machtmonopols entlassen. Deshalb stellen sich die Asymmetrien zwischen den länderspezifischen Entstalinisierungspolitiken in hohem Grade als direkte Resultate des Interventionismus Moskaus in Verbindung mit der dortigen Führungsmobilität und den eigentümlichen Regulierungsmechanismen dar.

[139] N. Iwanow – natschalnik otdela po ekonomike stran Ewropy, Sprawka o beswosmesdnoi pomoschtschi, okasywajemoi Wengrii drugimi stranami [N. Iwanow – Leiter der Abteilung für die europäische Wirtschaft, Bericht über unentgeltliche Hilfe für Ungarn durch Drittländer], o.D., in: Zentrum Chranenija Sowremmennoi Dokumentazii Moskwa [Zentrum für zeitgeschichtliche Dokumentation] (künftig: ZChSD), 89, 45, 58, Bl. 1-7.

[140] Nowak-Jezioranski, Wojna, a.a.O., S. 324ff.

Über solche symptomatischen Effekte hinaus beeinflußten in materieller Hinsicht naturgemäß die unterschiedlichen ökonomischen, sozialen, politischen und kulturellen Grundlagen und Traditionen, auf welche die Durchführung der parteipolitischen Kampagne in den einzelnen Ländern stieß, das Entwicklungstempo und die Vehemenz des akuten Krisenverlaufs. Als zentraler Ursachenkomplex läßt sich darin allgemein der Widerspruch zwischen Herrschaft und Gesellschaft bestimmen, welcher sich in Verteilungskämpfen – sowohl im engeren wie in einem erweiterten Sinne – zwischen einzelnen Sedimenten der durch die stalinistische Politik desintegrierten und dynamisierten Übergangsgesellschaften abspielte. Diese umfassende Leistungs- wie Steuerungskrise des totalitären Systems erfaßte auch die Funktionseliten, deren soziale Situation, politischen Status und Rollenverständnis sie unmittelbar tangierte. Diese besonderen Führungskonflikte entwickelten sich nicht parallel zur Struktur der allgemeinen Krise, sondern beeinflußten deren Verlauf aus sehr unterschiedlichen Perspektiven.

Da alle gesellschaftlichen Bereiche und alle politischen Steuerungsinstanzen von dieser Entwicklung erfaßt waren, ist von einer allgemeinen Systemkrise auszugehen. Nur massive externe Intervention in soziale und politische Prozesse mit den »alten« Methoden der monistischen Herrschaft, mittelbar oder unmittelbar durch das Moskauer Zentrum geleistet, stabilisierte letztendlich die sozialen und politischen Konglomerate. Ohne diese äußere Kontrolle und Intervention – wie im Juni 1953 in der DDR, bis Oktober 1956 in Polen und bis November 1956 in Ungarn – hätte die Dynamik der sozialen und politischen Spannungen das bestehende System der Zwangsordnung gesprengt.

Diese allgemeine Systemkrise war der Adaptionspolitik des »Neuen Kurses« und der »Entstalinisierung« vorausgegangen und löste sie aus. Obwohl die Ergebnisse dieser Politik der »inneren Entspannung« – vor dem historischen Hintergrund (und weitgehend nur vor diesem) – durchaus markant waren, handelte es sich in systemischer Hinsicht dennoch nur um graduelle Korrekturen bei einigen nachrangigen Organisations- und Legitimationsaspekten der Herrschaft. Sie flachten lediglich einige Erscheinungsformen evidenter innersystemischer Dysfunktionen ab, ohne ihre Ursachen zu thematisieren. Auch die Neubestimmung der Terrorfunktion des Staates als ihr auffälligstes Resultat trug der Tatsache Rechnung, daß Sozialterror unter den veränderten sozialstrukturellen Bedingungen ohnehin stumpf oder sogar dysfunktional geworden war; aufgrund der weitreichenden Desintegration traditioneller sozialer und politischer Gruppen bedrohte der weiterhin praktizierte politische Terror ja potentiell die gesamte Gesellschaft. Die sozialen und politischen Krisenursachen löste die »Entstalinisierung« nicht, sondern offenbarte sie letztlich in vielen nationalen Varianten. Insofern zeigte die Politik der »Entstalinisierung« zugleich die eigenen Grenzen auf und dokumentierte die strukturelle Reformunfähigkeit des politischen und sozialen Ordnungsmodells. Die objektiv restaurative Gesamtwirkung der systemimmanenten Reformen nach Stalins Tod belegt nicht nur der ab 1957 in ganz Ostmitteleuropa durchschlagende neue »Sowjetisierungsschub«, sondern auch das Chruschtschowsche Parteiprogramm von 1961, welches lediglich eine Abschrift von Stalins altem Parteiprogramm war, das nach dem Tod seines Autors Schdanow wegen der globalpolitischen Entwicklung Ende der vierziger Jahre zunächst ins Archiv gewandert war. Mit der Zuspitzung des chinesisch-sowjetischen Gegensatzes traten damals übrigens die gleichen Symptome auf wie in den vierziger Jahren hinsichtlich der Rolle Jugoslawiens; dieses Ordnungssystem war sowohl in seinen internen als auch externen Bezügen dysfunktional.

Von den zahlreichen Faktoren, die zur Erklärung der Unterschiede im Krisenverlauf beitragen, verdienen auch sehr spezifische Faktoren weitere Beachtung. Beispielsweise die Überlegung, inwiefern die vergleichsweise geringe Rasanz der politischen Krise in der DDR und der CSR möglicherweise auch als Folge der relativ größeren ökonomischen Unabhängigkeit oder des besonderen geostrategischen Stellenwerts beider Länder angesehen werden könnte. Dies gilt auch für den intermediären Sektor, zeigt sich doch, daß die Einparteiendiktatur in Ungarn krisenanfälliger war als beispielsweise die – in der Politik des »Parteienblocks« und der »Nationalen Fronten« sehr unterschiedlich ausgestalteten – kommunistisch dominierten Konkordanzsysteme in Polen, der CSR und der DDR. Zu achten wäre aber ebenso auf die Intensität der gesellschaftlichen Spaltungen oder auf zivilisatorische Traditionen, berücksichtigt man beispielsweise, daß die Klassenapartheid in Ungarn so weit ging, daß »Klassenfremde« durch ein X hinter dem Namen öffentlich stigmatisiert wurden, während polnische Richter noch zu Beginn der fünfziger Jahre vereinzelt Strafurteile fällten, in denen – in Übereinstimmung mit tradierten und noch weithin herrschenden »guten Sitten« der alten »bürgerlichen Gesellschaft« – die Bezeichnung »Kommunist« als schwere persönliche Beleidigung gewertet wurde.

In der politischen Sphäre sind vor allem personalpolitische Aspekte in ihrer ganzen Variationsbreite zu berücksichtigen. In Polen beispielsweise war das altkommunistisch geprägte Kaderreservoir zwar wie in Ungarn sehr gering, in der ungarischen Parteispitze waren jedoch viele ehemalige Komintern-Funktionäre und Remigranten aus der Sowjetunion vertreten. Daß gleiche Faktoren im unterschiedlichen Kontext diametrale Wirkungen entfalten konnten, belegt der Umstand, daß antisemitische Aversionen in Polen zur Homogenisierung der Führung beitrugen, in Ungarn hingegen deren weitere Paralysierung förderten. Aber auch die Rolle der sogenannten Moskowiter ist so klar nicht, wie das ungarische Beispiel zeigt. Genauso wertlos sind andere Erklärungsversuche, die auf Monokausalität setzen.

Die nationalpolitische Komponente stellte ein herausragendes Element der Selbstregulierung dar, die sowohl integral als komplementärer Ordnungsfaktor der kommunistischen Herrschaft als auch alternativ gegen diese zur Wirkung kam. Als Medium der sozialen Artikulation und Kommunikation, in seiner besonderen Fähigkeit, heterogene soziale wie politische Interessen miteinander zu verknüpfen und zu verallgemeinern, entfaltete sich der Nationalismus in den fünfziger Jahren weitgehend als eine abhängige politische Variable, die die Funktion fehlender bzw. unterentwickelter intermediärer

Instanzen kompensierte. Zwischen der gesellschaftlichen Heteronomie und der Intensität der nationalen Selbstregulierung bestand ein direkter Zusammenhang. In politisch-kulturell stärker ausdifferenzierten Gesellschaften hemmten tradierte gesellschaftliche Spaltungen das Mobilisierungspotential und den Aktionsradius des Nationalismus. Ohne Einschränkung gilt dies für die durch nationalkulturelle Spaltung gekennzeichnete tschechoslowakische Situation. Unmittelbar evident sind vergleichbare Defizite der deutschen Teilgesellschaft in der DDR. Zu beachten sind sie aber auch in der polnischen Entwicklung, denn die geographischen Schwerpunkte der sozialen Protestbewegung lagen wohl nicht zufällig in jenen Landesteilen, die durch komplexe soziale, nationale und politische Spaltungen zwischen den dort nach dem Krieg angesiedelten polnischen Vertriebenen aus der UdSSR und der sogenannten autochthonen Bevölkerung geprägt waren.

Nur in Ungarn erreichte der Nationalismus unter dem extremen äußeren Druck das Stadium und die Qualität einer sich selbst tragenden und politisch gestaltenden Bewegung. Die Spaltung der politischen von der sozialen Sphäre durch den sogenannten Kadarismus beschädigte nicht die nationale Kohärenz und bildete später die Basis für schrittweise Systemreformen von oben, die schließlich in der Systemüberwindung gipfeln sollten. In den anderen Ländern vollzog sich die Überwindung der gesellschaftlichen und politischen Heteronomie in komplexeren Formen, wobei sowohl im Differenzierungsprozeß der sozialen Selbstverständigung wie auch in der politischen Zielkonzentration allgemeine demokratische und zivilisatorische Elemente überwogen. Erst im letzten Stadium des Kommunismus fungierte der Nationalismus aufgrund seines einmaligen Integrationspotentials als soziale und politische Gestaltungskraft.

Zur Vorgeschichte der ungarischen Revolution von 1956

von

GYÖRGY T. VARGA

Die Sowjetunion betrachtete die ihrem Bündnissystem angeschlossenen sogenannten sozialistischen Länder als Außenbezirke ihres Reiches: Unter stabilen Bedingungen verwaltete und kontrollierte sie diese, in kritischen Situationen setzte sie Mittel der politischen oder militärischen Intervention ein. Dem entsprach auch der Charakter der ungarisch-sowjetischen Beziehungen. So entstand der Beschluß der Zentralen Leitung der Ungarischen Partei der Werktätigen (MDP) vom Juni 1953 bzw. die im Regierungsprogramm des Ministerpräsidenten Imre Nagy im Juli 1953 umrissene Wende, also die politische Neuorientierung der MDP, ebenfalls auf sowjetische Initiative und auf der Grundlage sowjetischer Interessen. Dennoch bot dieser Akt der Einmischung günstige Bedingungen für die Entwicklung der ungarischen Gesellschaft; gleichzeitig wurde damit – aus internationaler Perspektive – der erste umfassende sozialistische Reformversuch gestartet, der sich nicht mehr am Modell des Stalinismus orientierte und der, wenn auch nur in der geschlossenen Laborsituation einer Provinz, die Keime der Demokratie in sich trug. Miklos Vasarhelyi betonte zu Recht: »[...] seit Anfang der stalinistischen Herrschaft war dies der erste Fall, daß eine herrschende kommunistische Partei vor der Öffentlichkeit zugab, daß sie schwerwiegende Fehler begangen hatte, ihre gesamte politische und wirtschaftspolitische Konzeption falsch und sogar unter mehreren Aspekten schädlich gewesen war, und daß sie ihre Absicht ankündigte, grundlegende Änderungen durchzuführen.«[1]

Die sowjetischen Parteiführer hatten sich bereits in den letzten Lebensjahren Stalins auf Änderungen vorbereitet; nach seinem Tod veranlaßten sie radikale Änderungen in der Innenpolitik und planten auch außenpolitische Schritte von großer Tragweite. Aus großmachtpolitischem Interesse wollte die Sowjetunion die Lage in den zu ihrem Bündnissystem gehörenden Ländern stabilisieren, weil ein gefestigter Hintergrund die eigenen Positionen auch bei außenpolitischen Verhandlungen stärken konnte. Ungarn war dabei wegen seiner geopolitischen Lage besonders wichtig, weil es eine gemeinsame Grenze mit Österreich und Jugoslawien hatte, mit denen die sowjetische Führung im europäischen Raum strategische Pläne hatte.

Die sowjetische Führung hielt es anfangs für ausreichend, mit Matyas Rakosi zu verhandeln, daher wurde der Generalsekretär der MDP Ende Mai nach Moskau bestellt. Nach Rakosis Rückkehr gaben die ungarischen

---

1 Vasarhelyi, Miklos: Az elsö meghiusitott reformkiserlet. Az 1953-as kormanyprogram [Der erste verhinderte Reformversuch. Das Regierungsprogramm von 1956]. In: Medvetanc, 2-3/1988, S. 149-205, hier S. 149.

Parteiführer auf der Sitzung des Sekretariats der Zentralen Leitung der MDP gewisse Fehler zu, sprachen von negativen Erscheinungen und stellten mehrere bedeutsame Änderungen in Aussicht: die Hebung des Lebensstandards, die Einbeziehung jüngerer Kader – insbesondere aus den Reihen der »neuen« Intelligenz – »in die Führung der Partei und des Landes«, eine radikale Senkung der Zahl der Regierungsmitglieder, eine Amnestie sowie die Trennung der Ämter des Ministerpräsidenten und des Generalsekretärs der Partei durch Rakosis Rückzug vom Amt des Generalsekretärs.[2] Die sowjetische Führung folgerte allerdings aus dem Beschluß des Sekretariats, daß Rakosi zwar bereit war, Korrekturen vorzunehmen, eine grundlegende Wende von ihm jedoch nicht zu erwarten sei. Nach dieser Vorgeschichte sah die Führung der sowjetischen Partei die Notwendigkeit, eine ungarische Delegation mit einer vorher von ihr selbst festgelegten Personalbesetzung nach Moskau zu sogenannten zwischenparteilichen Verhandlungen zu bestellen.

Die ungarische Delegation hielt sich vom 13. bis 16. Juni 1953 im Kreml auf.[3] Ihre Mitglieder waren: Matyas Rakosi, Ernö Gerö, Imre Nagy, Andras Hegedüs, Istvan Hidas, Bela Szalai, Rudolf Földvari und Istvan Dobi. Die sowjetische Seite war durch Malenkow, Berija, Molotow, Chruschtschow, Bulganin und Mikojan vertreten.[4] Die Mitglieder des Präsidiums der KPdSU hatten über die Lage in Ungarn eine übereinstimmende Meinung. Nach ihrer Ansicht sollte nicht »von Detailfragen die Rede sein, die Korrektur der politischen Richtung ist notwendig geworden, da Fehler in grundlegenden Fragen begangen wurden, und es soll auch über die Führungsfrage gesprochen werden«, so Malenkow. Bulganin hielt eine Änderung der politischen Richtung der MDP deshalb für notwendig, weil es »zu einer Katastrophe kommt, wenn wir die Lage nicht verbessern. Es ist möglich, daß ohne die Anwesenheit der sowjetischen Armee die Lage ganz anders wäre«.[5]

Die wichtigsten Feststellungen der sowjetischen Verhandlungspartner waren folgende: überspannte Wirtschaftspläne, übertriebenes Tempo der Industrialisierung, die schwierige Lage der Landwirtschaft (das sinkende Niveau der Viehzucht, übertriebene Maßnahmen bei den Zwangsablieferungen, die massenhaften Gerichtsurteile gegen Landwirte, die grundlose Beschleuni-

2 Magyar Orszagos Leveltar [Ungarisches Staatsarchiv], (künftig zit.: MOL), 276, f.54, 246, ö.e.

3 Das Protokoll dieser Moskauer Beratung wurde von György T. Varga veröffentlicht in: Multunk, 2-3/1992, S. 234-269.

4 Im Protokoll ist nur die Namenliste der Teilnehmer der Sitzung vom 16. Juni angegeben, von der Sitzung vom 13. Juni sind nur die Namen der Redner bekannt. Am 16. Juni waren auch Kiseljow und Bojko (Bojkow) anwesend. Ersterer war der Budapester Botschafter der Sowjetunion, letzterer ist nicht eindeutig identifizierbar. Auf allen vier Exemplaren des Protokolls war ursprünglich der Name Bojko angegeben, auf einem Exemplar wurde dieser Name jedoch auf Bojkow korrigiert. Bojko, Wassilij Romanowitsch, war oberster Militärberater in Ungarn, dagegen Bojkow – nach mündlicher Mitteilung von Vladimir Farkas – der unmittelbare Vertreter der inneren stalinistischen Führung in Ungarn. Kiseljow und Bojko (Bojkow) haben wahrscheinlich auch an der ersten Besprechung als Beobachter teilgenommen.

5 Auch die Argumentation von Berija verlangt Aufmerksamkeit: »Heute ist in Ungarn noch die sowjetische Armee anwesend, aber sie wird nicht immer da sein. Deshalb müssen wir uns vorbereiten und stärker werden, damit uns niemand schaden kann.«

gung der Kollektivierung), »gegen die Bevölkerung findet eine Welle der Repression statt«, »die ständige Säuberung in der Armee ist nicht zu dulden«. Die sowjetischen Führer fällten auch konkrete Entscheidungen, die sie pro forma als Empfehlungen bezeichneten: Matyas Rakosi sollte Generalsekretär der MDP bleiben, den Posten des Ministerpräsidenten sollte jedoch Imre Nagy erhalten; das Innenministerium und die Staatsschutzbehörde (AVH) sollten zusammengelegt werden und die Leitung dieses Ministeriums Ernö Gerö übernehmen, Istvan Bata das Amt des Verteidigungsministers usw. Die sowjetische Seite führte die Besprechungen, bei denen sie sich auf eine reiche Informationsbasis stützte, nicht nur in der gewöhnlichen groben Tonart »der Kritik unter Genossen«, sondern setzte auch die Methode der Einschüchterung ein. Zwei Mitglieder des »Vierergespanns« der ungarischen Parteiführung, Mihaly Farkas und Jozsef Revai, waren überhaupt nicht nach Moskau eingeladen worden. Während der Besprechungen wurde oft und mit Nachdruck antisemitisch argumentiert: Es wurde konkret bemängelt, daß die Mitglieder des »Vierergespanns« – vor allem Rakosi – verhindern würden, daß auch Ungarn in die oberste Führungsspitze kämen. So stellte Berija fest: »Es wäre richtiger, wenn der Ministerpräsident ein Ungar wäre. Genosse Stalin sagte öfter zum Genossen Rakosi, daß man die Ungarn mehr fördern sollte.« Chruschtschow meinte: »Kann man keine kollektiven Leitungsorgane mit Ungarn besetzen? Es kann doch nicht sein, daß ein Volk von 9,5 Millionen keine für die Führung geeigneten Leute hervorbringt.« Und Malenkow beanstandete, daß während der letzten Gespräche mit den sowjetischen Führern »Genosse Rakosi keinen Ungarn als seinen ersten Stellvertreter benennen konnte«.

Am 14. Juni 1953 hielt die ungarische Delegation eine Beratung ab und verfaßte die erste schriftliche Version des »Junibeschlusses«. Eine russische Übersetzung sandte sie an die Mitglieder des Präsidiums des ZK der KPdSU. Am 16. Juni – am Tag zuvor hatten die Sowjetunion und Jugoslawien erneut diplomatische Beziehungen aufgenommen – äußerten die sowjetischen Führer in einer Beratung von anderthalb Stunden ihre Auffassung, daß das Dokument zwar einen Schritt nach vorn bedeute, an zahlreichen Stellen jedoch konkretisiert und ergänzt werden müsse. Malenkow hielt sich in seinem Schlußwort zurück: »Die ungarischen Genossen [werden] in der Lage sein [...], die Beschlußvorlage auszuarbeiten, und sie werden auch genügend Kraft haben, die Fehler zu korrigieren.« Mit einem Vorwurf an Rakosi wegen seines geplanten Treffens mit dem amerikanischen Präsidenten Eisenhower betonten die sowjetischen Führer schließlich die Dringlichkeit der Korrektur.

Matyas Rakosi informierte das Sekretariat der Zentralen Leitung der MDP über die Moskauer Beratungen am 17. Juni 1953. Zu seinem Bericht nahmen Ernö Gerö sowie die beiden anderen Mitglieder des »Vierergespanns«, die an der Delegation nicht teilgenommen hatten, Stellung. Imre Nagy, Rudolf Földvari, Istvan Hidas und Bela Szalai schwiegen. Das Sekretariat beschloß, zwei Dokumente vorzubereiten: eines für die Zentrale Leitung und eine Version für die Öffentlichkeit. Das Dokument zur Vorlage in der Zentralen Leitung sollte von einem mit Matyas Rakosi, Ernö Gerö und Imre Nagy besetzten Ausschuß ausgearbeitet werden.[6]

Entsprechend dem Beschluß des Sekretariats trat der Politische Ausschuß am 20. Juni zusammen. In der Diskussion meldeten sich Mihaly Farkas und Jozsef Revai erneut zu Wort, während sich Imre Nagy, Rudolf Földvari und Bela Szalai noch immer zurückhielten. Der Politische Ausschuß ergänzte den für die Beschlußvorlage zuständigen Ausschuß um Andras Hegedüs und beauftragte Jozsef Revai damit, auf der Grundlage des Beschlußentwurfs die für die Öffentlichkeit bestimmte Version aufzusetzen. Gleichzeitig wurde beschlossen, daß – wie im Kreml bereits festgelegt – in der nächsten Sitzung der Zentralen Leitung Matyas Rakosi und Imre Nagy berichten sollten.[7]

Die durch Ernö Gerö eingereichte Beschlußvorlage diskutierte der Politische Ausschuß am 25. Juni[8] und nahm sie mit gewissen Änderungen an. Unter anderem wurde in das Beschlußpapier aufgenommen, daß Imre Nagy die übertriebene Kollektivierung abgelehnt hatte und deshalb aus dem Politischen Ausschuß abberufen worden war. In der Diskussion – deren Protokoll bisher nicht gefunden wurde – meldete sich also diesmal auch Imre Nagy zu Wort.

Auf der Sitzung der Zentralen Leitung am 27./28. Juni 1953[9] waren die Teilnehmer zahlreicher als sonst: Außer den Mitgliedern und Kandidaten der Zentralen Leitung und des Zentralen Kontrollausschusses waren auch die Abteilungsleiter und geschäftsführenden Abteilungsleiter der Zentralen Leitung, die Sekretäre der Parteiausschüsse auf Komitats- und Bezirksebene, die Mitglieder der Regierung und Istvan Dobi, der Präsident des Präsidialrates, anwesend. Zwar waren sie auf die Beschlußvorlage des Politischen Ausschusses nicht vorbereitet, doch sie nahmen sie einstimmig an. Dieser Beschluß stellte fest, daß »im Lauf der letzten Jahre die Führung der Partei unter Genossen Matyas Rakosi in ihrer politischen Zielrichtung und in ihrer praktischen Arbeit Fehler begangen hat. Diese Fehler wirkten sich ungünstig auf den Lebensstandard der Bevölkerung und nicht zuletzt der Arbeiterklasse aus, lockerten die Beziehung der Partei zur Arbeiterklasse, verschlechterten allgemein die Beziehung zwischen Partei, Staat und den werktätigen Massen und verursachten in der Volkswirtschaft große Schwierigkeiten«.

Der Beschluß sah die größten Fehler in folgenden Punkten: Erstens: Auf dem II. Kongreß der MDP von Ende Februar-Anfang März 1951 sei eine übertrieben schnelle Entwicklung der Industrie, insbesondere der Schwerin-

---

6 MOL 276, f. 54, 248, ö.e.

7 MOL 276, f. 53, 122, ö.e. – Die Stellungnahme der Mitglieder des Politischen Ausschusses wurde auch durch den einige Tage zuvor ausgebrochenen Arbeiteraufstand in der DDR beeinflußt. Nach Jozsef Harustyak sollte man »mit dem Verhalten des Feindes rechnen und die notwendigen Gegenmaßnahmen rechtzeitig veranlassen, damit es nicht zu ähnlichen Ereignissen wie in Berlin kommt«. Jozsef Revai äußerte dagegen: »Auch die Ereignisse von Berlin können uns nicht vom Aufdecken der Fehler abhalten.«

8 MOL 276, f. 53,123, ö.e.

9 MOL 276, f. 52,24, ö.e.

dustrie, festgelegt worden, ohne Rücksicht auf die reale Lage des Landes und auf die Bedürfnisse der Bevölkerung. »In dieser verfehlten Wirtschaftspolitik zeigte sich eine Art Größenwahn; sie beinhaltete aber gleichzeitig auch Elemente des Abenteuertums, da die in übertriebenem Tempo geplante Entwicklung der Schwerindustrie des Landes zum Teil auf noch nicht vorhandene Energiequellen und Rohstoffe gegründet werden sollte.« Zweitens: Die Leitung der Partei habe die Landwirtschaft vernachlässigt. Die übertrieben schnell und zwangsweise durchgeführte Kollektivierung, das komplizierte und sich ständig ändernde System der Zwangsablieferung »verursachten bei den werktätigen Bauern Unsicherheit«. In deren Folge erreichte der Umfang des dem Staat angebotenen oder verlassenen Landbesitzes fast 10 Prozent der Anbaufläche des Landes, die damals etwa 890 000 Katasterjoch[10] betrug. Gegenüber reichen Bauern wurde die »Politik der Beschränkung in der Praxis durch eine Politik der Vernichtung abgelöst«. Drittens: »Die Führung der Partei vernachlässigte die Befriedigung der Lebensbedürfnisse der Bevölkerung, durch ihre falsche Politik sank der Lebensstandard.« Viertens: »die allgemeine Verbreitung von administrativen Methoden, die übertrieben hohe Anzahl der Gerichts- und Polizeiverfahren, die Willkür gegenüber der Bevölkerung.« In einem Zeitraum von drei Jahren und drei Monaten wurden gegen 650000 Personen Gerichtsverfahren durchgeführt, 387000 von ihnen wurden verurteilt. Die Polizei verhängte in einem Zeitraum von zwei Jahren und vier Monaten in 850000 Fällen eine Strafe, davon in 19000 Fällen eine Gefängnisstrafe. Daneben wurden Hunderttausende von Bauern unter den verschiedensten Vorwänden mit Geldstrafen belegt; allein wegen der Verletzung der Ablieferungspflicht wurden mehr als 400 Millionen Forint eingenommen. Ein bedeutender Teil dieser Strafen war sogar im Sinne der geltenden Gesetze und Vorschriften nicht zulässig. Ferner war eine ebenfalls große Personengruppe von Internierungs- und Zwangsaussiedlungsmaßnahmen betroffen.

Der Beschluß sah die Hauptursachen der Schwierigkeiten einerseits in der personellen Konzentration der Macht, im Mangel an kollektiver Führung und im Personenkult, andererseits in der Vermengung von Aufgaben und Funktionen der Partei und des Staates und vermerkte, daß die Regierung »zum Schatten der Parteiführung« geworden sei. Durch die cliquenartige Führung war die gesamte Macht in den Händen von lediglich vier Personen – Matyas Rakosi, Ernö Gerö, Mihaly Farkas und Jozsef Revai – konzentriert. »Es war nicht richtig, daß Genosse Rakosi der Staatsschutzbehorde (AVH) direkte Anweisungen erteilte, wie sie ermitteln sollte, welche Personen sie festzunehmen hatte und auch, daß er zur ungesetzlichen physischen Mißhandlung der Festgenommenen Befehle erteilte«, hieß es weiter.

Eine ausführliche Liste von notwendigen Maßnahmen versprach die Behebung der Fehler. Für die Industrie legte man nur Leitprinzipien fest, konkreter waren die Anordnungen, die auf dem Gebiet der Landwirtschaft empfohlen wurden. Der Zwangscharakter der Kollektivierung sollte abgeschafft

[10] Ein Katasterjoch entspricht 0,575 ha.

werden. Obwohl »die Produktionsgenossenschaft der Weg zum sozialistischen Aufbau des Dorfes bleibt«, sollte das Prinzip der Freiwilligkeit durchgesetzt werden. Es sollte deshalb ermöglicht werden, daß am Ende des Wirtschaftsjahres Mitglieder, die die landwirtschaftlichen Produktionsgenossenschaften verlassen wollten, austreten konnten. Weiterhin sollte »erlaubt werden, Genossenschaften auf mehrheitlichen Wunsch der Mitglieder aufzulösen«. Von den etwa 450 Millionen Forint Schulden der landwirtschaftlichen Produktionsgenossenschaften gegenüber dem Staat sollten 200 Millionen erlassen werden; die 400 Millionen Forint Bußgelder, die die landwirtschaftlichen Produktionsgenossenschaften und einzelne Landwirte wegen Nichterfüllung der Ablieferungspflicht zu zahlen hatten, sollten in vollem Umfang erlassen werden. Die Tätigkeit der Großbauern sollte zwar weiterhin eingeschränkt bleiben, sie sollten jedoch nicht weiter behelligt werden, und auch die »Kulakenlisten« waren abzuschaffen.

Nach diesem Beschluß sollte »das Niveau der Versorgung mit materiellen Gütern in erster Linie für die Arbeiterklasse, aber auch für die Bauernschaft und für die gesamte Bevölkerung grundlegend verbessert werden«. Ebenso sollte nach Ansicht der Zentralen Leitung »die erschütterte Rechtssicherheit auf allen Gebieten und mit allen Mitteln wiederhergestellt werden«. Die Rechtsverletzungen durch Polizei, Staats- und Justizbehörden und durch die Räte waren abzustellen, eine Oberste Staatsanwaltschaft sollte geschaffen werden. Dem Parlament war eine Gesetzesvorlage über eine Amnestie zu unterbreiten, und alle diejenigen Inhaftierten waren freizulassen, die die Sicherheit des Staates, der Allgemeinheit und des Eigentums nicht gefährdeten. Auch das System der Internierungen war abzuschaffen, die Zwangsausgesiedelten sollten ihren Wohnsitz künftig frei bestimmen können.

Von den parteiinternen Verfügungen waren diejenigen über die Schaffung einer kollektiven Führung und über die Abschaffung des Personenkults am bedeutsamsten. Die Politik der Partei sollte vom Parteitag als oberstem Organ und in der Zeit zwischen zwei Parteitagen von der Zentralen Leitung bestimmt werden. Daher sollten die »zur Zeit die Funktion des politischen Organs ausübenden Gremien, das Sekretariat und der Organisationsausschuß«, abgeschafft werden. Der Politische Ausschuß sollte so besetzt werden, daß er zwischen den Sitzungen der Zentralen Leitung die Partei verantwortlich lenken konnte. Das Sekretariat sollte dem Politischen Ausschuß unterstellt sein und die Durchführung der Beschlüsse kontrollieren. Das Amt des Generalsekretärs sollte entfallen und einer der Sekretäre Erster Sekretär der Zentralen Leitung werden. Weiterhin sollte sichergestellt werden, daß in den neuen Leitungsorganen die Mitglieder über alle wichtigen Fragen informiert würden und sich an der Entscheidung beteiligten.

Der Beschluß zog jedoch keine personalpolitischen Konsequenzen aus der an der Führung geübten Kritik. Matyas Rakosi und Ernö Gerö blieben weiterhin Mitglieder des Politischen Ausschusses, lediglich die beiden anderen Mitglieder des »Vierergespanns«, die an der Reise nach Moskau nicht teilgenommen hatten, Mihaly Farkas und Jozsef Revai, verließen den Politischen Ausschuß, erster allerdings nur für einige Wochen. In den Politischen Ausschuß wurden nur ein neues ordentliches Mitglied, Rudolf Földvari, und zwei Kandidaten, Istvan Bata und Bela Szalai, aufgenommen.

Entsprechend der Entscheidung der Zentralen Leitung veröffentlichte man den Beschluß dieser Sitzung nicht. In diesem Zusammenhang ist eine Mitteilung in den Erinnerungen von Vladimir Farkas interessant: »Nach Meinung meines Vaters war die Moskauer Führung durch die Ereignisse in der DDR derart verängstigt, daß sie umgehend ein Telegramm oder einen Brief mit der Unterschrift Molotows an die in Moskau zusammengestellte neue Partei- und Staatsführung schickte mit der Direktive, auf der Sitzung der Zentralen Leitung die Kritik an der früheren Politik abzuschwächen und sie keinesfalls auf die Straße zu tragen.«[11]

Von der Sitzung erfuhr die Öffentlichkeit – entsprechend den damaligen Gepflogenheiten – lediglich aus einem in den Zeitungen am 30. Juni veröffentlichten Kommuniqué: Die Zentrale Leitung habe auf der Grundlage der Referate von Matyas Rakosi und Imre Nagy nach einer Diskussion »entsprechende Beschlüsse« sowie Entscheidungen in Organisations- und Personalfragen getroffen. Von den Beschlüssen über die politische und wirtschaftliche Lage und über die Aufgaben erfuhr die Bevölkerung aus der Rede des neuen Ministerpräsidenten Imre Nagy am 4. Juli 1953 im Parlament. Das Regierungsprogramm von Imre Nagy wich nicht – obwohl von Matyas Rakosi, später auch von Janos Kadar und der offiziellen Historiographie der MSzMP Gegenteiliges behauptet wurde – von dem am 28. Juni 1953 von der Zentralen Leitung der MDP verabschiedeten Beschluß ab. Die Möglichkeit einer Abweichung war bereits durch den Umstand ausgeschlossen, daß dieselbe vierköpfige Kommission Nagys Parlamentsrede billigte, von der vorher auch die Beschlußvorlage für die Zentrale Leitung ausgearbeitet worden war. Im Beschluß des Politischen Ausschusses vom 2. Juli 1953 heißt es: »Zur Genehmigung der Parlamentsrede des Genossen Imre Nagy wird vom Politischen Ausschuß eine vierköpfige Kommission gebildet. Mitglieder der Kommission sind: die Genossen Matyas Rakosi, Imre Nagy, Ernö Gerö und Andras Hegedüs.«[12]

Die Mitte 1953 begonnenen Veränderungen bezeichnete man fast anderthalb Jahre lang als Politik des »neuen Kurses«. In der offiziellen Geschichtsschreibung der Kadar-Zeit existierte die Periode von Juni 1953 bis Oktober 1956 nicht. Sie wurde unter den verschwommenen und pejorativen Begriff der »fünfziger Jahre« subsumiert, womit man die Zeit der MDP von 1948 bis 1956, also die Zeit des »Personenkultes«, die »Rakosi-Epoche«, bezeichnete. Nach dieser apologetischen Interpretation stand das Attribut »neu« ausschließlich der von Janos Kadar geleiteten MSzMP-Epoche zu. Auch die Interpretation von Miklos Vasarhelyi ist etwas fragwürdig: »Neben der weltgeschichtlichen Bedeutung der Revolution von 1956 verblaßt die Erinnerung an das Regierungsprogramm von 1953. Obwohl die Entfaltung und dann die

[11] Farkas, Vladimir: Nincs mentseg [Es gibt keine Entschuldigung], Budapest 1990, S. 380.
[12] MOL 276, f. 53,124 ö.e.

Erdrosselung des neuen Kurses zur organischen Vorgeschichte der 1956er Explosion gehört.«[13] Nach unserer Meinung konnte die Politik des »neuen Kurses« erst im Spätsommer 1954 durchgesetzt werden, und das nur für die kurze Zeit vom 15. September 1954 bis zum 1. Dezember 1954. Hinsichtlich ihrer Unterbindung ist der zweite Satz der Feststellung von Miklos Vasarhelyi zutreffend.

Die Entscheidung der Zentralen Leitung der MDP in der Sitzung vom 27./28. Juni 1953, daß ihr Beschluß nicht veröffentlicht wird, sondern die Änderungen als Regierungsprogramm bekanntgegeben werden, war für die Öffentlichkeit schwer – oder überhaupt nicht – nachvollziehbar, sie verursachte nur Verwirrung und Unsicherheit. Da die Bekanntgabe im Rahmen des Regierungsprogramms erfolgte, ergaben sich fast automatisch weitere Inkonsequenzen: Während der Beschluß der Zentralen Leitung im Zusammenhang mit der Führungsrolle der Partei die Verantwortung der Leitung für die begangenen Fehler betonte, konnte die Rede von Imre Nagy, da sie aus einer »staatlichen Position« gehalten wurde, die Verantwortung der Parteiführung nicht behandeln und deshalb die Fehler nur kurz erwähnen. Gleichwohl begann die neue Regierung ihr Programm mit einem kurzen Lob der bisherigen Leistungen. Da die Veränderungen also auf diese Weise angekündigt wurden, konnte sich Nagy nicht auf die Selbstkritik der Partei beziehen, auch nicht auf den Beschluß vom Juni. Er konnte nur feststellen, daß die Regierung ihre Arbeit weiterhin »nach den Prinzipien der MDP fortsetzt«. Dazu kam noch der völlig unübliche und den Parteiapparat verwirrende Umstand, daß die Änderungen nicht von dem Generalsekretär der Partei und bisherigen Ministerpräsidenten, »von Stalins bestem ungarischen Schüler«, von dem durch die Propaganda als unfehlbar dargestellten Matyas Rakosi angekündigt wurden.[14] Zusammengefaßt: Die erwähnten Faktoren – die nur geringen personellen Änderungen in der Parteiführung, die Nichtveröffentlichung des Beschlusses der Zentralen Leitung, die Umstände der Ankündigung der geplanten Veränderungen – waren nicht geeignet, der Öffentlichkeit plausibel darzustellen, daß eine Wende erfolgen sollte, sondern verursachten im Gegenteil Ratlosigkeit und Verwirrung in der Partei sowie im Staats- und Verwaltungsapparat.

Es steht allerdings fest, daß – laut einem zusammenfassenden Bericht über die Komitate Jacz-Nagykun-Szolnok, Somogy, Veszprem, Komarom-Esztergom, Heves und Szabolcs-Szatmar – weite Kreise der erniedrigten und eingeschüchterten Bauern sofort zu neuem Selbstbewußtsein erwachten: Sie betrachteten das neue Regierungsprogramm als ein durch die Juni-Ereignisse in der DDR – durch den »Berliner Aufstand« vom 17. Juni – erzwungenes Nachgeben und forderten in mehreren Gemeinden die Auflösung der Kollektivwirtschaften. Anderenorts beriefen sie unverzüglich Mitgliederver-

[13] Vasarhelyi, a.a.O., S. 150.

[14] Petö, Ivan/Szakacs, Sandor: A hazai gazdasag negy evtizedenek törtenete. 1945-1985. Vol. 1: Az ujjaepites es a tervutasitasos iranyitas idöszaka 1945-1968 [Die Geschichte von vier Jahrzehnten der heimischen Wirtschaft. 1945-1985. Bd. 1: Die Periode des Wiederaufbaus und der planwirtschaftlichen Lenkung 1945-1968], Budapest 1985, S. 244f.

sammlungen der Genossenschaften ein und besprachen die Möglichkeiten eines Austritts oder der Auflösung. Die aufkeimende Hoffnung führte in einigen Dörfern zur zügellosen Freude: So in Gölle im Komitat Somogy, wo fast ein Drittel der Bevölkerung mehrere Tage betrunken war. Zu einer ähnlichen Freudenkundgebung kam es auch in Fegyvernek im Komitat Szolonol unter Beteiligung nicht nur der reicheren Bauern, sondern auch der armen Bevölkerungsschichten und des Parteisekretärs.[15] Abgesehen davon, daß die Arbeiterschaft nicht wußte, womit sie zu rechnen hatte, und die Intellektuellen zwar aufatmeten, aber abwartend und skeptisch blieben, hielten diese Hoffnungen kaum eine Woche an. Dann wurde die Entwicklung der ungarischen Innenpolitik erneut durch ein innenpolitisches Ereignis in der Sowjetunion bestimmt. In der Sitzung des Politischen Ausschusses der MDP am 9. Juli berichtete Matyas Rakosi an erster Stelle »über die Entlarvung des imperialistischen Agenten Berija«[16], also über die neueste Entwicklung in der Führungsspitze der KPdSU. Berija stand bekanntlich auf der Seite von Imre Nagy und konnte Rakosi persönlich nicht leiden.

Der entsprechende Beschluß des Politischen Ausschusses versicherte dem ZK der KPdSU volle Solidarität und stellte unter anderem fest, daß man »in unserer Partei die Wachsamkeit noch erhöhen sollte.« Auf derselben Sitzung beschloß der Politische Ausschuß, für den 11. Juli 1953 eine Aktivtagung des Budapester Parteiausschusses einzuberufen unter Einbeziehung derjenigen Personen, die am 27./28. Juni an der Sitzung der Zentralen Leitung teilgenommen hatten. Das Referat sollte laut einer Entscheidung der Zentralen Leitung Matyas Rakosi halten, wobei ein aus Matyas Rakosi, Imre Nagy, Ernö Gerö und Andras Hegedüs bestehender Ausschuß die Endfassung des Referates verabschieden sollte. Die Zentrale Leitung bestimmte auch, daß sich nach dem Referat Imre Nagy als erster zu Wort melden sollte.

Es gibt keine Hinweise darauf, welche Informationen und Instruktionen die ungarische Parteiführung aus Moskau erhielt. Es ist jedoch zu vermuten, daß Rakosi und andere »Moskowiter« wie Gerö und Revai aus dem Sturz Berijas die Schlußfolgerung ableiteten, daß die Spitze der KPdSU keineswegs so einheitlich ist, wie sie sich noch Mitte Juni 1953 präsentierte, und daß sie zur Weiterführung der alten Politik der MDP über einen größeren Spielraum verfügen, ohne befürchten zu müssen, deshalb zur Verantwortung gezogen zu werden. Jozsef Revai – der »Chefideologe« der ungarischen Partei, der seit der Sitzung der Zentralen Leitung Ende Juni nicht mehr Mitglied im Politischen Ausschuß war – schrieb aus einem Erholungsheim der Partei in Dobogokö einen Brief an Rakosi.[17] Nach Revai sei es »eine Existenzfrage, daß die Rede [Rakosis] klare und scharfe Antworten auf die Zweifel und Fragen in der Partei und im Proletariat gibt«. Es solle betont werden, daß die allge-

[15] Barla Szabo, Ödön: Gazdasagpolitika es gazdasagi fejlödes az MDP KV 1953. Juniusi ülese utan [Wirtschaftspolitik und wirtschaftliche Entwicklung nach der Sitzung der Zentralen Leitung der MDP im Juni 1953]. In: Parttörteneti Közlemenyek 2/1981, S. 10f.

[16] MOL 276, f. 53,125, ö.e.

[17] MOL 276, f. 65,41, ö.e. – Der handschriftliche Brief ist undatiert, wurde aber nachweislich vor der Konferenz des Budapester Parteiaktivs geschrieben.

meine Richtlinie der Partei zum Aufbau des Sozialismus sich nicht ändere. »Es soll die Auffassung liquidiert werden, daß [...] die vergangenen Jahre als ein einziger großer Fehler zu betrachten sind. Man soll aussprechen, daß die Partei und die Arbeiterklasse sehr wohl etwas Großartiges geschaffen hatten und darauf stolz sein können.« Man solle auch mitteilen, daß die Partei den Mitgliedern der Genossenschaften nicht empfehlen könne, auf den privatwirtschaftlichen Weg zurückzukehren. Nach Revai sollte zwar erklärt werden, daß die Behelligung der Bevölkerung unterbunden werde, »aber die Partei und die Arbeiterklasse sollte man zur erhöhten Wachsamkeit und Kampfbereitschaft aufrufen, da der Klassenfeind (innen wie außen) sich aktivieren wird und sich jetzt schon aktiviert und versuchen wird, die Korrektur unserer Fehler auszunutzen, uns zur Restauration der bürgerlichen Demokratie zu drängen«. Revai schloß seinen Brief mit der Forderung, daß man die Parteiführung verstärken sollte, »ohne daß etwas offen rückgängig gemacht wird. Ich möchte das ›Vierergespann‹ nicht wiederherstellen, im Gegenteil! Aber ich befürchte, daß sich die operative Führung der Partei, wie sie heute besteht, als zu schwach erweist. Und heute ist es entscheidend, daß die Partei eine feste, starke Führung spürt.«

Die Konferenz der Parteiaktivisten von Budapest trat im Gebäude der Baugewerkschaft zusammen, wo jahrzehntelang auch die Parteikongresse stattfanden. Die Parteizeitung *Szabad Nep* (Freies Volk) berichtete am 11. Juli 1953 sowohl von diesem Ereignis als auch über die Verhaftung Berijas. Die Parteifunktionäre konnten den alten Rakosi hören: Monoton und beiläufig sprach er von Fehlern, entsprechend dem kommunistischen Parteiritual übte er formell Selbstkritik, verherrlichte jedoch demagogisch die »Errungenschaften«: Die Kollektivierung der Landwirtschaft und die neuen Anlagen der Schwerindustrie, an deren schädlichen Folgen Ungarn bis zum heutigen Tag zu tragen hat. Treffend charakterisieren die Rede Rakosis Bemerkungen wie: »der Kulak bleibt Kulak, mit oder ohne Liste,« oder: »wir werden die gewachsenen Hörner abbrechen«. Entgegen dem Beschluß der Zentralen Leitung enthielt die Rede Rakosis nicht eine generelle Richtungsänderung, sondern nur eine Kurskorrektur. Damit eröffnete sie die Möglichkeit unterschiedlicher Interpretationen des Beschlusses, auch die – als getarntes strategisches Ziel – einer eventuellen erneuten politischen Kehrtwende.

Imre Nagy betonte in seinem gezwungenen und kraftlosen Beitrag die Parteieinheit und erhielt kaum Echo. Aus seinem Beitrag konnte man schließen, daß die Macht in Rakosis Hand geblieben war. Später deutete Imre Nagy die Rede Rakosis als Signal für den Parteiapparat zum Widerstand gegen den Beschluß vom Juni bzw. gegen die Regierung: »In der Führung der Partei und im Parteiapparat existierte von Anfang an eine verzerrte, antimarxistische Deutung der Beschlüsse vom Juni, der Hauptvertreter dieser Richtung war Matyas Rakosi. Kaum zwei Wochen nach der Junisitzung der Zentralen Leitung versuchte er am 11. Juli 1953 auf der Sitzung des Budapester Parteiaktivs, die Beschlüsse in aller Öffentlichkeit zu verfälschen, ihre Bedeutung und die Tiefe der Wende zu verflachen und zur alten Politik zurückzukehren. Diese Rede war ein Signal zum Widerstand, und trotz ihrer Phrasen und Selbstkritik verdeutlichte sie, daß der Parteiapparat nicht hinter dem Regierungsprogramm stand. Die spätere Haltung des Parteiapparats zeigte, daß seine Mitglieder das Signal verstanden hatten und sich entsprechend verhielten.«[18]

Trotz der Behinderungsmanöver des Parteiapparates konnte die Regierung unter Imre Nagy auf dem Gebiet der Wirtschaftspolitik und der Justiz zahlreiche wichtige Verfügungen treffen. Sie können in drei Gruppen eingeteilt werden:

- wirtschaftspolitische Änderungen in der Verteilung des Nationaleinkommens, auf dem Gebiet der Investitionen und in der Landwirtschaft;
- politische Maßnahmen zur Minderung der gesellschaftlichen Spannungen (Senkung der Verbraucherpreise, Lohnerhöhungen), zum Teil auch zur Erhöhung des Anreizes zur Produktion in der Landwirtschaft durch Senkung der Abgabenbelastung der Bauern;
- Rationalisierung und Abbau des aufgeblähten Verwaltungsapparats zur Entlastung des Staatshaushalts.[19]

Wichtigstes Element in der Wirtschaftspolitik des »neuen Kurses« war die Priorität der Agrarpolitik. Die Erklärung dafür ist, daß die notwendigen Schritte zur Hebung der Produktion in der Landwirtschaft als überschaubar erschienen: Ein Vorbild dazu bot die auf den Kriegskommunismus in der Sowjetunion folgende neue Wirtschaftspolitik Lenins. Für die Umstellung der Industrieproduktion stand dagegen kein theoretisches oder praktisches Modell zur Verfügung. »Eine Folge davon war, daß in der Industrie die im Sinne einer veränderten Wirtschaftspolitik gedachten Maßnahmen mit den bisherigen Leitungsmethoden – also mit zentralistischen Anordnungen – durchgeführt wurden, es aber auf dem Gebiet der Landwirtschaft zu einer Wende kam. Die in der zweiten Hälfte des Jahres 1953 getroffenen Verfügungen bauten eindeutig auf die Interessenlage der Produzenten. Oder wie man später sagte: Anstatt mit Anweisungen wollte man die zentralen Vorstellungen mit wirtschaftlichen Regulativen verwirklichen.«[20]

Mit dem neuen Stellenwert der Agrarpolitik wurden auch die Produktionsgenossenschaften aufgewertet. Die bisherigen Erfahrungen konnten die Bauern nicht von den Vorteilen der Kollektivierung überzeugen, die Austritte nahmen nach der Verkündung des Regierungsprogramms zu. Die Regierung traf zahlreiche Maßnahmen, um den Zerfall der Genossenschaften zu verlangsamen bzw. zu verhindern. Obwohl sie den Leistungswillen der gesamten landwirtschaftlichen Bevölkerung heben wollte, gewährten ihre Verfügungen den Genossenschaften wesentlich größere Vorteile als den Privatwirtschaften. Ende September und Anfang Oktober 1953 wurden Erlasse über die Bedingungen des Austritts aus den Genossenschaften und über ihre

[18] Nagy, Imre: A magyar nep vedelmeben. Vitairatok es beszedek. 1955-1956 [Zur Verteidigung des ungarischen Volkes. Streitschriften und Ansprachen. 1955-1956], Paris, 1984, S. 14.

[19] Petö/Szakacs, A hazai, a.a.O., S. 247.

[20] Ebenda, S. 250.

Auflösung herausgegeben, die die privaten Landwirte benachteiligten. Die lokalen Behörden verschärften in der Praxis gewohnheitsmäßig die zentralen Erlasse noch mehr. Nach weiteren – 1954 erlassenen – Anordnungen der Regierung gingen Austritte wie Auflösungen stark zurück, und es gab Anzeichen für eine Stabilisierung der Genossenschaften.[21]

Die versuchte Strukturveränderung in der Industrieproduktion hatte dagegen keinen Erfolg. Die Spannungen in der Wirtschaft blieben oder verstärkten sich. 1954 traten sogar neue Probleme auf, die dringend gelöst werden mußten. Für die Verwirklichung der Jahrespläne bestanden keine guten Aussichten, die Außenhandelsbilanz war ungünstiger als erwartet, das Warenangebot konnte mit der Zunahme des Geldumlaufs nicht Schritt halten, und es gab Rückstände in der Pflichtablieferung. Viele Leiter in der Industrie, vor allem in der Schwerindustrie, meinten, daß aus der Sicht ihrer Wirtschaftseinheiten die Einstellung bzw. Verlangsamung der Investitionen nachteilig sei. »Diese Bestrebungen der unmittelbaren Empfänger der Investitionen, der Betriebsdirektoren und der Leiter der Industrieverwaltungen, fanden Unterstützung im Landesplanungsamt und bei ihren Vorgesetzten in den Ministerien, die ähnlich dachten. Noch bevor sich die Ansichten in der obersten Führung polarisierten, entstand deshalb in verhältnismäßig kurzer Zeit eine Interessengruppierung, die sich gegen die offizielle Wirtschaftspolitik auflehnte und über relativ großen Einfluß verfügte.«[22]

Bevor wir den entscheidenden Kampf in den höheren Regionen der Politik nachzeichnen, müssen wir aber noch über einige Entwicklungen in der Justiz nach dem Juni 1953 berichten. Auf diesem Gebiet konnte die Regierung in kurzer Zeit wichtige Verfügungen erlassen. Am 23. Juli wurde der Regierungserlaß Nr. 73/1953 über die Aufhebung der Aufsicht des Innenministers über die lokalen Räte bekanntgegeben. Am 25. Juli erschien die Gesetzesverordnung des Präsidialrates Nr. 11/1953 über eine allgemeine Amnestie. Sie bezog sich auf politische Straftaten mit einem Strafmaß unter zwei Jahren. Ausgenommen waren Kriegsverbrechen, Verbrechen gegen das Volk, gegen die volksdemokratische Staatsordnung und zum Sturz der Volksrepublik sowie Landesverratsfälle. Am 26. Juli folgte der Beschluß des Ministerrats Nr.

[21] Abnahme der Zahl der Mitglieder und des Landbesitzes der landwirtschaftlichen Produktionsgenossenschaften vom 30. Juni 1953 bis zum 31. Dezember 1954. (Nach Petö/Szakacs, A hazai, a.a.O., S. 257):

	Stand am 30.06.1953	Abnahme bis 31.12.1953	Abnahme 1954	Stand am 31.12.1954
Anzahl der Genossenschaften	5225	688	255	4282
Anzahl der Mitglieder (in Tausend)	376	126	20	230
Landbesitz (in tausend ha)	1620	477	61	1082

[22] Petö/Szakacs, a.a.O., S. 264.

1034/1953 über die Einstellung der Internierung und der Zwangsaussiedlungen. Am 30. Juli bestimmte die Gesetzesverordnung des Präsidialrates Nr. 13/1953, daß die Einhaltung der »Gesetzlichkeit« vom Generalstaatsanwalt, der vom Parlament gewählt und dem Parlament verantwortlich war, überwacht werden sollte. Die zu bildenden Staatsanwaltschaften sollten von den Behörden der lokalen Selbstverwaltung unabhängig sein.

Laszlo Piros, der erste Stellvertreter des Innenministers, stellte auf Bitten von Imre Nagy die Daten der Amnestie-Erlasse in einem Bericht zusammen.[23] Danach waren insgesamt 758611 Personen betroffen.

1. Personen, die aufgrund der Amnestie aus dem Gefängnis entlassen wurden:

aus Zivil- und Militärgefängnissen	15761
aus den Internierungslagern der Polizei	478
aus den Internierungslagern des Staatsschutzamtes (AVH)	5075
Minderjährige aus Anstalten des Innenministeriums	654
zusammen	21968

2. Personen, für die andere freiheitsbeschränkende Maßnahmen aufgehoben wurden:

in Hortobagy[24] Festgehaltene (zusammen mit minderjährigen Familienmitgliedern)	7281
aus Budapest an einen vorgeschriebenen Wohnort Ausgesiedelte	13670
aus anderen Städten Zwangsausgesiedelte	1194
zusammen	22145

3. Personen, die von der Amnestie betroffen waren durch:

Aufhebung von Geldstrafen der Strafgerichte	21181
Aufhebung von Verwaltungsstrafbescheiden bzw. Verfahrenseinstellung	640534
Verfahrenseinstellungen bei Strafgerichten	21141
Einstellung von Ermittlungsverfahren bei Staatsanwaltschaft und Polizei	7646
Aufhebung der Vollstreckung durch Strafgerichte	11591
Erlaß von einem Drittel der Strafe durch Strafgerichte	547
Aufhebung der Polizeiaufsicht	570
Aufhebung der Verpflichtung zu Erziehungsmaßnahmen	2574
zusammen	709784

4. Gefangene Personen, bei denen die Amnestie durch Erlaß eines Drittels bzw. der Hälfte der verhängten Strafe nach dem 1. Oktober wirksam wurde:

in Zivilgefängnissen	3573
in Militärgefängnissen	1141
zusammen	4714

[23] MOL 276, f. 65, 184, ö.e.

Merkwürdigerweise blieben die Gefängnisse – nach den Daten von 1955 – auch nach dieser Amnestie überfüllt!

Die ehemals Internierten und Zwangsausgesiedelten waren nach der Amnestie mit neuen Problemen konfrontiert. So wurden nach der Auflösung der Internierungslager viele von ihnen vor Gericht gestellt und verurteilt. Einen außerordentlich aufschlußreichen Hinweis hierzu enthält die als geheim eingestufte Mitteilung von Ernö Gerö an Laszlo Piros vom 11. Juli 1953: »[...] aus den Internierten müssen diejenigen ausgesucht werden, die dem Gericht zu übergeben und zu verurteilen sind.« Gerö machte in diesem Schreiben seinen ersten Stellvertreter darauf aufmerksam, daß hiervon in der Durchführungsbestimmung keine Rede sei, und er dies auch Jozsef Györe, dem stellvertretenden Innenminister, nicht mitgeteilt habe.[25]

Am 8. Mai 1954 schickte der stellvertretende Justizminister Kalman Kovacs eine Meldung an Matyas Rakosi[26], in der er berichtete, daß zahlreiche ehemals zwangsausgesiedelte und internierte Personen Rückerstattungsprozesse anstrebten. Die Mehrzahl dieser Ansprüche richte sich auf Rückgabe oder Ersatz des verlorengegangenen Mobiliars. Es wurden auch Klagen erhoben gegen die staatliche Gesellschaft für Immobilienverwaltung mit der Begründung, daß die bei der Zwangsaussiedlung beschlagnahmte Wohnung Eigentum des Zwangsausgesiedelten war. In anderen Prozessen forderten die Zwangsausgesiedelten Ersatz wegen Wohnungskündigung, und in einigen Fällen erstatteten sie sogar Strafanzeige.

Das Justizministerium wies die Gerichte an, solche Klagen mit der Begründung abzuweisen, daß es sich um Amtshandlungen gehandelt habe, so daß Ansprüche bei den staatlichen Verwaltungen geltend zu machen seien. Das Oberste Gericht fällte am 12. Mai eine Grundsatzentscheidung, wonach die erwähnten Ansprüche nicht auf dem Gerichtsweg zu regeln seien. Auf Weisung des Generalstaatsanwalts berücksichtigten die Staatsanwaltschaften diesbezügliche Strafanzeigen nicht bzw. leiteten keine Gerichtsverfahren ein. Sie sorgten auch dafür, daß die Anwaltskammern den Anwälten die Vertretung solcher Ansprüche untersagten und gegen Anwälte, die die Vertretung solcher Klagen übernahmen, Disziplinarverfahren einleiteten. Die Internierten und Zwangsausgesiedelten durften auch ihren alten Arbeitsplatz nicht zurückerhalten, sie durften ihren ursprünglichen Beruf nicht ausüben und nicht an ihren früheren Wohnort zurückkehren. Es ist erwähnenswert, daß das Sekretariat der Partei am 5. April 1951 einen Beschluß verabschiedete, wonach die Niederlassung oder Ansiedlung in Budapest an eine Genehmigung gebunden war.[27] Diese Beschränkung hob der Politische Ausschuß erst am 7. September 1956 auf.[28]

---

24 Hortobagy, einstige Grassteppe östlich der mittleren Theiß. In dieser kargen Landschaft befanden sich Zwangsarbeits- und Internierungslager.

25 MOL 276, f. 66, 42, ö.e.

26 MOL 276, f. 65, 41, ö.e.

27 MOL 276, f. 54, 137, ö.e.

28 MOL 276, f. 53, 102, ö.e.

1954 begann die Rehabilitierung der in den Schauprozessen Verurteilten. Die Verbreitung von Informationen, die bis dahin zurückgehalten worden waren, beeinflußte im Sommer und Herbst 1954 sehr stark die öffentliche Meinung und die allgemeine Stimmung, die sich zur gleichen Zeit auch wegen der wirtschaftlichen Schwierigkeiten und wegen der Rationalisierungsmaßnahmen in der Wirtschaft zunehmend verschlechterte. Imre Nagy und seine Anhänger erreichten im Sommer und Frühherbst 1954 nach harten politischen Auseinandersetzungen die Annahme der Konzeption des »neuen Kurses«. Auseinandersetzungen fanden hauptsächlich auf dem Gebiet der Wirtschaftspolitik und der Genossenschaftspolitik statt. Das Vorgehen bei der politischen Rehabilitation behielten Rakosi und Gerö in der Hand, und da weder sie noch sowjetische Politiker an Enthüllungen interessiert waren, die sie selbst betrafen, fand auf diesem Gebiet nur ein latenter politischer Kampf statt. Diese Lage charakterisiert am besten ein Beschluß des Politischen Ausschusses vom 6. Oktober 1954: »Der Politische Ausschuß bevollmächtigt Genossen Matyas Rakosi, daß er bei Gelegenheit mit dem zuständigen Vertreter der KPdSU bespricht, auf welche Weise sie die Überprüfung des Rajk-Prozesses für zweckmäßig halten.«[29]

Am 2. Juli 1954 beschloß der Ministerrat umfangreiche Einschränkungen bei den Investitionen für das laufende Jahr. Eine Meldung des Sekretariats des Ministerrats vom 19. Juli bestätigte, daß die Leiter der Ministerien – mit Ausnahme des Gesundheitsministeriums – den Beschluß nicht durchführten. Der Ministerrat stellte in der Sitzung vom 23. Juli unter Vorsitz von Imre Nagy fest, daß die von den Ministern zu verantwortende Nichtdurchführung oder verspätete bzw. mangelhafte Durchführung der Anweisungen »eine ernste Gefahr für die Verwirklichung der vorgenommenen Ziele hinsichtlich der ungestörten Versorgung der Bevölkerung im zweiten Halbjahr bedeutet«.[30]

Imre Nagy nahm anschließend Urlaub, und der Politische Ausschuß verabschiedete in Abwesenheit von vier ordentlichen Mitgliedern (Imre Nagy, Lajos Acs, Mihaly Farkas und Istvan Hidas) am 28. Juli 1954 putschartig eine dem Beschluß des Ministerrats widersprechende Entscheidung. Danach sollte zur Verminderung der Auslandsverschuldung auf Kosten des Verbrauchs der Bevölkerung ein Exportüberschuß erzielt werden. Weiterhin gründete man, um einen unverzüglichen Kurswechsel in der Wirtschaftspolitik herbeizuführen, einen operativen Ausschuß. Vorsitzender dieses wirtschaftspolitischen Ausschusses wurde Ernö Gerö, stellvertretender Vorsitzender Bela Szalai, Sekretär Istvan Friss, Andras Hegedüs, Jozsef Mekis, Karoly Olt, Zoltan Vas und Laszlo Hay wurden Mitglieder.[31] Ernö Gerö signalisierte den Leitern des Staatsapparates sogar, daß nach den am 3. August 1954 unter seinem Vorsitz zustande gekommenen Beschlüssen des Ministerrats die Änderung der Wirtschaftspolitik eindeutig im Widerspruch zum Re-

[29] MOL 276, f. 53, 197, ö.e.

[30] Darüber ausführlicher bei Barla Szabo, Gazdasagpolitika, a.a.O., S. 33-34.

[31] MOL 276, f. 53, 187 ö.e.

gierungsprogramm von Imre Nagy stehe. Auf dieser Sitzung wurden die Arbeitsgebiete zwischen dem Vorsitzenden des Ministerrats und seinem Stellvertreter neu verteilt: Die Aufsicht über die Wirtschaftsministerien erhielt Ernö Gerö, bei Imre Nagy verblieb nur die Aufsicht über die Landwirtschaft. Der dem Politischen Ausschuß unterstellte Wirtschaftspolitische Ausschuß bestätigte in der ersten Augusthälfte Anordnungen, die zur Verminderung der Einkünfte der Bevölkerung die indirekten Beihilfen zum Lebensunterhalt aufhoben oder senkten. So wurden die Beihilfe zur Verpflegung während der Arbeitszeit, die bezahlte Mittagspause und die kostenlose Arbeitskleidung gestrichen, die Ausgaben für Einrichtungen der Sozialfürsorge, der Kultur und des Sports gesenkt sowie ein von den Beschäftigten bezahlter Rentenversicherungsbeitrag eingeführt.

Auf der Sitzung des Wirtschaftspolitischen Ausschusses vom 4. September 1954 dehnte man die im zentralen Staatsapparat im Frühjahr 1954 begonnenen Rationalisierungsmaßnahmen auch auf die Beschäftigten der Industriebetriebe und der Genossenschaften aus. Mit der Begründung, im Jahr 1955 die Investitionen senken zu wollen, plante man für 1954 die Entlassung von sechzigtausend, für 1955 von weiteren fünfzigtausend Personen und erwog die Umsetzung von weiteren etwa sechzig- bis achtzigtausend Arbeitnehmern auf andere Arbeitsgebiete. In der Frage der Herstellung des Gleichgewichts zwischen Kaufkraft und Warenmenge konnte der Ausschuß keine einheitliche Stellung beziehen. Am 13. September 1954 wurde deshalb beschlossen, die Lösung der wirtschaftlichen Fragen zu verschieben, da man sich in der Frage der die bäuerliche Kaufkraft und die landwirtschaftliche Produktion entscheidend beeinflussenden Preispolitik nicht einigen konnte.[32]

Ernö Gerö konnte folglich im Politischen Ausschuß trotz der Abwesenheit von Imre Nagy seinen Willen nicht durchsetzen. Auf der Sitzung vom 25. August 1954[33] stellte zum Beispiel Mihaly Farkas fest: »Diese schwierige Wirtschaftslage müssen wir so regeln, daß wir das Vertrauen des Volkes bewahren [...]. Den Genossen ist bekannt, daß vor Juni des vergangenen Jahres im Verhältnis der Partei zu den Massen eine ernste Krise entstanden war [...]. Wenn die Arbeiterklasse – und auch die werktätigen Bauern – jetzt merken, daß die Politik des neuen Kurses den bereits erreichten Lebensstandard senkt und die Lebenshaltung verschlechtert, wird das Vertrauen in die Politik des neuen Kurses unserer Partei erschüttert.« Farkas war mit Gerös Auffassung, daß die wirtschaftlichen Schwierigkeiten durch die Hebung des Lebensstandards verursacht worden seien, nicht einverstanden. Er war im Gegenteil überzeugt davon, daß die politische Krise nur durch die Hebung des Lebensstandards schnell zu beseitigen sei. Schließlich warf Farkas Gerö vor, daß er die Landwirtschaftsfrage in den Hintergrund dränge. Auch Zoltan Vas, Jozsef Bognar, Andras Hegedüs und Lajos Acs zeigten eine kritische Haltung gegenüber Gerö.

---

32 Barla Szabo, Gazdasagpolitika, a.a.O., S. 37.
33 MOL 276, f. 53, 191, ö.e.

Nach dieser Vorgeschichte wurde am 15. September 1954 in der Sitzung des Politischen Ausschusses der Bericht des Wirtschaftspolitischen Ausschusses über den Stand der Ausarbeitung des Volkswirtschaftsplanes für 1955 auf die Tagesordnung gesetzt.[34] In dieser Sitzung siegte mit Unterstützung von Mihaly Farkas, Andras Hegedüs, Lajos Acs und Janos Matolcsi das Konzept von Imre Nagy vollständig. Imre Nagy bedauerte, daß an der Beratung dieser Frage von entscheidender Wichtigkeit Ernö Gerö – aus gesundheitlichen Gründen – nicht teilnehmen konnte. Er meinte, daß »es notwendig ist, an unserer Wirtschaftspolitik Kritik zu üben«. Nach seiner Meinung verschlechterte sich die Lage im Vergleich zum Vorjahresstand. Die Ursache dafür sah er darin, daß man den Beschluß vom Juni 1953 nicht durchgeführt habe. »Ich bin der Auffassung, und darin bin ich mit Genossen Friss einer Meinung, daß es in unserer Wirtschaftspolitik zwei Konzepte gibt [...]. Was ist die Konzeption, die uns davon abhält, unter Einsatz der ganzen Kraft unsere Arbeit zu erledigen? Das ist die Behauptung, daß wir »das Land des Eisens und des Stahls« seien [...]. Wir konnten diese Auffassung weder mit dem Junibeschluß noch auf dem Kongreß zerschlagen. Das ist ein Irrlicht, wir rennen hinterher und können es nicht erreichen. Wir müssen dieses Konzept aufgeben, sonst kann das Konzept des Junibeschlusses nicht zur Geltung kommen.« Die beiden zentralen Fragen des neuen Konzeptes seien die Umstellung der Industrie auf die Produktion von Konsumgütern bzw. auf die optimale Entwicklung der landwirtschaftlichen Produktion. Imre Nagy betonte, daß alles andere einen Bruch in der Politik der MDP bedeute und eine solche Wende weder bei Partei noch Regierung tragfähig sei. »Ohne die weitgehende Hilfe und die Mobilisierung der Massen finden wir keinen Ausweg. Es ist einer der großen Fehler der Empfehlungen, daß sie die Massen nicht nur ausschalten, sondern auch nach Lösungen suchen, die uns gegen die Massen stellen würden. Gegen die Massen der Werktätigen und ohne sie finden wir keinen Ausweg. *Ich lehne jeden Ausweg auf Kosten der werktätigen Massen ab.*«[35]

Ein weiterer Einwand Imre Nagys gegen die übertriebene Industrialisierung, gegen die Konzeption vom »Land des Eisens und des Stahls« war, daß sie die ungarische Wirtschaftspolitik nicht auf der Basis der eigenen Ressourcen aufbaute. »*Es ist eine unmögliche Sache, daß wir den Sozialismus in Ungarn auf den Wirtschaftsressourcen der Sowjetunion aufbauen sollten.*«[36] Zum Schluß stellte Imre Nagy unzweideutig fest: »Indem wir die bäuerliche Produktion und den Bauern als Wirtschaftskraft positiver beurteilen, begehen wir noch keinen Fehler [...]. Wir müssen bei den Bauern das materielle Interesse an der Produktion heben [...]. Das ist die Voraussetzung zur Hebung des Lebensstandards der Arbeiterschaft. Diese Wirtschaftspolitik wird uns weder von der Arbeiterschaft noch von den Bauern entfremden, alle anderen Auswege entfremden uns aber von beiden.«

---

[34] MOL 276, f. 53, 194, ö.e.

[35] Hervorgehoben durch Gy.T.V.

[36] Hervorgehoben durch Gy.T.V.

Der Beschluß des Politischen Ausschusses in dieser Sitzung gab, mit Rakosis Unterschrift beglaubigt und mit seinen eigenhändigen Korrekturen versehen, den Standpunkt von Imre Nagy wieder. Die Zentrale Leitung befürwortete – wie gewöhnlich – in ihrer Sitzung vom 1. bis 3. Oktober 1954 den Beschluß des Politischen Ausschusses.[37] Und da zwischen zwei Parteitagen die Zentrale Leitung das oberste Forum der MDP war, bekam damit das Konzept von Imre Nagy den Rang des offiziellen Standpunktes der Partei. Der Politische Ausschuß entschied am 6. Oktober 1954, den Beschluß der Zentralen Leitung am 24. Oktober, einem Sonntag, zu veröffentlichen.[38] Das Sekretariat änderte diese Entscheidung am 18. Oktober.[39] Wegen des Kongresses der Patriotischen Volksfront sollte der Beschluß schon am 22. Oktober veröffentlicht werden und ein Leitartikel der Parteizeitung »*Szabad Nep*« am gleichen Tag seine Bedeutung würdigen. Schließlich erschien der von Imre Nagy verfaßte Leitartikel unter dem Titel »Nach der Sitzung der Zentralen Leitung« am 20. Oktober in der Parteizeitung, und entsprechend dem Beschluß der Zentralen Leitung begann damit die offene Bekämpfung jener Politik, die die Verwirklichung des Regierungsprogramms verhindert und die Parteimitglieder in Unmündigkeit gehalten hatte.

Es sei hier wenigstens darauf hingewiesen, daß um die erneuerte Patriotische Volksfront[40] ebenfalls ein heftiger politischer Kampf entbrannte. Dabei ging es um die Frage, ob die kommunistische Partei Bereitschaft zeige, die Macht zu teilen, und ob die Aufhebung ihres Machtprivilegs gleichzeitig auch die Keime eines Mehrparteiensystems in sich tragen würde. In der bereits erwähnten Sitzung des Politischen Ausschusses am 28. Juli 1954 berichtete Rakosi, daß es nach Meinung von Antal Apro richtig wäre, aus der alten Unabhängigkeitsfront der Nachkriegszeit diejenigen Parteien, die in der Bevölkerung noch verwurzelt seien, in die Patriotische Volksfront zu integrieren. Er referierte ebenfalls den Standpunkt Imre Nagys, daß sich die kommunistische Partei als Organisation an dieser neuen Volksfront nicht beteiligen sollte. Demgegenüber vertrat Gerö die Auffassung: »Ich bin weiterhin fest davon überzeugt, daß sich die Parteien nicht daran beteiligen sollten. Die MDP sollte sich aber beteiligen, weil sonst der Einfluß der Partei, vor allem in den Dörfern, sinken würde.« In dieser Frage konnte Imre Nagy seinen Standpunkt nicht durchsetzen. Auf der Gründungsversammlung der Patriotischen Volksfront am 24. Oktober 1954 hielt Imre Nagy entsprechend der Entscheidung des Politischen Ausschusses vom 8. September eine Ansprache.[41] Diese Rede wurde später als nationalistisch gebrandmarkt, und hinsichtlich der Bestimmung der Aufgaben der Volksfront behauptete man, er hätte mit dieser Rede die Partei aus ihrer führenden Rolle hinausdrängen wollen.

---

[37] MOL 276, f. 52, 27, ö.e.
[38] MOL 276, f. 53, 197, ö.e.
[39] MOL 276, f. 54, 339, ö.e.
[40] Über die Benennung entschied die Sitzung des Politischen Ausschusses am 4. August 1954. Vgl. MOL 276, f. 53, 188, ö.e.
[41] MOL 276, f. 53, 193., ö.e.

Seit Oktober 1954 belebte sich auch das öffentliche Leben, vor allem durch die Tätigkeit von Journalisten und Schriftstellern. Eine außerordentlich große Rolle spielte die Mitgliederversammlung der Parteiorganisation der Redaktion der Parteizeitung *Szabad Nep* vom 22. bis zum 25. Oktober. Die Redner begrüßten ausnahmslos den Beschluß der Zentralen Leitung vom Oktober, verurteilten den »Widerstand« gegen den Beschluß vom Juni 1953, befürworteten personelle Konsequenzen und forderten eine offene und ehrliche Politik. Im Anschluß an Tibor Meray betonten auch andere Redner die Notwendigkeit eines »reinigenden Sturms«. Endre Kövesi stellte fest: »Die Presse kann ein von staatlichen Organen unabhängiges Gewissen der Gesellschaft sein, das kontrolliert, ob die Macht nicht mißbraucht wird.« Tibor Dery stellte in seinem in der *Irodalmi Ujsag* (Literaturzeitung, Organ des Schriftstellerverbandes) vom 23. Oktober 1954 veröffentlichten Offenen Brief fest, daß die alte Wirtschaftspolitik den Menschen und die Gesellschaft nicht berücksichtigt habe, von jetzt an aber »immer und überall« der Mensch im Mittelpunkt stehen sollte. Die Versammlungen der Parteiaktivisten und Parteimitglieder des Schriftstellerverbandes und der Zeitungsredakteure im Oktober und November stellten die Bekämpfung der »linken Abweichung« in den Mittelpunkt. Weiterhin tauchte die Forderung auf, die Jugendorganisation der Partei, den Verband der Werktätigen Jugend (DISz), unter die Leitung der Volksfront zu stellen und vollständig umzuorganisieren.[42]

In der Fachliteratur wird allgemein angenommen, Matyas Rakosi sei unmittelbar nach der Sitzung der Zentralen Leitung vom 1. bis 3. Oktober 1954 auf Urlaub bzw. Krankenurlaub in die Sowjetunion gefahren und von dort erst Ende November nach Budapest zurückgekehrt. Allerdings nahm Rakosi an den Sitzungen des Sekretariats am 4. Oktober und des Politischen Ausschusses am 6. Oktober noch teil, es ist deshalb berechtigt, auch für die Zeit danach seine ständige Abwesenheit in Zweifel zu ziehen. Janos Kadar schickte am 11. November einen handschriftlichen Brief an Rakosi mit dem Vermerk: »Genossen Rakosi zu eigenen Händen!« Der Brief beginnt folgendermaßen : »Lieber Genosse Rakosi! Hoffentlich hast Du Dich während Deines Urlaubs gut erholt und erhältst meinen Brief bei guter Gesundheit.«[43] Eine Untersuchung dieser Frage wäre unbedingt notwendig.

Wesentlich ist jedoch, daß es Rakosi während seines Moskauer Aufenthaltes gelang, die sowjetischen Führer von der Gefährlichkeit der Politik Imre Nagys zu überzeugen. Auf der Sitzung des Politischen Ausschusses am 1. Dezember 1954 begann Rakosi einen Frontalangriff gegen die politischen Ansichten von Imre Nagy.[44] Er erklärte: »Für uns besitzt eine nationale Einheit, die von einem Teil der Bauern nur deshalb unterstützt wird, weil sie glauben, daß wir die Genossenschaften nicht entwickeln werden, den Sozia-

---

[42] Darüber ausführlicher – wenn auch in systemtreuer Beleuchtung – Szabo, Balint: Az »ötvenes evek«. Elmelet es politika a szocialista epites elsö idöszakaban Magyarorszagon 1948-1957 [Die »fünfziger Jahre«. Theorie und Politik in der ersten Periode des sozialistischen Aufbaus in Ungarn 1948-1957], Budapest 1986, S. 235-242.

[43] MOL 276, f. 65, 44, ö.e.

[44] MOL 276, f. 53, 206, ö.e.

lismus auf dem Dorf nicht aufbauen werden, nicht viel Wert.« Er lehnte die Ansicht Imre Nagys ab, daß man die linken ebenso wie die rechten Abweichungen bekämpfen sollte, da seiner Ansicht nach in der Verbreitung rechter Ansichten die größere Gefahr etwa darin läge, »von der Volksfront einen nationalen Kommunismus [zu] erwarten«. »Aus Moskau rief ich unentwegt bei den Genossen an, damit sie gegen diese schädlichen Ansichten auftreten.« Man solle sofort, noch am selben Abend, die Offensive gegen die rechten Ansichten beginnen. Das entscheidende, ihn am meisten entlarvende Argument in seiner Rede lautete: »[...] ich möchte nicht, daß ich noch einmal mit dem berechtigten Vorwurf konfrontiert werde, daß ich mich nicht gegen diesen falschen Standpunkt gestellt habe [...]. Deshalb schlage ich vor, daß wir zur Klärung dieser Fragen – wie ich es auch den sowjetischen Genossen vorschlug, und sie waren damit einverstanden – einen Ausschuß bilden, der diese Punkte in einem Beschluß zusammenfaßt.« Der Politische Ausschuß betraute einen aus Matyas Rakosi, Imre Nagy und Lajos Acs bestehenden Ausschuß mit der Aufgabe, eine Beschlußvorlage zu erarbeiten. Imre Nagy beteiligte sich jedoch nicht an der Arbeit des Ausschusses.

In der Sitzung des Politischen Auschusses übte Imre Nagy zwar Selbstkritik, er verteidigte sich aber auch hartnäckig. Dieselben Mitglieder des Ausschusses, die ihn Mitte September und Anfang Oktober noch einstimmig unterstützt hatten, wendeten sich nun gegen ihn und stellten sich hinter Rakosi. Dieser einseitige Kampf setzte sich in der Sitzung des Politischen Ausschusses am 9. Dezember fort.[45] Imre Nagy stellte fest: »[...] wieder versuchen wir, die Fehler zu vertuschen, die das Land an den Rand einer Katastrophe brachten und in eine Lage, aus der wir nur sehr schwer herauskommen können. Die Schuld für diese Schwierigkeiten versuchen Sie, der Politik vom Juni, der Politik des neuen Kurses anzulasten. Damit bin ich nicht einverstanden. Wenn ich allein stehe, stehe ich allein, aber dies bedeutet noch nicht, daß ich unrecht habe. Ich kann es nicht zulassen, daß der Politik der Partei eine solche Wende gegeben wird. Und das nur deshalb, damit wir diejenigen retten, die das Land in eine katastrophale Lage gebracht haben und die eine schwere Verantwortung tragen, von der wir nicht reden wollen [...]. Dies ist eine einschneidende Kehrtwendung von der neuen Politik zur alten.« Imre Nagy war auch damit nicht einverstanden, daß die Grundsatzfragen der ungarischen Partei mit den »sowjetischen Genossen« diskutiert werden. Rakosi setzte sich mit solchen Kleinigkeiten nicht auseinander. Zuerst erklärte er: »In den strittigen Fragen *bitten wir* um die Hilfe der sowjetischen Genossen«, danach jedoch behauptete er: »Die sowjetischen Genossen boten ihre Hilfe an, *sie baten*, daß wir eine Delegation zu ihnen schicken.«

Der Politische Ausschuß lehnte Imre Nagys Antrag ab, die strittigen Fragen anstatt mit den sowjetischen Führern zunächst doch in der Zentralen Leitung zu besprechen, und beauftragte einen aus Farkas, Acs und Szalai zusammengesetzten Ausschuß, den Beschlußentwurf zu überarbeiten und in der nächsten Sitzung des Politischen Ausschusses vorzulegen. Gegen dieses

[45] MOL 276, f. 53, 208, ö.e.

Dokument, das in der Sitzung des Politischen Ausschusses vom 15. Dezember vorgelegt wurde, protestierte der erkrankte Imre Nagy in einem Brief.[46] Am 1. Dezember schrieb Rakosi einen Brief an Chruschtschow, in dem er im Zusammenhang mit der in der ungarischen Partei entstandenen Lage um die Hilfe des Präsidiums der KPdSU bat und die Namen der Mitglieder der in die Sowjetunion zu entsendenden Delegation – Imre Nagy, Lajos Acs, Bela Szalai und Matyas Rakosi – nannte.[47]

Am 8. Januar 1955 fand in Moskau die Konsultation statt.[48] In dem überlieferten Bericht sind die ungarischen Stellungnahmen nicht aufgezeichnet. Die sowjetischen Führer – Woroschilow, Molotow, Kaganowitsch, Malenkow, Bulganin, Mikojan und Chruschtschow – verurteilten ohne Ausnahme die Ansichten und die »Linie« von Imre Nagy und sprachen sich eindeutig für Rakosi aus. Nach ihrer Ansicht sei die rechte Gefahr in Ungarn sehr groß, hauptsächlich wegen der parteifeindlichen Ansichten und des parteifeindlichen Verhaltens von Imre Nagy. Sie warfen ihm auch vor, in der Bauernfrage, in der Frage der Volksfront und der Industrialisierung falsche Ansichten zu vertreten. Völlig falsch sei die Ansicht Nagys, daß die Grundlage des Bündnisses zwischen Arbeitern und Bauern im Warenaustausch zwischen Stadt und Land zu sehen sei. Im Bündnis zwischen Arbeitern und Bauern sollte man vielmehr immer die führende Rolle der Arbeiterklasse berücksichtigen. Die Losung »Bereichert Euch!« sei die Losung Bucharins gewesen. Imre Nagy würde Ansichten aufgreifen, die in der Sowjetunion überwunden worden sind. Die sowjetischen Parteiführer betonten, daß es falsch und sogar gefährlich sei, die Industrie zu vernachlässigen. Einstimmig waren sie der Ansicht, daß Imre Nagy Selbstkritik üben müsse. Oder wie Chruschtschow es ausdrückte, sie würden ihn bei der Korrektur seiner Fehler unterstützen.

Die Mitglieder der ungarischen Delegation verfaßten noch am Tag der Beratung einen Beschlußantrag und versahen ihn mit ihrem Signum. Er hielt fest, daß der Politische Ausschuß der Zentralen Leitung der MDP der geäußerten Kritik und den Empfehlungen bezüglich der Politik der MDP zustimme und dementsprechend seinen Beschluß vom 15. Dezember ändern und ergänzen werde.

In der Sitzung des Politischen Ausschusses vom 13. Januar 1955 besprach man den Bericht der Parteidelegation über die Reise nach Moskau.[49] Die Redner griffen im Lauf der Diskussion – jetzt bereits mit dem Einverständnis Moskaus – in grober Weise Imre Nagy an. Nagy grenzte sich vom ersten Satz des Beschlusses des Politischen Ausschusses vom 8. Januar ab, in dem Zu-

[46] Varga, György T.: Nagy Imre politikai levelei [Die politischen Briefe von Imre Nagy]. In: Uj Forum 4/1989.

[47] MOL 276, f. 65, 114, ö.e.

[48] Bela Szalai's Aufzeichnung über die Beratung veröffentlichten Rainer, Janos M. und Urban, Karoly in: Multunk 2/1992.

[49] Das Protokoll der Diskussion des Tagesordnungspunktes veröffentlichte György T. Varga im Sammelband: Jalta es Szuez között. 1956 a vilagpolitikaban [Zwischen Jalta und Suez. Das Jahr 1956 in der Weltpolitik], Budapest 1989, S. 41-86.

stimmung zu der Kritik und den Empfehlungen zum Ausdruck gebracht wurde, da »es dort auch Fragen gab, die entweder aufgrund von Fehlinformationen oder aus anderem Grund unberechtigt aufgetaucht sind«. Auf diese Fragen hatte er zum Teil bereits während der Konsultation mit den sowjetischen Führern reagiert. Zum Teil entdeckte er aber im Protokoll Feststellungen, mit denen er nicht einverstanden war. Es war nicht nur ungewöhnlich, sondern auch erschütternd, was Imre Nagy über den Ton der Kritik der sowjetischen Führer sagte: »Ich werde in diesem Jahr 60 Jahre alt und bin seit 37 Jahren Mitglied der Partei. Ich nahm an vielen Diskussionen und Kämpfen teil, aber was mir jetzt widerfuhr, habe ich noch nicht erlebt. Eine parteiliche Kritik kann ich ertragen, aber den erniedrigenden und beleidigenden Ton, in dem diese Kritik geäußert wurde, kann ich, Genossen, nicht hinnehmen.« Nagy wies außerdem entschieden die Feststellung Chruschtschows zurück, daß man auch Sinowjew und Rykow gegenüber hart aufgetreten war, obwohl diese auf ähnliche Verdienste zurückschauen konnten wie Imre Nagy. »Jedem ist es sehr wohl bekannt, daß Sinowjew und Rykow erschossen wurden. Wenn das das harte Auftreten ist, verdient es Aufmerksamkeit, denn auf diese Weise kann man nicht miteinander reden. Ich kann darin auch keinen Sinn erkennen. Wenn dies aber eine Drohung sein sollte, muß man so etwas – obwohl ich keine Angst vor Drohungen habe – zurückweisen.«

Imre Nagy betonte wiederholt, daß er bereit sei, die Fehler zu analysieren und zu korrigieren. Aber er fügte entgegen der starren Regeln des stalinistischen Rituals auch hinzu: »Es wird eine sehr ernste Arbeit, wir müssen diese Fragen auf prinzipiell politischer Grundlage klären und nicht in der Form einer formellen Selbstkritik.« Er schloß seinen Beitrag auf der Sitzung mit folgenden Worten: »[...] es ist von verschiedenen theoretischen, wirtschaftlichen und politischen Fehlern die Rede, die man korrigieren muß. Jedoch ist dazu eine sehr ernste und große Arbeit notwendig, die ich mit Hilfe der Genossen und auf der Grundlage der heutigen Diskussion auch verrichten werde.«

Umsonst versprach Imre Nagy Selbstkritik, umsonst übte er sie auch. Für Rakosi war sie sowieso unzulänglich, da er Imre Nagy vernichten wollte. Das Wesentliche war der Kampf zwischen zwei unversöhnlichen politischen Konzeptionen, zusätzlich belastet durch den persönlichen Konflikt, Rakosis Angst vor Machtverlust sowie seinen Wunsch nach Rache. Wir müssen Miklos Vasarhelyi recht geben: »Der Gegensatz ist grundlegend. Sein Ursprung ist eine gegensätzliche Sichtweise innerhalb der kommunistischen Bewegung. Eine Folge der verhängnisvollen inneren Zersetzung der Bewegung ist es, daß diese Gegensätze nie auf die Ebene einer klärenden prinzipiellen Diskussion gehoben wurden [...]. Sie versanken schrittweise und unaufhaltsam im Morast der Anklagen, der Brandmarkungen, Verdächtigungen und Verunglimpfungen, und sie führten je nach Situation zu administrativen oder disziplinarischen Verfahren, zu falschen Anklagen, zu Schauprozessen und zur blutigen Dezimierung in den eigenen Reihen. Als Kriterium der Wahrheit zählten nicht Argumente, sondern die momentanen Kräfteverhältnisse.«[50]

[50] Vasarhelyi, Az elsö, a.a.O., S. 182.

Im Beschluß der Sitzung des Politischen Ausschusses vom 13. Januar heißt es: »Wir müssen betonen, daß die Politik der Partei auch in den Jahren vor 1953 grundsätzlich richtig war.« Damit war die am 1. Dezember 1954 begonnene linkssektiererische, stalinistische Kehrtwende vollzogen. Mit der Zerschlagung des ersten ungarischen sozialistischen Reformversuchs begann das Land, unaufhaltsam in die Katastrophe zu treiben.[51]

Aus dem Ungarischen übersetzt von Dr. Andras Mihalyhegyi (Budapest).

[51] Der Beschluß der Tagung der Zentralen Leitung vom 2. bis 4. März 1955 enthielt nichts Neues. Bedeutsam war jedoch, daß dieser Beschluß ohne Verzögerung veröffentlicht wurde. Dadurch wurden die Spannungen in der Gesellschaft wesentlich erhöht und die Radikalisierung der Parteiopposition beschleunigt.

Die Sowjetunion und die ungarischen Ereignisse im Herbst 1956

von

ISTVÁN VIDA

Nach dem Tod Stalins standen die Regelung der sowjetisch-jugoslawischen Beziehungen und die Durchsetzung der internationalen Anerkennung der DDR im Mittelpunkt der sowjetischen Mitteleuropapolitik. Im Sommer 1956 traten jedoch Ungarn und Polen in den Vordergrund des Interesses der sowjetischen Diplomatie. Den Politikern in Moskau wurde bewußt, daß diese beiden Länder die Schwachstellen des sowjetischen Sicherheitssystems bildeten.

In Ungarn begann die politische Gärung nach dem XX. Parteitag der KPdSU zunächst in den Reihen der kommunistischen Partei, der Partei der Ungarischen Werktätigen (MDP), und verbreitete sich von hier aus schrittweise in der Gesellschaft. Die ungarische Partei- und Staatsführung paßte sich nur sehr langsam an die neue politische Linie der Entstalinisierung an. Ein Grund für diese Verzögerung war Matyas Rakosi, der Hauptvertreter der stalinistischen Politik in Ungarn, der weiterhin an der Spitze der MDP stand. Unter seiner Leitung – und mit sowjetischer Hilfe – kam es im Frühjahr 1955 zu einem Rückschlag, als am 18. April 1955 Ministerpräsident Imre Nagy, der eine Korrektur des stalinistischen Systems durch politische und wirtschaftliche Reformen angestrebt hatte, sowohl als Regierungschef wie auch von seinen Parteiämtern abgelöst und im Dezember 1955 sogar aus der Partei ausgeschlossen wurde. Rakosi erwies sich jedoch als unfähig, eine politische Erneuerung durchzuführen. Er wollte weder auf seine persönliche Führungsrolle verzichten noch an den despotischen Methoden etwas ändern. Seine Anhänger stellten die Mehrheit sowohl im Politischen Ausschuß der MDP als auch in der Regierung, die ein ihm bedingungslos ergebener junger Politiker, Andras Hegedüs, leitete. Politisch und moralisch machte sich Rakosi spätestens Ende März 1956 völlig unmoglich, als er vor der Öffentlichkeit bekannte, daß der Prozeß gegen den unschuldig hingerichteten Laszlo Rajk und seine Genossen auf einer Provokation beruhte, und als er später auch seine eigene Verantwortlichkeit zugab.[1]

Im Frühjahr und Sommer 1956 drückten die Mitglieder der Partei auf Parteizusammenkünften und Mitgliederversammlungen immer häufiger ihre Unzufriedenheit mit der Parteiführung aus. Sie kritisierten die Untätigkeit des Politischen Ausschusses und der Zentralen Leitung, forderten die Rehabilitierung der gesetzwidrig Verurteilten und die Bestrafung der Schuldigen sowie die Verbesserung der Lebensverhältnisse der Bevölkerung. Wiederholt stellte man fest, daß Matyas Rakosi das Vertrauen der Massen verloren habe

---

[1] Szabad Nep vom 29. März und 19. Mai 1956.

und man ihn deshalb seiner Ämter entheben sollte. Die Mitgliederversammlung des Verbandes der Ungarischen Schriftsteller forderte auch die Rehabilitierung von Imre Nagy.[2]

In dieser Atmosphäre konnte die parteiinterne Opposition gegen Rakosi, die sich nach der stalinistischen Restauration im Sommer/Herbst 1955 gebildet hatte, aktiver werden. Ihre Basis bildeten Angehörige der Intelligenz, Schriftsteller und Journalisten innerhalb der Partei. Führende Persönlichkeit der Parteiopposition war Imre Nagy, der in seinen zu dieser Zeit verfaßten Studien[3] den Stalinismus und die ungarische Parteiführung unter Rakosi scharf kritisierte und ein den Rahmen des sowjetischen Sozialismus sprengendes Sozialismusmodell entwarf. Seinen Vorstellungen entsprach ein unabhängiges und neutrales, aber sozialistisches Ungarn. Als dringlichste Aufgabe betrachteten er und seine Anhänger die Ablösung von Rakosi und die Umbildung der Parteiführung.

Bei den Parteimitgliedern, in den Kreisen der Intelligenz und in den gesellschaftlichen Organisationen wuchs der Einfluß der Parteiopposition von Tag zu Tag und war sogar in der unter Parteikontrolle stehenden Presse sowie im Rundfunk spürbar. Zu ihrem Hauptforum wurde ein vom Verband der Werktätigen Jugend (DISz), der Jugendorganisation der Partei, gegründeter Diskussionskreis, der Petöfi-Kreis. Hier veranstaltete die Parteiopposition zahlreiche Diskussionen über volkswirtschaftliche Fragen, über theoretische Probleme des Marxismus oder über die Lage der Geschichtswissenschaft. Außerdem wurden verschiedene andere Treffen organisiert. Das größte politische Echo fand eine Diskussion über die ungarische Presse, an der am 27. Juni 1956 über 6000 Rundfunkhörer teilnahmen, darunter auch mehrere Parteifunktionäre.

In dieser Veranstaltung erweiterte sich die Diskussion auch auf politische Fragen. Mehrere Redner kritisierten die Mitglieder der Parteiführung zum ersten Mal vor einer breiten Öffentlichkeit und forderten demokratische Reformen. Der Schriftsteller Tibor Dery stellte am Ende der Diskussion zusammenfassend fest: »Ich glaube, daß die Ursache unserer Beschwerden der Mangel an Freiheit ist.« Die an der Diskussion teilnehmenden Mitglieder der Parteiführung versuchten ohne Erfolg, die Politik der Partei zu verteidigen.[4]

Die sowjetische Diplomatie wurde im April/Mai 1956 auf die Änderung der allgemeinen Stimmung in Ungarn und auf den Ansehensschwund der MDP aufmerksam. Anfang Juni 1956 kam M.A. Suslow, Mitglied des Präsidiums der KPdSU und Sekretär des ZK, für eine Woche nach Ungarn.[5] Im

[2] Szabo, Az »ötvenes evek«, a.a.O., S. 290-312.

[3] Imre Nagy on Communism. In Defense of the New Course, New York 1957.

[4] A Petöfi Kör vitai hiteles jegyzökönyvek alapjan. IV. Partizántalálkozo-Sajtovita [Diskussionen des Petöfi-Kreises nach authentischen Protokollen. IV. Partisanentreffen-Pressediskussion]. Hg.: Hegedüs, Andras B./Rainer, Janos M., Budapest 1991, S. 67-175.

[5] Bei Titos Besuch in Moskau im Juni 1956 war auch über Ungarn gesprochen worden. V. Micunovic vermerkte am 7. Juni 1956 in seinem Tagebuch: »Die Russen erwähnten, daß die innere Lage Ungarns immer komplizierter und schwieriger werde und daß A. M. Suslow morgen nach Budapest fahre, um in seinen Verhandlungen mit den ungarischen Führern nach

Gegensatz zu Botschafter Andropow, den Molotow bereits im Sommer 1953 als Berater nach Budapest geschickt hatte, empfand Suslow die wirtschaftliche und politische Lage als nicht besorgniserregend und sicherte Rakosi die volle Unterstützung des Präsidiums der KPdSU zu.[6] Kaum einen Monat später änderte sich jedoch die Meinung der sowjetischen Parteiführung. Ursachen dafür waren der Arbeiteraufstand von Posen am 28. Juni und die Zuspitzung der ungarischen Pressediskussion im Petöfi-Kreis. Die ungarische Parteiführung unterband die Tätigkeit des Petöfi-Kreises am 30. Juni mit einem einstimmigen Beschluß, für die Diskussionen machte man Imre Nagy und seine Anhänger verantwortlich; Tibor Dery und ein weiterer Schriftsteller wurden aus der Partei ausgeschlossen.[7] Diese Maßnahmen verschärften nur die Stimmung in Budapest. In Moskau war man besorgt, daß sich die Lage in Ungarn ähnlich wie in Polen entwickeln könnte.

Das Präsidium der KPdSU beriet am 9. und 12. Juli 1956 über die Lage in Ungarn und beschloß, daß Matyas Rakosi seiner Ämter zu entheben sei. Dies sollte A. I. Mikojan auf der bevorstehenden Sitzung der Zentralen Leitung der MDP in Budapest erledigen.[8] Mikojan kam am 13. Juli in Budapest an und traf noch am selben Tag die ungarische Führung zu einer Vorbesprechung, anschließend nahm er an einer vierstündigen Sitzung des Politischen Ausschusses teil. Er teilte dort mit, daß die sowjetische Führung wegen der in Ungarn entstandenen Lage besorgt sei und stellte fest: »[...] wir können es nicht zulassen, daß in Ungarn irgendein überraschendes Ereignis eintritt.« Scharf kritisierte er die ungarische Parteiführung und stellte fest, daß nach sowjetischer Meinung die Lage ernst sei, da der MDP die Macht aus der Hand gleite, sie nicht mehr Rundfunk und Presse kontrolliere und im Petöfi-Kreis ein oppositionelles Zentrum entstanden sei, das sich als Gegenmacht zur Zentralen Leitung der Partei betätige. Er forderte von der ungarischen Seite entschlossene Schritte gegen »feindliche Elemente« und die Ablösung von Rakosi als Ersten Sekretär der Partei. Der Politische Ausschuß war einstimmig für die von Mikojan geforderte Amtsenthebung, nur die Suche eines Nachfolgers dauerte noch einige Tage. Mikojan empfahl Andras Hegedüs als Ersten Sekretär, der aber diesen Posten nicht annahm und Ernö Gerö vorschlug. Schließlich einigte man sich – ebenfalls einstimmig – auf Gerö. Rako-

---

einem Ausweg aus der Krise zu suchen.« In: Micunovic, V.: Tito követe voltam. Moszkva 1956-1958, Budapest 1990, S. 63. – Suslow, Michail Andrejewitsch (1902-1982), Sekretär der KPdSU, jahrzehntelang einer der einflußreichsten politischen Führer, Chefideologe.

6 Hianyzo lapok 1956 törtenetéböl. Dokumentumok a volt SzKP KB leveltarabol. Valogatta, az elöszot es a jegyzeteket irta Vlacseszlav Szereda es Alekszandr Sztikalin [Fehlende Seiten aus der Geschichte von 1956. Dokumente aus dem ehemaligen Archiv des ZK der KPdSU. Ausgewählt, eingeleitet und bearbeitet von V. Szereda und A. Sztikalin], Budapest 1993, S. 21-23, Bericht Suslows vom 13. Juni 1956.

7 Szabad Nep vom 1. Juli 1956.

8 Mikojan, Anastas Iwanowitsch (1895-1978), sowjetischer Politiker. Mitglied des Politbüros der KPdSU, stellvertretender Ministerpräsident, Vertreter der antistalinistischen Linie. Im Sommer 1956 führte er in Budapest die Ablösung von Rakosi aus dessen Ämtern durch. Nach dem 23. Oktober 1956 war er zweimal in Budapest und bestätigte die Politik von Ministerpräsident Imre Nagy. 1964-65 Vorsitzender des Präsidiums des Obersten Sowjets der UdSSR.

si und Kadar stimmten auch für ihn. Am 17. Juli rief man die 30 einflußreichsten Mitglieder der Zentralen Leitung zusammen, die – mit zwei Ausnahmen – mit der Kandidatur Gerös einverstanden waren.[9]

Mikojan nahm die Entscheidung der ungarischen Parteiführung zur Kenntnis, auch Chruschtschow war damit einverstanden. Die Zentrale Leitung nahm am 18. Juli Rakosis Rücktritt an, man wählte ihn auch nicht mehr in den Politischen Ausschuß. Sein Nachfolger wurde Gerö, ohne Gegenstimmen. Mit dem Einverständnis Mikojans versuchte jetzt die Zentrale Leitung den Politischen Ausschuß so umzubilden, daß in ihm, im Interesse der Parteieinheit, mehrere Gruppierungen vertreten waren. Janos Kadar wählte man nicht nur zum Mitglied des Politischen Ausschusses, sondern auch zum Sekretär der Zentralen Leitung. Damit besaß er die zweitwichtigste Führungsposition in der Partei: Man zählte ihn zum gemäßigten Flügel der parteiinternen Opposition. Die ehemaligen Sozialdemokraten vertrat György Marosan, der unter Rakosi politisch verfolgt worden war.[10] Als stellvertretender Ministerpräsident wurde er auch Mitglied der Hegedüs-Regierung. Die alten Parteimitglieder repräsentierte Jozsef Revai.[11] Karoly Kiss gehörte zu dieser Zeit noch zur Rakosi-Garnitur.[12] Die Zentrale Leitung ergänzte man zwar durch 14 Personen, jedoch kam kein Anhänger von Imre Nagy in den Politischen Ausschuß oder in die Zentrale Leitung.

Mikojan äußerte sich in den Vorbesprechungen und auf der Sitzung der Zentralen Leitung auch zum Fall Imre Nagy. 1955 hätten er und die sowjetische Parteiführung zwar konstatiert, daß Nagy »antileninistische« Fehler begangen habe, mit seinem Parteiausschluß aber seien sie nicht einverstanden gewesen. Sie haben sich damals nicht in die Sache einmischen wollen, aber im Interesse der ungarischen Partei wäre Nagy besser Parteimitglied geblieben. So hätte man ihn in der Hand gehabt. Nagys Verhalten nach seinem Ausschluß fand Mikojan aber auch nicht richtig. »Er beging neue Fehler dadurch, daß er hinterlistig gegen die Partei einen Kampf organisierte«, betonte er. Dieser Weg würde ihn nicht zurück in die Partei, sondern in das Gefängnis führen. In einer überraschenden Wendung empfahl er den Mitgliedern des Politischen Ausschusses trotzdem, mit Nagy ein Gespräch zu

[9] Hianyzo lapok, a.a.O., 40-45. Die Berichte Mikojans vom 14., 16. und 18. Juni 1956 sowie zwei Gespräche zwischen Andropow und Gerö im Juli 1956. Veröffentlicht von V. Szereda und Istvan Vida, in: Tekintet 1994, S. 3f., S. 128-149.

[10] Marosan, György (1908-1992), Bäcker, sozialdemokratischer, später kommunistischer Politiker. Unter Rakosi in einem Schauprozeß verurteilt, nach seiner Rehabilitierung 1956 Mitglied des Politbüros der MDP, nachher der MSzMP, Sekretär des Zentralkomitees, Minister der Regierung Kadar, 1962 aller Ämter enthoben.

[11] Revai, Jozsef (1898-1959) war nach 1945 Leiter der ideologischen Arbeit der MKP bzw. der MDP, Mitglied des Politbüros, Chefredakteur der Zeitung Szabad Nep, 1949-53 Minister für Volksbildung.

[12] Kiss, Karoly (1903-1983), 1922 KPU und ab 1932 Mitglied des Zentralausschusses, 1935-44 Gefängnis wegen illegaler politischer Tätigkeit, 1948-56 Mitglied der Zentralen Kontrollkommission und der Zentralen Leitung der MDP, 1951-55 Mitglied des Politischen Ausschusses (=Politbüro) der MDP, 1951-53 Außenminister, 1952-53 stellvertretender Vorsitzender des Ministerrats, 28. Okt.- 4. Nov. 1956 Mitglied des Präsidiums der MDP/MSzMP.

führen. Falls dieser bereit sei, sein Verhalten zu ändern und Selbstkritik zu üben, sollte er wieder in die Partei aufgenommen werden.[13] Am nächsten Tag, dem 19. Juli, trafen sich in einer Sitzungspause der Zentralen Leitung Bela Veg, Sekretär der Zentralen Leitung, und Sandor Nogradi, Leiter der Agitations- und Propagandaleitung der MDP, mit dem ehemaligen Ministerpräsidenten. Nagy gab offen zu, daß er Fehler begangen habe, aber der XX. Parteitag der KPdSU habe ihn und nicht Rakosi bestätigt. Er forderte eine offene Diskussion über seine Ansichten, räumte jedoch ein, daß sein Name auch als Banner von Leuten verwendet werde, die Feinde der Partei und des sozialistischen Systems seien. Die Besprechung endete damit, daß Nagy versprach, seine Kontakte zu den »parteifeindlichen« Elementen abzubrechen. Vor seiner Abreise wurde Nagy auch von Mikojan empfangen. Der sowjetische Politiker wiederholte ihm gegenüber, was er bereits auf der Sitzung der Zentralen Leitung dargelegt hatte.[14]

Nach Rakosis Ablösung ließ die innenpolitische Spannung für eine Weile nach. Innerhalb der Partei wurde die Kritik leiser. Die Tätigkeit der parteiinternen Opposition nahm ab, nachdem sie ihr Hauptziel, die Entlassung Rakosis, erreicht hatte. Die neue Parteiführung konnte jedoch die vorübergehende Windstille nicht ausnutzen. Gerö als Nachfolger war keine gute Wahl, denn er war bei der Bevölkerung genauso unbeliebt wie Rakosi. Gerö selbst fehlte die Ambition; ihm war bewußt, daß seine Wahl zum Ersten Sekretär innen- wie außenpolitisch keinen glücklichen Schritt bedeutete.[15] Innerhalb der engeren Parteiführung blieben die Gegensätze zwischen den Anhängern von Rakosi und der Parteiopposition in politischen und taktischen Fragen bestehen. Die Aktionsfähigkeit der Parteiführung wurde auch dadurch eingeschränkt, daß sich im Laufe der Monate September/Oktober zwei Schlüsselfiguren der MDP längere Zeit außerhalb Ungarns aufhielten. Gerö reiste Anfang September in den Urlaub in die Sowjetunion, Kadar flog am 9. September nach Peking zum 8. Kongreß der chinesischen KP, und am 15. Oktober fuhren beide mit einer Partei- und Staatsdelegation nach Jugoslawien.

Die Parteiführung unternahm im August und September einige vorsichtige, unsichere Initiativen zur Lösung der innenpolitischen Probleme. Am 2. September 1956 kam es zwischen Gerö, Kadar und Imre Nagy zu einem Treffen, das allerdings ohne Ergebnis endete.[16] Man versuchte auch eine überaus vorsichtige Öffnung gegenüber der demokratischen Opposition außerhalb der Partei. Die Parteien der Koalition nach 1945, die seit der kommunistischen Machtübernahme im Jahr 1948 zwar nicht verboten waren, aber faktisch nicht existierten, weil die Mehrzahl ihrer Führer geflüchtet, verhaftet oder interniert war, meldeten sich nach dem Sturz von Rakosi wieder zu Wort. Die Parteiführer und die Aktivisten begannen wieder mit der Organisationsarbeit, Kontakte wurden aufgenommen, es gab Zusammenkünfte und

[13] MOL, 276, fond 52/35, örzö egyseg 17-28.

[14] Meray, Tibor: Nagy Imre elete es halala [Leben und Tod des Imre Nagy], München 1981, S. 137f.

[15] Tekintet 1994, 3-4, S. 146. Andropows Notiz über sein Gespräch mit Gerö am 23. Juli 1956.

[16] Hianyzo lapok, a.a.O., S. 77. Andropows Bericht vom 2. September 1956.

Besprechungen. Gerö empfing Zoltan Tildy, den Vorsitzenden der Unabhängigen Partei der kleinen Landwirte und ehemaligen Präsidenten der Republik, dessen Hausarrest am 1. Mai 1956 aufgehoben wurde[17], und bot ihm an, sich wieder in das politische Leben einzuschalten.[18] Auch zu den Führern der Sozialdemokratie nahm man Kontakte auf. Nach der Vorstellung der Kommunisten sollten die Führer der ehemaligen Koalitionsparteien in der Volksfrontbewegung eine Rolle übernehmen. So beschloß der Politische Ausschuß der MDP Ende August, daß Zoltan Tildy und Arpad Szakasits, der ehemalige Generalsekretär der Sozialdemokratischen Partei, in den Landesrat der Patriotischen Volksfront zu wählen seien.[19] Dazu kam es aber nicht. Zum einzigen Schritt von Bedeutung kam es in diesem Zeitabschnitt lediglich auf dem Gebiet der Rehabilitation. Am 6. Oktober 1956 wurden – in Abwesenheit von Gerö und Kadar – Laszlo Rajk und seine Gefährten in feierlichem Rahmen umgebettet. Zu diesem Begräbnis erschienen etwa 60000 Menschen, unter ihnen auch Imre Nagy. Die Stimmung der trauernden Menge war derart gespannt, daß nur ein Funken zu einer Explosion fehlte.

Ernö Gerö traf am 6. Oktober in Moskau den aus Peking zurückkehrenden Kadar sowie Mikojan und Suslow. Die Vorwürfe und Ratschläge der sowjetischen Führer zur Schaffung einer festen Macht beruhten auf Mißverständnissen und waren, wie dies Gerö Andropow auch offen mitteilte, undurchführbar.[20] In Ungarn wuchs nun die Spannung von Tag zu Tag. In der Presse, in den Debattierzirkeln der Intelligenz und auf Versammlungen übte man immer schärfere Kritik an der Partei und an der Parteiführung. Es tauchten auch die ersten Forderungen nach Abzug der sowjetischen Truppen und nach Überprüfung der ungleichen Wirtschaftsverträge auf. Die Parteiführung war wie gelähmt, Gerö selbst verunsichert, aber vor seiner Abreise nach Belgrad am 13. Oktober beschloß der Politische Ausschuß, daß Imre Nagy bedingungslos wieder in die Partei aufzunehmen sei.[21] Einen Tag zuvor wurde Mihaly Farkas, der neben Rakosi maßgeblich für die Ungesetzlichkeiten und für den Tod von Unschuldigen verantwortlich war, verhaftet.

Die Universitätsjugend übernahm nun die Initiative. Vom 19. bis zum 21. Oktober kam es an den größten Universitäten des Landes zu Studentenversammlungen, und die Studenten gründeten einen von der Jugendorganisation der Partei DISz unabhängigen Studentenverband (MEFESz). Sie forderten zunächst nur eine Reform des Universitätsunterrichts, aber bald tauchten auch politische Forderungen auf. Unter dem Eindruck der polnischen Ereig-

[17] Tildy, Zoltan (1889-1961). Calvinistischer Priester, 1930 zusammen mit Ferenc Nagy Mitbegründer der Unabhängigen Partei der kleinen Landwirte, ab 1930 geschäftsführender Vorsitzender der Unabhängigen Partei der kleinen Landwirte, ab 1943 provisorischer Parteivorsitzender, ab 1945 Parteivorsitzender. Ab November 1945 Ministerpräsident, 1946-48 Staatspräsident. Wurde im August 1948 vom Staatsschutz unter Hausarrest gestellt.

[18] MOL, XX-5-h. Nagy Imre es tarsainak pere. V-150 000. Bognar Jozsef vallomasa. 1. August 1957.

[19] Hianyzo lapok, a.a.O., S. 78. Andropows Bericht vom 2. September 1956.

[20] Ebenda, S. 83-90. Andropows Bericht vom 12. Oktober 1956.

[21] Szabad Nep vom 14. Oktober 1956.

nisse stellten am 22. Oktober die Studenten der Technischen Universität Budapest eine Liste von 16 Forderungen auf[22] und kündigten für den nächsten Tag als Ausdruck der Solidarität mit dem polnischen Volk eine Demonstration an.

Die Reaktion der kommunistischen Parteien Ungarns und der Sowjetunion auf die Revolution vom 23. Oktober 1956

Auf der Sitzung der Zentralen Leitung der MDP in der Nacht vom 23. auf den 24. Oktober beschloß man aufgrund eines durch Gerö vorgetragenen Antrags des Politischen Ausschusses, Imre Nagy wieder in die Zentrale Leitung und in den Politischen Ausschuß aufzunehmen; ferner wurde Nagy einstimmig zum Ministerpräsidenten vorgeschlagen. Der Präsidialrat der Volksrepublik Ungarn entsprach umgehend diesem Vorschlag. Nagy, der sich stark an Parteinormen orientierte, nahm die Ernennung an, ohne politische oder personelle Bedingungen zu stellen. Gerö behielt zwar weiterhin seine Position als Erster Sekretär der Partei, mehrere prominente Stalinisten waren jedoch im neuen Politischen Ausschuß nicht mehr vertreten. Neue Mitglieder des Politischen Ausschusses wurden neben Imre Nagy Jozsef Köböl[23] und Zoltan Szanto[24], beide Anhänger des Ministerpräsidenten. Zwei bedeutende Persönlichkeiten aus Nagys engerem Kreis bekamen ebenfalls hohe Parteipositionen: Ferenc Donath[25] als Sekretär der Zentralen Leitung und Geza Losonczy[26] als Kandidat des Politischen Ausschusses. Außerdem wählte man Ferenc Münnich, der als Gegner Rakosis bekannt war, sowie den Philosophen György Lukacs in die Zentrale Leitung. Diese personellen Änderungen bedeuteten zwar eine Schwächung des stalinistischen Flügels in der Parteiführung, vor allem für die Gruppe um Gerö, aber der Parteiopposition gelang damit kein Durchbruch. In der Zentralen Leitung blieben die Leute aus Rakosis alter Führung in der Mehrheit.

22 1956 plakatjai es röplapjai. Oktober 22-november 5. Összeallitotta es szerkesztette Iszak Lajos, Szabo Jozsef, Szabo Robert [Plakate und Flugblätter von 22. Oktober bis 5. November 1956. Zusammengestellt und herausgegeben von L. Iszak, J. Szabo, R. Szabo], Budapest 1991, S. 16.

23 Köböl, Jozsef (geb. 1909), nach dem Zweiten Weltkrieg bis 1949 Sekretär des Budapester Ausschusses der MKP bzw. der MDP, danach Gewerkschaftsführer. Leitete ab Dezember 1954 die Abteilung für Partei- und Massenorganisationen der MDP. Ab 1948 Mitglied der Zentralen Leitung der MDP.

24 Szanto, Zoltan (1893-1977), leitender kommunistischer Politiker, 1956 mit der Nagy-Gruppe interniert, distanzierte sich nach seiner Freilassung 1958 von Nagy.

25 Donath, Ferenc (1913-1986), führender kommunistischer Politiker, nach 1945 Staatssekretär im Landwirtschaftsministerium, 1951 zu 15 Jahren Gefängnis verurteilt, später rehabilitiert. Aktive Opposition in der Gruppe um Nagy, 1958 zu 12 Jahren Gefängnis verurteilt, 1960 entlassen; Opposition.

26 Losonczy, Geza (1917-1957), unter Rakosi in einem politischen Schauprozeß verurteilt. Nach seiner Freilassung in der innerparteilichen Opposition, gehörte dem engsten Kreis um Imre Nagy an. 1954-56 leitender Mitarbeiter der Zeitung Magyar Nemzet, Staatsminister der Imre Nagy-Regierung. Kam in der Untersuchungshaft in Budapest ums Leben.

In derselben Nacht gründete man zur Koordinierung des bewaffneten Kampfes gegen die Revolution einen Militärausschuß, der unter der Leitung des stellvertretenden Ministerpräsidenten Antal Apro stand.[27] Ein von der Zentralen Leitung herausgegebener und als Flugblatt verbreiteter »Aufruf« bewertete den Volksaufstand als »Konterrevolution«, sprach vom »niederträchtigen Angriff« gegen das volksdemokratische System und bezeichnete die Revolutionäre als »konterrevolutionäre Banditen«.[28] Am Morgen des 24. Oktober ordnete man ein Versammlungsverbot an. In Budapest wurde in den Fabriken die Produktion eingestellt, in den Schulen gab es keinen Unterricht, und der Verkehr ruhte.

Die Revolution vom 23. Oktober 1956 kam für die sowjetische Partei- und Staatsführung unerwartet, auch wenn sie aus den Berichten der sowjetischen Botschaft in Budapest und aus anderen Quellen wußte, daß in Ungarn die politische Lage sehr gespannt war, weshalb auch die sowjetischen Truppen in Ungarn verstärkt werden sollten. Die Aufmerksamkeit Chruschtschows und der sowjetischen Führung konzentrierte sich auf Polen, wo vom 19. bis 21. Oktober 1956 Wladyslaw Gomulka zum Ersten Sekretär der Polnischen Vereinigten Arbeiterpartei gewählt worden war. Es mag auch eine Rolle gespielt haben, daß während der Abwesenheit von Gerö, Hegedüs und Kadar die sowjetische Diplomatie keine entsprechenden Informationen bekam. Andropow übermittelte keine Empfehlungen, wie die sowjetische Regierung die Entwicklung in Ungarn beeinflussen könnte.[29] Mangel an entsprechender Information, die alten Machtreflexe und fehlende Abwägung trugen dazu bei, daß das Präsidium der KPdSU am Abend des 23. Oktober der auch von Andropow unterstützten Bitte Gerös entsprach und den Einsatz sowjetischer Truppen gegen die Demonstranten zur Herstellung der Ordnung befahl. Chruschtschow stellte jedoch die Bedingung, daß die ungarische Regierung die sowjetische Intervention offiziell schriftlich erbittet und daß die Zentrale Leitung der MDP erst nach der Auflösung der Demonstration zusammentrifft.[30]

Die sowjetische Militärführung handelte bereits vor dem Eintreffen der Bitte der ungarischen Regierung. Am 24. Oktober um 4 Uhr besetzten sowjetische Truppen in Budapest strategisch wichtige Punkte. Die schriftliche Legitimation dieser Militäraktion kam aber nur unter Schwierigkeiten zu-

---

[27] Apro, Antal (1913-1994), trat 1931 als Bauarbeiter in die illegale kommunistische Partei ein. Nach dem Zweiten Weltkrieg spielte er in der Gewerkschaftsbewegung eine führende Rolle, 1948-51 Generalsekretär des Landesrats der Gewerkschaften (SzOT), 1952-53 Minister für Bauindustrie. Ab November 1956 stellvertretender Vorsitzender des Ministerrates.

[28] Der Aufruf der MDP vom 24. Oktober 1956 ist veröffentlicht in: 1956 plakatjai es röplapjai, S. 40.

[29] Stykalin, A. S./Orechowa, E. D.: Wengerskie sobytija 1956 goda i posizija rukowodstwa SSSR [Die ungarischen Ereignisse von 1956 und die Position der Führung der UdSSR]. In: Slawjanowjedenie, 3/1994, S. 55.

[30] Hajdu, Tibor: Az 1956. oktober 24.-i moszkvai ertekezlet. Az 1956-os Magyar Forradalom Törtenetenek Dokumentacios es Kutato Intezete, Evkönyv. I [Die Moskauer Konferenz vom 24. Oktober 1956. Dokumentations- und Forschungsinstitut zur Geschichte der Ungarischen Revolution 1956, Jahrbuch I], 1992, S. 153f.

stande. Die Zentrale Leitung nahm zur Kenntnis, daß Gerö um sowjetische Hilfe bat, Imre Nagy war dagegen nicht bereit, den offiziellen Brief zu unterschreiben. Am 27. Oktober unterschrieb schließlich Andras Hegedüs, damals nicht mehr Ministerpräsident, das Dokument.[31]

Die sowjetische Intervention hatte schwerwiegende Folgen: Sie löste einen allgemeinen nationalen Aufstand aus. In den Tagen nach dem 23. Oktober breiteten sich die Demonstrationen über das ganze Land aus, auch auf die Dörfer. Die neuen revolutionären Machtorgane – Arbeiterräte in den Betrieben, Soldatenräte in der Armee, Revolutions- und Nationalausschüsse in den Städten und Gemeinden – lösten die stalinistischen Leiter ab, und man begann, eine Nationalgarde zu organisieren. Hauptforderung der gesamtgesellschaftlichen Massenbewegung war der Abzug der sowjetischen Truppen und die Wiederherstellung der Souveränität des Landes. Daneben forderte sie die Gewährleistung der demokratischen Freiheitsrechte, die Einführung des Mehrparteiensystems und die möglichst rasche Durchführung von freien und geheimen Wahlen. Die Fabriken, Banken und Großunternehmen sollten im Staatsbesitz verbleiben, und auch der Großgrundbesitz sollte nicht wiederhergestellt werden. Es tauchte nur die Forderung nach der Rückgabe des Eigentums von Kleineigentümern, bäuerlichen Grundbesitzern, Handwerkern und kleinen Kaufleuten auf. Eine starke Betonung lag auf sozialen Forderungen, vor allem auf der Aufhebung der Zwangsablieferungen und auf der Lösung der Wohnungsfrage. Die Volksbewegung forderte eine umfassende Demokratisierung des sozialistischen Systems und die Beseitigung der stalinistischen Willkürherrschaft.

Auf Beschluß des Präsidiums der KPdSU kamen – ohne vorherige Rückfragen – am 24. Oktober A. I. Mikojan, M. A. Suslow und der Vorsitzende des KGB, I. A. Serow, nach Ungarn. Ihre Aufgabe bestand einerseits darin, in Ungarn Vorschläge zur Lösung der Lage zu erarbeiten, andererseits der ungarischen Parteiführung bei der Wiederherstellung der öffentlichen Ordnung zu helfen. Mikojan und Suslow trafen sich täglich mit Imre Nagy, Kadar und mit den Mitgliedern der ungarischen Parteiführung, sie nahmen an den Sitzungen des Politischen Ausschusses und der Zentralen Leitung der Partei teil. Sie besuchten einmal sogar das Stadtzentrum, wo die heftigsten Kämpfe stattfanden, und auch die eigenen Militäreinheiten. Noch vor der Ankunft der Mikojan-Delegation verabschiedete die Zentrale Leitung der MDP die

31 Der Brief der ungarischen Regierung, den Andropow am 28. Oktober nach Moskau abschickte, der aber um vier Tage – also auf den 24. – zurückdatiert war, lautete folgendermaßen: »Im Namen des Ministerrates der Volksrepublik Ungarn bitte ich die Regierung der Sowjetunion um die Entsendung sowjetischer Truppen nach Budapest, damit durch deren Hilfe die Unruhen liquidiert, die Ordnung hergestellt und die Voraussetzungen der friedlichen Produktion geschaffen werden. – Budapest, 24. Oktober 1956. Andras Hegedüs, Präsident des Ministerrates der Volksrepublik Ungarn.« In: A »Jelcin-dosszie«. Szovjet dokumentumok 1956-rol. Szerkesztette Gal Eva, Hegedüs Andras B., Litvan György, Rainer Janos M. [Das »Jelzin-Dossier«. Sowjetische Dokumente über die Ereignisse von 1956. Herausgegeben von Eva Gal u.a.], Budapest 1993, S. 56.

wichtigsten personellen Beschlüsse, die Sowjets konnten also hier keinen Einfluß mehr nehmen. So akzeptierten sie die Person Imre Nagys und seine Beauftragung zur Regierungsbildung als zwar unerwünschten, jedoch in der gegebenen Lage unvermeidbaren Kompromiß. Sie hatten wohl geahnt – Andropow hatte es bereits am 12. Oktober angekündigt[32] –, daß die Wogen der Unzufriedenheit Nagy früher oder später in die Landespolitik zurückbringen würden. Sie begriffen auch, daß er in den höheren Kreisen der ungarischen kommunistischen Partei der einzige glaubwürdige Politiker war, dem breitere Volksschichten vertrauten. Die Mitglieder der sowjetischen Delegation akzeptierten Nagy, obwohl sie ihn weiterhin für »opportunistisch«, kompromißbereit und beeinflußbar hielten. Nagy selbst betrachtete die Anwesenheit der sowjetischen Führer in Budapest und ihre ständige Einmischung in die inneren Angelegenheiten Ungarns als natürlich und nahm sie hin, da dies auch früher häufig der Fall gewesen war. Zu Mikojan hatte er großes Vertrauen, er wußte von ihm, daß er auf Chruschtschows Seite stand. Gegenüber Suslow hatte er Vorbehalte, er hielt ihn in politischer Hinsicht für starr und vergaß nicht, daß Suslow bis zur letzten Minute Rakosi unterstützt hatte. Während ihres Aufenthaltes in Ungarn versuchte Nagy, die beiden Abgesandten an den Regierungsentscheidungen zu beteiligen.

In Gerö hatten sich die Sowjets allerdings getäuscht, denn er erwies sich als zu schwach, die innenpolitische Krise zu lösen. Es war für sie auch klar, daß Gerö als Mitglied der alten Führung das Vertrauen der Massen verspielt hatte, so daß immer mehr Menschen seinen Rücktritt forderten.[33] Auf der Sitzung des Politischen Ausschusses der MDP am 25. Oktober übte Mikojan scharfe Kritik an Gerö und empfahl im Namen des Präsidiums der KPdSU seine Amtsenthebung und die Ernennung von Janos Kadar zum Ersten Sekretär der Zentralen Leitung. Dieser Forderung stimmte die Zentrale Leitung noch am selben Tag einstimmig zu. Gerös Entlassung aus dem Politischen Ausschuß, wie dies die Imre Nagy nahestehenden Mitglieder dieses Gremiums gewünscht hatten, wurde jedoch nicht beschlossen.[34] Die Delegierten des Präsidiums der KPdSU vertraten in der ersten Phase der Revolution – zwischen dem 23. und 28. Oktober – den Standpunkt, daß zuerst die öffentliche Ordnung hergestellt und der bewaffnete Aufstand niedergeschlagen werden müsse und erst dann die politischen Fragen geregelt werden sollten. Sie versprachen der Regierung Imre Nagy jegliche Hilfe zur Wiederherstellung der Ordnung. Ihre Bedingung war, daß die Regierung nicht mit den Führern der Aufständischen verhandeln dürfe, und nach Möglichkeit sollten nur minimale Zugeständnisse gemacht werden. Sie betonten die Notwendigkeit der Herstellung der Einheit der Partei, die Stärkung der Führungsrolle der Partei in den Organisationen, die Mobilisierung der Parteimitglieder und

32 Hianyzo lapok, a.a.O., S. 90. Andropows Meldung vom 12. Oktober 1956.

33 Memoary Nikity Sergejewitscha Chruschtschowa [Die Memoiren N. S. Chruschtschows]. In: Woprossy Istorii, 5/1994, S. 94f.

34 Hegedüs, Andras: Elet egy eszme arnyekaban [Leben im Schatten einer Idee], Budapest 1989, S. 308. Sowie ders.: A törtenelem es a hatalom igezeteben. Eletrajzi elemzesek [Im Bann von Geschichte und Macht. Biographische Analysen], Budapest o. J., S. 296.

die Bewaffnung der Arbeiterschaft. In personellen Fragen unterstützten sie in erster Linie die Mitglieder der alten Parteiführung, die der Sowjetunion gegenüber bedingungslos loyale Gruppe um Gerö.

Ihre ersten Berichte aus Ungarn waren noch optimistisch. Sie meinten, die Lage sei nicht sehr schwierig, die militärische Kraft der Aufständischen bedeutungslos, die ungarische Parteiführung sei einheitlich und beherrsche die Lage, so daß der militärische Widerstand schnell beendet werden könnte.[35] Nach einigen Tagen merkten sie, daß – mit ihren Worten – die Kraft der »friedlichen Volksbewegung« noch nicht gebrochen werden konnte und die bewaffneten Kämpfe andauerten. Mikojan und Suslow neigten nun dazu, die Meinung Imre Nagys zu übernehmen, wonach es für die neue Parteiführung zwei Alternativen gebe: Entweder die mehrheitlich mit Stalinisten besetzte Regierung im Amt belassen und mit Unterstützung der sowjetischen Armee den bewaffneten Aufstand niederkämpfen oder durch eine friedliche Politik die Zuneigung des Volkes und der Intellektuellen gewinnen, sich an die Spitze der demokratischen Volksbewegung stellen und auch im Bereich der nationalen Gefühle Zugeständnisse machen. Die Regierung sollte im zweiten Fall unter Beteiligung einiger auf dem Boden der Volksdemokratie stehender bürgerlicher Politiker umgebildet werden.

Die hochrangigen sowjetischen Politiker erkannten, und dies teilten sie auch nach Moskau mit, daß im ersten Fall – bei der Fortsetzung des bewaffneten Kampfes – »wir das Vertrauen der friedlichen Bevölkerung, der Arbeiter und der Studenten, und den Kontakt zu ihnen verlieren; es kommt zu neuen Opfern, die den Abgrund zwischen Regierung und Bevölkerung noch mehr vertiefen. Wenn wir diesen Weg betreten, sind wir verloren.« Sie gaben am 26. Oktober dem Präsidium der KPdSU den ausdrücklichen Rat, daß »jetzt nicht mehr die Anwendung von militärischen Maßnahmen am wichtigsten ist, sondern das Gewinnen der Arbeitermassen.«[36] Die Deklaration der Zentralen Leitung der MDP vom 26. Oktober, die als politische Plattform der neugebildeten Regierung unter Imre Nagy gedacht war und an deren Formulierung Mikojan und Suslow sich persönlich beteiligt hatten[37], spiegelte noch den harten sowjetischen Standpunkt wider. Sie bezeichnete die Einstellung des bewaffneten Kampfes und des Blutvergießens als dringlichste Aufgabe und forderte die Wiederherstellung der öffentlichen Ordnung. Obwohl darin auf die Bezeichnung »Konterrevolution« verzichtet und denjenigen, die die Waffen niederlegten, eine Amnestie angeboten wurde, drohte sie den Kämpfenden mit rücksichtsloser Vernichtung. Größere Reformen in der Wirtschaft und im politischen Leben versprach die Deklaration erst für die Zeit nach der Wiederherstellung der Ordnung. Die Deklaration kündigte auch an, daß unter Leitung von Imre Nagy »auf breitester nationaler Grundlage« eine neue Regierung gebildet werde, die umgehend

[35] Hianyzo lapok, a.a.O., S. 101-115. Bericht von Mikojan und Suslow vom 24. Oktober 1956.
[36] Hianyzo lapok, a.a.O., S. 106-107 und S. 111-113. Berichte von Mikojan und Suslow vom 26. Oktober 1956.
[37] Vas, Zoltan: Betiltott könyveim [Meine verbotenen Bücher], Budapest 1990, S. 238.

über die Regelung der ungarisch-sowjetischen Beziehungen auf der Grundlage der international anerkannten Prinzipien der Unabhängigkeit, der vollen Gleichberechtigung und der Nichteinmischung in die inneren Angelegenheiten verhandeln werde. »Als erster Schritt in diese Richtung werden die sowjetischen Truppen nach der Wiederherstellung der öffentlichen Ordnung unverzüglich zu ihren Stützpunkten zurückkehren«, stellte die Deklaration fest.

Die Zentrale Leitung befürwortete, daß sich in den Betrieben unter Beteiligung der Gewerkschaften Arbeiterräte bilden. Von den Forderungen der Arbeiter berücksichtigte sie jedoch nur eine: Sie versprach Lohnerhöhungen für die niedrigsten Lohngruppen.[38] Diese Erklärung blieb weit hinter den Ereignissen zurück und enthielt, abgesehen von der Anerkennung der Arbeiterräte, nur minimale Zugeständnisse. Es wurde weder erwähnt, ob Rakosi und seine Anhänger zur Verantwortung gezogen werden, noch ob Oppositionsparteien zugelassen werden und freie Wahlen stattfinden. Auch die zentrale Forderung der Revolutionäre nach dem sofortigen Abzug der sowjetischen Truppen aus Ungarn blieb unerwähnt. Dies war eine Folge des Auftretens von Mikojan und Suslow.

Auf der Sitzung des Politischen Ausschusses der MDP vom 25. Oktober, an der die sowjetische Delegation teilnahm, schlug Jozsef Köböl vor, daß die Regierung zur Beruhigung der Bevölkerung erklären sollte, daß nach Wiederherstellung der öffentlichen Ordnung die ungarische Regierung um den Abzug der sowjetischen Truppen aus Ungarn bitten werde. Die sowjetischen Abgesandten waren von diesem Vorschlag schockiert und machten die ungarischen Politiker darauf aufmerksam, daß man »keineswegs die Frage des Abzugs der sowjetischen Truppen aus Ungarn erwähnen sollte, da dies nur den Einmarsch der amerikanischen Truppen nach sich zöge«. Sie boten ihre Zustimmung lediglich zu einer Erklärung an, daß »die sowjetischen Truppen nach Wiederherstellung der öffentlichen Ordnung in Budapest in ihre Garnisonen zurückkehren«.[39]

Zur Überraschung der Vertreter des sowjetischen Parteipräsidiums kündigte Imre Nagy am selben Abend in seiner ersten Rundfunkrede als neuer Ministerpräsident an, daß die ungarische Regierung über die Regelung der ungarisch-sowjetischen Beziehungen und über den vollständigen Abzug der sowjetischen Truppen Verhandlungen beginnen werde, und stellte als Tatsache dar, daß die sowjetischen Einheiten, die in der Nacht vom 23. auf den 24. Oktober in Budapest einmarschiert waren, aus der Hauptstadt abgezogen würden.[40] Mikojan protestierte am folgenden Tag, dem 26. Oktober, gegen diese Vorgehensweise und forderte eine Erklärung. Die sowjetische Delegation akzeptierte Imre Nagys Begründung nicht, wonach die Regierung nur den Forderungen der Arbeiterschaft und zahlreicher Parteiorganisationen an

[38] Szabad Nep vom 27. Oktober 1956.

[39] A »Jelcin-dosszie«, a.a.O., S. 51. Meldung von Mikojan und Suslow vom 25. Oktober 1956, sowie: Hianyzo lapok, a.a.O., S. 112. Bericht von Mikojan und Suslow vom 26. Oktober 1956.

[40] Szabad Nep vom 26. Oktober 1956.

der Basis nachgab, »damit sie die Lage beherrscht und ihren Einfluß auf die Arbeiterschaft bewahrt«. Sie stellte wiederholt fest, daß sie die Ankündigung des Abzugs der sowjetischen Truppen für den »gröbsten Fehler« halte und wiederholte den Vorschlag zur Rückkehr der sowjetischen Truppen in ihre Stützpunkte. Sie legte fest, daß weder die Zentrale Leitung der MDP noch die Regierung den vollständigen Abzug der sowjetischen Truppen aus Ungarn versprechen dürfen. Imre Nagy und Janos Kadar waren damit einverstanden.[41] Daher blieb in der Deklaration der Zentralen Leitung der vollständige Abzug der sowjetischen Truppen unerwähnt. Die sowjetische Delegation war auch unangenehm berührt davon, daß sie von den Verhandlungen über die Regierungsbildung und von den breit angelegten Konsultationen erst einen Tag später und aus zweiter Hand erfuhr. Sie befürchtete, daß die ungarische Parteiführung sie vor vollendete Tatsachen stellen könnte und sie auf die Zusammensetzung der Regierung keinen Einfluß mehr nehmen könnte. Nagy jedoch gelang es, sie zu beruhigen. Er informierte sie über die diesbezüglichen Vorstellungen, und auf seine Initiative hin nahm die Delegation an der Sitzung des Politischen Ausschusses am 27. Oktober teil, in der die Umbildung der Regierung beschlossen wurde.

Über die Frage der Besetzung der Ministerposten kam es zu harten Auseinandersetzungen zwischen den beiden Flügeln der Parteiführung, den Gruppen um Nagy und um Gerö. Gerös Anhänger unternahmen alles, um die eigenen Leute in der Regierung zu behalten, und sie intrigierten gegen die Kandidaten des Ministerpräsidenten. Die sowjetischen Emissäre unterstützten die Gefolgsleute von Gerö, die unter Rakosi Mitglieder der Parteiführung waren, und wahrscheinlich trugen sie dazu bei, daß Nagy das Innenministerium und das Ministerium für Erziehungswesen nicht mit seinen Anhängern besetzen konnte. Gleichzeitig – wenn auch unter ernsten Einwänden und nur aus politischer Notwendigkeit – akzeptierten sie die Öffnung der neuen Regierung gegenüber der demokratischen Opposition. Weder gegen Zoltan Tildy noch gegen Bela Kovacs, den ehemaligen Generalsekretär der Unabhängigen Partei der kleinen Landwirte, erhoben sie Einwände, obwohl Kovacs neun Jahre in sowjetischen Gefängnissen verbracht hatte und erst im Frühjahr 1956 freigekommen war. »Unter den entstandenen Umständen halten wir es für annehmbar und zweckmäßig, daß eine bestimmte Anzahl kleinbürgerlich-demokratischer Politiker in die Regierung aufgenommen wird, damit die gesellschaftliche Unterstützung der Regierung erweitert wird«, meldeten sie am 26. Oktober nach Moskau.[42] Im Zusammenhang mit der Regierungsbildung war ihre einzige Bedingung, daß »konterrevolutionäre Elemente«, also die bewaffneten Aufständischen, im neuen Kabinett keine Vertretung bekommen. Kadar garantierte dies und versuchte die sowjetische Delegation damit zu beruhigen, daß die wichtigsten Positionen auch weiterhin von Parteivertretern besetzt bleiben. Vom sowjetischen Standpunkt aus war es zufriedenstellend, daß zwischen Gerö und Nagy ein

[41] Hianyzo lapok, a.a.O., S. 112. Bericht von Mikojan und Suslow vom 26. Oktober 1956.
[42] Ebenda, S. 113. Bericht von Mikojan und Suslow vom 26. Oktober 1956.

Kompromiß gefunden wurde und Ferenc Münnich, den man als früheren Emigranten in Moskau gut kannte, als Innenminister nominiert wurde. Zwar zählte Münnich zu den Gegnern von Rakosi und der alten Parteileitung, aber gleichzeitig bewies er in der Frage des bewaffneten Kampfes gegen die Aufständischen eine »feste« Haltung. Die sowjetischen Emissäre stimmten der Regierungsliste schließlich zu. »Wir haben den Eindruck, daß die Regierung im ganzen zuverlässig und hinsichtlich des gesellschaftlichen Ranges auch bedeutend genug ist«, unterrichteten sie das Präsidium der KPdSU.[43]

Die neue Regierung von Imre Nagy wurde am 27. Oktober gebildet und am nächsten Tag vor Istvan Dobi, dem Präsidenten des Präsidialrates der Volksrepublik, vereidigt. Im Vergleich zu der Regierung Hegedüs hatte es bedeutende Veränderungen gegeben: Von 25 früheren Ministern blieben nur neun. Die prominenten Stalinisten, unter ihnen Andras Hegedüs, blieben nicht in der Regierung. Antal Apro wurde erster Stellvertreter des Ministerpräsidenten, Zoltan Tildy bekam einen Posten als Staatsminister, Bela Kovacs übernahm das Landwirtschaftsministerium. Minister für Volksbildung wurde der mit den reformkommunistischen Ansichten Nagys sympathisierende, international bekannte Philosoph György Lukacs. Auch zwei parteilose Minister waren in der Regierung vertreten.

Das Programm der neuen Regierung kam nur unter Schwierigkeiten zustande. In einer drei Tage dauernden Diskussion zwischen dem 26. und dem 28. Oktober brachen alle konzeptionellen, taktischen und methodischen Differenzen zwischen den beiden Flügeln der Parteiführung auf. Ferenc Donath und Geza Losonczy waren mit der Bewertung der Ereignisse als »Konterrevolution« nicht einverstanden. Sie waren aufgrund persönlicher Erfahrungen, ähnlich wie der Schriftstellerverband und andere oppositionelle Intellektuellengruppen, der Meinung, daß man die Ereignisse als berechtigte Volksbewegung, als Revolution und eine die ganze Gesellschaft umfassende Massenbewegung, als nationale demokratische Bewegung betrachten sollte. Deshalb dürfe man sie nicht mit Waffen bekämpfen, sondern die Regierung sollte mit den am Aufstand teilnehmenden Gruppen von Intellektuellen, Arbeitern und Jugendlichen verhandeln und die bewaffneten Revolutionäre in die Armee und in die Nationalgarde integrieren. Ihren Standpunkt stellten sie bereits am 24. Oktober in einer Eingabe dar, am nächsten Tag teilten sie ihn Imre Nagy und Janos Kadar in einer Unterredung mit und vertraten ihn auch auf der Sitzung der Zentralen Leitung vom 26. Oktober. In dieser Sitzung wurden sie unter lautstarkem Protest der Stalinisten mit drei Stimmen überstimmt. Weder Kadar noch Imre Nagy waren zu dieser Zeit mit ihrer Meinung einverstanden. Aus Protest traten Donath und Losonczy von ihren neuen Parteifunktionen zurück.[44]

---

[43] Ebenda, S. 114f. Bericht von Mikojan und Suslow vom 27. Oktober 1956.

[44] MOL, XX-5-h, Nagy Imre es tarsainak pere, V.-150 000/47. Donath Ferenc 1957. julius 26-i vallomasa. Sowie: Donath, Ferenc: A forradalom elsö napjai (Visszaemlekezes). In: Donath, Ferenc: A Marciusi Fronttol Monorig. Tanulmanyok, vazlatok, emlekezesek. Valogatta: Valuch Tibor [Von der Märzfront bis Monor. Studien, Skizzen, Erinnerungen. Ausgewählt durch Tibor Valuch], Budapest 1992, S. 104-116.

Zwei Tage später wendete sich das Blatt, und auf der Sitzung des Politischen Ausschusses am 28. Oktober nahm man ihren Standpunkt mit großer Mehrheit an. Ursache dafür waren nicht nur der sich pausenlos fortsetzende Kampf und die Ausbreitung der Massenbewegung im ganzen Land, der vollständige Zerfall der Partei und die Isolierung der Parteiführung, sondern auch der Umstand, daß Imre Nagy sich auf die Seite von Donath und Losonczy stellte. Auch Kadar sah in diesen Tagen die sich nach dem 23. Oktober entfaltende Volksbewegung differenzierter und hielt die Unzufriedenheit der Bevölkerung mit der Parteipolitik für berechtigt. Er betrachtete die Ereignisse ebenfalls nicht als »Konterrevolution«, aber die Bezeichnung »nationale demokratische Revolution« wollte er nicht übernehmen. Die sowjetischen Politiker bewerteten die Ereignisse von Anfang an konsequent als Konterrevolution. Den Standpunkt Donaths und seiner Anhänger bezeichneten sie als »Kapitulantentum« und forderten ihre Verhaftung. Auf der Sitzung am 28. Oktober traten sie jedoch – laut dem erhalten gebliebenen unvollständigen Protokoll – nicht gegen diese Umbewertung auf.

Aus der neuen Sicht der Parteiführung folgte, daß sie möglichst rasch das Blutvergießen beenden wollte. Als ersten Schritt ordnete sie eine Feuerpause an. Die sowjetischen Einheiten sollten sich vom Kampfplatz zurückziehen und Budapest möglichst rasch verlassen. Man wollte Verhandlungen über ihren endgültigen Abzug aus Ungarn beginnen. Das Amt für Staatssicherheit (AVH) sollte aufgelöst und innerhalb der Parteiführung Eintracht hergestellt werden. Endlich sollten die Forderungen der Bevölkerung erfüllt werden. Das neue Regierungsprogramm, das in der Sitzung des Politischen Ausschusses am Morgen des 28. Oktober besprochen wurde, stützte sich auf diese Erwägungen.

Mikojan hatte in der Diskussion an keinem Punkt des Regierungsprogramms etwas auszusetzen, er unterstützte sogar ausdrücklich die Anordnung der Feuerpause. Nachdrücklich betonte er die Notwendigkeit einer Abgrenzung von der alten Parteiführung und deren Fehlern, von der Willkürherrschaft, von den bürokratischen Methoden und Gesetzesverletzungen. Er war damit einverstanden, daß man nach einer politischen Lösung suchen und verhandeln sollte, lehnte es aber weiterhin ab, daß die Regierung direkt mit den Aufständischen verhandelte. Nach seiner Vorstellung sollte eine Kontaktaufnahme zu den kämpfenden Gruppen durch Vermittlung der Gewerkschaften erfolgen. Die Partei sollte jedoch seiner Meinung nach die Führung nicht den Gewerkschaften in die Hand geben, sonst könnten sie sich zu einem zweiten Machtzentrum entwickeln, das vom »Feind« ausgenutzt werden könnte. Zugleich trat er entschieden gegen weitere Zugeständnisse ein.[45]

In der Frage der Parteiführung unterstützten die sowjetischen Emissäre Imre Nagy und Kadar. Der Ministerpräsident erklärte auf einer die Sitzung des Politischen Ausschusses am 28. Oktober vorbereitenden Besprechung, daß er mit Gerö, Hegedüs und mit Mitgliedern des alten stalinistischen Flü-

[45] Historia, 4-5/1989, S. 37.

gels der Partei, die sich von den alten Methoden nicht lösen konnten und die Fortsetzung des bewaffneten Kampfes forderten, nicht länger zusammenarbeiten könne und wolle.

Auf der Sitzung des Politischen Ausschusses am Morgen des 28. Oktober schlug Mikojan nach der Diskussion des Regierungsprogramms (wahrscheinlich nach vorheriger Absprache) auf Kadars Aufforderung hin die Errichtung eines über der Zentralen Leitung und über dem Politischen Ausschuß stehenden Parteidirektoriums mit uneingeschränkter Amtsvollmacht vor. Der Vorschlag war nicht neu, auf Antrag Marosans hatte man bereits zwei Tage zuvor ein sechsköpfiges Gremium gebildet, das seine Arbeit aber nicht aufgenommen hatte. Die Zielsetzung war, diejenigen Parteiorgane aus der Parteiführung und dem politischen Leben auszuschalten, in denen die Stalinisten noch immer über bedeutenden Einfluß verfügten, um auf diese Weise in der Parteiführung die Einheit herzustellen. Über die Besetzung des Parteidirektoriums, offiziell als Parteipräsidium bezeichnet, entstand Streit. Der brüskierte Gerö lehnte eine Mitgliedschaft ab. Mikojan hätte die Mitgliedschaft von Hegedüs gern gesehen, aber dieser wurde ohne die Stimmen der Gruppe um Imre Nagy und ohne das Einverständnis Kadars nicht gewählt. Entsprechend der Entscheidung des Politischen Ausschusses waren die Anhänger der Gruppe um Rakosi und Gerö im Parteipräsidium nicht vertreten. Die Zusammensetzung war aus sowjetischer Sicht auch deshalb akzeptabel, weil die Hälfte der Mitglieder, Imre Nagy, Ferenc Münnich und Zoltan Szanto, aus der Zeit ihrer Moskauer Emigration bekannt waren.

Nach der Sitzung des Politischen Ausschusses ging Imre Nagy am Vormittag des 28. Oktober in die sowjetische Botschaft, wo er mit Mikojan, Suslow, Andropow und aller Wahrscheinlichkeit nach auch mit Chruschtschow sprechen konnte. Einzelheiten darüber sind nicht bekannt. Aus den späteren Ereignissen kann man folgern, daß sie über das weitere Schicksal Gerös, über die Feuerpause und über den Abzug der sowjetischen Truppen aus Budapest sprachen. Nach seiner Rückkehr teilte Nagy Hegedüs mit, daß nach Meinung der sowjetischen Führer er, Gerö, Piros[46] und Bata[47], also die am meisten kompromittierten Politiker, an der Leitung der Partei nicht beteiligt werden dürften, und er schlug vor, daß sie in die Sowjetunion ausreisen sollten. Er fügte hinzu: Die Führung übernehme er persönlich. Andropow informierte Hegedüs etwas später im selben Sinne.[48] Gerös Gruppe wurde von den Sowjets noch am selben Tag nach Moskau gebracht.

Am selben Tag, einige Minuten nach 13 Uhr, übertrug der Ungarische Rundfunk eine Bekanntmachung, in der Imre Nagy erklärte, daß die Regierung eine »sofortige und allgemeine Feuerpause« angeordnet und den be-

46 Piros, Laszlo (geb. 1917), ursprünglich Fleischer, 1950 Befehlshaber des Grenzschutzes, später der AVH, 1954-56 Innenminister, während der Revolution Flucht nach Moskau, Teilnahme an der sowjetischen Invasion am 4. November 1956.

47 Bata, Istvan (1910-1982), ursprünglich Straßenbahnschaffner. Wurde als Arbeiterkader in die Armee geschickt, 1949 Militärakademie in Moskau, ab 1950 Generalstabschef, vom 4. Juli 1953 bis zum 27. Oktober 1956 Verteidigungsminister.

48 Hegedüs, Elet egy eszme arnyekaban, a.a.O., S. 312.

waffneten Kräften befohlen habe, nur dann zu schießen, wenn sie angegriffen würden.[49] Auf ihrer ersten Sitzung nach der Vereidigung verabschiedete die Regierung das auf der Beratung des Politischen Ausschusses ausgearbeitete Regierungsprogramm, das Imre Nagy am Nachmittag im Rundfunk bekanntgab.[50] Er teilte mit: »Die Regierung verurteilt Ansichten, wonach die gegenwärtige gewaltige Volksbewegung eine Konterrevolution sei.« Entsprechend dem Standpunkt Kadars verwendete er nicht die Bezeichnung »Revolution«, sondern sprach nur von einer »nationalen demokratischen« Volksbewegung. Ohne die Besprechung in der sowjetischen Botschaft zu erwähnen, teilte er mit, daß »die sowjetischen Truppen mit ihrem Abzug aus Budapest sofort beginnen« und zum Zeitpunkt der Bildung neuer Ordnungskräfte der Regierung das Gebiet der Hauptstadt verlassen würden. Er versprach auch, daß die neue ungarische Regierung über den endgültigen Abzug der sowjetischen Truppen aus Ungarn Verhandlungen aufnehmen werde. Er kündigte die Auflösung des Amtes für Staatssicherheit (AVH) an, erwähnte ein breitangelegtes Programm zur Befriedigung der berechtigten sozialen Forderungen der Arbeiterschaft sowie Maßnahmen gegen die Gesetzlosigkeit, die bei der Kollektivierung in der Landwirtschaft herrschte. Er begrüßte die Bildung der Arbeiterräte und zeigte sich bereit, die im ganzen Land gegründeten Organe der Revolution, die National- und Revolutionsausschüsse, anzuerkennen. Zum Abschluß kündigte der Ministerpräsident an, daß die Regierung dem Parlament die Wiedereinführung des Kossuth-Wappens und die Erklärung des 15. März zum Nationalfeiertag empfehlen werde. Obwohl die Zusammensetzung der Regierung der in der Deklaration der Zentralen Leitung der MDP vom 26. Oktober erwähnten Vorstellung von einer symbolischen Zusammenfassung der demokratischen Kräfte »auf breitester nationaler Ebene« nicht entsprach und nur eine sehr vorsichtige Öffnung in Richtung einer Koalition mehrerer Parteien dokumentierte, bekam ihr Programm eine positive internationale Resonanz. Die Regierungsbildung wurde nicht nur in Moskau begrüßt, sondern auch Wladyslaw Gomulka im Namen der polnischen Parteiführung und Josip Broz Tito für die jugoslawische kommunistische Partei sicherten ihre Unterstützung zu.[51]

Die Bewertung der Ereignisse nach dem 23. Oktober als nationale demokratische Bewegung bzw. als Revolution brachte nicht nur eine Wende in der Politik der MDP, sondern auch im Ablauf des Aufstandes. Imre Nagy verlegte am 29. Oktober seinen Amtssitz aus der Parteizentrale ins Parlament, damit wurde das Parlament zum Zentrum des politischen Lebens. Die Mehrheit seiner früheren Anhänger stellte sich auf seine Seite und beteiligte sich an der Regierungsarbeit.[52] Geza Losonczy und Janos Kadar wurden als

---

49 A forradalom hangja. Magyarorszagi radioadasok. 1956. Oktober 23-november 4 [Die Stimme der Revolution. Rundfunksendungen aus Ungarn. 23. Oktober – 4. November 1956], Budapest 1989, S. 126.

50 Historia, 4-5/1989, S. 40f. Protokoll der ersten Sitzung der Nationalen Regierung, 28. Oktober 1956.

51 Magyar Nemzet vom 30. Oktober 1956.

52 Az 1956-os magyar forradalom kronologiaja. – A forradalom elözmenyei, alakulasa es utoelete. Tanulmanyok es kronologia [Chronologie der ungarischen Revolution 1956. Vorge-

Staatsminister Mitglieder des Kabinetts. Um die Regierungsarbeit effektiver zu gestalten, wurde am 30. Oktober unter der Leitung von Imre Nagy innerhalb des Ministerrates ein siebenköpfiges Regierungskabinett gebildet, in dem unter anderen auch Tildy, Bela Kovacs, Kadar, Ferenc Erdei und Geza Losonczy vertreten waren. Die Bildung der nationalen Regierung und ihr Programm fanden auch innenpolitisch ein günstiges Echo, aber auf Imre Nagy und der engeren Parteiführung lastete immer noch starker politischer Druck. Delegationen aus ganz Ungarn stellten neue Forderungen auf und verlangten die Ablösung der noch amtierenden Stalinisten. Mit der Gründung des Nationalrats von Transdanubien[53] in Györ am 30. Oktober entstand ein neues regionales Machtzentrum[54], der Landesrat der Gewerkschaften (Szakszervezetek Orszagos Tanacsa – SzOT) bildete sich zur Freien Gewerkschaft Ungarns (Magyar Szabad Szakszervezet) um, womit die Partei praktisch die Kontrolle über die Gewerkschaftsbewegung verlor.[55] Imre Nagy und die Regierung sahen sich dadurch zu größeren Zugeständnissen veranlaßt. Am 30. Oktober beschloß das Präsidium der MDP mit der Zustimmung Kadars die Wiederherstellung des Mehrparteiensystems. Die Regierung ließ am selben Tag die Betätigung derjenigen Parteien zu, die sich 1945 an der Regierungskoalition beteiligt hatten.[56] Die demokratische Opposition nutzte die Gelegenheit, und innerhalb der nächsten beiden Tage wurden die Sozialdemokratische Partei, die Unabhängige Partei der kleinen Landwirte und die Nationale Bauernpartei wiedergegründet, es begann auch der Aufbau katholischer Parteien. Das Parteipräsidium löste am Morgen des 31. Oktober die praktisch bereits auseinandergefallene und nicht mehr funktionierende MDP auf und beschloß die Gründung einer neuen kommunistischen Partei, der MSzMP.[57]

Nach der Bekanntgabe der Feuerpause hörten die Kämpfe zwar nicht auf, aber sie gingen deutlich zurück. Der Rückzug der sowjetischen Truppen aus Budapest begann am frühen Nachmittag des 30. Oktober und war bis zum Mittag des 31. beendet. Einen Tag vorher kündigte Innenminister Münnich die Auflösung des Amtes für Staatssicherheit und die Aufstellung einer neuen, demokratischen Polizei an.[58] In der Armee bildeten sich Soldatenräte, und am 30. Oktober konstituierte sich unter der Leitung von Bela Kiraly ein Revolutionsausschuß zur Organisierung einer Nationalgarde (Nemzetörseg). Über die Gründung der Nationalgarde, an der die bewaffneten Revolutionäre beteiligt werden sollten, wurde zwischen diesen und der Regierung verhandelt. Imre Nagy empfing am 30. Oktober gemeinsam mit Verteidigungs-

schichte, Verlauf und Nachwirkungen der Revolution. Studien und Chronologie], Paris 1989, S. 202.

53 Historia, 4-5/1989, S. 47. Protokoll der ersten Sitzung der Nationalen Regierung, 30. Oktober 1956.

54 Szabad Szo vom 31. Oktober 1956.

55 Nepszava vom 31. Oktober 1956.

56 Historia, 4-5/1989, S. 47. Protokoll der ersten Sitzung des Regierungskabinetts, 30. Oktober 1956.

57 Vas, Betiltott könyveim, a.a.O., S. 265.

58 Magyar Nemzet vom 30. Oktober 1956.

minister Karoly Janza eine aus 12 bis 15 Mitgliedern bestehende Delegation der bewaffneten Zivilistengruppen in der Hauptstadt und verhandelte mit ihnen über einen Waffenstillstand. Der Ministerpräsident verlangte im Lauf der Verhandlungen, daß die Aufständischen ohne Ausnahme die Waffen niederlegen. Sie waren dazu auch bereit, wenn die aus der Hauptstadt abziehenden sowjetischen Truppen durch Einheiten der Ungarischen Volksarmee abgelöst würden.[59] Einzelne Vertreter der Aufständischen verhandelten am selben Abend auch mit Kadar und Münnich. Sie vereinbarten, daß sich die bewaffneten Aufständischen an der Wiederherstellung der öffentlichen Ordnung beteiligen würden, und diese Erklärung gab auch der Rundfunk bekannt. Kadar versprach ferner, daß er am nächsten Tag die bewaffnete Gruppe in der Tüzolto Straße besuchen würde, dieser Besuch kam aber nicht zustande.[60] Der Präsidialrat der Volksrepublik ernannte am 31. Oktober Oberst Pal Maleter, der sich am 28. Oktober als Kommandant der Kilian-Kaserne auf die Seite der Revolutionäre gestellt hatte, zum ersten Stellvertreter des Verteidigungsministers.[61]

Die Ereignisse in den Tagen nach der Regierungsbildung am 28. Oktober überschritten den Rahmen des Kompromisses, den Mikojan in der erwähnten Sitzung des Politischen Ausschusses der MDP umrissen hatte. Er und Suslow verfolgten die neuen Nachrichten in der sowjetischen Botschaft ratlos und mit wachsender Sorge. Am Abend des 29. Oktober, nach Verhandlungen mit Kadar, Münnich und anderen kommunistischen Funktionären, meldeten sie nach Moskau, daß die ungarischen Genossen »die Volksmassen nicht beherrschen können« und daß »die kommunistenfeindlichen Elemente dreist werden«. Sie bewerteten auch die Auflösung der Geheimpolizei AVH als einen schwerwiegenden Fehler.[62] Am Morgen des 30. Oktober berichteten sie an das ZK der KPdSU: »Die politische Lage im Land und in Budapest verschlechtert sich, anstatt sich zu verbessern. Dies zeigen folgende Tatsachen: In den leitenden Organen der Partei macht sich Ohnmacht breit, in den Parteiorganisationen findet ein Auflösungsprozeß statt. Die plündernden Elemente führen sich immer unverschämter auf, sie besetzen die Bezirksparteiausschüsse und morden Kommunisten. Die Aufstellung bewaffneter Einheiten der Partei kommt nur langsam voran. Die Betriebe sind stillgelegt. Die Menschen sitzen untätig zu Hause. Die Eisenbahn verkehrt nicht, die plündernden studentischen und anderen Elemente haben ihre Taktik geändert und zeigen stärkere Aktivität. Es gibt kaum Schießereien, aber sie besetzen einfach die Institutionen. Gestern besetzten sie zum Beispiel Re-

[59] An der Verhandlung nahmen unter anderen auch Istvan Angyal und Laszlo Ivan-Kovacs teil. BM (Innenministerium) Törteneti Irattar. V-150 381/8. Angyal Istvan 1957 junius 10-i tanukihallgatasi jegyzökönyve. Masolat.

[60] Angyal Istvan sajatkezü vallomasa. Szerk.: Eörsi Laszlo [Istvan Angyals eigenhändig geschriebene Aussage. Hrsg.: Eörsi, Laszlo], Budapest, Pesti Szalon Könyvkiado o. J., S. 53-55. Die Rundfunkerklärung ist veröffentlicht in: A forradalom hangja [Die Stimme der Revolution], S. 244f.

[61] Magyar Nemzet vom 1. November 1956.

[62] A »Jelcin-dosszie«, a.a.O., S. 60. Bericht von Mikojan und Suslow vom 29. Oktober 1956.

daktion und Druckerei der zentralen Parteizeitung [...]. Sie besetzten auch die Telefonzentrale. Die Rundfunkstation ist zwar in Betrieb, sie gibt aber nicht die Meinung der Zentralen Parteileitung wieder, da sie sich praktisch in fremden Händen befindet.«

Die sowjetischen Emissäre in Budapest waren seit Tagen auch dadurch beunruhigt, daß sich nach Informationen der sowjetischen Militärberater die Beziehungen zwischen dem ungarischen und dem sowjetischen Offizierskorps zunehmend verschlechterten und das vorher bestehende gegenseitige Vertrauen nicht mehr vorhanden war. Sie rechneten damit, daß im Falle eines Einschwenkens der Volksarmee auf die Seite der Aufständischen »weitere militärische Operationen der sowjetischen Armee notwendig werden«. Sie meinten jedoch, daß die Ungarische Volksarmee sich vorerst nicht gegen die sowjetische Armee stellen würde. Am Ende dieses Berichts stand der unheilverkündende Satz: »Wir denken, daß Genosse Konjew unverzüglich nach Ungarn kommen muß.«[63] Marschall Konjew war der Oberbefehlshaber der vereinten Streitkräfte des Warschauer Paktes.

Die Beauftragten des Präsidiums der KPdSU rechneten zwar ernsthaft damit, daß bei einer weiteren Verschlechterung der Situation in Ungarn eine erneute sowjetische Militärintervention notwendig sein könnte, glaubten aber vom 28. bis zum 30. Oktober weiterhin, daß die Regierung Nagy die Situation unter Kontrolle bekomme. Die sowjetische Regierungserklärung vom 30. Oktober über die Beziehungen der Sowjetunion zu den sozialistischen Staaten beruhigte sie anscheinend. In dieser Erklärung wurde, wahrscheinlich entsprechend den Bestrebungen Mikojans und vielleicht auch Suslows, die Möglichkeit einer Regelung der Lage in Ungarn auf dem Verhandlungsweg erwähnt: »[...] die sowjetische Regierung ist bereit, mit der Regierung der Volksrepublik Ungarn und mit den Regierungen der anderen Mitgliedstaaten des Warschauer Paktes über die Stationierung der sowjetischen Truppen in Ungarn zu verhandeln.«[64]

Die Abgesandten des Kreml trafen – offensichtlich auf Weisung – am frühen Abend des 30. Oktober erneut die ungarischen Parteiführer. Von der Unterredung zwischen Kadar und Suslow sind keine Informationen erhalten geblieben. Über das um 19 Uhr beendete Treffen zwischen Imre Nagy und Mikojan gibt es zwar keine schriftlichen Quellen, der sowjetische Politiker soll jedoch Erinnerungen zufolge – wahrscheinlich entsprechend der Regierungserklärung – im Namen des Präsidiums der KPdSU den ungarischen Ministerpräsidenten bevollmächtigt haben, in innenpolitischen Fragen »nach eigener Einsicht zu handeln«, nur die »Grundlagen des sozialistischen Systems« sollten erhalten bleiben. Er gab zu, daß die Ereignisse in Ungarn auch eine Folge der seitens der Sowjetunion begangenen Fehler seien.[65] Die Formel »Grundlagen des sozialistischen Systems« deutet an, daß Mikojan mit

[63] Hianyzo lapok, a.a.O., S. 125f. Bericht von Mikojan und Suslow vom 30. Oktober 1956.

[64] A »Jelcin-dosszie«, a.a.O., S. 67.

[65] Mitgeteilt von Miklos Vasarhelyi am 2. Februar 1995. Vasarhelyi bekam diese Information von Imre Nagy am 23. November 1956 an Bord des Flugzeugs, mit dem sie nach Rumänien gebracht wurden.

der Auflösung des Einparteiensystems nicht einverstanden war, er nahm sie höchstens zur Kenntnis. Ein unerschütterlicher Grundsatz des sowjetischen politischen Denkens war die Aufrechterhaltung der Monopolstellung der kommunistischen Partei, und es gibt keine Anzeichen dafür, daß die sowjetische Führung darauf verzichtet hätte. Die Delegation unter Mikojan nahm gezwungenermaßen die Wiedereinführung des Mehrparteiensystems zur Kenntnis, hielt aber die Betätigung der nichtkommunistischen Parteien nur für eine provisorische Lösung.[66] Es ist auch unwahrscheinlich, daß sie mit der Durchführung freier Wahlen einverstanden gewesen wäre.

Während der Verhandlungen besprach man auch die Frage des Abzugs der sowjetischen Armee. Mikojan teilte – wahrscheinlich nach vorheriger Absprache – Imre Nagy mit, daß bis zum 30. Oktober aufgrund der früheren ungarisch-sowjetischen Vereinbarung Truppen nach Ungarn verlegt wurden, die Sowjetunion aber nicht den Einsatz weiterer Einheiten plane, da sie hoffe, daß »die Regierung die Lage in Ungarn beherrschen wird.«[67] Weiterhin wurde wahrscheinlich vereinbart, daß Verhandlungen über den Truppenabzug entsprechend der sowjetischen Regierungserklärung aufgenommen werden. Diese letzte längere Verhandlung zwischen Imre Nagy und den Mitgliedern des Präsidiums der KPdSU fand in freundschaftlicher Atmosphäre statt. Mikojan sagte zum Abschied: »Genosse Nagy! Retten sie, was noch zu retten ist!«[68]

Am folgenden Tag, dem 31. Oktober, trafen Mikojan und Suslow vormittags noch einmal Imre Nagy und Kadar, an dieser Besprechung nahm auch Münnich teil. Vermutlich übergaben sie diesmal offiziell die Erklärung der sowjetischen Regierung über die Beziehung der Sowjetunion zu den sozialistischen Ländern, die die Zeitungen *Nepszabadsag* und *Nepszava* entsprechend eines Regierungsbeschlusses einen Tag später veröffentlichten. Man sprach erneut über den Abzug der sowjetischen Truppen, aber offenbar kam es nicht zu bedeutenderen Verhandlungen. Die sowjetischen Abgesandten verabschiedeten sich, aller Wahrscheinlichkeit nach wurden sie zurückgerufen.[69] Vor der Abreise der Delegation traf Mikojan in der sowjetischen Botschaft Zoltan Tildy, den Staatsminister der Nagy-Regierung, zum ersten Mal während seines Budapester Aufenthaltes. Dies war nicht lediglich eine Ge-

66 Nach der zweiten sowjetischen Intervention erzählte Kadar am 13. November 1956 auf einer Versammlung der Parteiaktivisten, daß er sich mit einem Mitglied des Präsidiums der KPdSU, mit dem sich erneut in Budapest aufhaltenden Suslow getroffen hatte, nach dessen Meinung es nicht schädlich sei, wenn sich die Bauern vorübergehend der Unabhängigen Partei der kleinen Landwirte anschließen. Dies bedeutet, daß Suslow die noch vorhandene Existenz und Aktivität dieser Partei zur Kenntnis nahm. S. Az MSzMP 1956 november 13-i aktivaülesenek jegyzökönyve. Kadar Janos beszede. Kiss Jozsef-Ripp Zoltan-Vida Istvan bevezetöjevel [Protokoll der Aktivistenversammlung der MSzMP vom 13. November 1956. Die Rede Janos Kadars. Mit einer Einführung von J. Kiss, Z. Ripp und I. Vida]. In: Tarsadalmi Szemle, 7/1993, S. 80-87.

67 Hianyzo lapok, a.a.O., S. 126. Meldung Mikojans und Suslows am Morgen des 30. Oktober 1956.

68 Kopacsi, Sandor: Eletfogytiglan [Lebenslänglich], o. J., S. 145.

69 Igazsag vom 1. November 1956.

ste, sondern sicherlich die Zurkenntnisnahme der Tatsache, daß auch nichtkommunistische Kräfte im politischen Leben Ungarns vorhanden waren. Das Treffen kam auf Mikojans Initiative zustande. Tildy, dem die Verschlechterung des ungarisch-sowjetischen Verhältnisses Sorgen bereitete, der aber keine Kontakte zu den Sowjets hatte, da außenpolitische Fragen nicht zu seinem Geschäftsbereich gehörten, war über die Einladung erfreut. Über diese fast eine Stunde dauernde offizielle Verhandlung in der sowjetischen Botschaft, die in einer sehr freundschaftlichen Atmosphäre stattfand, stehen zur Zeit noch keine schriftlichen Quellen zur Verfügung. Aufgrund von Erinnerungen und des Verhörprotokolls Tildys anläßlich der Prozeßvorbereitung gegen Imre Nagy kann man lediglich auf die Gesprächsthemen schließen. Der ehemalige Präsident der Republik berichtete über die politische Lage und versuchte zu ergründen, was Mikojan und die sowjetische Regierung von der Wiedereinführung des Mehrparteiensystems einschließlich der Abhaltung freier Wahlen und vom Austritt Ungarns aus dem Warschauer Vertrag hielten, ferner wann ein Abzug der sowjetischen Truppen zu erwarten sei. Er versuchte, seinen sowjetischen Gesprächspartner durch die Erklärung zu beruhigen, daß weder die Regierung noch die Unabhängige Partei der kleinen Landwirte eine sowjetfeindliche Außenpolitik betreiben würden, sondern lediglich die Beziehung zwischen beiden Ländern auf der Grundlage der Gleichberechtigung ordnen und entsprechende Vereinbarungen abschließen möchten. Tildy erwähnte auch, daß Ungarn Wirtschaftshilfe benötige.

Mikojan verhielt sich ihm gegenüber nicht abweisend. Er fragte Tildy, ob er die sowjetische Regierungserklärung vom Vortag kenne, und als die Antwort zu seiner Überraschung verneinend war, versprach er, ihm das Dokument am nächsten Tag zusenden zu lassen. Zu innenpolitischen Fragen bezog Mikojan keine Stellung, aber er beruhigte Tildy mit der Erklärung, daß die sowjetische Regierung bereit sei, alle Fragen zu erörtern. In der Frage des sowjetischen Truppenabzugs erwähnte er, und dies war neu, daß man die Truppen, die gemäß des Warschauer Vertrags stationiert waren, möglicherweise abziehen werde. Prinzipiell beinhaltete dies eine Änderung des bisherigen sowjetischen Standpunktes und bedeutete, daß die Sowjets an einen Teilabzug ihrer Truppen dachten. Tildy kehrte beruhigt ins Parlament zurück. Seiner Umgebung erzählte er: »Mikojan nahm alles an«. Dies entsprach, wie sich zeigen sollte, nicht der Wahrheit.[70] Mikojan und Suslow kamen am späten Abend des 31. Oktober in Moskau an. In der Zwischenzeit war dort in der Behandlung der ungarischen Krise ein völliger Richtungswechsel eingetreten.

---

[70] Über den Ablauf dieser Verhandlung berichte ich aufgrund folgender Quellen: MOL, XX-5-h, V-150000/53. Tildy Zoltan 1957 majus 28-i kihallgatasanak jegyzökönyve [Protokoll des Verhörs von Zoltan Tildy vom 28. Mai 1957]; Kövago, Jozsef: Emlekek, emberek, remenyek. A Független Kisgazdapart a forradalomban [Erinnerungen, Menschen, Hoffnungen. Die Unabhängige Partei der kleinen Landwirte in der Revolution]. In: Irodalmi Ujsag (Melleklet), November-Dezember 1981; Magyar Nemzet, 3. November 1956. Maleter Pal nyilatkozata.

Die zweite sowjetische Militärintervention

Durch die Warschauer und Budapester Ereignisse veranlaßt, versuchte die sowjetische Parteiführung die Entwicklung in den Nachbarländern neu einzuschätzen und die Politik der Sowjetunion in Ostmitteleuropa zu überprüfen. Das Präsidium der KPdSU erörterte Ende Oktober 1956 in vier Sitzungen die in den zum sowjetischen Block gehörenden Ländern entstandene Lage. Man sprach über die Grundprinzipien der gegenseitigen Beziehungen, über die Korrektur der begangenen Fehler auf dem Gebiet der wirtschaftlichen Zusammenarbeit, über einen Teilabzug der Truppen und über eine Reduzierung der Anzahl der sowjetischen Berater. Zum ersten Mal war ernsthaft die Rede von der Anerkennung und von der Unabhängigkeit und Souveränität einzelner sozialistischer Länder und deren Gleichbehandlung.[71]

Zu einer dieser Sitzungen wurden am 24. Oktober 1956 außer Jugoslawien und Albanien die Vertreter aller in Ostmitteleuropa und Osteuropa herrschenden kommunistischen Parteien eingeladen. Ernö Gerö konnte wegen des Ausbruchs der Revolution Ungarn nicht verlassen, Gomulka wollte wegen des erst einige Tage zurückliegenden Verhaltens der sowjetischen Delegation in Warschau nicht erscheinen. Walter Ulbricht, Otto Grotewohl, Todor Schiwkow und Antonin Novotny befanden sich unter den Teilnehmern. Ursprünglich wollte man ausschließlich über die polnische Lage reden, aber indirekt stand auch Ungarn auf der Tagesordnung.

Chruschtschow berichtete von den Ereignissen in Budapest, von den Personalveränderungen in der ungarischen Regierung und Parteiführung sowie über die Umstände der Intervention der sowjetischen Truppen. Er teilte auch mit, daß man Mikojan, Suslow und Serow nach Ungarn entsandt habe. Von den Gästen meldete sich nur Ulbricht zu Wort und befürwortete den Einsatz sowjetischer Truppen in Ungarn.[72] Am 23. Oktober 1956 kam eine hochrangige Parteidelegation unter der Leitung von Liu Shaoqi, Vizepräsident des ZK der KP Chinas, auf chinesische Initiative nach Moskau, um die Lage in Polen zu besprechen. Diese Delegation schaltete sich ebenfalls in die Besprechungen über Ungarn ein.

Ab 24. Oktober stand Ungarn im Mittelpunkt der Aufmerksamkeit der sowjetischen Staats- und Parteiführung. Mikojan und Suslow berichteten täglich mehrmals über die sich schnell ändernde Lage. ZK und Präsidium der KPdSU bekamen offensichtlich auch von der Armee und vom Geheimdienst Informationen. Wahrscheinlich schickte auch Andropow unabhängig von der Delegation Lageberichte, die jedoch noch nicht aufgefunden wurden.

Im Verlauf der heftigen Diskussionen über die Handhabung der ungarischen Ereignisse bildeten sich innerhalb der Parteiführung zwei Richtungen heraus: Die eine, vertreten hauptsächlich von Molotow und seiner Umge-

[71] Muszatov, Valerij: Szovjet politikai beavatkozas es katonai intervencio Magyarorszagon 1956-ban [Die sowjetische politische und militärische Intervention in Ungarn im Jahr 1956]. In: Multunk, 4/1991, S. 164.

[72] Die Notizen von Jan Svoboda, Novotnys persönlichem Sekretär über diese Verhandlungen fand Tibor Hajdu in Prag. S. Hajdu, Az 1956, a.a.O., S. 149-156.

bung, wollte die Krise mit Gewalt, mit einer erneuten Militärintervention lösen, während die andere Richtung nach Möglichkeiten einer politischen Lösung suchte und zur Vermeidung weiterer Opfer und Verluste eine Übereinkunft mit Imre Nagy und der ungarischen Regierung durch Verhandlungen anstrebte. Auch Chruschtschow wollte verhandeln, obwohl er von der ersten Sekunde an einer politischen Lösung nicht traute[73], außer ihm Mikojan und andere Mitglieder des »liberalen« Flügels der Parteiführung.

Im sowjetischen Verhalten gegenüber Ungarn dominierte bis zum 30. Oktober die Suche nach einem politischen Ausweg. Diese Linie ist auch in den Budapester Stellungnahmen und Ratschlägen der Delegation von Mikojan deutlich erkennbar. Am klarsten wurde sie in der durchaus selbstkritischen Deklaration der sowjetischen Regierung über die Beziehungen zu den sozialistischen Staaten demonstriert, in der demokratische Prinzipien betont wurden. Die erweiterte Sitzung des Präsidiums der KPdSU verabschiedete die Deklaration am 30. Oktober.[74] Gleichzeitig damit begannen jedoch die militärischen Vorbereitungen für die Intervention. Bereits am 27. Oktober befahl Verteidigungsminister Marschall Schukow – offensichtlich im Einverständnis mit dem Präsidium der KPdSU – dem Verteidigungsministerium und dem Generalstab die Ausarbeitung der Operationspläne, den Aufbau eines Nachrichtennetzes in Ungarn und die Bereitstellung der Kampfmittel.[75] Am gleichen Tag, als die Deklaration über die neuen Grundlagen der zwischenstaatlichen Beziehungen veröffentlicht wurde, also am 31. Oktober, beschloß das Präsidium der KPdSU die militärische Intervention in Ungarn und legte auch den Zeitpunkt für den Angriff fest. Mikojan und Suslow waren bei dieser Entscheidung noch nicht anwesend, sie kamen erst am späten Abend in Moskau an. Mikojan telefonierte mit Chruschtschow und drückte seine Bedenken aus, weil der Beschluß ohne Anhörung seiner Delegation zustandegekommen war. Er hielt schon die erste sowjetische Militärintervention für einen schwerwiegenden Fehler[76] und war auch mit dem erneuten militärischen Eingreifen nicht einverstanden. Sein Argument war, daß die Sowjetunion und die KPdSU auf internationaler Ebene dafür einen hohen Preis zu zahlen hätten. Er forderte eine erneute Sitzung des Präsidiums zur

---

[73] Micunovic, Tito, a.a.O., Tagebucheintragung vom 25. Oktober 1956, S. 125.

[74] Hianyzo lapok, a.a.O., S. 129. Auszug aus dem Protokollbuch Nr. 49 über die Sitzung des Präsidiums des ZK der KPdSU vom 30. Oktober 1956.

[75] Muszatov, Szovjet politikai, a.a.O., S. 164.

[76] Artur Starewicz, ehemaliger Leiter des Pressebüros des ZK der Polnischen Vereinigten Arbeiterpartei, der zusammen mit dem stellvertretenden Außenminister Marian Naszkowski von der polnischen Partei nach Budapest geschickt worden war, traf am 29. Oktober 1956 in der sowjetischen Botschaft Mikojan und Suslow. In einem Interview sagte er 1992: »Für mich war die Meinung der beiden sehr aufschlußreich, da sie den Einsatz der sowjetischen Truppen in Budapest auch mißbilligten und meinten, daß dies ein riesiger Fehler sei. Wir waren sehr überrascht davon, wie wenig sie die starren Prinzipien vertraten. Aber sie fügten sofort hinzu, daß die Intervention zur Verstärkung der konterrevolutionären Welle führte. Sie benutzten damals diese Terminologie«. In: Tischler, Janos: Lengyel szemmel 1956-rol. Interju Artur Starewicz-csel, a LEMP KB Sajtoiroda egykori vezetöjevel [Über die Ereignisse des Jahres 1956 aus polnischer Sicht. Interview mit Artur Starewicz, dem damaligen Leiter des Pressebüros des ZK der PVAP]. In: Multunk, 2-3/1992, S. 128f.

Überprüfung dieser Entscheidung. Chruschtschow wies ihn jedoch grob zurecht.[77] Aller Wahrscheinlichkeit nach trug Mikojan auf der Sitzung des Präsidiums am 1. November seine Bedenken vor – ohne jeglichen Erfolg.[78]

Da es an authentischem Archivmaterial mangelt, ist es sehr schwer zu beurteilen, wodurch die rasche Wende in der Behandlung der ungarischen Frage verursacht wurde. Es scheint, daß man in Moskau die Lage in Ungarn pessimistischer einschätzte als die Delegation Mikojans vor Ort, und man war auch mißtrauischer gegenüber Imre Nagy. Andropow, der die Entwicklung in Ungarn mit Widerwillen betrachtete, auf dogmatische Weise nur die antikommunistischen und sowjetfeindlichen Züge der Volksbewegung hervorhob und der bereits am 29. Oktober der Meinung war, daß in Ungarn eine »Konterrevolution« stattfinde, deren Führer Imre Nagy sei, mag dazu beigetragen haben. Es ist sehr wahrscheinlich, daß er eine erneute militärische Intervention befürwortete.[79]

Auf der Sitzung des ZK der KPdSU vom 31. Oktober verabschiedete man den Text eines Telegramms an Palmiro Togliatti, den Generalsekretär der KPI. Darin hieß es: »Nach den zur Verfügung stehenden Informationen wird von Imre Nagy eine doppelzüngige Position vertreten, und er gerät immer stärker unter den Einfluß reaktionärer Kräfte. Vorläufig treten wir noch nicht offen gegen Nagy auf, aber wir werden uns damit nicht abfinden, falls die Ereignisse eine Kettenreaktion auslösen.«[80] Während einen Tag zuvor, am 30. Oktober, Mikojan in Budapest – sicherlich auf Weisung – Imre Nagy des Vertrauens der sowjetischen Führung versichert und ihn ermutigt hatte, zu retten, was zu retten sei, wurde Nagy in Moskau vorgeworfen, daß er Zugeständnisse an die Aufständischen mache und die Forderungen der Volksbewegung übernehme, also unter deren Einfluß gerate.

Bei der Entscheidung für die Invasion spielten hauptsächlich außenpolitische Erwägungen eine Rolle. Ungarns Austritt aus dem Warschauer Pakt, der am 31. Oktober noch nicht vollzogen war, hätte die Gefahr des Zerfalls des »sozialistischen Lagers« mit sich gebracht. Der Abzug der sowjetischen Truppen und die Schwächung der kommunistischen Partei hätten den sowjetischen Einfluß zusätzlich gemindert. Eine Lockerung der Kontrolle über Ostmitteleuropa hätte grundlegende außenpolitische Interessen der Sowjetunion verletzt. Man befürchtete infolge der polnischen und ungarischen Entwicklung jedoch nicht den Ausbruch eines neuen Weltkrieges, weil die amerikanische Regierung zusicherte, daß die USA sich in die ostmitteleu-

---

[77] Memuary N. S. Chruschtschowa, a.a.O., S. 80.

[78] Der Sohn Mikojans erzählte im Mai 1992 in Moskau den Historikern Peter Gosztonyi und Jenö Györkei, daß sein Vater am 1. November 1956 aufgeregt und nachdenklich zu Hause auf und ab ging und nach der Sitzung des Präsidiums aufgewühlt zurückkehrte. Es ist erwiesen, daß sein Vater die zweite sowjetische militärische Intervention nicht befürwortete und den Einsatz der Armee sogar ablehnte. S. dazu: Magyar Nemzet vom 7. Mai 1992.

[79] Vgl. in diesem Zusammenhang die Erinnerungen von J. I. Malaschenko, der 1956 im Rang eines Obersten der beauftragte Stabschef des Besonderen Armeekorps war. In: Wojenno-Istoritscheskij Schurnal, 11/1993, S. 49.

[80] Hianyzo lapok, a.a.O., S. 130.

ropäischen Angelegenheiten militärisch nicht einmischen werden.[81] Es ist nicht bewiesen, jedoch offenkundig, daß die Aggression Israels, Englands und Frankreichs gegen Ägypten am 29. Oktober die Entscheidung in Moskau beschleunigte. Es gab auch innenpolitische Gründe für die Intervention in Ungarn. Der Druck stalinistischer Partei- und Regierungskreise, die Ungeduld des Militärs und der Generalität angesichts der sich hinschleppenden Krise und die Angst Chruschtschows und seiner Anhänger, daß ein »Verlust« Ungarns zum Verlust des Ansehens der vom XX. Parteitag gewählten neuen Parteiführung führen würde, bewirkten ein entschiedeneres Vorgehen. Auch Rakosi, Gerö und andere nach Moskau geflohene ungarische Stalinisten drängten auf diese Entscheidung.

Die zweite Intervention in Ungarn mußte nicht nur militärisch, sondern auch politisch sorgfältig vorbereitet werden. In der besagten Sitzung des Parteipräsidiums vom 31. Oktober wurde beschlossen, die Führer der kommunistischen Parteien, auch die Jugoslawen, zu konsultieren. Noch am selben Tag setzte sich das vollständige sowjetische Präsidium mit der von Liu Shaoqi geführten chinesischen Parteidelegation vor deren Abreise auf dem Flugplatz zusammen. Obwohl sie ein oder zwei Tage zuvor mit Einverständnis Mao Zedongs vereinbart hatten, daß zur Lösung der Krise, auch falls sich die Lage sehr kompliziert gestaltet, keine militärischen Kräfte eingesetzt werden sollen, erhielt Chruschtschow jetzt das Einverständnis der chinesischen Delegation und auch Mao Zedongs zur militärischen Intervention.[82] Am Vormittag des 1. November trafen Chruschtschow, Malenkow und Molotow in Brest an der polnisch-sowjetischen Grenze mit Gomulka und mit Ministerpräsident Cyrankiewicz zusammen. Die Polen betonten zwar ihr Sondervotum, nahmen aber die sowjetische Entscheidung zur Kenntnis.[83] Für die sowjetischen Führer war es nicht schwierig, am nächsten Tag in Bukarest die Unterstützung von Novotny, Schiwkow und Gheorghiu-Dej zu bekommen. Diese erklärten sich einstimmig und ohne Einwände für die Intervention. Die von den Rumänen und Bulgaren angebotene Militärhilfe lehnte Chruschtschow jedoch ab.[84] Auch die Verhandlungen mit Tito und anderen jugoslawischen Politikern in der Nacht vom 2. zum 3. November auf der Insel Brioni waren aus sowjetischer Sicht sehr erfolgreich. Die Jugoslawen betrachteten die Nachrichten aus Ungarn mit wachsender Sorge, befürchteten – grundlos – eine eventuelle Restauration des Horthy-Regimes und hielten

[81] Charles Bohlen, Botschafter der USA in Moskau, erhielt am 29. Oktober 1956 eine Weisung vom Außenminister Dulles, den sowjetischen Führern einschließlich Schukow mitzuteilen, daß die USA in den osteuropäischen Nationen keine »potentiellen militärischen Verbündeten« sehen, diese daher im Falle eines Konflikts militärisch nicht unterstützen würden. Das Telegramm von Dulles s. in: Foreign Relations of the United States, 1955-1957. V. XXV. Eastern Europe. Washington 1990, S. 328. Bohlen übergab Chruschtschow diese Nachricht am 30. Oktober 1956 auf einem Empfang der türkischen Botschaft.

[82] Memuary N. S. Chruschtschowa, a.a.O., S. 75.

[83] Tischler, Janos: A lengyel partvezetes es az 1956-os forradalom. Az 1956-os Intezet Evkönyve. III. 1994 [Die polnische Parteiführung und die Revolution von 1956. Jahrbuch des 1956er Instituts III. 1994], Budapest 1994, S. 189f.

[84] Memuary N. S. Chruschtschowa, a.a.O., S. 76.

Imre Nagy für schwach. Sie sicherten der sowjetischen Parteiführung ihre volle Unterstützung zu und drängten auf die Mobilisierung der Armee und eine baldige Niederschlagung der »Konterrevolution«. Sie verhandelten mit den Sowjets sogar über die Zusammensetzung einer neuen Regierung und über deren Programm. Den Zeitpunkt der Invasion in Ungarn teilten ihnen die Sowjets allerdings nicht mit.[85]

Chruschtschow und Malenkow kamen am späten Nachmittag des 3. November wieder in Moskau an mit dem Wissen, daß gegen die Intervention in Ungarn weder China noch Jugoslawien und die Länder des sozialistischen Lagers protestieren würden. Die Meinung des Westens interessierte sie nicht besonders.

In Budapest erhielt Botschafter Andropow die Aufgabe, die militärischen und politischen Vorbereitungen zu tarnen. Allem Anschein nach war er über die Entscheidung für eine erneute Intervention unterrichtet, wahrscheinlich war ihm sogar der Zeitpunkt des Angriffs bekannt. Die ungarische Regierung wußte aufgrund von Meldungen der militärischen Aufklärung seit dem 1. November, daß die sowjetischen Truppen in Ungarn aus der Sowjetunion ständig Verstärkung erhielten.

Auf Nachfragen und Proteste des ungarischen Ministerpräsidenten gab Andropow – auf Weisung – immer nur ausweichende Antworten. Am Nachmittag des 1. November nahm er an der Sitzung des Ministerrates teil, auf der ihm Imre Nagy mitteilte, daß Ungarn aus dem Warschauer Pakt austrete und seine Neutralität deklariere. Andropow nahm dies ohne Kommentar zur Kenntnis und versuchte nicht einmal, auf die Gefahren dieses Schrittes aufmerksam zu machen. Er sagte lediglich, er werde seine Regierung darüber unterrichten.[86] Als Nagy ihn am 2. November im Zusammenhang mit dem Verschwinden Kadars und Münnichs um eine Erklärung bat, wies er scheinheilig jegliche Verantwortung der sowjetischen Botschaft in dieser Sache zurück.[87] Auf den ungarischen Vorschlag, daß beide Regierungen in Warschau über die Auflösung des Warschauer Paktes und über den sowjetischen Truppenabzug verhandeln sollten, reagierte Moskau nicht.[88] Zur Ablenkung wurde angeboten, Gespräche über die militärische Vorbereitung des Abzugs zu beginnen. Am späten Abend des 3. November verhaftete General Serow, der Vorsitzende des KGB, im sowjetischen Hauptquartier in Tököl die Mitglieder der ungarischen Delegation, darunter Pal Maleter, den amtierenden Verteidigungsminister der ungarischen Regierung.[89]

85 Ebenda, S. 77f., sowie Micunovic, Tito, a.a.O., S. 128-137, Tagebucheintragung vom 3. November 1956.

86 A »Jelcin-dosszie«, a.a.O., S. 81f., Bericht Andropows vom 2. November 1956.

87 Ebenda, S. 81f., Bericht Andropows vom 2. November 1956.

88 Die ungarische Empfehlung wurde veröffentlicht in: Kiss, Jozsef/Ripp, Zoltan/Vida, Istvan: Forrasok a Nagy Imre-kormany külpolitikajanak törtenetehez [Quellen zur Geschichte der Außenpolitik der Regierung Imre Nagy]. In: Tarsadalmi Szemle, 5/1993, S. 88f. Note des Ministerpräsidenten Imre Nagy an die sowjetische Botschaft in Budapest vom 2. November 1956.

89 Vgl. die Erinnerungen von Oberst im Generalstab Miklos Szücs, der Mitglied der ungarischen Delegation war: Szücs, Miklos: Ezredes voltam 1956-ban a vezerkarnal [Im Jahr 1956 war ich Oberst im Generalstab], Budapest 1989, S. 104-131.

Die Bildung der Kadar-Regierung

Das Präsidium der KPdSU beschloß in der Sitzung vom 31. Oktober außer der militärischen Invasion auch die Vorbereitung zur Bildung einer neuen ungarischen Regierung. Außenminister D. T. Schepilow sowie die Mitglieder des Sekretariats des ZK der KPdSU L. I. Breschnew, J. A. Furzewa und P. N. Pospelow erhielten die Aufgabe, »die notwendigen Dokumente«, d.h. Aufruf und Programm der Regierung zu entwerfen, eine Kabinettsliste zusammenzustellen und diese dem ZK vorzulegen.[90]

Botschafter Andropow bekam am 1. November aus Moskau die Weisung, zu Janos Kadar und Ferenc Münnich Kontakt aufzunehmen und ihnen mitzuteilen, daß Chruschtschow und das Präsidium der KPdSU sie in der sowjetischen Hauptstadt erwarteten.[91] Der sowjetische Diplomat telefonierte mit Münnich, und dieser unterrichtete Kadar.[92] Weitere Einzelheiten ihrer Einladung und ihres Überlaufens sind bis heute nicht bekannt. Tatsache ist, daß Kadar nicht darauf vorbereitet war, Budapest zu verlassen, und bis zum frühen Abend auch nichts davon wußte. Am Vormittag des 1. November nahm man seine Rundfunkrede auf, die am späten Abend ausgestrahlt wurde und in der er die Gründung der MSzMP mitteilte. Wenn er den Bruch mit der Regierung Imre Nagy geplant hätte, hätte er darin wohl nicht von einem »glorreichen Aufstand unseres Volkes« gesprochen und auch nicht Stellung für das Mehrparteiensystem und für die nationale Unabhängigkeit bezogen.[93] Auf der Sitzung des Ministerrates, die um 17 Uhr begann, hätte er auch nicht für den Austritt Ungarns aus dem Warschauer Pakt und für die Neutralität des Landes votiert. Er entfernte sich aus dem Parlament nicht heimlich, sondern teilte seiner Umgebung mit, daß er in die sowjetische Botschaft gehe.[94] Bis heute ist nicht geklärt, womit ihn Andropow für die Bildung einer sowjetisch orientierten Gegenregierung gewinnen konnte.

Kadar und Münnich wurden nach Tököl auf die große sowjetische Luftwaffenbasis unweit von Budapest gebracht und am nächsten Tag, nach kurzem Aufenthalt in Uschgorod, aus Sicherheitsgründen in getrennten Maschinen nach Moskau geflogen. Andropow und die sowjetische Botschaft organisierten am 1. und 2. November auch die Flucht von Antal Apro, Karoly Kiss, György Marosan und Sandor Nogradi aus dem Parlament. Sie wurden ebenfalls nach Tököl gebracht und blieben dort bis zum 5. November. Apro war stellvertretender Ministerpräsident der Regierung Imre Nagy, mit ihm zusammen gingen drei Schlüsselfiguren des Kabinetts auf die sowjetische Seite über. Wenn man berücksichtigt, daß vier der Überläufer –

[90] A »Jelcin-dosszie«, a.a.O., S. 70. Beschluß des Präsidiums der KPdSU vom 31. Oktober 1956.

[91] Memuary N. S. Chruschtschowa, a.a.O., S. 78.

[92] Az MSzMP ideiglenes vezetö testületeinek jegyzökönyvei. Bd. I. 1956 november 11-1957 január 14. Szerkesztette: Nenethne Vagyi Karola es Sipos Levente [Protokolle der provisorischen Leitungsorgane der MSzMP. Redaktion: Nenethne, Karola Vygyi und Sipos, Levente], Budapest 1993, S. 11.

[93] A forradalom hangja, a.a.O., S. 370f.

[94] Vasarhelyi, Ellentekben, a.a.O., S. 102.

Apro, Kadar, Kiss und Münnich – vorher Mitglieder des sechsköpfigen Parteipräsidiums der MDP waren, ist es offensichtlich, daß die Sowjets bewußt möglichst hochrangige Politiker zur Befürwortung der Militärintervention gewinnen wollten.

Kadar führte in der Nacht vom 2. zum 3. November und am Vormittag des 3. in Moskau eine Reihe von Gesprächen. Außer mit Vertretern der KPdSU verhandelte er auch mit Repräsentanten anderer »Bruderparteien«, darunter mit Beauftragten der chinesischen und der jugoslawischen Kommunisten.[95] Einzelheiten darüber sind nicht bekannt, jedoch ging es offensichtlich um die sowjetische Intervention und um die Regierungsbildung. Die Jugoslawen sicherten Kadar – noch vor oder zeitgleich mit dem Besuch Chruschtschows auf Brioni – ihre volle Unterstützung für die Pläne zur Regierungsbildung zu und boten an, daß sie in Budapest auf Imre Nagy Druck ausüben würden, damit er abdanke. Sie fügten sogar hinzu, daß sie ihn eventuell zur Abdankung zwingen würden.[96] Die wichtigste Besprechung fand in den Abendstunden des 3. November statt, als das Präsidium der KPdSU nach der Ankunft Chruschtschows und Bulganins zusammentrat. Von den elf Mitgliedern des Präsidiums waren sieben anwesend: Chruschtschow, Bulganin, Woroschilow, Malenkow, Molotow, Mikojan und Kaganowitsch, zu ihnen gesellte sich auch Breschnjew als Kandidat des Präsidiums und Sekretär des ZK, der sich damals mit der ungarischen Angelegenheit befaßte. Suslow jedoch fehlte.

Chruschtschow und Malenkow berichteten über die Besprechungen mit Tito und mit der bulgarischen, tschechoslowakischen und rumänischen Parteiführung und resümierten, daß die Mehrheit der sozialistischen Länder für ein schnelles und entschiedenes Vorgehen in Ungarn sei. Molotow hatte bereits vorher über die Verhandlungen in Brest informiert. Als sie die personelle Zusammensetzung der neuen ungarischen Regierung besprachen, wandte sich Molotow scharf gegen die Beauftragung Kadars als Ministerpräsident. Sein Argument bestand hauptsächlich darin, daß Kadar selbst beunruhigt sei und möglichst bald nach Budapest zurückkehren wolle, was beweise, daß er sich noch immer als Mitglied der Führung unter Imre Nagy betrachte. Dies würde seine Unfähigkeit beweisen, eine Offensive gegen Nagy zu fuhren. Molotow teilte mit, daß er für Münnich stimmen werde. Chruschtschow war auch für Münnich, den er seit Anfang der dreißiger Jahre kannte und später als Botschafter in Moskau regelmäßig getroffen hatte. Kadar kannte er persönlich nicht und war deshalb ihm gegenüber mißtrauisch. Er meinte auch, politisch rehabilitierte Parteiführer sollte man nicht mit Macht ausstatten, da sie nicht unvoreingenommen sein könnten. Schließlich vereinbarten sie, Münnich als Ministerpräsidenten und Kadar als

[95] Az MSzMP, a.a.O., S. 146. Az MSzMP Ideiglenes Központi Bizottsaga 1956. dec. 2-3-i ülese nek jegyzökönyve [Protokoll der Sitzung des Provisorischen ZK der MSzMP von 2.-3. Dezember 1956].

[96] Az MSzMP, a.a.O., S. 127f. Az MSzMP Ideiglenes Intezö Bizottsaganak 1956. nov. 28-i jegyzökönyve [Protokoll des Provisorischen Verwaltungsausschusses der MSzMP vom 28. November 1956].

Ersten Sekretär der Partei einzusetzen.[97] Danach wurden Kadar, Münnich sowie Istvan Bata und Imre Horvath[98], die früher Mitglieder der Hegedüs-Regierung gewesen waren, in den Sitzungssaal gebeten.

Über diese ungarisch-sowjetischen Verhandlungen liegen nur die improvisierten Notizen des ehemaligen Außenministers Horvath vor, aus denen man den genauen Ablauf leider nicht rekonstruieren kann. Aber sie erhellen das Wesentliche der Gespräche.[99] Kaum hatte die Gruppe um Kadar Platz genommen, teilte ihr der Generalsekretär der KPdSU entschlossen und ohne Widerspruch zu dulden mit: In Ungarn finde eine »organisierte Konterrevolution« statt, und man müsse im Interesse der Herstellung der öffentlichen Ordnung und zur Niederschlagung der rasenden »Konterrevolution« militärische Gewalt anwenden, eine andere Alternative gebe es nicht. Chruschtschow gab selbstkritisch zu, daß auch die sowjetische Politik zur Entstehung der Krise in Ungarn beigetragen habe, er leugnete nicht, daß es ein Fehler war, Rakosi durch Gerö zu ersetzen, und er nahm die Verantwortung dafür zum Teil auf sich. Er habe eingesehen, daß man im Juli 1956 Kadar zum Ersten Sekretär hätte ernennen sollen. Seine Meinung über die beiden gestürzten ungarischen Politiker war vernichtend, aber noch schärfer kritisierte er Imre Nagy. Früher hätten sie schon von ihm gedacht, daß er keine kämpferische Natur, sondern ein Opportunist sei, jetzt habe sich jedoch gezeigt, daß er kein wahrer Kommunist sei, er sei zum Verräter geworden. Diese Qualifizierung Imre Nagys machte später jahrzehntelang den Hauptvorwurf gegen ihn aus. Chruschtschow teilte auch mit, die Sowjets hätten Imre Nagy längst verhaftet. Nagy müsse zurücktreten, und wenn er dies nicht tue, stehe er »im Dienst des Feindes«. Chruschtschow sprach außerdem über die internationale Lage, vor allem über die Suez-Krise, und berichtete über die Verhandlungen mit den Führern der »Bruderparteien« und mit Tito. Wieviel er darüber mitteilte, geht aus den Notizen von Imre Horvath nicht hervor.

Kadar akzeptierte, daß in Ungarn die militärische Intervention im Interesse der Konsolidierung der Lage notwendig sei. Er gab zu, daß auch die ungarische Partei Fehler begangen habe, aber ziemlich offen brachte er ebenfalls die Fehler und Irrtümer der sowjetischen Parteiführung zur Sprache. Dieser warf er vor, daß sie nur Gerö, Rakosi und Farkas vertraut und es zugelassen habe, daß Rakosi die Beziehungen zur Sowjetunion monopolisierte. Dieser habe im Herbst 1955 behauptet, daß mit dem Ausschluß Imre Nagys aus der Partei auch die sowjetische Führung einverstanden sei, und es habe sich erst nach Monaten herausgestellt, daß das die Unwahrheit war. Kadar versuchte in dieser Sitzung, Nagy zu verteidigen und meinte, daß die von

---

97 Memuary N. S. Chruschtschowa, a.a.O., S. 78f.

98 Horvath, Imre (1901-1958) begann seine diplomatische Laufbahn 1946 in Moskau, zwischen 1948 und 1956 leitete er die ungarischen Botschaften in Berlin, Washington, London und Prag. Am 30. Juli 1956, nach dem Sturz von Rakosi, wurde er zum Außenminister ernannt.

99 Dieses Dokument fand Laszlo Varga zwischen den Geheimdokumenten des ungarischen Außenministeriums. S. Hruscsov es Kadar titkos targyalasai, 1956. nov. 3 [Chruschtschows Geheimverhandlungen mit Kadar am 3. November 1956]. In: Magyar Hirlap, 22. Oktober 1992.

ihm geführte Regierung nur scheinbar die Liquidierung von Kommunisten dulde, in Wirklichkeit sei diese Regierung handlungsunfähig. Er wies ferner auf die verletzten nationalen Gefühle in Ungarn hin.

Kadar warnte die Sowjets davor, eine »Marionettenregierung« zu bilden. Als Aufgabe der neuen Regierung bezeichnete er die Niederschlagung der Konterrevolution, die Verteidigung der sozialistischen Errungenschaften und die Regelung der ungarisch-sowjetischen Beziehungen. Auf dem Gebiet der Außenpolitik hielt er die Pflege der Freundschaft mit der Sowjetunion für die vorrangige Aufgabe, meinte aber, man solle auch zu den Volksdemokratien gute Beziehungen unterhalten und die Kontakte zu den »friedliebenden Staaten«, also zu den blockfreien Staaten, ausbauen. Im Laufe der Verhandlungen besprach man die Zusammensetzung der neuen Regierung. Aus den Notizen Horvaths geht nicht hervor, von welcher Seite die Vorschläge zu den einzelnen Personen stammten. Chruschtschow schrieb dazu in seinen Memoiren, daß ursprünglich Kadar und Münnich die Liste der Regierungsmitglieder zusammengestellt hätten, da sie die Leute kannten.[100] Vermutlich gab es keine großen Meinungsverschiedenheiten über die Kandidaten. Das Präsidium nahm die Ernennung Kadars zum Ministerpräsidenten an, da er großen Eindruck gemacht hatte. Münnich und die beiden anderen Mitglieder der ungarischen Gruppe schlugen ebenfalls Kadar vor, auch Mikojan war für dessen Ernennung.[101] Stellvertretender Ministerpräsident und zugleich Innen- und Verteidigungsminister wurde Münnich, Imre Horvath übernahm den Posten des Außenministers. Acht Ministerposten wurden besetzt, fünf blieben vakant mit der Begründung, daß die Regierung später in Budapest vervollständigt werde. Aus der Gruppe um Rakosi und Gerö gelangte niemand in die in Moskau neu aufgestellte Regierung.

Die Deklaration »Aufruf an das ungarische Volk« mit dem Programm der Kadar-Regierung wurde in der Sitzung zwar erwähnt, jedoch diesmal nicht zur Diskussion gestellt, weil sie wahrscheinlich bereits genehmigt war. Das Regierungsprogramm, an dessen Ausarbeitung auch Ernö Gerö und Andras Hegedüs teilnahmen[102] und an dem Kadar und Münnich nur winzige Korrekturen anbrachten, übernahm auf sozialem Gebiet viele Forderungen der demokratischen Volksbewegung und des Programms der Regierung Imre Nagy vom 28. Oktober. Die nationale Unabhängigkeit und Souveränität des Landes wurden darin befürwortet, die Neutralität blieb jedoch unerwähnt. Als außenpolitischer Grundsatz der Regierung wurden die eindeutige prosowjetische Orientierung festgelegt und die Mitgliedschaft Ungarns im Warschauer Pakt fixiert. Auch die Beibehaltung der Arbeiterräte und der lokalen Organe war im Programm vorgesehen. Dem erklärten Ziel, die Machtorgane der Revolution beibehalten zu wollen, widersprach jedoch die gleichzeitige Absicht, die von der kommunistischen Partei dominierten Bezirks- und Gemeinderäte zu erhalten. Vom Mehrparteiensystem und von freien Wahlen

100 Memuary N. S. Chruschtschowa, a.a.O., S. 79.
101 Mitteilung von György Aczel.
102 Muszatov, Szovjet politikai, a.a.O., S. 166.

war keine Rede, aber man versprach Schutz für die Arbeiter und Bauern, die an der Revolution teilgenommen hatten. Auf dem Gebiet der Wirtschaftspolitik und der Wirtschaftslenkung stellte das Programm Veränderungen in Aussicht. Zum Schluß gab die Regierungserklärung bekannt, daß die Regierung um sowjetische Militärhilfe gebeten habe, um die »Konterrevolution« niederzuschlagen und Ruhe und Ordnung herzustellen, und versprach, daß sie gleich nach Konsolidierung der Verhältnisse mit der sowjetischen Regierung und den anderen Mitgliedstaaten des Warschauer Paktes Verhandlungen beginnen werde.[103] Gleichzeitig mit dieser Erklärung wandte sich die neue Regierung Kadar – auf sowjetischen Druck – schriftlich an die sowjetische Regierung mit der Bitte um militärische »Hilfe« zur Niederschlagung der Revolution in Ungarn.[104] Diesen Brief, der noch nicht aufgefunden wurde, unterschrieb Kadar.[105]

Am frühen Morgen des 4. November 1956 begann die sowjetische Invasion, die sowjetischen Truppen zogen erneut in die Hauptstadt ein. Imre Nagy, Geza Losonczy und eine Gruppe ihrer Anhänger bekamen mit ihren Familien auf jugoslawische Initiative in der Botschaft Jugoslawiens in Budapest Asyl. Kadar, Münnich und Imre Horvath kamen mit Mikojan und dessen Begleitung am frühen Nachmittag des 4. November aus Moskau in Szolnok an.[106] Die »Ungarische Revolutionäre Arbeiter-Bauern-Regierung« wurde offiziell hier gegründet. Der lokale Rundfunksender von Szolnok begann bereits um 6 Uhr, den »Aufruf an das ungarische Volk« auszustrahlen. Am 5. November wurden aus dem sowjetischen Hauptquartier in Tököl auch Antal Apro, György Marosan und andere übergelaufene Mitglieder der ungarischen Parteiführung nach Szolnok gebracht. Auf Drängen Andropows[107] – die Hauptstadt und das Land seien ohne politische Führung – begab sich Kadars Regierung am frühen Morgen des 7. November nach Budapest. In Andropows Anwesenheit legte die neue Regierung noch am selben Tag vor Istvan Dobi, dem Präsidenten des Präsidialrates, den Amtseid ab.[108]

---

[103] Den Text dieser Deklaration s. in: A »Jelcin-dosszie«, S. 89-93.

[104] Dies wird von Chruschtschow in seinen Memoiren bekräftigt. S. Memuary N. S. Chruschtschowa, a.a.O., S. 79.

[105] Janos Kadar gab in einer im April 1989 gehaltenen Rede zu, daß die sowjetischen Politiker für die militärische Intervention einen Brief mit dem Hilferuf und mit der Unterschrift des Ministerpräsidenten verlangten: »Ich mußte ihn auch irgendwo, nur Gott weiß wo, unterschreiben.« Vgl. Az MSzMP KB 1989. evi jegyzökönyvei [Protokolle des ZK der MSzMP aus dem Jahr 1989], Bd. I, S. 763.

[106] Augenzeugen sahen am 4. November Mikojan mit Kadar zusammen vor dem Gebäude des Komitatsparteiausschusses in Szolnok. Auch Mikojans Sohn erwähnt in dem bereits zitierten Interview, daß sein Vater nach Budapest zurückgeschickt wurde. »Soweit ich weiß, hielt er sich am 4. November bereits in Budapest auf, und er blieb dort vier bis fünf Tage:« Vgl. Magyar Nemzet vom 7. Mai 1992. Schukows Meldung vom 4. November 1956 verschickte man an die Mitglieder und Kandidaten des Präsidiums der KPdSU. Im Verteiler sind die Namen Mikojan und Suslow durchgestrichen, offensichtlich weil sie nicht in Moskau waren. Vgl. A »Jelcin-dosszie«, S. 94.

[107] A »Jelcin-dosszie«, S. 95, Bericht Andropows vom 4. November 1956.

[108] Kadar, Janos: Vegakarat [Testament], Budapest. o.J., S. 135.

Die Außenpolitik der Sowjetunion gegenüber Ungarn 1956 zeigt, daß sie trotz gewisser Auflockerungen nach Stalins Tod in einem Punkt unverändert blieb: Ihr strategisches Ziel bildete nach wie vor die Bewahrung des nach dem Zweiten Weltkrieg entstandenen Status quo, die Aufrechterhaltung der sowjetischen Hegemonie in Ostmittel- und Osteuropa sowie die Erhaltung der Einheit des »sozialistischen Lagers«. V. Micunovic, jugoslawischer Botschafter in Moskau, vermerkte bereits am 30. Juni 1956 in seinem Tagebuch: »Die Unantastbarkeit des Lagers und der sowjetischen Hegemonie ist ein Grundsatz der heutigen wie der früheren sowjetischen Außenpolitik«.[109]

Aus dem Ungarischen übersetzt von Dr. Andras Mihalyhegyi (Budapest).

[109] Micunovic, Tito, a.a.O., S. 73.

Die Ungarische Volksarmee und die Revolution von 1956

von

MIKLÓS HORVÁTH

Die Ungarische Volksarmee wurde 1945 für den »Kampf gegen den Faschismus« gebildet. Nach dem Kominform-Konflikt traten jedoch ab Mitte 1948 neben die Aufgabe, die »Gefahr aus dem Westen« abzuwehren, Vorbereitungen auf einen Krieg mit Jugoslawien hinzu. Der damit verbundene Ausbau der Armee überstieg die Möglichkeiten der ungarischen Volkswirtschaft bei weitem und behinderte zusätzlich die Erfüllung der von der kommunistischen Partei propagierten gesellschaftlichen Ziele.[1] Zugleich schränkte die überdimensionierte Führungsebene, die im Lauf dieser Aufblähung entstanden war, durch Zentralisierung der Entscheidungsbefugnisse z.T. über die Bestimmungen des Dienstreglements hinweg die Unabhängigkeit der mittleren und unteren Kommandeure weitestgehend ein. Infolgedessen hatte die oberste Militärführung zu den Truppen kaum Kontakt, Lebensumstände und Probleme der Soldaten waren ihr unbekannt. Die hochgradige Bürokratisierung schwächte das Verantwortungsbewußtsein, das Mißtrauen der höheren Organe nahm krankhafte Ausmaße an, Geringschätzung gegenüber Untergebenen war die Norm. In allen Truppengattungen warteten die Offiziere selbst bei Kleinigkeiten auf Weisung von oben und durften keine selbständigen Verfügungen treffen. So wurden Eigeninitiative und Selbständigkeit im Keim erstickt. Wiederholte Reorganisationen und der Abbau des Personalbestandes brachten nicht die erstrebten Verbesserungen, weder bei der Straffung des Dienstbetriebs noch hinsichtlich der materiellen Lage der Offiziere. Dabei verdreifachte sich die Gesamtzahl der Offiziere zwischen 1950 und 1951, bis 1953 versechsfachte sie sich sogar.[2]

---

1 1950 verschlangen die bewaffneten Kräfte 13,9 Prozent, 1951 15,2 Prozent, 1952 25,5 Prozent und 1953 24,3 Prozent des Nationaleinkommens. Vgl. Bencze, Laszlo: Farkas Mihaly hadserege [Die Armee des Mihaly Farkas]. In: Magyar Nemzet vom 12. Februar 1990, S. 8.

2 Zum Entwicklungstempo der Armee einige Daten: Zwischen 1949 und 1951 stieg die Zahl der Divisionen von drei auf 14, die der Schützenregimenter von sieben auf 31, die der Panzerregimenter von einem auf 13 und die der Artillerieregimenter von sechs auf 32 (vgl. dazu Suranyi, Jenö/Nagy, Imre: A szarazföldi hadmuveleti csapatok törtenetenek attekintese [1945-1980], Tanulmany [Übersicht zur Geschichte der operativen Landtruppen [1945-1980], Studie], 1987, in: Hadtörtenelmi Leveltar [Archiv für Militärgeschichte], (weiter: HL), Tanulmanygyujtemeny [Tgy], II. 330, 47, V-5, 19). Die Ausbildung der Offiziere erfolgte zwischen 1949 und 1951 in erster Linie in fünf bis sechs bzw. neun bis zwölf Monate dauernden Kursen. Nach dem Stand vom 1. Januar 1952 verfügten von den Korps-, Divisions- und Brigadekommandeuren 54,9 Prozent, von den Regimentskommandeuren 35,6 Prozent, von den selbständigen Bataillonskommandeuren 33,8 Prozent, von den Bataillonskommandeuren 75 Prozent über eine vorschriftsmäßige Ausbildung (HL Magyar Nephadsereg Vezerkar Titkarsag iratai 1952 7/2, S. 654, 40, 8. ö.e., 106). Am 1. Januar 1953 betrug der Sollbestand der Ungarischen Volks-

Die Veränderung der internationalen Lage im Jahr 1953 führte dazu, daß die Leitung der Partei der Ungarischen Werktätigen [Magyar Dolgozok Partja – MDP] aufgrund von »Ratschlägen« der sowjetischen Führung auch die Politik der Landesverteidigung modifizierte. Die Zentrale Leitung der MDP gestand auf der Sitzung vom 27. bis 28. Juni 1953 ein, daß »die stärker und schneller als notwendig erfolgte Entwicklung der bewaffneten Kräfte« ein Fehler gewesen sei[3]. Daraufhin begann in der Armee ein Abbauprogramm mit dem Ziel einer drastischen Verringerung des Bestandes (um 54000 Personen).

Die konkreten Lebensverhältnisse der Offiziere beeinträchtigten in hohem Maße die Wahrnehmung der Dienstpflichten. Die meisten Offiziere wurden Jahr für Jahr in andere Dienstabteilungen oder andere Garnisonen versetzt, und fast 20 Prozent von ihnen lebten getrennt von ihren Familien. Die neuen Gehaltsbestimmungen von Anfang 1956 verminderten die Bezüge vieler Offiziere. Die meisten hatten vor dem Eintritt in die Armee mehr verdient als nach ihrer Ernennung, und sie mußten trotzdem Tag und Nacht für die Armee zur Verfügung stehen. Insbesondere viele Offiziere der niedrigen Rangstufen sahen den Offiziersberuf nicht als Berufung an und beantragten häufig Entlassung aus dem Dienst. Nach Aufhebung des Berufsunteroffiziersstandes hatten die Offiziere infolge ihrer zeitlichen Überbeanspruchung kaum noch Möglichkeit, sich weiterzubilden. Eine starke Fluktuation verursachte ständige Existenzunsicherheit, weil Lebensweg und Militärlaufbahn von willkürlichen Entscheidungen abhängig waren. Mit Verbitterung reagierten die Offiziere auf die häufigen Eingriffe der Sicherheitsorgane, die damit die Autorität der Kommandanten untergruben. Die Gründe für die allgemeine Ablehnung des Amtes für Staatssicherheit [Allamvedelmi Hatosag-AVH] in den Tagen der Revolution liegt auch in dieser Tatsache begründet.

Verschärft wurde diese Situation durch inkonsequente und verantwortungslose Methoden in der Personalpolitik, die Unzufriedenheit auslösten: Dies galt für die Offiziere der »ersten Stunde«, die im Auftrag der MDP in den Jahren 1945/46 den Neuaufbau der Armee begonnen hatten – sie galten gegenüber den nach 1948/49 ernannten Offizieren als von deutlich minderem Status. Auch die alten Kader der Arbeiterbewegung, die ehemaligen Partisanen, von denen viele unter verschiedenen Vorwänden schon bald wieder aus der Armee entlassen worden waren, fühlten sich benachteiligt. Die neu eingezogenen Intellektuellen – vor allem Ingenieure und Ärzte – fühlten sich in der Armee ebenfalls nur selten wohl: Ihre materielle Lage hatte sich verschlechtert und sie genossen nur ein geringes soziales Prestige. Auch die fehlende Fürsorge für demobilisierte Offiziere belastete die allgemeine Stim-

armee rund 218000 Mann. Der tatsächliche Bestand ergab zur selben Zeit rund 30000 Offiziere, 46000 Unteroffiziere, 96000 Mannschaften, gut 2000 Schüler der Militärakademie, 12000 Offiziersschüler, knapp 9000 Angestellte und 15000 Personen außerhalb des Heeres im Etappenwesen und bei den technischen Baueinheiten – zusammen rund 210000 Personen.

3 Szabo, Balint: Uj szakasz az MDP politikajaban 1953-1954 [Neuer Kurs in der Politik der MDP 1953-1954], Budapest 1984, S. 20.

mung. Dazu kamen die Auswirkungen des »Personenkults« wie unsinnige Befehlshaberei und schrankenlose Durchsetzung des Willens leitender Funktionäre in der Parteiarbeit. In der Armee wurde es zur gängigen Praxis, Meinungen und Vorschläge, die nicht bis aufs Komma dem Wortlaut von auf höheren Ebenen getroffenen Entscheidungen und Verlautbarungen entsprachen, als »feindlich« zu diffamieren. Die Mehrzahl der Parteimitglieder wurde so in Passivität gedrängt, und in den Basisorganisationen war eine selbständige Meinungsbildung nicht mehr möglich. Unter solchen Bedingungen sahen sich auch die früher politisch aktiven Offiziere zu politischer Passivität veranlaßt und warteten nur noch auf eine Besserung der politischen Lage und damit auch des eigenen Schicksals. Theoretisch gehörte zu den grundlegenden Aufgaben der Ungarischen Volksarmee auch die Verteidigung der Gesellschaftsordnung gegen feindliche Kräfte im Inland; in der Praxis fiel diese Aufgabe jedoch nach 1948 einer neu gegründeten Organisation, dem späteren Amt für Staatssicherheit (AVH) zu, das dem Innenministerium unterstand. Die Beziehungen zwischen der Armee und dem AVH waren von Anfang an gespannt und verschlechterten sich zunehmend weiter.

Die Reduzierung des Personalbestandes der Armee in der Phase der Entspannung der internationalen Lage, als die künstlich aufgebauschte »jugoslawische Gefahr« nicht mehr bestand und die Neutralität Österreichs proklamiert worden war, mit einer gleichzeitigen Erhöhung der Kampfbereitschaft nach außen wie nach innen zu verbinden, erwies sich als unlösbares Problem. Einen Höhepunkt erreichten der Personalabbau und die Reorganisation der Ungarischen Volksarmee 1955/56. Gemäß dem Beschluß Nr. 1071/1956 des Ministerrates sollte das Personal der Armee erneut drastisch reduziert werden.[4] Entsprechend der »Organisationsverordnung«[5] vom Herbst 1956 blieb von den bis dahin bestehenden militärischen Einheiten nur eine unverändert: Von den höheren Einheiten und Einrichtungen wurden 49 aufgelöst, 290 in andere Organisationseinheiten eingegliedert und 21 auf andere Standorte versetzt. Gleichzeitig verfügte man die Aufstellung von neun neuen militärischen Organisationseinheiten.

Berücksichtigt man die skizzierten Entwicklungen und Umstände, standen in der Ungarischen Volksarmee unmittelbar vor Ausbruch der Revolution in gefechtsmäßigem Zustand zwölf Schützendivisionen, fünf motorisierte Re-

---

[4] *Tabelle 1*

Bestands-kategorie	Offiziere	Unteroffiziere	Soldaten insg.	Zivilangest.	insgesamt
Gesamtzahl vor dem Abbau	29000	9000	125000	25000	150000
Geplante Gesamtzahl	24500	7500	115000	20000	135000
Umfang des Abbaus	4500	1500	10000	5000	15000

Quelle: MOL Hegedüs Andras iratai XIX-A-2-p 1048.

[5] HL 102, 05, 168.

gimenter, drei Panzer-, zwölf Artillerie- und fünf Panzersturmgeschützregimenter zur Verfügung. Außerdem waren aus dem Bestand des in Auflösung befindlichen und dem Verteidigungsministerium direkt zugeordneten 9. Schützenarmeekorps zwei Schützenregimenter, ein motorisiertes Regiment, ein mittleres Panzer-, ein Artillerie- und ein Panzersturmgeschützregiment für Notfälle einsetzbar.[6] Von den neu zu bildenden Militäreinheiten war Mitte Oktober 1956 lediglich die Aufstellung des Kommandostabes der 4. Armee weitgehend abgeschlossen, ihm standen jedoch während der Revolution noch keine Truppen zur Verfügung. Das Gesamtbild ergänzt die Tatsache, daß die geplante Auflösung eines Armeekorps, einer motorisierten Division, einer Luftabwehrartilleriedivision, einer Kampffliegerdivision sowie von zwei Schützen-, fünf Artillerie-, zwei Panzersturmgeschütz- und drei Kampffliegerregimentern zu diesem Zeitpunkt noch nicht vollzogen war. Zusätzlich wurden von den verbliebenen Regimentern zwei Schützen-, acht Artillerie-, zwei motorisierte, ein schweres Panzer- und drei Panzersturmgeschützregimenter in diesen Tagen unter das Kommando einer anderen Division gestellt.[7] Ihre Einsatzmöglichkeit wurde weiterhin dadurch erheblich erschwert, daß der Bestandswechsel bereits eingeleitet worden war. Die Demobilisierung der Mannschaften nach Ablauf der Dienstzeit war bei den meisten Einheiten vollzogen, zu Neueinberufungen war es jedoch noch nicht gekommen. So betrug die Stärke der einzelnen Regimenter mit 500-600 Mann kaum mehr als die eines starken Bataillons. Auf den Offiziersschulen war die Vereidigung der Abschlußjahrgänge zwar schon erfolgt, aber die frisch ernannten Offiziere befanden sich im Urlaub oder waren noch nicht auf ihre neuen Dienstplätze eingerückt. Da sich der Sicherheitsdienst der Armee in Budapest auf die Militärakademien und die Offiziersschule stützte, sind auch diese Umstände von Bedeutung, denn außer den genannten Institutionen gab es in der Hauptstadt keine bedeutende militärische Kraft. Im Zeitraum unmittelbar vor der Revolution fand auf den Akademien und in den Artillerieeinheiten eine großangelegte Beurlaubungswelle statt. Ebenfalls darf nicht übersehen werden, daß ein Teil des Offizierskorps vor der Demobilisierung stand und ein anderer in Unsicherheit lebte, weil die Bestandsminderung nur zu 55 Prozent vollzogen war.[8]

Die allgemeine Unzufriedenheit und der Haß gegen die Machthaber, die grundlegenden gesellschaftlichen Veränderungen im Wege standen, wie sie bei der Demonstration am 23. Oktober 1956 mit elementarer Kraft hervor-

---

[6] Außer diesen Kräften gehörten zum Bestand der Volksarmee bis zur Regimentsstufe eine Festungsartilleriedivision, vier Mörserartillerieregimenter, ein selbständiges Panzerabwehrregiment, eine mobile Luftabwehrartilleriedivision, vier mobile Luftabwehrartillerieregimenter, außerdem – dem Landeskommandeur für die Luftabwehr und für die Luftstreitkräfte unterstellt – vier Luftabwehrartilleriedivisionen, bestehend aus zehn Luftabwehrartillerieregimentern, zwei Jagdflugzeugdivisionen, bestehend aus zehn Luftabwehrartillerieregimentern, sowie eine Kriegsschiffbrigade.

[7] HL 102, 05, 168.

[8] »Az 1956. oktober-novemberi ellenforradalom es a Magyar Nephadsereg« Tanulmany HL 1956-os gyujtemeny 8. ö.e., S. 3-121.

brachen, überraschten auch die Armee. Die Offiziere kannten jedoch die gesellschaftlichen Spannungen. Sie unterstützten die Zielsetzungen der Reformkommunisten nach dem XX. Parteitag der KPdSU und die Bewegung, die die Unzufriedenheit der Bevölkerung ausdrückte und ihre Forderungen formulierte. Anläßlich der feierlichen Beisetzung von Laszlo Rajk[9] und seiner Gefährten am 6. Oktober 1956 wurde zwar in der Armee verschärfte Alarmbereitschaft befohlen, jedoch bald wieder zurückgenommen. Am 20. Oktober wurden unter dem Eindruck der Ereignisse in Polen die Sicherheitsmaßnahmen erneut verschärft: Man verstärkte den Wachdienst, überprüfte die Alarmpläne der Sicherheitsorgane, entsandte Verbindungsoffiziere zu den höheren Einheiten usw. Am 21. Oktober wurden diese Anordnungen jedoch erneut als unbegründet zurückgenommen.

Am 22. Oktober nahmen in Budapest auch Delegierte der Militärakademien und Offiziersschulen an den Studentenversammlungen teil und stellten Verbindung zu den Organisatoren der geplanten Studentendemonstration her, deren Forderungen sie übernahmen. Dazu gehörten u.a. die sofortige Einberufung eines Kongresses der MDP und die Neuwahl der Leitungsorgane der Partei, Parlamentsneuwahlen in geheimer Abstimmung und unter Teilnahme mehrerer politischer Parteien, Festlegung neuer Arbeitsnormen für die Industriearbeiter unter Berücksichtigung des Existenzminimums, Einführung von Arbeiterselbstverwaltung in Betrieben, Überprüfung des Zwangsablieferungssystems und Unterstützung der Kleinbauern. Verlangt wurden auch eine Revision der Urteile in politischen und wirtschaftlichen Strafprozessen, allgemeine Amnestie und Rehabilitierung der politisch Verfolgten sowie eine Überprüfung der Rolle von Matyas Rakosi[10], die Rückführung von unschuldig verurteilten Ungarn aus sowjetischen Lagern, Meinungs- und Pressefreiheit sowie die umgehende Entfernung des Stalin-Denkmals als Symbol der Tyrannei und Willkür. Zu den wichtigsten Forderungen auf außenpolitischem Gebiet gehörten die Revision der sowjetisch-ungarischen Wirtschaftsabkommen nach dem Prinzip der Gleichberechtigung und der Abzug aller sowjetischen Truppen aus Ungarn im Sinne des Artikels 22, Absatz 1 des zwischen Ungarn und den alliierten Mächten in Paris geschlossenen Friedensvertrages vom 10. Februar 1947.[11]

---

9 Am 6. Oktober 1956 fand nach ihrer Rehabilitierung die feierliche Umbettung der 1949 während der Amtszeit des Innenministers Janos Kadar nach einem Schauprozeß hingerichteten kommunistischen Politiker Laszlo Rajk, Tibor Szönyi und Andras Szalai und des Generalmajors György Palffy statt. Am 13. Oktober 1956 wurden die ebenfalls hingerichteten Generäle Laszlo Solyom, Gusztav Illy, Istvan Beleznay, Kalman Revay, György Porffy und die Polizeioffiziere Bela Korondy und Otto Horvath-Hänigsberg auf ähnliche Weise umgebettet.

10 Rakosi, Matyas (1892-1971), kommunistischer Politiker. Zwischen 1924 und 1940 unter Horthy im Gefängnis, anschließend Emigrant in der Sowjetunion. Nach 1945 Generalsekretär der Ungarischen Kommunistischen Partei, anschließend der Partei der Werktätigen, zwischen 1952 und 1953 auch Ministerpräsident. Als Führungsfigur der stalinistischen Diktatur in Ungarn wurde er am 17. Juli 1956 von seinem Posten abgelöst und lebte danach bis zu seinem Tod in der Sowjetunion.

11 Für die Armee forderte man ebenfalls anstelle der nach sowjetischem Vorbild geschneiderten Uniformen eine Uniform nach nationaler Tradition.

Am Vormittag des 23. Oktober veranstaltete die Petöfi-Akademie für politische Offiziere eine Versammlung und richtete an die Studenten einen Aufruf, in dem es unter anderem hieß: »Wir, Offiziere und Hörer der nach dem Freiheitskämpfer Sandor Petöfi[12] benannten militärpolitischen Akademie, sind mit den berechtigten und gerechten Forderungen der ungarischen Studenten einverstanden und unterstützen sie. Wir sind Söhne des Volkes, unseren Eid legten wir auf das Volk ab. Wir werden mit dem Volk durch Feuer und Wasser gehen.«[13] Dieser Aufruf wurde auf Studentenversammlungen mit großer Begeisterung aufgenommen. So entstand die Losung: »Die Armee ist mit uns!« Zur gleichen Zeit forderten Hörer der Kossuth-Militärakademie die Ablösung einzelner Partei- und Armeeführer, sie diskutierten über den Aufenthalt der sowjetischen Truppen in Ungarn und verlangten neue Uniformen. Die Delegierten beider Militärakademien sandten ein Telegramm an die polnische Militärakademie, in dem sie ihre Sympathie für die in Polen stattfindenden politischen Veränderungen ausdrückten.

Die Spitzen der Armee schätzten weder die Ziele noch die Tragweite des in Ungarn vor sich gehenden Veränderungsprozesses realistisch ein und waren in keiner Weise auf die folgende Explosion vorbereitet. Meldungen über die geplante Demonstration wurden nicht ernstgenommen bzw. als Schwarzmalerei abgetan. Am Nachmittag des 23. Oktober beschloß man, daß sich die Armee als Institution an der Demonstration nicht beteiligen werde, Soldaten jedoch als Einzelindividuen teilnehmen dürfen, um einen friedlichen Verlauf zu unterstützen. Bereitschaftsdienst wurde auch am Nachmittag nicht angeordnet, damit »keine Panik verursacht« werde. Offiziere mußten sogar ihre Dienstwaffen abgeben. Erst am späten Nachmittag wurden einige hohe Führungskräfte in das Verteidigungsministerium gerufen.

Der Innenminister verbot zunächst die Demonstration und drohte sogar mit dem Einsatz bewaffneter Kräfte: Die Führer von Partei und Regierung spielten hier mit dem Feuer. Gesellschaftliche Organisationen wie der Schriftstellerverband und der Petöfi-Kreis[14] sowie die Studentenschaft schickten mehrere Delegationen zum Sitz der Zentralen Leitung und forderten die Rücknahme des Demonstrationsverbots. Noch kurz vor Beginn der Demonstration wurde am frühen Nachmittag im Rundfunk die Bekanntmachung des Innenministeriums durchgegeben, daß bis auf weiteres alle öffentlichen Kundgebungen untersagt sind. Die Tatsache, daß dieses Verbot eine

---

[12] Petöfi, Sandor (1823-1849), ungarischer Dichter. Im März 1848 einer der Organisatoren der Revolution in Pest. Als Hauptmann der Revolutionsarmee kämpfte er unter General Bem in Siebenbürgen und wurde zum Major ernannt. Er fiel in der Schlacht von Segesvar im Kampf gegen russische Truppen.

[13] HL, 1956-os gyüjtemény, 1. egység A Petöfi Politikai Akadémia jelentése.

[14] Der Petöfi-Kreis wurde 1954 unter dem Namen Bessenyei-Kreis von Studenten der Universität Budapest gegründet und um die Jahreswende 1955/56 zu einem Diskussionsforum der Intellektuellen Ungarns. Im Kampf gegen die stalinistische Diktatur hatte der Name Petöfi eine symbolische revolutionäre Kraft. In den Fachdiskussionen des Kreises suchten die Teilnehmer zusammen nach einem aus der Krise führenden Weg und nach einer breiten gesellschaftlichen Basis.

knappe halbe Stunde später zurückgenommen wurde, zeigt die Unentschlossenheit der obersten Führung.

Von diesem Moment an begannen die Ereignisse in den von der Bevölkerung überschwemmten und beherrschten Straßen Budapests zu eskalieren. Die Studenten ignorierten das Verbot des Innenministeriums, das nur für zusätzliche Mobilisierung sorgte. Die Dämme der Angst waren durchbrochen. Die Reformforderungen wurden zunehmend radikaler. »Rakosi in die Donau«, »Imre Nagy an die Regierung!«[15], »Wer Ungar ist, hält mit uns«, »Russen nach Hause!« – skandierten 200000 Menschen vor dem Parlament. Tausende versammelten sich an anderen Plätzen der Stadt. Die Demonstranten stürzten das Stalin-Denkmal, und nachdem Kräfte des Amtes für Staatssicherheit gegen 21 Uhr aus dem Rundfunkgebäude auf die Demonstranten geschossen hatten, begann an dieser Stelle der bewaffnete Kampf. Schon nach wenigen Stunden wurde aufgrund des Eingreifens sowjetischer Truppen aus einem Protest gegen starrköpfige und sich krampfhaft gegen Veränderungen wehrende Machthaber ein Freiheitskampf für ein unabhängiges Ungarn.

Die sowjetische Führung hatte schon seit längerem nicht nur in Ungarn und Polen, sondern auch in der Tschechoslowakei Zeichen einer allgemeinen Krise registriert, die nach dem XX. Parteitag der KPdSU manifest geworden war. Da Deutschland und die deutsche Frage für die Beziehungen zwischen den Großmächten von entscheidender Bedeutung waren, beschäftigte sich Chruschtschow in erster Linie mit einer politischen Lösung der im benachbarten Polen entstandenen Lage. Die Bedeutung Ungarns war für die sowjetische Führung zunächst nur peripher. Dennoch wiederholte Chruschtschow mehrfach, daß die Sowjetunion gegebenenfalls bereit sei, in Ungarn alle Mittel einzusetzen.

Die Stationierung sowjetischer Truppen in Ungarn beruhte zunächst auf alliierten Vereinbarungen und wurde durch den Pariser Friedensvertrag vom 10. Februar 1947 auf Dauer sanktioniert. Laut Artikel 22, Absatz 1 durfte die Sowjetunion »[...] so viele Streitkräfte auf ungarischem Boden belassen, wie sie für die Aufrechterhaltung der Verbindungen der sowjetischen Armee mit der sowjetischen Besatzungszone in Österreich benötigt«. In den Moskauer Verhandlungen vom 12. bis 15. April 1955 über den Abschluß des österreichischen Staatsvertrages verpflichtete sich Österreich zur Erklärung seiner Neutralität. Im Gegenzug sollte die Sowjetunion ihre Truppen in Österreich bis zum Inkrafttreten des Staatsvertrages, spätestens jedoch bis zum 31. Dezember 1955, abziehen. Betroffen waren damals drei Infanteriedivisionen und eine Luftabwehrdivision mit insgesamt etwa 60-70000 Soldaten, die in Österreich die Aufgaben sowjetischer »Besatzer« wahrnahmen.

---

[15] Nagy, Imre (1896-1958), führender kommunistischer Politiker und Agrarfachmann. Unter seiner Leitung als Landwirtschaftsminister wurde 1945 die Agrarreform durchgeführt. In den folgenden Jahren übte er Kritik an der von Rakosi befürworteten Zwangskollektivierung und wurde deshalb in den Hintergrund gedrängt. Vom 4. Juli 1954 bis zum 18. April 1955 sowie vom 24. Oktober bis zum 4. November 1956 Ministerpräsident Ungarns. Am 15. Juni 1958 wurde er in einem Schauprozeß zusammen mit dem Politiker Miklos Gimes und mit Generalmajor Pal Maleter zum Tode verurteilt und am 16. Juni 1958 hingerichtet.

Die in Ungarn »belassenen« Kräfte sicherten mit etwa vier Divisionen die Straßen- und Eisenbahnverbindungen in die sowjetische Besatzungszone in Österreich.

Am 15. Mai 1955 wurde der Vertrag über die Unabhängigkeit Österreichs von den Besatzungsmächten unterschrieben. Nach dem daraufhin erfolgten sowjetischen Truppenabzug änderte sich in Ungarn entgegen allen Erwartungen die Lage nur insofern, als die sowjetische Militärpräsenz in Ungarn nunmehr auf dem am 14. Mai 1955 abgeschlossenen Warschauer Vertrag beruhte. Entsprechend der internationalen Lage paßte die Moskauer Führung Umfang und Zusammensetzung der in Ungarn stationierten Truppen an. Ein im September 1955 gebildetes Besonderes Armeekorps faßte die 2. und die 17. motorisierte Gardedivision, die 177. Bomberdivision, die 195. Jägerdivision, das 20. Panzerregiment sowie Flugabwehreinheiten und andere Spezialtruppen zusammen. Kommandostandort war Szekesfehervar[16]. Seine Aufgabe bestand – im Zusammenwirken mit ungarischen Truppen – in der Sperrung und Sicherung der Grenze mit Österreich sowie in der Sicherung der Verkehrswege. Dieses Korps war unmittelbar dem sowjetischen Oberkommando bzw. dem Verteidigungsminister unterstellt.

Bereits im Juli 1956, also lange vor der Revolution, hatte der Korpschef den Befehl erhalten, unter dem Tarnnamen »Kompaß« für die sowjetischen Truppen einen Einsatzplan zur »Aufrechterhaltung und Verteidigung, gegebenenfalls zur Wiederherstellung der sozialistischen Gesellschaftsordnung« auszuarbeiten. Die Divisionskommandeure hatten bereits entsprechende Anweisungen erhalten, in den verschiedenen Stäben wurde mit konkreten Vorbereitungen jedoch noch nicht begonnen. Die Korpsführung hatte allerdings bereits Anfang Oktober dem sowjetischen Oberkommando mögliche Unruhen avisiert; der Korpschef, Generalleutnant P. N. Laschtschenko, rechnete mit einer Verschlechterung der Lage und erteilte Mitte Oktober den Standortbefehlshabern die Weisung zur Vorbereitung von Krisenmaßnahmen. Der amtierende Stabschef, Oberst Je. I. Malaschenko, kam am 22. Oktober nach Budapest, um sich persönlich zu informieren, und erfuhr dort von der für den nächsten Tag geplanten Demonstration.[17]

Die ungarische Führung, vor allem Parteichef Ernö Gerö[18], war skeptisch hinsichtlich der Einsatzfähigkeit der Ungarischen Volksarmee und bat die sowjetische Führung um Hilfe bei der Niederschlagung der »konterrevolutionären und faschistischen Kräfte«. Chruschtschow sagte dies nach Zusage eines schriftlichen »Hilferufs« der ungarischen Regierung bzw. des Minister-

---

[16] Teileinheiten befanden sich in den Städten Szombathely, Kecskemet, Papa, Debrecen, Szolnok, Cegled, Sarbogard, Veszprem, Hajmasker, Györ, Körmend und Komarom.

[17] Malaschenko, Je. I.: Ossobij Korpus w ognje Budapesta [Das Sonderkorps im Feuer von Budapest]. In: Wojenno istoritscheskij Schurnal, 10/1993, S. 22-30.

[18] Gerö, Ernö (1898-1980), kommunistischer Politiker. In den dreißiger Jahren Kominternbeauftragter in Frankreich und im spanischen Bürgerkrieg. Nach 1945 Verantwortlicher für die ungarische Wirtschaftspolitik und stellvertretender Ministerpräsident, nach Rakosis Sturz sein Nachfolger als Erster Sekretär der MDP; bis 1960 Emigrant in der Sowjetunion, anschließend als Übersetzer wieder in Ungarn.

präsidenten Andras Hegedüs[19] zu. Am 23. Oktober um 20.00 Uhr versetzte das sowjetische Verteidigungsministerium zwei motorisierte Divisionen des Besonderen Armeekorps in Alarmbereitschaft und ordnete zur Wiederherstellung der öffentlichen Ordnung die Besetzung der wichtigsten Gebäude der Stadt und die Sicherung der österreichisch-ungarischen Staatsgrenze an. Zugleich wurde im sowjetischen Militärbezirk Karpato-Ukraine eine Schützendivision in Alarmbereitschaft versetzt. Sie sollte die ungarisch-sowjetische Grenze überschreiten und die Städte Debrecen, Jaszbereny und Szolnok als wichtige administrative und industrielle Zentren Ostungarns besetzen. Zusätzlich wurde eine motorisierte Division der in Rumänien stationierten Unabhängigen Motorisierten Armee nach Ungarn verlegt, um die Städte Szeged und Kecskemet zu besetzen und damit die Kontrolle über Südungarn zu gewinnen.

Nach sowjetischen Quellen umfaßten diese zur »Wiederherstellung der Ordnung« eingesetzten fünf Divisionen 31500 Soldaten, 1130 Panzer und motorisierte Geschütze, 616 Artilleriegeschütze und Minenwerfer, 185 Luftabwehrgeschütze, 380 gepanzerte Fahrzeuge und 3830 Kraftfahrzeuge. Dazu kamen noch die Jägerdivision im Verband des Besonderen Armeekorps sowie eine Jäger- und eine Bomberdivision aus dem Militärbezirk Karpato-Ukraine mit insgesamt 159 Jagdflugzeugen und 122 Bombern; die Jäger deckten den Aufmarsch aus der Luft, die Bomber waren in erhöhte Bereitschaft versetzt.[20] Am 23. Oktober um 22.00 Uhr begann der Vormarsch sowjetischer Truppen von den Garnisonsstandorten Kecskemet, Cegled, Szolnok, Szekesfehervar und Sarbogard in Richtung Budapest. Die engere Stabsführung unter der Leitung von Oberst Malaschenko kam um Mitternacht in Budapest an und begann mit der Durchführung der geplanten Aufgaben.

Zugleich mit dem »Hilferuf« an die sowjetischen Truppen wurden die Truppen der Ungarischen Volksarmee in Alarmbereitschaft versetzt. Nach den Schüssen der Sicherheitskräfte am Rundfunkgebäude, die die ersten Todesopfer gefordert hatten, begannen die Demonstranten, sich zur Verteidigung und zur Durchsetzung ihrer Forderungen Waffen zu beschaffen. Dies gelang vor allem in den Kasernen und den Munitions- und Waffendepots in Budapest und Umgebung; auch Waffen- und Munitionsvorräte in Budapester Großbetrieben wurden beschlagnahmt und verteilt.

Ein von der Parteileitung aufgestellter Militärausschuß[21] übernahm den Befehl über die bewaffneten Kräfte der Regierung und versuchte, in den er-

---

[19] Hegedüs, Andras (geb. 1922), kommunistischer Politiker, Soziologe; vor 1956 Exponent stalinistischer Politik in Ungarn, seit 1953 stellvertretender Ministerpräsident, 18. April 1955 bis 24. Oktober 1956 Ministerpräsident; anschließend bis 1958 Emigrant in der Sowjetunion, seit Anfang der sechziger Jahre Organisator und Leiter der Forschungsgruppe Soziologie der Ungarischen Akademie der Wissenschaften. Funktionsverlust als exponierter Widersacher des Einmarsches in die Tschechoslowakei 1968, seitdem in Opposition zur Parteiführung.

[20] Meldung an das ZK der KPdSU vom 24. Oktober 1956, unterschrieben von G. Schukow und W. Sokolowski, in: Hianyzo lapok 1956 törteneteböl [Fehlende Seiten der Geschichte von 1956], Budapest 1993, S. 99f.

[21] Seine Mitglieder waren: Antal Apro, Lajos Czinege, Lajos Piros und Verteidigungsminister Istvan Bata. Der Militärausschuß begann seine Tätigkeit im Gebäude des Verteidigungsministeriums.

sten Tagen der Revolution »die Armee als Brachialkraft einzusetzen«, die Parteimitglieder zu bewaffnen sowie die Zusammenarbeit zwischen ungarischen und sowjetischen Truppen zu organisieren. An die ungarischen Einheiten aus Budapest und aus den stadtnahen Garnisonen, die auf Befehl des Verteidigungsministeriums ausrückten, wurde anfangs keine Munition verteilt, und der Waffeneinsatz wurde ihnen verboten. Deshalb konnten die in mehreren Wellen eingesetzten ungarischen Einheiten die Verbreitung des bewaffneten Kampfes nicht verhindern, sie lösten sich in den Volksmassen förmlich auf. Die Eroberung des Rundfunkgebäudes und den Beginn des bewaffneten Kampfes gegen die in Budapest ankommenden sowjetischen Truppen haben sie durch Übergabe ihrer Waffen und ihren Übertritt auf die Seite der Aufständischen unterstützt oder passiv hingenommen. Der unkoordinierte Einsatz der Armeekräfte, die Passivität der meisten Soldaten und die die Demonstranten unterstützende Haltung eines kleineren Teils von ihnen führte der ungarischen politischen Führung vor Augen, daß ihr Mißtrauen gegen die Ungarische Volksarmee begründet war, und daß sie sich nach der Desorganisation der Polizei außer auf die Kräfte des Amtes für Staatssicherheit in erster Linie auf die Waffen der sowjetischen Armee stützen muß. Die moralische Lage der Armee und ihr innerer Zwiespalt, der in der Verbundenheit mit dem Volk wurzelte, verhinderten von Anfang an ihren massiven Einsatz gegen die Aufständischen, denn die politische und militärische Führung konnte nicht sicher sein, ob die Truppen die Befehle auch durchführen würden.

Gemäß einer zwischen den sowjetischen und ungarischen Truppen bereits in den ersten Stunden entstandenen »Arbeitsteilung« teilte die Volksarmee ihre Kräfte auf. In Gruppen-, Zug- und Kompaniestärke sollte sie wichtige Partei- und Staatsobjekte verteidigen, während sich sowjetische Truppen mit ihren motorisierten Einheiten auf Patrouillenfahrten und Bekämpfung der an den strategischen Punkten der Stadt rasch sich bildenden bewaffneten Gruppen konzentrierten. Beim Einsatz der sowjetischen Truppen ließ man allerdings lokale Gegebenheiten außer acht. Vom 24. bis zum 28. Oktober versuchte die sowjetische Armee auch in Budapest, die anläßlich des 17. Juni 1953 in Berlin mit Erfolg angewandte Abschreckungstaktik einzusetzen. Jedoch ohne Erfolg, wie sich zeigen sollte. Dies kann sowohl Folge einer falschen Lageeinschätzung gewesen sein als auch Hinweis darauf, daß die sowjetische Führung zu dieser Zeit noch nach einer politischen Lösung gesucht hat.

Ohne die taktischen Grundregeln des Kampfes in bewohnten Siedlungen zu beachten, wurden Panzer und oben offene, nicht einmal eine Mindestsicherheit bietende gepanzerte Truppentransporter immer wieder zwischen den mehrstöckigen Häusern der Innenstadt eingesetzt, die für die Aufständischen ein hervorragendes Kampfgelände, gute Manövriermöglichkeiten und genügend Sicherheit boten. Gegen die ungarischen und sowjetischen Truppen kämpften zu dieser Zeit nur einige tausend Personen. Sie besetzten in Budapest einige wichtige Verkehrsknotenpunkte und Objekte und waren fast überall anwesend, indem sie die patrouillierenden sowjetischen und ungarischen Panzer angriffen und ihnen hohe Verluste beibrachten. In der Mehrzahl handelte es sich bei den Aufständischen um junge Arbeiter, einen kleineren Teil bildeten Studenten, es gab unter ihnen sogar Schüler. Mit primitiven Kampfmitteln, mit Handfeuerwaffen, mit Benzinflaschen und mit einer Selbstaufopferung, die die Welt in Erstaunen setzte, leisteten sie den sowjetischen Panzern Widerstand. Zu ihrem Erfolg trug entscheidend bei, daß sie die praktische und die moralische Unterstützung der Bevölkerung auf ihrer Seite hatten. Obwohl sich zahlreiche Soldaten, sogar einige Offiziere, den Aufständischen anschlossen, bestanden nicht die Voraussetzungen für eine einheitliche Führung und für koordinierte Aktionen. Im Kampf stützten sich die militärisch Ausgebildeten auf ihre eigenen Erfahrungen, die Jüngeren auf Taktiken, die sie in sowjetischen Kriegs- und Partisanenfilmen gesehen hatten. Ihre Anführer suchten sie sich aus aufgrund der im Kampf erprobten Tapferkeit und wegen des bewiesenen Organisationstalents. Später bestätigten die Mitglieder mehrerer Einheiten ihre Anführer durch Wahlen. Die Anwendung von Gewalt, massive Drohungen und die Verhängung des Standrechts konnten sie nicht zur Einstellung des Kampfes bewegen. Sie gaben den Kampf nicht auf, und zerstreute Gruppen organisierten sich bald wieder neu.

Der Militärausschuß empfahl am 24. Oktober im Einvernehmen mit sowjetischen »Beratern« die Einführung des Ausgangsverbots und die Verhängung des Standrechts. Diese Empfehlung wurde zwar angenommen, aber die ergriffenen Maßnahmen zog man bald nach ihrer Bekanntgabe wieder zurück. Der Ausschuß entwarf eine Proklamation an die Armee, in der er die Ereignisse als Gegenrevolution bewertete und die Soldaten zur Verteidigung der Waffen und der öffentlichen Objekte aufrief. Ministerpräsident Imre Nagy lehnte aber die Verlesung dieser Proklamation im Rundfunk ab.

Das Verteidigungsministerium war über die entstandene Lage nicht informiert. Die in Budapest ankommenden Einheiten wurden ohne Kontrolle hinausbeordert, und die militärischen Führer gaben den Untergebenen keinerlei Informationen oder Weisungen. »Hören sie den Rundfunk, dort erfahren sie alles«[...] oder »sie sollen entsprechend der Situation und nach ihrer Einschätzung handeln« – wurde den um Weisungen Bittenden immer wieder gesagt. Die im Rundfunk zu dieser Zeit bekanntgegebenen Weisungen und Befehle haben die Lage der Kommandeure nicht nur nicht erleichtert, sondern noch zusätzlich erschwert. Ein Beispiel dafür ist, daß am 24. Oktober um 4.30 Uhr in einer Mitteilung des Ministerrats die Bekanntgabe des Ausgangs- und Versammlungsverbots zwar erfolgte und die »Ordnungskräfte Weisung erhielten, gegen Übertreter des Verbots mit der vollen Härte des Gesetzes aufzutreten [...]«, diese Verfügung vom Innenminister zwei Stunden später aber aufgehoben wurde mit der Einschränkung, daß »[...] da noch Säuberungsaktionen gegen konterrevolutionäre Gruppen von Plünderern stattfinden, man bis 9.00 Uhr nur in dringenden Fällen auf die Straße gehen sollte [...]«. Die völlige Desinformiertheit der politischen und militärischen Führung wird dadurch unterstrichen, daß nach deren Vorstellung die Niederschlagung des bewaffneten Aufstandes bis 9.00 Uhr abgeschlossen gewesen wäre.

Am selben Tag um 8.45 Uhr wurde der Beschluß über die Einführung des Standrechts bekanntgegeben. Danach sollten »[...] Delikte zum Sturz der Volksrepublik, Meuterei, Anstiftung zur Meuterei, Mord, Totschlag, Brandstiftung, der Besitz von Sprengstoff oder dessen Verwendung zu Strafhandlungen, Straftaten gegen die öffentliche Ordnung, Gewaltanwendung gegen Behörden, unerlaubter Waffenbesitz [...] mit dem Tod bestraft [...]« werden. Keine vier Stunden später erklärte Imre Nagy in seinem Aufruf an das ungarische Volk, daß diejenigen, die bis 14.00 Uhr den Kampf einstellen und ihre Waffen abgeben, vom Standgerichtsverfahren verschont bleiben. Acht Minuten nach Ablauf des Ultimatums, um 14.08 Uhr, wurde diese Frist bis 18.00 Uhr verlängert. Dieses Verhalten verstärkte die Unentschlossenheit der Kommandeure und trug zur weiteren Zersetzung der Armee bei. Die Mehrzahl der Kommandeure veranlaßte in den ersten Tagen den Schutz der Kasernen und anderer Objekte, sie verstärkten die Wachen, schickten Patrouillen aus, verfügten die Absperrung der Hauptstraßen und nahmen zu den Verwaltungsorganen, zu den Ordnungskräften und der politischen Führung Verbindung auf. Aus den höheren Kommandos wurde ein Teil der Stabsoffiziere als Hilfe für die lokalen Kommandeure zu den Truppen entsandt.

Am 24. Oktober wurden in Budapest die zur Ungarischen Volksarmee gehörenden Kräfte – ca. 6500 Soldaten – in drei Wellen eingesetzt. In der ersten Welle zur Verteidigung und zur Rückeroberung von fünf militärischen und neun zivilen Objekten wurden in 23 Fällen insgesamt 2429 Soldaten eingesetzt. Während der zweiten Einsatzwelle hat man zu fünf militärischen und acht zivilen Objekten in 16 Fällen insgesamt 2361 Soldaten beordert. In der dritten Welle waren 389 Soldaten auf drei militärische und drei zivile Objekte verteilt. Der Personalbestand der zur Verfügung stehenden Reserve bewegte sich zu dieser Zeit zwischen 100 und 400 Mann. Die Armee-Einheiten konnten vom Morgen des 24. Oktober bis zum Abend des 25. Oktober 360 Personen, darunter 87 Bewaffnete, festnehmen.[22]

Die Gesamtzahl der sowjetischen Einheiten in Budapest überschritt damals noch nicht einmal die Stärke einer Division. Die gegen die bewaffneten Aufständischen eingesetzten 6000 sowjetischen Soldaten, 290 Panzer, ca. 120 gepanzerten Truppentransporter und 156 Kanonen erwiesen sich als zu wenig.[23] Am Morgen des 25. Oktober traf die 33. motorisierte Gardedivision, die aus Rumänien nach Ungarn befohlen wurde, in der ungarischen Hauptstadt ein. Am Abend desselben Tages wurde die aus der Sowjetunion angekommene 128. Gardeschützendivision ebenfalls eingesetzt. So operierten am Ende des Tages in Budapest bereits drei Gardedivisionen, die 2., die 33. motorisierte und die 128. Schützendivision, mit einer Gesamtstärke von 20000 Mann.[24]

Der sowjetische Hauptberater Generalleutnant Tichonow empfahl dem Militärausschuß den Einsatz neuer ungarischer Divisionen in Budapest. Da

[22] HL, Az 1956-os forradalom iratai, 8. cs., 131, 134, 144, 145, 150.

[23] Malaschenko, Ossobij Korpus, a.a.O, S. 30.

[24] Malaschenko, Ossobij Korpus, a.a.O, Teil II. In: Wojenno Istoritscheskij Schurnal 11/1993, S. 44, S. 46.

jedoch zu erwarten war, daß der Aufstand sich auch in die Städte der Provinz ausbreitet, wurde diese Empfehlung nicht befolgt. Infolge einer Vielzahl verschiedenster Nachrichten, die über das Abhören des Telefonnetzes gewonnen wurden, und durch wiederholten blinden Alarm entstand in der Budapester Militärleitung ein wahrhaftiges Chaos, das eine Aufsplitterung der vorhandenen Truppen zur Folge hatte. Zur Befriedung der wichtigsten Aufstandszentren wurde nichts unternommen. Die Orientierung der Kommandeure wurde am 25. Oktober noch zusätzlich dadurch erschwert, daß es in einer Mitteilung des Ministerrats, die um 6.23 Uhr im Rundfunk bekanntgegeben wurde, – möglicherweise aus Täuschungsgründen – hieß, daß »[...] die Armee mit Hilfe der Kräfte des Amtes für Staatssicherheit, der bewaffneten Arbeiterwachen und der sowjetischen Truppen den konterrevolutionären Putschversuch in der Nacht zum 25. Oktober niederschlug. Die Kräfte der Konterrevolution sind zerschlagen worden [...]«. Dem widersprach allerdings, daß drei Stunden später Verteidigungsminister Istvan Bata in einer ebenfalls vom Rundfunk übertragenen Weisung befahl, daß die Soldaten der Volksarmee »[...] mit erhöhter Aktivität und voller Entschlossenheit bis zum Mittag des heutigen Tages die in unserer Hauptstadt noch vorhandenen konterrevolutionären Kräfte vernichten sollten [...]«.

Noch verwickelter wurde die Lage durch einen Fernmeldespruch von Generalmajor Lajos Toth, Chef des Generalstabs, in dem er um 14.00 Uhr – im Gegensatz zur Weisung des Verteidigungsministers – der Armee befahl, daß »[...] wenn eine Kaserne angegriffen wird, die Menge aufgerufen werden sollte, sich zu entfernen, wobei man nur in dem Fall schießen darf, wenn man mit Waffen angegriffen wird [...]«. In diesem Befehl war von aktiver Kampftätigkeit überhaupt nicht mehr die Rede.

Das Fehlen einer einheitlichen Meinung in der obersten Führung, was sich unmittelbar auf die Truppen auswirkte, war offenkundig: Während Janos Kadar, Generalsekretär der MDP, in einer Rede um 15.00 Uhr forderte, daß »[...] der bewaffnete Angriff gegen die Staatsmacht unserer Volksrepublik mit allen möglichen Mitteln zurückgeschlagen wird [...]«, sprach Ministerpräsident Imre Nagy unmittelbar nach ihm von der Erfüllbarkeit eines Teils der Forderungen der Aufständischen, wie z.B. des Rückzugs der sowjetischen Truppen, und betonte wiederholt den Versöhnungswillen der Regierung, den sie mit einer Amnestie dokumentieren wollte. Die Militärpatrouillen konnten zwar mehrere Gruppen bewaffneter Zivilisten festnehmen, aber in den meisten Fällen mußten die Festgenommenen später auf Befehl von oben wieder freigelassen werden. Häufig kam es vor, daß sich die Soldaten mit den Festgenommenen nach ihrer Freilassung erneut in einer bewaffneten Auseinandersetzung konfrontiert sahen. Diese Situation schwächte die Einsatzfähigkeit der Armee noch mehr. In vielen Einheiten beurteilte man den Kampf als sinnlos. Die sich widersprechenden Anordnungen der Regierung, das Schweigen der Zentralen Leitung der MDP und die eigenen Erfahrungen überzeugten die Soldaten vom Recht der Aufständischen, sich der Staatsmacht und den sowjetischen Truppen zu widersetzen.

Von den am 25. Oktober in Budapest anwesenden 7400 ungarischen Soldaten waren 4638 an 65 Orten mit der Durchführung von verschiedenen Aufgaben betraut. Die Mehrzahl der aufgebotenen Einheiten sicherte den Schutz von Objekten der Partei, der Staatsverwaltung oder der Armee. Ein kleinerer Teil versah den Patrouillendienst, aber es gab auch Untereinheiten, die selbständig oder unter Mitwirkung sowjetischer Truppen Befehle zur Durchführung von Kampfaufgaben erhielten. Von den kämpfenden ungarischen Einheiten operierten in der Hauptstadt vier motorisierte Regimenter – das 6., 8., 12. und 15. – und ein mittleres Panzerregiment – das 33. Für den Personalstand dieser Regimenter war bezeichnend, daß ihre Gesamtstärke kaum über 2000 Mann lag. Von den in die Hauptstadt befohlenen Einheiten stellten die 37. Pontonbrigade mit 704 und die Schule für Panzeroffiziere mit 773 Soldaten eine bedeutendere Kraft dar. Die Hälfte des Kontingents war aber mit veralteten Gewehren ausgerüstet. Zur gleichen Zeit waren 64 ungarische Panzer in Budapest mit der Durchführung von Kampfaufgaben betraut. Nach erhalten gebliebenen Dokumenten fielen in der Ungarischen Volksarmee bis zum Abend des 25. Oktober 31 Personen, es gab 34 Verletzte, und 175 Soldaten wurden als verschollen gemeldet. Die Kräfte des Amtes für Staatssicherheit und der Grenzpolizei, beide dem Innenministerium unterstellt, sicherten in erster Linie die Verteidigung des Innenministeriums und der eigenen Kommandanturen.[25]

Die Spaltung der Armee sollte sich am 25. und 26. Oktober endgültig manifestieren. Während die Mehrheit der Einheiten in Budapest und auf dem Land durch ihre passive Haltung die Kräfte der Revolution ermutigte und stärkte, gab es auch Einheiten, die bedingt durch ihre Einstellung und die Entscheidungen der Befehlshaber, alle Mittel gegen die oft schutzlose und ihre Forderungen mit friedlichen Mitteln vertretende Bevölkerung einsetzten.

Indessen breitete sich die revolutionäre Bewegung auch auf das Land aus. Einheiten der Ungarischen Volksarmee hatten zwischen dem 24. und dem 29. Oktober in 50 Ortschaften 71 Auseinandersetzungen[26] mit der Bevölkerung. Das Bild war sehr komplex, da unter dem Begriff »Auseinandersetzung« sowohl die Abwehr von Angriffen auf militärische und zivile Objekte als auch der Kampf zwischen Soldaten und bewaffneten Aufständischen und ebenfalls Gewaltanwendung und Salvenfeuer gegen unbewaffnete Menschenansammlungen zusammengefaßt wurden. Den mörderischen Salvenfeuern fielen im ganzen Land mehrere hundert unschuldige Menschen zum Opfer.

Irreführende Nachrichten über die Niederschlagung des Aufstandes und einander widersprechende Befehle erhöhten außerdem die Anzahl der Einheiten, die sich auf passive Selbstverteidigung einrichteten. Die ungarische und sowjetische Militärführung starteten in der Nacht vom 27. auf den 28. Oktober noch einen verzweifelten Versuch, um die im Stadtzentrum von Budapest um die Corvin-Passage noch immer organisiert und vor allem im-

[25] HL, Az 1956-os forradalom iratai, 8. cs., 131, 134, 144, 145, 150.
[26] HL, Az 1956-os forradalom iratai, 1-5 o.e.

mer erfolgreicher kämpfenden bewaffneten Gruppen auszuschalten. Der neue Verteidigungsminister Generalleutnant Karoly Janza, der in diesem Amt Istvan Bata ablöste, befahl am 27. Oktober, daß »[...] die gegen die bewaffneten Truppen eingesetzten Militäreinheiten pausenlos ihre Vernichtungsarbeit und die Wiederherstellung der Ordnung fortsetzen, die in Alarmbereitschaft stehenden Truppen ihre Wachsamkeit erhöhen und sich auf die Durchführung von Kampfaufgaben vorbereiten sollen [...]«. Während der Angriffsvorbereitung teilte der sowjetische Armeegeneral Malinin Ministerpräsident Imre Nagy, der die bewaffnete Jugend mit friedlichen Methoden beeindrucken wollte, mit: Wenn die ungarische Regierung mit ihren Mitteln innerhalb einer kurzen Frist nicht für Ordnung sorgen könne, würden die in Budapest befindlichen sowjetischen Kräfte unabhängig von der Entscheidung der ungarischen Regierung den Angriff durchführen. Die Vorbereitung des Angriffs begann am Abend des 27. Oktober. Mit der Leitung der Aktion betraute man den Kommandeur der sowjetischen 33. motorisierten Gardedivision, die die Panzer und die gepanzerten Truppentransporter zur Verfügung stellte. Der ungarische Generalstab stellte zur Verstärkung der Infanterie eine Unterabteilung von 300-350 Soldaten bereit.

Vor dem allgemeinen Angriff schickte man bei Tagesanbruch am 28. Oktober zunächst drei T-34-Panzer zum Auskundschaften der Corvin-Passage und deren Umgebung. Als die drei Panzer nach anderthalb Stunden nicht zurückkamen, wurden drei T-54-Panzer nach ihnen geschickt. Nach einer weiteren Stunde erfuhr man vom Kommandanten eines der ausgesandten Panzer, daß von den sechs Panzern vier vor dem Corvin-Kino brannten. Unter diesen Umständen sah sich die sowjetische Militärführung zur Vertagung des Angriffs gezwungen.

Die Kampferfolge der aufständischen Gruppen, der Mißerfolg der sowjetischen Einheiten und die oben dargestellte Lage der Armee stärkten das Lager derer in der obersten Leitung, die zur Lösung der entstandenen Krise ausschließlich die Anwendung politischer Mittel für zweckmäßig hielten. Für die Leitung gab es zwei mögliche Wege. Der eine bestand darin, die berechtigten Forderungen des Volkes weiterhin abzulehnen, an der Zusammensetzung der Regierung nichts zu ändern und, mit Unterstützung der sowjetischen Armee, den Kampf fortzuführen. Bei einer Entscheidung für diesen Weg hätten die Vertreter der Macht das Vertrauen der Bevölkerungsmehrheit, die sich zwar an den Kämpfen nicht beteiligte, jedoch von Anfang an mit den Aufständischen sympathisierte, verloren. Weitere Opfer hätten die Kluft zwischen Regierung und Bevölkerung noch mehr vertieft. Da dieser Weg als nicht gangbar erschien – und damit waren auch die sich in Budapest aufhaltenden sowjetischen politischen Führer Mikojan und Suslow einverstanden, sah sich die ungarische Partei- und Staatsführung zu Zugeständnissen gezwungen.

Auf der Sitzung der Zentralen Parteileitung am 28. Oktober kam es zu einer Konfrontation zwischen den Vertretern beider Richtungen. In dieser Konfrontation siegten Imre Nagy und seine Anhänger, die eine Lösung auf politischer Ebene bevorzugten und dafür auch die Unterstützung der sowjetischen Führung erhielten. In der Sitzung des Politischen Ausschusses wurde in Anwesenheit von Mikojan und Suslow die von Janos Kadar[27] eingereichte Plattform angenommen, in der eine Umbewertung der Ereignisse gefordert und die bisherige Bewertung des Aufstandes als »Gegenrevolution« abgelehnt wurde. Der angenommene Beschluß über die Feuerpause, über den Abzug der sowjetischen Truppen, über die Auflösung des Amtes für Staatssicherheit usw. wurde entsprechend der Entscheidung des Politischen Ausschusses vom 28. Oktober durch Imre Nagy in Form einer Regierungserklärung der Öffentlichkeit bekanntgegeben. Die Zentrale Parteileitung nahm diesen Beschluß ebenfalls an, verfügte eine Feuerpause und bewertete die Ereignisse eindeutig als Revolution und Freiheitskampf. Am 28. Oktober um 13.20 Uhr ordnete Imre Nagy die sofortige Feuerpause an. Um 14.00 Uhr wurde die neue Regierung vereidigt, und sie stimmte anschließend der vom Ministerpräsidenten vorgelegten Regierungserklärung zu. In seiner um 17.25 Uhr beginnenden Rundfunkrede bezeichnete Imre Nagy die Volksbewegung der vorangegangenen Tage als nationale demokratische Bewegung, kündigte den sofortigen Abzug der sowjetischen Truppen aus Budapest an sowie den Beginn von Verhandlungen über den vollständigen Abzug der sowjetischen Armee aus Ungarn, die Auflösung des Amtes für Staatssicherheit, Amnestie, die Einführung des Kossuth-Wappens sowie des 15. März als Nationalfeiertag, allgemeine Lohnerhöhungen, die Neuregelung des Lohn- und Arbeitsnormensystems sowie die Abschaffung der Willkür in den landwirtschaftlichen Produktionsgenossenschaften.

Diese Umbewertung der Ereignisse schuf in der Ungarischen Volksarmee eine neue Lage. Diejenigen Verbände, die bis zum 28. Oktober die revolutionären Kräfte unterstützt hatten, sahen sich in ihrer Haltung bestätigt. Die Mehrheit der passiven Betrachter setzte sich nun für den neuen Kurs, für die Verteidigung der Errungenschaften der Revolution und für die Verwirklichung der Ziele der Regierung ein. Bei den Kommandeuren, Offizieren und Soldaten, die die Bewertung der Ereignisse als »Konterrevolution« angenommen und sich an den Kämpfen gegen die Aufständischen aktiv beteiligt hatten, verursachte die Wende hingegen einen Zustand der Bewußtseinsspaltung. Es gab welche, die aus Furcht, zur Verantwortung gezogen zu werden, ihre Einheiten verließen, bei den sowjetischen Truppen Zuflucht suchten und sich an der Vorbereitung des am 4. November erfolgten erneuten sowjetischen Angriffs beteiligten. Viele Kommandeure wurden auf Druck der

[27] Kadar, Janos (1912-1989), kommunistischer Politiker. Seit 1931 Mitglied der KPU, 1945 Mitglied der Zentralen Leitung und des Politischen Ausschusses der KPU. 1946-1950 stellvertretender Generalsekretär der KPU bzw. der Partei der Ungarischen Werktätigen. 1948-50 Innenminister. Aus fingierten Gründen wurde er verhaftet und eingesperrt. Nach seiner Rehabilitierung im Jahr 1954 Parteisekretär des XIII. Bezirks in Budapest, danach 1955-56 Erster Sekretär der Partei im Komitat Pest. Mitglied der Regierung von Imre Nagy im Oktober-November 1956. Unter seiner Leitung wurde am 31. Oktober 1956 die Ungarische Sozialistische Arbeiterpartei (Magyar Szocialista Munkaspart – MSzMP) gegründet. Nach dem 4. November 1956 Ministerpräsident der Ungarischen Revolutionären Arbeiter- und Bauernregierung.

Mannschaften oder der Bevölkerung abgelöst, sie bekamen Hausverbot in der Kaserne oder wurden festgenommen.

Die revolutionäre Gärung zeigte auch in der Armee ihre Wirkung. Revolutionäre Soldatenräte bildeten sich seit dem 27. Oktober in den Einheiten spontan und seit dem 29. Oktober offiziell auf Befehl. Als gewählte Organe sollten sie die »revolutionäre Disziplin« in der Armee sichern. »Aufgabe der so geschaffenen Räte auf allen Ebenen ist die Diskussion der wichtigeren Befehle und Verfügungen der vom Verteidigungsminister ernannten Kommandeure und die Entwicklung von Vorschlägen. [...] Wenn die Mehrheit des Soldatenrats mit den Befehlen des Kommandeurs nicht einverstanden ist, sollte dies der Kommandeur seinem Vorgesetzten melden. Der vom zuständigen Soldatenrat bestätigte Befehl ist für die untergeordneten Einheiten unbedingt verbindlich. [...] Die Soldatenräte sollten in der gegenwärtigen Lage ihre wichtigsten Aufgaben in der Schaffung der allgemeinen öffentlichen Ordnung, in der Festigung der revolutionären Disziplin und in der Verteidigung der Errungenschaften der Revolution und der Volksmacht sehen« – hieß es im diesbezüglichen Befehl des Verteidigungsministers.[28]

Im Laufe ihrer Tätigkeit überschritten die Revolutionären Soldatenräte den Rahmen des Befehls, der ihre Entstehung anordnete. Aufgrund eines am 30. Oktober verabschiedeten Beschlusses des Revolutionären Soldatenrats der Armeeführung wurden vier Generäle aus der Armeeleitung abgelöst, darunter Generalmajor Lajos Toth, Chef des Generalstabs, und Generalmajor Jenö Hazai, Leiter der Politischen Hauptverwaltung. Das Revolutionäre Landwehrkomitee [Forradalmi Honvedelmi Bizottmany] als oberstes Organ der Revolutionären Soldatenrate der Armee veröffentlichte nach seiner Gründung am 31. Oktober einen Aufruf, der folgende Forderungen enthielt: Die sowjetischen Truppen sollten Ungarn bis zum 31. Dezember 1956 verlassen, die Regierung sollte die Mitgliedschaft im Warschauer Pakt kündigen, und die Ungarische Volksarmee sollte innerhalb einer Woche die Urangruben bei Pecs besetzen. Man beschloß, daß im Falle eines Verbleibs der sowjetischen Truppen mit Waffengewalt »für die Freiheit des Landes und für die Reinheit der Revolution« gekämpft werden sollte. Es gab Einheiten, in denen die Revolutionären Soldatenräte die Kommandeure und die politischen Offiziere ablösten, die Abwehroffiziere den Staatsanwaltschaften übergaben und jene Offiziere verhafteten, die bis zum 28. Oktober Feuerbefehle auf Menschenansammlungen gegeben hatten oder für die Schaffung einer entpolitisierten Armee eingetreten waren.

Nach der zitierten Regierungserklärung vom 28. Oktober wurden die Bedingungen für die Beendigung der Kämpfe festgelegt. Am 28. und 29. Oktober fanden Verhandlungen mit Vertretern der bewaffneten Gruppen über die Beendigung der Kämpfe und die Waffenübergabe statt. Es entstanden zwei Konzeptionen über die zukünftigen Aufgaben der Aufständischen. Nach

[28] Belügyminiszterium Törteneti Irattar [Historisches Archiv des Innenministeriums] V-150005, 6 170, 173.

dem ersten Konzept, das von Oberst Pal Maleter[29] – seit dem 3. November Generalmajor und Verteidigungsminister, nach der Niederschlagung der Revolution Opfer der Vergeltung – entworfen wurde, sollten die minderjährigen Mitglieder der zivilen bewaffneten Gruppen in die Mittelschulen der Armee und dic Volljährigen ohne Vorstrafen in die Volksarmee oder in die Polizei integriert werden. Diejenigen, die nicht darum baten bzw. die Bedingungen nicht erfüllten, sollten nach der Abgabe ihrer Waffen an ihre Arbeitsplätze zurückkehren. Die Ausarbeitung des zweiten Konzepts und seine Umsetzung in die Praxis ist mit dem Namen des Generalmajors Bela Kiraly[30] verbunden. Er sah in der Intensivierung der Organisation der bewaffneten Gruppen und ihrer Ausbildung im Rahmen der neugegründeten Nationalgarde [Nemzetörseg] die Garantie für die Verteidigung der Errungenschaften der Revolution. Ministerpräsident Imre Nagy nahm den Vorschlag Bela Kiralys an, und so begann die Organisation, Ausbildung und Ausrüstung der Einheiten der Nationalgarde. Die Nationalgardisten, Soldaten und Polizisten traten im gemeinsamen Dienst gegen Störer der öffentlichen Ordnung und gegen Kriminelle auf, die die Reinheit der Revolution gefährdeten. Ihre gemeinsame Tätigkeit trug nachdrücklich zur Konsolidierung der Lage bei.

In den Determinanten der Revolution auf internationaler Ebene kam es jedoch Ende Oktober/Anfang November zu folgenschweren Veränderungen. Die Erklärung der sowjetischen Regierung vom 30. Oktober, die für die Beziehungen Moskaus zu den sozialistischen Ländern neue Grundlagen versprach, nährte noch Hoffnungen auf eine siegreiche Revolution. Heute wissen wir, daß die erste Mißgeburt dieser neuen Beziehungen das kollektiv ausgesprochene Todesurteil für die ungarische Revolution war. Am 31. Oktober begannen zwischen den Ländern des Warschauer Paktes, den Ländern des sogenannten sozialistischen Lagers, und der sowjetischen Führung die Koordinierungsverhandlungen über eine erneute sowjetische Militärintervention in Ungarn.

Die sowjetischen Truppen schlossen ihren am 30. Oktober um 15.00 Uhr begonnenen Abzug aus der Hauptstadt bis zum Mittag des 31. Oktober ab.

[29] Maleter, Pal (1917-1958), Berufsoffizier. 1956 im Rang eines Obersten Kommandant der Technischen Hilfseinheiten der Volksarmee. Ab 31. Oktober 1956 erster Stellvertreter des Verteidigungsministers. Am 2. November Ernennung zum Generalmajor, am 3. November Verteidigungsminister in der Regierung von Imre Nagy. Anläßlich der Verhandlungen über den Abzug der sowjetischen Truppen wurde er am späten Abend des 3. November 1956 im sowjetischen Hauptquartier des KGB gefangengenommen. Im Prozeß gegen Imre Nagy am 15. Juni 1958 zum Tode verurteilt und am 16. Juni 1958 hingerichtet. 1989 wurde er rehabilitiert und 1991 postum zum Generaloberst ernannt.

[30] Kiraly, Bela (geb. 1912), Berufsoffizier, Historiker. Nach 1945 Generalstabsoffizier in der Armee. In einem Schauprozeß wurde er 1951 zunächst zum Tode, danach zu lebenslänglicher Haft verurteilt. 1956 freigelassen, während der Revolution Kommandant der Nationalgarde und der bewaffneten Kräfte in Budapest. Nach der Niederschlagung der Revolution emigrierte er in die USA. 1989 kehrte er wieder nach Ungarn zurück. Mitglied des Parlaments, Generaloberst.

Die Kräfte des Besonderen Armeekorps bezogen etwa 15-20 km außerhalb der Stadtgrenze in einem Konzentrationsbereich Stellungen, wo sie Kampftechnik und Waffen instandhielten, den Personalbestand auffüllten und die Munitions-, Kraftstoff- und Proviantvorräte ergänzten. Mit der Führung der sowjetischen Truppen in Ungarn wurde Marschall Konjew[31] betraut. Zur gleichen Zeit schickte man die 38. Schützenarmee und die 8. motorisierte Armee aus dem Militärbezirk Karpato-Ukraine nach Ungarn. Zwei Regimenter der 31. sowjetischen Gardeluftlandedivision kamen unter den ersten Truppen auf dem Flugplatz Veszprem in Ungarn an. Am 2. November teilte Marschall Konjew der Führung des Besonderen Armeekorps mit: Die oberste politische Leitung der Länder des Warschauer Paktes habe die militärische »Hilfeleistung« für Ungarn beschlossen. Die sowjetischen Truppen seien mit der Zerschlagung der »konterrevolutionären Kräfte« betraut worden.

Als Aufgabe des Besonderen Armeekorps bestimmte der Marschall die Vernichtung der bewaffneten Aufständischen in Budapest und die Sicherung der öffentlichen Ordnung. Er befahl gleichzeitig, daß Einheiten der Ungarischen Volksarmee, die versuchten, Widerstand zu leisten, zu entwaffnen sind. Die sowjetischen Truppen mußten die Stufe der Angriffsbereitschaft bis zum Abend des 3. November erreichen: Der Kampfauftrag mit dem Decknamen »Wirbelsturm« sollte auf die Parole »Donner« (russisch: grom) gestartet werden.[32] Die aus der Sowjetunion und aus Rumänien ankommenden sowjetischen Militärkräfte begannen ihre operative Entfaltung in Richtung der österreichisch-ungarischen Grenze. Als Imre Nagy von den Vorbereitungen der sowjetischen Offiziere erfuhr, protestierte er bei Botschafter Andropow[33] und verlangte eine Erklärung. Da keine annehmbare Erklärung vorlag und die sowjetische Führung auch nicht bereit war, die Frage auf dem Verhandlungsweg zu klären, trat die Regierung Imre Nagy nach wiederholten Warnungen aus dem Warschauer Pakt aus, um eine militärische Besetzung des Landes zu verhindern. Sie deklarierte die Neutralität des Landes und bat bei der UNO und bei den Großmächten um Garantien.

Im Gegensatz zur Sowjetunion kam für die Westmächte die Nachricht von der ungarischen Revolution völlig unerwartet. Für die mit der Wahlkampagne beschäftigten führenden Politiker der USA stellte sich die Frage, inwie weit die ungarische Revolution die internationale Politik und die Lage der Sowjetunion beeinflussen könnte. Außenminister John Foster Dulles stellte in einer Rede am 27. Oktober 1956 in Dallas unmißverständlich fest: Die USA würden weder in Ungarn noch in Polen potentielle Verbündete sehen, außerdem würden sie sich in einem Nachbarland der Sowjetunion keineswegs über eine Regierung freuen, die in keiner freundschaftlichen, sondern einer feindlichen Beziehung zur Sowjetunion stehe. Diese Ansicht teilte man zwei Tage später als »Standpunkt der obersten Ebene« der sowjetischen

31 Marschall I. S. Konjew war Oberbefehlshaber der Vereinigten Streitkräfte des Warschauer Paktes.

32 Malaschenko, Ossobij Korpus, a.a.O, Teil III. In: Wojenno Istoritscheskij Schurnal 1/1993, S. 33f.

33 J. W. Andropow war 1954-56 Botschafter der Sowjetunion in Ungarn.

Führung mit. Die beiden anderen westlichen Großmächte, Großbritannien und Frankreich, waren in diesen Tagen durch die Suez-Krise und durch die Vorbereitungen ihres Angriffs gegen Ägypten am 29. Oktober beschäftigt.

Die sowjetische Führung gab nach Verhandlungen mit der tschechoslowakischen, ostdeutschen, rumänischen, bulgarischen, polnischen, chinesischen und jugoslawischen Führung den Angriffsbefehl. Mit der Leitung der Marionettenregierung betraute man auf jugoslawischen Vorschlag Janos Kadar, der bis zum 1. November die Revolution dem Anschein nach bedingungslos unterstützte. Am 4. November 1956 setzte sich die sowjetische Militärmaschine in Bewegung. Nach Moskauer Zeit um 6 Uhr, nach ungarischer Zeit um 4 Uhr, ertönte die Parole »Donner«, und die Kriegsoperationen begannen. Diejenigen Einheiten, die zur Eroberung der im Befehl aufgeführten Objekte vorgesehen waren, sowie die Hauptkräfte der zum Besonderen Armeekorps gehörenden Divisionen drangen um 5 Uhr, nach der Niederschlagung des Widerstandes der Aufständischen um die Hauptstadt herum, aus verschiedenen Richtungen nach Budapest ein. Die Kräfte der 38. Schützenarmee und der 8. motorisierten Armee begannen mit der Besetzung des Landes.[34]

Einheiten der Ungarischen Volksarmee leisteten in Budapest nur an einem Ort, am Jutehügel auf der Pester Seite, organisierten Widerstand. Zwei leichte und eine mittlere Geschützgruppe der 51. Luftabwehrartillerieabteilung sowie eine Flakbatterie gingen hier in Feuerstellung. Am 4. November rollte um 10 Uhr auf der Soroksari-Straße eine sowjetische Kolonne, bestehend aus zwei Panzern, zwei gepanzerten Truppentransportern, drei Lastwagen und einem Pkw Marke »Hudson« in die Nähe der Geschützstellung. Die Geschütze eröffneten das Feuer. Zwei Panzer und der Pkw wurden getroffen. Unter den sowjetischen Soldaten und den Offizieren des ungarischen Amtes für Staatssicherheit, die auf dem Lastwagen saßen, gab es 13 Tote und über 10 Verletzte. Der Rest flüchtete. Am Nachmittag des 4. November eröffnete ein Teil dieser Geschütze nach einem Stellungswechsel am Hatar-Weg das Feuer auf sowjetische Einheiten. Diesmal wurden ein Motorrad mit Beiwagen und der Treibstofftank eines Panzers getroffen, dem brennenden Panzer gelang jedoch die Flucht. In einem anderen Bezirk der Pester Seite, in Köbanya, gingen die Geschütze einer anderen Flakabteilung in Feuerstellung. Hier kam es am Nachmittag des 4. November zum ersten Zusammenstoß. Den Feuerbefehl auf patrouillierende sowjetische Panzer gab ein Korporal. Von vier sowjetischen Panzern wurde einer zerstört, die anderen drei konnten sich brennend zurückziehen. Bis zum 8. November führte diese Einheit wiederholt Feuerkämpfe mit sowjetischen Panzern, sie beschossen auch einen Hubschrauber.

Die meisten Einheiten der Ungarischen Volksarmee versuchten nicht, Widerstand zu leisten, da sie sahen, daß der Angriff der sowjetischen Armee mit Übermacht geführt wurde. Auf einen Teil der bereits am 3. November um-

[34] Malaschenko, Ossobij Korpus, a.a.O, Teil III, S. 36f.

zingelten Kasernen eröffneten die sowjetischen Truppen ohne Vorwarnung das Feuer, entwaffneten die sich meistens ohne Gegenwehr ergebenden Einheiten und jagten sie auseinander. Sie besetzten die Flugplätze und übernahmen die Kontrolle der nach Budapest und zur österreichischen Grenze führenden Straßen. Auf die Soldaten der 19. Luftabwehrartillerieabteilung in Zahony, die sich ohne Waffen versammelten, eröffneten z.B. sowjetische Panzer das Feuer. Fünf Soldaten starben, acht wurden verletzt, 60 gefangengenommen und in die Sowjetunion transportiert. Es gab auch Einheiten, die in ihren Garnisonen, so in Nagyatad, Szekesfehervar und Zalaegerszeg, den sowjetischen Truppen gegenüber in Verteidigungsstellung gingen. Zum ernsten Zusammenstoß kam es nur in Dunapentele an den Stellungen des dortigen Luftabwehrartillerieregiments.

Am 6. November um 14.30 Uhr begann der allgemeine Angriff gegen die Kräfte in Dunapentele, die sich auf Gegenwehr eingerichtet hatten. Nach einem Feuerkampf von 25 Minuten griffen acht MIG 17 die Stellungen der noch kämpfenden Flakbatterien an. Gleichzeitig wurde die von sowjetischen Panzern umzingelte Stadt aus schweren Minenwerfern und aus 122 mm Mörsern beschossen. Am 7. November um 6.30 Uhr brach die Verteidigung von Dunapentele zusammen. Auf ungarischer Seite fielen acht Mann, verletzt wurden 35, 41 mittlere und leichte Flakgeschütze wurden kampfunfähig. Zu kleineren Zusammenstößen kam es in Bekescsaba, Kaposvar, Szeged, Dunaföldvar, Szekesfehervar, Miskolc, Szolnok, Zahony und Veszprem bzw. in deren Umgebung.

Die Truppen des Besonderen Armeekorps trafen, je mehr sie sich dem Zentrum von Budapest näherten, auf immer stärkeren Widerstand. Die Widerstandszentren lagen im Umkreis der Corvin-Passage, an der Telefonzentrale, am Ostbahnhof, an der königlichen Burg und am Moszkva-Platz. Nachdem der sowjetische Angriff auf Budapest ins Stocken geraten war, hielt Marschall Konjew eine Verstärkung des Armeekorps für notwendig. Das 100. Panzerregiment der 31. Panzerdivision, das 128. schwere Sturmgeschützregiment der 66. Gardeschützendivision sowie das 80. und 381. Fallschirmjägerregiment der 7. und 31. Luftlandedivision wurden hierher versetzt. Das Armeekorps erhielt zusätzlich noch Verstärkung durch ein Schützenregiment, ein motorisiertes Regiment, ein Artillerieregiment, zwei schwere Minenwerferbrigaden und eine Salvenschützenbrigade.[35]

Am 5. November – nach einigen ungarischen Quellen am 7. oder 9. November – um 13 Uhr begannen die sowjetischen Truppen nach einem Feuerschlag aus 170 Kanonen und Minenwerfern den Sturm auf das Widerstandszentrum um die Corvin-Passage. Der Gebäudeblock wurde von Panzern umzingelt, die die ungarischen Geschütze zerstörten. Auch die auf der anderen Straßenseite liegende Kilian-Kaserne wurde bald erobert. Am Abend des 7. November – nach ungarischen Quellen – mußten die Aufständischen den Widerstand in diesem Viertel einstellen.[36] In Obuda, am Schloß Schmidt, sah

[35] Ebenda, S. 37.
[36] Ebenda.

sich der Kommandant nach mehrtägigem erfolgreichem Kampf ebenfalls am 7. November gezwungen, seine Gruppe aufzulösen. Die Einheiten des sowjetischen 97. motorisierten Regiments zerschlugen im Raum Nagykovacsi, ca. 20 km westlich von Budapest, die Kräfte der von Bela Kiraly geführten Nationalgarde. 30 Nationalgardisten fielen, 13 wurden gefangengenommen. Ferner wurden drei Autos und mehrere Radiosender der Nationalgarde erbeutet. Den organisierten Widerstand der Arbeiter von Csepel konnten die sowjetischen Truppen erst am 10., nach anderen Quellen am 11. November brechen. Damit war der organisierte bewaffnete Widerstand der Kräfte der Revolution in Budapest und auf dem Land niedergeschlagen. Die sowjetischen Truppen besetzten die wichtigeren Objekte und führten Patrouillengänge durch.

Nach der Verlustliste des sowjetischen Verteidigungsministeriums nahmen an dieser Kriegsoperation 7349 Offiziere sowie 51472 Unteroffiziere und Soldaten teil. Die Gesamtverluste der sowjetischen Truppen betrugen 2260 Personen, davon fielen 669 – 85 Offiziere sowie 584 Unteroffiziere und Soldaten. 51 Personen – darunter 2 Offiziere – waren verschollen, und es gab 1986 Verletzte. Nach General Malaschenkos Meinung erlitt das Besondere Armeekorps mehr als die Hälfte dieser Verluste noch im Oktober, vor dem Rückzug aus Budapest. So gab es im Bestand der 7. und der 31. Luftlandedivision z.B. 85 Gefallene, 12 Verschollene, und die Zahl der Verwundeten betrug 265. Auch die technischen Verluste waren groß. Bei der in Budapest eingesetzten 33. motorisierten Gardedivision wurden z.B. 14 Panzer, 9 gepanzerte Truppentransporter, 13 Kanonen, 6 Flugabwehrkanonen und 5 Motorräder zerstört. Während der Kämpfe erbeuteten die Aufständischen 45 Maschinengewehre und 31 Maschinenpistolen. Die Kriegsoperation »Wirbelsturm« war zu Ende.[37] Nach noch nicht endgültigen Daten verloren während der Revolution 185 Angehörige der Ungarischen Volksarmee ihr Leben, und 137 wurden verletzt.

Nach der Niederschlagung der Revolution kamen die westlichen Großmächte wieder auf die nach der ersten sowjetischen Intervention angewandte Taktik zurück. Es fehlte keineswegs an geharnischten Deklarationen, aber die konkrete Unterstützung erschöpfte sich in humanitärer Hilfe und in der Aufnahme der ungarischen Flüchtlinge. »Bis in die Tiefe unseres Herzens fühlen wir mit den Ungarn, und wir werden zur Unterstützung der Leidenden das Möglichste tun. Die Regierung der Vereinigten Staaten kann jedoch und konnte auch niemals empfehlen, daß eine schutzlose Bevölkerung eine offene Revolution anfängt gegen eine Macht, die sie nicht besiegen kann«, sagte am 14. November der amerikanische Präsident Eisenhower, nachdem er den Wahlkampf gewonnen hatte.

Am 5. November, als die Niederschlagung der Revolution und die Entwaffnung der ungarischen Armee noch nicht vollzogen waren, erhielten die Staatsschutzoffiziere und diejenigen Offiziere der Armee, die bereit waren,

[37] Ebenda, Teil IV. In: Wojenno Istoritscheskij Schurnal 1/1994, S. 37.

Janos Kadar und seine Marionettenregierung, die »Revolutionäre Arbeiter- und Bauernregierung«, zu unterstützen, eine Weisung zur Organisierung der Brachialgewalt. Am 8. November verabschiedeten die Leitung der Ungarischen Sozialistischen Arbeiterpartei [Magyar Szocialista Munkaspart – MSzMP] und die Kadar-Regierung einen gemeinsamen Beschluß über die Gründung der Brachialgewaltorgane.[38] Aus Offizieren, die den Aufruf befolgten, aus Parteiarbeitern, aus Mitarbeitern des ehemaligen Amtes für Staatssicherheit und aus Angehörigen der Polizei bildeten sich bis zum 13. November in Budapest drei Regimenter der Brachialgewalt. Das Brachialgewaltregiment des Innenministeriums wurde im Dezember 1956 aufgestellt.[39] Bis zum 27. November bildeten sich in allen Komitaten des Landes Organe der Brachialgewalt.

In der Armee – und auch in der Brachialgewalt – durften nur jene Offiziere verbleiben bzw. Mitglieder werden, die die vom Ministerrat am 10. November 1956 erlassene Offizierserklärung unterschrieben hatten. Darin hieß es unter anderem, daß im Oktober 1956 in Ungarn »eine großangelegte patriotische Volksbewegung zur Erweiterung der sozialistischen Demokratie begann, zur Behebung der von der Rakosi-Gerö-Clique begangenen schweren Fehler und zur Sicherung der nationalen Unabhängigkeit und Souveränität. Ich erkenne die Berechtigung dieser Forderungen an und unterstütze sie [...]. Die Klärung der Lage erschwerte die Schwäche und Unentschlossenheit der Imre-Nagy-Regierung. Als Folge dieser Politik lockerte sich auch in unserer Volksarmee die militärische Disziplin. Unser Volk war von der Gefahr bedroht, daß die konterrevolutionären Kräfte siegen, die die Betriebe den Kapitalisten und den Boden den Großgrundbesitzern zurückgeben und in unserer Heimat die Volksmacht stürzen. Hiermit erkläre ich, daß ich mich der am 4. November 1956 gebildeten Revolutionären Arbeiter- und Bauernregierung bedingungslos anschließe. [...] Ich teile die Meinung, daß es notwendig war, die Hilfe der befreundeten Sowjetunion bzw. der verbündeten Sowjetarmee zu erbitten [...] und erkläre, daß ich die Anordnungen der Revolutionären Arbeiter- und Bauernregierung bedingungslos als meine Pflicht anerkenne und mich dem militärischen Befehl in Treue zum Militäreid mit Selbstbewußtsein unterwerfe [...]«.[40]

Diese Erklärung wurde von etwa 75-80 Prozent des Offizierskorps unterschrieben. Obwohl die Anerkennung der Notwendigkeit der Heranziehung der sowjetischen Truppen das Selbstbewußtsein der Mehrheit des Offizierskorps verletzte, tat die revolutionäre Rhetorik ihre Wirkung. Es gab auch Offiziere, die diese Erklärung zwar unterschrieben, aber später – wegen der Grausamkeit der Vergeltungsmaßnahmen – unter dem Eindruck der Feuersalven und der Morde um ihre Entlassung baten. Die Brachialgewalt begann Anfang Dezember in Budapest und auf dem Lande mit der Vollstreckung ih-

38 Szabo, Arpad: A Magyar Forradalmi Karhatalom [Die Ungarische Revolutionäre Exekutive], Budapest 1976, S. 30.

39 Ebenda, S. 41.

40 Horvath, Miklos: 1956 – Katonai Kronologia Magyar Honvedseg [1956 – Militärische Chronologie der Ungarischen Landwehr], Budapest 1993, S. 133.

rer Aufgaben: Niederschlagung der Nachhutgefechte der Revolution, Einschränkung der Tätigkeit der Arbeiterräte und Vergeltung gegenüber den Teilnehmern der Revolution. Als Ergebnis der in Budapest und in mehreren Städten und Siedlungen des Landes – in Tatabanya, Miskolc, Pecs, Gyoma, Zalaegerszeg, Eger usw. – durchgeführten Aktionen gab es in der schutzlosen Zivilbevölkerung erneut etwa hundert Todesopfer.

Die Reihen der Armee, die in den Monaten nach der Revolution entwaffnet, auseinandergejagt und danach wieder in den Dienst der Vergeltung gestellt wurde, ordneten sich nur langsam. Der Personalbestand der Armee betrug Ende Januar 1957 16776 Offiziere, 7171 Unteroffiziere und 19139 Soldaten; insgesamt 43086 Mann und damit 36 Prozent des Bestandes vor der Revolution. Aus dem Bestand der Armee dienten zu dieser Zeit in Einheiten der Brachialgewalt in Budapest 4450, in den Untereinheiten auf dem Lande 5910, zusammen 10360 Mann.[41] Nach wiederholter Umorganisierung löste der Ministerrat am 30. April 1957 die Brachialgewalt der Armee auf. Das aus den Restbeständen gebildete »Revolutionäre Landwehr-Offiziersregiment« stellte seine Tätigkeit am 20. Dezember 1957 ein. Anfang Mai 1957 wurden zum ersten Mal nach der Niederschlagung der Revolution Rekruten einberufen, und am 8. Mai begann in der Ungarischen Volksarmee die »Friedensausbildung«.

Armeelehrkräfte nahmen an den Vergeltungsaktionen gegen die Bevölkerung teil, aber die Vergeltung betraf auch Soldaten. Intensiv betätigten sich in dieser Hinsicht die Justizorgane des Militärs, die Militärstaatsanwaltschaften und die Militärgerichte. Vom November 1956 bis zum 31. Dezember 1958 leiteten sie gegen 5174 Beschuldigte 2887 Verfahren ein und fällten 3608 Schuldsprüche.[42] Die Anzahl der wegen »Delikte im Zusammenhang mit der Konterrevolution« nach »normalem« Verfahren Verurteilten betrug 1216, nach »beschleunigtem« Verfahren wurden 379 abgeurteilt: zusammen 1595 Personen. Im selben Zeitraum fällten die zivilen Strafgerichte nach »normalem« Verfahren 14248, nach »beschleunigtem« Verfahren 955: insgesamt 15203 Urteile.[43] Im untersuchten Zeitraum verurteilten die Militärgerichte »wegen konterrevolutionärer Delikte« 113 Personen und die zivilen Strafgerichte 93 Personen zum Tode. Das Urteil ließen die Militärgerichte an 88 Personen, die zivilen Strafgerichte an 81, insgesamt an 169 Personen vollstrecken.[44] Vom November 1956 bis zum 31. Dezember 1963 leiteten die Militärgerichte in 10946 Fällen gegen 15645 Belastete Verfahren ein und fällten 12178 Urteile. Von den Angehörigen der Armee verurteilte man in diesem Zeitraum 4879 Personen, davon 570 wegen »Delikten gegen die Volksrepublik«. Wegen Teilnahme an der Revolution bekamen 540 Personen Haftstrafen, und an 30 Personen wurde das rechtskräftig gewordene Todesurteil vollstreckt.[45] Neuesten Forschungen zufolge wurden ausschließlich wegen

[41] HL 57/T/31/51/394. p.
[42] HL, Az Igazsagügyi Miniszterium Katonai Foosztalyanak iratai, 1957-1963.
[43] Iratok az igazsagszolgaltatas törtenetebol, Budapest 1992, S. 652.
[44] Ebenda, S. 654.
[45] HL, Az Igazsagügyi Miniszterium Katonai Foosztalyanak iratai, 1957-1963.

revolutionärer Handlungen 188 Soldaten hingerichtet.[46] Ebenfalls nach dem neuesten, aber noch nicht abgeschlossenen Forschungsstand fällten Militärgerichte im untersuchten Zeitraum aufgrund des Delikts der »Aufwiegelung gegen die Volksrepublik sowie gegen Staatsmacht und Staatsverwaltung« 2765 Urteile.[47] Die Erforschung der Revolution von 1956 und des Freiheitskampfes ist noch nicht abgeschlossen.

Aus dem Ungarischen übersetzt von Dr. Andras Mihalyhegyi (Budapest).

[46] Szakolczai, Attila: A forradalmat követo megtorlas soran kivegzettekrol. Beszamolo [Über die hingerichteten Opfer der Vergeltung nach der Revolution]. In: Evkönyv 1994. 1956-os Intezet 1994, S. 244.

[47] HL, Az Igazsagügyi Miniszterium Katonai Foosztalyanak Iratai 1957-1963.

Der Umbruch 1956 in Polen. Gesellschaftliches Bewußtsein, Massenbewegung, politische Krise

von

PAWEL MACHCEWICZ

Die polnische Krise von 1956 wird durch zwei zeitgleiche Phänomene verschiedener Dimension charakterisiert: zum einen durch die globale Krise des kommunistischen Blocks, zum anderen durch lokale Geschehnisse, die dem polnischen Oktober seine endgültige Gestalt gaben. Das zentrale Ereignis, durch das der gesamte Prozeß blockweiter Veränderungen in Gang gesetzt wurde, war zweifellos der Tod Josef Stalins 1953, in dessen Folge die Entwicklung des durch ihn geschaffenen Systems an Dynamik verlor. Stalins Nachfolger versuchten, das existierende Modell von Partei und Staat in der UdSSR, wie es vom gesamten kommunistischen Block übernommen worden war, zu modifizieren. Diese Abkehr vom stalinistischen Modell erfolgte in folgenden Etappen: Liquidierung der »Machenschaften Berijas«, Verurteilung des Machtmißbrauchs durch den Sicherheitsapparat, Befreiung vieler Tausender politischer Häftlinge (dieser Prozeß erfuhr nach dem XX. Parteitag der KPdSU eine erhebliche Beschleunigung, als fast fünf Millionen Menschen wieder die Freiheit erlangten) und bedeutende Einschränkung der repressiven Funktionen des Systems, Propagierung der »kollektiven Führung«, »neuer Kurs« in einigen Volksdemokratien (in Ungarn die vorübergehende Rückkehr Imre Nagys an die Macht), neue Tendenzen in der internationalen Politik, die sowohl in der Entspannung gegenüber dem Westen (Rückzug der UdSSR aus Österreich, Genfer Konferenz) als auch in der Beendigung des langjährigen Jugoslawienkonflikts ihren Ausdruck fanden, und schließlich neue Tendenzen in der Wirtschaftspolitik der UdSSR, wo man sich in größerem Maße als bisher auf die Entwicklung der Landwirtschaft und die Steigerung der gesellschaftlichen Konsumtion konzentrierte.

Der Impuls ging direkt vom Machtzentrum aus, das all die Jahre hindurch seine Kontroll- und Führungsfunktion hatte wahren können. Wir können also von einem »aufgesetzten« und »gesteuerten« Charakter der Veränderungen (zumindest bei den wesentlichen von ihnen) sprechen. Das ändert jedoch nichts an der Tatsache, daß die Angst vor unkontrollierbaren Ausbrüchen gesellschaftlicher Unzufriedenheit »von unten« – wie in der DDR im Juni 1953 – den Übergang zum »neuen Kurs« wesentlich beförderte. Die nach dem Tod Stalins beginnenden Veränderungen fanden nicht auf unmittelbaren, deutlich artikulierten Druck der »Straße« statt, sondern stellten eher eine »Flucht nach vorn«, einen prophylaktischen Reformversuch von oben dar. Eine Modifizierung des Systems sollte es gestatten, auf sichere und kontrollierte Weise die gesellschaftliche Krise zu entschärfen, politische, gesellschaftliche und ökonomische Probleme zu lösen, bevor die Konflikte eskalieren und womöglich die Herausbildung von autonomen oppositionellen Basisbewegungen nach sich führen würden. Diese Strategie, die in der UdSSR und in den meisten Blockstaaten von Erfolgen gekrönt war, hatte in Ungarn und Polen aus verschiedenen Gründen keinen Erfolg.

Die polnischen Veränderungen waren einerseits Fragment dieses globalen Prozesses innerhalb des sowjetischen Blocks, sie reflektierten die gleichen Tendenzen und Impulse wie im Zentrum der Macht, von wo aus sie an die Satellitenstaaten »geschickt« wurden. Andererseits wurden sie in gewisser Weise von einer eigenen inneren Logik diktiert und damit teilweise durch eine unabhängige Dynamik charakterisiert.

Der Tod Stalins bewirkte in Polen keine sofortige innere Liberalisierung. Geradezu entgegengesetzt zum allgemeinen Trend erreichten die Repressionen 1953 einen Gipfelpunkt. Im September wurde der Bischof von Kielce, Czeslaw Kaczmarek, zu zwölf Jahren Gefängnis verurteilt, im gleichen Monat der polnische Primas, Kardinal Stefan Wyszynski, verhaftet. Generell läßt sich sagen, daß der Veränderungsprozeß nach Stalins Tod in Polen später als in anderen Ländern des Blocks einsetzte. Erinnert sei an Ungarn, wo im Juli 1953 Imre Nagy an die Spitze der Regierung kam, und an die DDR, wo bereits im April und Mai 1953 erste Signale eines »neuen Kurses« erfolgten, der durch die Unruhen im Juni dann zwischenzeitlich gebremst wurde. In Polen dagegen kann man von Anzeichen eines »Tauwetters« erst von der zweiten Hälfte des darauffolgenden Jahres an reden.

Der Fall Swiatlo spielte hier die Rolle des Katalysators, der die Veränderungen beschleunigte. Jozef Swiatlo, stellvertretender Direktor der Abteilung X (die sich mit der Kontrolle der Parteikader befaßte) des Ministeriums für öffentliche Sicherheit (MBP), war im Dezember 1953 nach Westberlin geflüchtet. Seine Berichte, die die Methoden des polnischen Sicherheitsapparates entlarvten und die Parteiführung kompromittierten, wurden ab September 1954 im *Radio Free Europe* gesendet und in Polen von Tausenden gehört. Der Fall versetzte der Regierung einen empfindlichen Schlag, beschleunigte den Prozeß ihrer politischen Demoralisierung und gab neuen politischen Tendenzen mehr Raum. Ende November/Anfang Dezember 1954 fand eine Beratung des »Zentralen Parteiaktivs« statt, auf der die Parteiführung der PVAP und besonders der Sicherheitsapparat zum ersten Mal scharf kritisiert wurden. Zu einer erneuten Kritik am Politbüro und zu Forderungen nach einer Änderung der Parteipolitik kam es auf dem 3. Plenum im Januar 1955. Das Ministerium für öffentliche Sicherheit wurde im Dezember 1954 aufgelöst. In der Nachfolgeorganisation, dem Komitee für öffentliche Sicherheit, wurden Personal abgebaut und die Aufgaben reduziert (insgesamt verringerte sich die quantitative Struktur des Sicherheitsapparates um 30 Prozent, in den Kreisbehörden manchmal sogar um 50-60 Prozent)[1]. Jozef Rozanski, Direktor der Ermittlungsabteilung des MBP, wurde verhaftet. Roman Romkowski, Konrad Swietlik, Mieczyslaw Mietkowski, Vizeminister im MBP,

1 Beldzikowski, R.: System i paranoja, in: Polityka vom 13. Juni 1992.

wurden aus dem ZK der PVAP ausgeschlossen. Repression und Überwachung wurden eingeschränkt. In den meisten Betrieben wurden die Sicherheitsreferate und -zellen, die für das Amt für Sicherheit (UB) kontrollierten, aufgelöst. Wladyslaw Gomulka wurde aus der Haft entlassen. In der Öffentlichkeit begann man – obwohl immer noch sehr vorsichtig und allgemein – von »Entgleisungen« des Sicherheitsapparates zu sprechen, zu denen es in der jüngsten Vergangenheit gekommen sei, über die Notwendigkeit größerer innerparteilicher Demokratie, über die Einschränkung der Bürokratisierung von Gesellschaft und Wirtschaft, über das Bedürfnis nach »besseren und engeren Beziehungen der Partei zu den Massen«. Am meisten sichtbar wurden diese neuen Tendenzen im Kulturbereich und in der Zeitungspublizistik. Es wandelte sich die gesamte politische Atmosphäre, und zwar nicht nur in Regierungskreisen, sondern auch in weiten Teilen der Gesellschaft, in der man erste Anzeichen einer generellen »Kursänderung« wahrnahm. Trotz alledem verlief der Wandel bis Ende 1955 prinzipiell unter Kontrolle der Partei, die Tempo und Richtung der Veränderungen bestimmte.

Die Wirkung des XX. Parteitags der KPdSU

In den ersten Monaten des Jahres 1956 begann sich die Situation zu ändern. Vom 14. bis 25. Februar 1956 fand in Moskau der XX. Parteitag der KPdSU statt, ein Ereignis von gewaltiger, kaum zu überschätzender Bedeutung, das die bis dahin sehr begrenzte Entstalinisierung – die bis zu jenem Zeitpunkt einzig innerhalb der politischen Elite stattgefunden hatte und von ihr kontrolliert worden war – in einen Prozeß gesamtgesellschaftlichen Ausmaßes umschlagen ließ. Auf einer geschlossenen Sitzung des Parteitages attackierte Chruschtschow in seiner »Geheimrede« Stalin heftig. Er lastete ihm die Verantwortung für den schrecklichen Terror an, den viele Kommunisten erleiden mußten, für die diktatorische Regierungsform, für die verbrecherische Umsiedlung ganzer Völkerschaften, für entsetzliche Inkompetenz und fehlerhafte Führung, die das Land während des Zweiten Weltkrieges an den Rand der Katastrophe gebracht hatte, und für ernsthafte Fehler in der Außenpolitik.

Chruschtschow entschied, seine Kritik an Stalin überall im Land publik zu machen. Die Rede wurde in Form einer Broschüre an die Parteiinstanzen verschickt, der Text von den Parteimitgliedern gelesen, auch von Parteilosen – in Fabriken, Büros und in Schulen.[2] Im März verschickte die sowjetische Führung den Text der Chruschtschow-Rede an die Führer der anderen Parteien innerhalb des Blocks. Er sollte weitestgehend vertraulich behandelt werden. Ein numeriertes Exemplar erhielt Edward Ochab, der erst unmittelbar zuvor auf dem 6. Plenum zum Ersten Sekretär der PVAP gewählt wor-

[2] Carrère d'Encausse, H.: La déstalinisation commence, Bruxelles 1984, S. 56; Miedwiedjew, Roy : Chruszczow. Biografia polityczna [Chruschtschow. Eine politische Biographie], Warszawa 1990, S. 95.

den war (sein Vorgänger Boleslaw Bierut starb am 12. März in Moskau, wo er sich seit dem XX. Parteitag aufhielt). Am 21. März, einen Tag nach Beendigung des Plenums, beschloß das Sekretariat des ZK der PVAP auf seiner ersten Sitzung in neuer Zusammensetzung, die Rede zu vervielfältigen und zu verbreiten.[3] Es war eine bemerkenswerte Entscheidung. Keine andere kommunistische Partei der Blockstaaten (außer der UdSSR) entschied sich für einen derartigen Schritt, die meisten beschränkten sich auf sehr allgemeine Informationen über den Parteitag und die Chruschtschow-Rede ausschließlich für Parteimitglieder. Die Kritik an Stalin und an vielen grundlegenden Elementen des von ihm geschaffenen Systems berührte natürlich die Legitimation der Führungseliten in den Satellitenstaaten, die ihre Macht Stalin zu verdanken hatten. Polen bildete insofern eine Ausnahme, als die antistalinistische Wende Chruschtschows mit dem Tod Boleslaw Bieruts, der seit 1948 an der Spitze der Partei gestanden hatte, zeitlich zusammenfiel. Die Abkehr vom stalinistischen Führer wurde durch den Beschluß zur Verbreitung der antistalinistischen Enthüllungen Chruschtschows bedeutend erleichtert. Die nach dem Tod Bieruts auf dem 6. Plenum gewählte neue Führung und insbesondere ihr reformfreudiger Teil drängte auf die Bekundung ihres politischen Willens zum Bruch mit den negativen Erscheinungen der Vergangenheit und suchte nach neuen Grundlagen für gesellschaftliche Glaubwürdigkeit und Unterstützung.

In ganz Polen wurden mit Billigung höchster Stellen Treffen der Parteiorganisationen einberufen. Einige waren auch für Nichtparteimitglieder zugänglich. Hier wurde der Text der »Geheimrede« verlesen und diskutiert. Der massenhafte Zulauf zu den Informationsveranstaltungen über den XX. Parteitag ließ die Initiatoren zurückschrecken. Am 10. April 1956 beschloß das ZK, dieses risikoreiche Verfahren abzubrechen. Es wurde festgelegt, daß ausschließlich Mitglieder der Parteiinstanzen und Parteisekretäre Einblick in den vollständigen Text der »Geheimrede« erhalten sollten. Die übrigen Parteimitglieder sollten lediglich über »die grundlegenden Probleme in der Rede des Genossen Chruschtschow« informiert werden.[4] Es war jedoch schon zu spät, um die Verbreitung zu verhindern. Durch Polen zog sich eine ganze Lawine von Veranstaltungen und Diskussionen zu den Enthüllungen Chruschtschows.

Mangels konkreter Unterlagen läßt sich das Ausmaß dieser landesweiten Bewegung kaum feststellen. Den Wirkungsradius kann man jedoch auf der Basis von Einzelinformationen abschätzen. Beispielsweise nahmen an Veranstaltungen über die »Geheimrede« Chruschtschows, die im Rahmen der Stadtparteiorganisation Lodz stattfanden, allein am 4. April etwa 10000 Personen teil. Das Aktiv des Parteikomitees von Lodz war in dieser Zeit an Versammlungen in 60 größeren Betrieben beteiligt.[5] In der Wojewodschaft

[3] Rykowski, Z./ Wladyka, W.: Polska proba. Pazdziernik 56 [Der polnische Versuch. Oktober 56], Krakow 1989, S. 127.

[4] Ebenda, S. 129f.

[5] Archiwum Akt Nowych, Oddzial VI [Archiv Neuer Akten, Abteilung VI, früheres Zentralarchiv des ZK der PVAP, weiter: AAN VI], 237, VII-3835, o.S.

Grünberg (Zielona Gora) wurden mehr als 1800 Parteiaktivisten mit der öffentlichen Verlesung der Rede beauftragt.[6] In der Wojewodschaft Bialystok fanden bis zum 12. April (wahrscheinlich traf die Anweisung des Sekretariats des ZK vom 10. April mit Verspätung ein oder – was weniger wahrscheinlich ist – sie wurde nicht konsequent realisiert) 420 öffentliche Versammlungen der Grundorganisationen der Partei statt, auf denen die Rede Chruschtschows verlesen wurde.[7] Oft dauerten die Versammlungen viele Stunden, denn nach der Vorlesung des Redetextes wurden Fragen gestellt. So tagte das Parteiaktiv im Stettiner Polytechnikum am 26. März von 17 Uhr bis 2 Uhr nachts, wobei 110 Fragen gestellt wurden.[8]

Die Versammlungen, auf denen die »Geheimrede« verlesen wurde, trugen wirklich Massencharakter. Im gesamten Land versammelten sich Tausende, nicht nur Parteimitglieder. Die antistalinistischen Enthüllungen Chruschtschows drangen jedoch nicht nur zu den Versammelten. Die Rede war in Broschüren zugänglich, die wahrscheinlich vom Warschauer Wojewodschaftskomitee der PVAP gedruckt worden waren. So »sickerten« die Enthüllungen nach außen. Bald konnte man die parteiinterne Drucksache sogar auf dem Warschauer Schwarzmarkt kaufen. Jeder, der sich für Politik und gesellschaftliche Vorgänge interessierte, konnte ohne größere Mühe von den Offenbarungen erfahren.

Sie wirkten wie ein Gewitter. Entgegen Chruschtschows Absichten, der seine Kritik auf Stalin beschränken wollte, indem er nur dessen Fehler und Verbrechen, nicht aber das Wesen des von ihm geschaffenen Systems thematisierte, brachte das Verlesen der Rede das gesamte sowjetische Modell des Aufbaus des Sozialismus, das auf die Blockstaaten übertragen worden war, in noch größeren Mißkredit unter der Bevölkerung. Natürlich schrieb man einen Großteil der Verantwortung den polnischen Kommunisten zu. Im Zuge der Verbreitung der Chruschtschow-Rede sank die Autorität der PVAP stark, wurde ihre Politik generell in Frage gestellt und der Sinn ihrer Existenz hinterfragt. »Müssen wir Mitglieder einer Partei sein, die so viele Fehler gemacht hat?« – fragte man auf der Beratung des Aktivs des Stadtteilkomitees der PVAP in Warschau-Mokotow. »Können wir noch an Autoritäten glauben, wenn die allerhöchste uns belogen hat?«, fragte man auf einer Versammlung der Staatlichen Theaterhochschule in Lodz.[9] Und das waren keine Einzelfälle.

Der Schock, hervorgerufen durch die Enthüllungen Chruschtschows, ließ auch die Parteimitglieder über die allseitige Verantwortlichkeit der polnischen Führung nachdenken. Auf den Versammlungen wurde wieder und wieder peinlich gefragt: »Warum hat man in den Volksdemokratien, also auch in Polen, alles unkritisch aus der Sowjetunion übernommen? Gab es auch bei uns im ZK Genossen, die vom Personenkult wußten und früher nur

6 AAN VI, 237, VII-3858, k. 205.
7 AAN VI, 237, VII-3859, k. 70
8 AAN VI, 237, VII-3835, o.S.
9 AAN VI, 237, VII-3835, o.S.; 237, VII-3858, k. 205.

nicht darüber geredet haben?«[10]»Warum haben wir die Methoden Stalins so kritiklos übernommen? Garantiert uns unsere Führung jetzt die nötige Sicherung der Leninschen Parteilinie? In welchem Ausmaß sind Berijas Machenschaften nach Polen gedrungen, und wird sich das wiederholen?«[11] Auf einigen Versammlungen wurde die vorzeitige Einberufung eines Parteitages gefordert, der personelle und programmatische Korrekturen beschließen sollte. Die Generalkritik wurde auch auf die regionalen und lokalen Instanzen übertragen. Auf Parteiversammlungen zum XX. Parteitag kritisierte man örtliche Organe für zahlreiche Verfehlungen, wie »Amtsmißbrauch, mangelnde Kollegialität, schwache Verbindung zu den Massen und ungenügende Reaktion auf die Stimmen des Volkes«.[12] Oft mündete das alles in konkrete Vorwürfe gegen einzelne Funktionäre. Alltägliche Fälle des Machtmißbrauchs, Willkür und Unrecht kamen ans Tageslicht.

Es gab viele Stimmen, die auf die Notwendigkeit einer allgemeinen Demokratisierung des politischen Systems hinwiesen. Eine Änderung der politischen Funktion des Sejm und die Durchsetzung bürgerlicher Freiheiten wurden gefordert. Auf sehr vielen Versammlungen erinnerte man sich an Gomulka und andere, gemeinsam mit ihm aus der Parteiführung abgesetzte und zum Teil verhaftete Parteiführer. Sie galten als Opfer der von Chruschtschow benannten stalinistischen Entgleisungen. Die »rechtsnationalistische Abweichung«, die in den Jahren 1948/49 zerschlagen worden war, war wieder in aller Munde.

In diesem Kontext war es von besonderer Bedeutung, daß Chruschtschow in seiner Rede die Stalinsche Jugoslawienpolitik angeprangert hatte. Faktisch erkannte er damit an, daß in diesem Konflikt, der die innere Entwicklung aller Staaten des sowjetischen Blocks wesentlich beeinflußt hatte, das Recht auf der Seite Titos gewesen war. Dieses Eingeständnis fand in Polen weite Resonanz und schlug sich in Fragen und Kommentaren auf den Versammlungen nieder. Man zollte Tito Respekt dafür, daß er sich Stalin erfolgreich widersetzt hatte, und stellte ihn mit Gomulka in eine Reihe. »Sind nicht im Licht des XX. Parteitags Gomulka und Tito die einzigen Erben Lenins?«, hieß es auf einer der Zusammenkünfte. »Wird Gomulka rehabilitiert werden?«, wurde auf Versammlungen in der Wojewodschaft Wroclaw (Breslau) gefragt.[13] Zweifel plagten nun selbst diejenigen, die sich dem bestehenden Regime nach wie vor weitgehend verpflichtet fühlten. Auf einer Beratung des Parteiaktivs des Wojewodschaftsamtes des UB in Warschau wurde gefragt: »Falls das ZK seine Einstellung zu Gomulka revidiert, sollte er dann nicht in die Parteiführung zurückkehren?«[14]

Ein Hauptthema auf den Versammlungen zur Rede Chruschtschows bildeten das Nationalitätenproblem und die Frage nach den polnisch-sowjetischen Beziehungen. Das öffentliche Bekenntnis zu den Fehlern auch in der

10 AAN VI, 237, XVII-332, k. 89; 237, XVII-333, k. 91.
11 AAN VI, 237, VII-3858, kk. 185,189; 237, VII-3859, kk. 7,71.
12 AAN VI, 237, VII-3859, k. 68.
13 AAN VI, 237, VII-3835, o.S.; 237, VII-3858, kk.188-189; UOP 17, IX, 100, Bd. 2, o.S.
14 UOP, 17, IX, 100, Bd. 2, o.S.

internationalen Politik und die Enthüllung der imperialistischen Mentalität Stalins provozierten geradezu staatsfeindliche Fragen. »Wie verhält es sich mit unserer Unabhängigkeit?«, wurde auf einer Beratung des Stadtteilkomitees der PVAP in Warschau-Mokotow gefragt. »Warum sind 90 Prozent der Generäle der Polnischen Armee Russen? Die Leute erzählen, daß auf der Beerdigung des Genossen Bierut in Warschau nur russisch geredet wurde«. »Warum blieb Genosse Chruschtschow nach der Beerdigung des Genossen Bierut noch in Warschau? Hat er selbst den Ersten Sekretär des ZK [der PVAP] gewählt?« Dieser Art waren die Vorwürfe, die auf der Versammlung im Stettiner Polytechnikum formuliert wurden. Häufig wurde gefragt, warum auf dem Territorium Polens, das doch angeblich ein selbständiger Staat sei, sowjetische Truppen stationiert seien und auf welcher rechtlichen Grundlage das geschehe.[15]

Die öffentlichen Enthüllungen und die Erinnerung an Verbrechen und Unrecht, das der östliche Nachbar begangen hatte, stellten das Nachkriegsmodell der polnisch-sowjetischen Beziehungen von Grund auf in Frage. Der XX. Parteitag und die Rede Chruschtschows brachen damalige Tabus. Es kam zu einer Art Explosion des kollektiven Gedächtnisses, das bis dahin keine Möglichkeit des öffentlichen Ausdrucks gefunden hatte. Im Informationsbulletin der Abteilung Organisation des ZK der PVAP ist nachzulesen, daß in der Wojewodschaft Lodz »in allen Kreisen Fragen gestellt werden, zum Fall Katyn, zum Warschauer Aufstand, zum Einmarsch der Roten Armee in die Westgebiete Weißrußlands und der Ukraine«, das heißt in die Ostgebiete der Republik Polen. Auf Versammlungen in Leczyca und Piotrkow wurde der Einmarsch der Roten Armee auf polnisches Territorium am 17. September 1939 ohne jegliche Beschönigung als »Überfall der UdSSR auf Polen« und als »Messerstoß in den Rücken« bezeichnet. Auf vielen Versammlungen wurde das Thema der polnischen Ostgebiete und deren Anschluß an die UdSSR angesprochen, den man als eine brutale, ungerechtfertigte Annexion empfand. Man fragte, »ob man in dieser neuen Situation den Molotow-Ribbentrop-Pakt nicht anders bewerten müsse«. Allgemein sprach man über die Aussiedlungen der polnischen Bevölkerung aus den annektierten Gebieten.[16]

Der XX. Parteitag und die Rede Chruschtschows, die in Polen geradezu massenweise Verbreitung fand, trugen wesentlich zur Destabilisierung des bestehenden politischen Systems bei. Sie waren ein mächtiger Schlag gegen die Autorität der herrschenden Partei und des politischen Systems. Die Debatten über die Verbrechen der stalinistischen Politik entheiligten nicht nur den Generalissimus, wie es sein Nachfolger mit der Demaskierung beabsichtigt hatte, sondern erschütterten im Fall Polens die Rechtmäßigkeit des gesamten stalinistischen Erbes, stellten die Leistungen und den Sinn der Entwicklung der letzten Jahre in Frage und versetzten dem politischen Status quo, dessen Genese unlösbar mit der Epoche und den Praktiken des Perso-

[15] AAN VI, 237, VII-3835, o.S.; 237, VII-3859, k. 117.
[16] AAN VI, 237, XVI-3835, o.S.; 237, VI-3858, kk. 186, 203.

nenkults verbunden war, einen Schlag. Die von Chruschtschow vorgenommene Abgrenzung zwischen dem verbrecherischen Wirken Stalins und dem prinzipiell richtigen Weg beim Aufbau des Sozialismus verwischte sich. Der XX. Parteitag und die Rede *Über den Personenkult und seine Folgen* erschütterten die Legitimität der kommunistischen Herrschaft im gesellschaftlichen Bewußtsein von Grund auf. Von besonderer Bedeutung war, daß über viele Wunden und Verletzungen, die bis dahin tabuisiert worden waren, nun auf öffentlichen Foren geredet werden konnte, auf Versammlungen und Diskussionsveranstaltungen, die von der Regierungspartei sanktioniert und initiiert waren. Bezüglich vieler wichtiger Themen wurde das Schweigen nun gebrochen. Welchen Intentionen mochte die Führung der polnischen Arbeiterpartei gefolgt sein, als sie beschloß, die Rede Chruschtschows massenweise zu verbreiten? Zweifellos rechnete sie sich politische Vorteile aus. Vor allem war sie an der Verbreitung der Vorstellung interessiert, daß prinzipiell mit der fehlerhaften Vergangenheit gebrochen worden sei und man sich nun entschieden für die Suche nach neuen politischen Lösungen innerhalb des politischen Systems aussprechen sollte. Dem Erwerb einer neuen, quasi demokratischen Legitimation wäre hinreichend gedient, nahm man an, wenn man die historische Verantwortung an Einzelpersonen wie Stalin und Berija hätte delegieren können. Der Effekt der massenhaften Verbreitung der Rede *Über den Personenkult und seine Folgen* übertraf jedoch die Erwartungen der Initiatoren. Der Versuch, die Rede Chruschtschows politisch zu instrumentalisieren, der in der UdSSR zur Folge hatte, daß die Führung ohne Schwächung weiterherrschte, rief in Polen eigenständige gesellschaftliche Aktivitäten hervor, über die die PVAP die Kontrolle zu verlieren drohte.

Zu den destabilisierenden Folgen des XX. Parteitages und der antistalinistischen Enthüllungen Chruschtschows kam ein scharfer Konflikt in der polnischen Parteiführung hinzu. Nach Bieruts Tod im März 1956 kam eine Spaltung in zwei Gruppen zum Vorschein. Sie war auf dem 6. Plenum des ZK der PVAP, auf dem die neue Parteiführung gewählt wurde, bereits deutlich zu erkennen. An der Spitze der sogenannten Pulawska-Gruppe (benannt nach der Pulawska-Straße in Warschau, in der einige ihrer Mitglieder wohnten) standen das Mitglied des Politbüros Roman Zambrowski sowie die Sekretäre des ZK Jerzy Albrecht, Wladyslaw Matwin und Jerzy Morawski. Vertreter der anderen Orientierung, der Natolinska-Gruppe (nach dem Palast des Ministerrats in Natolin bei Warschau, in dem sie ihren Treffpunkt hatte), waren: Vizepremier und Mitglied des Politbüros Zenon Nowak, Kasimierz Witaszewski, stellvertretender Verteidigungsminister und Chef der politischen Hauptverwaltung der Armee, und Wiktor Klosiewicz, der an der Spitze der offiziellen Gewerkschaften stand. Zu ihren Sympathisanten zählten der Vorsitzende des Staatsrats Aleksandr Zawadzki und Marschall Konstanty Rokossowski, Verteidigungsminister und Mitglied des Politbüros. Zwei Schlüsselfiguren der politischen Szene galten als weitgehend indifferent gegenüber beiden Orientierungen, tendierten in ihren Haltungen jedoch zu den Pulawska-Leuten: Edward Ochab, nach dem Tod von Bierut Erster Sekretär der PVAP, sowie Premier Jozef Cyrankiewicz. Beide Gruppen oder eher Richtungen waren natürlich informell und agierten hinter den Kulissen. Die innerparteilichen Konflikte und Fraktionskämpfe jener Monate sind noch heute von vielen Unklarheiten umgeben. Nichtsdestotrotz lassen sich die Differenzen nicht nur auf höchster Ebene (Politbüro, ZK und Regierung), sondern auch auf der Ebene der Wojewodschaftskomitees der Partei nachweisen, können die Programme und Haltungen grob rekonstruiert werden.

Die Pulawska-Gruppe war darum bemüht, daß die Partei Herr der Lage blieb und über die von unten wachsende Unzufriedenheit hinreichend informiert war. Sie verfocht eine reformfreundliche Politik und trat für eine gesellschaftliche Erneuerung unter Abkehr vom stalinistischen Regierungssystem ein, an dem auch ihre Vertreter mitgewirkt hatten. Ihre Option war eine liberalisierte Form des Sozialismus. Die Natolinska-Gruppe versuchte nicht etwa, die Pulawska-Anhänger mit reformerischen Parolen zu überbieten. Mit der Forderung nach Bestrafung der Schuldigen (häufig Personen, die zu Pulawska-Leuten enge Beziehungen unterhielten), mit Phrasen und Klischees, die antiintellektuelle und antisemitische Ressentiments reaktivierten (unter den Pulawska-Anhängern waren viele Funktionäre jüdischer Abstammung), strebte diese Gruppe nach gesellschaftlicher Popularität. Der innerparteiliche Konflikt dauerte das ganze Jahr 1956 hindurch an und hatte wesentlich Einfluß auf die Entwicklung der politischen Lage. Er bewirkte eine fortschreitende Paralyse der Führungsorgane, die es nicht vermochten, zur heranwachsenden Krise einheitlich Stellung zu beziehen. Insgesamt jedoch trug zunächst die reformfreundliche Einstellung der Pulawska-Anhänger, die über großen Einfluß auf die Massenmedien und auf die Parteiintellektuellen verfügten sowie die Zensur kontrollierten, erheblich zum Wandel der Atmosphäre im öffentlichen Leben bei. Der Ton der Presse wandelte sich radikal, die anfangs noch fragmentarische Kritik an der Realität (beliebtestes Thema waren die »bürokratischen Gebrechen«) wurde umfassender und radikaler. Forderungen nach einem grundlegenden Umbau des Systems und nach Demokratisierung wurden laut, obwohl man sie natürlich mit dem Sozialismus und der Führungsgarantie der Partei vermischte. Ermutigende Worte zur Kritik an den Führungsorganen kamen von der höchsten Stelle. Während der Aprilsitzung des Sejm spornte Premier Cyrankiewicz geradewegs dazu an, bei der grundlegenden Kritik die Staatsführung nicht auszulassen. Im April 1956 verabschiedete der Sejm eine Amnestie, durch die Tausende aus den Gefängnissen entlassen wurden, darunter auch politische Häftlinge.

In gesellschaftlicher Hinsicht war eine wichtige Folge der oben beschriebenen Entwicklung das weitestgehende Verschwinden von Angst, eines Bindemittels des stalinistischen Systems. Die Menschen hatten jetzt keine Hemmungen mehr, ihre Meinung offen auszusprechen, ihre Unzufriedenheit zu zeigen, gar ihre Opposition zu den Herrschenden zu artikulieren. Eine gute Illustration der Veränderungen im Frühjahr 1956 bietet das Beispiel der Luftballons mit Propagandaflugblättern aus dem Westen. Im Mai 1956 signalisierten die Führungsorgane der Staatssicherheit, daß früher nicht beobachtete Vorfälle eintraten: Die Bevölkerung weigerte sich, Funktionären des UB solche Flugblätter auszuhändigen. Ein Bauer im Kreis Inowroclaw, auf dessen Feld ein Ballon mit »feindlichen« Flugblättern niedergegangen war, soll erklärt haben: »Wenn sie abgeworfen wurden, dann dazu, daß sie von den Leuten gelesen werden«. Er weigerte sich, sie herauszugeben.[17] Es kam vor, daß den Sicherheitsorganen Informationen vorenthalten wurden und ihre Mitarbeiter des Betriebsgeländes verwiesen wurden. Die Informantennetze der lokalen Behörden des UB begannen nach dem XX. Parteitag sich zu lockern. Personen, die oft mit Drohungen oder Erpressungen zur Zusammenarbeit gezwungen worden waren, weigerten sich nun, mit der politischen Polizei weiter zu kooperieren.

Neben der inneren Krise der Führungsorgane und den mobilisierenden Folgen des XX. Parteitags trug die ständig wachsende Unzufriedenheit der Bevölkerung mit der schlechten wirtschaftlichen Situation zur Vertiefung der politisch-gesellschaftlichen Krise bei. Am 31. Dezember 1955 endete der Sechsjahrplan, dessen erklärtes Ziel der Produktionszuwachs in allen Bereichen, vor allem in der Industrie, und eine bedeutende Zunahme des Lebensstandards war. In der Praxis war die Schwer- und Rüstungsindustrie in forciertem Tempo ausgebaut worden, wodurch enorme Disproportionen zwischen den Produktionszweigen, insbesondere zwischen Schwer- und Konsumgüterindustrie beziehungsweise Landwirtschaft, entstanden. Selbst nach offiziellen Angaben war der Erfolg des Sechsjahrplans nur zur Hälfte erreicht worden. Der Zuwachs des Nationaleinkommens lag 38 Prozent unter dem Planziel, und die Reallöhne stiegen statt der geplanten 40 nur um 26 bis 27 Prozent. So lautete die offizielle Bewertung von Ende Dezember 1955. Aber bereits wenige Monate später, im Juli 1956, bekannte die Führung, daß die Reallöhne im Zeitraum des Sechsjahrplans nur um 13 Prozent gestiegen waren und dazu noch sehr ungleichmäßig, denn einige Berufsgruppen waren davon kaum betroffen. Historiker sprechen heute entweder von einer mehrjährigen Stagnation auf der Höhe der Werte von 1949 oder gar einem mehrprozentigen Abfall der Realeinkommen.[18]

---

[17] UOP, 17, IX, 100, Bd. 2, o.S.

[18] Kucharski, M.: Obieg pieniezny, in: Finanse Polski Ludowej, [Der Geldumlauf, in: Die Finanzen Volkspolens], Warszawa 1975, behauptet, daß der Reallohn im Zeitraum des Sechsjahrplans um ca. 4 Prozent sank. A. Jezierski und B. Petz, in: Historia gospodarcza Polski Ludowej 1944-1985 [Wirtschaftsgeschichte Volkspolens 1944-1985], Warszawa 1988, nehmen an, daß nach der Realisierung des Sechsjahrplans das Niveau der Reallöhne auf einem ähnlichen Stand wie vor dem Plan verharrte. Dagegen sind sich alle Wissenschaftler darin einig, daß die Reallöhne im Zeitraum 1953/54 ihr unterstes Niveau erreichten, u.a. infolge der »Preisregulierung«, die eine 100%ige Preiserhöhung vieler Erzeugnisse des Grundbedarfs betraf. Seit 1954 begannen die Reallöhne von neuem zu steigen. Gleichzeitig entschloß man sich 1953/54 für eine bedeutende Einschränkung der Investitionen. Wie A. Jezierski und M. Prystupa schreiben: »[...] die Minderung des Investitionsdrucks wurde durch weitere Einschränkung der Investitionsauflagen in der Konsumindustrie der nichtproduktiven Investitionen herbeigeführt, wobei der Vorrang der Investitionen in Gruppe A beibehalten wurde.« (In: Proba statystycznej interpretacji genezy kryzysow spoleczno-ekonomicznych 1955-56 i 1980-81 [Versuch einer statistischen Interpretation der Genese von gesellschaftlich-ökonomischen Krisen 1955-56 und 1980-81]. In: Ekonomia, Heft 48, 1987, S. 121.). In der Praxis konnte das so aussehen, daß in

Unabhängig von konkreten Zahlen bleibt die Tatsache unbestritten, daß der Lebensstandard und die Kaufkraft der breiten Bevölkerung Anfang 1956 niedrig waren, was in einem besonders auffälligen Kontrast zur offiziellen Propaganda und zu den optimistischen Reden der Führungsvertreter stand. Es herrschten spürbare Engpässe in der Versorgung. Das betraf Lebensmittel, Kleidung, Dinge des täglichen Bedarfs sowie Heizmaterial. Aus Stimmungsrapporten, angefertigt vom lokalen Parteiapparat oder von den lokalen UB, geht eindeutig hervor, daß sich die Menschen überall über niedrige Löhne, mangelhaftes Warenangebot und hochgeschraubte Arbeitsnormen beklagten. Auf dem Lande wurden die verhaßten Produktionsgenossenschaften gefördert, während das Pflichtablieferungssoll extrem hoch war und vom Staat für die Produkte nur Minimalpreise gezahlt wurden.

Die Krise der Führungsorgane, die »Tauwetter«-Rhetorik in den Massenmedien, das politische Erwachen der Gesellschaft, die allgemeine Hoffnung auf eine Veränderung und die nach wie vor schlechte materielle Lage breiter Bevölkerungsschichten erzeugten gemeinsam eine Situation hochgradiger politisch-gesellschaftlicher Spannung.

Posen

Die Lage eskalierte in Posen, einer Stadt mit mehreren hunderttausend Einwohnern. Nun soll nicht erörtert werden, warum es gerade hier geschah und nicht an einem anderen Ort. Es genügt zu erwähnen, daß soziale Forderungen unmittelbarer Quell der Posener Revolte waren. Unzufriedenheit und Konfliktpotential wuchsen vor dem Juni 1956 in Posen besonders stark an. Die Arbeiter wehrten sich gegen die Normerhöhung in der Produktion. Schlechte Arbeitsorganisation wirkte sich auf ihre Löhne aus. Produktionsarbeiter wandten sich gegen das ungerechte und (ihrer Meinung nach) irrationale System der Besteuerung sowie gegen die schlechten Arbeitsbedingungen. Unmittelbar vor dem Aufruhr forderten sie eine allgemeine Lohnerhöhung und Preissenkungen. Eine besonders angespannte Situation herrschte in den Cegielski-Werken (Kurzform »Zispo«), die damals noch den Namen »Stalin« trugen, einem Betrieb der Metallindustrie, in dem u.a. Lokomotiven und Eisenbahnwaggons hergestellt wurden. Verhandlungen, die von einer Belegschaftsdelegation mit den Behörden geführt wurden, konnten die Arbeiter nicht beruhigen.

Am 28. Juni 1956 erschienen die Arbeiter von »Zispo« nicht zur Arbeit. Vor den Werkstoren bildete sich ein Protestzug, der ins Stadtzentrum zog. Auf dem Weg dorthin schlossen sich Arbeiter anderer Posener Betriebe und Einrichtungen an. Anfänglich dominierten, ähnlich wie auf Werkskundge-

---

der ersten Etappe des neuen Sechsjahrplans ein neuer Industriebetrieb erbaut wurde, aber infolge der Investitionsstreichungen der Bau von Wohnsiedlung, Krippe, Krankenhaus usw. entfiel. Diese ungesunde Infrastruktur konnte ebenso schmerzhaft empfunden werden wie ein niedriges Niveau des Reallohns. Vgl. auch A. Jezierski, Proba, a.a.O.

bungen an den vorangegangenen Tagen, ökonomische Forderungen. Die Arbeiter von »Zispo« verkündeten zu Beginn ihres Protestzuges: »Wir fordern Lohnerhöhung«, »Wir fordern Preissenkung«, »Wir wollen wie Menschen leben«, »Weg mit den Normen«. Dieselben Losungen wurden während des Zuges durch die Stadt skandiert. Hinzu kamen weitere: »Wir sind hungrig«, »Wir wollen Brot«, »Weg mit der Ausbeutung durch Arbeit«, »Weg mit den Blutsaugern«, »Weg mit der roten Bourgeoisie«. Aus einem Übertragungswagen von *Radio Polska,* den sich die Demonstranten angeeignet hatten, tönte es durch die gesamte Stadt: »Wer Existenzverbesserungen will, soll zum Schloß kommen« (Sitz des örtlichen Nationalrates), »Wir wollen arbeiten, aber wir wollen besser leben«, »Weniger Paläste, mehr Wohnungen« (Anspielung auf den gerade eingeweihten Kulturpalast in Warschau, der durch Russen erbaut worden war), »Wir fordern Preissenkungen, damit unsere Frauen nicht arbeiten müssen«, »Wir wollen nicht, daß es in Polen so viele Kinder mit Tbc und Anämie gibt«, »Pausenlos werden unsere Waren ins Ausland gebracht, aber die Kinder haben kein Brot«.[19] Dann erklangen innerhalb des Protestzuges neben Forderungen wirtschaftlichen Inhaltes politische Losungen: »Weg mit den Bolschewiken«, »Weg mit dem Bolschewismus«, »Weg mit den Kommunisten«, »Wir wollen Freiheit«, »Wir wollen freie Wahlen«, »Es lebe Mikolajczyk«.[20]

Von Anfang an prägte die Demonstration eine starke nationale Symbolik. Im Zug wurden unaufhörlich die Nationalhymne und andere patriotische Lieder gesungen sowie weiß-rote Fahnen getragen. Die nationalen Emotionen wandten sich in ganzer Schärfe gegen »die Russen«. Auf den Straßen wurde gerufen: »Weg mit den Russen«, »Weg mit den Moskauern«, »Weg mit den Russen, wir wollen ein wirklich freies Polen«. Aus dem Übertragungswagen, der durch die Stadt fuhr, tönte es: »Weg mit den Russen aus unserer Stadt«. In der »Rota«, einem nationalistischen Volkslied, das von den Demonstranten gesungen wurde, variierte man den Refrain: » [...] bis der russische Sturm in Asche und Staub zerfällt« (ursprünglich »der deutsche Sturm«). Rote Fahnen wurden zerrissen und von den Dächern der Amtsgebäude geholt. Religiöse Symbolik nahm in der ideellen Dimension der Demonstration einen zunehmend wichtigen Platz ein. Man rief: »Wir wollen Gott«, »Wir fordern Religion in der Schule«. Die Demonstranten sangen religiöse Lieder.[21] Der religiöse Bezug spielte im Einklang mit dem nationalen eine wesentliche Rolle in der Verständigung der Menge. Nationale und religiöse Symbolik verhalfen zu einer emotionalen Gemeinschaft gegen den Staat, der als antinational und antireligiös wahrgenommen wurde.

Eine weitere Etappe der Posener Ereignisse leitete die Kundgebung auf dem zentralen Platz der Stadt ein, der damals den Namen Stalins trug. Hier befanden sich die Gebäude des Wojewodschaftskomitees der PVAP und des

---

19 UOP, 155, 37, k. 208, 155, 5, kk., 3. 162, 172.

20 UOP, 155, 6, k. 203; 155, 14, k.172; 17, IX, 124, t. 14, k. 45; 17, IX, 124, t. 9, k. 4. Stanislaw Mikolajczyk war 1945-47 Oppositionsführer gegen die Kommunisten.

21 UOP, 155, 28, kk. 42, 253; 17, IX, 124, t. 9, k. 16; 155, 6, kk. 200, 202, 214; 155, 28, k. 40; 155, 37, kk. 208, 229.

örtlichen Nationalrats. Unter den auf dem Stalinplatz Versammelten befanden sich Demonstranten, die Transparente mit folgenden Losungen trugen: »Wir fordern Preissenkungen«, »Wir wollen Brot für unsere Kinder«, »Wir fordern Lohnerhöhungen«, »Weg mit den Normen«, »Wir wollen Freiheit«, »Wir wollen freie Wahlen«. Auf Straßenbahnwagen in der Nähe stand mit Kreide geschrieben: »Weg mit der Diktatur«, »Preissenkungen«.[22] Die versammelte Menge forderte längere Zeit, zuständige Partei- und Staatsvertreter mögen erscheinen, um die wichtigsten Forderungen entgegenzunehmen. Als klar wurde, daß niemand aus Warschau kommen würde, drangen die Demonstranten in das Parteigebäude und das Haus des örtlichen Nationalrates vor. An die Wände des Parteigebäudes wurden Transparente gehängt, auf denen stand: »Wir wollen Brot«, »Wir wollen Freiheit«, »Tod den Verrätern«, »Wir wollen Gott«, »Wir fordern ein freies Polen«. Parteibücher und Broschüren wurden aus den Fenstern geworfen, Gipsbüsten der Führer zerschlagen, rote Fahnen zerrissen. Andere Teilnehmer der Demonstration beobachteten das Geschehen und riefen: »Weg mit den Russen«, »Weg mit den Kommunisten«, »Wir wollen Brot«, »Wir fordern Freiheit«, »Weg mit der Partei«, »Weg mit dem kommunistischen Regime«, »Weg mit Rokossowski«. Auf dem Platz vor dem Wojewodschaftskomitee wurde ein Haufen Parteibücher verbrannt.[23] Die Besetzung des Wojewodschaftskomitees der PVAP war der Wendepunkt in den Posener Ereignissen. Die friedlich eingestellte Menge, die sich anfangs versammelt hatte, um der Obrigkeit ihre Forderungen zu stellen, verwandelte sich endgültig in eine revolutionäre Masse, die gegen den kommunistischen Staat aufbegehrte. Demonstrantengruppen zogen vom Stalinplatz in verschiedene Richtungen weiter. Sie besetzten das Gefängnis, die Gerichtsgebäude, die Wojewodschaftskommandantur der Miliz und demolierten die Störsender für den ausländischen Rundfunk. Die Entschlossenheit der Demonstranten (man muß schon sagen – der Aufständischen) wurde durch in der Stadt verbreitete Gerüchte verstärkt, daß es auch in anderen größeren Städten Polens zu ähnlichen Ereignissen gekommen sei und der antikommunistische Aufstand bereits das gesamte Land erfaßt habe.

Der Haß der Menge konzentrierte sich in erster Linie auf die politische Polizei und den Staatssicherheitsapparat. Auf den Straßen von Posen versuchte man unter Demonstranten und Passanten Mitarbeiter des UB ausfindig zu machen und verprügelte sie. Die Selbstjustiz forderte ein Todesopfer. Die mehrstündige Belagerung des Wojewodschaftsgebäudes des UB war ein zentrales Ereignis der Posener Kämpfe. Die Demonstranten erlangten im eroberten Gefängnis Waffen, sie entwaffneten Milizionäre und Soldaten. Die Menge, die sich vor dem Gebäude des UB versammelt hatte, rief die Losungen: »Weg mit den Russen«, »Wir fordern Freiheit und Brot«, »Weg mit dem

[22] UOP, 155, 37, k. 222.

[23] UOP, 155, 6, kk. 158, 164, 208, 220, 157; 155, 37, k. 219. Konstanty Rokossowski war sowjetischer Marschall und 1949 von den Russen auf den Posten des polnischen Verteidigungsministers gedrängt worden.

Kommunismus«, »Wir fordern Arbeit«, »Brot und Preissenkungen«, »Weg mit den Henkern des Volkes«, »Weg mit den Kommunistenknechten«. Während der Belagerung des UB-Gebäudes schrie man: »Tod den UB-Leuten«, »Erschießt sie«, »Verbrennt sie lebend«, »Mörder«, »Rote Gottlose«, »Mistkerle, Banditen, Bolschewiken, Judasse, umlegen sollte man euch«. Die UB-Mitarbeiter wurden als »Faschisten«, »SS-Männer« und »Gestapoleute« bezeichnet.[24]

Während die Lage eskalierte, schob sich in der Stimmung der Menge der nationale Aspekt in den Vordergrund. Patriotische Emotionen spielten eine immer größere Rolle. Es war wie ein Kampf zwischen Polen und Nichtpolen. Die Gegner der Demonstranten – Mitarbeiter des UB und Soldaten – wurden im kollektiven Bewußtsein der revoltierenden Menge aus der nationalen Gemeinschaft ausgeschlossen und mit »den Russen« identifiziert. In der Stadt verbreiteten sich Gerüchte, daß sich im UB-Gebäude NKWD-Männer verteidigen würden, die aus den Fenstern auf wehrlose Menschen schossen, oder daß sowjetische Einheiten in polnischen Uniformen in die Stadt einmarschieren würden. Nachdem die Panzerbesatzungen, die am Vormittag auf den Straßen der Stadt vorgefahren waren, sich den Demonstranten ergeben bzw. angeschlossen hatten, hielt man das in den Nachmittags- und Abendstunden weiterkämpfende Militär für fremde Söldner: »Diese Soldaten sind Russen in polnischer Uniform, und darum sind sie rücksichtslos«, wurde geschlußfolgert.[25]

So nahm die antikommunistische Revolution Züge eines nationalen Aufstands an, eines Kampfes gegen den russischen Unterdrücker. In der Stadt herrschte Aufstandspsychose. Viele Einwohner der Stadt glaubten wohl, sie seien Teilnehmer einer Nationalerhebung. Muster des kollektiven Verhaltens aus den Aufständen in der Vergangenheit wurden wiederholt. Bei den bewaffneten Demonstranten tauchten weiß-rote Bänder auf, wie im Warschauer Aufstand von 1944 oder im großpolnischen von 1919. Panzer wurden mit Benzinflaschen in Brand gesetzt. Die Entschiedenheit der Demonstranten zeigte sich darin, daß die schlecht bewaffneten Zivilisten einige Dutzend Panzer zerstörten, mehrere drei- oder gar viermal in Brand steckten. Bewaffnete Gruppen rückten mit Fahrzeugen aus der Stadt aus, um den Aufstand weiterzutragen. In Posen selbst dauerten die Kämpfe bis in die frühen Morgenstunden des 30. Juni hinein an, das heißt fast zwei Tage. Zur Niederschlagung des Aufstandes waren etwa 10000 Soldaten, mehrere hundert Panzer und gepanzerte Fahrzeuge im Einsatz. Die Zahl der Toten betrug schätzungsweise 90 (immer noch mangelt es an genauen Angaben), die Zahl der Verletzten lag weit höher.

Der Posener Protest hatte mehrere Dimensionen: eine ökonomische, eine politische, eine religiöse und eine nationale. Die Vielfalt der Konfliktfelder wirkte stimulierend auf die Dynamik und die Intensität des Protestes. Man könnte mit Bezug auf Ralph Dahrendorf[26] von einer Überlagerung mehrerer

[24] UOP, 155, 6, kk. 7, 204, 211, 237, 251-252; 155, 9, kk. 3, 6, 9, 62; 155, 37, k. 252.
[25] UOP, 155, 6, k. 223.
[26] Dahrendorf, Ralph: Class and Class Conflict in Industrial Society, London 1969.

Konfliktlinien sprechen. Unter den stalinistischen Bedingungen und totalitären Staatsstrukturen kamen alle gesellschaftlichen Forderungen in einer großen Welle zusammen, die mit gewaltiger Kraft gegen die existierenden Machtstrukturen schlug.

Die Revolte fand in ganz Polen eine gewaltige Resonanz. Aus den Materialien der Staatssicherheitsbehörde wissen wir, daß im gesamten Land eine Vielzahl von Flugblättern und Aufschriften auf Gebäuden, Brücken und Zäunen auftauchte, in denen sich die Bevölkerung mit dem Posener Protest solidarisierte. Die Posener Ereignisse trugen dazu bei, daß die Forderungen in den Betrieben lauter und radikaler wurden (die Belegschaften stellten vor allem Lohnforderungen). Arbeitsausfälle und Streikaktionen häuften sich. Der Posener Aufstand wurde zum Katalysator einer gesellschaftlichen Unzufriedenheit, die sich schon seit längerer Zeit angestaut hatte und jetzt an die Oberfläche drängte.

Posen machte den Herrschenden bewußt, daß sich die gesellschaftlichen Vorgänge immer weniger steuern ließen, die Stimmung in der Gesellschaft immer gefährlicher wurde und außer Kontrolle geriet. Wollte die Führung einen landesweiten Ausbruch von Protesten verhindern, so mußte sie neue politische Mittel finden, die bei der Entladung gesellschaftlicher Unzufriedenheit behilflich sein konnten und ihr erneut zu einem Vertrauenskredit verhülfen. In dieser Situation wurde ein demonstrativer Wechsel an der Spitze der PVAP immer dringlicher. Das 7. Plenum des ZK der PVAP im Juli 1956 gab den Weg zur Rehabilitierung Gomulkas frei. Der Beschluß des ZK der PVAP aus dem Jahr 1949, in dem »rechtsnationalistische Abweichungen« verurteilt worden waren, wurde annulliert. Das Plenum beschloß die Wiederaufnahme Gomulkas in die Partei.

Bereits im Vorfeld hatte die Führung der PVAP unter strengster Geheimhaltung mit Gomulka Verhandlungen über seine Rückkehr in die Reihen der Partei geführt. Beide konkurrierenden Parteifraktionen, die Pulawska-Gruppe und die Natolinska-Gruppe, bemühten sich um ihn. Gomulka auf seiner Seite zu haben, mußte auf Grund seiner Autorität und gesellschaftlichen Popularität, die er sich durch seine Opposition zur stalinistischen Wende 1948 und durch die lange Haftzeit erworben hatte, einen großen politischen Trumpf darstellen. Die damaligen Ansichten Gomulkas wie auch sein politischer Instinkt ließen ihn jedoch von einer Zusammenarbeit mit der unpopulären Natolinska-Gruppe, die enge Beziehungen zur sowjetischen Botschaft pflegte, Abstand nehmen. Gomulka unterstützte die Pulawska-Gruppe.

Der polnische Oktober

Im Oktober 1956 beschloß die reformfreundliche Gruppe in der Parteiführung, den inzwischen rehabilitierten Gomulka an die Spitze der Partei zu stellen. Er schien der einzige kommunistische Politiker zu sein, der in der Lage war, die Partei aus der Krise zu führen und den notwendigen Umbruch einzuleiten. Am 19. Oktober 1956, zur Eröffnung des 8. Plenums des ZK der PVAP, auf dem die Inthronisierung Gomulkas vollzogen werden sollte, reiste – alarmiert von der Natolinska-Gruppe – eine sowjetische Delegation mit Chruschtschow an der Spitze an. Dieser »Freundschaftsbesuch« sollte die Wahl Gomulkas, der in Moskau als Feind der UdSSR galt, blockieren. Einen ganzen Tag lang fanden in Warschau Gespräche der sowjetischen Delegation mit der polnischen Führung statt, während sich sowjetische Panzerkolonnen, die aus ihren Stellungen in Niederschlesien und Pommern ausgerückt waren, auf Warschau zubewegten. Schließlich kehrte die sowjetische Delegation nach Moskau zurück. Sie hatte ihr Einverständnis mit der Wahl Gomulkas zum Ersten Sekretär der PVAP gegeben. Die sowjetischen Panzer stoppten ihren Vormarsch in Richtung auf die polnische Hauptstadt, verharrten aber noch einige Tage in ihren Stellungen, um die weiteren Ereignisse abzuwarten. Gomulka hielt auf dem Plenum eine aufsehenerregende Rede. Sein politisches Programm versprach die Abkehr vom stalinistischen Modell in Politik, Gesellschaft und Wirtschaft. Gomulka brandmarkte die illegalen und verbrecherischen Praktiken des Sicherheitsapparates mit scharfen Worten und versprach die Verurteilung aller Schuldigen. Den Mitgliedern der landwirtschaftlichen Produktionsgenossenschaften erkannte er das Recht auf Austritt zu (was blitzartig zur Auflösung von ca. 90 Prozent der Genossenschaften führte, wodurch die seit 1949 betriebene Kollektivierung der Landwirtschaft ein Ende fand). Den größten gesellschaftlichen Enthusiasmus sollte jedoch sein Versprechen wecken, die Souveränität Polens durchzusetzen und einen polnischen Weg zum Sozialismus zu ermöglichen.

Das von Gomulka vorgestellte Programm kam vielen gesellschaftlichen Erwartungen und Forderungen entgegen, seine Ernennung zum Ersten Sekretär wurde im ganzen Land mit Begeisterung aufgenommen. Mit ihr verband sich die Hoffnung, daß nun Forderungen der Gesellschaft realisiert werden könnten: Demokratisierung des Systems, Erhöhung des Lebensstandards, größere Unabhängigkeit von der UdSSR. Die Übergabe der Macht an Gomulka war ein Versuch, das gesellschaftliche Klima zu entschärfen und gleichzeitig die Kontrolle der Obrigkeit über gesellschaftliche Stimmungen und Verhaltensformen aufrechtzuerhalten. Dieses große politische Manöver hatte jedoch nur teilweise Erfolg. Die dramatischen Umstände des Oktoberplenums (der Führungswechsel gegen den Willen Chruschtschows, der Marsch sowjetischer Panzerkolonnen auf Warschau, die sowjetischen Kriegsschiffe in der Danziger Bucht) lösten eine gesellschaftliche Massenbewegung aus, die sich in Form von Demonstrationen, Kundgebungen, Meetings und Betriebsversammlungen blitzartig über ganz Polen ausbreitete. Die Veränderungen wurden begrüßt, zugleich artikulierte sich Angst vor einer gegen Gomulka gerichteten bewaffneten sowjetischen Intervention. Die so entstandene Bewegung stand gewisse Zeit außerhalb jeglicher staatlicher Kontrolle. Auf den Straßen demonstrierten Menschenmassen, es kam zu Zusammenstößen mit Ordnungskräften. Der Aggression der Menge waren vor allem Gebäude des UB und sowjetische Militärobjekte ausgesetzt.

Einige Beispiele sollen genügen, um die damals herrschende Stimmung zu illustrieren: Am 24. Oktober demonstrierten nach einer Kundgebung mit Gomulka Zehntausende auf den Straßen Warschaus. Sie versuchten, zum Gebäude des ZK durchzudringen, sangen patriotisch-religiöse Lieder (»Gott schütze Polen« und ähnliche), brachten Hochrufe auf Gomulka aus und riefen, wie in einem Rapport des UB festgehalten ist, antisowjetische Losungen. Nachdem die Miliz die Demonstration aufgelöst hatte, gelangte ein Teil der Demonstranten zum Gebäude des Sejm, wo sie ebenfalls auseinandergetrieben wurden. Vor der ungarischen Botschaft bekundete eine andere Gruppe ihre Solidarität mit dem kämpfenden Ungarn. Es gab auch Versuche, vor dem Wojewodschaftskomitee der PVAP und der sowjetischen Botschaft zu demonstrieren, doch in beiden Fällen verhinderten dies die Ordnungskräfte. Eine Gruppe organisierte an der Zygmunt-Säule eine Kundgebung unter dem Motto »Warschau-Budapest-Belgrad«. Wie der UB notierte, wurden an diesem Tag am häufigsten Losungen gerufen, die »gegen Marschall Rokossowski gerichtet [waren], [die] die Befreiung von Wyszynski sowie die Liquidierung sowjetischer Militärstützpunkte in Polen forderten«.[27]

Derartige Kundgebungen, Protestzüge und Demonstrationen fanden in ganz Polen statt, die meisten während des 8. Plenums des ZK der PVAP (19. bis 21. Oktober 1956) und in den darauffolgenden Tagen. Die Welle unkontrollierter gesellschaftlicher Äußerungen ergoß sich auch noch im November und sogar im Dezember über das Land. So demolierte beispielsweise am 18. November eine Menschenmenge in Bromberg das Gebäude der Wojewodschaftskommandantur der Miliz und anschließend einen Störsender. Am 10. Dezember attackierten Demonstranten in Stettin das Gebäude der Staatsanwaltschaft, das Gefängnis und die Kommandantur der Miliz. Zweimal drangen sie auf das Gelände des Konsulats der UdSSR vor und zerstörten dort die Einrichtung.

Die Massenbewegung von Oktober/November 1956 war in ihrem programmatischen Ausmaß ähnlich allumfassend wie die Posener Junirevolte und fokussierte alle gesellschaftlichen Forderungen. Wie im Juni wurde auch im Oktober Gewalt gegenüber den Sicherheitsorganen ausgeübt. Losungen gegen den UB waren auf allen Kundgebungen und Großversammlungen zu hören. Man forderte die Auflösung des Komitees für öffentliche Sicherheit, die Liquidierung des regionalen UB und die Bestrafung der Mitarbeiter. Man zählte die durch sie begangenen Verbrechen auf. Leute berichteten, wie sie beim UB zugerichtet worden waren. Forderungen nach »Enttarnung von Mitarbeitern des UB und ihrer Zuträger«, »Bekanntgabe der Namen von Informanten« und »Veröffentlichung der Listen von Spitzeln und Informanten« wurden erhoben. Auf einer Kundgebung in Mysliborz wurde eine Delegation mit dem Auftrag bestimmt, aus der Kreisbehörde des UB und der Kreiskommandantur der Miliz Dokumente über geheime Mitarbeiter entgegenzunehmen. In vielen Betrieben wurde gefordert, Personen zu entlassen, die für Agenten und Informanten der Sicherheitsapparate gehalten wurden,

[27] UOP, 17, IX, 96, o.S.

ebenso wie ehemalige Mitarbeiter des UB, die im Zuge des Personalabbaus im Sicherheitsapparat nun in Betrieben Anstellung fanden. »Wir wollen keine Spitzel«, riefen die Posener Straßenbahner auf einer Großversammlung. »12 Jahre hat man uns geschlagen und gequält«. »Sollen sie verhungern dafür, daß sie uns gequält haben«, war auf einer Kundgebung in Rogoznica zu hören.[28] Wie im Juni prägte auch im Oktober die religiöse Symbolik ein wesentliches Element der Proteste. Fast überall wurden Kirchenlieder gesungen, wurde die Haftentlassung von Kardinal Wyszynski gefordert. Man verlangte auch »die Rückkehr aller Weltreligionen«, »jeden Sonntag die Übertragung der Heiligen Messe im Radio«, »das Aufhängen von Kreuzen in Ämtern und öffentlichen Institutionen«. Manchmal gab es auch weiterreichende Forderungen: Auf einer Kundgebung in Pulawy wurde gefordert, daß Armee und Feuerwehr geschlossen zur Kirche gehen sollten.[29] Spontan wurden Kreuze in Schulräumen aufgehängt, oft an die Stelle der entfernten Porträts staatlicher Würdenträger.

Dominiert war die Massenbewegung jedoch – analog zum Juni in Posen – von nationalen Emotionen. In den Oktobertagen wurden auf lebhafte Weise Forderungen nach Wiederbelebung nationaler Werte artikuliert, die in der vorangegangenen Zeit aus dem gesellschaftlichen Leben eliminiert oder marginalisiert worden waren. Man sprach von Katyn, verlangte die Rehabilitierung der Angehörigen der Armia Krajowa und sogar der Nationalen Streitkräfte (einer rechten nationalistischen Formation), forderte die Wiederaufnahme der Krone in das Staatswappen und die Rückkehr der Armee zu den traditionellen Uniformen. Nationalfeiertage, die von den Kommunisten abgeschafft worden waren, sollten wieder eingeführt werden.

Der nationale Aufbruch richtete sich in erster Linie gegen »die Russen«. In vielen Städten herrschte eine Atmosphäre des Nationalaufstands. Man erwartete Kämpfe zwischen sowjetischem und polnischem Militär. Gerüchte verbreiteten sich, daß schon gekämpft würde. Auf den meisten Kundgebungen und Massenveranstaltungen wiederholten sich Forderungen nach Rückgabe der nach dem Zweiten Weltkrieg verlorenen Gebiete, in vielen Fällen zögerte man nicht, diese Forderungen in offizielle Resolutionen an die Führung des Landes aufzunehmen. Noch öfter wurde verlangt, daß das sowjetische Militär aus Polen abgezogen werden soll und sowjetische Offiziere aus der Polnischen Armee verschwinden sollten. Man wollte Polen ganz und gar von der sowjetischen Vorherrschaft befreit und von allen Formen sowjetisch-russischer Beeinflussung bereinigt sehen. Wie es in einem Parteibericht heißt, riefen die Teilnehmer einer Kundgebung im Danziger Hafen »mit großem Enthusiasmus«: »Kein Russe mehr in Polen«.[30]

Losungen wie »Russen nach Hause« und »Weg mit Rokossowski« waren auf Mauern und Plätzen vieler Städte zu sehen. Weit verbreitet waren Forderungen, den Russischunterricht in den Schulen abzuschaffen, oft verbunden

[28] UOP, 17, IX, 96, o.S.; 17, IX, 99, Bd. 6, o.S.; 155, 24, k. 147; AAN VI, 237, VII-3861, k. 71.
[29] UOP, 17, IX, 99, Bd. 6, o.S.
[30] AAN VI, 237, VII-3843, k. 109.

mit der Forderung, dafür Religionsunterricht oder andere Fremdsprachen einzuführen. In einigen Städten verbrannten Schüler demonstrativ ihre Russischlehrbücher und weigerten sich, am Russischunterricht teilzunehmen. Sehr verbreitet war das Entfernen und Vernichten von Gegenständen, die die sowjetische Gegenwart in Polen symbolisierten. Überall wurden zuallererst die Porträts von Konstanty Rokossowski ins Feuer geworfen, der als Oberbefehlshaber der Polnischen Armee die Abhängigkeit Polens verkörperte. Vitrinen und Propagandamaterialien der Gesellschaft für Polnisch-Sowjetische Freundschaft sowie Denkmäler für die Sowjetische Armee fielen der allgemeinen Zerstörungswut anheim. Rote Sterne wurden entfernt, Stalinbüsten zerschlagen. Es kam sogar zu Versuchen Demonstrierender, auf das Gelände sowjetischer Armeeinheiten zu gelangen, in Häuser, die von Russen bewohnt wurden, um dort die Fensterscheiben einzuwerfen. Ein sehr stürmischer Vorfall ereignete sich in Niederschlesien. Hier waren die meisten sowjetischen Einheiten stationiert, und von hier aus fuhren ihre Panzer während des 8. Plenums nach Warschau. Arena einer zweitätigen Manifestation war Legnica (Liegnitz), wo sich am 23. Oktober anfänglich nur einige Dutzend Menschen unter der Losung »Wir solidarisieren uns mit dem 8. Plenum« versammelten. In Windeseile vergrößerte sich die Gruppe, und antisowjetische Parolen begannen zu dominieren. »Ungefähr um 22.00 Uhr begaben sich die Versammelten auf den Stalinplatz und versuchten, das Denkmal [der Roten Armee – P.M.] zu stürzen«, vermerkt ein Rapport des UB. Zur Auflösung der Manifestation wurden Miliz und Truppen des Innenministeriums eingesetzt. Am nächsten Tag wiederholten sich ähnliche Manifestationen und Vorfälle: »Aufgebracht durch antisowjetische Losungen demolierten die Demonstranten das Haus der Offiziere der Sowjetischen Armee und schlugen Scheiben der Unterkünfte des sowjetischen Militärs ein.« Etwa 6000 Demonstranten versammelten sich vor dem Gebäude des UB, das mit Steinen beworfen wurde. Mitarbeiter des UB versuchten, die Menge mit Tränengas auseinanderzutreiben, was aber keinen größeren Erfolg hatte. Erst die Soldaten der Truppen des Innenministeriums beherrschten die Situation.[31]

Ebenfalls zwei Tage dauerten die Straßenmanifestationen in Wrocław (Breslau) an. Am 22. Oktober fand eine Kundgebung mit etwa 10000 Teilnehmern statt. Dabei wurden Forderungen erhoben, das sowjetische Militär solle aus Polen abziehen und die Wahrheit über Katyn solle endlich kundgetan werden. Nach der Veranstaltung teilte sich die Menge in mehrere Gruppen auf: Eine von ihnen demolierte die Vitrinen im Haus der Gesellschaft für Polnisch-Sowjetische Freundschaft, eine andere randalierte und zerriß rote Fahnen auf dem Hauptbahnhof. Die aufgebrachte Menge riß Porträts von Rokossowski herunter und verbrannte sie. An der Stalinstraße nahmen sie die Straßenschilder ab. Am nächsten Tag versammelten sich in den Abendstunden Gruppen von mehreren hundert Menschen, die antisowjetische Parolen riefen.[32]

[31] UOP, 17, IX, 99, Bd. 6, o.S.; 17, IX, 96, o.S.
[32] UOP, 17, IX, 99, Bd. 6, o.S.; 17, IX, 96, o.S.

Zweitägige Manifestationen gab es auch in Gliwice (Gleiwitz). Am 22. Oktober fand hier eine Kundgebung statt, die damit endete, daß ein Student im Namen aller Versammelten eine Resolution mit den Forderungen verlas: »Abzug des sowjetischen Militärs aus Polen, Rückgabe der polnischen Ostgebiete einschließlich Lembergs, [...] Studienmöglichkeiten in westlichen Ländern, Abschaffung der Störsender [...]«. Am Ende der Kundgebung wurden die »Rota« und die Nationalhymne gesungen. Nicht alle gingen danach nach Hause. Ein Teil der Kundgebungsteilnehmer begab sich in Richtung der sowjetischen Kasernen. Dort skandierte man: »Wieslaw, Souveränität, Freiheit«. »Rufe [...] zu Ehren des 8. Plenums, aber auch antisowjetische und solche gegen Genossen Rokossowski« ertönten, liest man im Rapport des Kreiskomitees der Partei. Man skandierte auch: »Wo ist Kardinal Wyszynski?« Vor der Kirche hielt man an und sang religiöse Lieder. Dann gingen die Demonstranten zum Denkmal für die Sowjetische Armee, das sie zu beschädigen versuchten. Die Demonstration drang nicht bis zu den sowjetischen Kasernen vor, zwei Tage später versammelten sich aber erneut Menschen (hauptsächlich Studenten und Jugendliche) auf dieser Straße. Wieder brach ein Zug in Richtung der Kasernen auf. Er vergrößerte sich ständig. In der Kulminationsphase waren hier rund 4000 Menschen versammelt. Die Demonstranten skandierten: »Weg mit den Russen«, »Wir wollen Lemberg und Wilna«, »Weg mit den Moskauer Freiheitswürgern«, »Es lebe das freie und unabhängige Polen«, »Es lebe Wieslaw«. Parteiaktivisten und Offiziere versperrten den Weg zu den Kasernen, und so blieb den Demonstranten nichts anderes übrig, als umzukehren und wie zwei Tage zuvor zum Denkmal für die Sowjetische Armee zu ziehen, wo sie versuchten, den roten Stern abzubrechen.[33]

Gewalttätig wurden Demonstranten vor allem dort, wo Einheiten der Sowjetischen Armee stationiert waren. Aber in Charakter, Zielsetzung und Wahl der Losungen und Symbole waren die Protestaktionen überall gleich. Das betraf nicht nur große Städte, sondern auch kleine Ortschaften. So wurde in Nowe Miasto, einem Ort mit einigen Tausend Einwohnern unweit von Olsztyn (Allenstein), für den 24. Oktober eine Kundgebung angesetzt, auf der der Kreisvorsitzende des Nationalrats das Programm des 8. Plenums vorstellen wollte. Das erwies sich als unmöglich, da während seiner Rede die Glocken aller Kirchen des Ortes zu läuten begannen und die versammelte Einwohnerschaft »Gott schütze Polen« sang. Die Versammelten lehnten die von der Lokalverwaltung vorbereitete Resolution ab und stellten ihre eigenen Forderungen. Dazu gehörte die Einführung des Religionsunterrichts in den Schulen, das Aufhängen von Kreuzen in den Klassenzimmern, die Abschaffung des Russischunterrichts. Es gab den Antrag, in den Schulen nur noch Lehrbücher polnischer Autoren (und nicht mehr russischer) zu verwenden. Erleichterungen für Kontakte nach dem Westen wurden verlangt. Man forderte die Rückgabe der Ostgebiete an Polen, forderte Aufklärung

---

33 AAN VI, 237, VII-3843, kk. 100, 112. »Wieslaw« war Gomulkas Pseudonym aus der Okkupationszeit, das er auch während seiner späteren Tätigkeit bis 1948 benutzte.

über die Verbrechen des UB. Während der Reden ertönten Rufe wie »Weg mit den Russen«, »Wir wollen ein freies Polen«, »Weg mit Rokossowski«, »Weg mit den Stalinknechten«. Zum Schluß intonierten die Organisatoren die Internationale, aber die Versammelten stimmten die Nationalhymne an. Nach der Kundgebung ging eine Gruppe Jugendlicher zur nahen Schule, von der sie, ohne Scheu vor der anwesenden Miliz, den roten Stern entfernen wollten. Das Denkmal für die Sowjetische Armee wurde mit gelber Farbe übergossen, die Vitrinen der Gesellschaft für Polnisch-Sowjetische Freundschaft demoliert. Am nächsten Tag weigerten sich die Grundschüler in Nowe Miasto, am Russischunterricht teilzunehmen. Die Kinder brachten Kreuze zur Schule und wollten den Unterricht mit lautem Gebet beginnen.[34]

Antisowjetismus war Hauptbestandteil der allgemeinen Stimmung. Moskauer Expansionismus und sowjetische Dominanz galten als Ursache aller Probleme und Übel. Die Sowjetunion wurde allgemein für die schlechte materielle Lage der Polen verantwortlich gemacht, für den Warenmangel, für die Wohnungsknappheit. Für alle war offensichtlich, daß die Armut der Polen ein Resultat der wirtschaftlichen Ausbeutung durch die Russen war. Besondere Empörung verursachte der Export polnischer Kohle in die UdSSR, denn allgemein war bekannt, daß die Sowjets dafür nur einen Bruchteil des Weltmarktpreises zahlten. Auf Kundgebungen und in Großversammlungen wurde davon gesprochen, daß sich die materielle Lage der Bevölkerung in einem von der UdSSR unabhängigen Polen ohne sowjetische Streitkräfte bedeutend verbessern würde. »Wir fordern den Abzug der sechs sowjetischen Divisionen, die in Polen stationiert sind und die unser Brot essen! Der Abzug dieser sechs Divisionen trägt zur Hebung des Lebensstandards bei«, hieß es in Giżycko. In den Cegielski-Werken in Posen hofften die Arbeiter: »Die sowjetischen Truppen werden mit ihren Familien Polen verlassen und dann gibt es viele Wohnungen für uns«.[35]

In bezug auf den symbolisch-ideellen Gehalt war die Massenbewegung vom Oktober den Protesten in Posen also sehr ähnlich: Nationale und religiöse Forderungen dominierten, Gewalttätigkeit war von Antisowjetismus und Antirussismus getragen, Parolen gegen die politische Polizei und die Sicherheitsbehörden waren weit verbreitet. Die Ereignisse unterschieden sich jedoch in bezug auf ihren politischen Horizont. Im Vergleich zur Posener Junirevolte war die Massenbewegung im Oktober weniger radikal. Wenn man den Verlauf der Kundgebungen, Massenversammlungen, Demonstrationen vom Oktober näher betrachtet, so stellt man fest, daß Forderungen wie »Wir fordern freie Wahlen«, »Weg mit der Diktatur«, »Wir wollen Freiheit«, »Weg mit den Kommunisten«, »Weg mit der Partei«, die einige Monate zuvor auf den Straßen von Posen die Szenerie beherrscht hatten, im Herbst weniger häufig erklangen. Im Oktober gab es – bei aller nach wie vor starken gesellschaftlichen Aufbruchstimmung – keine Dominanz ausgesprochen antikommunistischer Forderungen mehr. Der Machtanspruch der PVAP wur-

[34] UOP, 155, 34, o.S.
[35] UOP, 17, IX, 96, o.S.

de nicht mehr in Frage gestellt. Das systemgegnerische Potential wirkte nicht über den kritischen Punkt hinaus, es erfolgte keine Explosion wie wenige Monate zuvor in Posen.

Was war der Grund für diesen Unterschied? Die Forschung weist hier in der Regel auf den ernüchternden Einfluß des ungarischen Dramas hin. Es habe die Polen veranlaßt, ihre Forderungen und Handlungen zu »beschränken«. Mit Sicherheit ist hier ein wichtiger Einflußfaktor zu sehen. Neben zahlreichen Solidaritätsbekundungen mit den um Freiheit kämpfenden Ungarn wurden auf Kundgebungen im Herbst immer wieder Befürchtungen geäußert, daß sich die ungarischen Ereignisse – Blutvergießen und sowjetische Intervention – in Polen wiederholen könnten.

Dennoch sollte der Einfluß der ungarischen Ereignisse nicht überbewertet werden. Die Kämpfe in Budapest begannen bekanntlich erst am Abend des 23. Oktober, zwei Tage nach Beendigung des 8. Plenums der PVAP, das in Polen den Wendepunkt markierte. Die erste Phase des ungarischen Aufstandes mußte – ungeachtet der zahlreichen Toten und Verwundeten – auf die Polen nicht zwangsläufig einschüchternd wirken. Der Aufbruch der Regierung Imre Nagy, die Wiederentstehung eines Mehrparteiensystems, die Ankündigung freier Wahlen, der anfängliche Rückzug der Russen aus Budapest und die Zusage des vollständigen Truppenabzugs aus Ungarn, all das mußte ganz im Gegenteil die polnischen Ambitionen eher radikalisieren. In Niederschlesien wurden jedenfalls in den letzten Oktobertagen Flugblätter verbreitet, die »zum bewaffneten Kampf gegen die UdSSR nach dem Beispiel Ungarns« aufriefen. Zur gleichen Zeit wurde in Olsztyn (Allenstein) auf die Frage nach einer »Hilfe für die ungarischen Aufständischen« geantwortet: »Für die, die die Russen schlagen«.[36] Erst die zweite Intervention Moskaus, die am 4. November einsetzte, machte die ungarische Revolution zu einer nationalen Tragödie. Erst sie war auch gleichzeitig eine Warnung an die Adresse Polens. Inzwischen war die größte Welle von Kundgebungen, Großversammlungen und Demonstrationen in Polen allerdings bereits im Abklingen begriffen.

Der gemäßigte Anstrich der Massenbewegung im Oktober 1956, die die offen antikommunistischen Forderungen der Posener Revolte nicht aufgegriffen hatte, war demzufolge nicht vorrangig ein Reflex der ungarischen Ereignisse. Der nationale Faktor spielte eine wesentliche, ja sogar die Schlüsselrolle. Beide Phasen der Bewegung – sowohl die vom Juni wie auch die im Oktober – waren antirussisch und antisowjetisch ausgerichtet und vom Geist des Kampfes um die Unabhängigkeit Polens getragen. Nationale und freiheitliche Emotionen wurden zum Katalysator beider Protestwellen. Indes: Waren in Posen die polnischen Kommunisten noch als Vertreter der sowjetischen Macht mit angeklagt und als Vertreter fremder Interessen aus der nationalen Gemeinschaft ausgeschlossen, so galten sie im Oktober als Teil der sich gegen das sowjetische Diktat auflehnenden Nation. Die Gefahr einer gegen Gomulka gerichteten sowjetischen Militärintervention hatte das gesell-

[36] UOP, 17, IX, 96, o.S.

schaftliche Bild von der PVAP erheblich verändert. Die polnischen Kommunisten wurden nicht mehr wie »Diener Moskaus« behandelt, sondern fanden sich plötzlich an der Spitze einer nationalen Befreiungsbewegung gegen die Russen wieder.

Der Großteil der Gesellschaft sah in Gomulka nicht den Kommunisten, der erneut an die Macht gelangte, sondern den nationalen Führer des Volkes im Kampf gegen die demütigende sowjetische Kuratel. Er hatte sich 1948 nicht vor Stalin gebeugt und nun, 1956, forderte er die Russen erneut heraus. Schließlich, so stellte es sich dar, zwang er Chruschtschow die Oktoberwende zu akzeptieren und nötigte die sowjetischen Panzer zur Umkehr. Als sich herausstellte, daß auf dem 8. Plenum trotz des sowjetischen Drucks die Linie Gomulkas siegen würde, herrschte im Land Euphorie: Man feierte die Erringung der Unabhängigkeit, den Beginn einer neuen Epoche. Am 23. Oktober deklarierte einer der Redner auf einer Kundgebung in Lublin, daß »unser Volk bis zum 8. Plenum noch unter Zwang gelitten hat, erst heute fühlt es die Freiheit«. Während einer Kundgebung in der Akademie des Generalstabs am 22. Oktober begann einer der Offiziere seine Rede mit folgenden Worten: »Genossen! Anwesende! Man kann sagen, daß seit gestern die Unabhängigkeit unseres Vaterlandes begonnen hat«. Und auf einer Großversammlung der Eisenbahner in Stettin wurde angeregt, den »20. Oktober 1956 zum Tag der Befreiung des Volkes« zu erklären.[37]

Die Popularität und die Autorität, die Gomulka in den Oktobertagen errang, wurde in der polnischen Geschichte des 20. Jahrhunderts nur wenigen zuteil. Aus dem ganzen Land trafen für ihn Geschenke ein. Geld und Wertgegenstände (u.a. übergab ein Ehepaar zwei goldene Eheringe) wurden zur Verfügung gestellt, um die polnischen Schulden bei der UdSSR zu begleichen und Polens Unabhängigkeit von seinem östlichen Nachbarn auch wirklich zu garantieren. In Betrieben hat man Produktionsverpflichtungen übernommen, wahrscheinlich das einzige Mal in der Geschichte der Volksrepublik Polen freiwillig und spontan.

Dieses Bild des Kämpfers für die Unabhängigkeit Polens, das von Gomulka existierte (und übrigens bei weitem nicht der Wirklichkeit entsprach), erwies sich als kapitaler politischer Pluspunkt für die polnischen Kommunisten. Er setzte einen Mechanismus in Gang, der die Lösung der politischen Krise enorm erleichterte. Der Mythos Gomulkas beruhigte die empörten Massen. Die gesellschaftliche Unterstützung, die Gomulka als Führer des um Freiheit kämpfenden Volkes erhielt, trug ganz wesentlich zur Legitimierung der kommunistischen Macht und zur Stabilisierung der gesamtpolitischen Situation bei. Nationale und antisowjetische Stimmungen wirkten unter diesen Umständen deeskalierend. Sie dämpften die Radikalität des politischen Protestes, kanalisierten die Kritik am bestehenden System und nahmen der Massenbewegung ihre antikommunistische Stoßrichtung. Im Ergebnis war die Massenbewegung des Oktober 1956 nicht so eindeutig revolutionär wie die Posener Junirevolte. Sie drängte nicht mit aller Kraft gegen die Machtstruk-

[37] UOP, 17, IX, 124, Bd. 18, o.S.; 17, IX, 99, Bd. 6, o.S.; AAN VI, 237, VII-3843, k. 115.

turen. Somit gelang es der PVAP, die polnische Revolution unter Kontrolle zu halten. Das ursprünglich gegen das System gerichtete Potential entlud sich im Antisowjetismus.

Die neue Parteiführung entschied, einen wesentlichen Teil der Forderungen der Massen zu erfüllen. Die Vertreter der Natolinska-Gruppe wurden aus dem Politbüro ausgeschlossen, da sie sich durch ihre prosowjetische und reformfeindliche Haltung diskreditiert hatten. An ihre Stelle traten Anhänger von Gomulka oder Parteifunktionäre, die mit der reformfreundlichen »Pulawska-Gruppe« verbunden waren. Der verhaßte Konstanty Rokossowski, die Personifizierung der Abhängigkeit von der UdSSR, wurde abgesetzt. Sowjetische Offiziere und Berater in der Armee und den Sicherheitsorganen kehrten in die Sowjetunion zurück. Im November wurde der verhaßte Sicherheitsdienst UB aufgelöst. Der seit 1953 inhaftierte Primas Stefan Wyszynski kam frei, ebenso wie auch viele andere Verhaftete. Bischöfe, die aus ihren Diözesen vertrieben worden waren (das betraf vor allem Schlesien), durften jetzt zurückkehren; in den Schulen gab es wieder Religionsunterricht. Im November, nach den Unruhen in Bromberg, wo die Menge einen Störsender demoliert hatte, wurde der Beschluß gefaßt, die Störung ausländischer Rundfunksender einzustellen. Personen, die nach den Posener Ereignissen verhaftet worden waren, wurden freigelassen. Eine Kommission wurde beauftragt, durch Mitarbeiter der Staatssicherheit und des militärischen Geheimdienstes begangene Rechtsverletzungen zu untersuchen und deren Strafverfolgung einzuleiten. Auf dem Lande ließ die PVAP dem raschen Zerfall fast aller Produktionsgenossenschaften freien Lauf. Das Abgabensoll wurde gesenkt, den Bauern hat man höhere Aufkaufpreise geboten.

Die Konzessionen der Führung nach dem 8. Plenum trugen zur Stabilisierung der politischen Situation bei und brachten für die neue Equipe einen bedeutenden Vertrauensvorschuß. Die Veränderungen im Herbst 1956 begründeten die definitive Abkehr vom stalinistischen Regierungsmodell. Sie ließen die Hoffnung aufkommen, daß Gomulka die Gesellschaft auf dem Evolutionsweg zur weiteren Liberalisierung und Demokratisierung führen würde. Denn dies zeigten die Ereignisse in Ungarn deutlich: Radikale Veränderungen im internationalen Status quo waren nicht zu erwarten.

Die Welle der gesellschaftlichen Aktivität, die im Oktober Polen überrollt hatte, flachte bald ab. Im Dezember kam es noch vereinzelt zu Demonstrationen und Unruhen (am 18. November in Bromberg, am 10. Dezember in Stettin), doch sie blieben isolierte Ereignisse von lokaler Bedeutung. Die endgültige Konsolidierung der Macht Gomulkas erfolgte mit den Wahlen zum Sejm im Januar 1957. Zum ersten Mal seit 1947, als die damals noch existierende Opposition mit brutalem Terror niedergekämpft und die Wahlergebnisse gefälscht worden waren, standen mehr Kandidaten (fast doppelt so viele) zur Wahl als Parlamentsitze vorhanden waren. Obwohl alle auf einer Liste der Nationalen Einheitsfront stehen mußten, wodurch die Konkurrenz zwischen verschiedenen Listen entfiel, muß die Wahlkampagne vom Dezember 1956 bis Januar 1957 als in der Geschichte der Volksrepublik Polen einmalig demokratisch bezeichnet werden. Die Parteiführung mußte um das endgültige Wahlergebnis sogar fürchten. Knapp zehn Tage vor der Wahl begann eine hysterische Propagandakampagne gegen Streichungen auf den Wahlzetteln. Die PVAP befürchtete, ihre auf der Einheitsliste bestplazierten Kandidaten und die ihrer Bündnispartner würden zu wenig Stimmen erhalten. Gomulka warf seine gesamte Autorität als »Held des Oktober« in die Wagschale und gab im Rundfunk zu bedenken, daß eine Streichung der Parteikandidaten als Angriff auf die Beziehungen Polens zur UdSSR verstanden werden könnte und die Existenz eines unabhängigen polnischen Staates damit aufs Spiel gesetzt würde. »Wenn ihr die Kandidaten unserer Partei streicht, dann streicht ihr die Unabhängigkeit unseres Landes, dann streicht ihr Polen von der Landkarte der europäischen Staaten!«, warnte der Erste Sekretär am Vortag der Wahlen. Diese Erpressung wirkte. Die Wahlbeteiligung lag bei 94,1 Prozent. 98,4 Prozent der Wähler nahmen keine Streichungen auf ihren Wahlzetteln vor. In allen Wahlbezirken (mit einer Ausnahme) erreichten schon im ersten Wahlgang alle Kandidaten der Partei ihr Parlamentsmandat. Es gibt keine Hinweise auf Wahlfälschung, auch seinerzeit wurden keine derartigen Vorwürfe erhoben.

Die Lösung der polnischen Krise war ein Erfolg für die in Polen regierende kommunistische Partei. Es gelang, die gesellschaftlichen Spannungen, die seit Frühjahr 1956 rapide anwuchsen, sich im Juni in Posen explosionsartig entluden und im Herbst in landesweite Revolte auszubrechen drohten, zu entladen und die Gesellschaft weitgehend zu befrieden. Zugleich gewannen Gomulka und die nach dem 8. Plenum erneuerte Parteiführung breite soziale Anerkennung. Zwar gehörten die gesellschaftliche Euphorie und die enthusiastische Unterstützung für den Ersten Sekretär der PVAP bereits ein Jahr später der Vergangenheit an. Aber im entscheidenden Moment, im Oktober 1956, gelang es unter seiner Mitwirkung, die Kontrolle über die Lage zu behalten und den Prozeß der Entstalinisierung friedlich und evolutionär zu vollenden.

An dieser Stelle drängt sich unausweichlich der Vergleich mit der ungarischen Entwicklung auf. Dabei sollte klar sein, daß Polen im Oktober 1956 nur wenig davon entfernt war, den ungarischen Weg einzuschlagen, wie auch übrigens die Ungarn fast bis zum letzten Moment einen revolutionären Ausbruch durch eine »polnische« Lösung verhindern konnten. Die polnischen Kommunisten zeigten sich insoweit flexibel und weitsichtig, begriffen die gesellschaftlichen Stimmungen recht gut, um im richtigen Moment einer Welle gesellschaftlicher Forderungen nachzugeben und Wladyslaw Gomulka zurückzurufen, der in den Augen der Öffentlichkeit als der beste Garant für den Bruch mit dem Stalinismus und fur die nationale Unabhängigkeit galt. Auf diese Weise gelang es, die kollektive Unzufriedenheit zugunsten von Veränderungen im bestehenden System zu »kanalisieren«, um die politische Kontrolle zu behalten. Wenn Ernö Gerö, der Erste Sekretär der Ungarischen Arbeiterpartei, rechtzeitig von seinem Posten zurückgetreten wäre; wenn er sich noch am 23. Oktober, auch angesichts der sowjetischen Panzer, anstatt Sicherheitskräfte gegen die Demonstranten zu schicken, an Imre Nagy, den »ungarischen Gomulka«, gewandt hätte, wäre es in Budapest wahrscheinlich ebenfalls gelungen, einen revolutionären Ausbruch zu verhindern. Die Übernahme des Premierpostens durch Nagy kam wohl zu spät, die Revolution hatte bereits begonnen. Umgekehrt könnte man meinen, daß in Polen eine Blockade der Veränderungen durch die Machtspitzen und ein anderer Verlauf des 8. Plenums (z.B. ein Sieg der konservativen Natolinska-Gruppe, unterstützt von den Russen) einen revolutionären Aufbruch wie in Ungarn hätte bewirken können. Der polnische Oktober war somit ein gelungenes Manöver der regierenden Partei, eine erfolgreiche »Flucht nach vorn«, durch die eine gesellschaftliche Eskalation vermieden und eine tiefe Systemkrise bewältigt werden konnte.

Es wäre jedoch falsch, in den polnischen Ereignissen von 1956 allein eine politische Manipulation der kommunistischen Partei zu sehen. Vielmehr muß man sich vor Augen halten, daß ein ständiger Druck von unten, der politische Zugeständnisse, die Liberalisierung des Systems und Veränderungen auf der höchsten Machtebene erzwang, bestimmend auf die Richtung und bis zu einem gewissen Grad auch auf das Tempo der Veränderungen einwirkte. Die Entstalinisierung wurde nicht nur unter dem Einfluß der Impulse aus Moskau nach dem Tod Stalins und dem XX. Parteitag der KPdSU in Gang gesetzt, sondern auch durch eine Gesellschaft erzwungen, die das stalinistische System ablehnte. Aus der Krise von 1956 ging nicht nur die PVAP siegreich hervor. Auch die polnische Gesellschaft erkämpfte sich einen enormen, dauerhaften Gewinn. Die wichtigsten Erfolge von 1956 erwiesen sich als unumkehrbar: Nach 1956 war Polen ein Land ohne Massenterror und Zwangskollektivierung, ohne allumfassende Ideologisierung von Privatleben, Kultur und Wissenschaft. Der Oktober führte zu einer dauerhaften Erweiterung der zivilen Freiheiten. Er schuf für Polen, das ein Teil des sowjetischen Imperiums blieb, Freiräume, um Gesellschaft und Kultur weiterzuentwickeln.

Aus dem Polnischen übersetzt von Ruth Kibelka (Berlin).

Der Sicherheitsapparat in den Jahren des »Tauwetters«. Der Fall Polen

von

ANDRZEJ PACZKOWSKI

Anfang 1953 befand sich der polnische Sicherheitsapparat auf dem Höhepunkt seiner personellen Expansion. In der Zentrale des Ministeriums für öffentliche Sicherheit (MBP) sowie in den lokalen Ämtern für öffentliche Sicherheit (UB) auf Wojewodschafts-, Kreis- und Stadtebene waren ungefähr 33000 Personen fest angestellt sowie weitere 8200 Mitarbeiter auf Vertragsbasis beschäftigt. Über die Hälfte der fest Angestellten waren Mitarbeiter der operativen Abteilung, weitere 2000 wurden in dieser Zeit an den entsprechenden Fachschulen ausgebildet. Auf einen operativen Mitarbeiter entfielen also 1300 Einwohner, einschließlich Kinder und Alte. In den Karteien der »verdächtigen Elemente« waren etwa 5200000 Familiennamen erfaßt, also 1/3 aller erwachsenen Polen.[1] Das aktive Spitzelnetz zählte nicht weniger als 70000 bis 75000 »Augen« (gemeint sind Mitarbeiter). Allein die Abteilung für »Wirtschaftsschutz« – nicht berücksichtigt Transport und Verkehr sowie Schwer- und Rüstungsindustrie – verfügte über eine Kartei mit ca. 25000 Agenten, Residenten und Informanten.[2] Nach unvollständigen Angaben wurden allein 1952 mindestens 21000 Personen verhaftet, die man verdächtigte, »staatsfeindliche Verbrechen« begangen zu haben, und 35000 Verurteilte verbüßten ihre Strafe.[3] Im Laufe des Jahres 1953 wurden 16 Prozent aller Postsendungen aus dem Ausland kontrolliert und 1,4 Prozent aller Sendungen im Inland. Gleichzeitig wurden in »Dunkelkammern« ungefähr 16000000 Briefe und ungefähr 1700000 Druckerzeugnisse aus dem Ausland gelesen.[4] Fast 1600 Mitarbeiter arbeiteten in besonderen Abteilungen (Sicherheitsreferaten) in mehreren hundert Fabriken und Betrieben.[5]

Dem Ministerium zugeordnet waren außerdem die Miliz (MO) und ihre paramilitärische Zusatzorganisation ORMO, die Truppen des Innenministeriums (KBW) und die Grenztruppen (WOP), die Wachmannschaften der Gefängnisse sowie der bewaffnete Werkschutz, insgesamt über 200000 Personen. Die Miliz, die Truppen des Innenministeriums und die Grenztruppen verfügten über ein eigenes geheimdienstliches Netz und eigene Arrestlokale. Unabhängig davon agierten die Organe der militärischen Gegenspionage – die Hauptabteilung Information (GZI) und deren Territorialeinheiten, die zum 1. Januar 1953 insgesamt 4100 Personen zählten, darunter 1500 Offizie-

1 Centralne Archiwum MSW [Zentralarchiv des Ministeriums des Innern], weiterhin: CAMSW, 17, IX, 34.
2 CAMSW, 17, IX, 38, Bd. 13.
3 CAMSW, 17, IX, 34.
4 Ebenda.
5 CAMSW, 17, 112, Bd. 4.

re.[6] Der militärische Informationsdienst verfügte über ein Netz mit ca. 18000 Geheiminformanten, von denen fast ein Drittel aktive Offiziere waren.[7]

Diese mächtige Maschinerie des Terrors war einzelnen Instanzen in der Führung der kommunistischen Partei untergeordnet, vor allem der seit 1949 bestehenden geheimen Kommission des Politbüros für Fragen der öffentlichen Sicherheit. An deren Spitze stand Boleslaw Bierut persönlich, die »Nummer 1« in der Parteihierarchie, der seiner Tätigkeit im Sicherheitsapparat wie auch in der Gegenspionage ausdauernd und pedantisch nachging.[8] Seit 1951 existierte im Apparat des ZK ein Spezialsektor, der sich mit allen Personalangelegenheiten des Ministeriums, des Sicherheitsbüros und der Gegenspionage befaßte. Vorschriften über die Nomenklatura des ZK regelten die Besetzung der höchsten Posten im Sicherheitsapparat. Sicherheitsprobleme wurden vielfach auf Sitzungen höchster Parteigremien beraten. Außer der bereits erwähnten Kommission befaßte sich damit insbesondere das Sekretariat des Organisationsbüros, ein fünfköpfiges Gremium, das seit seiner Gründung im Mai 1950 das eigentliche Weisungszentrum darstellte.

Durch die strikt geheimgehaltene Institution eines Beraters des Ministeriums des Innern der UdSSR beim Ministerium für öffentliche Sicherheit, die der 2. Hauptverwaltung des sowjetischen MWD unterstand, wurde der gesamte Apparat in das imperiale Terrorsystem integriert. Anfang 1953 bekleidete Oberst Michail S. Besborodow diesen Posten, den er seit März 1950 innehatte. Ihm standen 47 höhere Offiziere zur Verfügung, die als Berater in wichtigen operativen Abteilungen des Sicherheitsministeriums sowie auf Wojewodschaftsebene fungierten.[9] Der sowjetische Geheimdienst verfügte in Polen sicherlich über ein eigenes Agentennetz, über dessen Ausmaße und sogar dessen Existenz ich bis jetzt jedoch keine Unterlagen auffinden konnte. Es existierte weiterhin – unabhängig vom Berater in Warschau – ein Spionagedienst der Nordgruppe der Sowjetischen Streitkräfte, dessen Stab sich in der Nähe von Breslau befand. Durch Marschall Konstanty Rokossowski, der seit November 1949 Verteidigungsminister war und darüber hinaus Mitglied des Politbüros und der Kommission des Politbüros für Armeefragen, waren Gegenspionage und Auslandsspionage der Polnischen Armee ebenfalls der Moskauer Zentrale untergeordnet. Es muß noch hinzugefügt werden, daß im Sicherheitsministerium wie in KBW und WOP – von der GZI gar nicht zu reden – gleichfalls mehrere Dutzend sowjetische Offiziere (nicht immer, aber

6 Poksinski, Jerzy: Tatar-Utnik-Nowicki, Warszawa 1992, S. 63.

7 Palski, Zbigniew: Agentura informacji wojskowej w latach 1945-1956 [Das Agentennetz des militärischen Informationsdienstes 1945-1956], Warszawa 1992, S. 35.

8 Die Tatsache, daß Bierut von den »Spezialdiensten« im Zusammenhang mit der Vorbereitung zum Prozeß gegen Wladyslaw Gomulka fasziniert war, läßt sich an Hand von hunderten privaten Notizzetteln belegen, die im Archiwum Akt Nowych (AAN) als Sammlung unter dem Arbeitstitel »Materialy B. Bieruta« [Materialien von Boleslaw Bierut] vorliegen.

9 In polnischen Archiven habe ich – bisher – sehr spärliche Informationen über die sowjetischen Berater gefunden. Die hier erwähnten Informationen verdanke ich Nikita W. Petrow vom Moskauer »Memorial«, der die Suchlisten in den KGB-Archiven führt. Zu Beratern in der Tschechoslowakei s.: Kaplan, Karel: Sovetsti poradci v Ceskoslovensku 1949-1956 [Sowjetische Berater in der Tschechoslowakei], Praha 1993, S. 17-42.

oft polnischer Herkunft) beschäftigt waren, die schon 1944-45 vom NKWD bzw. von der Roten Armee dorthin abkommandiert worden waren. Alles das läßt die Feststellung zu, daß der polnische Sicherheitsapparat viel stärker und unmittelbarer mit dem imperialen Zentrum verbunden war als der anderer von Stalin besetzter Länder, mit Ausnahme vielleicht der DDR.

Der Tod Stalins und die Tatsache, daß seine Erben – bevor die Machtkämpfe unter ihnen ausbrachen – als eine der ersten zaghaften Amtshandlungen am 27. März eine Amnestie und am 4. April die Rehabilitierung der Kremlärzte verkündeten, brachte auch in Polen »Verletzungen der Gesetzlichkeit« auf die Tagesordnung. Mitte März 1953 stellte Minister Stanislaw Radkiewicz während einer Besprechung im Sicherheitsministerium fest, »daß ihm keine Tatsachen bekannt sind, daß physischer Druck auf Verhaftete angewandt worden ist«. Er räumte nur ein, daß er »nicht weiß, ob es noch Rechtsmißbrauch gibt [...], ob die verschärften Ermittlungsmethoden noch in Gebrauch sind«.[10] Doch schon einige Wochen später wurde auf einer gesamtpolnischen Beratung der Untersuchungsabteilung des Ministeriums »mit ganzer Schärfe festgestellt, daß die Fälle ungerechtfertigter Verhaftungen zugenommen hatten und [...] daß unzulässige und verbotene Methoden angewandt werden«.[11] Die ersten Schritte der Führung der PVAP bestanden nun darin, in den Warschauer Untersuchungsgefängnissen (darunter auch im Pavillon »A« des zentralen Untersuchungsgefängnisses, in dem Häftlinge im Zusammenhang mit den Fällen Gomulka und Spychalski festgehalten wurden) Kontrollen einzuführen und Anfang Juni eine Sonderkommission zur Überprüfung einiger Strafverfolgungsverfahren zu berufen.

Die polnischen Entscheidungen wurden durch Ereignisse im Ausland beeinflußt: die Streiks in der Tschechoslowakei, den ostdeutschen Arbeiteraufstand, die Machtübernahme Imre Nagys und vor allem das Kommuniqué des ZK der KPdSU über die Verurteilung der »verbrecherischen, partei- und staatsfeindlichen Tätigkeit Berijas«. Anfang Juli kam Bierut zu persönlichen »Konsultationen« nach Moskau. Sie betrafen – außer wirtschaftlichen Problemen und der Auseinandersetzung mit der katholischen Kirche – auch Fragen des Sicherheitsapparates. Aus den äußerst knappen Aufzeichnungen, die in Bieruts persönlichen Unterlagen erhalten sind, geht hervor, daß vereinbart wurde, die militärische Gegenspionage dem »zivilen« Ministerium für öffentliche Sicherheit zu unterstellen.[12] Außerdem fand auf dem Beraterposten ein Wechsel statt: Für kurze Zeit übernahm Nikolai K. Kowaltschuk diese Aufgabe, ihm folgte am 20. Juli für ein Jahr Serafin N. Lalin. Teilweise wurde der Beraterapparat reorganisiert, wobei die Zahl der »Betreuer«, d.h. der sowjetischen Offiziere, in den Wojewodschaften reduziert wurde.

Auf einer Beratung der Führung im Sicherheitsapparat am 7. Juli sprach der Generalstaatsanwalt Stefan Kalinowski schon von »unzulässigen Unter-

10 CAMSW, 17, IX, 77, Bd. 10.
11 CAMSW, 17, IX, 28, Bd. 4.
12 AAN, KC PZPR, Materialy B. Bieruta, I/192.

suchungsmethoden«, obwohl er unterstrich, daß der »Kampf gegen Entgleisungen« »keinerlei Liberalisierung gegenüber den Feinden« bedeuten dürfe. Weiter ging Minister Radkiewicz, der darauf hinwies, daß die »Verletzungen der Gesetzlichkeit« eine »breite Skala falscher und unzulässiger Arbeitsmethoden« umfaßten, und zwar nicht nur bei Untersuchungen.[13] Mitte Juli, auf einer Beratung mit den Leitern der ZK-Abteilungen und den ersten Sekretären der Wojewodschaftskomitees der PVAP, unterstrich Bierut die Notwendigkeit, die Kontrolle der Partei über den Sicherheitsapparat und die Miliz zu verstärken, forderte aber zugleich, daß »allseitig Wachsamkeit gewahrt werden müsse«.[14]

Kurz darauf tauchten die ersten Signale aus der beunruhigten Führung des Ministeriums für öffentliche Sicherheit auf. Bei den Ressortberatungen im August sprach Minister Radkiewicz von »politischer Desorientierung, [...] Perspektivlosigkeit, ängstlicher Rückversicherung, von Furcht« unter den Mitarbeitern. Er stellte fest, daß »sich das Niveau der operativen Arbeit spürbar verschlechtere«, da die Mitarbeiter »die alten Methoden nicht anwenden wollen und die neuen nicht beherrschen«.[15] In Wirklichkeit gab es keine neuen Methoden der operativen Arbeit, denn die gerade eingeführte Instruktion zur Arbeit mit dem Agentennetz vom 15. August unterschied sich in keiner Weise von der vorherigen. Es war kompliziert, über die reale Lage ernsthaft nachzudenken – geschweige denn über Veränderungen –, lief doch gerade eine große Offensive gegen die katholische Kirche an, deren Höhepunkt am 26. September die Verhaftung des polnischen Primas Kardinal Stefan Wyszynski war. Gleichzeitig wurden die Vorbereitungen zum Prozeß gegen Gomulka fortgesetzt; dabei hat man nicht nur eine weitere Variante der Anklageschrift ausgearbeitet, denn bereits am 14. März 1953 war Marschall Michal Rola-Zymierski verhaftet worden, der bis 1949 Verteidigungsminister war.

In Wirklichkeit heizte man also den Apparat eher zu neuen Aktivitäten an, als die Mitarbeiter vor übereilten Handlungen zu bremsen. Die Führung strebte ausdrücklich danach, den Apparat zu disziplinieren: Auf einer Beratung im Ministerium für öffentliche Sicherheit, die am Tag der Verhaftung des Primas stattfand, forderte Vizeminister Jan Ptasinski dazu auf, »die Inaktivität und Tatenlosigkeit« zu beenden.[16] Der Kampf um die »Gesetzlichkeit« wurde auf die Abberufung des Hauptkommandeurs der Miliz und auf die Annahme eines Beschlusses »Über die Stärkung der Parteiarbeit in den Sicherheitsorganen« durch das Sekretariat des ZK beschränkt.

Mit dem Beginn der überaus zaghaften »Wirtschaftsmanöver« und den Vorbereitungen zum II. Parteitag der PVAP sowie mit der offiziellen Bestätigung, daß Berija und seine engsten Mitarbeiter erschossen worden waren, trat zur Jahreswende 1953/54 eine weitere Krise auf. In Moskau lief da-

---

13 CAMSW, 17, IX, 77, Bd. 10.
14 AAN, KC PZPR, Materialy B. Bieruta, I/197.
15 CAMSW, 17, IX, 107, Bd. 1.
16 CAMSW, 17, IX, 77, Bd. 10.

mals der Kampf mit den »Berija-Anhängern« auf Hochtouren, in dem auch die Verantwortlichen für den zehnjährigen Massenterror in Polen verurteilt werden sollten. Zwangsläufig befand sich der gesamte Sicherheitsapparat unter Kontrolle, obwohl – wenigstens in Polen – über längere Zeit fast alle Tätigkeiten sorgsam geheimgehalten wurden. Die ersten Schritte, die aber nur den internen Apparat betrafen, wurden Ende Februar 1954 unternommen. Zuerst wurde am 26. der langjährige Direktor der Untersuchungsabteilung Jozef Rozanski abgesetzt. Am nächsten Tag erschien ein Befehl des Ministers über einen zehnprozentigen Personalabbau des regionalen Apparates.[17] Zwar war der Abbau mit der »Liquidierung administrativer Auswüchse« in allen zentralen Ämtern verbunden, doch zum ersten Mal seit 1947 fanden überhaupt Entlassungen im Sicherheitsbereich statt. Anfang März erhielten die höheren Funktionäre in der Zentrale und in den Regionalverwaltungen die Information, daß der Chef des Wojewodschaftsamtes des Sicherheitsamtes in Kattowitz (Katowice) degradiert und entlassen worden sei und der Direktor der Abteilung Allgemeine Verwaltung Eugeniusz Dowkan seiner Verurteilung entgegensehe. Letzterer war verantwortlich für den Aufbau einer »Geheimorganisation« durch Untergebene, die dann »enttarnt wurde«. Diejenigen, die dabei dem Sicherheitsapparat in die Falle gegangen waren, wurden zu hohen Strafen (darunter auch ein Todesurteil) verurteilt.[18] Mit der Degradierung des Oberstleutnants Dowkan hat man zweifellos ein Exempel statuiert, da die Behörde, die er leitete, keinesfalls die einzige war, die derartige Provokationen organisierte. Fügt man noch hinzu, daß Mitte Februar nach Erteilung einer Parteirüge der Direktor der Abteilung X (Angelegenheiten der PVAP) Anatol Fejgin[19] entlassen wurde, so zeigt sich, daß innerhalb von knapp zwei Monaten drei Abteilungsdirektoren aus dem Sicherheitsapparat entfernt wurden. Bezeichnenderweise wurden weder im Fall Rozanski noch bei Fejgin Gründe für ihre Entlassung bekanntgegeben. Kurz vor dem Parteitag der PVAP fand am 4. März im Ministerium für öffentliche Sicherheit eine landesweite Beratung statt, auf der Minister Radkiewicz verkündete, daß es »kategorisch untersagt sei, Gewalt und körperlichen Zwang anzuwenden«; gleichzeitig gab er jedoch seine Einwilligung, »verschärfte Verhöre«[20] anzuwenden, was einer Sanktionierung der brutalen Ermittlungsmethoden gleichkam. Tenor der Rede war die Ächtung der »stinkenden Pseudotheorien« vom Sicherheitsapparat als einem Überbau der staatlichen Verwaltung und die Erinnerung, daß der alleinige

[17] CAMSW, Akta Normatywne, Bd. 31 (rozkaz [Befehl] Nr. 04/54).

[18] Ebenda, (rozkaz karny [Strafbefehl] Nr. 06/54).

[19] Fejgin wurde nicht wegen »Verletzung der Gesetzlichkeit« verurteilt, sondern wegen »dienstlicher Unterlassungen«, weil der stellvertretende Direktor seiner Abteilung Jozef Swiatlo, der am 5. Dezember 1953 »verschwunden« war, sich in seiner Begleitung nach Westberlin begeben hatte. Damals war vermutet worden, daß er vom amerikanischen Geheimdienst entführt worden sei.

[20] CAMSW, 17, IX, 77, Bd. 12. Die Ermittlungsarbeit behandelt der Befehl Nr. 05/54 vom 3. März. Umfangreiche Auszüge in: Marat, Stanislaw/Snopkiewicz, Jacek: Ludzie bezpieki [Sicherheitsleute], Warszawa 1990, S. 381-385.

Machtfaktor die Partei ist. Alle Teile des Ressorts seien den entsprechenden Instanzen der PVAP berichtspflichtig, »der Erste Sekretär des Wojewodschafts-, Stadt- und Kreiskomitees ist ständig zu informieren, wichtigere Vorhaben sind abzustimmen«.

Wichtiger als die Ermahnung zur Unterordnung waren wohl die organisatorischen Veränderungen, vor allem zweifellos die Auflösung der Abteilung X, deren Anfänge bis in das Jahr 1948 und zu den ersten Phasen »des Kampfes mit nationalistisch-rechten Abweichungen« reichten.[21] Die Abteilung bildete sozusagen einen »Staat im Staate«. Sie besaß als einzige eine eigene Untersuchungszelle und ein eigenes geheimes Arrestlokal in einer Villa in Miedzeszyn bei Warschau. Die Kontrolle über diese Abteilung übte Bierut persönlich aus. Er studierte nicht nur die Vernehmungsprotokolle, sondern erteilte auch Instruktionen oder formulierte sogenannte Fragezeichen für die Vernehmungsoffiziere. Die Einstellung dieser Tätigkeit des Ministeriums erfolgte im Rahmen eines ungeschriebenen »Gentlemen's Agreement«, das im Kreml nach dem Tod Berijas geschlossen wurde und der Parteielite ihre persönliche Sicherheit garantierte. Das bedeutete also, daß man auf ein wesentliches charakteristisches Merkmal »des reinen Stalinismus« verzichtete: Verbreitung von Angst und ständige unmittelbare Kontrolle aller, unabhängig von ihrem Platz in der politischen Hierarchie. Die Auflösung der Struktureinheiten, die sich mit der PVAP beschäftigten, bedeutete aber keineswegs die Rehabilitierung der »Anhänger von Gomulka«. Zahlreiche Personen – darunter fast alle, die in die Field-Angelegenheit verwickelt waren (und er selbst) – wurden allerdings nach und nach aus den Gefängnissen entlassen.

Gleichzeitig kündigte Minister Radkiewicz einen Plan an, weitere Abteilungen zu reorganisieren: So wurden die Abteilung IX (Schutz der Schwer- und Rüstungsindustrie) mit der Abteilung IV (Schutz der Volkswirtschaft) und die Abteilung V (Schutz der »Bündnis«-Parteien und der gesellschaftlichen Organisationen) mit der Abteilung III (Kampf gegen bewaffnete und politische Konspiration) zusammengelegt. Vorbereitet hat man weitere interne Organisationsmaßnahmen.[22] Am 9. und 12. Juni 1954 wurden die entsprechenden Befehle ausgestellt[23], wobei die »Überreste« der Abteilung X, sogenannte Zellen, die dort begonnenen Vorgänge auflösten und als eigenständige Operationsgruppe beim Minister bzw. bei verschiedenen Wojewodschaftsämtern des Sicherheitsapparates verblieben. Im August, auf einer landesweiten Beratung im Ministerium für öffentliche Sicherheit, brachte Minister Radkiewicz die Frage der Rationalisierung des Agentennetzes zur

[21] Allgemeine Informationen über diese Instanz s.: Paczkowski, Andrzej: Krotki kurs historii Departamentu X [Kurzer Lehrgang der Geschichte der Abteilung X]. In: Krytyka, 41-42/1993, S. 130-174; viele Informationen enthält auch das zitierte Werk von Marat und Snopkiewicz sowie der Bericht von Swiatlo, in: Blazynski, Zbigniew: Mowi Jozef Swiatlo. Za kulisami bezpieki i partii [Es spricht Jozef Swiatlo. Hinter den Kulissen von Staatssicherheit und Partei], London 1985.

[22] CAMSW, 17, IX, 268, Bd. 1.

[23] CAMSW, Akta Normatywne, Bd. 31 (rozkazy Nr. 015/54, 044/org, 045/org, 046/org, 047/org und 053/org).

Sprache, wobei er darauf hinwies, daß »keine Notwendigkeit besteht, Agenten in großer Zahl zu werben«.[24] Er kündigte auch eine Änderung der Prinzipien zur Registrierung von »verdächtigen Elementen« an, da das vorhandene Material – angesichts der gewaltigen Ausmaße der Kartei – für die Arbeit der Sicherheitsorgane kaum zu verwenden war. In Wirklichkeit erleichterte sie lediglich massenweise blinde Repressionen, die zu Zeiten »erhöhter Wachsamkeit«, u.a. vor Staatsfeiertagen, während der Saat- und Erntezeiten sowie zu den Aufkaufterminen für Fleisch oder Getreide in breitem Maße durchgeführt wurden. So begann im Sommer 1954 die Realisierung von Veränderungen im Sicherheitsapparat, doch von einschneidenden Maßnahmen blieb man noch weit entfernt. Dies auch deshalb, weil in Wirklichkeit weder die internen Funktionsmechanismen und noch weniger die angewandten Arbeitstechniken geregelt waren. Zwar erließ der Staatsrat am 20. Juli ein Dekret »Über den Dienst in den Organen der öffentlichen Sicherheit« [25], doch das Dekret war rein formal und befaßte sich nicht mit Problemen von »Verletzungen der Gesetzlichkeit«.

Alle diese Veränderungen, vor allem der noch im Frühjahr begonnene stufenweise Personalabbau sowie Entlassungen oder Degradierungen bekannter Funktionäre aus dem Bereich der Untersuchungsorgane und der Abteilung X bewirkten eine weitere Welle von Unruhe und Unsicherheit über das weitere Schicksal der betroffenen Staatsangestellten. Darüber wissen wir relativ wenig, aber wenigstens eine Reaktion ist dokumentiert. Ende Juli 1954 erhielt das ZK der PVAP einen anonymen Brief, der in Lodz aufgegeben worden war. Der Autor beschwerte sich über die Lage derjenigen, die man aus dem Apparat entlassen habe. Keiner kümmere sich um sie, sie hätten Probleme, Arbeit zu finden und lebten in schwierigen materiellen Verhältnissen. Er erhob Vorwürfe gegen die Partei, die ehemaligen Funktionäre im Stich gelassen zu haben, und erwähnte die alte Redensart vom Mohr, der seine Schuldigkeit getan habe. Aber der anonyme Brief ging noch weiter und drohte ganz deutlich mit der Enthüllung von Geheimnissen: »Nicht nur einer [von uns] war am Referendum beteiligt und weiß, wie Wahlen durchgeführt wurden.«[26] Die Unruhe der Mitarbeiter der Ämter für öffentliche Sicherheit rührte auch aus der Tatsache, daß seit 1953 Häftlinge immer öfter und mutiger ihre Beschwerden an verschiedene staatliche Institutionen und an den Staatsrat richteten. Die Führung des Ressorts versuchte, Personen, die »unzulässiger Methoden« beschuldigt wurden, Straffreiheit zuzusichern. Eine gute Illustration für diese Tendenzen stellt die Äußerung des Ministers Radkiewicz dar, die er im Zusammenhang mit der Beschwerde von Zygmunt Zaborski äußerte, einem 1918 verhafteten Funktionär der Polnischen Sozialisti-

---

[24] CAMSW, 17, IX, 107, Bd. 1.

[25] Dziennik Ustaw 34/1954, poz. 142.

[26] Abschrift des Briefes in: CAMSW, Akta Normatywne, Bd. 34. Das Referendum vom 30. Juni 1946 wie auch die Wahlen vom 19. Januar 1947 wurden gefälscht. Über die Ausmaße der ersten Fälschungen s.: Paczkowski, Andrzej: Referendum z 30 czerwca 1946r. Przebieg i wyniki [Referendum vom 30. Juni 1946. Verlauf und Ergebnisse], Warszawa 1993, S. 225. Über die Wahlfälschungen konnten bis jetzt keine Angaben im Landesmaßstab aufgefunden werden.

schen Partei, der sich bis zu seinem Brief an den Staatsrat im Mai 1954 in Untersuchungshaft befand. In seinem Brief schilderte er ausführlich die Torturen und Schikanen, denen er ausgesetzt war. In seiner Stellungnahme zu diesem Schreiben stellte Minister Radkiewicz fest, daß Zaborski tatsächlich »einige Male« geschlagen worden war und in der Untersuchung Karzerstrafen erhalten hatte, »aber« – so schrieb er weiter – »es müsse gegen die Untersuchungsmitarbeiter keine Strafermittlung geführt werden, da die Übertretungen verjährt sind und Strafmaßnahmen keine erzieherische Wirkung zeitigen würden.«[27]

Noch wichtiger waren die allgemeinen Feststellungen des Ministers: »Ständige Untersuchungen über Sicherheitsmitarbeiter zu verjährten Rechtsverstößen im Ermittlungsbereich schaffen Angst, Neigung zur Rückversicherung, schwächen die Offensive in der Arbeit des Untersuchungsapparats und bewirken bisweilen Passivität.« Diese Haltung der Führung des Sicherheitsministeriums, die ganz bestimmt von Bierut und der Führungsequipe der PVAP geteilt wurde, blockierte zwar alle Versuche, die Schuldigen zur Verantwortung zu ziehen, sie konnte aber auch die Flut der Beschwerden nicht hemmen. Seit dem Tod Stalins, aber besonders seit der »Liquidierung« Berijas, mehrten sich die Wortmeldungen von Häftlingen, die um so mutiger wurden, weil sie für derartige Beschwerden nicht mehr zusätzlich schikaniert wurden. Faktisch waren die Veränderungen – außer der Liquidierung der Abteilung X – zweitrangig, und das Ausmaß der »personellen Säuberungen« erinnerte in keiner Weise an die drastischen Verfahren der Kremlführung, die hunderte hohe Funktionäre Monate lang vor Gericht gestellt und dann den Erschießungskommandos übergeben hatte. Nach Besborodow und Kowaltschuk verschwand im September 1954 ein weiterer sowjetischer Chefberater, Lalin, nach einjähriger Amtszeit aus Warschau. Sein Platz wurde von Georgi S. Jewdokimenko eingenommen, der fünf Jahre in der polnischen Hauptstadt bleiben sollte. Es scheint jedoch, daß dieser Wechsel eine Routinehandlung war und in keinem Zusammenhang mit Vorbereitungen zu einer gründlichen Reform des polnischen Sicherheitsapparates stand. Alles wies darauf hin, daß die »Sicherheit« nach mehreren Monaten Chaos in eine Phase der Stabilisierung eintrat.

Plötzlich nahmen die Dinge jedoch eine völlig unerwartete Kehrtwendung – sowohl von der Parteiführung wie auch vom Sicherheitsministerium höchst unerwünscht –, als am 28. September 1954 die polnische Abteilung von *Radio Free Europe* begann, Sendungen des »verschwundenen« Jozef Swiatlo auszustrahlen, der fast ein Jahr zuvor zum amerikanischen Geheimdienst übergelaufen war. Der hochrangige Funktionär, bestens vertraut mit den geheimsten Angelegenheiten des Sicherheitsministeriums[28], beschrieb in

[27] AAN, KC PZPR, Materialy B. Bieruta, 509/133.

[28] Swiatlo ist allgemein bekannt, obwohl viele Abschnitte seiner Biographie bis jetzt nicht geklärt sind. Was den hier interessierenden Zeitraum angeht, erwähne ich nur, daß er nach seinem Dienst im politischen Bereich der Polnischen Armee in der UdSSR im Herbst 1944 wie viele andere zum Sicherheitsapparat delegiert wurde. Am 17. Februar 1945 sollte er Stellvertreter des Leiters der operativen Gruppe des UB in Warschau werden, er nahm aber den Posten nicht

vielen Einzelheiten – mit starker Tendenz zu Sensationen und Gerüchten – die polnische kommunistische Elite und die Geheimnisse des Sicherheitsapparates. Obwohl das Hören von »imperialistischen« Sendern verboten war – Tausende saßen deshalb oder weil sie Neuigkeiten, die sie von den Sendern *Free Europe, BBC* oder *Stimme Amerikas* vernommen, weitergegeben hatten, in den Gefängnissen –, verbreiteten sich die Berichte von Swiatlo relativ schnell. Nachdem ein internes Kommuniqué des Sicherheitsministeriums zu den Sendungen dieses »Provokateurs und Renegaten« erschienen war, »begann ein großer Teil der Mitarbeiter und ihrer Familien die feindlichen Sendungen zu hören und die Nachrichten auszutauschen.« Ein Abteilungsdirektor »stellte nach der Rückkehr [...] aus der Beratung BBC ein, verzichtete aber wegen der Störgeräusche im Radio darauf zuzuhören«.[29]

Auf der Grundlage operativer Materialien des Büros des Ministeriums vom 5. Oktober wurde ein spezielles Bulletin über die Reaktionen auf die Berichte von Swiatlo erarbeitet, darunter auch von Mitarbeitern der Ämter für öffentliche Sicherheit. Eine speziell berufene Kommission prüfte fieberhaft den Inhalt der Panzerschränke, über die Swiatlo verfügt hatte, und bemühte sich, den Umfang seines Wissens über den Sicherheitsdienst zu rekonstruieren.[30] Die Tatsache des Verrats allein war für den Sicherheitsdienst zwar schmerzhaft, sie hätte aber keine Bedrohung dargestellt, wenn nicht jene Sendungen gewesen wären, die von immer mehr Menschen gehört wurden.

Nicht später als am 14. Oktober wurde in den höchsten Parteiinstanzen eine Reaktion auf die Berichte Swiatlos beschlossen, die die öffentliche Meinung aufstachelten und die Unsicherheitsgefühle – aber auch Kritik – im Sicherheitsapparat verstärkten. Man hatte vereinbart, sich nicht herauszuwinden, sonder eher ganz direkt zu sein: Man wies auf diejenigen hin, die die meiste

an und wurde General Iwan Serow zur Verfügung gestellt, der alle sowjetischen Sicherheitsorgane auf polnischem Gebiet befehligte. Nach Beendigung dieser Aufgabe im Mai (während der er u.a. an der Verhaftung der 16 Führer des Untergrundstaates und der Bauernführer Witos und Kiernik beteiligt war) stand Swiatlo »zur Verfügung« des Sicherheitsministeriums und erfüllte ab Dezember des gleichen Jahres die Funktion des stellvertretenden Wojewodschaftschefs des UB zuerst in Olsztyn (Allenstein), später in Krakau. Ab dem 1. Oktober 1948 befand er sich in der Zentrale, im »Spezialapparat«, aus dem die Abteilung X entstand. Swiatlo galt als außerordentlich geschickter Offizier, der volles Vertrauen in Moskau genoß, weswegen er auch zu Operationen, die nicht in den Kompetenzbereich der Abteilung X fielen, herangezogen wurde (u.a. leitete er die Verhaftungen von Primas Wyszynski und Marschall Zymierski). In der Abteilung X überwachte er den Ermittlungsbereich und sammelte »Material« über Mitglieder des ZK der PVAP. Im Dezember 1953 reiste er nach Berlin, um mit Hilfe des Staatssicherheitsdienstes der DDR ein Netz aufzubauen und mit dessen Hilfe die »polnischen Trotzkisten«, die in Westeuropa lebten, und vor allem Wanda Pampuch-Bronska, die sich in der BRD aufhielt, zu überwachen. Man kann es pikant nennen, daß Swiatlo formell erst zum 30. September 1954 aus dem Dienst »entlassen« wurde, also seine Sendungen noch als Oberstleutnant des UB begonnen hatte. Informationen zum Dienst von Swiatlo, in: CAMSW, 17, IX, 123.

29 AAN, KC PZPR, Materialy B. Bieruta, 509/50.

30 AAN, KC PZPR, Materialy B. Bieruta, I/204.

Verantwortung für die Torturen, von denen Swiatlo sprach, trugen und brandmarkte sie. Gleichzeitig reorganisierte man das gewaltige Ressort. Entscheidungen wurden (nach Konsultationen mit Moskau) recht schnell gefällt. Mehr Zeit benötigte die Vorbereitung der Mitarbeiter der Ämter für öffentliche Sicherheit und des Parteiaktivs auf diese Veränderungen.

Schon am 18. Oktober debattierten die Mitglieder des Politbüros über die Reorganisation des Sicherheitsressorts, wobei man auf Projekte zurückgriff, die schon 1952 vorgestellt, aber damals zurückgestellt worden waren. Es wurde beschlossen, daß Wladyslaw Dworakowski, ein alter Kommunist und langjähriger Funktionär des Parteiapparats, Chef des Ressorts wird. Der bisherige Chef sollte dagegen das drittrangige Ministerium für die staatlichen Landwirtschaftsbetriebe übernehmen. Ausgewechselt wurden auch verschiedene Mitglieder der Kommission des Politbüros für öffentliche Sicherheit. Am Tag darauf setzte das Politbüro eine dreiköpfige Kommission zur Untersuchung von »Verletzungen der Gesetzlichkeit« ein, in die folgende Personen berufen wurden: Adam Dolinski (stellvertretender Vorsitzender der Zentralen Kontrollkommission der PVAP), Franciszek Jozwiak (Vorsitzender der Zentralen Parteikontrollkommission der PVAP und Minister für Staatskontrolle, bis 1949 stellvertretender Minister für öffentliche Sicherheit) sowie Franciszek Mazur (Sekretär des ZK, stellvertretender Vorsitzender des Staatsrates, ab 1948 einer der engsten Mitarbeiter Bieruts).

Knapp zwei Wochen später war das gesamte Reorganisationsprojekt fertig, das die Aufteilung des Ministeriums in zwei selbständige Zentralverwaltungen mit unabhängigen Strukturen und Arbeitsplätzen vorsah. Am 4. November akzeptierte das Politbüro den Vorschlag, ein Ministerium des Innern sowie ein Komitee des Ministerrates für öffentliche Sicherheit (KBP) zu schaffen. Dem Ministerium sollten unterstellt werden: die Miliz (einschließlich ORMO), die Truppen des Innenministeriums (KBW) – gemeinsam mit dem Betriebsschutz –, die Grenztruppen, die Gefängnisverwaltung, das Paß- und Meldewesen sowie die rückwärtigen Dienste (Unterbringung, Gesundheitsdienst usw.). Dem Ministerium sollten ca. 145000 Personen angehören. Innerhalb des Komitees waren angesiedelt: alle operativen Bereiche des Ministeriums für öffentliche Sicherheit (einschließlich operativer Technik und Regierungsschutz), der spezielle Kommunikationsapparat sowie einzelne logistische Dienste. Dem Komitee sollten ca. 24000 Personen angehören, darunter 10500 operative Mitarbeiter.[31]

Gleichzeitig führte die Kommission Dolinski-Jozwiak-Mazur intensive Ermittlungen »auf Parteiebene« durch. Dutzende Funktionäre der ehemaligen Abteilung X, ihre Äquivalente auf Wojewodschaftsebene und aus der Abteilung Ermittlungen gaben Erklärungen ab und beschrieben die Beziehungen zwischen diesen beiden Einrichtungen des Ministeriums. Hauptsächlich belastet wurden der schon entlassene Rozanski und der »Renegat« Swiatlo (Vorwürfe gegen Fejgin wurden weniger erhoben). Schließlich wurde Rozanski am 5. November verhaftet.

---

[31] CAMSW, 17, IX, 112, Bd. 4.

Diese Untersuchungen hatten vor allem deshalb destruktiven Einfluß auf den Sicherheitsapparat, weil nicht klar war, wann sie eingestellt werden, wie weit die Sanktionen der Staatsanwaltschaft die Hierarchie erreichen, und ob es zu Verhaftungen oder Entlassungen kommen würde. Die Mitarbeiter in der Zentrale waren ernsthaft besorgt, und diese Besorgnis wuchs mit jeder Beratung oder Versammlung, die auf Partei- und auf operativer Ebene stattfand. Die wichtigste war die »Partei- und Dienstberatung des Aktivs des Ministeriums« am 11. und 13. November. An der Diskussion über das Referat von Radkiewicz nahmen 32 Personen teil.[32] Einige Diskussionsteilnehmer rechtfertigten sich, aber die Mehrheit kritisierte nicht nur den inzwischen verhafteten Rozanski, sondern auch die Parteiorganisation im Ministerium und die Leitung des Ressorts und sogar die Abteilung des ZK der PVAP, die sich mit den Personalangelegenheiten des Sicherheitsapparates befaßte. Es fielen Namen von Personen, die Mißbrauch toleriert hatten, u.a. wurden Vizeminister Mieczyslaw Mietkowski, Roman Romkowski und Konrad Swietlik genannt. »Die Aufgabe: Wen darf man kritisieren?«, sagte einer der Teilnehmer, »ist heute in diesem Saal gestorben«. Radkiewicz reagierte in seinem Schlußwort auf einige Aussagen: »Heute war ein Tag der Kritik an der Führung, aber das ist nicht alles – wir müssen gründliche Versuche unternehmen, diese Krankheiten zu überwinden. Heute jedoch war die Selbstkritik der Direktoren [der Abteilungen] schwächer als die Kritik.« Er garantierte noch einmal, daß über Mitarbeiter keine Haftstrafen und keine administrativen Maßnahmen verhängt würden, weil er »Mittel zur moralisch-politischen Gesundung der Menschen« für wichtiger halte. Er beendete die Sitzung mit der optimistischen Feststellung: »Wir können es uns leisten, [...] weiterhin der Partei treu zu sein, eine scharfe Waffe im Kampf für den Sozialismus in unserem Land«. Dabei war kaum zu erwarten, daß jemand an den Grundfesten des Systems rütteln würde. Schließlich waren fast alle höheren Mitarbeiter der »Sicherheit« Kommunisten mit Vorkriegserfahrung, durchdrungen von »Komintern-Mentalität« und Loyalität gegenüber der Partei und dem sowjetischen Vaterland des Weltproletariats.

Auf einer zweitägigen Beratung des zentralen Parteiaktivs vom 29. bis 30. November hat man eine schärfere Tonart gewählt und mehr Kritik an der engeren Führung der PVAP geübt.[33] Es wurden viele Vorwürfe gegen den Sicherheitsapparat erhoben, die Radkiewicz zurückwies; die Versammelten brachten aber außer einer Kritik »an mangelnder Kollegialität« in der Parteiführung nichts zustande. Vielleicht waren Fragen zu Gomulka und die Gründe seiner Haft angesichts der Ächtung der Arbeitsmethoden der »Sicherheit« und besonders der X. Abteilung für Bierut eine gewisse Überraschung.

Die organisatorischen Veränderungen wurden beschleunigt vorangetrieben, und am 7. Dezember verabschiedete der Ministerrat ein Dekret »Über die Führungsorgane der Staatsverwaltung in den Bereichen Inneres und öf-

[32] Beratungsprotokoll in: AAN, Nachlaß M. Moczar, Bd. 7.
[33] Beratungsprotokoll in: AAN, KC PZPR, Mappe 213, Bd. 119.

fentliche Sicherheit«.[34] Eine Woche später wurde unter strikter Geheimhaltung Gomulka aus dem Gefängnis entlassen. Am 10. und 11. Dezember fand eine neue große Beratung des »Aktivs« des Sicherheitsministeriums statt, das als Komitee für öffentliche Sicherheit umorganisiert worden war.[35] Einem ungewöhnlich umfangreichen Referat von Dworakowski schloß sich eine langanhaltende Diskussion an, in der einige Dutzend Personen das Wort ergriffen. Kritische Akzente gegenüber der Leitung des Sicherheitsministeriums und selbstkritische Stimmen überwogen. Gleichfalls wurden Vorwürfe über ungenaue Information der Mitarbeiter im Zusammenhang mit den Veränderungen erhoben, die im Jahr 1954 erfolgt waren. Am deutlichsten formulierte sie ein Vertreter aus dem lokalen Apparat: »Ihr habt uns alleine gelassen, ihr habt weiß der Teufel was gemacht, irgendeine große Sache.« So wandte er sich an die früheren Chefs, die sich zwar im Saal befanden, aber innerhalb der neuen Strukturen keine Posten mehr besetzten. Einige Redner wiesen auf die feindseligen Reaktionen gegenüber den Sicherheitsleuten hin, auf den Verlust ihrer Autorität und die offen geäußerte Abneigung, die allmählich die frühere Angst vor der furchterregenden Behörde ablöste. Einer der Redner berichtete von einer Schlägerei zwischen einem Sicherheitsangestellten auf Kreisebene und einem Milizionär, der sich über den Kollegen lustig gemacht hatte: »Mit euch ist Schluß, du gehst in die Landwirtschaft«, was natürlich eine Anspielung auf den neuen Posten des bisher so gefährlichen Sicherheitsministers Radkiewicz war.

Der Vorsitzende des Komitees rief dazu auf, es nicht zur Demobilisierung kommen zu lassen, aber ein bedeutender Teil der Parteimitarbeiter verschiedener Ebenen bestand auf weiteren Veränderungen und der öffentlichen Ächtung der »Verletzung der Gesetzlichkeit« durch den Sicherheitsapparat. So wie im November die Schuld des Sicherheitsministeriums auf die Schultern von Rozanski und Swiatlo abgewälzt wurde, schob man jetzt die Schuld der Partei auf »Fehler und Entgleisungen« des Sicherheitsapparates.

In einigen Kreisen der »Sicherheit« gab es Tendenzen, die Reichweite des Ressorts entschieden einzugrenzen und den größten Teil des Spitzelnetzes aufzulösen. Während der Beratungen auf Wojewodschaftsebene, die vom 16. bis 21. Dezember stattfanden, konzentrierte man sich auf die Kritik der Vorgesetzten, aber die neue Führung war vor allem durch die »Liquidierungstendenzen« beunruhigt.[36] In Schlesien beispielsweise »dominierte die breite Analyse des Gestern, wobei es fast völlig an Perspektiven für das Morgen mangelte«. Die Autoren des Berichts schlußfolgerten: »Es wurde mutig und kritisch über das Gewesene gesprochen, aber die Aufgaben für die Zukunft sind noch unzureichend begriffen worden.« Der sowjetische Berater Jewdo-

---

34 Dziennik Ustaw 54/1954, poz. 269.

35 Beratungsprotokoll in: CAMSW, 17, IX, 77, Bd. 14.

36 Analyse und Bewertung dieser Beratungen in: Nieznany dokument na temat nastrojow w aparacie bezpieczenstwa publicznego w Polsce w koncu 1954 r. [Unbekanntes Dokument zu Stimmungen im Apparat der öffentlichen Sicherheit in Polen Ende 1954] (oprac. D.Jarosz). In: Biuletyn Glownej komisji Badania Zbrodni przeciwko Narodowi Polskiemu, Bd. XXXVI, 1993, S. 141-153.

kimenko signalisierte auf einer Sitzung des Komitees ähnliche Stimmungen im zentralen Apparat.[37]

Starken Einfluß auf die Stimmung des Sicherheitsapparates hatte die Plenarsitzung des ZK der PVAP vom 21. bis 24. Januar 1955, deren Beschluß – in der Presse veröffentlicht und breit kommentiert – zahlreiche Vorwürfe enthielt, u.a. über »die Verhaftung unschuldiger Personen«, »die Anwendung illegaler Methoden in Ermittlungsverfahren«, »strafbare Entgleisungen im Umgang mit Agenten«, was einen »moralischen Verfall von Verantwortungsträgern in einigen Bereichen des Sicherheitsapparates« zur Folge gehabt habe.[38] Sicherlich ignorierten viele Leser, daß die Vorwürfe nur »wenigen Mitarbeitern einiger Bereiche« galten, und übertrugen sie – offenbar völlig zu Recht – auf alle Mitarbeiter. Die Verbitterung, besonders unter den einfachen Sicherheitsleuten, war um so stärker, da das Sekretariat des ZK am 16. Februar einen Beschluß zum »teilweisen Personalabbau« im Sicherheitsapparat annahm,[39] dem die Entscheidung des Komitees folgte, fast 11000 Mitarbeiter zu entlassen.[40] Tatsächlich wurden bis zum 1. Mai ca. 6500 Angestellte sowie weitere 700 Mitarbeiter auf Vertragsbasis entlassen, effektiv 1/5 des Personalbestandes. Die Entlassungen betrafen besonders den Apparat in den Landkreisen, wo es am schwierigsten war, einen neuen Arbeitsplatz zu finden. Der Apparat geriet für einige Monate in eine instabile Phase. Während der Ressortberatungen, die vom 24. bis 26. März stattfanden, schlug der stellvertretende Vorsitzende des Komitees, Jan Ptasinski, ein früherer Vizeminister des Sicherheitsministeriums, Alarm: Es habe »einzelne Fälle der Ausschaltung des Geheimdienstes« gegeben, und in einigen Fällen sei es sogar zur »völligen Abschaffung des Geheimdienstes« gekommen.[41] »Es sind nicht wenige«, beklagte er, »die aufgehört haben, stolz darauf zu sein, daß sie in den Sicherheitsorganen tätig sind, daß die Partei ihnen vertraut, indem sie sie an die vorderste Front geschickt hat«. Die größte Sorge bereitete dem Redner jedoch die Tatsache, daß »eine eigenartige Theorie auftaucht, den Klassenkampf einzustellen«. Der sowjetische Berater in der Abteilung Ermittlungen, Oberst Sokolow, äußerte sich auf der Sitzung des Komitees am 18. April mißbilligend über die Situation in dem von ihm zu überwachenden Ressort: »Offensichtlich sind Zögerlichkeit, Unentschiedenheit und Befürchtungen [...], das schafft eine ungünstige Atmosphäre unter den Untersuchungsgefangenen, die sich durch Dreistigkeit und provozierendes Verhalten äußert. Unsere gegenwärtige Aufgabe«, schlußfolgerte er, »darf nicht darin bestehen, uns alte Fehler vorzuwerfen [...], sondern der jetzigen ungesunden Atmosphäre ein Ende zu setzen«.[42] In den »Bemerkungen zu negativen Erscheinungen in der Arbeit des Sicherheitsapparates während der Reorganisation« wurden diese Befürchtungen wiederholt, mit besonderem

[37] CAMSW, 17, IX, 268, Bd. 1 (Protokoll vom 20. Dezember).
[38] Trybuna Ludu vom 25. Januar 1955.
[39] AAN, KC PZPR, Bd. 1671.
[40] CAMSW, 17, IX, 112, Bd. 4.
[41] CAMSW, 17, IX, 77, Bd. 15.
[42] CAMSW, 17, IX, 268, Bd. 1.

Augenmerk auf die »Demobilisierungsstimmung und die Tendenzen der Unsicherheit bei den Mitarbeitern, die [...] ihrer Entlassung entgegensehen.« Weiterhin hob man als beunruhigend hervor, daß »die Disziplin im Dienst nachlasse, daß es Versuche gegeben habe, an die Autorität der Führung zu rühren, Befehle boshaft auszulegen und schleppend oder gar nicht auszuführen.«[43]

Auf der Grundlage der erhalten gebliebenen Dokumente läßt sich schlußfolgern, daß diese Stimmungen allmählich wichen, obwohl man natürlich von vollständiger Bereitschaft zum Vollzug jeder Aufgabe weit entfernt war. Vor allem mangelte es an jenem Selbstvertrauen, das den Apparat bis zum Beginn des »Tauwetters« gekennzeichnet hatte. Im Dezember 1955 behaupteten die Verfasser von Informationsmaterialien für das Politbüro, daß der Apparat nach seiner Reorganisation, die »für ihn eine ernsthafte Erschütterung darstellte«, »sich stabilisiert und verschiedene gefährliche Tendenzen besiegt hat«, daß er »inzwischen einen gewissen Mobilisierungsstand zum erfolgreichen Kampf mit dem Feind erreicht hat«.[44] Zentrale Elemente zur Stabilisierung waren die »Säuberung« in den militärischen Informationsorganen, die bedeutend weiter reichte als im Bereich der zivilen Sicherheit, und die formale Subordination der militärischen Gegenspionage unter das Komitee für öffentliche Sicherheit. Zum 1. September wurde die Reorganisation formal beendet und die Aufsichtskommission für Personalabbau aufgelöst, wodurch Entlassungen gebremst wurden. Eine Übersicht der internen Anweisungen, die in den Jahren 1944-1953 erteilt worden waren, wurde erstellt (das Verzeichnis der außer Kraft gesetzten Vorschriften enthielt 242 Positionen); die Erfassung »verdächtiger Elemente« hat man eingeschränkt, wodurch sich u.a. der Arbeitsaufwand bei der »Prüfung« von Dossiers verringerte; eine bedeutende Anzahl von Sicherheitsreferaten für Betriebe wurde aufgelöst; neue Vorschriften zur operativen Tätigkeit und zur Arbeit mit Agenten traten in Kraft. Die Führung forderte nicht mehr, wie früher üblich, rasche und erzwungene »gewünschte« Ergebnisse bei Verhören. Schläge und »Zwangsmaßnahmen« verschwanden aus dem Repertoire der Ermittler, was für Mitarbeiter ohne Hang zum Sadismus eine spürbare Erleichterung bei ihrer täglichen Arbeit darstellte. Zwar mangelte es nicht an Ermahnungen, »den Feind aktiv zu bearbeiten«, aber die Führung legte nicht mehr Nachdruck auf Untersuchungshaft. Die Anzahl der Inhaftierten war nicht mehr Hauptmaßstab für die fachliche Bewertung der Mitarbeiter. Gleichfalls wurde die Kontrolle der Mitarbeiter eingeschränkt, wozu u.a. auch die Verpflichtung gezählt hatte, die Einwilligung der Vorgesetzten zur Heirat einzuholen.[45] Übrigens wurde schon bei der Organisation des Komitees die Bedeutung des Mitarbeiterbüros eingeschränkt, das bis dahin ein Alptraum aller Mitarbeiter des Ressorts war, indem es an die Abteilung Kader und

[43] CAMSW, 17, IX, 112, Bd. 4.

[44] AAN, KC PZPR, Mappe 16, Bd. 62. Eine ähnliche Bewertung gab die Führung des Komitees im Bericht an das Politbüro vom Mai 1956.

[45] CAMSW, Akta Normatywne, Bd. 39 (Anweisung vom 3. März).

Schulungswesen angegliedert wurde. Die Atmosphäre im Land veränderte sich ein wenig, was auf das Selbstwertgefühl der Sicherheitsleute wohl den stärksten Einfluß hatte. Die Propaganda, die ständig vor der »imperialistischen Aggression« warnte, ließ deutlich nach. Die Welle der Angst vor Bespitzelung ebbte ab; Direktiven und Anweisungen aus der Zentrale waren nicht mehr mit ideologischen Elementen gespickt. Viel von dem politischen Druck wurde auf legale Foren verlagert (kritische Artikel in Zeitschriften, Debatten in verschiedenen Kulturgremien), die so eher in den Mittelpunkt des Interesses gerieten als der Partei- oder der Sicherheitsapparat.

Als es schien, daß es dem Sicherheitsapparat gemeinsam mit der kommunistischen Partei nach dem Tod Stalins gelungen war, ohne innere Konflikte und größere Sorgen den »sanften Kurs« einzuschlagen, ereigneten sich Dinge, die den Mitarbeitern weitere Probleme brachten und die Arbeit der Organe destabilisierten. Die durch die Rede Chruschtschows auf dem XX. Parteitag der KPdSU hervorgerufene Erschütterung war in Polen bedeutend tiefer als in den anderen Satellitenstaaten. Wesentlich trug dazu die Entscheidung der Führung der PVAP bei, auf Versammlungen der Grundorganisationen der Partei den Text der »Geheimrede« Chruschtschows bekanntzugeben, wobei in der Regel auch Parteilose anwesend waren. Dadurch gärte es in vielen Kreisen ernsthaft, und für die Sicherheitsleute kam noch hinzu, daß Verbrechen des sowjetischen Sicherheitsapparates den roten Faden des Referats darstellten.[46] Wenn man das NKWD und Berija ächtete, war es schwierig, die These von der Unschuld der »polnischen Tschekisten«, wie sich die Sicherheitsleute gern selbst bezeichneten, und ihres Chefs Radkiewicz aufrechtzuerhalten. Einige Jahre früher, 1951, hatte man noch feierlich den 25. Todestag von Dzierzynski – des Eisernen Felix – begangen, dessen polnische Herkunft stolz unterstrichen wurde. Ein anderer Faktor von ungleich größerer Bedeutung war der Tod Bieruts und somit die Frage seiner Nachfolge. Die Konflikte innerhalb der Parteielite verstärkten sich, und das Zentrum konnte sich nicht zu eindeutigen Signalen entschließen.

Schon während der Beratungen mit den Leitern der Sicherheitsabteilungen auf Wojewodschaftsebene, die am 17. April stattfanden,[47] wurde deutlich, daß »unter den Mitarbeitern starke Bedrückung herrscht«, hervorgerufen nicht nur durch die sehr harte allgemeine Kritik, sondern auch auf Grund von Vorfällen, in denen Fehler übertrieben oder der Sicherheitsapparat und einzelne Mitarbeiter sogar diffamiert wurden. Besonders starken Einfluß hatten »Anzeichen von Abneigung«, die Angehörige des Parteiapparates und Aktivisten der PVAP äußerten. Erwähnt wurden gleichfalls Tatsachen wie die Ablehnung einer Wohnungszuteilung an einen Mitarbeiter der »Sicherheit« oder die Meinung eines Aktivisten, daß Personen, die man in Gesellschaft von Sicherheitsleuten gesehen habe, nicht in Parteiämter gewählt wer-

---

[46] Zu Reaktionen auf die Verbreitung des Referats vgl. Machcewicz, Pawel: Polski rok 1956 [Das polnische Jahr 1956], Warszawa 1993, S. 17-38.

[47] Protokoll in: UB – nastroje po XX Zjezdzie [UB – Stimmungen nach dem XX. Parteitag] (opracowal A. Paczkowski). In: Puls, Januar-Februar 1992, Bd. 71-78.

den könnten. Die negativen Stimmungen wurden durch allgemeine Gerüchte über einen weiteren Personalabbau und die Reduzierung der Offiziersstellen mit militärischem Status verstärkt, was eine geringere Pension und den Verlust einer Reihe von Privilegien bedeutete. Die Versammelten wiesen ebenso auf zahlreiche Fälle von schikanöser Behandlung kürzlich entlassener Mitarbeiter hin.

Ein weiteres Problem, das von den Teilnehmern der Beratung zur Sprache gebracht wurde, stellte sich in der operativen Arbeit mit Agenten dar. Es wurde von »zahlreichen Fällen« berichtet, in denen die »Zusammenarbeit aufgekündigt« worden sei, über provozierende Antworten bisheriger Informanten, die die in der Presse erhobenen Vorwürfe gegen die »Sicherheit« wiederholten, sowie darüber, was ausländische Sender gebracht hatten. Erfahrene Agenten äußerten die Befürchtung, daß »heute die Sicherheitsmitarbeiter Prügel bekommen, und morgen prügelt man deren geheime Mitarbeiter«. Der neue Vorsitzende des Komitees, Edmund Pszczolkowski, ermutigte die Versammelten, ihre Untergebenen zu mobilisieren und sie darauf hinzuweisen, daß die Sicherheitsorgane »der Partei notwendiger denn je« sind, weil »der innere Feind seine Aktivitäten verstärkt« und weil »in dieser Situation von Personalabbau keine Rede sein kann«.

In der zweiten Aprilhälfte gab es mehrere politische Veränderungen, die die negativen Stimmungen im Sicherheitsapparat eher verstärkten als dämpften. Der Justizminister, der Generalstaatsanwalt und der Oberste Militärstaatsanwalt wurden abberufen. Auch Radkiewicz verlor seinen Regierungsposten. Am 23. April wurden Romkowski und Fejgin verhaftet, und das Urteil für Rozanski – der im Dezember 1955 zu fünf Jahren Haft verurteilt worden war – hat man im Rahmen einer außerordentlichen Revision als zu niedrig angefochten. Am 27. April wurde eine Amnestie verkündet, die über 9000 »staatsfeindliche Verbrecher« betraf, von denen 4500 sofort aus den Gefängnissen entlassen wurden. So konnte es immer häufiger geschehen, daß Sicherheitsleute auf der Straße unangenehme Begegnungen mit ihren Opfern hatten.

Anfang Mai erwog das Kollegium des Ministeriums für Inneres auch die Abschaffung des Komitees und die ersatzweise Errichtung zweier Hauptabteilungen für Gegenspionage im Ministerium. Eine ähnliche Beschränkung des Sicherheitsapparats sah man auf Wojewodschaftsebene vor, auf Kreisebene sollten nur »einige Personen« verbleiben.[48] Das Komitee bemühte sich, seine Positionen zu verteidigen, aber es unternahm eigene Vorbereitungen zu einer »organisatorischen Entflechtung einiger Abteilungen«, also einer weiteren Stufe des Personalabbaus, der dritten innerhalb von zwei Jahren, wobei beschlossen wurde, »Mitarbeiter, die auf eigenen Wunsch ausscheiden wollen, nicht daran zu hindern«.[49] Die Parteiführung debattierte weiterhin die Reorganisation des Korps für Innere Sicherheit, von dem nur die Einheiten für den Regierungsschutz und für den speziellen Nachrichtendienst sowie ei-

[48] CAMSW, 17, IX, 268, Bd. 5.
[49] CAMSW, 17, IX, 268, Bd. 1.

nige Reservekräfte erhalten bleiben sollten. Weiterhin war vorgesehen, die Truppen des Innenministeriums um 10000 Mann zu reduzieren.[50]

Man muß also davon ausgehen, daß sich der Sicherheitsapparat in einer äußerst kläglichen psychischen Verfassung befand. Auch seine operativen Möglichkeiten waren schlechter denn je. Nach einem Bericht des Komitees für den Zeitraum Mai 1955-April 1956, der dem Politbüro Ende Mai/Anfang Juni zugestellt wurde, verfügte das Agentennetz – das mit 36500 Informanten (zu denen noch ca. 12000 Personen aus dem militärischen Informationsnetz kamen) immer noch umfangreich war – noch über die Hälfte seines personellen Bestandes von 1954.[51] Das Arbeitsniveau war, wie aus dem bereits erwähnten Informationspapier hervorgeht, eher niedrig. Auch verloren die Mitarbeiter in der neuen Situation, die durch die Lockerung der Zensur und die Zunahme öffentlicher Aktivitäten verschiedener gesellschaftlicher Kreise bestimmt wurde, die Orientierung. Die Leitung des Komitees richtete ihre Aufmerksamkeit auf die immer häufiger stattfindenden Treffen in Kreisen der früheren Opposition, der Bauernpartei, der unabhängigen Sozialisten und der Armia Krajowa. Besonders »sensibel« reagierten die Mitarbeiter auf Aktivitäten von Haftentlassenen. Wiederverhaftungen wie auch die Anwerbung von geheimen Mitarbeitern in diesem Personenkreis waren jedoch untersagt.[52]

Einen besonders starken Einfluß auf das Selbstwertgefühl der Mitarbeiter des Sicherheitsapparates hatten die »Posener Ereignisse«. Gerade die lokale Behörde war recht gut über die wachsende Unruhe unter den Arbeitern der Großbetriebe unterrichtet, aber – wie es oft zu sein pflegt – die Sicherheitskräfte waren ratlos angesichts einer Bewegung, die Massencharakter annahm. Daher konnten auch weder Rapporte der Informanten noch eine genaue Observierung der ersten Streikphase[53] die Ereignisse verhindern. Doch das Problem der Sicherheit machte nicht ihre Ratlosigkeit angesichts der entstandenen Situation aus, sondern beruhte darauf, daß sich die Aggressionen der Menge hauptsächlich auf das lokale Amt für öffentliche Sicherheit konzentrierten.

Mit der Belagerung des Sicherheitsgebäudes der Wojewodschaft erreichte der Streik seine Kulminationsphase und artete in diesem Moment in eine nationale Revolte aus. In der ganzen Stadt wurde Treibjagd auf Sicherheitsmitarbeiter und Geheiminformanten veranstaltet. Die Menge attackierte auch Gebäude, in denen Mitarbeiter der Sicherheitsorgane (und ihre Familien) wohnten. Zum ersten Mal nannte man sie »Gestapoleute« und »SS-Männer«. Nicht einmal die ältesten Mitarbeiter hatten solche Auftritte je erlebt. Die Kundgebungen der Opposition, die die Bauernpartei in den Jahren 1945-46 organisiert hatte, waren niemals in Tumulte ausgeartet. Nur im Frühjahr

[50] AAN, KC PZPR, Bd. 1674.
[51] Ebenda.
[52] CAMSW, Akta Normatywne, Bd. 40 (Anweisung vom 28. April).
[53] Einzelheiten in: Machcewicz 1993, S. 80-101.

1946 war es bei einer Jugendmanifestation anläßlich des 3. Mai ein einziges Mal zur Gewaltanwendung gekommen.[54] Doch niemals, weder damals noch später, waren Streikaktionen (besonders zahlreich 1947, aber vereinzelt auch 1950/51) in Straßendemonstrationen übergegangen. Um so mehr lag es auf der Hand, den Streik und die Tumulte als Vorbereitung auf einen Staatsstreich zu bewerten. Die Leitung des Ressorts betonte das mit besonderem Nachdruck, womit sie ihren Befehlsempfängern Genugtuung zu verschaffen suchte. In einem speziellen Befehl wurde betont, daß die bei den Schießereien getöteten Mitarbeiter »im Kampf mit dem Feind für die Verteidigung Volkspolens gefallen sind«.[55] In der allgemeinen Einschätzung schnitt das Ressort jedoch schlecht ab: Das Politbüro des ZK der PVAP stellte bei der Bewertung der Posener Ereignisse u.a. fest, daß »die Demobilisierung des Sicherheitsapparates« und der »Mangel an Wachsamkeit« zu den Hauptgründen gehörten, die »die Überrumpelung der Masse durch feindliche Umtriebe« bewirkt hätten.[56]

Rasch zog man daraus organisatorische Schlußfolgerungen, da klar war, daß sich ähnliche Vorfälle wiederholen könnten. Am 3. Juli wurden auf gemeinsame Anweisung des Komitees für öffentliche Sicherheit (KBP) und des Ministeriums des Innern in den Wojewodschaften Koordinierungsgruppen eingerichtet, die die Leiter der Abteilung Sicherheit, die Kommandanten der Miliz sowie die Leiter der regionalen Abteilungen der Truppen des Innenministeriums (KBW) bildeten. Diese Koordinierung wurde für notwendig befunden, da man den Posener Mitarbeitern auch vorwarf, daß es an guter Kommunikation zwischen diesen drei Ebenen gemangelt habe. Die Koordinierungsgruppen wurden verpflichtet, »alle wichtigen Vorschläge und Entscheidungen« mit den Wojewodschaftskomitees der PVAP abzustimmen. Die Anweisung beinhaltete auch Prinzipien und Richtlinien zum Einsatz von Waffen.[57] Das Politbüro stoppte gleichzeitig die Vorbereitung zur Reorganisation der Truppen des Innenministeriums (KBW) und den Personalabbau.[58]

Bis Mitte Oktober kam es jedoch zu keinen größeren Auseinandersetzungen. Ein mächtiger Pilgerzug nach Tschenstochau am 26. August – einer der größten in der Geschichte dieses Klosters – verlief ohne Störungen. Die von Zeit zu Zeit sich wiederholenden Menschenansammlungen nahmen keine größeren Ausmaße an, waren von kurzer Dauer und regional begrenzt. Besonders in Niederschlesien ereigneten sich lokale antisemitische Vorfälle, und es kam zu Menschenansammlungen im Zusammenhang mit Forderungen nach Einführung des Religionsunterrichts in den Schulen. Die Miliz reagierte unsicher, was nicht nur auf Erfahrungsmangel der Mitarbeiter beruhte, sondern auch damit zusammenhing, daß – wie schon auf der Sitzung des

[54] Die größte fand in Krakau statt. Einzelheiten in: Mazowiecki, Wojciech: Wydarzenia 3 Maja 1946 [Die Ereignisse des 3. Mai 1946], Paris 1989.
[55] CAMSW, Akta Normatywne, Bd. 40 (Befehl vom 30. Juni).
[56] AAN, KC PZPR, Bd. 1674 (Sitzung vom 3. Juli).
[57] CAMSW, Akta Normatywne, Bd. 40.
[58] CAMSW, 17, IX, 268, Bd. 6 (Sitzung vom 16. Oktober).

Kollegiums des Ministeriums für Inneres unterstrichen wurde – »keine autoritativen Festlegungen existieren, ob sogenannte friedliche Manifestationen gestattet sind oder ob sie gleichfalls aufgelöst werden müssen«.[59]

Damit mußte sich jedoch hauptsächlich die Miliz und nicht so sehr das Amt für öffentliche Sicherheit (UB) befassen. Auch die Milizionäre wurden jetzt häufiger Opfer »rowdyhafter Aggressionen«[60], wahrscheinlich weil sie leicht zu erkennen waren. Wie man aus den routinemäßig vom Sicherheitsapparat verfaßten Unterlagen urteilen kann, traten weder in der Leitung des Komitees noch unter den Mitarbeitern so starke interne Konflikte auf, wie sie sich innerhalb der Parteispitze abspielten. Das Politbüro beschäftigte sich verhältnismäßig selten mit den Angelegenheiten des Komitees und der Sicherheitsbehörde. Interessant ist, daß eine der wenigen Initiativen aus dem Jahr 1956 zu Fragen der Sicherheit in dem Beschluß darin bestand, Moskau zu bitten, die Berater aus der Zentrale wie auch aus den Wojewodschaften abzuberufen.[61]

Die Leitung des Komitees, die um Erhalt der Leistungsfähigkeit des Apparates bemüht war, stellte sich nur unwillig auf die sich verändernde Situation ein. Während einer landesweiten Besprechung am 6. Oktober, deren Hauptthema die Vorbereitung auf die geplanten Wahlen zum Sejm Ende November war, benutzte Julia Brystygier, seit 1944 eine der führenden Persönlichkeiten im Sicherheitsbereich, eine Diktion, die stark an alte Zeiten erinnerte. Sie behauptete u.a., daß man zu Unrecht erklärt habe, das »politische Banditentum« sei zerschlagen worden. »Gegenwärtig«, sagte sie, »beginnt allerlei Banditentum auf der Basis der zunehmenden politischen Aktivität von feindlichen Elementen politischen Charakter anzunehmen.«[62] Die gleichen Thesen über den politischen Charakter aller Vergehen gegen Staatsvertreter und gegen das gesellschaftliche Eigentum waren vielfach in den Jahren 1949-53 gebraucht worden. Zwar beklagte die Referentin, daß man im Unterschied zu früheren Wahlen »von den Männern unseres Vertrauens, von den Mitgliedern der Wahlkommission u.ä. weit entfernt sei«, aber – wie sie hinzufügte – »wir können nicht völlig abseits stehen«. Man sei verpflichtet, darüber zu informieren, »wenn wir etwas über die Kommissionsmitglieder oder sogar über die Kandidaten wissen«. Tatsächlich war die Hauptanstrengung des Apparates damals darauf gerichtet, diejenigen Kreise zu beschatten und in sie einzudringen, deren Ehrgeiz (oder bei denen die Sicherheitsämter einen solchen voraussetzten) darauf gerichtet war, legal zu agieren und zu diesem Zweck die Wahlkampagnen auszunutzen.

---

59 AAN, KC PZPR, Bd. 1674 (Sitzung vom 11. August).

60 So wurden im I. Quartal 1956 32 Milizionäre verprügelt, im II. Quartal 42, im III. (Juli-September) sogar 163, in: Ebenda, Bd. 7 (Sitzung des Kollegiums des Ministeriums des Inneren vom 2. Januar 1957).

61 AAN, KC PZPR, Bd. 1674 (Sitzung vom 9. September). Auf derselben Sitzung wurde beschlossen, sich an die UdSSR zu wenden, um Übereinkunft zu erzielen über den Rechnungsausgleich der seit 1945 aus Polen gelieferten Steinkohle zu niedrigeren als Weltmarktpreisen. Nach Gomulkas Rückkehr zur Macht wurde die Lösung dieser beiden Angelegenheiten als sein Erfolg betrachtet.

62 CAMSW, 17, IX, 77, Bd. 17.

Die Vertiefung von Meinungsverschiedenheiten in der Führung der PVAP und die allgemeine politische Atmosphäre im Land schwächten jedoch die Möglichkeiten des Sicherheitsapparates. Auf der bereits erwähnten Beratung wies ein Vertreter aus der Provinz darauf hin, daß es »unter den Mitarbeitern an Aktivität und Offensive mangelt [...], was auch aus der großen Desorientierung in bezug auf die Aufgaben der Sicherheitsorgane herrührt«. Der Hauptgrund liege darin, »daß es aus den Reihen der Partei an Widerstand gegen die manchmal politisch feindlichen Auftritte mangelt«. »Das bewirkt«, unterstrich er, »daß unser Apparat demoralisiert wird.« Die Lage im Ressort habe – unter dieser Führung – eine gefährliche Wende genommen. Der Vorsitzende des Komitees sah sich gezwungen, die Leiter auf Wojewodschaftsebene zu verpflichten, »alle Mittel zur Verhinderung [...] von Disziplinverletzungen« anzuwenden.[63] Zu derartigen Übertretungen zählten u.a. »grundlose Infragestellung von Berechtigung und Zweckmäßigkeit einer erteilten Anweisung«, »Mangel an Opferbereitschaft und Diensteifer bei der Ausführung von Aufträgen«, Toleranz der Vorgesetzten angesichts von »Disziplinverstößen und fruchtlosen Redereien, was in der Konsequenz zur Demoralisierung schwächerer Elemente führt«.

Von der Art seiner Aufgaben her stand der Sicherheitsapparat den innerparteilichen Kreisen näher, die sich gegen die Liberalisierung aussprachen und dazu neigten, Gewalt anzuwenden, um die gesellschaftlichen Regungen zu ersticken. Zu dieser Gruppierung (die von ihren Gegnern als »Konserve« bezeichnet wurde) gehörte u.a. das Mitglied des Politbüros Franciszek Jozwiak, 1944-49 Hauptkommandant der Miliz, damals eindeutig ein Konkurrent von Radkiewicz, später Vorsitzender der Zentralen Parteikontrollkommission, die zu gewissen Zeiten versuchte, die Rolle der innerparteilichen Gegenspionage zu spielen. Obwohl Jozwiak sich seit vielen Jahren nicht mehr in den Strukturen der Sicherheitsorgane befand, verfügte er doch weiterhin über Einfluß, besonders unter den älteren Mitarbeitern. Im Auftrag des Politbüros hielt jedoch der Erste Sekretär des ZK, Edward Ochab, Kontakt mit dem Komitee für öffentliche Sicherheit (KBP). Er selbst vertrat eine behutsam zentristische Option, obwohl einige seiner Aussagen darauf hinwiesen, daß er im Grunde Veränderungen ablehnte. Eine ähnliche Haltung vertrat augenscheinlich der Vorsitzende des Komitees Pszczolkowski. Einer seiner Stellvertreter, Antoni Alster, galt als entschiedener Befürworter der Liberalisierung. Ein anderer, Jan Ptasinski, wurde als »Betonkopf« bezeichnet.

So oder so gab die Parteiführung dem Sicherheitsapparat keine eindeutigen Empfehlungen, und bei eventuellen öffentlichen Vorfällen wäre die Rolle der Sicherheitsämter sehr begrenzt gewesen. Die Last der Konfrontation mit den Massen ruhte auf der Miliz, dem KBW und der Armee. Solange keine Entscheidungen über Präventivmaßnahmen, beispielsweise in Form von Verhaftungen, gefällt wurden, verblieben die operativen Informationen der Agenten, die Ergebnisse von Beschattungen, abgehörten Telefongesprächen oder mitgelesener Korrespondenz in den Schubladen oder in der Registratur.

---

63 CAMSW, Akta Normatywne, Bd. 42 (Brief vom 1. September).

Nichts weist darauf hin, daß die Sicherheitsorgane ihre Infiltrationstätigkeit bis zu den heißen Tagen des 8. Plenums des ZK der PVAP eingeschränkt hätten. Es gilt auch als sicher, daß die Mitarbeiter der Sicherheitsämter ohne Zögern jeden Befehl ihrer Vorgesetzten ausgeführt hätten. Es gab jedoch keine Befehle.

Anfang Oktober stellte die Führung der PVAP fest, daß sich die politische Krise verschärft habe und ein Gewaltausbruch nach dem Muster der Posener Revolte drohe. Spätestens am 12. Oktober wurde akzeptiert, daß es der beste Ausweg sei, wenn Wladyslaw Gomulka, um dessen Wohlwollen sich von einem bestimmten Zeitpunkt an alle Gruppierungen innerhalb der Partei bemühten, auf die politische Szene zurückkehrt. Diese Möglichkeit war schon auf der bereits erwähnten Beratung am 6. Oktober im KBP vom stellvertretenden Vorsitzenden Alster angekündigt worden. Doch was im Land bis zum Beginn des 8. Plenums am 19. Oktober geschah, überraschte alle, auch Gomulka selbst. Das Ausrücken einiger Divisionen der Sowjetischen Armee und der plötzliche Auftritt der nahezu kompletten Kremlführung in Warschau verschärften die Situation immens. Doch schließlich gelang der PVAP und Gomulka ein Manöver, mit dem sie die Lage beherrschen konnten. Man kann es durchaus als ein politisches Meisterstück bezeichnen, denn die ersten Tage nach der triumphalen Rückkehr des langjährigen Häftlings der Staatssicherheit an die Macht hatten dies nicht erwarten lassen. Das gesamte Land befand sich in einem Zustand unaufhörlicher Gärung: Hunderte von Meetings fanden statt, die häufig in Straßendemonstrationen endeten; in den Fabriken beförderte man die meistgehaßten Direktionsmitglieder, Personalleiter und enttarnte Spitzel der Staatssicherheit (oder Personen, die man dafür hielt) auf Schubkarren hinaus; Parteiveranstaltungen mit leidenschaftlichen Diskussionen fanden sogar in Armeeinheiten statt. Die neue – oder eher erneuerte – Führung der PVAP erwog ernsthaft die Möglichkeit, daß die öffentlichen Proteste weiter zunehmen würden. Schon am 24. Oktober beschloß das Politbüro »im Zusammenhang mit der beunruhigenden Lage im Land«, »allen Wojewodschaftskomitees zu empfehlen, eine Arbeitermiliz zu bilden«, die die Miliz unterstützen sollte.[64] Die Einheiten des KBW wurden in erhöhter Bereitschaft gehalten, das Parteiaktiv mobilisiert.

Nach dem Ende des 8. Plenums vergingen fast zwei Wochen, bis der Vorsitzende des KBP erste grundsätzliche Befehle an seine Untergebenen herausgab. Sein Erlaß fiel mit dem vom ZK der PVAP unterzeichneten Appell zusammen, der am 2. November veröffentlicht wurde. Darin wurden »die gesamte Partei und Gesellschaft zum [...] entschiedenen Widerstand gegen jegliches Abenteurertum der Reaktion sowie gegen verantwortungslose Elemente« aufgerufen.[65] Die vorrangige Aufgabe des Apparats lautete, »den ständigen Informationsfluß über alle Absichten, Versuche und Handlungen feindlicher, rowdyhafter und verantwortungsloser Elemente« sicherzustellen. Es ist charakteristisch, daß als wichtigster Adressat dieser Informationen die

[64] AAN, KC PZPR, Bd. 1674.
[65] CAMSW, Akta Normatywne, Bd. 42.

Parteiinstanzen genannt wurden, was ihnen ermöglichen sollte, »rechtzeitig entsprechende Gegenmaßnahmen zu ergreifen und feindliche Handlungen nicht zuzulassen«. Soweit wie möglich sollten Sicherheitsämter, Miliz und KBW »in der zweiten Reihe« agieren, das wichtigste Mittel zur Beherrschung der Lage sah man im politischen Instrumentarium. Einen Tag später – also am 3. November – wurde ein weiterer Befehl erlassen. Er war ausführlicher, jedoch in ähnlichem Duktus gehalten.[66] Es wurde empfohlen, sich von der Öffentlichkeit fernzuhalten. Sogar »Streitgespräche« mit »verantwortungslosen und antistaatlich politisierenden Elementen« sollten nicht von Mitarbeitern der Sicherheitsämter geführt werden, sondern von Parteiaktivisten oder Betriebsleitungen. Zum Schutz der Mitarbeiter – und sicherlich, um die Arbeiter nicht zu reizen – wurde »der unverzügliche Abzug« aller noch in Betrieben existierenden Einrichtungen angeordnet, die in nahe gelegene Gebäude der Sicherheitsämter auf Wojewodschafts- oder Kreisebene überführt werden sollten. Gleichfalls legte man fest, daß die Informationssammlung in Kreisen, die durch besondere Aktivitäten hervorstachen, nicht »gleichbedeutend mit deren Bearbeitung« ist. Für den Fall »terroristischer Überfälle« wurde allerdings angewiesen, »entschieden und mit ganzer Energie zu reagieren«, aber nur »mittels Feststellung der Täter und Dokumentation der Straftaten«. Aus dem Kontext geht hervor, daß dies sogar für »Überfälle« auf Mitarbeiter der Staatssicherheit gelten sollte.

Klar ist, daß der Sicherheitsapparat gegen den Virus der Abrechnungen und der allgemeinen Kritik an Chefs und Vorgesetzten nicht immun bleiben konnte. Die Welle der Abrechnungen, zum Jahreswechsel 1954/55 von »oben« durch die Verurteilung Schuldiger kanalisiert, erreichte das Ressort im Vergleich zu anderen staatlichen Institutionen mit geringer Verspätung. In dem bereits zitierten Befehl vom 3. November wies der Vorsitzende des KBP darauf hin, daß »auf den letzten Parteiversammlungen in unserem Apparat eine Reihe berechtigter Forderungen und Beschwerden vorgetragen wurden«. Er fügte jedoch hinzu, daß »ungerechtfertigte und sogar demagogische Akzente vorgekommen sind, durch die die Partei- und Dienstdisziplin geschwächt werden«. »Plötzlich platzte alles«, erinnert sich Franciszek Szlachic, damals Chef der Wojewodschaftsbehörde des Amtes für öffentliche Sicherheit in Katowice.[67] »In der Zentrale und in allen Wojewodschaften fanden spontane und organisierte Veranstaltungen statt [...]. In der Sicherheitsabteilung in Posen wurde vorgeschlagen, den Sicherheitsdienst als kompromittierte und unter demokratischen Bedingungen unnötige Organisation abzuschaffen«. Aber wenn man nach den Fragen urteilt, die auf der Parteiversammlung in der Warschauer Zentrale gestellt wurden,[68] überwogen die antiliberalen Tendenzen. Vor allem wurden allerdings jene hochrangigen

[66] Ebenda.

[67] Szlachic, Franciszek: Gorzki smak wladzy. Wspomnienia [Der bittere Geschmack der Macht. Erinnerungen], Warszawa 1990, S. 18.

[68] AAN, KC PZPR, Materialy B. Bieruta, 509/58.

Mitarbeiter attackiert, die nach den Veränderungen von 1954 im Ressort verblieben waren.

Ohne sich in die Motive von Personen hineinversetzen zu können, die besonders aktiv die »Abrechnungskampagne« betrieben, muß man deren Selbstverteidigungscharakter beachten. Das läßt sich gut an dem Bericht der Parteikommission erkennen, die am 19. November auf Beschluß der Beratung des Aktivs im KBP berufen wurde. Ein Grund zur Bildung dieser Kommission habe in verzerrten Presseberichten über »Kritik an Fehlern und Entgleisungen« bestanden, die »der Mehrheit der Mitarbeiter schadeten«.[69] Der Apparat sollte seine »Abrechnung« selbst vollziehen und sie nicht Unberufenen von außen überlassen. Die Verteidigung vor den Attacken der öffentlichen Meinung war zweifellos ernst gemeint, aber die Emotionen verlangten – wie es scheint – scharf umrissene politische Unterschiede. Eine wesentliche Rolle kam auch der Tatsache zu, daß die »Abrechnung« als Instrument im Aufstand der mittleren und unteren Mitarbeiterebene gegen die Vorgesetzten eingesetzt wurde. Die Autoren des bereits erwähnten »Berichts« waren insbesondere davon betroffen, daß in der schon stattfindenden Reorganisation der Sicherheitsorgane »diejenigen weiterhin eine entscheidende Rolle spielen wollten, die sich im vergangenen Zeitabschnitt heftig kompromittiert und den Bruch der Gesetzlichkeit zugelassen hatten«. Je höher aber jemand in der Hierarchie stand, desto größer war seine Verantwortung. Ein Beispiel ging übrigens von oben aus: Nach dem 8. Plenum wurde eine vielköpfige Kommission »zur Erforschung der Parteiverantwortung für Entgleisungen in den Sicherheitsorganen« berufen, die mit ihren Befragungen bei dem ehemaligen Minister Radkiewicz begann. Obgleich in ihrem Abschlußbericht, der dem Politbüro erst Mitte Mai 1957 vorgelegt werden sollte, als Hauptschuldige die bereits Verhafteten Romkowski, Fejgin, Rozanski und (natürlich) der »Renegat« Swiatlo bezeichnet wurden,[70] löste allein die Tatsache, daß eine derartige Kommission berufen wurde und von den höchsten Funktionären des Sicherheitsministeriums Auskunft verlangte – vielleicht entgegen den Absichten Gomulkas –, »eine Abrechnung von unten« aus.

Die Unruhe, von der auch die Miliz erfaßt wurde, hielt auch nach der Reorganisation des Ressorts einige Monate an. Einige Führungsmitglieder im Ministerium des Innern bemerkten, daß zahlreiche Aussagen und personalpolitische Forderungen ausdrücklich antisemitische Züge trugen. Noch Ende Januar 1957 forderte Minister Wladyslaw Wicha auf einer Sitzung des Kollegiums im Ministerium, »die gegenwärtige Phase der Fehden, Vorwürfe, Verdächtigungen usw. abzuschließen«.[71] Gomulka selbst war dagegen, Streitigkeiten und Auseinandersetzungen – sowohl im Parteiapparat wie auch in den Sicherheitsorganen – zu schüren. Er wollte, daß die »Erneuerung« völlig unter Kontrolle bleibt. Sie sollte u.a. durch Reorganisation und durch die Ab-

69 Ebenda, II/94.
70 AAN, KC PZPR, Bd. 1681.
71 CAMSW, 17, IX, 268, Bd. 7.

schaffung der Bezeichnung »öffentliche Sicherheit« gewährleistet werden, die unwiderruflich mit dem unrühmlichen Ministerium und der angsteinflößenden »Sicherheit« in Verbindung gebracht wurde, und sie sollte die öffentliche Meinung beruhigen, die – nicht vergeblich – forderte, die Schuldigen an dem langjährigen blutigen Massenterror zu verurteilen. Es war jedoch »Staatsterror«, und dieser kann (abgesehen von exemplarischen »Sündenböcken«) nur durch eine Revolution bestraft werden. Gomulka aber war weit entfernt von gewaltsamen oder weitreichenden Veränderungen.

So entschied man sich für Reorganisation, Personalabbau und Entlassung eines Teils der höheren Funktionäre, was jedoch diskret vonstatten ging. Schon am 6. November besprach das Politbüro die Lage im Ressort und beschloß, das KBP und das Ministerium für Inneres zu vereinigen. Vier Tage später wurde – »im Prinzip« – das Projekt der Reorganisation bestätigt, das auf der Einbindung des Sicherheitsapparates in die Strukturen des Ministeriums für Inneres beruhte.[72] Im Eiltempo wurde schon am 13. November das Gesetz »Über die organisatorische Veränderung der führenden Staatsorgane im Bereich der öffentlichen Sicherheit«[73] angenommen, wodurch das Komitee für öffentliche Sicherheit (KBP) liquidiert wurde. Am gleichen Tag erließ der Ministerrat mit Beschluß Nr. 781 ein neues Organisationsstatut des Ministeriums des Innern. Es sah die Zusammenlegung von drei operativen Abteilungen zum Sicherheitsdienst (SB) vor. So brachte der »polnische Oktober« eine Veränderung: An die Stelle der Sicherheitsämter (UB) trat der Sicherheitsdienst (SB).

Aus dem Polnischen übersetzt von Ruth Kibelka (Berlin).

---

[72] AAN, KS PZPR, Bd. 1674.
[73] Dziennik Ustaw 54/1956, poz. 241.

Die Polnische Armee im Oktober 1956

von

LESZEK PAJÓREK

Die militärischen Gesichtspunkte des polnischen Oktober 1956 gehören aus zwei Gründen nach wie vor zu den weniger bekannten Aspekten der Nachkriegsgeschichte Polens: Zum einen existieren kaum Archivdokumente, zum anderen sind die Berichte von unmittelbar Beteiligten und Zeitzeugen der Ereignisse nur spärlich und teilweise widersprüchlich. Die Analyse der zugänglichen archivalischen Quellen, der Berichte und Erinnerungen wie auch der wachsenden Literatur zu diesem Thema lassen die sichere Schlußfolgerung zu, daß die Führung der PVAP im Oktober 1956 beabsichtigte, auftretende öffentliche Unruhen mit Hilfe der Polnischen Armee zu befrieden. Dagegen liegen über Vorbereitungen und Aktivitäten der Reformkräfte in Staat und Armee für den Fall einer sowjetischen Militärintervention weit weniger Dokumente vor. Diese beiden Aspekte aus der Geschichte der Polnischen Armee im Oktober 1956 bilden den Hauptgegenstand dieser Skizze. Um jedoch zu verstehen, wodurch der Ausnahmezustand zu jener Zeit ermöglicht wurde, müssen zunächst einige Fakten aus der Nachkriegsgeschichte der Polnischen Armee erwähnt werden.

Die Gründung der militärisch und politisch von Moskau abhängigen polnischen Streitkräfte, die 1943 in der UdSSR erfolgte, war eng mit den weitreichenden Plänen Stalins für die Gestaltung Nachkriegspolens verbunden. Diese Armee sollte in Zukunft die bewaffnete Basis für die schon in Vorbereitung befindliche neue kommunistische Regierung Polens bilden.[1] Die dynamische Entwicklung der Streitkräfte erforderte immer mehr Offizierskader. Da es an qualifizierten polnischen Kräften mangelte (polnische Offiziere befanden sich entweder in deutschen Kriegsgefangenenlagern oder kämpften im Westen bei den Polnischen Streitkräften, mehrere tausend Offiziere, die im September 1939 in sowjetische Kriegsgefangenschaft geraten waren, waren im Frühjahr 1940 durch das NKWD ermordet worden), wurden im Rahmen der sogenannten brüderlichen Kaderhilfe sowjetische Offiziere in die Einheiten der Polnischen Armee entsandt.[2] Im Ergebnis dieser »Hilfe« wurden alle Führungspositionen auf der Kommandeurs-, Stabs- und technischen Ebene von Rotarmisten besetzt.[3] Obwohl die Souveränität der Polnischen Armee

---

1 Zenczykowski, Tadeusz: Polska Lubelska 1944 [Lublin-Polen 1944], Warszawa 1990, S. 88ff.

2 Seit der Gründung der 1. Infanteriedivision »Tadeusz Kosciuszko« im Mai 1943 bis zur Beendigung der Kriegshandlungen im Mai 1945 wurden 16679 Offiziere der Roten Armee zu verschiedenen Einheiten der Polnischen Armee versetzt. Dies entsprach einem Anteil von 38,5 Prozent aller Offizierskader der Polnischen Armee. Vgl. dazu: Nalepa, E. J.: Oficerowie radeccy w Wojsku Polskim w latach 1943-1968 [Sowjetische Offiziere in der Polnischen Armee in den Jahren 1943-1968], Warszawa 1992, Bd. 1, S. 21.

3 Einige Waffengattungen und Dienste (z.B. der militärische Informationsdienst, Luftwaffe, Artillerie) waren fast hundertprozentig von sowjetischen Kadern besetzt. Im Herbst 1944 waren

durch diese Tatsache ernsthaft in Frage gestellt wurde, waren die einfachen Soldaten vom nationalen Charakter »ihrer« Armee überzeugt und glaubten, daß sie dazu bestimmt seien, gegen die deutschen Okkupanten zu kämpfen.

Nach Beendigung der Kriegshandlungen trat eine politische Gruppe, die aus der sogenannten nationalen Strömung der Polnischen Arbeiterpartei (PPR) stammte (Wladyslaw Gomulka, Marian Spychalski, Zenon Kliszko, Ignacy Loga-Sowinski) und vom obersten Befehlshaber der Polnischen Armee und Verteidigungsminister General Michal Rola-Zymierski unterstützt wurde, mit einem Konzept zur Schaffung einer Landesarmee hervor. Der Wiederaufbau polnischer Offizierskader sollte ein erster Schritt in diese Richtung sein. Am 18. August 1945 legte das Ministerium für Nationale Verteidigung das programmatische Schriftstück »Leitlinie zur Schaffung von Offizierskadern der wiedererstandenen Polnischen Armee« vor. Man beabsichtigte, Offiziere der II. Republik, die aus der Gefangenschaft oder aus den Polnischen Streitkräften im Westen zurückgekehrt waren, sowie jene, die aus den konspirativen Organisationen des polnischen Untergrundstaates kamen, in die Armee aufzunehmen.[4] Zwischen 1945 und 1947 wurden spezielle Überprüfungskommissionen gebildet, die eine bedeutende Anzahl von Offizieren der erwähnten Kategorien für den Armeedienst annahmen. Gleichzeitig wurden sowjetische Kader nach ihrem Austausch durch polnische Offiziere in die UdSSR abkommandiert.[5]

Diese positive Tendenz, die die Wiederherstellung einer nationalen Armee bezwecken sollte, hielt jedoch nicht lange an. Der an Schärfe gewinnende »Kalte Krieg« und die Gründung des Kominform beschleunigten die Sowjetisierung in den sogenannten Volksdemokratien. In der zweiten Hälfte des Jahres 1948 trat auch in der Politik der PPR eine Wende ein, die eine intensive Stalinisierung Polens mit sich brachte. Sie äußerte sich in massiven Bestrebungen der kommunistischen Machthaber, die politischen, staatlichen, gesellschaftlichen und wirtschaftlichen Strukturen nach sowjetischem Vorbild umzugestalten.[6] Der Stalinisierungsprozeß erfaßte auch die Armee. Gegen Ende des Jahres 1948 wurden alle Strukturen der kommunistischen Partei, die bis zu diesem Zeitpunkt nur inoffiziell innerhalb der Armee existierten, legalisiert. Auf unterschiedlichen Ebenen begannen Parteikomitees in der Polnischen Armee ihre Tätigkeit offiziell auszuüben und zahlreiche Soldaten in die Partei aufzunehmen.[7] Schrittweise wurde die Doktrin des

---

von den 159 wichtigsten Positionen im Hauptstab der Polnischen Armee 110 (70 Prozent) von sowjetischen Offizieren besetzt. Ebenda, S. 29.

4 Centralne Archiwum Wojskowe [Zentrales Militärarchiv] (künftig: CAW), III, 1, 990, 118-119.

5 Vor allem im Zeitraum 1945-48 wurden 16926 Offiziere zur Sowjetischen Armee abkommandiert. Vgl. Nalepa, Oficerowie radeccy, a.a.O., S. 59.

6 Kersten, Krystyna: Historia polityczna Polski 1944-1956 [Politische Geschichte Polens 1944-1956], Warszawa 1986, S. 104.

7 1945 gehörten knapp 4 Prozent der Armeeangehörigen der PPR an. 1955 betrug der Anteil der Mitglieder und Kandidaten der PVAP schon 59,2 Prozent der Offizierskader. Vgl. CAW, 1210, 9. Referat des Ministers für Landesverteidigung Marschall Polens Konstanty Rokossowski über den Zustand und die Entwicklung der Streitkräfte Volkspolens.

Marxismus-Leninismus und des Stalinismus in die politische Schulung der Soldaten einbezogen, die Pflege nationaler Traditionen in der Armee hingegen instrumentalisiert. Für das Indoktrinationssystem innerhalb der Armee zeichneten politische Offiziere verantwortlich, deren Zahl sich ständig erhöhte.[8]

Die Kaderpolitik der Armee veränderte sich grundlegend. Die stalinistische These von der ständigen Verschärfung des Klassenkampfes in der Phase des Aufbaus der sozialistischen Gesellschaftsordnung, die auf dem 3. Plenum des ZK der PVAP im November 1949 angenommen wurde, wirkte sich besonders stark auf die Personalpolitik der Armee aus. Sie rechtfertigte Repressionen gegen Personen, die aufgrund ihrer sozialen Herkunft oder politischen Vergangenheit als unzuverlässig galten.[9] Die Personalabteilung des Verteidigungsministeriums erarbeitete gegen Ende 1949 neue Kriterien für die Bewertung der Offizierskader nach sozialen Klassen, die – obwohl kein offizielles Dokument – von dem damaligen Abteilungsleiter Oberst Jozef Turski gebilligt wurden. Nach diesen Kriterien wurden die Offiziere der sozialen Herkunft nach in klassenmäßig gute, fremde und feindliche eingeteilt. Zu den klassenmäßig guten zählte man die Offiziere der wiederentstandenen Polnischen Armee, die Arbeiter-, Handwerker- oder Bauernsöhne waren. Als klassenfremd wurden die Söhne von Beamten und Intellektuellen eingestuft sowie von Handwerkern, die Arbeiter oder Angestellte beschäftigten, ferner die Kinder von Großbauern und von Reserveoffizieren aus der Zeit vor 1939, ungeachtet ihrer gesellschaftlichen Herkunft. Zu Klassenfeinden erklärte man diejenigen Offiziere, deren Väter Kaufleute, Unternehmer, höhere Beamte, freiberuflich tätige Intellektuelle oder Landbesitzer gewesen waren sowie Soldaten der ehemaligen Polnischen Armee in Polen und im Ausland, ohne Rücksicht auf ihre soziale Herkunft.[10]

Gestützt auf diese Kriterien begann eine großangelegte Säuberung des Offizierskorps. Zwischen 1949 und 1954 wurden vorgeblich aus organisatorischen Gründen fast 10000 Offiziere (bei einem Umfang des Offizierskorps von etwa 55000) aus dem Heer entlassen, darunter 1276 aus politischen Gründen (2 Generäle, 513 Offiziere und 761 Unteroffiziere).[11] Infolge dieses Verfahrens verlor die Armee wertvolle und qualifizierte Angehörige. Gleichzeitig fanden Verhaftungen von Vorkriegsoffizieren statt, die sich für den Dienst in der »Volksarmee« beworben hatten. Unter Berufung auf gefälschte Unterlagen wurden u.a. verhaftet: Marschall Rola-Zymierski und die Generäle Michal Spychalski, Waclaw Komar, Stanislaw Tatar und Jerzy

[8] 1950 zählte der politische Apparat der Armee 4378 Personen. Vgl. CAW 465, 57, 847. Der Zustand des politischen Apparates der Armee und sein weiterer Ausbau in den Jahren 1950-1955.

[9] Ausführlicher in: Przesilenia i zwroty w dziejach Polski Ludowej [Krisen und Wendepunkte in der Geschichte Volkspolens]. In: Zeszyty Naukowe WAP, Warszawa 1982, Heft 110.

[10] Grot, L./Konecki, T./Nalepa, E.: Pokojowe dzieje Wojska Polskiego [Friedensgeschichte der Polnischen Armee], Warszawa 1988, S. 129.

[11] Archiwum bylego Szefostwa Wojskowej Sluzby Wewnetrznej (ASWSW) [Archiv des ehemaligen Kommandos des Militärischen Innendienstes], 382, 1, 54, K. Verzeichnis der Offiziere, die aus politischen Gründen aus der Armee entlassen wurden.

Kirchmayer. In einem spektakulären Prozeß gegen die sogenannte Tatar-Gruppe hat man über vier Generäle (Franciszek Herman, Jerzy Kirchmayer, Stefan Mossor und Stanislaw Tatar) lebenslange Freiheitsstrafen verhängt, fünf weitere Personen erhielten 10-15 Jahre Haft. Insgesamt hat man in den Prozessen gegen Einzelpersonen und Gruppen in den Jahren 1951-54 92 Personen verurteilt, darunter 83 Offiziere der Polnischen Armee. Von diesen traf 20 Offiziere das Todesurteil. Diese Vorgänge hatten großen Einfluß auf die Moral in der Armee und bewirkten, daß Angst und Unsicherheit unter den Offizieren der Polnischen Armee herrschten.[12]

Die damalige Staatsmacht verzichtete darauf, daß ihre Armee auch nur eine Scheinsouveränität erhielt. Der Staatspräsident der Republik Polen, Boleslaw Bierut, bat Stalin vielmehr schon im März 1949 um erneute Delegierung sowjetischer Generäle und Offiziere in die Polnische Armee.[13] Stalin hat dieser Bitte entsprochen. Am 6. November 1949 wurde der sowjetische Marschall polnischer Herkunft Konstanty Rokossowski zum Verteidigungsminister Polens ernannt. Mit der Ankunft des Marschalls begann eine gewaltsame Russifizierung des polnischen Heeres. Die Polnische Armee erfuhr einen Zuwachs von mehreren Hundert sowjetischen Offizieren und Generälen, die in der Regel die Führungs- und Schlüsselpositionen besetzten. Sowjetische Generäle standen an der Spitze aller wichtigen Struktureinheiten des Heeres, angefangen beim Generalstab über die Kommandos der Militärbezirke bis hin zum Kommando über die verschiedenen Waffengattungen einschließlich der Ebene, die die wichtigsten taktischen Einheiten erfaßte.[14] Die Spitze des Verteidigungsministeriums wurde gleichfalls von sowjetischen Militärs besetzt. Hier agierten neben Marschall Rokossowski die Generäle Stanislaw Poplawski und Jerzy Bordzilowski. Rokossowski konzentrierte nach und nach eine ungeheuere Machtfülle in seinen Händen: Neben seiner Funktion als Verteidigungsminister bekleidete er das Amt des Vizepremiers, er war Abgeordneter des polnischen Sejm und Mitglied des Politbüros des ZK der PVAP. Alle diese Ämter änderten nichts an der Tatsache, daß er sich vor allem als sowjetischer Marschall und Befehlsvollstrecker des Kreml fühlte. Dasselbe läßt sich mit Sicherheit von den übrigen sowjetischen Generälen und Offizieren behaupten, die zum Dienst in der Polnischen Armee abkommandiert worden waren. Von den höheren Posten des Verteidigungsministeriums hatten die polnischen Kommunisten nur die Leitung der politischen

[12] Pajorek, Leszek: Sprawa tzw. spisku w wojsku. Proces glowny i sprawy odpryskowe [In Sachen der sogenannten Militärverschwörung. Haupt- und Nebenaspekte]. In: Stalinizm w Wojsku Polskim 1945-1956. Materialy sesji popularnonaukowej [Stalinismus in der Polnischen Armee 1945-1956. Materialien einer populärwissenschaftlichen Veranstaltung], Pila 1990. Ausführlicher in: Poksinski, Jerzy: Tatar-Utnik-Nowocki, Warszawa 1992.

[13] CAW, 913, 788, 100-102. Schreiben des Präsidenten der Polnischen Republik Boleslaw Bierut an den Vorsitzenden des Ministerrates der UdSSR Generalissimus J.W. Stalin vom 8. März 1949.

[14] Bis 1949 verblieben in der Polnischen Armee 16 sowjetische Generäle und 447 Offiziere, in der Zeit 1949-52 wurden weitere 35 Generäle und 234 Offiziere nach Polen abkommandiert; Ende 1952 dienten 41 Generäle und 668 Offiziere der Sowjetischen Armee in der Polnischen Armee. Vgl. Nalepa, Oficerowie radeccy, a.a.O., S. 98.

Hauptverwaltung der Polnischen Armee inne. Darüber hinaus bekleideten nur wenige polnische Offiziere Führungspositionen in taktischen Einheiten und Regimentern. In dieser anomalen Situation wurde 1951/52 kein polnischer Oberst in den Generalsrang befördert, wie im Jahr 1950 kein Pole zum Oberst ernannt worden war.[15]

Zweifellos herrschte in der Polnischen Armee sowjetischer Geist. Die Organisationsstrukturen waren an sowjetischen Mustern orientiert, man gebrauchte die Schulungsmethoden der Sowjetischen Armee, stützte sich auf sowjetische Militärtheorie und verbreitete sowjetischen Armeegeist. Neue Dienstvorschriften wurden gewöhnlich direkt aus dem Russischen übersetzt. Dabei erfuhren die bewaffneten Streitkräfte beträchtlichen Zuwachs. 1949 hatte die Polnische Armee 135912 Soldaten, 1954 betrug ihre Zahl 358605, also das 2,6fache. Die Anzahl der Panzer und Panzereinheiten versechsfachte sich in etwa, die anderer Einheiten verdreifachte sich, die Flugzeugstaffeln wuchsen auf das Fünffache.[16]

Mitte 1951 brachte Marschall Rokossowski aus Moskau eine sogenannte Empfehlung des Generalstabes der Sowjetischen Armee mit, derzufolge die Streitkräfte auf polnischem Territorium für Kampfhandlungen von Ost nach West sowie als strategische Rückendeckung für die mehr als 400000 Mann starke Besatzungsarmee in der DDR aufzubauen waren. Diese Empfehlung bestimmte detailliert die zahlenmäßige Größe und Organisation der Polnischen Armee, ihre Versorgungsprinzipien bezüglich Ausrüstung und Bewaffnung sowie den Ausbau der militärischen Infrastruktur.[17] Die Empfehlungen zum Ausbau der Rüstungsindustrie, die in den Jahren 1951-53 die Errichtung von 53 Rüstungsbetrieben und die Umstellung von 92 Produktionsabteilungen von Zivil- auf Rüstungsproduktion erforderlich machten, erwiesen sich als schwere Bürde.[18] Die finanzielle Belastung der polnischen Volkswirtschaft durch Rüstungsausgaben war in den Jahren 1951-53 so groß, daß de facto eine Volkswirtschaft zur Vorbereitung eines Krieges entstanden war. Die Kosten der forcierten Kriegsvorbereitung hatte die polnische Gesellschaft zu tragen, deren Konsumtion zwangsläufig drastisch eingeschränkt wurde. Die Unterzeichnung des Warschauer Paktes im Mai 1955 beendete den Zeitraum des intensiven Ausbaus der Polnischen Armee. Am 3. September 1955 beschloß die polnische Regierung nach Rücksprache mit Moskau, ihre bewaffneten Streitkräfte teilweise zu reduzieren. Am 20. Dezember 1955 zählte die Armee nur noch 287438 Militärangehörige und 42942 Zivilbeschäftigte.[19] Der Abschluß des Warschauer Paktes und die quantitative Reduzierung der Polnischen Armee hatten jedoch keinen Einfluß auf den Charakter der Armee. Sie stand weiterhin unter fremder Befehlsgewalt, war stark indoktriniert, nach sowjetischem Muster geprägt und hermetisch von zivilen Einrichtungen abgeriegelt. Diese Faktoren bewirkten,

---

15 Grot/Konecki/Nalepa, Pokojowe dzieje, a.a.O., S. 130.
16 CAW, 1210, 9. Referat des Ministers, a.a.O.
17 Pioro, T.: *Rekomendacje* Rokossowskiego. In: Polityka vom 21. Oktober 1989, S. 14.
18 Poksinski, Tatar-Utnik-Nowicki, a.a.O., S. 256f.
19 CAW, 1210/9. Referat des Ministers, a.a.O.

daß die ersten Symptome des politischen »Tauwetters«, die sich bereits Ende 1955 abzeichneten, die Armee nicht erreichten.

Nach dem XX. Parteitag der KPdSU veränderte sich die Lage. Dieser Parteitag – insbesondere die »Geheimrede« Nikita Chruschtschows – löste in Polen eine öffentliche Diskussion über eine Abrechnung mit der Vergangenheit aus. Man forderte Demokratisierung und die Entwicklung eines öffentlichen politischen Lebens. Personen, die für die Verletzung der »Gesetzlichkeit« und für den stalinistischen Terror verantwortlich waren, sollten zur gerichtlichen Verantwortung gezogen werden. Die Presse war Forum und treibende Kraft dieses Abrechnungsprozesses.[20] Die Tendenzen des politischen Geschehens drangen immer häufiger in die Armee, beeinflußten vor allem die Berufsoffiziere und lösten Diskussionen und Kommentare zu aktuellen Ereignissen aus. Darüber hinaus bewirkte die Demokratisierung des gesellschaftlichen Lebens, daß Bestrebungen einsetzten, die nationale Identität der Armee wiederzuerlangen und ihre jahrelange Isolierung vom zivilen Leben aufzuheben. Anzeichen für eine derartige Emanzipation war die wachsende Zahl polnischer Offiziere, die sich gegen die bis dahin in den Streitkräften gültige Hierarchie aussprachen.[21]

Die Spitzenfunktionäre des Verteidigungsministeriums, die gleichzeitig dem ZK der PVAP angehörten (Konstanty Rokossowski, der Chef der politischen Hauptverwaltung General Kazimierz Witaszewski, der Chef des Generalstabes General Jerzy Bordzilowski, der Hauptinspekteur des Schulungswesens General Stanislaw Poplawski) wurden von der Öffentlichkeit zu den konservativen Kräften der Partei gerechnet, die den Demokratisierungsprozeß im Staat zu hemmen versuchten.[22] Dieser kleine Funktionärskreis, der befürchtete, daß das Eindringen des politischen »Tauwetters« in die Armee weitreichende Folgen haben könnte, bemühte sich nach dem XX. Parteitag der KPdSU, solche Vorgänge innerhalb der Armee auf Diskussionen zur gesellschaftlich-politischen Lage im Land zu beschränken.

Ein sehr wichtiges Moment des politischen Reifeprozesses stellten für die Offizierskader die Ereignisse in Posen vom 28. bis 30. Juni 1956 dar. Die Tatsache, daß die Parteiführung sich der Armee bedient hatte, um den Protest der Arbeiter niederzuschlagen, drang tief in das Bewußtsein der Soldaten der Polnischen Armee ein.[23] Der Schock war um so größer, als sich die Armee

---

20 Ausführlicher in: Rykowski/Wladyka, Polska proba, a.a.O., S. 114 ff., vgl. auch: Wladyka, Wieslaw: Na czolowce. Prasa w pazdzierniku 1956 roku [Der Leitartikel. Die Presse im Oktober 1956], Warszawa 1989.

21 Grot/Konecki/Nalepa, Pokojowe dzieje, a.a.O., S. 187.

22 Diese Linie wurde vor allem von General Witaszewski verkörpert, insbesondere in seiner Rede auf dem Treffen in den Stalinwerken in Lodz im Juni 1956, wo er versprach, daß die PVAP sich gegen parteifeindliche Elemente sogar mit »Gasrohren« verteidigen würde. Vgl. Rykowski/Wladyka, Polska proba, a.a.O., S. 158.

23 Im Zusammenhang mit den Ereignissen in Posen fielen oder starben auf Grund ihrer Verwundungen insgesamt 73 Zivilisten. Vgl. Ziemkowski, A.: Ofiary i straty ludzkie [Opfer und menschliche Verluste]. In: Poznanski Czerwiec 1956 [Der Posener Juni 1956], Poznan 1990, S. 112-120. Auf der Seite der Ordnungskräfte und des Militärs betrugen die Verluste 8 Tote und 52 Verwundete. Ausführlicher in: Wojsko Polskie w Czerwcu 1956 r. w Poznaniu w swietle

nach der Zeit der Zwangsisolation auf der Suche nach ihrer gesellschaftlichen Stellung und Identität befand. Auch die offizielle Auslegung der Ereignisse, die besagte, daß der Protest der Arbeiter und Einwohner Posens vom »imperialistischen Geheimdienst und dem reaktionären Untergrund« inszeniert worden sei und sich gegen die »Volksmacht« gerichtet habe, konnte das Syndrom des Brudermordes nicht abschwächen. Die absurde These von der ausländischen Steuerung der Unruhen wurde sofort in der Propagandaarbeit der politischen Hauptverwaltung der Polnischen Armee aufgegriffen, deren Mitarbeiter die an der Aktion beteiligten Offiziere und Soldaten überzeugen wollten, daß Agenten der Organisation Gehlen, also des westdeutschen Geheimdienstes, heimlich in Kisten per Auto auf die internationale Posener Messe gebracht worden seien, um eine bewaffnete Arbeiterrevolte gegen die Staatsmacht anzuzetteln.[24] Trotz zahlreicher derartiger Indoktrinationsversuche schenkte die Mehrheit der Offiziere und Soldaten solchen Interpretationen der Posener Ereignisse keinen Glauben.

Die Soldaten und besonders die Offiziere waren geschockt von dem, was in Posen vorgefallen war. Oberstleutnant Czeslaw Mojsiewicz erinnerte sich: »Wir in der Armee waren über die Posener Ereignisse sehr betroffen. Das um so mehr, als Militäreinheiten unmittelbar am Geschehen beteiligt gewesen waren. Das war für uns ein gewaltiger Schock. Die Leute in der Armee konnten einfach nicht begreifen, wie das geschehen war; sie konnten sich nicht erklären, wie es möglich war, daß nach so vielen Jahren der Volksmacht auf den Straßen von Posen die Armee eingesetzt werden mußte.«[25]

In der Öffentlichkeit wurde das Eingreifen der Armee äußerst negativ bewertet, was nicht nur auf das Verhalten der Soldaten während der Befriedungsaktion zurückzuführen war, sondern auch auf die Überzeugung der Polen, daß die Polnische Armee unter Zwang stehe und russifiziert sei. Man war davon überzeugt, daß Marschall Rokossowski den Armeeinsatz gegen die aufrührerische Stadt initiiert habe und niemand anders als sowjetische Generäle in Uniformen der Polnischen Armee die gesamte Pazifizierungsaktion in Posen dirigiert hätten.[26] Die dargestellten Bedingungen hatten sehr großen Einfluß auf Einstellung und Verhalten der Offiziere und Soldaten der Polnischen Armee (besonders in größeren Garnisonen) während des kritischen 8. Plenums des ZK der PVAP vom 19. bis 21. Oktober 1956. In diesen spannungsreichen Tagen, als sich in Warschau eine sowjetische Delegation aufhielt und unter dem ständigen Druck sowjetischer Truppen die Gefahr eines Militärputsches bestand, bekundeten Offiziere und Soldaten der Polnischen Armee in ihren Einheiten und nach außen ihre politische Haltung: Sie

dokumentow wojskowych [Die Polnische Armee im Juni 1956 in Posen im Lichte militärhistorischer Quellen], Warszawa 1992.

24 Ebenda, S. 71.

25 Zaczelo sie od zadania: Powiedzcie prawde... [Es begann mit der Forderung: Sagt die Wahrheit]. In: Nowa Kultura vom 20. November 1957, S. 2.

26 Nalepa, Edward J.: Pacyfikacja zbuntowaneho miasta. Wojsko Polskie w Czerwcu 1956 r. w Poznaniu w swietle dokumentow wojskowych [Pazifizierung einer aufständischen Stadt. Die Polnische Armee im Juni 1956 in Posen], Warszawa 1992, S. 76.

nahmen an Kundgebungen und Veranstaltungen teil, die vor allem an Hochschulen und in Betrieben stattfanden.[27] Da die Dienstvorschriften die Veranstaltung von Kundgebungen innerhalb der Armee untersagten, drückten Soldaten ihre Ansichten zuerst in genehmigten öffentlichen Parteiversammlungen aus.

Am 21. Oktober war das Bedürfnis nach spontaner Diskussion und politischer Betätigung so groß, daß man, ohne die Einwilligung der Vorgesetzten abzuwarten, in vielen Einheiten, Stäben und Militärinstitutionen Kundgebungen und Treffen organisierte, wobei häufig Delegationen von Zivilpersonen hinzugeladen wurden. Die auf diesen Kundgebungen angenommenen Resolutionen und Beschlüsse wurden an das ZK der PVAP und an die Redaktion der Militärzeitung *Zolnierz Wolnosci* [Soldat der Freiheit] adressiert. Sie drückten die Unterstützung für die reformorientierte Führung der kommunistischen Partei unter Leitung von Wladyslaw Gomulka aus. Aus der gesamten Armee trafen bis Ende November 1956 fast 200 solcher Resolutionen ein.[28]

Unter allen Veranstaltungen und Versammlungen, die im Oktober/November 1956 in der Armee stattfanden, verdient das erste öffentliche Treffen besondere Beachtung. Diese Kundgebung mit 2000 Teilnehmern, darunter Abordnungen von Arbeitern, Studenten und Journalisten, fand am 21. Oktober 1956 in der Technischen Militärakademie statt, also noch während des 8. Plenums. Auf der Kundgebung wurde das Niveau der politischen Arbeit in der Armee kritisiert. Man forderte, daß die Soldaten über alle politischen Ereignisse informiert werden sollten, und verlangte echte politische Diskussionen. Hauptziel der Veranstaltung war jedoch der Wunsch, die Solidarität der Armee mit den Arbeitern und Studenten zu bekräftigen sowie die demokratischen Veränderungen in Polen öffentlich zu unterstützen. Der Delegierte einer PKW-Fabrik, mit Ovationen begrüßt, sagte: »Wir vertrauen den Soldaten. Wir sind überzeugt, daß wir in dem Kampf, der bei uns gegenwärtig ausgetragen wird, eure Unterstützung haben.«[29] In der Resolution der Kundgebung hieß es: »Wir solidarisieren uns mit der aktiven Haltung und den rechtmäßigen Forderungen der Arbeiterklasse, der studentischen Jugend und des ganzen Volkes und unterstützen sie [...]. Wir erklären, daß wir, Soldaten [...] der Polnischen Armee, getreu unserem Eid auf das polnische Volk, an seiner Seite stehen und stehen werden [...]. Wir werden niemals zulassen, daß die Polnische Armee gegen das Volk benutzt wird.«[30]

Die spontanen Reaktionen in militärischen Kreisen, besonders innerhalb der Militärakademie, auf den Verlauf und die Beschlüsse des 8. Plenums beunruhigten die konservative Führung der politischen Hauptverwaltung. Um die Meinungsbekundungen der Soldaten möglichst weitgehend einzugrenzen, erließ der Chef der politischen Hauptverwaltung der Polnischen Armee,

[27] Grot/Konecki/Nalepa, Pokojowe dzieje, a.a.O., S. 188.
[28] Ebenda.
[29] Zolnierz Wolnosci vom 22. Oktober 1956, S. 3.
[30] Ebenda.

General Kazimierz Witaszewski, am 22. Oktober eine Direktive über das Abhalten von Kundgebungen. Dieses Dokument bestimmte, wie die Materialien des Oktoberplenums besprochen werden sollten: Die Versammlungen in Einheiten und Institutionen sollten intern, ohne Gäste von außerhalb stattfinden, der Schwerpunkt sollte auf eine gedrängte Information über die Beschlüsse des Plenums gelegt werden, eventuell sollte noch eine kurze Diskussion stattfinden. Mit dieser Direktive wollte man authentische, offene und freimütige Debatten über das Land und die Armee unterbinden, in denen sich starke Tendenzen offenbart hatten, mit der jüngsten Vergangenheit abzurechnen.[31]

Die Direktive des Chefs der politischen Hauptverwaltung der Polnischen Armee schränkte die eben erst erwachten Demokratisierungsbestrebungen in der Armee ein und wurde deswegen allgemein kritisiert. Es mangelte jedoch nicht an Bereitwilligkeit zur strikten Einhaltung. Ein prominentes Beispiel dafür war der Kommandant der Militärpolitischen Akademie (MPA), der das Zustandekommen einer öffentlichen Kundgebung seiner Lehranstalt am 22. Oktober, zu der auch Vertreter der zentralen Parteiorgane sowie Delegierte aus Betrieben, Hochschulen der Hauptstadt und des Polnischen Rundfunks geladen waren, zu unterbinden versuchte. Diese Haltung des Kommandanten der MPA, Oberst Jan Hofman, und seines Stellvertreters für politische Angelegenheiten, Major Marian Zielinski, stieß bei anderen Militärhochschulen auf negative Reaktionen. So verfaßten beispielsweise Lehrkörper und Hörer der Akademie des Generalstabs (AGS) eine spezielle Resolution, in der es u.a. hieß: »Die Angehörigen der AGS verurteilen kategorisch den konservativen Teil der Leitung der MPA, der am 22. Oktober in blinder Unterordnung unter ähnliche Elemente der politischen Hauptverwaltung versucht hatte, Bekundungen zu unterbinden, mit denen Lehrkräfte und Studierende der neuen Führung ihre Unterstützung zusicherten«.[32]

Sehr deutlich in ihrem Inhalt waren auch Resolutionen, die auf Versammlungen der Militärjuristen und der Organe des militärischen Informationsdienstes angenommen wurden, derjenigen Institutionen also, die für die politischen Repressionen in der Polnischen Armee in den Jahren 1949-54 unmittelbar verantwortlich waren. Am 22. Oktober 1956 wurde auf einer gemeinsamen öffentlichen Versammlung der Parteiorganisationen der Obersten Militärstaatsanwaltschaft, des Obersten Militärgerichts und der Militärjustiz verwaltung eine Resolution angenommen, in der gefordert wurde: »Diejenigen sind unbedingt zur Verantwortung zu ziehen, die bewußt die Gesetze verletzt haben, insbesondere aber jene, die die Verantwortung für den Tod von 19 Offizieren der Polnischen Armee tragen. [...] Aus dem militärischen Justizapparat müssen alle jene entfernt werden, die sich in dem angegebenen Zeitraum als Richter oder Staatsanwalt kompromittiert haben.«[33] Am selben

[31] Nalepa, E. J.: Wojsko Polskie w Pazdzierniku 1956 r. [Die Polnische Armee im Oktober 1956]. In: Polska Zbrojna vom 26./28. Oktober 1990, S. 5.
[32] Zolnierz Wolnosci vom 23. Oktober 1956, S. 3.
[33] Ebenda, S. 1.

Tag wurde auf einer öffentlichen Parteiversammlung der Hauptabteilung Information des Verteidigungsministeriums ein Beschluß verabschiedet, in dem es u.a. hieß: »Im Kampf um Gesetzlichkeit solidarisieren wir uns mit dem Beschluß zur Bildung einer Kommission, die jene Personen zur Verantwortung ziehen soll, die in den vergangenen Jahren die Aufsicht über die militärischen Sicherheitsorgane ausgeübt haben. Wir werden uns im Rahmen unserer Möglichkeiten bemühen, möglichst genaue Aufklärung sowie Hilfestellung bei der Lösung all dieser schmerzhaften und verworrenen Angelegenheiten zu leisten. Wir verurteilen die in der Vergangenheit begangenen Rechtsverletzungen unserer Organe und werden danach streben, daß alles Böse mit Stumpf und Stiel ausgerottet wird und eine Rehabilitierung der 19 unschuldig erschossenen Offiziere der Polnischen Armee erfolgt.«[34]

Das Problem der Wiedergutmachung für die Opfer der stalinistischen Repressionen innerhalb der Armee wurde auch in dem Beschluß der öffentlichen Parteiversammlung der Abteilung Information des Militärbezirks Schlesien vom 23. Oktober genannt. Zugleich gab man der Hoffnung Ausdruck, »daß die von der Partei in Angriff genommenen Bemühungen zur Korrektur von Benachteiligung und Unrecht zu Ende geführt werden«. Gleichzeitig appellierte man, »die Fälle derjenigen Soldaten zu überprüfen und zu rehabilitieren, die 1949-53 wegen sogenannter Feindpropaganda verurteilt worden waren, wie auch denjenigen, die wegen gerechtfertigter Kritik an stalinistischen Entgleisungen vor Gericht gestanden hatten, ihre militärischen Ränge und Posten wieder zuzuerkennen.«[35]

Wie bereits erwähnt, bekundeten Vertreter der Polnischen Armee ihre politische Aktivität durch Teilnahme an Kundgebungen und Versammlungen im zivilen Bereich, vor allem in Betrieben und an Hochschulen. Am 21. Oktober fanden Kundgebungen in Krakau (Krakow) und Danzig (Gdansk) statt, die von Studenten organisiert worden waren. Unter den Versammelten im Studenten-Klub der Hochschulen in Krakow befanden sich auch Vertreter der Armee – Oberst Tadeusz Hankiewicz, Befehlshaber der dortigen Garnison, und Oberst Tadeusz Cynkin, Offizier im Militärschulwesen. Beide Offiziere versicherten in ihren Reden im Namen aller Soldaten der Region Krakow, daß sie die beginnenden Veränderungen im Land unterstützen würden.[36] Auf der Kundgebung in Gdansk, wo sich die Studenten in der Aula der Pädagogischen Hochschule versammelt hatten, wurde eine Soldatendelegation der örtlichen Einheiten der Polnischen Armee und des Korps der Inneren Sicherheit enthusiastisch begrüßt. Am 22. Oktober kam eine Delegation Fähnriche und Matrosen der Danziger Hochschule der Kriegsmarine mit dem amtierenden Kommandeur der Kriegsmarine, Konteradmiral Jan Wisniewski, an der Spitze zu einer Kundgebung ins Danziger Polytechni-

---

[34] Ebenda.

[35] Zolnierz Wolnosci vom 24. Oktober 1956, S. 3.

[36] Zolnierz Wolnosci vom 22. Oktober 1956, S. 3. Die Obersten Hankiewicz und Cynkin nahmen an der Kundgebung teil, obwohl der Chef der politischen Hauptverwaltung den Angehörigen der Polnischen Armee die Teilnahme untersagt hatte. Vgl. Nalepa, Wojsko Polskie, a.a.O., S. 5.

kum. Der Applaus, mit dem die Matrosendelegation empfangen wurde, bewies die Anerkennung, die die Führung der Kriegsmarine während des 8. Plenums erworben hatte.[37] Eine völlig neue Art der Beteiligung der Armee an den politischen Veränderungen war auch die Teilnahme von Soldaten der hauptstädtischen Garnison an der Verteilung von Informationsblättern über die Beschlüsse des 8. Plenums und die Zusammensetzung der neuen Führung.[38]

Die innerhalb des Militärs ausgelöste politische Belebung war zweifellos ein Ausdruck davon, daß die beginnenden Demokratisierungsprozesse im Lande unterstützt wurden. Die Armee war im Begriff, ihre Glaubwürdigkeit und gesellschaftliche Identität wiederzuerlangen. Gleichzeitig hat jedoch die Möglichkeit, daß die Armee gegen die Gesellschaft eingesetzt werden könnte, Soldaten und Offiziere ernsthaft beunruhigt. Anzeichen dafür fanden sich in Nachrichten über Bewegungen langer Panzerkolonnen der sowjetischen Armee sowie einiger Einheiten der Polnischen Armee in Richtung Warschau. Zeitpunkt und Richtung des Aufmarsches zeugten unbestreitbar vom politischen Charakter dieser Handlungen. Die Nachrichten erregten die öffentliche Meinung, riefen begründete Unruhe und gesellschaftliche Spannungen hervor. Die drohenden ernsthaften Konsequenzen, insbesondere was die Beziehungen zwischen Armee und Gesellschaft anging, schufen eine drückende Atmosphäre, denn ein bedeutender Teil der Armee war entschlossen, die demokratischen Prozesse und die Souveränität Polens zu verteidigen. Diese Haltung drückte sich auch in der ständigen Alarmbereitschaft von Arbeitern und Studenten in vielen Warschauer Betrieben und Hochschulen aus, die vom 19. Oktober bis zu den Nachmittagsstunden des nächsten Tages anhielt.[39]

Der Marsch der militärischen Einheiten auf Warschau stand in engem Zusammenhang mit den Kämpfen, die sich zwischen dem liberalen und dem konservativen Flügel der PVAP abspielten. Die konservative Fraktion, die in enger Verbindung mit Moskau stand, verlor in der Parteiführung an Einfluß, so daß die reale Möglichkeit entstand, sie auf dem 8. Plenum des ZK der PVAP gänzlich zu entmachten. Die Vertreter dieser sogenannten Natolinska-Gruppe informierten die Kremlführung über den angeblich antisowjetischen Charakter der Entwicklung in Polen und führten zum Beweis an, daß Marschall Rokossowski aus dem Politbüro entfernt werden sollte.[40] Die Reaktion aus Moskau erfolgte unverzüglich. Am 18. Oktober avisierte der Botschafter der UdSSR in Polen, Pantelejmon Ponomarenko, der Führung der PVAP die Ankunft einer sowjetischen Sonderdelegation mit Nikita Chruschtschow an der Spitze.

Gleichzeitig wurde ein Teil der an Polen angrenzenden sowjetischen Militärbezirke – der Belorussische, der Kiewer und der Karpatische – in erhöh-

37 Zolnierz Wolnosci vom 22. Oktober 1956, S. 3.
38 Ebenda.
39 Nalepa, E.J./Pajorek, L.: Pucz wojskowy czy tylko cwiczenia i manewry [Militärputsch oder nur Übungen und Manöver]. In: Polska Zbrojna vom 5. November 1990, S. 1f.
40 Albert, Andrzej: Najnowsza historia Polski 1918-1980, London 1989, S. 726.

te Bereitschaft versetzt. Im sowjetischen Generalstab herrschte gleichfalls Bereitschaftszustand.[41] Einzelne Einheiten der auf polnischem Gebiet stationierten Nordgruppe der Sowjetischen Armee begannen aktiv zu werden. Der Kommandeur dieser Gruppe, General Kusma Galizkij, verlegte einen Teil seines Stabes unter der Befehlsgewalt von General Stogenjew auf den Flughafen Leczyca bei Lodz. Auf den Flughäfen in Lasek und Sroda befanden sich gleichfalls Gruppen sowjetischer Offiziere. Die Schiffe der sowjetischen Kriegsflotte in Swinemünde (Swinoujscie) wie auch einige Schiffe, die in der Danziger Bucht patrouillierten, wurden in Kampfbereitschaft versetzt. Sowjetische Regimenter aus Borne-Sulinowa in Pommern und aus dem Umkreis von Boleslawiec in Niederschlesien wurden in Richtung Warschau in Marsch gesetzt.[42] Angesichts dieser Drohungen verhielt sich die Polnische Armee passiv. Obwohl zweifellos die Mehrheit der Armeeangehörigen geneigt und bereit war, für die Verteidigung ihres Landes zu kämpfen, war die Armee gelähmt. Denn die sowjetischen Generäle und Offiziere, die in der Polnischen Armee höchste Führungs- und Stabspositionen bekleideten, waren imstande, alle für Moskau unerwünschten Entscheidungen zu blockieren. Ein Teil von ihnen kooperierte sogar offen mit den Einheiten der sowjetischen Nordgruppe: Der Kommandeur der polnischen Luftstreitkräfte, General Jan Turkiel, ließ nach Konsultationen mit dem sowjetischen General Galizkij seit dem 18. Oktober 1956 alle Flüge polnischer Militärflugzeuge über dem eigenen Territorium einstellen. Uneingeschränkt flogen ausschließlich Flugzeuge sowjetischer, in Polen stationierter Einheiten, die besonders über dem polnischen Küstengebiet patrouillierten. In diesem Zeitraum war der sowjetische Oberst M. Klokin für die Arbeit des Obersten Führungsstabes der Luftstreitkräfte und der Luftabwehr verantwortlich.[43]

Gleichfalls unklar war die Loyalität der engeren Führung des Verteidigungsministeriums. Am Abend des 18. Oktober ordnete der Chef des Generalstabs der Polnischen Armee, General Bordzilowski, auf Veranlassung von Marschall Rokossowski für einige Einheiten des Warschauer Militärbezirks Alarmbereitschaft an. Am nächsten Tag erließ er die Anordnung, Teileinheiten der 1. Motorisierten Warschauer Division (Kommandeur Andrzej Fren) und der 2. Schweren Pionierbrigade in die Nähe der Stadt bzw. in diese zu verlegen. Die Erklärung des damaligen Chefs des Warschauer Militärbezirks, Brigadegeneral Wlodzimierz Kopijkowski, die Divisionsgeneral Marian Spychalski persönlich übermittelt wurde, enthielt ungewöhnlich interessante Informationen über die genaueren Umstände, Hintergründe, Kampfstärke und Handlungsorte. Darin hieß es unter anderem: »Am 19. Oktober fand im Stab des Warschauer Militärbezirks eine Beratung statt, auf der der Befehl des

41 Pioro, Armia, a.a.O., S. 247.

42 ASWSW, 2859, 20 k. Brief des Oberstleutnants Wincenty Heinrich vom Kommando der Luftwaffe und der Luftverteidigung vom 27. Oktober 1956 an Divisionsgeneral Marian Spychalski.

43 Ebenda. Oberst Klokin erklärte am 19. Oktober 1956 dem stellvertretenden Kommandeur des Zentralen Kommandos für politische Angelegenheiten, Oberstleutnant Szafranski: »Du stellst dich jetzt zu mir, auf Leben oder Tod. Heute entscheidet sich alles.« [Im Original russisch.]

Verteidigungsministeriums über den Aufbau von Parteikommissionen in einzelnen Garnisonen besprochen werden sollte. Während der Beratung wurde ich ans Telefon gerufen und erfuhr, daß ich sofort wegen Truppenverlegungen nach Warschau kommen sollte. Ich fuhr gemeinsam mit dem Kommandeur der 1. Motorisierten Warschauer Division, Oberst Fren, der auch bei der Beratung anwesend war. Beim Chef des Generalstabs, General Bordzilowski, traf ich die Kommandeure der Akademie des Generalstabes, der Militärtechnischen Akademie und andere. Der Chef des Generalstabes teilte mit, daß Armeeinheiten auf Anweisung des ZK zur Sicherung des friedlichen Verlaufs der Beratungen des 8. Plenums in Bereitschaft versetzt werden müssen. Darum soll die 1. Motorisierte Warschauer Division sofort zehn gepanzerte Fahrzeuge mit Soldaten aus Legionow zur Zitadelle in Bewegung setzen. Die Garnison aus Zambrow, ein Panzerregiment, sollte nach Legionow und die 2. Schwere Pionierbrigade aus Kazun gleichfalls zur Zitadelle verlegt werden. Weiterhin erhielt ich einen Plan der Stadt Warschau mit den für die zusammengezogenen Einheiten bestimmten Sektoren: Zoliborz, der Kulturpalast, einschließlich aller Brücken. Ich erhielt folgende Aufgabe: Sollte irgend jemand, wie in Posen, die Kundgebung zu Plünderungen oder Provokationen nutzen wollen, dann sollte ich auf Anweisung des ZK die Brücken, das Kraftwerk und den Danziger Bahnhof sichern und die Hauptwege schließen (d.h. sie mit Autos und Panzern versperren), um den Zustrom von Einwohnern aus dem Umland nach Warschau aufzuhalten.«[44]

Im Rahmen der von General Bordzilowski angeordneten Umgruppierungen traf am 19. Oktober 1956 um 9.40 Uhr ein Bataillon des 1. Regiments der Motorisierten Warschauer Division mit 165 Soldaten und fünf gepanzerten Transportfahrzeugen in der Zitadelle ein. Knapp drei Stunden später erreichten zwei Pionierbataillone der 2. Schweren Pionierbrigade von Kazun die Zitadelle. Eine Unterabteilung einer speziellen Panzerbrigade (vier Panzer) wurde bei den Luftabwehrbatterien auf dem Flughafen in Bielany stationiert. Die nach Warschau geschickten Einheiten zählten zusammen etwa 500 Mann. Ein Panzerbataillon der 1. Motorisierten Warschauer Division, das an diesem Tag in Zambrowo stationiert werden sollte, wurde nach Legionow verlegt. Dagegen wurde die 17. Panzerkolonne, die aus Legionow nach Warschau verlegt werden sollte, im Wald südlich von Jablonna gestoppt und erreichte die Hauptstadt nicht.[45]

Zur gleichen Zeit wurden in der Militärtechnischen Akademie auf Anweisung von General Bordzilowski »Schützenkompanien« organisiert. Außerdem hat man zehn Panzer aus der Reserve geholt sowie eine Funkstation in Betrieb gesetzt. Die Nacht vom 19. zum 20. Oktober verbrachte das Kommando der Akademie auf dem Gelände der Hochschule, und die neugebildete Führung der dislozierten Gruppen bereitete Einsatzpläne und Karten vor.

[44] ASWSW, 2859, 20, k. Erklärung des Brigadegenerals Wlodzimierz Kopijkowski, übersandt am 26.10.1956 an den stellvertretenden Minister für nationale Verteidigung und Chef der politischen Hauptverwaltung, Divisionsgeneral Marian Spychalski.

[45] Ebenda.

Die Aufgaben dieser Gruppen gehen hervor aus einem Gespräch zwischen dem Chef des Generalstabs der Polnischen Armee und dem sowjetischen General M. Owtschinnikow, dem amtierenden Kommandanten der Militärtechnischen Akademie: »Die Studentenschaft ist sehr empört und bereit, auf die Straße zu gehen. Es sind Demonstrationen beabsichtigt. Aufgabe der Militärtechnischen Akademie ist es, nach Bedarf in die Stadt auszurücken und keine Menschenmengen zum ZK durchzulassen.«[46]

Eine ähnliche Aufgabe erhielt der Kommandant der Akademie des Generalstabs der Polnischen Armee, der sowjetische General Wiktor Sienicki, der unter seinen Hörern ca. 300 Offiziere auswählen sollte, um sie in Züge und Kompanien einzuteilen und zu bewaffnen. Etwas früher waren auf Anweisung des stellvertretenden Chefs der Nachrichtentruppen (gleichfalls ein Russe) zwei Kompanien Offiziersanwärter mit einer Stärke von ca. 300 Mann von der Offiziersschule für Nachrichtenwesen in Zagier nach Warschau verlegt worden. Eine von ihnen wurde in Garagen des Verteidigungsministeriums untergebracht, die andere in Objekten des 5. Nachrichtenbataillons. Die Offiziersanwärter waren in Sturmgruppen aufgeteilt, sie erhielten Waffen und Munition sowie eine Diensteinweisung. Ein Regiment wurde für eventuelle Vorfälle in das linksseitige Warschau beordert.[47]

Am Morgen des 19. Oktober, einige Stunden vor der Eröffnung des 8. Plenums, landete auf dem Militärflughafen in Bornerowo bei Warschau eine sowjetische Delegation mit Nikita Chruschtschow, Anastas Mikojan, Wjatscheslaw Molotow und Leonid Kaganowitsch. Begleitet wurde die Delegation von einer Gruppe Generäle mit Marschall Schukow, Verteidigungsminister der UdSSR, und Marschall Konjew, Oberbefehlshaber der Vereinigten Streitkräfte des Warschauer Paktes, an der Spitze. Die Gespräche zwischen beiden Seiten gestalteten sich äußerst schwierig. Die Nachrichten über Bewegungen von Einheiten der Nordgruppe der Sowjetischen Armee beeinflußten den Verlauf der Gespräche und deren Atmosphäre. Auf die Frage der polnischen Seite nach dem Anlaß für die Verlegung der sowjetischen Truppen erklärten die Marschälle Schukow und Konjew, daß es sich um bereits früher geplante Manöver handle. Die polnischen Vertreter beharrten auf einer Unterbrechung dieser »Manöver«, da sie diese als Druck auf die polnische Regierung und die PVAP empfanden. Der erfolgreiche Verlauf der Gespräche sowie die Tatsache, daß die Aktivitäten der sowjetischen Einheiten in der polnischen Gesellschaft starke antisowjetische Stimmungen geweckt hatten, bewirkten, daß die Russen der Forderung nachgaben. Am Nachmittag des 19. Oktober befahl Nikita Chruschtschow, die Bewegungen der sowjetischen Einheiten zu stoppen, die zu dieser Zeit 100-150 km von Warschau entfernt waren.[48]

Die politische Situation in Polen war aber noch so unentschieden, daß der Einsatz von Streitkräften nicht auszuschließen war. In der Nacht vom 19.

[46] Poksinski, J.: Pucz wojska w pazdzierniku [Der Militärputsch im Oktober]. In: Zycie Warszawy vom 21. Oktober 1992, S. 9.

[47] Ebenda.

[48] Rykowski/Wladyka, Polska proba, a.a.O., S. 238.

zum 20. Oktober ordnete der Chef des Generalstabes der Polnischen Armee an, einige taktische Einheiten in Gefechtsbereitschaft zu versetzen. Daraufhin wurden am 19. Oktober um 21.00 Uhr die 10. Panzergrenadierdivision in Opole (Oppeln), um 22.00 Uhr die 8. Panzergrenadierdivision, die sich auf dem Truppenübungsplatz in Drawsk befand, um 5.00 Uhr früh die 11. Panzerdivision in Sagan und Einheiten der Garnison in Posen in Gefechtsbereitschaft versetzt.[49] Es ist zwar nicht genau bekannt, aus welchen Motiven die Gefechtsbereitschaft in diesen taktischen Einheiten ausgelöst wurde, es ist jedoch davon auszugehen, daß ein enger Zusammenhang mit der Entwicklung der Situation in Warschau bestand. Höchstwahrscheinlich hätten diese ausgewählten Einheiten bei Ausbruch von Unruhen in der Hauptstadt den Befehl zum Marsch auf Warschau und zur Befriedung der Hauptstadt erhalten.

Die auf dem 8. Plenum erfolgten personellen Veränderungen im Politbüro und die Wahl Wladyslaw Gomulkas zum Ersten Sekretär des ZK der PVAP halfen, die Krise in den Reihen der Machthaber zu überwinden und verhinderten den Ausbruch gesellschaftlicher Unruhen. In dieser Situation erwiesen sich die Vorbereitungen der Führungsorgane für eine militärische Befriedung der Bevölkerung als nicht notwendig, ja geradezu als kompromittierend. In der Nacht vom 20. zum 21. Oktober wurden die auf Anordnung von General Bordzilowski in Warschau zusammengezogenen Einheiten in ihre Heimatgarnisonen zurückbeordert. Gleichzeitig wurde die erhöhte Gefechtsbereitschaft, die durch den Chef des Generalstabes der Polnischen Armee für ausgewählte Divisionen des schlesischen Militärbezirks befohlen worden war, ausgesetzt. Zuallerletzt, erst am 24. Oktober, kehrte die Panzerdivision der 1. Motorisierten Warschauer Division in Legionow an ihren Standort zurück.[50]

Die Bewegung polnischer Einheiten während des 8. Plenums versetzte einen Teil des Militärs in Unruhe. Offiziere und Soldaten forderten Aufklärung über die wahren Vorhaben der Armee und Nennung derjenigen, die für das Ausrücken von Einheiten aus den Kasernen verantwortlich zeichneten. In der Resolution, die auf einer offenen Parteiversammlung des Stabes der 1. Motorisierten Warschauer Division am 23. Oktober angenommen wurde, forderte man Erklärungen dafür, daß die Division in Gefechtsbereitschaft versetzt worden war und daß man während des 8. Plenums Einheiten zusammengezogen hatte. In einem Bericht der politischen Hauptabteilung zur Stimmung in der Armee vom 25. Oktober 1956 hieß es: »Die Soldaten des Warschauer Militärbezirks fordern Aufklärung darüber, wer den Befehl zur Konzentration ihrer Einheiten in der Nähe von Warschau gegeben hat und zu welchem Zweck dies befohlen wurde«.[51] Ein Bericht der politischen Hauptverwaltung vom 7. November vermerkt: »Unter den Offizieren der 1.

49 Poksinski, Pucz, a.a.O., S. 9.
50 ASWSW, 2859, 20, k. Erklärung, a.a.O.
51 Nalepa/Pajorek, Pucz, a.a.O.

Mechanisierten Division gibt es Gerüchte über umfangreiche personelle Veränderungen auf Kommandeurs-, Divisions- und Bataillonsebene, die im Zusammenhang mit der während des 8. Plenums erfolgten Stationierung der 1. Motorisierten Division vor Warschau stehen«.[52]

Die sowjetischen und polnischen Truppenbewegungen in Richtung Warschau waren Gegenstand empörter Diskussionen am zweiten Tag des 8. Plenums. Artur Starewicz, unterstützt von weiteren Delegierten, forderte von Marschall Rokossowski Antwort auf die folgende Frage: »Wozu finden diese Truppenbewegungen statt und aufgrund welcher Entscheidungen? Handelt es sich um eine Anweisung des Politbüros, der Regierung oder etwa nur des Ministeriums für nationale Verteidigung?« Artur Starewicz fügte hinzu, daß die sowjetischen Truppenverschiebungen Unruhe in Warschau hervorgerufen hätten und daß dies ernsthafte Folgen nach sich ziehen könnte.[53]

Antworten auf diese Frage gaben sowohl Edward Ochab als auch Marschall Rokossowski. Ochab stellte fest, daß das Politbüro dem Verteidigungsminister empfohlen habe, »keine Truppenbewegungen ausführen zu lassen, mit Ausnahme einer kleinen Einheit zu speziellen Zwecken«. Er leugnete weiterhin, daß außerordentliche Bewegungen polnischer Einheiten stattgefunden hatten. Dagegen gab Marschall Rokossowski zu, daß sich sowjetische Truppen tatsächlich in Richtung Bromberg und Lodz bewegt hatten. »Wir haben Herbstmanöver in den Standorten der sowjetischen Truppen durchgeführt.«[54] Bezüglich der Truppenbewegungen der Polnischen Armee erklärte er: »Über die teilweise Konzentration einiger Spezialeinheiten ist das Politbüro informiert. Sie wurde im Zusammenhang mit den Erfahrungen aus den Posener Ereignissen durchgeführt.«[55] Entschieden widersprach er Befürchtungen über einen angeblichen Putsch oder Staatsstreich: »Ich werde nichts erklären, aber es ist unwahr. Volkspolen ist selbständig, die Armee ist der Partei und der Regierung ergeben und die Armee wird nie so marschieren, wie es aus den Anspielungen einiger Genossen klingt. Das ist nicht statthaft, wir haben kein Recht, die Polnische Armee zu verdächtigen, daß sie gegen Regierung oder Partei benutzt werden könnte.«[56]

Obwohl es an Archivquellen mangelt, kann die obige Erklärung von Marschall Rokossowski nicht als befriedigend bezeichnet werden. Viele Fakten weisen nämlich darauf hin, daß die Führung des Verteidigungsministeriums im Oktober 1956 illegale Schritte unternahm, die den Charakter einer politisch-militärischen Verschwörung hatten. Als Beweis dafür könnte gelten, daß die Konzentration einer größeren Truppenanzahl in Warschau wie auch

[52] Ebenda. Ergänzend kann hinzugefügt werden, daß tatsächlich kurz nach den Ereignissen u.a. der Stabschef des Warschauer Militärbezirks, Brigadegeneral W. Kopijkowski, der Kommandeur der 1. Mechanisierten Division, Oberst A. Fren, und der Kommandeur des 1. Bataillons der Panzergrenadiere abberufen wurden.

[53] Borun, J.: PZPR-Pazdziernik 1956 r. [Die PVAP im Oktober 1956], 1987, S. 76.

[54] Rykowski/Wladyka, Polska proba, a.a.O., S. 240.

[55] Nowe Drogi Nr. 10, Oktober 1956, S. 20.

[56] Rykowski/Wladyka, Polska proba, a.a.O., S. 240.

die Versetzung ausgewählter Einheiten in erhöhte Gefechtsbereitschaft von Marschall Rokossowski ohne Wissen und Zustimmung der Staatsführung angeordnet wurde. Ein zusätzlicher Beleg für illegale Unternehmungen des Ministeriums sind die Aussagen von Offizieren der Hauptabteilung Information auf einer Kundgebung vom 22. Oktober 1956, denen zufolge der Befehl zur Truppenkonzentration vor Warschau durch die Generäle Bordzilowski und Witaszewski erfolgt sei.[57]

Andererseits wiesen höchste Partei- und Regierungsvertreter offiziell die These zurück, daß es im Oktober 1956 in der Armee Bestrebungen gegeben habe, die sich als Militärputsch bezeichnen ließen und angeblich im Interesse der konservativen Fraktion der PVAP organisiert worden seien. Wladyslaw Gomulka bestritt eine derartige Hypothese mehrmals entschieden. Am 29. Oktober äußerte er bei einem Treffen mit Journalisten: »Sofern es um polnische Truppenbewegungen geht (die übrigens nur in minimalem Ausmaß stattfanden), erfolgten diese in Absprache mit dem damaligen Ersten Sekretär [...] einfach aus Sicherheitsgründen, um bestimmte Gebäude, bestimmte Waffenlager zu schützen; für alle Fälle, um diese Einheiten zur Hand zu haben. Daraus ist das Gerücht entstanden, daß ein militärischer Anschlag, ein Putsch vorbereitet werde. Ich wiederhole noch einmal mit ganzer Entschiedenheit, daß wir über keinerlei Beweise für solche Beschuldigungen verfügen [...]«[58]. Am gleichen Tag traf sich Gomulka auch mit Vertretern der akademischen Jugend. Als einer der Diskussionsteilnehmer den Vorwurf formulierte, daß Rokossowski eine Verschwörung oder einen Militärputsch organisiert habe, wies das der Erste Sekretär entschieden zurück: »Das entbehrt jeder Grundlage. Die Truppenverschiebungen sind mit Wissen der Führung geschehen [...]. Die Dinge sind zu Unrecht aufgebauscht worden, Ähnliches hat sich vor dem Hintergrund der Manöver abgespielt. Es gibt nicht die geringsten Beweise. [...] Das ist durch Mitglieder der Parteiführung und der Regierung untersucht worden. Gewisse Tatsachen sind untersucht und gegenübergestellt worden – absolut nichts spricht für eine Verschwörung.«[59] Weiterhin sagte Edward Ochab Jahre später: »Ich konnte nicht ausschließen, daß der Sitz des ZK oder der Regierung angegriffen wird. Rokossowski kam, und wir einigten uns, daß wir uns gänzlich absichern mussen und einige Einheiten insbesondere an Orten disloziert werden, die sich als ›neuralgisch‹ erweisen könnten.«[60] An anderer Stelle hielt Ochab es jedoch für möglich, daß Rokossowski von seinen Vorgesetzten in Moskau verpflichtet worden sein könnte, im Falle einer geglückten sowjetischen Intervention verschiedene Mitglieder des ZK der PVAP zu verhaften.[61]

[57] ASWS, 2859, 20, K. Spezialinformation zu den Ereignissen vom 19. bis 23. Oktober 1956.
[58] Archiwum Akt Nowych (AAN), KC PZPR, [Archiv neuer Akten, ZK der PVAP] 237, V-280, k. 51.
[59] AAN, KC PZPR, 237, V-280, k. 41.
[60] Toranska, Teresa: Oni [Die da oben], Warszawa 1989, S. 225.
[61] Ebenda, S. 228.

Die Einheiten, die dem Innenministerium unterstellt waren, erfordern eine separate Erörterung.[62] Diese bestanden aus dem Korps der inneren Sicherheit (KBW) unter der Führung von General Mus und den Grenztruppen (WOP) unter General Dostojewski. Oberbefehlshaber der Truppen des Innenministeriums war General Waclaw Komar, die Aufsicht oblag dem stellvertretenden Minister für Inneres, General Juliusz Hibner. Die Truppen des Innenministeriums stellten ca. 10 Prozent des Personalbestandes der polnischen Streitkräfte dar, sie waren modern bewaffnet und ausgerüstet. Darüber hinaus bestanden diese Einheiten, wie kaum eine Formation der Polnischen Armee, fast ausschließlich aus Polen. Die Offiziere der Truppen des Innenministeriums zeichneten sich durch ihre Ausbildung, politische Reife und positive Orientierung im Hinblick auf die stattfindenden Veränderungen aus. Sie bildeten eine Elite der damaligen bewaffneten Kräfte der Volksrepublik Polen.[63]

Über die Position der Truppen des Innenministeriums im Oktober 1956 gibt es unter Historikern noch immer Diskussionen. Hauptsächlich geht es dabei um die Frage: zielten die Aktionen des Korps der inneren Sicherheit darauf ab, den Willen zur Verteidigung der nationalen Souveränität und Würde zu demonstrieren oder hatten auch sie, ähnlich den Aufgaben von Milizeinheiten, Ordnungs- und Schutzcharakter für den Fall, daß gesellschaftliche Unruhen ausbrechen würden. Die Meinungen darüber sind geteilt. Doch die Berichte von unmittelbar Beteiligten stimmen insgesamt mit den grundlegenden Tatsachen überein: Im Gegensatz zur Milizführung plädierte die Führung der Truppen des Innenministeriums im Oktober 1956 entschieden für die fortschrittlichen Kräfte in der Partei. Dabei spielte eine Rolle, daß die Offiziere der Truppen des Innenministeriums gut über die Entwicklung im ZK der PVAP und die Machtkämpfe der rivalisierenden Parteigruppen orientiert waren.[64]

Am Abend des 17. Oktober wurde in den Warschauer Einheiten des KBW erhöhte Bereitschaft angeordnet. Dieser Befehl wurde mit zunehmenden gesellschaftlichen Unruhen, Kundgebungen an den Hochschulen usw. begründet. Zur Verstärkung der hauptstädtischen Einheiten des KBW hat man eine Infanteriekompanie der 1. Brigade des KBW aus Gora Kalwaria nach Warschau beordert.[65]

Am 18. Oktober fand im Komitee für öffentliche Sicherheit eine Beratung statt, an der teilnahmen: der stellvertretende Vorsitzende des Komitees, Antoni Alster, General Hibner, General Mus, die Obersten Paszkowski und Paczkowski. Die Teilnehmer erwogen verschiedene Alternativen, mit Gewalt in die politischen Auseinandersetzungen einzugreifen. Erörtert wurde die Möglichkeit, daß die Konservativen in der PVAP das Plenum sprengen

[62] Das Ministerium für öffentliche Sicherheit, verantwortlich für stalinistische Verbrechen, wurde am 7. Dezember 1954 aufgelöst. An seiner Stelle wurden zwei voneinander unabhängige Ressorts eingerichtet: das Komitee für öffentliche Sicherheit und das Ministerium des Innern.

[63] Kowalski, Lech: Generalowie [Generäle], Warszawa 1992, S. 113.

[64] Ebenda, S. 116f.

[65] ASWSW, 2859, 20, K. Spezialinformation..., a.a.O.

könnten. Bedacht wurden auch Varianten der bewaffneten Einmischung von Marschall Rokossowski zur Verteidigung der Konservativen in der Partei. Möglichkeiten eines Truppeneinsatzes wurden als eine zu abenteuerliche Variante nicht in Erwägung gezogen. Aber man vermutete, daß der Verteidigungsminister zu einem solchen Schachzug greifen könnte. In Voraussicht solcher Eventualitäten wurde festgelegt, die Beratungen des Plenums des ZK abzusichern, indem man eine Gruppe Offiziere zu dem Gebäude entsandte.[66] Während dieser Beratung telefonierte der Erste Sekretär des ZK der PVAP, Edward Ochab, mit Alster und teilte ihm mit, daß Chruschtschow mit einer Delegation nach Polen kommen würde. Zur gleichen Zeit benachrichtigte der Kommandeur der Offiziersschule des KBW in Liegnitz (Legnica) die Führung des KBW, daß in den Einheiten der Nordgruppe der sowjetischen Truppen höchste Alarmbereitschaft befohlen worden sei. In den Morgenstunden des 19. Oktober trafen von den Milizbehörden und Wojewodschaftskommandanturen aus Posen und Lodz Meldungen über den Marsch sowjetischer Panzerkolonnen ein. Aus Koszalin wurde berichtet, daß die an der Ostsee stationierten sowjetischen Einheiten ihre Garnisonen verlassen hätten und sich nach Süden, wahrscheinlich in Richtung Warschau, bewegten. Über die Oder-Brücke in Slubice versuchte eine sowjetische Panzereinheit aus Frankfurt auf polnisches Territorium vorzustoßen, wurde aber durch Posten der polnischen Grenztruppen aufgehalten.[67]

Am 19. Oktober um 11 Uhr trafen von der Miliz Meldungen ein, die besagten, daß sich Teileinheiten motorisierter Infanterie und Panzer der Polnischen Armee in Legionow, Kazun und Zambrow zu Marschkolonnen in Richtung Warschau formiert hätten. Die Führung des KBW ging davon aus, daß die Synchronität der sowjetischen und polnischen Truppenbewegungen nicht zufällig sein konnte, und daß damit eine Entscheidung über das Geschick des Plenums und die Richtung der Veränderungen in Polen herbeigeführt werden sollte.[68] Am 19. Oktober um 18 Uhr wurde eine Besprechung der höheren Offiziere des hauptstädtischen Garnisonsstabs des KBW unter Teilnahme des Kommandeurs der Truppen des Innenministeriums, General Waclaw Komar, und des Chefs der Verwaltung des Komitees für öffentliche Sicherheit in der Armee, Oberst Garbowski, organisiert. Während dieser Beratung erklärte General Komar u.a.: »Einige Elemente versuchen, den Prozeß der Demokratisierung in unserem Land zu negieren und finden dabei Gehör und Unterstützung bei einigen Armeeoffizieren. [...] Gegenwärtig findet eine Kundgebung im Polytechnikum statt, auf der sie Unruhe stiften könnten; es ist unsere Pflicht, auf derartige Erscheinungen entsprechend zu reagieren. Wenn die Studenten und Arbeiter mit den Losungen des ZK und für seine Politik auf die Straße gehen, werden wir nichts unternehmen. Aber wenn jemand gegen das ZK der PVAP und mit antisowjetischen Parolen auftritt, werden wir kämpfen. Unsere Truppen des KBW wahren ihre Tradition

[66] Mus, W.: Czy grozila interwencja zbrojna? [Drohte eine Militärintervention?]. In: Polityka vom 20. Oktober 1990, S. 14.
[67] Kowalski, Generalowie, a.a.O., S. 117.
[68] ASWSW 2859, 20, K. Spezialinformation ..., a.a.O.

und haben schon mehr als einmal Blut für Volkspolen vergossen, und heute werden wir ohne Rücksicht darauf, wer die Hand erhebt, diese Macht und unser Zentralkomitee verteidigen [...]«.[69] Nach dieser Rede ordnete General Komar äußerste Bereitschaft in den KBW-Einheiten der Hauptstadt an. Gleichzeitig appellierte er an die versammelten Offiziere, ohne Vorbehalt den Befehlen der Führung des KBW Folge zu leisten. Oberst Puteczny, Chef der politischen Verwaltung des KBW, teilte nicht die kampfentschlossene Einstellung der Führung der Truppen des Innenministeriums. Unter Berufung auf ein früheres Gespräch mit dem Ersten Sekretär des ZK der PVAP erklärte er, daß Edward Ochab die Führung der Truppen des Innenministeriums gewarnt habe, daß »es nicht in Frage käme, daß Miliz und KBW kämpfen«.[70]

Mit der erhöhten Bereitschaft wurde auch ein früher ausgearbeiteter Plan in die Tat umgesetzt, die Regierungsobjekte, die Kaserne des KBW und das Gebäude des ZK der PVAP zu schützen. Die Stabsoffiziere des KBW waren davon überzeugt, daß in der Armee ein Putsch vorbereitet werde, und waren entschlossen, im Falle eines Chaos die Befehle ihrer Führung genau auszuführen. Der Chef der operativen Abteilung beim Stab des KBW, Oberstleutnant Rawski, organisierte in Warschau und in den Vororten ein Patrouillennetz von Offizieren, deren Aufgabe lautete, alle militärischen Bewegungen und alle Ansammlungen der Zivilbevölkerung zu beobachten. Gleichzeitig wurde die Warschauer Garnison des KBW außer der bereits erwähnten Kompanie um eine Unterabteilung der Panzerabwehr aus Lodz sowie eine Motorradkompanie verstärkt. In der Reserve der hauptstädtischen Garnison des KBW verblieb weiterhin die 1. Brigade des KBW aus Gora Kalwaria.[71] Edward Ochab gibt diese Episode wie folgt wieder: »Im Einvernehmen mit dem damaligen Vorsitzenden des Staatsrats habe ich mit General Komar, dem Kommandeur der Truppen des Innenministeriums, gesprochen. Ich bestätigte seinen Dislozierungsplan, damit sich nicht die Situation von Posen wiederholt, wo wir noch nicht mal eine Kompanie des KBW zum Entsatz der attackierten Funktionäre der Staatssicherheit schicken konnten und die ganze Angelegenheit dem Verteidigungsministerium überlassen mußten. Ich habe auch dem Genossen Alster empfohlen, daß er gemeinsam mit General Komar einen Befehl des Ministeriums für Inneres über die Bereitschaft des KBW vorbereiten soll.«[72]

Am Abend des 19. Oktober ordnete der Kommandeur des KBW, General Mus, höchste Alarmbereitschaft für alle ihm im Land unterstellten Einheiten an und gab Anweisung, im Fall von Unruhen und Störungen der öffentlichen Ordnung die Gebäude der Wojewodschaftskomitees der PVAP, der Wojewodschaftsämter der Staatssicherheit sowie der staatlichen Verwaltung zu sichern. Darüber hinaus erhielt General Mus einen mündlichen Befehl von General Hibner, Schritte zu unternehmen, um den Einmarsch der sich auf Warschau zu

[69] Ebenda.
[70] Ebenda, vgl. auch Kowalski, Generalowie, S. 121.
[71] Ebenda.
[72] Toranska, Oni, a.a.O., S. 224.

bewegenden polnischen und sowjetischen Einheiten in die Hauptstadt zu verhindern.[73] Der Kommandeur des KBW verfügte in der Warschauer Garnison mit der Reservebrigade aus Gora Kalwaria über 3000 Soldaten und ein Panzerabwehrbataillon. General Mus befahl der Infanterie, mit Kanonen die Brücken zu besetzen und schickte einen Teil der Kräfte nach Bielany (damals befand sich dort der Flugplatz des KBW), um die Abteilungen, die von Kaziun herankamen, aufzuhalten. Die Soldaten des Korps besetzten gemeinsam mit der Miliz wichtige Durchgangsstraßen und öffentliche Gebäude in der Stadt. Über alle Handlungen wurde der Minister für Inneres, Wladyslaw Wicha, unterrichtet, der die Informationen resigniert, aber ohne Widerspruch entgegennahm. Etwas später benachrichtigte General Mus den im Belweder diensthabenden Offizier des KBW, Oberst Paszkowski (der für die Information des Ersten Sekretärs des ZK der PVAP über die polnischen und sowjetischen Militärbewegungen zuständig war), über die unternommenen Schritte. Oberst Paszkowski übermittelte ihm die Antwort, daß er »vorsichtig verfahren solle«.[74] In dieser Zeit umgingen die sowjetischen Einheiten aus Legnica und Boleslawiec Lodz und gelangten nach Leczyca und Lowicz. Sofern sich auf der Wegstrecke Flugplätze befanden, fuhren sie Panzer auf die Startbahnen, um jegliche Aktionen der polnischen Luftwaffe zu unterbinden.[75] Die Bataillone von der Küste gelangten bis Wloclawek, ein Teil der Spitze bis vor Gostynin.[76]

Obwohl in Warschau recht viele Truppen stationiert waren, gab es keine besonders guten Verteidigungschancen. Maßgeblich ist in dieser Hinsicht die Aussage von General Hibner: »Wir zählten auf die Demonstration der Macht, auf den symbolischen Widerstand, darauf, daß kein Blut vergossen wird. Eins war beschlossene Sache: Wir verteidigen nur. Ein wirklicher Kampf hatte in unseren Köpfen keinen Platz, aber für uns war es auch unvorstellbar, daß wir mit der Waffe in der Hand zulassen, daß sowjetische Panzer durch Warschau fahren und das gesamte Plenum des ZK verhaftet wird.«[77]

---

[73] Mus, Czy grozila, a.a.O.

[74] Ebenda.

[75] In den Berichten von General Mus findet sich die Behauptung, daß ein Kommandeur einer Bomberstaffel mit dem Stab des KBW telefonierte und seine Bereitschaft kundtat, die sowjetischen Kolonnen auf ihrem Weg nach Warschau zu bombardieren. Vgl. Kowalski, Generalowie, a.a.O., S. 120. Weiter gibt General Hibner an, daß General Frey-Bielecki, Kommandeur des Luftwaffenkorps in Posen, eine Staffel in der Luft hatte und auf den Befehl wartete, sie zur Unterstützung nach Warschau zu schicken. Vgl. Czolgi ida. Z generalem Juliuszem Hibnerem rozmawia Tomasz Jastrun [Die Panzer fahren. Mit General Juliusz Hibner spricht Tomasz Jastrun]. In: Gazeta Wyborcza vom 6./8. Oktober 1989, S. 6. Leider lassen sich diese Informationen durch keinerlei Archivquellen bestätigen.

[76] Es gibt Berichte über einen einzigen Versuch eines verirrten sowjetischen Nachrichtenbataillons, das sich nach Warschau durchschlug und unter nicht geklärten Umständen die Hauptstadt erreichte. Oberst Wladyslaw Trylinski, der vom KBW zum Bataillon geschickt wurde, erfuhr von dem sowjetischen Kommandeur, daß »sie den Arbeitern Warschaus zu Hilfe gekommen seien«. Nachdem die sowjetische Teileinheit Benzin erhalten hatte, verließ sie die Hauptstadt. Vgl. Mus, Czy grozila, a.a.O.

[77] Wiedzielismy, ze ryzykujemy glowa. Z generalem Juliuszem Hibnerem rozmawia Tomasz Jastrun [Wir wußten, daß wir den Kopf riskieren. Mit General Juliusz Hibner spricht Tomasz Jastrun]. In: Res Publica, 6/1990.

General Mus bekennt dagegen, daß er damit rechnete, daß polnische Soldaten keinen Bruderkampf führen würden. Er glaubte sogar, daß diejenigen Einheiten, die bis dahin Marschall Rokossowski gehorcht hatten, sich an der Situation orientiert und ihm ihre Loyalität ausgesprochen hätten. »Zu uns gelangten auch Signale, daß sich unter den Abteilungen der 1. Panzerdivision, die nach Warschau marschierten, Unruhe breitmachte, daß sich einige Kommandeure auflehnten und fragten, wozu sie nach Warschau sollten. Die Frage wurde an die russischen Vorgesetzten weitergeleitet«, erinnert sich ein Kommandeur des KBW.[78] Es scheint jedoch, daß die Haltung der Bevölkerung der Hauptstadt und besonders die Bereitschaft der Arbeiter und Studenten, ihre Stadt zu verteidigen, auf die Pläne der Initiatoren der Bewegung von polnischen Panzereinheiten in Richtung Warschau den größten Einfluß ausübten. Schließlich, wie bereits erwähnt, gelangten die Einheiten nur in die Nähe Warschaus und wurden einige Kilometer vor der Stadt angehalten.

Am 19. Oktober stoppten auch die sowjetischen Einheiten ihren Vormarsch auf Warschau. Mit Beginn des nächsten Tages zogen sie sich nach und nach in ungeordneten Kolonnen in ihre Stationierungsorte zurück. In der Nacht vom 20. zum 21. Oktober wurden Befehle und Anordnungen der Führung des KBW über Schutz- und Verteidigungsmaßnahmen für öffentliche und staatliche Gebäude aufgehoben. Es kam nicht zu einer Katastrophe, die Armee kehrte in die Kasernen zurück.

Nach Beendigung des 8. Plenums ging eine Welle von Massenkundgebungen mit vielen Tausenden Teilnehmern durch das Land, auf denen die Rückkehr Gomulkas zur Macht begrüßt und Freude über die Veränderungen nach dem Plenum bekundet wurde. Die gesellschaftlichen Reaktionen waren sehr emotional, wobei sich die Aggression auf die Symbole der alten Ordnung und der noch vor kurzem herrschenden Bedrohung konzentrierte. Es gab viele antisowjetische Losungen und Reden. Auf allen Veranstaltungen wurde über die Truppenbewegungen debattiert, über die polnisch-sowjetischen Gespräche und Marschall Rokossowski, dessen Absetzung man forderte.[79]

Der gesellschaftliche Protest und die Forderungen erfaßten auch die gesamte Armee. In allen Einheiten – vom Büro des Verteidigungsministers bis zum ersten Studienjahr für Militärkapellmeister – fanden Kundgebungen und Versammlungen statt, auf denen der Rücktritt Rokossowskis gefordert wurde, ferner die Entlassung belasteter Leute aus der Armee und dem politischen Apparat, öffentliche Rehabilitierung der unschuldig verurteilten Offiziere sowie Einleitung von Verfahren gegen die Schuldigen. Unter dem Einfluß der Ereignisse der vorangegangenen Tage gab es Forderungen, daß die Kommandeure sich den gegen die Armee gerichteten Vorwürfen und Verdächtigungen stellen sollten. Am 23. Oktober wurde General Witaszewski vom Posten des stellvertretenden Ministers für nationale Verteidigung und des Chefs der politischen Hauptverwaltung entbunden, an seine Stelle trat

[78] Kowalski, Generalowie, a.a.O., S. 120.
[79] Machcewicz, Polski rok, a.a.O., S. 152ff.

General Marian Spychalski. Er richtete einen Brief an die Soldaten und rief sie auf, Verantwortungsbewußtsein, Disziplin und Ordnung zu wahren.[80]

Am 24. Oktober wurde im Politbüro über die Situation in der Armee beraten, wobei man feststellte, daß es »zur Erhaltung der Autorität« von Marschall Rokossowski »nicht möglich ist, ihn länger auf seinem Posten zu belassen«. Der Marschall wurde beurlaubt und General Bordzilowski mit der provisorischen Führung der Amtsgeschäfte betraut. Am 27. Oktober äußerte Wladyslaw Gomulka auf einer Beratung des Parteiaktivs der Armee zum Fall Rokossowski: »Wir hatten, Genossen, die Absicht – so lautet der Beschluß des Politbüros – Genossen Rokossowski auf dem Führungsposten zu belassen, auf dem Ministerposten zu belassen [...]. Ich sage das alles in der Vergangenheitsform, weil die Entwicklung der Ereignisse und die Entwicklung in der Armee gewisse Dinge anders entscheiden und anders entschieden haben. [...] Genosse Rokossowski hat mich dreimal gebeten, bei der Regierung um Entlassung vom Posten des Ministers für Verteidigung nachzusuchen. [...] Das Politbüro hat beschlossen, daß Genosse Rokossowski in dieser Situation zur Erholung und zur Beruhigung der Nerven einen zweiwöchigen Urlaub nimmt. [...] Die Angelegenheit des Genossen Rokossowski ist noch nicht endgültig geklärt. Und wir selbst können sie nicht endgültig lösen. Darüber müssen wir uns im Klaren sein.«[81]

Nach dieser Beratung erließen der amtierende Verteidigungsminister, General Bordzilowski, und sein Stellvertreter, General Spychalski, am 28. Oktober den Befehl zur Normalisierung in der Armee. Dieser Befehl untersagte u.a. das Vorgehen außerhalb des Dienstwegs, die Organisation von Kundgebungen sowie »die Kritik an Befehlen und der dienstlichen Tätigkeit von Kommandeuren«.[82]

Den Schlußakkord des Oktober 1956 in der Armee bildeten Personalveränderungen. Am 31. Oktober wurde verkündet, daß die Generäle Stefan Mossor, Zygmunt Duszynski, Jozef Kuropieska, Janusz Zarzycki und Marian Graniewski in den Dienst der Polnischen Armee zurückkehrten. Gleichzeitig wurde eine Reihe von Offizieren, die in der Vergangenheit aus der Armee entlassen worden waren, in den aktiven Dienst zurückberufen, so Oberst Adam Uziebl, Oberst Waclaw Czyzewski, Major Stanislaw Skalski, Major Witold Lokuciewski.[83] Die Mehrheit dieser Offiziere zeichnete sich durch relativ eigenständiges Denken und Handeln aus sowie durch das Bestreben, die polnischen Streitkräfte innerhalb der damals bestehenden Möglichkeiten so weit wie möglich zu verselbständigen und national zu gestalten.

Gleichzeitig wurden 19 Generäle und 25 Offiziere sowjetischer Herkunft versetzt. Am 13. November 1956 berief der Sejm der Volksrepublik Polen Konstanty Rokossowski von den Posten des stellvertretenden Vorsitzenden des Ministerrates und des Ministers für nationale Verteidigung ab und über-

[80] Rykowski/Wladyka, Polska proba, a.a.O., S. 262f.

[81] Ebenda, S. 83.

[82] Zolnierz Wolnosci vom 25. Oktober 1956, S. 1.

[83] Zolnierz Wolnosci vom 6. November 1956, S. 1.

trug den letzteren an Marian Spychalski. Unter den in die UdSSR zurückberufenen höheren Offizieren befanden sich unter anderem: ein Minister, ein stellvertretender Minister, drei stellvertretende Chefs des Generalstabs der Polnischen Armee, vier Kommandeure von Militärbezirken, vier Kommandeure verschiedener Waffengattungen und Dienste.[84] Diese Tatsache wurde, wie sich der damalige Vertreter des Generalstabs der Polnischen Armee im Stab der Vereinigten Streitkräfte des Warschauer Paktes, Tadeusz Piora, erinnert, in Moskauer Militärkreisen sehr feindselig aufgenommen – der sicherste Bündnispartner entzog sich der Kontrolle.[85] Tatsächlich blieb jedoch der Einfluß der sowjetischen Führung auf polnische Militärangelegenheiten durch die Person des Generalstabschefs General Bordzilowski, der auf seinem Posten blieb, erhalten.

Die Haltung der Polnischen Armee in den heißen Tagen des Oktober 1956 löst bis heute viele Kontroversen aus. Es besteht kein Zweifel daran, daß die Mehrzahl der Militärangehörigen den Veränderungsprozeß in Polen unterstützte, was sich auf den Kundgebungen während des 8. Plenums zeigte. Da aber die meisten von ihnen zwischen dem 21. und 23. Oktober stattfanden, als die Unumkehrbarkeit der Veränderungen bereits vorausgesetzt werden konnte, läßt sich kaum eindeutig feststellen, in welchem Ausmaß sie spontan oder mehr konjunkturell waren. General Piora schreibt über jene Tage: »Im Oktober wartete man die Entwicklung der Lage ab, wobei man sie insgeheim nur verfluchte, und eine solche Haltung war in der Armee – mit wenigen Ausnahmen – verbreitet. Die Armee erinnerte an ein driftendes Schiff, ohne Kompaß und Kapitän, der der Besatzung die Richtung hätte angeben können.«[86] Viele Tatsachen weisen darauf hin, daß die Führung der PVAP im dramatischen Oktober, um die Posener Erfahrung reicher, beabsichtigte, für den Fall von Unruhen in der Hauptstadt, Truppen des Verteidigungs- und des Innenministeriums für eventuelle Befriedungsmaßnahmen einzusetzen. Glücklicherweise kam es nicht zur Explosion der gesellschaftlichen Unzufriedenheit, und Warschau wurde nicht Budapest. Die Führung der PVAP und des Staates täuschte sich nicht über Ziel und Zweck der sowjetischen Truppenbewegungen.[87] Man empfand sie als unmittelbaren Druck auf die Führungsorgane von Partei und Staat. Aber in der Parteispitze gab es keine Stimme, die sich für eine offene Konfrontation im Fall einer eventuellen militärischen Intervention der UdSSR in Polen ausgesprochen hätte. Während der Gespräche mit Chruschtschow im Schloß Belweder erklärte Gomulka seinen Gesprächspartnern, »uns liegt nicht minder als euch, Polen nicht we-

[84] Nalepa, Oficerowie radeccy, a.a.O, S. 122. Zwischen November 1956 und November 1957 gingen insgesamt 56 sowjetische Generäle und Offiziere, die in der Polnischen Armee hohe Stellungen bekleidet hatten, in die UdSSR zurück.

[85] Pioro, Armia, a.a.O., S. 252.

[86] Ebenda, S. 272.

[87] So antwortete Edward Ochab auf die Frage von T. Toranska: »Die sowjetischen Truppen verließen auch die Kasernen, warum, um zu erschrecken?« nur kurz: »Ja«. Vgl. Toranska, Oni, a.a.O., S. 225f.

niger als der Sowjetunion daran, daß das Bündnis Polens mit der Sowjetunion [...] und das brüderliche Miteinander der Polnischen Armee mit der Roten Armee erhalten bleibt.«[88] Diese Erklärung enthielt die Bestätigung aller bisherigen Bündnisverpflichtungen Polens gegenüber dem Warschauer Vertrag, worunter auch das Einverständnis mit der weiteren Stationierung sowjetischer Truppen fiel.

Offen bleibt die Frage, wie sich die Polnische Armee verhalten hätte, wenn sowjetische Einheiten zu Befriedungsmaßnahmen gegriffen hätten. Angesichts der Existenz von mindestens zwei Entscheidungszentren (eines prosowjetischen, repräsentiert durch Marschall Rokossowski und Politiker der Natolinska-Gruppe, sowie eines national-reformistischen, repräsentiert durch die Pulawska-Gruppe, unterstützt von der Führung der Truppen des Innenministeriums) wären interne Spaltungen und Entscheidungen für verschiedene Seiten der Barrikade nicht auszuschließen gewesen.

Das vorgestellte Material weist darauf hin, daß im Oktober 1956 derartige Entscheidungen getroffen wurden. Das teilweise illegale Handeln von Marschall Rokossowski und hohen sowjetischen Kommandeuren läßt die Feststellung zu, daß in der Armee eine militärisch-politische Verschwörung vorbereitet wurde, geleitet von dogmatischen Kräften der Partei- und der Milizführung, die auf Unterstützung der sowjetischen Führung und des Militärs hofften. Auf der anderen Seite befand sich eine von den Truppen des Innenministeriums geführte Gruppierung, die entschlossen war, die neue Führung zu unterstützen und sich gegen eine sowjetische Intervention zu wehren. Es existierte jedoch kein Plan zur Verteidigung, es gab keine einzige Anweisung mit der Unterschrift kompetenter Kommandeure zur Vorbereitung der Truppen und zu einer Gegenaktion. Ungewöhnlich ausführlich und direkt hat sich der Kommandeur des KBW, General Mus, zu diesem Thema geäußert: »[...] Keiner von uns wollte verantwortlich sein und den Kopf hinhalten [...]. Wenn wir diese Angelegenheiten organisiert in Angriff genommen hätten und nicht vor Angst gelähmt gewesen wären, hätte es völlig anders ausgesehen. Uns mangelte es an Erfahrung. Kräfte und Mittel hätten sich schon gefunden. Dabei muß man sich darüber im klaren sein, daß wir von unserer Parteiführung nie die Einwilligung dafür bekommen hätten. Das wußten wir, und das hemmte uns zusätzlich.«[89] In dieser Situation blieb die These, daß der polnische Soldat sich nicht in der Kaserne einschließen läßt, sondern lieber gegen sowjetische Interventen kämpft, zum Glück nur Hypothese.

Aus der Lektion vom Oktober 1956 ergeben sich auch allgemeinere Schlußfolgerungen. Es stellte sich heraus, daß in den Ländern, die aufgrund der Vereinbarungen von Jalta und Potsdam in die sowjetische Einflußsphäre geraten waren, politische Veränderungen nur mit Billigung Moskaus stattfinden konnten. Alle Versuche, ernsthafte Veränderungen ohne die Einwilligung der Kremlführer durchzusetzen, endeten entweder mit der Androhung

88 Rykowski/Wladyka, Polska proba, a.a.O., S. 238.
89 Kowalski, Generalowie, a.a.O., S. 124.

von Gewalt oder unmittelbar mit der bewaffneten Intervention. Das bewiesen die Geschehnisse vom Oktober 1956 in Polen und die tragischen Ereignisse in Ungarn.

Aus dem Polnischen übersetzt von Ruth Kibelka (Berlin).

Entscheidungsfindung in der Tschechoslowakei nach Stalins Tod

von

JINDŘICH MADRY

Mit dem Entwurf des Siebenjahrplanes vom 5. Mai 1953[1], dessen Ziele die Führung der KPTsch unter Berücksichtigung sowjetischer Forderungen bestimmte, stellte sich die tschechoslowakische Wirtschaft auf einen bevorstehenden Krieg ein. Der Produktionsumfang der Schwerindustrie sollte sich bis 1960 mehr als verdoppeln. Im Plan war die Erhöhung des Anteils der kollektivierten Landwirtschaft am Ackerboden von 30 Prozent (Anfang 1953) auf 87 Prozent im Jahr 1955 vorgesehen, bei gleichzeitigem Absinken des Anteils der Landwirtschaft an den Gesamtinvestitionen von ehemals acht Prozent im Jahr 1949 auf zwei Prozent. Die Steigerung der landwirtschaftlichen Produktion wurde zwar eingeplant, praktisch jedoch völlig den Bedürfnissen der Entwicklung der Schwerindustrie und der gewaltsamen Durchführung sozialer Veränderungen auf dem Lande untergeordnet, was entsprechend den Stalinschen Lehren der Sicherung eines verläßlichen Hinterlandes dienen sollte. Weil ein Teil der Bevölkerung gegen seinen Willen gezwungen war, in vorrangig zu entwickelnden Zweigen der Volkswirtschaft zu arbeiten und deshalb Widerstand in Form häufiger Arbeitsbummelei und Arbeitsplatzfluktuation zeigte, entschied sich die Führung der KPTsch am 31. März 1953, nach einem analogen Erlaß des Obersten Sowjets der UdSSR von 1940 gegen solche Widerstandsakte mit gerichtlichen Strafen vorzugehen.[2] In den Betrieben wurde eine militärische Disziplinarordnung durchgesetzt, mit der einzigen Einschränkung, daß Direktoren ihre Mitarbeiter nicht direkt mit Gefängnis bestrafen konnten. Außerordentliche Maßnahmen sollten vor allem zum Ausgleich der Vorjahresplanrückstände bei den Lieferungen für die Armee führen. Während im Jahr 1952 für das Ministerium für nationale Verteidigung aus dem Staatshaushalt 8,4 Milliarden Kronen geschöpft wurden, waren für das Jahr 1953 14,6 Milliarden Kronen eingeplant. Das war zehnmal mehr als 1948. Der Gesamtaufwand für die Rüstung war jedoch um vieles höher: Gewaltige Investitionen wurden in die Entwicklung industrieller Zweige gelenkt, die Lieferungen für die Streitkräfte sicherstellten; die Anzahl der Soldaten wurde zum 1. Januar 1953 auf 292788 erhöht, was eine Verdoppelung im Ver-

---

1 Richtlinien zum Plan der Entwicklung der Volkswirtschaft der CSR in den Jahren 1954-1960, in: Archiv Statniho uradu planovaciho Praha [Archiv des Staatlichen Planungsamtes] (weiter: ASUP), 0930, 53.

2 Statni ustredni archiv [Zentrales Staatsarchiv] (weiter: SUA) Praha, Archiv Ustredniho vyboru der Kommunistischen Partei der Tschechoslowakei [Archiv des ZK der KPTsch] (weiter: AUV KSC), F-02, 1, 35, 329.

gleich zu 1949 darstellte; man entschied sich zur Bildung großer materieller und finanzieller Staatsreserven. Außerdem verfügte am 24. April 1953 der Präsident der Republik die Einführung eines dreijährigen Grundwehrdienstes.[3]

Zur Milderung ökonomischer Widersprüche, die sich bei der Ausrichtung auf eine Vorkriegswirtschaft zusätzlich verschärften, und zur Sicherung einer dreimonatigen Finanzreserve für den Kriegsfall war schon 1952 entschieden worden, die Durchführung einer Währungsreform vorzubereiten und das Kartensystem für Lebensmittel abzuschaffen. Mit deren Realisierung zum 1. Juni 1953 wurde die Bevölkerung um den größten Teil ihrer Ersparnisse gebracht. Gleichzeitig stiegen die Preise für Bedarfsgüter durchschnittlich um 14 Prozent, die Lebensmittelpreise um 27 Prozent. Ursache der Kriegshysterie waren Befürchtungen, die nicht aus der Luft gegriffen waren. In den streng geheimen Analysen des Generalstabes der Tschechoslowakischen Armee über die militärpolitische Lage von Ende 1952/Anfang 1953 wurden einige Fakten festgehalten, die von einer Minderung der internationalen Spannungen berichteten. Am wichtigsten war die Information über die Verlangsamung des Tempos beim Aufbau der Armeen der NATO-Länder. Im tschechoslowakischen Generalstab ging man jedoch vor allem davon aus, daß bis zum Ende des Jahres 1953 zwölf westdeutsche Divisionen aufgestellt würden. Der Plan des Aufbaus der Tschechoslowakischen Armee war vor allem eine Reaktion auf die angenommene Entwicklung in der Bundesrepublik Deutschland, und bis zum Mai 1953 steigerte man das Tempo der Aufrüstung der Tschechoslowakei in Anbetracht des »unvermeidlichen Krieges« auf das höchstmögliche Maß.

Infolge der Währungsreform entlud sich die latente Unzufriedenheit der Bevölkerung in zahlreichen stürmischen Protesten gegen die kommunistische Macht. In der ersten Juniwoche kam es in der Tschechoslowakei zu 130 Streiks und einer Reihe von Demonstrationen.[4] In Pilsen (Plzen) versetzten Tausende Demonstranten die örtlichen Kräfte der Staatssicherheit und der Volksmilizen in Ratlosigkeit. Sie besetzten den Rundfunk und verbreiteten von dort ihre Forderungen. Sie verbrannten Gerichtsakten und erzwangen die Freilassung der politischen Gefangenen. Zur Wiederherstellung der kommunistischen Macht in der Stadt wurde die Armee herbeigerufen, die die erfolglose Prager Volksmiliz ablöste. Die aktivsten Kräfte, die gegen das kommunistische Regime kämpften, waren junge Arbeiter.

Die ersten Maßnahmen der Führer der KPTsch zielten auf die Verurteilung der Streikteilnehmer und auf die Konsolidierung der Kräfte, um ähnliche Ereignisse anderswo im Keim zu ersticken. Das Versagen der Organe der Staatssicherheit wurde zum Anlaß genommen, die innenpolitische Unterdrückung zu intensivieren. Der Befehl des Ministers für Nationale Verteidi-

---

3 Vojensky historicky archiv [Militärhistorisches Archiv] (weiter: VHA) Praha, Militärrat des Ministeriums für Nationale Verteidigung, 19. August 1953, 0026.

4 Perzekuce po menove reforme v Ceskoslovensku v roce 1953 [Verfolgungsmaßnahmen nach der Währungsreform in der Tschechoslowakei 1953], Praha 1993.

gung, Alexej Cepicka, vom 14. August 1953 sah den Einsatz ausgesuchter bewaffneter Einheiten (hauptsächlich Militärschulen) zur Unterdrückung innerer Unruhen vor. In Übereinstimmung mit den administrativen Bezirken und Kreisen wurden die bestehenden Wehrbezirke in neue Wehrbereiche gegliedert. Bei Unterdrückungsaktionen war der Gebrauch von Handfeuerwaffen, Panzern und gepanzerten Fahrzeugen erlaubt. In den Mobilisierungsplänen der Armee waren gleichzeitig Reserven zur Ergänzung der Staatssicherheitseinheiten vorgesehen. Durch Beschluß des Politischen Sekretariats des ZK der KPTsch vom 22. März 1954 wurde zur Leitung des Kampfes gegen die Konterrevolution ein Stab gebildet, dem der Erste Sekretär des ZK der KPTsch, der Minister für Nationale Verteidigung und der Innenminister angehörten.[5] Ähnlich zusammengesetzte Führungsstäbe wurden in den Bezirken geschaffen. Ein System, das übrigens mit geringen Veränderungen bis zum November 1989 erhalten blieb.

Die Regierungen der meisten Länder des Ostblocks gingen im Juni 1953 zu Maßnahmen im Interesse der Ruhigstellung der Bevölkerung über. Zwar rechnete der Militärrat des tschechoslowakischen Verteidigungsministeriums bei der Beurteilung der materiell-technischen Versorgung der Armee noch im Mai 1953 damit, daß sich diese ihrem Umfang nach im laufenden Jahr beinahe verdreifachen würde (so sollte die Panzerproduktion von 375 Stück im Jahr 1952 auf 1450 im Jahr 1953 ansteigen).[6] Doch schon am 17. Juni 1953 gab der Minister für Nationale Verteidigung, Alexej Cepicka, im Militärrat bekannt, daß die verbesserte internationale Situation es ermöglicht, militärische »Forderungen auf spätere Jahre zu verschieben und den Druck auf unsere Wirtschaft zu vermindern«.[7] Es ist völlig ausgeschlossen, daß Cepicka es sich hätte leisten können, solche Änderungen ohne die Zustimmung Moskaus anzukündigen. Darüber hinaus widersprach es seiner Überzeugung, weil er, wie er später selbst feststellte, das Nachlassen der internationalen Spannungen bis zum Jahr 1956 für eine bloße Fiktion hielt. Man kann davon ausgehen, daß Moskau bereits auf die Ereignisse in der Tschechoslowakei reagiert hatte: Das Rüstungstempo sowie die Ausrichtung der Wirtschaftspolitik in den osteuropäischen Staaten sollten korrigiert werden, was von den kommunistischen Führungen zuerst in der DDR und danach in Ungarn auch sofort akzeptiert wurde. Auch nach den scharfen Zusammenstößen in der DDR am 17. Juni 1953 wurde der sogenannte »neue Kurs« nicht rückgängig gemacht, im Gegenteil: Malenkows Rede vor dem Obersten Sowjet am 8. August 1953 bestätigte ihn.

Antonin Zapotocky, der Nachfolger des 1953 verstorbenen Klement Gottwald im Amt des Staatspräsidenten, entfaltete nach Konsultationen in Moskau innerhalb der Führung der KPTsch die Initiative, und in der KPTsch zeigte er bei der Durchsetzung von Korrekturen im Vergleich zu anderen

5 Archiv generalniho stabu CSA [Archiv des Generalstabes der Tschechoslowakischen Volksarmee] Praha, OS-K und OS 1953, 0011819; VHA Praha, Sekretariat des Ministeriums für Nationale Verteidigung 1956, 13-5, 1-146.

6 VHA Praha, Militärrat des Ministeriums für Nationale Verteidigung, 17. Februar 1955.

7 VHA Praha, Militärrat des Ministeriums für Nationale Verteidigung, 17. Juni 1953, 0025.

führenden Kommunisten den größten Wagemut. Zuerst überraschte er mit einer scharfen Kritik der gewaltsamen Kollektivierung der Landwirtschaft, als er forderte, landwirtschaftliche Produktionsgenossenschaften »mit dem Bleistift in der Hand« zu gründen, um ihre Prosperität zu sichern. Die Kritik an Entscheidungen der KPTsch erweiterte er auf der Tagung des ZK der KPTsch im September 1953. Die einseitige Entwicklung der Schwerindustrie auf Kosten der übrigen Industriezweige und des Lebensniveaus der Bevölkerung bewertete er im nachhinein als negativ. Zapotocky verwies auf die schädlichen Auswirkungen der allgemeinen Liquidierung des privaten Handwerks und zählte weitere Fehlentscheidungen auf.

Zapotocky genoß in der Partei und bei einem Teil der Arbeiterschaft die Autorität einer wirklichen Führungspersönlichkeit, wohingegen der sehr ehrgeizige Antonin Novotny außerhalb Prags in der Öffentlichkeit wenig bekannt war und mehr für einen Parteiorganisator denn für einen Politiker gehalten wurde. Zapotockys Kritik am Parteiapparat berührte ihn persönlich. Im September 1953 wurde Novotny, ähnlich wie Chruschtschow in der KPdSU, zum Ersten Sekretär der KPTsch gewählt, zweifellos mit dem Einverständnis des Kreml. Während seines Urlaubs in der DDR begann Novotny, den Kontrahenten ins schiefe Licht zu setzen, als sich dieser im Urlaub in der UdSSR aufhielt. Nach seiner Rückkehr in die CSR gewann er in der Führung der KPTsch jedoch keine Unterstützung, und so entschied sich Novotny, in einem Brief die Führung der KPdSU zu bitten, einige Mitglieder der sowjetischen Führung mögen in die CSR kommen und beurteilen, ob die Linie der KPTsch richtig sei.[8]

Das Politbüro der KPdSU beschloß, die Situation in der KPTsch zu erörtern. An der in Moskau vom 6. bis 8. April 1954 stattfindenden Beratung nahmen die bekanntesten Funktionäre der KPdSU sowie der polnische Führer Boleslaw Bierut und aus der DDR Walter Ulbricht teil. Chruschtschow sprach zunächst über die Verbrechen Berijas und über ernste Fehler Stalins. Danach wurde die Politik der KPTsch seziert. Antonin Zapotocky wurde für Fehler in der Wirtschaftspolitik kritisiert, für die er nur in begrenztem Umfang verantwortlich war, da sie Ergebnis der Erfüllung sowjetischer Direktiven waren. Aus den persönlichen Aufzeichnungen Zapotockys geht hervor, daß er die Kritik ohne Widerspruch hinnahm und sich darüber hinaus noch die »Hausaufgabe« notierte, der sowjetischen Führung binnen einer Woche Bericht zu erstatten, wie die Beschlüsse der Moskauer Beratung in der CSR durchgeführt werden.[9] Dem damaligen Regierungsvorsitzenden Viliam Siroky zufolge wurde Zapotocky in Moskau deutlich gemacht, daß er die Autorität des Ersten Sekretärs des ZK der KPTsch zu respektieren habe. Später, im Mai 1955, brachte Kaganowitsch den Entwurf einer Geschäftsordnung für das Politbüro mit nach Prag. Mit deren Annahme wurde das Prinzip des wechselnden Vorsitzes bei Sitzungen dieses Organs aufgegeben. Den ständi-

[8] Stenographisches Protokoll der Tagung des ZK der KPTsch vom 3. und 4. April 1963, Praha 1963, 88, in: SUA Praha, AUV KSC, F 01, 89.

[9] SUA Praha, AUV KSC, A. Zapotocky, 60, 1237.

gen Vorsitz übernahm von nun an Antonin Novotny, der damit eine übergeordnete Stellung bei der Festlegung der Tagesordnung und bei der Formulierung von Beschlüssen bezog.[10] Dies ermöglichte es Novotny, das Politbüro der KPTsch bei der Lösung heikler politischer Fragen zu umgehen. So in Fragen der Staatssicherheit, die er oft nur mit Innenminister Rudolf Barak behandelte, mit dem er sich fast jeden Tag traf. Novotny präsentierte den kollektiven Organen eine ganze Menge bedeutender wie auch völlig untergeordneter Entscheidungen zur Beschlußfassung, doch diese Kollektivität hatte aus verschiedenen Gründen lediglich einen formalen Charakter und stärkte dementsprechend nur seine Position als »stärkster Mann« in der CSR. Dies sicherte seine Herrschaft über den Parteiapparat und seine Sonderstellung in den Beziehungen zur KPdSU.

Zapotocky und Novotny waren Kommunisten verschiedenen Schlages. Zapotocky verhielt sich in Momenten des Kampfes um die politische Macht wie ein »richtiger Bolschewik«, in krisenfreien Situationen traf er jedoch pragmatische Entscheidungen. Bei der Behandlung von Beschlüssen und Vorschriften ging er fast anarchistisch vor. So konnte er Soldaten raten, daß es besser sei, Vorschriften nicht zu erfüllen, sofern sie nichts taugen; vielmehr sollte man zum Wohl der Gesellschaft den eigenen Verstand nutzen. Novotny dagegen zweifelte nie an der »Linie«, sofern ihr Moskau zugestimmt hatte. Ursachen von Mißerfolgen und Widersprüchen sah er folgerichtig hauptsächlich in der inkonsequenten Erfüllung der Parteidirektiven. Zapotocky begriff in gewissem Maße, daß die Herausbildung neuer Produktionsformen in der Landwirtschaft nur dann möglich sein wird, wenn sich die Menschen selbst, auf Grund eigener Erfahrungen, dafür entscheiden. Novotny wiederum ließ jede Geduld in der Politik vermissen, weil seinem stark dogmatischen Denken zufolge alles Wichtige durch den Marxismus schon wissenschaftlich erklärt und durch die Sowjetunion bewiesen worden war. Er war fest davon überzeugt, daß die KPTsch die Gesellschaft zum Wohle der Menschen verändert, die deshalb verpflichtet wären, der Partei dankbar zu sein. Einer Notiz Zapotockys zufolge formulierte Novotny auf der Moskauer Beratung im April 1954: »Die Partei entscheidet [...], die Partei benötigt die Massen nicht [...], sondern die Massen benötigen sie.«[11]

Unter demokratischen Verhältnissen klärt die Praxis strittige Fragen, die Bürger können frei über ihr Handeln entscheiden. In der kommunistischen Tschechoslowakei entschied darüber – ganz im Sinne Novotnys – die Partei, die praktischen Erfahrungen der Menschen wurden ignoriert. Als beispielsweise der Fleischaufkauf im ersten Vierteljahr 1955 auf 77 Prozent des Niveaus von 1953 sank, schlug Landwirtschaftsminister Jindrich Uher aufgrund einer Analyse des staatlichen Aufkaufverfahrens für landwirtschaftliche Erzeugnisse und nach Beratung mit Ökonomen vor, Marktbeziehungen auszunutzen, um das Interesse der Bauern an der Erhöhung der Produktion zu stimulieren. Doch der Regierungsvorsitzende Viliam Siroky wies den Vorschlag

[10] SUA Praha, AUV KSC, 02, 2, 43, 59, 11.
[11] SUA Praha, AUV KSC, A. Zapotocky, 60, 1237.

zur Erhöhung der landwirtschaftlichen Aufkaufpreise als Haupthindernis bei der Realisierung der Parteipolitik in der Landwirtschaft schroff zurück. Siroky argumentierte mit Stalinschen Ansichten, obwohl er im April 1954 aus Chruschtschows Munde erfahren hatte, daß die ökonomischen Lehren Stalins in Moskau als fehlerhaft galten. Die Führung der KPTsch ignorierte dies. Jindrich Uher mußte sich auf der Tagung des ZK der KPTsch sogar mit dem Hinweis darauf verteidigen, daß er die Stalinschen ökonomischen Gesetze des Sozialismus nicht habe revidieren wollen[12]. Nur diese Selbstkritik rettete ihn vor einer Anprangerung als rechter Opportunist.

Sirokys Argumentation war vom Standpunkt des kommunistischen Programms gesehen begründet. Denn die Produktivität der landwirtschaftlichen Genossenschaften erreichte auch nach dem Zerfall der schwächsten Genossenschaften und nach der Erhöhung der staatlichen Subventionen für die kollektiven Landwirtschaftsbetriebe im Jahr 1955 nur 66 Prozent der Produktivität der privat wirtschaftenden Bauern, folglich hätte die von Uher vorgeschlagene Preisänderung den privaten Landwirtschaftssektor gefestigt und eine Massenkollektivierung unmöglich gemacht. Antonin Novotny war aber fest entschlossen, eine neue Kollektivierungswelle anzustoßen, die dann die Tagung des ZK der KPTsch vom Juni 1955 beschloß. Sie sprach sich zwar gegen gewaltsame Methoden der Kollektivierung aus und drohte an, gegen alle Verletzungen des Prinzips der Freiwilligkeit einzuschreiten. Das eigentliche Problem bestand indes darin, daß die Kollektivierung ohne Zwang nicht zu verwirklichen war. Bis zum Ende des Jahres 1956 verlief sie erfolglos. Nach den ungarischen Ereignissen organisierte die Führung der KPTsch radikal die Überführung der Bauern in Genossenschaften und verursachte so eine Stagnation in der Agrarproduktion. Erst unter den veränderten technischen und ökonomischen Bedingungen der zweiten Hälfte der sechziger Jahre begannen die Genossenschaften insgesamt, die Produktivität der privaten Bauern zu überholen und Stabilität zu gewinnen.

1955/56 kam es zur Ausweitung von Repressionen gegen wohlhabende Bauern. Im Einklang mit der Aufforderung Kaganowitschs während seines Aufenthaltes in der CSR verschärfte Novotny die Angriffe gegen sogenannte Kulaken. Während im ersten Halbjahr 1955 187 Bauern wegen strafbarer Handlungen angeklagt wurden, waren es in der zweiten Hälfte des Jahres schon 970. Insgesamt wurden im Jahr 1955 18567 Personen wegen Nichterfüllung von Pflichtablieferung, Nichtbestellens des Bodens, Betriebsaufgabe, Schädigung der Genossenschaften usw. belangt.[13] Doch der politische und justizielle Druck war nur eine der Methoden zur Sicherung der geplanten wirtschaftlichen Aufgaben. Obwohl im Juni 1953 die Regierungsverordnung über die gerichtliche Bestrafung für Abwesenheit vom Arbeitsplatz außer Kraft gesetzt worden war, wurden in der zweiten Hälfte des Jahres 1955 3159 Menschen wegen solcher Vergehen angeklagt. Das System der Zwangs-

[12] Stenographisches Protokoll der Tagung des ZK der KPTsch vom 10. und 11. Februar 1955, Praha 1955, 165, in: SUA Praha, AUV KSC, 01.

[13] VHA Praha, HPS 1956, 1-1, 1-1, 02288, 56.

arbeit für politisch unzuverlässige Soldaten fand fortgesetzt Anwendung, auch nach dessen Kritik durch sowjetische Militärberater, die mit der Einweisung der geplanten 40262 Soldaten in militärische Arbeitseinheiten im Jahr 1954 nicht einverstanden waren und es als Unfug bezeichneten, damit junge Menschen zu bestrafen, die während der deutschen Okkupation erst zehn Jahre alt gewesen waren. Weil aber die Armee die Förderung von fast fünf Millionen Tonnen Kohle sicherzustellen hatte, schien es unerläßlich, in besonderen Arbeitseinheiten zwangserfaßte Soldaten mit Bergmannsberufen durch Rekruten zu ergänzen, die als politisch unzuverlässig galten. Im Jahr 1956 waren 13908 Männer für solche militärisch-technischen Arbeitseinheiten eingeplant. Letztlich kam es zu einer Verringerung des Anteils der Rekruten, die als kadermäßig bedenklich galten, von 29 Prozent im Jahr 1953 auf neun Prozent im Jahr 1955 und im Jahr 1957 schließlich zur Entscheidung, die militärisch-technischen Einheiten aufzulösen.[14] Anders nämlich war die benötigte Anzahl ausgebildeter Soldaten für die Tschechoslowakische Armee nicht aufzubringen.

Die Tatsache, daß der Kreml im April 1954, ohne Rücksicht auf das große Ansehen Zapotockys, dem verläßlichen und gehorsamen Novotny den Vorrang einräumte, hing offenbar nicht nur mit den persönlichen Eigenarten Zapotockys zusammen, sondern auch mit seinem schlechten Leumund aus der Zeit der Gottwaldschen Führung der KPTsch und der Nachkriegszeit. Stalin hatte Zapotocky abschätzig als »Gewerkschaftler« bezeichnet und dessen schriftstellerische Tätigkeit ins Lächerliche gezogen. Auch Chruschtschow hegte solche Vorurteile. Die Art, mit der Zapotocky im April 1954 in Moskau die falschen sowjetischen Anschuldigungen selbstkritisch akzeptierte, muß daher nicht überraschen. Das politische Sekretariat der KPTsch war faktisch das höchste Machtorgan (auf dem X. Parteitag der KPTsch nach Ergänzung um zwei Mitglieder und zwei Kandidaten in Politbüro umgewandelt) und bestand aus Vorkriegsfunktionären der Kommunistischen Internationale. Diese waren es gewohnt – und die Bildung des Informationsbüros der Kommunistischen Parteien im Jahre 1947 bestärkte sie darin –, die KPTsch als einen Bestandteil der zentralisierten internationalen kommunistischen Bewegung zu sehen. Von Moskau gelenkt zu werden, war selbstverständlich. Alle hatten genügend Erfahrung, um zu wissen, daß Widerspruch gegen die sowjetische Führung einem politischen Selbstmord gleichkam. Auch Zapotocky versuchte nicht aufzubegehren. Nur in einer Angelegenheit ließ er nicht von seiner Überzeugung ab: Wie einige Notizen über Verhandlungen des Politbüros der KPTsch bis zum Jahr 1957 belegen, verteidigte er den Grundsatz, daß Staatsorgane regieren sollten und nicht die Partei oder faktisch der Parteiapparat, wie es Novotny durchzusetzen suchte. Nach der sowjetischen Kritik verhielt sich Zapotocky nicht anders als Jan Sverma und Richard Slansky im Jahr 1936 und eine Reihe weiterer Funktionäre der KPTsch: Er ordnete sich dem kommunistischen Zentrum unter und war be-

[14] VHA Praha, Militärrat des Ministeriums für Nationale Verteidigung, 21. Dezember 1953, 14. Juli 1954 und 13. Januar 1956.

reit, seine Stellung aufzugeben. Dies ist nicht einmal als ein persönliches Opfer zu sehen, denn die Handlungsweise Zapotockys entsprach dem fast fanatischen Anspruch eines Teils der kommunistischen Funktionäre auf Unterordnung unter jede beliebige Forderung der Partei. Diesem Verhaltenskodex blieb die Mehrheit der führenden Kommunisten treu. In einem Bericht des Innenministers aus dem Jahr 1963 über die gewaltsamen Ermittlungsmethoden in der ersten Hälfte der fünfziger Jahre hielt der frühere stellvertretende Innenminister fest: »[...] er bekennt alles, was ich will, weil er ein gutes Verhältnis zur Partei hat.«[15]

Nach der Währungsreform wurden in der CSR einige Male rüstungspolitische Forderungen zugunsten der Versorgung der Bevölkerung zurückgenommen. Die Waffenproduktion sank im Jahr 1954 um 28 Prozent im Vergleich zum Vorjahr.[16] Doch der Volkswirtschaftsplan für das Jahr 1955, der der Nationalversammlung bereits vorgelegt worden war, wurde wieder zurückgezogen und als Hauptaufgabe wiederum die Sicherung des Rüstungsbedarfs der Streitkräfte festgelegt. Erneut sollte der Ausbau der Schwerindustrie beschleunigt werden. Die sowjetische Führung hatte mit großen Sorgen den Prozeß der Ratifizierung der Pariser Verträge beobachtet, die im Rahmen der NATO den Aufbau einer westdeutschen Armee ermöglichten. Alexej Cepicka behauptete am 15. Oktober 1954 im Militärrat des Verteidigungsministeriums unter Berufung auf geheimdienstliche Quellen, daß zu dieser Zeit in der BRD schon ein Kommandokorps gebildet werde, und die Amerikaner in Westdeutschland Kriegsmaterial zur Aufstellung von 24-30 Divisionen innerhalb von zwei bis drei Jahren anhäuften.[17] Nach der Konferenz der führenden Funktionäre der sozialistischen Staaten in Moskau im Dezember 1954 trat erneut ein Umschwung in der wirtschaftlichen und militärischen Politik dieser Länder ein.

Aus den Informationen, die der Militärrat des Ministeriums für Nationale Verteidigung am 27. April 1955 erhielt, geht hervor, daß die Aufgaben der Modernisierungsrüstung, die ursprünglich im Jahr 1953 hätten erfüllt sein sollen, im wesentlichen erst jetzt realisiert wurden. Radikal beschleunigt hat sich allerdings die Entwicklung neuer Waffensysteme, die unter den Kampfbedingungen eines Atomwaffeneinsatzes anwendbar waren. Gleichzeitig wurde nun die Ausrüstung vereinheitlicht, was in den vergangenen Jahren durch das Mißtrauen Moskaus gegenüber der CSR, das die technische Dokumentation über moderne Waffensysteme zu verheimlichen versucht hatte, verzögert worden war. Angesichts des bedeutenden Anteils des tschechoslowakischen Waffenexports in die Staaten des Sowjetblocks trat ab 1954 in der sowjetischen Haltung ein Umschwung ein. Zur Sicherung der geplanten Modernisierung und Vereinheitlichung wurde 1955 festgelegt, bis 1959 die Produktion von 173 neuen Arten militärischer Technik einzuführen. Allein damit stieg die Belastung der tschechoslowakischen Volkswirtschaft bedeutend an.

[15] SUA Praha, AUV KSC, Kommission II, 30, 506, 70.
[16] VHA Praha, Militärrat des Ministeriums für Nationale Verteidigung, 27. Mai 1955.

Der ungarische Ministerpräsident Imre Nagy hatte sich zu dieser Zeit gegen eine einseitige Orientierung auf die Entwicklung der Schwerindustrie ausgesprochen. Er war mit den negativen Auswirkungen auf die Versorgung der Bevölkerung nicht einverstanden. Im Januar 1955 wurde die Führung der ungarischen Partei nach Moskau eingeladen und Imre Nagy wegen »rechtem Opportunismus« kritisiert.[18] Im März 1955 kam es zu seiner Abberufung als Premier und zu seinem Ausschluß aus dem ZK der ungarischen kommunistischen Partei, was in Ungarn die Machtstellung des stalinistischen Dogmatikers Rakosi stärkte. In der UdSSR war im Februar 1955 G. M. Malenkow abgesetzt worden, dessen am 13. März 1954 vorgetragene Ansichten, daß die Anwendung der neuen kriegerischen Mittel »die Vernichtung der Weltzivilisation« nach sich ziehen würde, in der UdSSR unterdrückt wurden.

Im tschechoslowakisch-sowjetischen Protokoll über den Ausbau der Tschechoslowakischen Armee, das in Moskau am 22. Dezember 1954 unterzeichnet wurde, waren die Fristen festgelegt, in denen auf der Grundlage des voraussichtlichen Tempos des Aufbaus der westdeutschen Armee eine Verstärkung der Verteidigungskraft der CSR erfolgen sollte. Nach dem Entwurf des auf diesen Vorgaben beruhenden Volkswirtschaftsplanes sollten sich die Aufwendungen für die Verteidigung bis zum Jahr 1959 um 81 Prozent im Vergleich zum Jahr 1955 und die Waffenproduktion im gleichen Zeitraum um 142 Prozent erhöhen.[19] Wiederum wurden die materiellen und finanziellen Reserven und Investitionen in den Zweigen, die direkt oder indirekt Lieferungen für die Streitkräfte sicherzustellen hatten, radikal erhöht. Um ein Mehrfaches hat sich auch die Einfuhr militärischer Technik aus der UdSSR gesteigert. Der Regierungsvorsitzende Viliam Siroky bemerkte in einem Brief an den sowjetischen Premier vom 20. Januar 1955, daß das Politbüro der KPTsch mit der Bereitstellung der Anzahl Soldaten entsprechend dem tschechoslowakisch-sowjetischen Protokoll vom Dezember 1954 und der Verlängerung des Militärdienstes für 30000 Grundwehrdienstleistende einverstanden sei.[20] Weil für ein solches Verfahren keine rechtlichen Normen existierten, bereitete das Verteidigungsministerium den Entwurf eines Verteidigungsgesetzes vor. Dessen Annahme hätte der Regierung das Recht eingeräumt, nach Bedarf den dreijährigen Grundwehrdienst einzuführen, und der Minister für Nationale Verteidigung hätte ihn um weitere drei Monate verlängern können. Einschließlich militärischer Übungen hätten so Reserveoffiziere insgesamt bis zu sechs Jahre, Unteroffiziere und Mannschaften viereinhalb bis fünf Jahre abdienen können. Kurz vor der Genfer Konferenz der vier Großmächte wurde auf einer Militäraktivtagung am 18. Juli 1955 die politische Vorbereitung der erwähnten Verlängerung des Wehrdienstes entsprechend dem vorgelegten Entwurf des Gesetzes in Angriff genommen.[21]

---

[17] VHA Praha, Militärrat des Ministeriums für Nationale Verteidigung, 15. Oktober 1954.

[18] SUA Praha, AUV KSC, 02, 2, 37, 50, 18. Za trvaly mir, za lidovu demokracii, Praha 10/1955.

[19] VHA Praha, Sekretariat des Ministeriums für Nationale Verteidigung 1955, 44-9, 1-13 sowie ASUP Praha, 00770, 55.

[20] VHA Praha, Sekretariat des Ministeriums für Nationale Verteidigung 1955, 25-8, 1.

[21] VHA Praha, Sekretariat des Ministeriums für Nationale Verteidigung 1955, 83-1, 8.

Nach seiner Rückkehr von der Moskauer Konferenz im Dezember 1954 referierte Viliam Siroky im Politbüro der KPTsch darüber, daß im Falle der Ratifizierung der Pariser Verträge Maßnahmen im Bereich der Organisation der Streitkräfte und ihrer Kommandostruktur getroffen würden. Dies wurde durch den Abschluß des Warschauer Vertrages verwirklicht, der jedoch nur formal eine kollektive militärische Organisation war, da in Wirklichkeit alle Armeen der Satellitenstaaten vom Generalstab der Sowjetischen Armee geführt wurden.

In der Zeit der Vorbereitung des Staatsvertrages über die Neutralität Österreichs hat das Politbüro der KPTsch am 27. Juni 1955 militärische Maßnahmen zur Sicherung der Grenzen mit Österreich nach dem Rückzug der sowjetischen Truppen erörtert. W. M. Molotow lehnte diesen Rückzug ab. A. J. Mikojan kritisierte Molotows Ansicht, wonach »es nötig ist, die Abberufung der Truppen aus Österreich zu verhindern, solange unsere Truppen in Deutschland sind«. Als das Politbüro der KPdSU es ablehnte, die österreichische mit der deutschen Frage zu verbinden, schlug Molotow vor, »die sowjetischen Truppen aus Österreich abzuziehen, unter dem Rechtsvorbehalt, sie jederzeit dorthin zurückführen zu können«.[22] Mit der Führung der KPTsch wurde die Verlagerung der sowjetischen Truppen aus Österreich auf tschechoslowakisches Gebiet vereinbart, doch am 4. Juli 1955 erhielt das Politbüro der KPTsch die Mitteilung, daß nach einer Entscheidung des ZK der KPdSU eine Verschiebung sowjetischer Truppen aus Österreich in die Tschechoslowakei nicht stattfinden werde.[23]

Die Eskalation der militärpolitischen Maßnahmen im Jahr 1955 unterschied sich wesentlich von den Kriegsvorbereitungen Anfang der fünfziger Jahre. Sie war nicht auf die Sicherung maximaler Kampffähigkeit zum Zeitpunkt des wahrscheinlichen Ausbruchs eines Weltkrieges gerichtet, sondern auf die Vereitelung einer Veränderung des Kräfteverhältnisses in Europa. Die Katastrophentheorie Lenins und Stalins, daß Kriege gesetzmäßig entstehen, solange der Imperialismus existiere, war schon revidiert und durch die These ersetzt worden, daß das kapitalistische und das sozialistische System nebeneinander existieren können und bei dauerhafter Wahrung des Weltfriedens miteinander konkurrieren werden. Auf der Grundlage von Schätzungen des Wachstums der militärischen Stärke der BRD sollten die Rüstungsanstrengungen in den Jahren 1957-58 ihren Höhepunkt erreichen, ab 1960 erwartete man eine Verringerung der Verteidigungsausgaben und begründete dies etwa damit, daß – wie es Alexej Cepicka ausdrückte – »wir uns nicht totrüsten lassen dürfen«. Eine weitere Besonderheit bestand darin, daß die Führung der KPTsch mit Rücksicht auf die Erfahrungen des Jahres 1953 zu dem Schluß kam, daß die steigenden Verteidigungslasten die politische Konsoli-

[22] Protokoll der Sitzung des ZK der KPdSU im Juli 1955, Teil 1, 170-172, in: SUA Praha, AUV KSC.

[23] VHA Praha, Sekretariat des Ministeriums für Nationale Verteidigung 1956, 13-5, 1-146, 001801.

dierung nicht stören dürfen. Deshalb bestimmte das Politbüro der KPTsch am 28. Februar 1955, bei der vorrangigen Erfüllung der militärischen Verpflichtungen entsprechend dem tschechoslowakisch-sowjetischen Protokoll durch die weitere Entwicklung der Volkswirtschaft gleichzeitig den Anstieg des Lebensniveaus der Bevölkerung zu gewährleisten.

Negative Folgen der neuen Rüstungsspirale auf das Leben der Menschen waren freilich unvermeidlich. Im Unterschied zu Imre Nagy legte kein tschechoslowakischer Vertreter im Jahr 1955 Einspruch gegen die Veränderung in der Militär- und Wirtschaftspolitik ein. Die Gründe lagen nicht nur in ihrem politischen Opportunismus, sondern auch im damaligen Verständnis des sozialistischen Internationalismus, wonach die gemeinsamen Interessen aller sozialistischen Staaten nationalen Interessen übergeordnet waren. Die kommunistischen Führer der Tschechoslowakei waren nicht selten durch die Selbstherrlichkeit, mit der sowjetische Vertreter der Erfüllung ihrer Forderungen Nachdruck verliehen, vor den Kopf gestoßen. Sogar Gottwald beschwerte sich über Botschafter Silin und sein unablässiges »Wir brauchen, wir brauchen«, worauf er zu entgegnen pflegte, daß es nichts zu nehmen gäbe. Gleichzeitig war den kommunistischen Führern aus eigener Beobachtung die innere Lage der UdSSR gut bekannt. Ihnen war nicht verborgen geblieben, wie rücksichtslos die sowjetische Führung das eigene Volk für ihre außenpolitischen Interessen zu Opfern zwang. Am meisten befürchteten die tschechoslowakischen Kommunisten, von sowjetischer Seite des Nationalismus beschuldigt zu werden. Als dann 1956 in Polen Aufrufe laut wurden, daß die kommunistische Partei in erster Linie die Interessen des eigenen Volkes durchzusetzen habe, kritisierte das der Sekretär des ZK der KPTsch, Bruno Köhler, als nationalistische Abweichung, und das ZK der KPTsch stimmte ihm zu.

Der Führung der KPdSU gelang es nach Stalins Tod, die Willkür Moskaus gegenüber den Staaten des Ostblocks einzuschränken, sie blieb dabei jedoch nicht konsequent. In seiner Rede auf der Tagung des ZK der KPdSU am 9. Juli 1955 betonte Chruschtschow bei der Verteidigung der wiederaufgenommenen freundschaftlichen Beziehungen zwischen der UdSSR und Jugoslawien die Pflicht sowjetischer Vertreter, sich von den Grundsätzen absoluter Gleichberechtigung und der Achtung der Souveränität anderer Staaten leiten zu lassen. Konkret kritisierte er einige Fälle, in denen Führer osteuropäischer Länder von Moskau kommandiert und sogar wirsch angeherrscht wurden. Insbesondere verurteilte er die Handlungsweise des sowjetischen Botschafters Popow in Polen, der der polnischen Partei und Regierung Richtlinien diktiert hatte. Der sowjetische Botschafter Firjubin mußte sich bei A. Novotny für die Einmischung des sowjetischen Ministers Chomjakow in Angelegenheiten der tschechoslowakischen Wirtschaft entschuldigen. Doch bezweckte solche Kritik nicht die Herausbildung wirklich gleichberechtigter Beziehungen. Durch die Verurteilung der Taktlosigkeit und Grobheit Stalins wollte Chruschtschow lediglich erreichen, daß die Oberherrschaft der UdSSR über die Satelliten durch deren freiwillige Unterordnung unter die sowjetische Führung gewährleistet wird. Chruschtschow bezeichnete es als natürliches Recht Moskaus, in die innere Entwicklung der sozialistischen Staaten einzugreifen. Er verurteilte die Ungeduld und die Taktlosigkeit Stalins im entstehenden Streit mit Jugoslawien im Jahr 1948, im Prinzip hielt er jedoch die Kritik an Tito für berechtigt. Wörtlich sagte er: »Wir wollten die Tätigkeit des Zentralkomitees der Kommunistischen Partei Jugoslawiens verbessern. Daran ist nichts Schlechtes.«[24] Gerade dieser Anspruch Chruschtschows, den sich Breschnew in noch zugespitzterem Maße zu eigen machte, hatte für die osteuropäischen Länder tragische Folgen.

Die Genfer Konferenz von 1955 brachte unerwartet eine deutliche Verbesserung der Ost-West-Beziehungen, und die sowjetische Führung reagierte darauf mit einer sofortigen Drosselung des Aufrüstungstempos. Im August 1955 ging die Regierung der CSR auf eine entsprechende sowjetische Empfehlung ein und verringerte die Zahl der Soldaten um 34000, was dann in einem noch größeren Maße realisiert wurde. Der Umfang der Modernisierungsrüstung der tschechoslowakischen Armee änderte sich zwar nicht, dafür aber ihre zeitliche Staffelung. Der Perspektivplan für die Waffenproduktion wurde nach den Moskauer Vereinbarungen vom März 1956 im Mai 1956 beendet, was auch den Abschluß des zweiten Fünfjahrplanes ermöglichte. Zur Schlüsselaufgabe der Rüstungsplanung gehörte die Einführung der Produktion des neuen Panzers T 54. Bis zum Jahr 1960 sollten davon 1320 produziert werden und in den folgenden fünf Jahren weitere 6000 Stück. Außerdem waren bis zum Jahr 1965 die Produktion von 9500 gepanzerten Fahrzeugen, bis zum Jahr 1960 die Umrüstung von vier Fliegerdivisionen auf MIG-17 und nach 1961 eine Modernisierung der Luftwaffe usw. vorgesehen. Für die Nachrüstung der tschechoslowakischen Armee wurden – ohne Berücksichtigung der Kosten für den Unterhalt der Ausrüstung der Friedensarmee und ihrer Modernisierung – für die Jahre 1957-60 15 Milliarden Kronen und für die Jahre 1961-65 37 Milliarden Kronen eingeplant.[25]

Die Rüstungsauflagen und die Erfüllung der im Rahmen des Rates für gegenseitige Wirtschaftshilfe (RGW) übernommenen Verpflichtungen bedingten die Aufrechterhaltung der Entwicklungspriorität der Schwerindustrie. Ihre Auswirkungen wurden jedoch mit Rücksicht auf die Bedürfnisse der Bevölkerung und auf die drohende Vertiefung ökonomischer Widersprüche gemindert. Dies ermöglichte in der CSR bis 1960 die Fortführung eines relativ ausgeglichenen Ganges der wirtschaftlichen und sozialen Entwicklung. Erst die Realisierung extremer Rüstungsforderungen nach 1961 bewirkte erneut die Entstehung einer ökonomischen Krise in der ersten Hälfte der sechziger Jahre.

Während die Führung der KPTsch die Reduzierung der militärischen und ökonomischen Auflagen Moskaus in der zweiten Hälfte der fünfziger Jahre begrüßte, stießen die Versuche zur Überwindung des politischen Erbes Sta-

[24] Protokoll der Sitzung des ZK der KPdSU im Juli 1955, Teil 1, 16, in: SUA Praha, AUV KSC.

[25] VHA Praha, Sekretariat des Ministeriums für Nationale Verteidigung 1956, 13-5, 1-71, 13-5, 1-118, 13-5, 1-1954, Nr. 45.

lins in Prag auf Mißtrauen und Ablehnung. Bereits bei einer Aktivtagung von Mitarbeitern der Militärjustiz im September 1953 tauchten Hinweise auf gewaltsame Ermittlungsmethoden bei Inhaftierten auf, doch der Vertreter des ZK der KPTsch, Cenek Hruska, wies die Kritik zurück.[26] Im Dezember 1953 übergab die UdSSR aus ihren sibirischen Lagern 146 amnestierte tschechoslowakische Staatsbürger, die jedoch nicht in die Freiheit entlassen, sondern in einer Besserungsanstalt in Levoca isoliert wurden. Vermutlich wußten alle Mitglieder der KPTsch-Führung von erzwungenen Schuldgeständnissen. Anfang 1954 schickte Zapotocky an Kopecky mehrere Eingaben von Strafgefangenen und ihren Familienangehörigen, in denen auf brutale physische Gewalt aufmerksam gemacht wurde. Der Staatspräsident fügte hinzu, daß dies zeige, wie Slansky und seine Kumpane in der Staatssicherheit Berijas Methoden eingeführt hätten. So entstand die Legende, daß Slansky der tschechoslowakische Berija gewesen und deshalb zu Recht hingerichtet worden sei. Nach den ungarischen Ereignissen wurde dann Slansky von der Führung der KPTsch der »tschechoslowakische Nagy« genannt. Seine Liquidierung habe den Ausbruch der Konterrevolution in der CSR verhindert.

Das entscheidende Kriterium beim Herangehen an die politischen Prozesse bestand für die Führung der KPTsch darin, keine noch so geringe Anschuldigung gegen die UdSSR, das ZK der KPTsch und die repressiven Organe der Staatsmacht zuzulassen. Die schlimmsten Formen physischer Gewalt hörten allerdings 1953 mit der Ankunft neuer sowjetischer Berater auf, und am 17. September 1953 beschloß das politische Sekretariat, bereits verurteilte Personen nicht hinrichten zu lassen. Eine Ausnahme bildete der Beschluß des politischen Sekretariats vom 9. Dezember 1953 über die Verhängung der Todesstrafe über O. Zavodsky. Der Vorwurf an seine Adresse lautete, er habe provokative und gewaltsame Methoden in der Staatssicherheit geduldet und nichts gegen ihre Anwendung unternommen.[27] Dabei wußten einige Sekretariatsmitglieder, daß gewaltsame Methoden auch nach der Inhaftierung Zavodskys noch angewendet wurden und mit großer Wahrscheinlichkeit auch gegen ihn. Noch 1953 wurden Strafverfahren gegen 104 Personen eingestellt[28], was einem Eingeständnis des Rechtsmißbrauchs gleichkam.

Die gerichtliche Rehabilitierung bedeutender und öffentlich bekannter Persönlichkeiten betrachteten führende Funktionäre der KPTsch jedoch als politisch schädlich. So bezeichneten beispielsweise die sowjetischen Berater die Verhaftung von Maria Svermova als unbegründet. Doch der damalige Staatssicherheitsminister Bacilek stellte als Mitglied des politischen Sekretariats persönlich die Ausarbeitung der Anklageschrift gegen M. Svermova sicher, auf deren Grundlage sie 1954 zu lebenslänglicher Haft verurteilt wurde. Politische Zweckmäßigkeit bestimmte die Art der Anwendung der »Gesetzlichkeit« auch bei den sogenannten slowakischen bürgerlichen Nationalisten

26 SUA Praha, AUV KSC, 02, 5, 71, 190.
27 SUA Praha, AUV KSC, 02, 5, 70, 188.
28 SUA Praha, AUV KSC, Kommission II, 21, 472.

und in weiteren Fällen. Da die Inhaftierung dieser Menschen ohne Urteil schon aus internationalen und innenpolitischen Gründen nicht tragbar war, wurden für sie in einer Serie politischer Prozesse durch das politische Sekretariat und anschließend durch das Politbüro lange Gefängnisstrafen festgelegt. Die letzte große Gruppe hat man im Herbst 1954 verurteilt. Sie bestand aus bekannten Volkswirtschaftlern und früheren Sozialdemokraten. Es war die Zeit, da in Polen und Ungarn bereits zaghaft die Revision politischer Urteile begann.

Als es nicht mehr möglich war, die Tatsache von Gesetzesverstößen durch die Machtorgane zu ignorieren oder zu verdrängen, und eine Flut von gerichtlichen und außergerichtlichen Revisionsanträgen einsetzte, bildete das Politbüro der KPTsch im Januar 1955 eine Kommission zur Überprüfung der politischen Prozesse mit Ausnahme des Verfahrens gegen die sogenannte Gruppe Slansky. Ihre Hauptaufgabe bestand in der Gewährleistung der Parteikontrolle über die Behandlung der Gesuche von Gefangenen und ihren Familien. Bis 1957 wurden 16000 Gesuche wegen ungerechter Strafurteile eingereicht, durch Staats- und Parteiorgane 6978 Fälle überprüft und nur 50 Urteile davon als völlig unbegründet bezeichnet.[29]

Die Neubewertung des Prozesses gegen Rajk benötigte Moskau, um die Beziehungen zu Jugoslawien verbessern zu können.[30] Die Revision des Slansky-Prozesses dagegen lehnte der sowjetische Botschafter, unterstützt von den sowjetischen Beratern für Staatssicherheit, auf einer Beratung mit Novotny und Barak im Jahre 1955 ab. Auch im Januar 1956 hielt es das sowjetische Politbüro für unzweckmäßig, seine Haltung zu ändern. Die politische Stabilität der KPTsch-Führung war für Moskau wichtiger als die Revidierung von groben Gesetzesverstößen.

Andererseits schien es, daß das politische Interesse der KPdSU an einer Verbesserung der Beziehungen zur *Sozialistischen Internationale* den Umgang mit Sozialdemokraten modifizieren würde. Erst nach Freilassung gefangener Sozialdemokraten wollte sich die englische *Labour Party* auf Verhandlungen mit kommunistischen Parteien einlassen. Das Politbüro der KPTsch beschloß deshalb am 5. April 1956, alle nach 1948 gefällten Gerichtsurteile gegen ehemalige Sozialdemokraten zu überprüfen, und am 28. Mai 1956 beschloß es die Freilassung des früheren Ministers Bohumil Lausman[31], der auf kriminelle Art aus der österreichischen Emigration in die CSR entführt worden war. Innenminister Barak (vermutlich im Einvernehmen mit Novotny) setzte diesen Beschluß allerdings nicht um, und da das Interesse Moskaus und Prags an breiteren Verbindungen mit westeuropäischen Sozialdemokraten wieder nachließ, blieb Lausman ohne Urteil bis zu seinem Tod Sondergefangener des Politbüros.

---

29 Stenographisches Protokoll der Tagung des ZK der KPTsch vom 2. Oktober 1957, Bericht R. Baraks, in: SUA Praha, AUV KSC, 01.

30 Auf der Plenartagung des ZK der KPdSU im Juli 1955 argumentierte Marschall Bulganin bei der Unterstützung Chruschtschows damit, daß die jugoslawische Armee 42 Divisionen habe.

31 SUA Praha, AUV KSC, 02, 2, 92, 110, 32; ebenda 02, 2, 92, 111, 11; ebenda Kommission II, 7, 91.

Ein Jahr nach der Rede Chruschtschows über die Massenverbrechen des stalinistischen Systems waren in der CSR noch 10779 Personen (Stand vom 1. Januar 1957) wegen angeblich gegen den Staat gerichteter Tätigkeit in Haft. Als Folge der nach den ungarischen Ereignissen stark eingeschränkten Freilassung von Begnadigten gab es in der CSR zum 1. April 1960 noch 8708 politische Gefangene. Während zur Jahresmitte 1956 in polnischen Gefängnissen noch 26 Priester einsaßen, waren in der CSR 433 kirchliche Würdenträger inhaftiert.[32] Die Liquidierung des politischen Systems der Masaryk-Republik realisierte die KPTsch nicht nur durch Zerschlagung von Institutionen, sondern auch durch Liquidierung oder zumindest Unschädlichmachung demokratischer Vertreter des früheren Regimes. Prinzipien der Gerechtigkeit und Gesetzlichkeit sind wohl zuallerletzt mit revolutionären Methoden vereinbar; diese werden einzig nach dem politischen Opportunitätsprinzip durchgesetzt.

Aus Notizen Novotnys, der an der gemeinsamen Beratung der kommunistischen Parteien in Moskau im Anschluß an den XX. Parteitag der KPdSU teilgenommen hatte, geht hervor, daß man übereingekommen war, die Parteimitglieder in vollem Umfang über Stalin zu informieren und nicht zu verhindern, »daß nach oben kritisiert wird.« Die übrige Öffentlichkeit sollte über Stalin nur allgemein unterrichtet werden. Walter Ulbricht, der diese Vereinbarung nicht einhielt und nur wenig mehr sagte als erlaubt war, wurde von Novotny unverzüglich kritisiert. Novotny drückte sich mit Bedacht vor jeder noch so kleinen Abweichung von der sowjetischen Interpretation politisch sensibler Probleme. Als man ihn auf einer Aktivtagung des Parteiapparates des ZK der KPTsch fragte, wie es um die Stalinsche Theorie von der Zuspitzung des Klassenkampfes stehe, antwortete er: »Das ZK der KPdSU hat eine Kommission eingesetzt, die Stalins gesamte Arbeit zu überprüfen und zu revidieren hat [...]. Daher ist es nötig, Genossen, daß wir in diesen Fragen abwarten, welche Schlußfolgerungen aus den Debatten des ZK der KPdSU gezogen werden.«[33] Novotny sandte eine Delegation der KPTsch mit Jiri Hendrych an der Spitze nach Moskau zu Suslow, um zu eruieren, wie auf derlei Fragen zu reagieren sei.

Der XX. Parteitag der KPdSU erweckte mit seiner mutigen Kritik der Vergangenheit allgemein viele Hoffnungen auf positive Veränderungen in den kommunistischen Regime. Die Hoffnungen waren größer, als es die sowjetische Führung für sinnvoll hielt. Schon einen Monat nach dem XX. Parteitag mobilisierte ein Brief des ZK der KPdSU (den auch das Politbüro der KPTsch erhielt) die Parteiorganisationen zum Kampf gegen parteifeindliche Elemente, die die Generallinie der Partei revidieren wollen.[34] Die Führung der KPTsch nahm den Brief zur Kenntnis, aber sie konnte schwerlich der erst beginnenden Diskussion Einhalt gebieten, ohne Gefahr zu laufen, sich

---

[32] SUA Praha, AUV KSC, 02, 2, 128, 167, 16; ebenda 02, 2, 109, 128, 7; ebenda 02, 2, 103, 116, 7.
[33] SUA Praha, AUV KSC, 018, 27, 170.
[34] SUA Praha, AUV KSC, 02, 2, 93, 112, 20.

zu diskreditieren. Es war auch nicht klar, wie das vorbereitete Aprilplenum des ZK der KPTsch reagieren würde. Die Welle der Kritik wuchs schnell an, und es entstand eine seit dem Amtsantritt Gottwalds in der gesamten Geschichte der KPTsch noch nicht dagewesene Situation: Unter dem Druck von unten (also keineswegs aus Moskau oder von den Ermittlern der Staatssicherheit) bekannten Mitglieder des Politbüros ihre Fehler und ihre Verantwortung für die bisherige Politik. Auf der Tagung des Politbüros der KPTsch am 17. April 1956 eröffnete Barak die Selbstkritik mit dem Bekenntnis, daß »es im Innenministerium noch viele Mängel gibt«. Er machte darauf aufmerksam, daß »man vom Politbüro eine Selbstkritik erwartet« und forderte Kaderveränderungen. Der frühere Sicherheitsminister Bacilek äußerte mit Bedauern, daß er die KPTsch-Führung nicht darüber in Kenntnis gesetzt habe, daß im Gefängnis unschuldige Menschen einsäßen, und bot seinen Rücktritt an. Verteidigungsminister Cepicka forderte nach einer Selbstkritik, »sich vor nichts und niemandem zu verstellen« und bot ebenfalls seinen Rücktritt an. Zapotocky forderte, mehr zu tun als nur Selbstkritik zu üben: »Wiedergutmachung zu geloben [...] und den Austausch führender Leute vorzunehmen, auch wenn es wehtut [...]«. Kaum selbstkritisch verhielten sich Kopecky, der hauptsächlich forderte, »darauf zu achten, wo querulantische Kritik geübt wird«, und Ministerpräsident Siroky, der mit einer umfassenden Beschreibung der Fehler der ganzen KPTsch-Führung einer Stellungnahme zur eigenen Verantwortung taktisch auswich. Im Gegensatz dazu gestand Dolansky Opportunismus aus Mangel an Mut ein: Auf Signale über Deformationen der Gesellschaft habe er nicht reagiert. Simunek führte – weitgehend wahrheitsgemäß – die Fehler in der Wirtschaftsplanung auf »häufige Konsultationen in der UdSSR« zurück. Schließlich gestand auch Novotny ein, daß er viele Fehler mitzuverantworten habe, weil er »davon ausging, daß die Dinge nicht reif sind«. Er war mit Cepickas Abberufung einverstanden und erwog die Abberufung Bacileks, weil »das ZK personelle Maßnahmen fordern wird«.[35] Die Apriltagung des ZK der KPTsch gab sich jedoch nach lebhafter Diskussion mit der Abberufung Cepickas zufrieden. Die allmächtige, unkontrollierbare oligarchische Gruppe der Mitglieder des Politbüros blieb praktisch unberührt. Sie einte das Interesse des Machterhalts. Da sie über eine ganze Skala von Einfluß- und Druckmitteln verfügte, war es nur eine Frage der Zeit und der Taktik, wann und wie es ihr gelingen würde, die Parteimitglieder und die Mehrheit der Nichtkommunisten zu manipulieren.

Noch am 22. April 1956 wurde aus dem ZK der KPTsch ein Fernschreiben an untere Organisationseinheiten verschickt, in dem gegen die Unterdrückung und Verzerrung der Kritik gegenüber höchsten Funktionären der Partei Stellung bezogen wurde. Das Signal zur Umkehr gab Chruschtschow in seiner Moskauer Rede zum Festempfang am 1. Mai, in der er sein Mißfallen über die Entwicklung in Polen geäußert hatte. Den Austausch einiger polnischer Funktionäre kommentierte er wörtlich mit der Bemerkung, daß »das Gold zu Boden sinkt und der Dreck hochkommt«. Dem anwesenden

[35] SUA Praha, AUV KSC, 02, 2, 95, 113.

polnischen Botschafter Lewikowski warf er vor, daß man zugelassen habe, daß 70 Prozent der führenden Stellen von Juden besetzt seien. Er kritisierte polnische Zeitschriften dafür, daß sie bürgerliche Freiheiten propagierten. Nach der Rede Chruschtschows machte der leitende Mitarbeiter des Ministeriums für Auswärtige Angelegenheiten Iljitschow den tschechoslowakischen Botschafter darauf aufmerksam, daß sich ähnliche Mängel auch in der tschechoslowakischen Presse zeigten.[36]

Auf der Sitzung des Politbüros der KPTsch am 2. Mai 1956 erklärte Novotny die gesamte Diskussion für beendet. Alle Mitglieder dieses Gremiums waren übereingekommen, daß »unsaubere Elemente« entlarvt werden müßten, von den Trotzkisten bis zu den Sozialdemokraten. Feindliche Ansichten, die sich unter Schriftstellern (insbesondere auf ihrem Kongreß), an Hochschulen, in der Armee und vor allem unter politischen Mitarbeitern zeigten, seien zu unterdrücken. Der sowjetische Botschafter Grischin besuchte am 4. Mai 1956 Novotny; er drückte seine Zufriedenheit mit dem Vorgehen des Politbüros der KPTsch aus und verurteilte die Stellungnahmen kritischer Zeitungen wie *Literarni noviny*, *Prace* und anderer.[37] Trotz der Gegenaktionen des Politbüros schwoll die Flut der Kritik von unten im Mai jedoch noch weiter an. Bemühungen der Parteibasis um einen außerordentlichen Parteitag nahmen zu. Ende Mai stimmten 14 Prozent der KPTsch-Mitglieder im Bezirk Prag der Resolution für einen Parteitag zu. Auch im Parteiapparat wollte sich die Mehrheit im Falle einer Abstimmung für die Einberufung eines Sonderparteitages aussprechen. Während der studentischen Maifeiern kam es unter den 90000 Teilnehmern zu Diskussionen über die Notwendigkeit der Wiedereinführung der Redefreiheit und eines pluralistischen politischen Systems.[38] Die politische Aktivität der Intelligenz wuchs in der CSR im Jahr 1956 ähnlich wie in Polen enorm an, sogar mit einem Vorsprung im Vergleich zu Ungarn. Die Arbeiterschaft blieb jedoch im Unterschied zu den beiden Nachbarstaaten vorwiegend passiv. Weniger als zehn Prozent der Resolutionen für einen außerordentlichen Parteitag stammten im Bezirk Prag aus Arbeitergrundorganisationen. Von April bis Juni 1956 kam es nur zu sechs kleinen Streiks. Die Führung der KPTsch gab Lohnforderungen, so beim Streik der Druckereiarbeiter, einfach nach, damit der Unmut nicht in einen politischen Konflikt mündete. Da es die Umverteilung des Nationaleinkommens bei sinkendem Tempo der Rüstung 1954 und 1955 möglich gemacht hatte, den Privatverbrauch der Bevölkerung jährlich um zehn Prozent zu steigern, gelang es, den Eindruck zu erwecken, daß die Verbesserung der Lebensbedingungen weitergehen würde. Die Entscheidung vom 1. Oktober 1956, die Wochenarbeitszeit um zwei Stunden zu verkürzen und das Versprechen, schrittweise den siebenstündigen Arbeitstag einzuführen, verstärkten diesen Eindruck. Auf einen Teil der Bevölkerung wirkten auch die Er-

[36] SUA Praha, AUV KSC, 02, 2, 101, 118, 15.
[37] SUA Praha, AUV KSC, 02, 2, 100, 116, 1 und 33.
[38] Kaspar, Jan: XX. sjezd KSSS a vyvoj KSC v roce 1956 [Der XX. Parteitag der KPdSU und die Entwicklung der KPTsch im Jahr 1956]. Diss., Praha, o.J.

höhung der Altersrenten und die zweifache Senkung der Verbraucherpreise beruhigend. Landesweite Proteste blieben aus.

Chruschtschow versprach sich von der ökonomischen Entwicklung der CSR, daß sie nicht nur zur Stabilisierung des Sowjetblocks in Mitteleuropa beitrage, sondern auch auf Kommunisten und Arbeiter im Westen wirken werde. Nach den ungarischen Ereignissen erklärte das Mitglied des ZK der Kommunistischen Partei Italiens Colombi, daß die tschechoslowakischen Erfolge es der KPI ermöglichten, Zweifel, die nach den ungarischen und polnischen Ereignissen entstanden waren, zu zerstreuen. Pojeta, ein Führungsmitglied der italienischen Kommunisten, schlug sogar vor, italienische Arbeitslose in die CSR zu schicken.[39] Es ist unstrittig, daß die Durchführung sozialer Maßnahmen in der CSR die Voraussetzungen für eine wirksame politische Manipulation ihrer Bürger schuf. Vor allem die Beruhigung der Arbeiterschaft wurde zum entscheidenden Faktor, welcher es der Führung der KPTsch ermöglichte, die Situation zu beherrschen.

Am Tag nach dem Zusammenstoß der polnischen Bevölkerung mit der bewaffneten Macht am 28. Juni 1956 in Posen (Poznan) wurde vom ZK der KPTsch ein Fernschreiben an den Parteiapparat verschickt, demzufolge auch in der CSR eine wachsende Feindtätigkeit festgestellt worden sei. Der Parteiapparat erhielt die Aufgabe, die Mitglieder der KPTsch zur Wachsamkeit zu mobilisieren, eine enge Zusammenarbeit der leitenden Parteisekretäre in Kreisen und Bezirken mit den Abteilungsleitern des Innenministeriums zu gewährleisten und täglich über die Situation zu berichten.[40] Während die begonnenen Sommerferien die politische Aktivität der Studenten und der Intelligenz in Grenzen hielten, nutzte das Politbüro der KPTsch eine zentrale staatliche Konferenz der KPTsch, um einen Großteil der Parteifunktionäre gegen kritische Kräfte zu mobilisieren. Erhöhte Aufmerksamkeit widmete die Führung der Situation in den Streitkräften. Unter Berufung auf den Nachtrag zum tschechoslowakisch-sowjetischen Protokoll vom 29. Juni 1956 entschied das Politbüro der KPTsch am 9. Juli 1956, daß 34019 Soldaten des zweiten Dienstjahres von Mitte Dezember 1956 bis Ende Januar 1957 zu Übungszwecken zu verlängertem Wehrdienst verpflichtet werden sollten. Diese Maßnahme gewährleistete die erforderliche Anzahl ausgebildeter Soldaten zum Jahreswechsel, denn die geplante Stärke der Tschechoslowakischen Armee hatte sich von 256000 im Jahr 1955 auf 185000 im Jahr 1956 verringert.[41] Das rief Befürchtungen hervor, daß bei Ausbruch einer unerwarteten Krise die Armee nicht in der Lage sein könnte, ihre Aufgaben zu erfüllen. Weil allerdings aus der Armee 110 Resolutionen für einen außerordentlichen Parteitag gekommen waren, größtenteils direkt aus dem Verteidigungsministerium, entschied das Politbüro der KPTsch, diejenigen Berufssoldaten zu entlassen, die sich politisch »schwankend« verhielten, um die Zuverlässigkeit der Armee bei einem möglichen innerstaatlichen Einsatz zu stärken.

---

39 SUA Praha, AUV KSC, 02, 2, Bd. 138, aj. 180; ebenda F 02, 2, Bd. 135, aj. 176.

40 Fernschreiben vom 29.6. 1956, in: SUA Praha, AUV KSC, 021.

41 VHA, Sekretariat des Ministeriums für Nationale Verteidigung 1956, 13-5, 1-154.

Am 9. August 1956 lud Chruschtschow führende Funktionäre der KPTsch nach ihrem Urlaub in der UdSSR zu einer Beratung ein. Er bekannte, daß die sowjetische Führung große Befürchtungen über die Entwicklung in der CSR nach dem XX. Parteitag der KPdSU gehegt habe, weil sich in der CSR ein starker Einfluß des Sozialdemokratismus erhalten hätte. Chruschtschow lobte das Auftreten der Führung der KPTsch nun um so mehr.[42] Der Inhalt der Moskauer Beratung war bestimmt vom Brief des ZK der KPdSU vom 16. Juli 1956 an die Führungen der kommunistischen Parteien. Die sowjetische Führung bezeichnete es darin als äußerst gefährlich, daß feindliche Meinungen nicht bekämpft würden, was einem falschen Verständnis von Freiheit entspränge. Im Brief hieß es wörtlich: »Der große Lenin vernichtete und entlarvte unbarmherzig jeden, der es versucht hat, die Einheit der Partei zu zerschlagen [...]«.[43] Dieser Brief wurde am 20. August 1956 im Politbüro der KPTsch behandelt und danach an die Kreissekretäre der Partei weitergereicht. Novotny rief diese auf, Funktionäre, die schwankend geworden seien, auf ihre Tragbarkeit zu prüfen. Hendrych informierte die Sekretäre über den Verlauf der Kaderveränderungen im Verteidigungsministerium und in den Redaktionen von Zeitungen und Zeitschriften. Damit gelangten die Massenmedien in der CSR, im Unterschied zu Polen und Ungarn, unter strengste Kontrolle des Parteiapparates. Sie waren nicht in der Lage, die öffentliche Meinung auch nur andeutungsweise zu artikulieren. Die oppositionelle Welle in der CSR war durch diese Maßnahmen im Herbst 1956 nicht nur zum Schweigen gebracht worden. Nach Mobilisierung der KPTsch-Funktionärsgarde, die sich der Kritik an Stalin zum großen Teil nicht angeschlossen hatte, wurde die ganze Gesellschaft von einer kämpferischen, kompromißlosen bis feindseligen Haltung des Parteiapparats gegenüber Andersdenkenden beherrscht.

Das stimmte mit den Vorstellungen der Mitglieder des Politbüros der KPTsch über die Lösung gesellschaftlicher Widersprüche und Konflikte überein. Innenminister Barak hielt nach dem XX. Parteitag der KPdSU weiterhin an der Stalinschen Theorie des verschärften Klassenkampfes fest und wies darauf hin, daß die Zahl der Feinde zwar sinke, doch um so wütender würden sie jetzt gegen das Regime kämpfen und Verbindungen zu ausländischen Geheimdiensten suchen. Novotny teilte seine Auffassung vom Kampf gegen die Agenten des Imperialismus und ergänzte sie um die Forderung nach einer konsequenten Unterdrückung der ehemaligen Bourgeoisie, was 1957 zu einer weiteren landesweiten politischen Überprüfung im Staatsapparat führte. Viliam Siroky und Jaroslav Dolansky sahen in der These des XX. Parteitages über die mögliche Entwicklung zum Sozialismus ohne Diktatur des Proletariats und ohne Gewalt lediglich ein taktisches Manöver, das an die Adresse des Westens gerichtet war. Zapotocky lehnte administrative Eingriffe gelegentlich (z.B. gegen Schriftsteller oder nichtkonforme Slowaken) ab. Er forderte, über Kritik von unten »sehr ruhig nachzudenken«, weil »viel

[42] SUA Praha, AUV KSC, 02, 2, 112, 133, 25; ebenda 018, 34, 195.
[43] SUA Praha, AUV KSC, 02, 2, 112, 133, 26.

Ungerechtigkeit und Unrecht geschehen ist«. Gleichzeitig jedoch unterstützte er »organisierte Eingriffe« gegen einzelne im Interesse der Partei. Im Falle scharfer politischer Konflikte verlangte er, wie im Kriege vorzugehen. Im Juni 1953 kritisierte er das Zögern beim Gebrauch von Waffen gegen Arbeiter. Ähnlich betonte er in der Rede vom 28. April 1956, daß im Kampf mit dem Feind alle Mittel anwendbar seien und nicht in Erwägung zu ziehen sei, daß der Feind Frau und Kinder habe.[44]

Um zu verhindern, daß die polnischen Diskussionen auf tschechoslowakisches Gebiet übergriffen, wurde der Parteiapparat in der zweiten Oktoberhälfte 1956 in Bereitschaft versetzt. Die Demonstration in Budapest am 23. Oktober 1956 und die ersten Zusammenstöße der Sowjetischen Armee mit ungarischen Patrioten fesselten dann die ganze Aufmerksamkeit der KPTsch-Führung. Schon am 24. Oktober 1956 bot das Politbüro der KPTsch an, tschechoslowakische Freiwillige zum Kampf gegen die angebliche Konterrevolution nach Ungarn zu schicken. Gleichzeitig entschied es über die maximale Steigerung der Sicherheitsmaßnahmen im Inneren der CSR, die am 28. Oktober 1956, dem Feiertag der Staatsgründung, ihren Höhepunkt erreichen sollten.[45] Die Führung der KPdSU berief für den 24. Oktober 1956 in Moskau eine internationale Beratung über Polen ein, die sich darüber hinaus mit den unvorhergesehenen Ereignissen in Ungarn beschäftigen mußte. Vertreter beider Staaten waren nicht anwesend. Chruschtschow suchte durch diese gemeinsame Beratung die Gefolgschaft der sowjetischen Satelliten. Konkrete militärische und andere Sicherheitsmaßnahmen wurden erörtert und beschlossen. Unter Führung von Oberst Molnar, der durch einen ähnlichen Auftrag gegen die CSR im Jahre 1968 bekannt werden sollte, hat man zur geheimdienstlichen Aufklärung eine Gruppe nach Ungarn entsandt.

Die wichtigste Entscheidung des Politbüros der KPTsch vom 25. Oktober 1956, gefaßt nach Beratung der Moskauer Vorgaben, betraf die Sicherung der tschechoslowakisch-ungarischen Grenzen durch zusätzliche bewaffnete Kräfte.[46] Als am 27. Oktober 1956 der Befehlshaber eines Bataillons der ungarischen Grenzwache die Grenze überschritt und um militärische Hilfe gegen die Aufständischen ersuchte, die sein Bataillon umzingelt hatten, hat man dies genauso abgelehnt wie ein ungarisches Gesuch um Waffen. Zur Verstärkung der Grenzüberwachung wurden am 27. Oktober 1956 Reservisten einberufen. Die Armeeführung versetzte am 25. Oktober 1956 befehlsgemäß die Stäbe von Einheiten in Alarmbereitschaft, die zur Verstärkung der Staatssicherheitskräfte bei der Niederwerfung von inneren Unruhen vorgesehen waren, und sie veranlaßte ebenfalls die Bereitstellung entsprechender Kampfmittel. Nachdem am 27. Oktober 1956 in den Vormittagsstunden et-

[44] SUA Praha, ehemaliges Archiv des Instituts für Geschichte des Sozialismus, 19, 4045.
[45] SUA Praha, AUV KSC, 02, 2, 119, 146. Der 28. Oktober wird als Tag der Gründung der Republik gefeiert.
[46] SUA Praha, AUV KSC, 02, 2, 120, 150.

wa acht Angreifer ein Munitionslager zu erobern versucht hatten, wobei zwei Wachhabende schwere Schußverletzungen erlitten, wurde der Wachdienst maximal verstärkt, den zu mehr als einem Drittel Soldaten des zweiten Wehrdienstjahres ausübten. Es wuchsen vor allem Befürchtungen vor möglichen Angriffen auf strategische Objekte in Prag. Deshalb wurde in der Nacht vom 27. zum 28. Oktober 1956 beschleunigt ein Plan zur aktiven Verteidigung zentraler Gebäude ausgearbeitet. Panzer wurden auf der Juliska[47] in Position gebracht[48]. Der Staatssicherheitsdienst mobilisierte sein Agentennetz zur Erforschung politischer Stimmungen in der Bevölkerung. Verhaftungen wurden nur in begrenztem Umfang zur Abschreckung derjenigen vorgenommen, die dazu aufriefen, dem ungarischen Beispiel zu folgen.

Der Jahrestag der Entstehung der CSR verlief ruhig. Als aber am 29. Oktober 1956 der Krieg im Nahen Osten begann, wurden entsprechend den Forderungen des Generalstabes der Sowjetischen Armee die in Richtung Westdeutschland vorgeschobenen Truppenteile und Grenzdivisionen in Kampfbereitschaft versetzt. Die Tschechoslowakische Armee mußte ihre Kräfte in drei Richtungen verteilen: gegen Westen, zur Gewährleistung der inneren Sicherheit und zum Schutz der Grenzen mit Ungarn. Der Generalstabschef der Tschechoslowakischen Armee schlug deshalb eine Teilmobilisierung vor.[49] Da eine weitere politische Destabilisierung zu befürchten war, wurde der Vorschlag abgelehnt. Das Kommando der Tschechoslowakischen Armee sicherte die Verstärkung der Kräfte und Mittel an der tschechoslowakisch-ungarischen Grenze von 2000 Mann und 15 Panzern (am 27. Oktober 1956) auf 11000 Mann und 280 Panzer zum 1. November 1956 und 28000 Soldaten, 322 Panzer, 564 Geschütze, 130 Selbstfahrlafetten, 82 Flugzeuge und 2501 Lastautos und Schlepper (zum 18. November 1956). Diese Kräfte reichten zwar nicht zur Kriegführung mit größeren organischen Einheiten des Gegners aus, sie waren jedoch ausreichend für die Liquidierung einzelner bewaffneter Gruppen ungarischer Patrioten.

Nach anfänglicher Orientierung auf den Machterhalt von Premier Hegedüs und des kommunistischen Führers Gerö entschloß sich die Führung der KPTsch zur bedingten und zeitweiligen verbalen Unterstützung Imre Nagys und Janos Kadars, die an die Stelle der vorgenannten Politiker traten. In parteiinternen Fernschreiben wurde das damit begründet, daß ihr Fall den Weg zur Macht für bürgerliche nationalistische Kräfte freimachen würde, was die Hauptgefahr sei. In der Praxis zielte die Führung der KPTsch jedoch auf die maximale Unterstützung der ungarischen Stalinisten. Sie änderte ihre anfänglich ablehnende Haltung zu Waffenlieferungen nach Ungarn. Der kommunistische Komitatsausschuß in Salgotarjan erbat am 28. Oktober 1956 5000 Maschinengewehre und schwere Waffen. Mit der Sicherstellung dieser Lieferung wurde Rudolf Barak beauftragt. Die Tschechoslowakische Armee übergab am 30. Oktober 1956 den Organen des Innenministeriums einen

---

47 Ein Gelände mit Sportplatz an der Prager Peripherie.
48 VHA, OS 1956, 2, 8-49b.
49 VHA, OS 1956, 2, 8-6b.

Teil der Waffen. Barak erklärte später, daß bei dieser geheimen Operation 1200 Maschinengewehre nach Ungarn gebracht worden seien.[50] Die Entscheidung über diese Waffenlieferung stand gerade an, als Imre Nagy beträchtliche Anstrengungen zur Beendigung des bewaffneten Konflikts und zur Waffenniederlegung durch alle bewaffneten Gruppen unternahm. Indes, nach Nagys Rede vom 30. Oktober 1956, in der er die Rückkehr zum Koalitionssystem der politischen Parteien aus dem Jahr 1945 und den Beginn von Verhandlungen über den Abzug der sowjetischen Truppen aus Ungarn bekanntgegeben hatte, bezog die Führung der KPTsch Position. Sie erteilte ihrem Apparat die Weisung, die Mobilisierung aller Parteiorganisationen sicherzustellen und mit der größten Härte jeden Provokationsversuch zu unterbinden. Den Beratungen des Politbüros der KPTsch am 2. November 1956 ging wiederum ein Treffen mit der Moskauer Führung voraus, an dem Antonin Novotny und Viliam Siroky teilnahmen. Hier fiel die Entscheidung über eine erneute sowjetische Intervention in Ungarn. Das tschechoslowakische Politbüro drückte seine Zustimmung dazu aus und bot, wie gewiß schon vorher die tschechoslowakische Delegation in Moskau, die aktive Teilnahme der CSR bei der Durchführung der Aktion an. Viliam Siroky betonte, daß der Schlag von allen Staaten geführt werden müsse und noch heute, d.h. am 2. November 1956, durchzuführen sei.[51] Deshalb wurde offensichtlich schon am 1. November 1956 der Befehl zur erhöhten Kampfbereitschaft an alle Panzereinheiten erteilt[52] sowie weitere Einheiten aus den Garnisonen in Bereitstellungsräume gebracht. Das sowjetische Kommando begrenzte den Auftrag an die Tschechoslowakische Armee auf die Absperrung der tschechoslowakisch-ungarischen Grenzen. Die Mitwirkung der Truppen war dergestalt organisiert, daß die sowjetischen Einheiten die Aufgabe der Liquidierung der bewaffneten Gruppen auf ungarischem Territorium übernahmen, während die Tschechoslowakische Armee deren Übertritt in die CSR verhinderte und die aufgefangenen ungarischen Bürger zurück nach Ungarn brachte, um sie den sowjetischen Militär- und Sicherheitsorganen zu übergeben. Die sowjetischen Militärstäbe informierten das tschechoslowakische Kommando über vorbereitete Kampfaktionen, damit die Tschechoslowakische Armee rechtzeitig den Schutz der nahen Grenzabschnitte verstärken konnte. Diese Kooperation dauerte länger als einen Monat. Das entsprechende Kriegstagebuch endet am 9. Dezember 1956.

Die Tschechoslowakei erwies sich aus vielen Gründen auch als geeignete Basis für eine politische und ideologische Beeinflussung der ungarischen Bevölkerung. Der bekannte kommunistische Journalist Z. Horeni meldete in einem Bericht vom 13. November 1956 aus Budapest an das Politbüro der KPTsch, daß er während der letzten fünf Tage außerhalb des Parlaments (in dem sich unter dem Schutz der sowjetischen Truppen die Parteigänger Ka-

50 Aussage R. Baraks vor dem Obersten Gericht in Prag am 17. Juli 1968, in: VHA, OS 1956, 2, 8-4b und ebenda 2, 8-46b.

51 SUA Praha, AUV KSC, 02, 2, 120, 151, 1.

52 VHA, OS 1956, 2, 8-49b.

dars versteckten) keinen Ungarn gefunden habe, der mit der Kadar-Regierung einverstanden sei. Das trieb die Führung der KPTsch zu verstärkter propagandistischer Tätigkeit an. Desinformationen verbreitete nicht nur *Radio Bratislava,* sondern auch viele Funktionäre der Kommunistischen Partei der Slowakei, die die ungarische Sprache beherrschten. Allein aus dem Bezirk Kosice wurden täglich über 80 Funktionäre der Kommunistischen Partei der Slowakei nach Ungarn geschickt, um dort Parteiorganisationen und Kreisausschüsse zu gründen. Dabei wurden Tausende Stück Druckschriften mitgeführt[53]. In den Bezirksausschüssen der Kommunistischen Partei der Slowakei fanden regelmäßig wöchentliche Beratungen mit ungarischen Parteifunktionären statt, bis aus Budapest Beschwerden kamen, daß dies die Autorität Kadars schwäche. Auch im Jahr 1957 wurde eine Reihe gemeinsamer Beratungen und Diskussionen zwischen tschechoslowakischen und ungarischen Journalisten, Schriftstellern, Gewerkschaftern, Wissenschaftlern und anderen Gruppen organisiert[54].

In analoger Weise, wenn auch in kleinerem Umfang, versuchte die KPTsch die Entwicklung in Polen zu beeinflussen und gleichzeitig die Schutzmaßnahmen gegen ungewollte Einflüsse zu verstärken. Während der polnischen Parlamentswahlen im Januar 1957 wurden Staatssicherheit, Volksmiliz und ausgewählte Armeeinheiten in Alarmbereitschaft versetzt. Zum erhöhten Schutz der Grenzen hat man militärisch-technische Einheiten ausgebaut. Zu dieser Zeit hatte die Führung der KPTsch bereits ihre scharf ablehnende Haltung gegenüber Gomulka revidiert. Sie war auch über Gespräche Zhou-Enlais in Warschau informiert, in denen die polnische Führung ihre Zustimmung zur Intervention in Ungarn ausdrückte. Die KPTsch würdigte insbesondere, daß Gomulka energisch gegen diejenigen Funktionäre vorging, die in Polen eine eigene Politik machen wollten[55].

Die KPTsch-Führung mißbrauchte die ungarischen Ereignisse zur Unterdrückung von Tendenzen tiefgreifender Veränderungen in der CSR und ergriff Präventivmaßnahmen gegen das Aufleben oppositioneller Stimmungen. Frühere Kritiker in der Parteiführung verstummten nun fast vollständig, nicht nur aus Angst vor Repressionen, sondern meist aus eigener Überzeugung. Die späteren Reformkommunisten des Jahres 1968 akzeptierten 1956 in ihrer Mehrheit die Begründung der militärischen Intervention in Ungarn als Maßnahme zum Schutz des Sozialismus im Interesse des ungarischen Volkes.

Die Mehrheit der tschechoslowakischen Gesellschaft hätte in der zweiten Hälfte der fünfziger Jahre vermutlich ohne größere Einwände die Restauration des vor dem Februar 1948 bestehenden politischen und ökonomischen Systems hingenommen, schwerlich jedoch den Vorkriegskapitalismus. Der

[53] Stenographisches Protokoll der Tagung des ZK der KPTsch vom 5. und 6. Dezember 1956, Prag 1956, Rede F. Dvorskys und P. Tonhausers, in: SUA Praha, AUV KSC, 01.

[54] SUA Praha, AUV KSC, 02, 2, 131, 171, 11.

[55] SUA Praha, AUV KSC, 029, 9, 327.

Westen bot zwar das Beispiel einer politisch freieren Gesellschaft, keineswegs jedoch das funktionierende Modell einer sozial gerechten Ordnung. Dieser Umstand verzögerte die ideelle und politische Differenzierung innerhalb der KPTsch, die sich erst wieder in den sechziger Jahren, insbesondere unter dem Einfluß der wissenschaftlich-technischen Revolution in den westlichen und östlichen Staaten, beschleunigen sollte. Ein historisches Paradoxon entstand dadurch, daß sich die CSR als ein im Vorkriegseuropa demokratischer Staat in den fünfziger Jahren zur bedeutendsten Bastion der Sowjetunion entwickeln und deren Vorherrschaft in diesem Raum mit garantieren sollte. Die ungleichmäßige Reife der oppositionellen Bewegungen in den osteuropäischen Ländern erleichterte es dem Kreml wiederholt, das sowjetische Imperium ohne wesentliche Modifizierungen über Jahrzehnte zu erhalten.

Aus dem Tschechischen übersetzt von Dr. Daniela Schnitter (Berlin).

Die Tätigkeit der tschechoslowakischen Armee an der slowakisch-ungarischen Grenze im Herbst 1956

von

JAN ŠTAIGL

Im Sommer 1956 sah sich die Tschechoslowakei in einer Art offenem Zangengriff steigender Unzufriedenheit der Bevölkerung der benachbarten kommunistischen Staaten mit dem existierenden Modell des totalitären Systems. Die Krisenmomente des Systems, die nach dem XX. Parteitag der KPdSU die durch Moskau geführte Politik einer begrenzten Entstalinisierung belebten, konnte die tschechoslowakische politische Garnitur – im Gegensatz zu Polen und Ungarn – beherrschen und unterdrücken. Mit Hilfe von Teilreformen und durch administrative Methoden gelang es ihr, das Ausmaß der Demokratisierung zu begrenzen, die oppositionelle Welle zu unterdrücken und das Bild einer »konsolidierten« Tschechoslowakei zu zeichnen.

Die politische Führung des Staates war sich dabei des fiktiven Charakters dieser Konsolidierung bewußt, unter deren Oberfläche eine Reihe ungelöster sozialer, nationaler und anderer Probleme schwelten. Sie war jedoch nicht fähig und auch nicht bereit, sie zu lösen. Die Probleme resultierten dabei aus dem Wesen des Systems selbst, mit dem die Vertreter der Machtstrukturen unmittelbar verbunden waren, und sie waren die Ergebnisse einer »harten« Unifikation des Sowjetblocks zu Beginn der fünfziger Jahre. Die Führung fürchtete um ihre Macht und war deshalb entschlossen, sich nicht auf irgendeine Schwächung des Systems in seiner inneren und äußeren Gestalt einzulassen. Die existentielle Abhängigkeit der tschechoslowakischen politischen und staatlichen Führung von Moskau und die Unterordnung unter seine Entscheidungen potenzierten gleichzeitig ihre Entschlossenheit, bei der »Verteidigung des Sozialismus« alle Mittel einzusetzen.

Die Entwicklung in Polen und Ungarn rief bei den zentralen Organen der KPTsch ernsthafte Beunruhigung hervor. Vor dem Szenario angenommener Aktivitäten der inneren oppositionellen Kräfte zum 38. Jahrestag der Entstehung des tschechoslowakischen Staates im Oktober 1956 befürchtete man eine wechselseitige Unterstützung der demokratischen Strömungen in diesen drei Staaten und eine mögliche Erhöhung politischer und sozialer Spannungen in der Tschechoslowakei. Das unerwartete Anschwellen der revolutionären Welle in Ungarn konzentrierte jedoch die Aufmerksamkeit vor allem auf die Eliminierung der »antikommunistischen Gefahr« in diesem Land. Schrittweise, aber sehr schnell gipfelten die ergriffenen Maßnahmen in der Entscheidung, die Armee für die Sicherung von »Ruhe und Ordnung« und insbesondere für den verstärkten Schutz der slowakisch-ungarischen Grenzen einzusetzen. Unstrittig trugen dazu auch das langandauernde

Mißtrauen des Prager kommunistischen Zentrums gegenüber der Slowakei und Befürchtungen bezüglich der Haltung der Bevölkerung ungarischer Nationalität zur Entwicklung jenseits der Donau bei.

Nach dem 1947 erfolgten Austausch von Gebietsstreifen südlich von Bratislava[1] war die Grenze zwischen der Slowakei und Ungarn 679 Kilometer lang. Sie war pioniertechnisch nicht gesichert, und für ihren Schutz waren bewaffnete Einheiten des Innenministeriums verantwortlich. Den Abschnitt zwischen Bratislava und Sturovo bewachten die 11. Brigade des Grenzschutzes[2] und das 25. selbständige Bataillon des Donau-Grenzschutzes. Einen Teil der Grenze von Sturovo nach Osten schützten Angehörige der 56. Grenzabteilung der Öffentlichen Polizei.[3] Einige Aufgaben beim Grenzschutz nahm im Bedarfsfall auch ein motorisiertes Bataillon der Inneren Truppen aus Bratislava wahr.

Die Armee beteiligte sich bis zum Oktober 1956 nicht am Grenzschutz. Die militärische Sicherung der Grenzen im Fall der äußeren Bedrohung des Staates durch die in der Slowakei dislozierten Verbände war nach dem Antritt der kommunistischen Regime in der Tschechoslowakei und Ungarn und nach der Entstehung »freundschaftlicher« militärpolitischer Beziehungen zwischen beiden Ländern im wesentlichen liquidiert worden. Im Zusammenhang mit dem Verlust der direkten operativen Bedeutung des slowakischen Territoriums in der tschechoslowakischen und sowjetischen militärischen Planung kam es gleichzeitig zur schrittweisen Verringerung der Armeestärke in der Slowakei und zu einer Änderung des Charakters der dort stationierten Einheiten.

Seit 1950 gehörte die Slowakei – zusammen mit einem großen Teil Mährens – zum territorialen Einzugsbereich des 2. Militärbezirks mit dem Kommando in Trencin. Nach beinahe permanenten organisatorischen und dislokativen Veränderungen in der tschechoslowakischen Armee in der ersten Hälfte der fünfziger Jahre war zum 1. Oktober 1956 eine weitere Reorganisation ihrer Friedenszusammensetzung durchgeführt worden. Sie knüpfte an die Verringerung der geplanten Friedensstärke der Armee in den Jahren 1955 und 1956 an.[4] Entsprechend der neuen Organisation waren in der Slowakei vor allem Formationen der 4. und 18. Schützendivisionen[5], der 2.

---

1 Auf der Grundlage des Friedensvertrags mit Ungarn vom Februar 1947 erhielt die Tschechoslowakei einen Teil ungarischen Territoriums mit den Gemeinden Dunacsun (Cunovo), Horvathjarfalu (Jarovce) und Oroszvar (Rusovce). Es ging um eine Verbreiterung des militärisch wichtigen Raums vor Bratislava, den sog. Bratislavaer Brückenkopf.

2 Das Kommando der 11. Grenzschutzbrigade befand sich in Bratislava, die Brigade hatte 3 Bataillone (das Kommando war in Malacky, in Stupava und in Bratislava) und insgesamt 18 Kompanien.

3 Archiv Muzea policie [Archiv des Polizeimuseums] (weiter: AMP), Bratislava, kart. 18/1, KP 914/78, Sicherheitsmaßnahmen – Ungarische Ereignisse.

4 Auf der Grundlage der Empfehlung des ZK der KPdSU vom August 1955 nahm die tschechoslowakische Regierung einen Beschluß an, zum 28. Dezember des Jahres die geplante Friedensstärke der Armee um 34000 Mann zu senken. Zu einer weiteren Verringerung um 10000 Mann kam es im Jahr 1956.

5 Die 4. Schützendivision war in der westlichen Slowakei disloziert. Das Kommando befand sich in Trnava, und ihre Bestandteile waren das 7. Schützenregiment (Malaky), das 8. Schüt-

Jagdfliegerdivision[6], ein Teil der Formationen der 34. Kampffliegerdivision[7], weiterhin die 22. Luftlandebrigade (Presov), die 31. und 312. schwere Artilleriebrigade (Brezno nad Hronom und Senica na Myjave), die 205. Panzerabwehrartilleriebrigade mit dem 219. Regiment (Rimavska Sobota), dem 220. Regiment (Sturovo) und dem 221. Regiment (Nove Zamky), die 262. Luftabwehrartilleriebrigade (Banska Bystrica), die 64. Pionierbrigade (Sered), das 52. Brückenbauregiment (Bratislava), das 92. Brückenbaubataillon (Komarno), das 4. Nachrichtenregiment (Trencin), das 1. Schul-Panzerregiment (Martin) und andere Formationen stationiert. Außerdem befanden sich dort vier militärische Ausbildungsstätten – für Nachrichtenwesen (Nove Mesto nad Vahom), für Kraftfahrzeugtechnik (Nitra), für Artillerietechnik (Martin) und die flugtechnische Ausbildungsstätte (Liptovsky Mikulas). Höhere Einheiten (Divisionen und Brigaden) und selbständige Formationen hatten Rahmen- oder Schulcharakter; ihre geplante wie tatsächliche Stärke war sehr gering.[8]

In der Zeit vor dem revolutionären Ausbruch in Ungarn befand sich die Armee in einer schwierigen Situation. Die Reorganisation war noch nicht verwirklicht, und gleichzeitig mit dem Übergang der Soldaten des zweiten Jahrgangs des Grundwehrdienstes in die Reserve kamen Rekruten in die Armee. Schon kurz nach den Ereignissen im polnischen Poznan (Posen) ent-

---

zenregiment (Levice), das 9. Schützenregiment (Bratislava), das 26. Artillerieregiment (Topolcany), das 46. Artillerieregiment (Pezinok), das 9. Panzer-/Selbstfahrlafettenregiment (Hlohovec), die 9. Panzerabwehr-Artillerieabteilung (Topolcany), die 4. Luftabwehr-Abteilung (Bratislava), die 9. Raketenabteilung (Trnava), das 6. Pionierbataillon (Komarno), das 5. Nachrichtenbataillon (Trnava), das 9. Sanitätsbataillon (Trnava) und die 9. motorisierte Kompanie (Trnava).

Die 18. Schützendivision war in der östlichen Slowakei, mit Kommando in Kosice, disloziert. Zu ihr gehörten das 55. Schützenregiment (Trebisov), das 63. Schützenregiment (Michalovce), das 64. Schützenregiment (Kosice), das 21. Artillerieregiment (Jelsava), das 49. Artillerieregiment (Kosice), das 10. Panzer-/Selbstfahrlafettenregiment (Humenne), die 10. Luftabwehrabteilung (Kosice), die 10. Raketenabteilung (Spisska Nova Ves), das 10. Pionierbataillon (Michalovce), das 10. Nachrichtenbataillon (Kosice), das 10. Sanitätsbataillon (Kosice) und die 10. motorisierte Kompanie (Kosice).

6 Die Formationen der 2. Jagdfliegerdivision (Kommando in Zvolen) waren wie folgt disloziert: das 2. Jagdfliegerregiment – Bratislava, das 6. Jagdfliegerregiment – Hajniky bei Zvolen und das 7. Jagdfliegerregiment – Kosice. Die Division war mit Düsenflugzeugen vom Typ MIG-15 ausgerüstet.

7 Die Kampfluftwaffe war für die direkte Unterstützung der Bodentruppen in der taktischen Tiefe der feindlichen Verbände bestimmt. Ihre Aufgabe übernahm später die Jagdbomber-Luftwaffe. Die 34. Kampffliegerdivision hatte das Kommando in Brno, wo auch ihr 28. Kampffliegerregiment disloziert war. In der Slowakei waren das 30. Kampffliegerregiment (Piestany) und das 32. Kampffliegerregiment (Trencin) stationiert. Die Ausrüstung der Division bestand aus Flugzeugen vom Typ Il-10.

8 Die personelle Stärke der beiden Schützendivisionen bewegte sich bei etwa 2000 Mann. Bei der 31. Artilleriebrigade lagen die Planzahlen bei 107 Mann (der wirkliche Stand betrug 91 Mann), bei der 205. Panzerabwehr-Artilleriebrigade 152 (130), bei der 262. Luftabwehr-Artilleriebrigade 130 (110), bei der 54. Pionierbrigade 131 (101) Mann und ähnlich. Vgl. Bericht für das Kollegium des Ministers für Nationale Verteidigung über die Durchführung von Organisations- und Dislokationsmaßnahmen in der Tschechoslowakischen Volksarmee im Jahr 1956, in: Vojensky historicky archiv (weiter: VHA) Praha, MNO-GS, OS 1956, 010738.

schied das Politbüro des ZK der KPTsch, 34000 ausgebildete Soldaten nicht in die Reserve zu entlassen und sie in einer sogenannten außerordentlichen militärischen Übung zu belassen.

Das Kommando der tschechoslowakischen Armee widmete dem Geschehen in Ungarn schon vom 22. Oktober an erhöhte Aufmerksamkeit. Im Generalstab in Prag wurde ein Kriegstagebuch geführt, in dem der Gang der dortigen Ereignisse chronologisch vermerkt wurde.[9] Der operativen und nachrichtendienstlichen Verwaltung des Generalstabs wurde gleichzeitig die Aufgabe übertragen, die Entwicklung der politischen und militärischen Situation in Ungarn zu analysieren. Konkrete Aktionen der Truppen bereitete die Armeeführung jedoch nicht vor. Auch das Politbüro des ZK der KPTsch unternahm nichts und begrenzte die Maßnahmen zur Sicherung von »Ruhe und Ordnung« ausschließlich auf Kräfte des Innenministeriums und die Vorbereitung der Bereitschaft der Volksmilizen.[10]

Zur Entscheidung über militärische Reaktionen auf die Entwicklung in Ungarn kam es offensichtlich am 24. Oktober auf direkte Anweisung A. Novotnys aus Moskau, wo er an einer außerordentlichen Tagung des ZK der KPdSU teilnahm, die sich mit Polen und Ungarn beschäftigte. Wahrscheinlich wurde sie telefonisch dem Generalstabschef, Generaloberst V. Kratochvil, übermittelt. Noch am 24. Oktober fand in der operativen Verwaltung des Generalstabes eine Beratung über die militärische Situation nach der Ausrufung des Standrechts in Ungarn und über das Gesuch des Parteiführers Ernö Gerö um sowjetische militärische Hilfe beim Schutz des kommunistischen Regimes statt. Danach flog der Chef der Operationsabteilung der genannten Verwaltung, Oberst V. Vitanovsky, nach Bratislava mit der Aufgabe, »die Angaben über die Situation entlang der tschechoslowakisch-ungarischen Grenze zu überprüfen.«[11] Am folgenden Tag, dem 25. Oktober, gab der Minister für Nationale Verteidigung, Generaloberst B. Lomsky, die Anordnung über die Vorbereitung der Truppen des 2. Militärbezirks zur Verstärkung der Einheiten des Innenministeriums. Der Generalstabschef wies gleichzeitig an, einige Truppen dieses Bezirks in Bereitschaft zu versetzen, und beschloß – außer Maßnahmen für die gesamte Armee – einen Plan zur militärischen Sicherung der slowakisch-ungarischen Grenze.[12]

Die Aufgaben, die den Truppen des 2. Militärbezirks gestellt waren, beruhten – was in der Anordnung des Ministers für Nationale Verteidigung di-

[9] An den folgenden Tagen wurden auch Ereignisse im Nahen Osten, in Deutschland und teilweise auch in Polen im Kriegstagebuch vermerkt, weiterhin die militärische und die Sicherheitssituation in der Tschechoslowakei, die vom Kommando getroffenen Maßnahmen und die Tätigkeit der Truppen.

[10] Die Volksmilizen (Lidove milice) waren bewaffnete Verbände der Kommunistischen Partei der Tschechoslowakei. Sie unterstanden direkt dem ZK der KPTsch, und ihr oberster Kommandeur war der Erste Sekretär des ZK der KPTsch. Die Volksmilizen rekrutierten sich aus der Belegschaft von Industriebetrieben und anderen Einrichtungen, auf den höheren Ebenen waren sie nach dem Territorialprinzip organisiert. Die Mitgliedschaft in der Volksmiliz war freiwillig.

[11] Kriegstagebuch, Eintragung vom 24. Oktober 1956, in: VHA Praha, MNO-GS, OS 1956, 2, 8-49b.

[12] Ebda. Eintragungen vom 25. und 26. Oktober 1956.

rekt ausgeführt war – auf den Befehlen zur Erhaltung von Ruhe und Ordnung sowie zur Sicherung der Staatsgrenze, die im Zusammenhang mit den Unruhen in der Tschechoslowakei im Jahre 1953 herausgegeben worden waren. Ziel dieser Befehle war die Vorbereitung ausgewählter militärischer Einheiten zur Unterstützung der Ordnungs- und Sicherheitsmaßnahmen des Innenministeriums gegen innere antisozialistische Kräfte und gegen erwartete »imperialistische« Provokationen an der Staatsgrenze.[13] Daraus wird klar, daß sich die Anordnung der Armeeführung vom 25. Oktober auf die Durchführung von Hilfsmaßnahmen mit Ordnungs- und Sicherheitscharakter beschränkte. Pläne zur Einbeziehung der Armee wurden dabei vor allem für die westlichen Gebiete der Republik ausgearbeitet. Für die Slowakei, die von befreundeten und verbündeten kommunistischen Ländern umgeben war, existierten sie nur in begrenztem Maße. Der Ausbruch der »Konterrevolution« in Ungarn erforderte deshalb zwangsläufig ihre Präzisierung und Ergänzung.

Der am 25. Oktober beschlossene Plan zur Sicherung der slowakisch-ungarischen Grenze rechnete mit dem Einsatz von militärischen Einheiten in dem Streifen von Bratislava bis Kralovsky Chlmec mit 560 Kilometer Länge, der aus sechs Teilabschnitten bestand. Er sah im wesentlichen die flächendeckende und gleichmäßige Dislozierung der Bereitschaftskräfte und die Bildung einer linearen homogenen Grenzsicherung vor. Einzelne Eingreifgruppen sollten auf Anforderung der zuständigen territorialen Organe des Innenministeriums oder durch Kommandeure der Grenztruppen und der Polizei aktiviert werden. Außer der Einbeziehung von Truppenteilen, die in Grenznähe disloziert waren – der sogenannten ersten Welle –, schlug der Plan auch die Möglichkeit einer stufenweisen Kräftezuführung aus der Reserve des Kommandeurs des 2. Militärbezirks und des Ministers für Nationale Verteidigung vor. Er kalkulierte deshalb mit einer verhältnismäßig intensiven Einbeziehung der Einheiten aus der Slowakei, und im Falle der Reserve des Ministers für Nationale Verteidigung auch mit der 3. mechanisierten Division aus Südmähren.

Ausgewählte Einheiten der ersten Welle

Abschnitt	Formation
Bratislava-Komarno	9. Schützenregiment, 52. Brückenbauregiment, 92. Brückenbaubataillon, 6. Pionierbataillon, (insgesamt 600 Mann)
Komarno-Sahy	205. Panzerabwehrartilleriebrigade (ohne das 219. Regiment) (150 Mann)

[13] Befehle des Ministeriums für Nationale Verteidigung, Nr. CO 11819/53 und Nr. CO 3133/54, in: VHA Praha, MNO-GS, OS 1956.

Abschnitt	Formation
Sahy-Lucenec	8. Schützenregiment (60 Mann)
Lucenec-Plesivec	219. Panzerabwehrartillerieregiment, 21. Artillerieregiment (insgesamt 130 Mann)
Plesivec-Moldava nad Bodvou	64. Schützenregiment (80 Mann)
Moldava nad Bodvou-Kralovsky Chlmec	55. Schützenregiment (100 Mann)

In die Reserve des Kommandeurs des 2. Militärbezirks wurden die 31. und 312. schwere Artilleriebrigade, die 22. Luftlandebrigade, die 64. Pionierbrigade, die 262. Luftabwehrartilleriebrigade, das 46. und 49. Artillerieregiment, das 7. und 63. Schützenregiment, das 9. und 10. Selbstfahrlafettenregiment sowie die Schulen für Nachrichten- und Kraftfahrzeugwesen eingegliedert. Die Reserve des Ministers für Nationale Verteidigung bildeten ein Teil der Formation der 3. mechanisierten Division (das 4. und 6. mechanisierte Regiment, das 13. Panzerregiment und das 3. Artillerieregiment), das 1. Schul-Panzerregiment, die Artillerietechnische und die Flugtechnische Ausbildungsstätte.

Zum 25. Oktober standen den ausgegliederten Verbänden und Formationen insgesamt 6750 Mann zur Verfügung. Davon waren 5330 in Einsatz- oder Reservegruppen eingeteilt, das waren fast 80 Prozent des Gesamtbestandes. Für die Gruppen der ersten Welle waren 1120 Mann vorgesehen, für die Reserve des Kommandeurs des 2. Militärbezirks waren 2260 Mann sowie 70 Panzer und Selbstfahrlafetten eingeplant, für die Reserve des Ministers für Nationale Verteidigung 1950 Mann. Der Einsatz der Reserven sollte eine höhere Dichte des militärischen Netzes gewährleisten, so daß auf einen Kilometer Grenze anfangs zwei, dann sechs und zuletzt zehn Soldaten entfielen. Das Zeitlimit für die Einnahme der Stellung wurde bei den Gruppen der ersten Welle auf 3 Stunden festgelegt, bei der Reserve des Kommandeurs des 2. Militärbezirks auf 5 bis 6 Stunden und bei der Reserve des Ministers für Nationale Verteidigung auf 10 bis 12 Stunden.[14]

Zur Aktivierung der ersten Eingreifgruppen kam es noch am 25. Oktober. Auf Ersuchen der Kreisverwaltung des Innenministeriums in Nitra, begründet durch »Übertrittsversuche unberechtigter Personen aus Ungarn in die CSR«, wurden zwei Gruppen vorbereitet, die am Morgen des 26. Oktober an die slowakisch-ungarische Grenze in den Raum Sturovo und Zeliezovce versetzt wurden.[15] In den folgenden Stunden erhöhte sich die Anzahl der in den

[14] Plan zur Sicherung von Ruhe und Ordnung und zum Schutz der Staatsgrenzen (Karte), in: VHA Praha, MNO-GS, OS 1956, 2, 8-39b.

[15] Schriftliches Material über die Ereignisse in Ungarn und Polen – Informationsbericht zum 25. Oktober 1956, in: VHA Praha, MNO-GS, OS 1956, 15-1, 5-1b.

Grenzbereich geschickten militärischen Einheiten schnell aufgrund der Berichte über die Entwicklung der Situation in Ungarn und auf Anforderung des Chefs der Hauptverwaltung der Grenztruppen, Oberst M. Dudy.[16] Besondere Aufmerksamkeit wurde auf Abschnitte gerichtet, wo in der Nähe der Grenze bewaffnete Konflikte der Aufständischen mit Einheiten der ungarischen Grenzwacht, die dem kommunistischen Regime treu blieben, ausgetragen wurden oder wo erhöhte Aktivität der aufständischen Kräfte festgestellt wurde.[17] Weiterhin in Grenzabschnitten, durch die Straßen- und Eisenbahnübergänge von der Tschechoslowakei nach Ungarn führten, und wo sich auf beiden Seiten wichtige politische, gesellschaftliche und industrielle Zentren befanden.

Schon am Abend des 26. Oktober erhielt der Kommandeur des 2. Militärbezirks, Generalleutnant F. Sedlacek, vom Chef des Generalstabs den Befehl zur augenblicklichen Verstärkung des Grenzschutzes im Abschnitt Bratislava-Komarno »mit allen Mitteln«, um vor allem den Schutz des sogenannten Bratislavaer Brückenkopfs zu gewährleisten. Auf Grundlage dieses Befehls ordnete er dem Kommandeur der 4. Schützendivision an, die Patrouillen auf der Donau mit Kräften des 52. Brückenbauregiments im Abschnitt Bratislava-Gabcikovo und mit Kräften des 92. und 6. Pionierbataillons im Abschnitt Gabcikovo-Komarno zu sichern. Gleichzeitig entschied er über die Umgruppierung eines Teils des 9. Schützenregiments aus Bratislava nach Petrzalka am rechten Ufer der Donau und des 46. Artillerieregiments aus Pezinok nach Dunajska Streda, wo es auf einen Einsatz in Richtung Bratislava oder Komarno vorbereitet werden sollte. Weitere Bereitschaftseinheiten der Reserve des Kommandeurs des 2. Militärbezirks blieben in den Garnisonen Malacky, Senica nad Myjavou und Trnava.[18]

Am 27. Oktober um 20.00 Uhr wurden insgesamt 1976 Soldaten und 15 Panzer, 9 Selbstfahrlafetten und 5 Haubitzen Kaliber 122 Millimeter an die Grenzlinien entsandt.[19] Entgegen den ursprünglichen Vorstellungen waren die militärischen Einheiten nicht gleichmäßig an der Grenze verteilt, denn mit Blick auf die Entwicklung der Situation in Ungarn bildete man in einzelnen Abschnitten Kräftegruppierungen mit unterschiedlicher Dichte. Die Zusam-

---

[16] Durch Befehl des Innenministers vom 25. Oktober 1956 waren Bewachung und Schutz der Staatsgrenzen mit Ungarn der einheitlichen Leitung unter Führung des Chefs der Hauptverwaltung des Grenzschutzes, Oberst M. Dudy, unterstellt. Sein Befehlsstand befand sich unweit von Banska Bystrica, später wurde er nach Bratislava verlegt.

[17] Die Berichte der militärischen Aufklärung und des Innenministeriums informierten über die Kämpfe in den Städten Magyarovar (wahrscheinlich Mosonmagyarovar) und Györ, über das Überlaufen von Garnisonen der ungarischen Grenzwacht und der Armee auf die Seite der Aufständischen, über die Aktivität bewaffneter Gruppen von Aufständischen in den Gebieten Domica, Banreve, Rajka, in den Wäldern südlich von Sahy und ähnliches. Vgl. Zusammenfassung der operativen Meldungen des Generalstabs vom 26. und 27. Oktober 1956, in: VHA Praha, MNO-GS, OS 1956, 2, 8-4b. (Die operative Meldung wurde zweimal täglich ausgearbeitet, um 8.00 und um 20.00 Uhr. Sie konzentrierte sich auf die wichtigsten Informationen über die Entwicklung der Situation und die getroffenen Maßnahmen.)

[18] Zusammengefaßte operative Meldung vom 27. Oktober 1956, 20.00 Uhr, in: VHA Praha, MNO-GS, OS 1956, 2, 8-4b.

[19] Ebenda.

mensetzung der Eingreifgruppen war sehr heterogen. Zur Erfüllung der Patrouillen- und Wachaufgaben wurden Angehörige der Schützen- wie auch Artillerie-, Panzer-, Pionier-, Nachrichten- und anderer Einheiten sowie Hörer höherer Jahrgänge einiger militärischer Ausbildungsstätten bestimmt. Die Gruppen waren überwiegend mit Handfeuerwaffen (Gewehren, Maschinenpistolen und Maschinengewehren) bewaffnet, Kampftechnik wurde vor allem zum Schutz wichtiger Objekte und Räume von größerer militärischer Bedeutung eingesetzt. Den Einheiten mangelte es an Transportmitteln, es fehlten Spezialisten, insbesondere Fahrer und ausgebildetes technisches Bedienungspersonal. Die Zersplitterung in der Dislozierung und die organisatorische Heterogenität der militärischen Einheiten schuf gleichzeitig eine Reihe von Problemen in der Führungsorganisation. Eine außerordentliche Tagung des Kollegiums des Ministers für Nationale Verteidigung[20] beschloß daher am 26. Oktober Maßnahmen zur Verstärkung der Truppen des 2. Militärbezirks und der militärischen Einheiten an den slowakisch-ungarischen Grenzen.[21] Durch einen Befehl des Generalstabschefs wurde der Kommandeur des 2. Militärbezirks angewiesen, zwei starke, bewegliche und mit Kampftechnik ausreichend ausgerüstete Stoßtrupps zu bilden, die fähig sein würden, schnell an den am meisten gefährdeten Grenzabschnitten einzugreifen. Der erste Stoßtrupp, gebildet aus Angehörigen des 33. Panzer- und des 6. mechanisierten Regiments der 3. mechanisierten Division aus Südmähren und aus Hörern des zweiten Jahrgangs der Infanterieschule in Lipnik nad Becvou, sollte sich auf den militärischen Ausbildungsraum Lest, südlich von Zvolen, konzentrieren. Seine Aufgabe war die Sicherung des Territoriums der westlichen und mittleren Slowakei. Der zweite Stoßtrupp wurde in Presov und Humenne gebildet mit dem Ziel, das Territorium der östlichen Slowakei zu sichern. Er setzte sich aus dem 10. Panzer-/Selbstfahrlafettenregiment der 18. Schützendivision und der 22. Luftlandebrigade zusammen. Im Hinblick auf die geringe Stärke des 10. Panzer-/Selbstfahrlafettenregiments rechnete man mit seiner Ergänzung durch Reservisten, die zu außerordentlichen Übungen einberufen werden sollten, jedoch nur Reservisten tschechischer und slowakischer Nationalität.

Der Befehl des Generalstabschefs ordnete weiter an, die Ergänzung der 3. mechanisierten Division, die die Hauptreserve des Ministers für Nationale Verteidigung bildete, auf Friedensstärke vorzubereiten. Für die Einberufung von Reservisten – sie sollten innerhalb von zwei Tagen nach Erhalt des Befehls antreten – stellte man die gleichen Kriterien wie im Falle des 10. Panzer-/Selbstfahrlafettenregiments auf.[22] Der Kommandeur des 2. Militärbe-

---

[20] Das Kollegium des Ministers für Nationale Verteidigung war seit Juli 1956 das höchste kollektive Organ, welches Schlüsselfragen des Aufbaus und der Leitung der tschechoslowakischen Armee löste. Es bestand aus ständigen und geladenen Mitgliedern. Die durch die ständigen Mitglieder angenommenen Entscheidungen wurden in Form von Anordnungen oder Befehlen des Ministers und des Chefs des Generalstabs realisiert.

[21] Protokoll der außerordentlichen Tagung des Kollegiums des Ministers für Nationale Verteidigung vom 26. Oktober 1956, in: VHA Praha, MNO-SM, KM 1956, 1, 10-1.

[22] Befehl des Chefs des Generalstabs an den Kommandeur des 2. Militärbezirks zur Durchführung militärischer Maßnahmen an den Grenzen zu Ungarn, in: VHA Praha, MNO-GS, OS 1956, 2, 8-2b.

zirks erhielt gleichzeitig die Weisung, den Plan zur Sicherung der Grenzen zu Ungarn bis zum 28. Oktober zu überarbeiten. Er hatte die Bedingungen, unter denen sich die Reorganisation der Truppen vollzog, zu berücksichtigen sowie gleichzeitig die Organisationsstrukturen und das System der Führung der Einheiten an den Grenzlinien zu vervollkommnen. Der überarbeitete Plan der militärischen Grenzsicherung, der im Hinblick auf Veränderungen der Situation erst am 30. Oktober beschlossen wurde, rechnete nicht mit grundsätzlichen Veränderungen in der Gruppierung der Kräfte und Mittel. Besonderen Nachdruck legte er auf eine höhere Operativität der Einheiten der ersten Welle und auf größere Verantwortung der Kommandeure höherer Ebene für die Erfüllung ihrer Aufgaben. Der Grenzbereich wurde anstelle von sechs in drei Abschnitte aufgeteilt, und zwar Bratislava-Sahy, Sahy-Plesivec und Plesivec-Kralovsky Chlmec. Zum Kommandeur des ersten Abschnitts wurde der Kommandeur der 4. Schützendivision, Oberst I. Dzamko, des zweiten der Kommandeur der 31. schweren Artilleriebrigade, Oberst J. Rozehna, und des dritten Grenzabschnitts der Stellvertreter des Kommandeurs der 18. Schützendivision, Oberstleutnant P. Andrejcik, ernannt (der Posten des Divisionskommandeurs war zu dieser Zeit nicht besetzt – J. Š.).[23] Ergänzend erhielt der Kommandeur des 2. Militärbezirks den Befehl, den dritten Abschnitt um einen Teil der Grenze im Bereich Kralovsky Chlmec zu erweitern und bis zur Grenze mit der UdSSR auszudehnen.

Die einzelnen Abschnitte der Verbände waren in »Unterabschnitte« gegliedert, die dem zuständigen Befehlshaber der eingesetzten Brigaden oder Regimenter unterstellt waren. Im ersten Abschnitt waren für ihren Teil »A« Bratislava-Komarno der Befehlshaber des 9. Schützenregiments Oberstleutnant E. Kosmel, und für Teil »B« Komarno-Sahy der Stellvertreter des Befehlshabers der 205. Panzerabwehrartilleriebrigade, Oberst M. Urbanec, verantwortlich. Im zweiten Abschnitt war für den Teil »A« Sahy-Hamor der Chef des 8. Schützenregiments, Major O. Pekarek, verantwortlich, für den Teil »B« Hamor-Filakovo der Befehlshaber des 21. Artillerieregiments, Major M. Kopulety, und für den Teil »C« Filakovo-Plesivec der Stellvertreter des Chefs der 31. schweren Artilleriebrigade, Major Murzic. Im dritten Abschnitt war der Teil »A« Plesivec-Moldava nad Bodvou dem Kommandanten des 64. Schützenregiments, Major I. Krupov, unterstellt; für Teil »B« Moldava nad Bodvou bis Velky Milic war Oberstleutnant M. Ljach vom 49. Artillerieregiment verantwortlich und für den Teil »C« Velky Milic-Cierna nad Tisou Oberstleutnant V. Cernoch vom 55. Schützenregiment.

Den Bereitschaftsstand zur Bewachung und zum Schutz der slowakisch-ungarischen Grenzen erreichten die ausgesuchten Einheiten am 31. Oktober nach der Formierung der beiden Stoßtrupps. Am 1. November um 18.00 Uhr umfaßten die Truppenformationen des Ministeriums des Innern und der Armee insgesamt 11040 Mann, 280 Panzer, 43 Selbstfahrlafetten und 42 Geschütze anderen Typs, 107 Panzerabwehrkanonen, 33 Flugzeugabwehrkano-

[23] Zusammengefaßte operative Meldung vom 29. Oktober 1956, 8.00 Uhr, in: VHA Praha, MNO-GS, OS 1956, 2, 8-7b.

nen und 82 Minenwerfer. Zu den Armeekräften und -mitteln gehörten 8759 Mann, 270 Panzer, 41 Selbstfahrlafetten und 42 Geschütze anderen Typs, 104 Panzerabwehrkanonen, 33 Flugzeugabwehrkanonen und 82 Minenwerfer. Den Formationen des Innenministeriums waren 2281 Mann, 2 Selbstfahrlafetten und 3 Panzerabwehrkanonen unterstellt.

In den Verband der Einheiten der ersten Welle (einschließlich der Reserven der Divisionskommandeure) wurden 5042 Mann eingegliedert (2761 Angehörige der Armee und 2281 Mitglieder der Verbände des Innenministeriums), 24 Panzer (14/10), 17 Selbstfahrlafetten (15/2), 89 Panzerabwehrkanonen (86/3), 14 Geschütze anderer Typen (14/0) und 12 Minenwerfer (12/0). Im Grenzabschnitt Bratislava-Sahy (Länge 225 Kilometer) befanden sich 2420 Mann (1142/1278), 24 Panzer (14/10), 5 Selbstfahrlafetten (3/2), 14 Geschütze anderer Typen (14/0), 71 Panzerabwehrkanonen (68/3) und 8 Minenwerfer (8/0). Im Abschnitt Sahy-Plesivec (Länge 156 Kilometer) waren 1555 Mann (901/654) und 12 Panzerabwehrkanonen (12/0) stationiert und im Abschnitt Plesivec-Cierna nad Tisou (Länge 187 Kilometer) 1667 Mann (718/949), 12 Selbstfahrlafetten (12/0), 6 Panzerabwehrkanonen (6/0) und 4 Minenwerfer (4/0).

Die größte Konzentration der Kräfte und Mittel bestand am Brückenkopf vor Bratislava. Auf einer Linie von 30 Kilometern Länge und 4-5 Kilometern Tiefe waren hier 1022 Mann (348 Angehörige der Armee und 674 Angehörige der Verbände des Innenministeriums), 24 Panzer (14/10), 3 Selbstfahrlafetten (3/0) und 3 Minenwerfer (3/0) disloziert.[24] Am schwächsten war der Teil der Grenze Sahy-Moldava nad Bodvou gesichert. Außer dem Brückenkopf vor Bratislava, der den Charakter einer ausgebauten Verteidigungsstellung hatte und über Dutzende Geschütze zum Schutz der Straßenbrücke über die Donau bei der Gemeinde Medvedov verfügte, gab es keine größere Massierung von Kriegstechnik. Das Artillerie- und Panzermaterial blieb vorwiegend in den ständigen Garnisonen der Formationen stationiert. Die Angehörigen der Armee, die in die Eingreifgruppen der ersten Welle eingeteilt waren, erfüllten Aufgaben in verstärkten Grenzwachen, die aus 5-6 Mitgliedern der Grenztruppen oder der Polizei und 8-10 Soldaten bestanden. Sie waren mit Bereitschaftsmunition von einem Viertel des Feuersatzes, später mit dem ganzen Feuersatz pro Waffe ausgerüstet.[25]

Zum Befehlshaber des Stoßtrupps im Raum Lest, der durch ein Bataillon von Hörern der Panzerschule aus Vyskov in Mähren verstärkt worden war, wurde der stellvertretende Kommandeur der 3. mechanisierten Division, Oberst G. Bobrovsky, ernannt. Die Gruppe verfügte über 1260 Mann, 96 Panzer, 3 Panzerabwehr- und 2 Flugzeugabwehrkanonen sowie 12 Minenwerfer. Der Stoßtrupp in Presov und Humenne – ihr Befehlshaber war Oberstleutnant F. Mansfeld von der 22. Luftlandebrigade – bestand aus 471

---

[24] Lagekarte des 2. Militärbezirks vom 1. November 1956, 18.00 Uhr, in: VHA Praha, MNO-GS, OS 1956, 2, 8-49b.

[25] Sicherung von Ruhe auf dem Territorium der CSR und an den Grenzen mit Ungarn. Bericht des Chefs des Generalstabs für das Kollegium des Ministers für Nationale Verteidigung vom 29. Oktober 1956, in: VHA Praha, MNO-GS, OS 1956, 2, 8-6b.

Mann, 31 Panzern, 9 Selbstfahrlafetten, 2 Panzerabwehr- und 3 Flugzeugabwehrkanonen. In der Reserve des Kommandeurs des Bezirks waren 854 Mann und 7 Geschütze in Bereitschaft, in der Reserve des Ministers für Nationale Verteidigung 3413 Mann, 129 Panzer, 17 Selbstfahrlafetten und 21 Geschütze anderer Typen, 65 Minenwerfer, 15 Panzerabwehr- und 28 Flugzeugabwehrkanonen.[26] Die Einheiten der Stoßtrupps wurden unter Hervorhebung der Problematik des direkten Kampfes kampfmäßig zusammengeführt und ausgebildet. Sie hatten einen Feuersatz, einen Vorrat an Treibstoff und Material zum Leben unter Feldbedingungen zur Verfügung. Die Reserven des Kommandeurs des 2. Militärbezirks und des Ministers für Nationale Verteidigung setzten die Erfüllung laufender Ausbildungsaufgaben fort und sicherten die Aufnahme der eingezogenen Rekruten.

Die angeführten Kräfte und Mittel hielt die Armeeführung für ausreichend für die Sicherung der Grenzen in einer Situation, in der – wie in der Verhandlung des Kollegiums des Ministers für Nationale Verteidigung am 29. Oktober konstatiert wurde – von seiten Ungarns »nicht die Gefahr eines aktiven Überfalls der CSR, jedoch das Eindringen verschiedener Agenten, Banden und Flüchtlinge droht.«[27] Nach Ausbruch der Krise am Suezkanal und im Zusammenhang mit der Analyse der weiteren möglichen Entwicklung in Ungarn begann jedoch der Generalstab, sich intensiv mit der Frage einer neuen Verstärkung der Truppen in der Slowakei zu beschäftigen. Auf der bereits erwähnten Besprechung des Kollegiums des Ministers für Nationale Verteidigung am 29. Oktober formulierte das der Chef des Generalstabes, Generaloberst V. Kratochvil, so, daß »es nicht ausgeschlossen ist, daß die konterrevolutionären Kräfte versuchen werden, unser Territorium zu betreten und den Aufstand in die slowakischen Kreise hineinzutragen. Es ist auch möglich, daß bei einer fortschreitenden Liquidierung konterrevolutionäre Gruppen zu uns zurückgedrängt werden [...]. Für diesen Fall haben wir bisher noch keine ausreichenden Maßnahmen getroffen«.[28]

Nun ist die Frage angebracht, woher die beiden angeführten Varianten der möglichen Entwicklung in Ungarn stammten. Die erste, in der es um eine eventuelle Übertragung des Aufstandes in die Slowakei ging, stützte sich evident auf die Äußerungen einiger Personen, die an der slowakisch-ungarischen Grenze festgenommen worden waren.[29] Ihren nachrichtendienstlichen

---

26 Lagekarte des 2. Militärbezirks vom 1. November 1956, 18.00 Uhr, in: VHA Praha, MNO-GS, OS 1956, 2, 8-49b.

27 Protokoll der außerordentlichen Tagung des Kollegiums des Ministers für Nationale Verteidigung vom 29. Oktober 1956, in: VHA Praha, MNO-SM, KM 1956, 1, 10-2.

28 Sicherung von Ruhe auf dem Territorium der CSR und an den Grenzen mit Ungarn. Bericht des Chefs des Generalstabs für das Kollegium des Ministers für Nationale Verteidigung vom 29. Oktober 1956, in: VHA Praha, MNO-GS, OS 1956, 2, 8-6b.

29 Zum Beispiel war in der Nacht vom 27. zum 28. Oktober im Raum Safarikovo (jetzt Tornala) ein Soldat der ungarischen Armee verhaftet worden, der aussagte, daß »die Aufständischen Waffen fordern, die sie angeblich zur Liquidierung der Sowjetischen Armee benötigen. Nach ihrer Liquidierung werden sie in die Slowakei gehen. Sie rechnen mit Unterstützung durch Angehörige ungarischer Nationalität in der südlichen Slowakei.« Vgl. Zusammengefaßte ope-

Wert übertrieb die Armeeführung jedoch unverhältnismäßig, ohne die Richtigkeit der Äußerungen überhaupt zu überprüfen. Die zweite Variante ist vom Standpunkt der späteren Ereignisse in Ungarn sehr interessant, denn sie führt zu der Frage, ob der Chef des Generalstabs zu dieser Zeit bereits über die Absicht der Sowjetunion, den Aufstand mit militärischen Kräften zu liquidieren, informiert war. Die Vorschläge zur Verstärkung der Truppen des 2. Militärbezirks im Falle der Bestätigung einer der Varianten der Entwicklung in Ungarn schlossen im voraus die Möglichkeit des Heranziehens von Einheiten aus den westlichen Gebieten des Staates aus. Auch die Überlegungen über die Durchführung einer Teilmobilisierung wurden mit der Begründung abgelehnt, daß dann »der Eindruck erweckt werde, daß wir gegen Ungarn mobilisieren.«[30] Der Chef des Generalstabs empfahl deshalb, auf die angenommene Situation mit der Durchführung der vorbereiteten Einberufung der Reserven der 3. mechanisierten Division zu reagieren und in gleicher Weise auch weitere Truppen des 2. Militärbezirks auf Friedensstärke zu ergänzen. Danach sollte eine Reorganisation des Schutzes der Grenzen mit Ungarn so durchgeführt werden, daß die Facheinheiten von Patrouillendiensten befreit und die Zusammensetzung der ersten Welle nur organische Einheiten der Schützenformationen der 4. und 18. Division mit der erforderlichen Tiefe und Gefechtssicherung gewährleisten würden. Der Chef des Generalstabs empfahl, die gesamte Gruppierung der Kräfte der 3. mechanisierten Division im Raum Lest zu konzentrieren und von dort aus das Einschreiten in einzelne Richtungen entlang der Grenze vorzubereiten.[31]

Die Verhandlungen des Kollegiums des Ministers für Nationale Verteidigung lösten jedoch dieses Problem nicht. Der Minister setzte seine Ansicht durch, daß »die Situation sich inzwischen nicht als so prekär erwiesen habe, daß es notwendig wäre, sie so zu lösen.«[32] Er war lediglich mit einer Verstärkung der Panzerabwehr des Grenzschutzes durch wirksamere Ausnutzung von Panzereinheiten in der Slowakei einverstanden. Auf der Grundlage dieser Entscheidung ordnete der Chef des Generalstabs an, daß der Kommandeur des 2. Militärbezirks zum 30. Oktober etwa 300 Soldaten der Reserve einzuziehen hatte, um das 9. Panzergeschützregiment der 4. Schützendivision und die Selbstfahrlafettenbatterien der Schützenregimenter beider Verbände zu ergänzen.[33]

rative Meldung vom 28. Oktober 1956, 8.00 Uhr, in: VHA Praha, MNO-GS, OS 1956, 2, 8-4b. In der folgenden Nacht wurde eine Gruppe von 23 ungarischen Jugendlichen im Raum südlich von Filakovo verhaftet, von denen »ein Teil aussagte, daß sie zum Vergnügen in die CSR gingen, und ein Teil, daß sie ein Gebiet annektieren gingen.« Vgl. Zusammengefaßte operative Meldung vom 29. Oktober 1956, 8.00 Uhr, in: Ebenda, 2, 8-7b.

30 Protokoll der außerordentlichen Tagung des Kollegiums des Ministers für Nationale Verteidigung vom 29. Oktober 1956, in: VHA Praha, MNO-SM, KM 1956, 1, 10-2.

31 Sicherung von Ruhe auf dem Territorium der CSR und an den Grenzen mit Ungarn. Bericht des Chefs des Generalstabs für das Kollegium des Ministers für Nationale Verteidigung vom 29. Oktober 1956, in: VHA Praha, MNO-GS, OS 1956, 2, 8-6b.

32 Protokoll der außerordentlichen Tagung des Kollegiums des Ministers für Nationale Verteidigung vom 29. Oktober 1956, in: VHA Praha, MNO-SM, KM 1956, 1, 10-2.

33 Zusammengefaßte operative Meldung vom 31. Oktober 1956, 8.00 Uhr, in: VHA Praha, MNO-GS, OS 1956, 2, 8-9b.

Zwei Tage später, am 31. Oktober, beschäftigte sich das Kollegium des Ministers für Nationale Verteidigung erneut mit der Frage, welche militärischen Reaktionen der Entwicklung der Situation in Ungarn entsprechen. Die meisten Vorschläge, die der Chef des Generalstabs auf der vorangegangenen Tagung vorgetragen hatte, wurden nun beschlossen. Im Zusammenhang damit ist es möglich, die oben gestellte Frage noch zu erweitern: Hatte die politische Führung der UdSSR zu diesem Zeitpunkt die definitive Entscheidung über die bewaffnete Intervention in Ungarn bereits getroffen? Stellten die Schlußfolgerungen des Kommandos der tschechoslowakischen Armee vom 31. Oktober schon die Reaktion auf dieses Szenarium dar? Es scheint, daß dies der Fall war.

Durch einen Beschluß des Kollegiums des Ministers für Nationale Verteidigung vom 31. Oktober wurde angeordnet, die 4. und 18. Schützendivision durch Reserveeinberufungen auf Friedensstärke zu bringen. Nach vierwöchiger Ausbildung sollten erneut nur Reservesoldaten tschechischer und slowakischer Nationalität einrücken.[34] Mit ihrer Auswahl wurden die Organe der territorialen Militärverwaltungen des 2. wie des 1. Militärbezirks betraut, der böhmische Kreise und den Restteil Mährens umfaßte. Die Ergänzung der 4. Schützendivision sollte »die Voraussetzungen zur Sicherung der festen Verteidigung des Brückenkopfs vor Bratislava und des Schutzes der Staatsgrenze an der Donau« bilden. Mit der Einberufung der Reserven zur 18. Schützendivision war geplant, »einen realen Beitrag zu leisten zur Absperrung des Zugangs aus Ungarn in den ostslowakischen Raum, vor allem in Richtung Miskolc-Kosice, der zur Beherrschung des politischen Zentrums Kosice führt, der für den Feind vom Standpunkt der möglichen Bildung eines Unruheherdes und zur politisch-administrativen Beherrschung der östlichen Slowakei wichtig ist, und in Richtung Sarospatak-Kralovsky Chlmec-Kapusany, der zur Beherrschung des lebenswichtigen Raums der Umschlags- und Nachrichtenverbindungen der Tschechoslowakischen Republik mit der Sowjetunion führt«.[35]

[34] Auf der Tagung des ZK der KPTsch am 5. und 6. Dezember 1956 führte der Chef des Generalstabs, Generaloberst V. Kratochvil, aus, daß die Entscheidung über die Einberufung von Reservisten ausschließlich slowakischer und tschechischer Nationalität »nach reiflicher Erwägung und in Übereinstimmung mit dem Sekretariat des ZK der KPTsch« im Zusammenhang mit der aktiven Propaganda der Aufständischen für den Anschluß der Slowakei an Ungarn angenommen wurde. Vgl. SUA Praha, Archiv des ZK der KPTsch, 01, 51, 55. Der Bericht »Auswertung der Erfahrungen bezüglich der Aufgabenerfüllung und des moralisch-politischen Zustandes der Tschechoslowakischen Volksarmee während der Ereignisse in Ungarn und Ägypten«, den der Minister für Nationale Verteidigung, Generaloberst B. Lomsky, der 176. Beratung des Politbüros des ZK der KPTsch am 9. April 1957 übergab, konstatiert deshalb: »Zur Verbesserung der nationalen Zusammensetzung der Verbände und Formationen wurden grundsätzlich nur Reservisten tschechischer und slowakischer Nationalität eingezogen. Die Reservisten ungarischer Nationalität wurden in der gegebenen Situation nicht eingezogen, weil nicht garantiert werden konnte, wie sie auf die intensive Horthy-Propaganda reagieren und welchen Standpunkt sie zu den Ereignissen in Ungarn einnehmen würden. Spätere Erfahrungen zeigten jedoch, daß das keine richtige Entscheidung war, weil die Bürger ungarischer Nationalität [...] sich wie zuverlässige und treue Bürger der Republik verhielten.« In: SUA Praha, Archiv des ZK der KPTsch, 042, 135, 156.

[35] Bericht über Maßnahmen zur Verstärkung der Kampfbereitschaft der Truppen vom 31. Oktober 1956, in: VHA Praha, MNO-GS, OS 1956, 2, 8-49b.

Dem Raum der östlichen Slowakei sollte entsprechend den Forderungen des Ministers für Nationale Verteidigung erhöhte Aufmerksamkeit gewidmet werden. Außer der erwähnten Aufstockung der 18. Schützendivision auf Friedensstärke entschied das Kollegium deshalb über die Versetzung des 32. Kampfflugzeugregiments aus Trencin auf den Flugplatz in Presov.[36] Gleichzeitig trug das Kommando den Luftstreitkräften auf, daß die 4. und 18. Schützendivision sowie beide Stoßgruppen eine ausreichende Anzahl von Spezialisten zur Lenkung der Flugzeuge auf Bodenziele zur Verfügung gestellt bekommen. Weiterhin sollten zwei selbständige Artillerieabteilungen entstehen, gebildet aus Hörern der Artillerieschule in Hranice in Mähren, die nach ihrer Formierung nach Kosice verlegt werden sollten, um den Artillerieschutz der Grenzen zu verstärken. Der Chef des Generalstabs ordnete gleichzeitig an, zwei Kompanien leichter Flammenwerfer von Liberec nach Kosice zu verlegen. Ab 31. Oktober zog der Kommandostab des 2. Militärbezirks auch die Möglichkeit in Betracht, den Grenzabschnitt Sturovo-Cierna nad Tisou zu verminen.[37]

Ausmaß und Charakter der angeführten Maßnahmen zur Verstärkung der Truppen in der Slowakei entsprach Vorbereitungen auf »eine Veränderung der Situation in der nächsten Zeit«. Ihr evidentes Ziel war – und das bei Ausnutzung aller Mittel –, ein mögliches Eindringen bewaffneter Gruppen ungarischer Aufständischer auf slowakisches Territorium zu verhindern und keinerlei Gefährdung der wirtschaftlich und militärisch wichtigen Verkehrswege in die Sowjetunion zu gestatten. Diese Möglichkeit konnte jedoch hypothetisch nur im Falle eines gewaltsamen äußeren Eingriffs in die Entwicklung Ungarns eintreten.

Am 2. November behandelte das Politbüro des ZK der KPTsch den Bericht A. Novotnys und V. Sirokys über die Konsultation der Delegationen der kommunistischen Parteien der Länder des Warschauer Paktes, auf der die Führung der KPdSU ihre »Partner« über ihre Entscheidung informierte, in Ungarn militärisch zu intervenieren. Man gab dort offensichtlich ebenfalls die Ziele des Operationsplanes zur Liquidierung des Aufstandes bekannt, der auch begrenzte Aufgaben der übrigen Armeen des Ostblocks vorsah. Dies indiziert der Inhalt des Beschlusses des Politbüros des ZK der KPTsch. Dieser Beschluß unterstrich vor allem den übereinstimmenden Standpunkt, den die Delegation des ZK der KPTsch auf der Besprechung mit der Moskauer Führung mit den Worten ausdrückte, »[...] daß alle notwendigen Maßnahmen zur Aufrechterhaltung des volksdemokratischen Regimes in Ungarn durchgeführt werden.« Weiter wurde darin festgehalten, daß »man im Bedarfsfalle damit nicht nur einverstanden sei, sondern auch aktiv daran teilnehme.« Diese verhältnismäßig unklare Formulierung über die aktive Teilnahme wurde durch die Aufgaben für den Minister für Nationale

[36] Nach Presov wurden 38 Flugzeuge vom Typ Il-10 mit drei Sätzen an Bomben und Munition sowie drei Treibstoffsätzen verlegt. Auf dem Flugplatz in Trencin blieben 15 Flugzeuge gleichen Typs.

[37] Zusammengefaßte operative Meldung vom 31. Oktober 1956, 20.00 Uhr, in: VHA Praha, MNO-GS, OS 1956, 2, 8-9b.

Verteidigung und den Innenminister präzisiert, »die aufmerksame und volle Wachsamkeit, Sicherheit und Vorbereitung unserer bewaffneten Kräfte zur Verteidigung der tschechoslowakischen Grenzen zu gewährleisten.«[38] Auf dieser Grundlage gab der Chef des Generalstabs in den frühen Morgenstunden des 3. November dem Kommandeur des 2. Militärbezirks den Befehl, an der Grenze mit Ungarn in Verteidigungsstellung zu gehen.

Die Tätigkeit der tschechoslowakischen Armee an der Südgrenze der Slowakei erlangte damit einen ganz neuen Charakter. Die Organisation ihrer Verteidigung stellte eine qualitativ höhere Stufe dar als die bisherige Verstärkung der Truppen des Innenministeriums und des Grenzschutzes. Der Übergang der tschechoslowakischen Armee in die Verteidigung bildete dabei den zitierten aktiven Anteil der CSR an »allen notwendigen Maßnahmen« zur Aufrechterhaltung des kommunistischen Regimes in Ungarn. Er war Bestandteil des Planes des sowjetischen Generalstabs zur militärischen Unterdrückung des ungarischen Aufstandes. Infolge fehlender grundlegender Archivdokumente kann man meiner Ansicht nach das allgemeine Ziel des militärpolitischen Denkens ungefähr folgendermaßen rekonstruieren: Durch den Aufbau der Verteidigung an den Grenzen der Tschechoslowakei und Rumäniens mit Ungarn bilden diese beiden Staaten aus dem ungarischen Territorium einen relativ geschlossenen Raum, in dem die Liquidierung des Aufstandes eine Angelegenheit der sowjetischen Truppen bleibt. In diesem Sinne ging es wahrscheinlich um die erste koordinierte Aktion der im Warschauer Pakt vereinten Streitkräfte.[39]

Der Befehl des Chefs des Generalstabs der tschechoslowakischen Armee zur Einnahme der Verteidigungsstellung an der Staatsgrenze durch Truppen des 2. Militärbezirks veränderte die Zusammensetzung der Einheiten im Grenzbereich mit Ungarn wesentlich. Er ging von den Vorschlägen aus, die im Kollegium des Ministers für Nationale Verteidigung am 29. Oktober beschlossen worden waren, und ordnete an, die Verteidigung durch organische Einheiten der 4. und 18. Schützendivision, verstärkt durch Formationen spezieller Truppen, aufzubauen.

Einen Teil der Grenze Bratislava-Hamor (17 Kilometer südwestlich von Lucenec) hatte die 4. Schützendivision zu decken, verstärkt durch einen Teil der 205. Panzerabwehr-Artilleriebrigade, das 52. Brückenbauregiment und

[38] Beschluß der 151. Beratung des Politbüros des ZK der KPTsch zum Punkt 1 »Ereignisse in Ungarn«, in: SUA Praha, Archiv des ZK der KPTsch, 02, 2, 120, 151.

[39] Diese Schlußfolgerung unterstützt auch die Tatsache, daß im Unterschied zum ersten Eingriff der sowjetischen Truppen, zu dem der Minister für Nationale Verteidigung, Marschall Schukow, den Befehl gab, die Anordnung zur Vorbereitung und Durchführung der militärischen Liquidierung des Aufstandes dem Kommandanten des sowjetischen Kontingents in Ungarn – einschließlich der Truppenverstärkungen aus der Ukraine – der Oberbefehlshaber der vereinten Streitkräfte des Warschauer Paktes, Marschall Konjew, persönlich erteilte. Auf der Tagung des ZK der KPTsch am 5. und 6. Dezember 1956 unterstrich auch der Chef des Generalstabs der tschechoslowakischen Armee, daß alle Maßnahmen »im engen Zusammenwirken mit dem Stab der vereinten Streitkräfte des Warschauer Paktes durchgeführt wurden«. Vgl. SUA Praha, Archiv des ZK der KPTsch, 01, 51, 55.

das 92. Brückenbaubataillon. Die Hauptstoßrichtung der Division lag im Raum Bratislava, Komarno, Sturovo und Sahy; bei der Organisierung der Verteidigung der Donau hatte der Kommandeur der Division den Brücken in Medvedov, Komarno und Sturovo weiterhin erhöhte Aufmerksamkeit zu schenken. Der Abschnitt Hamor bis zur Grenze mit der UdSSR war der 18. Schützendivision zugewiesen, die durch zwei Artillerieabteilungen der Artillerie-Schule, einen Teil der 205. Panzerabwehr-Artilleriebrigade und zwei Kompanien mit leichten Flammenwerfern verstärkt wurde. Der Kräfteschwerpunkt der Bestrebungen dieses Verbandes war in Richtung Miskolc-Kosice, Sarospatak-Trebisov und Miskolc-Rimavska Sobota orientiert. Außerdem hatte die 18. Schützendivision den Schutz der Eisenbahntrasse im Raum Michalany-Slovenske Nove Mesto-Cierna nad Tisou zu gewährleisten.

Der Chef des Generalstabs ordnete weiter an, daß die Artillerieformationen und -verbände, die bisher Aufgaben wie Schützeneinheiten zu erfüllen hatten, aus dem Grenzbereich abgezogen werden und zur Ergänzung der Kriegstechnik mobile und unterstützende Artilleriegruppen in der Reserve des Kommandeurs des 2. Militärbezirks bilden. Ihm wurden als Reserve auch beide Stoßgruppen unterstellt, wobei der Gruppe im Raum Lest noch ein Regiment der 262. Luftabwehrartilleriebrigade aus Banska Bystrica zugeteilt wurde. Die Reserve des Ministers für Nationale Verteidigung bildeten weiterhin die Hauptkräfte der 3. mechanisierten Division (ohne das 33. Panzer- und das 6. mechanisierte Regiment). Entgegen der ursprünglichen Absicht, sie in der Slowakei zu dislozieren, ordnete der Befehl des Chefs des Generalstabs an, daß sie in den Wäldern nördlich von Bratislava und östlich von Malacky konzentriert werden. Sie hatten auf Eingriffe in Richtung Pezinok-Bratislava oder Pezinok-Sturovo vorbereitet zu sein. Zu ihrem Schutz gegen Luftangriffe wurde die 260. Luftabwehrartilleriebrigade aus Bucovice in Mähren ausgegliedert.

Die Einnahme der neuen Stellungen sollte bis zum 7. November 6.00 Uhr beendet sein. Im Zusammenhang damit und im Hinblick auf die mögliche Entwicklung an der Südgrenze der Slowakei wurde gleichzeitig das Kommandosystem für die Armeeinheiten und die Kräfte des Innenministeriums präzisiert. Der Befehl des Chefs des Generalstabs bestimmte, daß »bis zur Verletzung der Staatsgrenze ihre Bewachung durch Organe des Innenministeriums im engen Zusammenwirken mit Einheiten der tschechoslowakischen Volksarmee geleitet und durchgeführt wird. Im Falle einer Verletzung der Staatsgrenzen durch ungarische bewaffnete Einheiten übernehmen die Kommandeure der Regimenter und Divisionen die Führung und Verantwortung in ihren Abschnitten.«[40]

Am 2. November erfolgte auch die Auswahl der Reservesoldaten zur Ergänzung der zur Sicherung der Grenze eingeteilten Einheiten. Aufgrund der

---

40 Befehl des Chefs des Generalstabs Nr. 1 zur Einnahme der Verteidigungsstellung an den Staatsgrenzen durch Truppen des 2. Militärbezirks, in: VHA Praha, MNO-GS, OS 1956, 2, 8-39b.

festgelegten Grundsätze hatten die territorialen Organe der Militärverwaltung im Bereich des 2. Militärbezirks die Aufstockung der 18. Schützendivision und des 92. Brückenbaubataillons zu sichern und die Organe des 1. Militärbezirks die Ergänzung der 4. Schützendivision. Zu den übrigen Verbänden und Formationen wurden Reservesoldaten aus beiden Militärbezirken eingezogen. Das Einrücken der Reserven begann am 3. November. Auf Befehl des Chefs des Generalstabs schickte die Militärakademie »Klement Gottwald« in Brno gleichzeitig eine Gruppe von 160 Hörern des 3. Jahrgangs zur Verstärkung des Führungskorps der Formationen in die Slowakei.

In der Nacht vom 2. zum 3. November begannen die Hauptkräfte der 3. mechanisierten Division ihren Marsch aus Mähren in die südwestliche Slowakei, in den Nachmittagsstunden des 4. November war die Ergänzung dieser Verbände beendet. Insgesamt wurden 3108 Mann eingezogen, darunter 244 Offiziere und 2864 Soldaten der Reserve, vor allem aus dem Kreis Olomouc. Regimenter, die in die Stoßgruppe im Raum Lest eingegliedert worden waren, wurden um 744 und Formationen, die in den Raum Malacky-Turecky Vrch verlegt worden waren, durch 2764 Soldaten der Reserve verstärkt.[41] Die Konzentration der Kräfte in den Wäldern nordwestlich von Bratislava wurde in der Nacht vom 4. zum 5. November beendet, gleichzeitig begann die Reorganisation der Zusammensetzung weiterer Truppen des 2. Militärbezirks. Im Hinblick auf die bedeutenden Truppenbewegungen ordnete der Kommandeur der 4. Schützendivision an, die Bewachung einiger Grenzabschnitte mit dem Schwerpunkt Donaubrücken zu verstärken. Zum Schutz der Straßenbrücke in Komarno wurden 230 Soldaten, 4 Geschütze und 4 Maschinengewehre ausgegliedert, für die Eisenbahnbrücke in Komarno 16 Soldaten und 2 Maschinengewehre und für die Brücke in Medvedov 104 Soldaten, 8 Geschütze und 8 Maschinengeweh re.[42]

Die Umgruppierung der Kräfte und Mittel zum Schutz der südlichen Grenze der Slowakei wurde in den frühen Morgenstunden des 7. November beendet. Zu diesem Zeitpunkt waren schon alle ausgegliederten Einheiten durch Reservesoldaten aufgefüllt worden. In die Verbände und Formationen – einschließlich der 3. mechanisierten Division – wurden insgesamt 13964 Mann[43] eingezogen, davon in die 4. Schützendivision 3056 und in die 18. Schützendivision 3974 Mann.[44] Zusammen mit den Soldaten im Grundwehrdienst und den Kadern im Führungskorps hatten die Schützenverbände in der Slowakei eine Stärke von ungefähr 6000 bis 8000 Mann erreicht.

[41] Zusammengefaßte operative Meldung vom 5. November 1956, 8.00 Uhr, in: VHA Praha, MNO-GS, OS 1956, 1, 8-10b.

[42] Kriegstagebuch, Eintragung vom 3. November 1956, in: VHA Praha, MNO-GS, OS 1956, 2, 8-49b.

[43] Zusammengefaßte operative Meldung vom 7. November 1956, 20.00 Uhr, in: VHA Praha, MNO-GS, OS 1956, 2, 8-13b.

[44] Zusammengefaßte operative Meldung vom 7. November 1956, 8.00 Uhr, in: VHA Praha, MNO-GS, OS 1956, 2, 8-12b.

Die neu zusammengesetzten Einheiten teilten den Grenzbereich in zwei Verteidigungsabschnitte, wobei die erste Verteidigungswelle durch die Schützenregimenter der 4. und 18. Schützendivision gebildet wurde. Im Zusammenwirken mit den Truppen des Innenministeriums hatten sie im Falle einer Grenzverletzung den Vormarsch von Gruppen ungarischer Aufständischer aufzuhalten oder zu verlangsamen und Voraussetzungen für einen wirksamen und rechtzeitigen Einsatz der Reserven zu schaffen. Kommandeur des ersten Abschnitts Bratislava-Hamor wurde erneut der Kommandeur der 4. Schützendivision, Oberst I. Dzamko. Seine Kommandostelle befand sich in Nove Zamky, eine Reserve in Bratislava. Die Schützenformationen der Division waren an der Grenzlinie so verteilt, daß das 9. Schützenregiment die Verteidigung im Abschnitt Devin-Male Kosiny (12 Kilometer südöstlich von Calovo) übernahm, das 7. Schützenregiment befand sich in Verteidigungsstellung im Raum Male Kosiny-Vyskovce (8 Kilometer westlich von Sahy), und das 8. Schützenregiment sicherte den Abschnitt Vyskovce-Hamor. Den Schutz der Donau gewährleisteten außerdem Posten- und Wachboote des 52. Brückenbauregiments und des 92. Brückenbaubataillons.

Der Kommandeur des zweiten Verteidigungsabschnitts Hamor-Cierna nad Tisou wurde der Stellvertreter des Kommandeurs der 18. Schützendivision, Oberstleutnant P. Andrejcik. Seine Kommandostelle war in Kosice, Ausweichstellen in Trebisov und Rimavska Sobota. Einen Teil der Grenze Hamor-Plesivec verteidigte das 63. Schützenregiment, den Abschnitt Plesivec-Brezina (10 Kilometer südwestlich von Trebisov) das 64. Schützenregiment, und an der Linie Brezina-Cierna nad Tisou war das 55. Schützenregiment stationiert.[45]

Die Tiefe der Formation bildeten Reserven der Verbandskommandeure, des Bezirkskommandeurs und des Ministers für Nationale Verteidigung. Außerdem wurde der 18. Schützendivision aufgrund eines Befehls des Chefs des Generalstabs ein Teil der 64. Pionierbrigade zugeteilt, die als mobile Sperrstaffel dienen sollte. Dem Kommandeur der Stoßgruppe in Lest war zeitweilig das 6. Pionierbataillon mit der gleichen Aufgabe unterstellt. Die Einheiten aus Hörern der Nachrichten- und Kraftfahrzeugschulen wurden in ständigen Garnisonen zusammengezogen, wo sie in der Reserve des Bezirkskommandeurs verblieben. Ein Teil der Hörer ergänzte die Formationen der Spezialtruppen.

Unmittelbar nach der Umgruppierung der Kräfte und des Materials im Grenzbereich zu Ungarn gab der Generalstab der tschechoslowakischen Armee am 8. November einen Maßnahmeplan zur Verstärkung der Kampfbereitschaft aller Truppen der CSR aus. Ähnlich wie in den anderen Armeen des Warschauer Paktes ging es um eine Aktion, die den Verlauf der sowjetischen Politik im Hinblick auf die Entwicklung im Nahen Osten begleitete. Der Plan betraf vor allem die Truppen des 1. Militärbezirks, die Luftwaffe

[45] Zusammengefaßte operative Meldung vom 6. November 1956, 8.00 Uhr, vom 7. November 1956, 8.00 Uhr und 20.00 Uhr, in: VHA Praha, MNO-GS, OS 1956, 2, 8-12b.

und die Truppen der territorialen Luftverteidigung unter besonderer Berücksichtigung der an der Westgrenze der Tschechoslowakei stationierten Verbände.[46] Die Tätigkeit der Einheiten des 2. Militärbezirks, besonders derer, die zur Sicherung der Südgrenzen der Slowakei ausgegliedert waren, beeinflußte er folglich nur teilweise. Auf der Grundlage dieses Befehls wurden einige Luftabwehrartillerieeinheiten zum Schutz größerer Städte und industrieller Zentren abgezogen, aus der Unterstellung der 18. Schützendivision zwei Kompanien mit leichten Flammenwerfern herausgelöst und am 9. November nach Liberec zurückgeschickt.[47] Der Maßnahmeplan zur Erhöhung der Kampfbereitschaft wurde vom 13. November an schrittweise aufgehoben.

Die Grundzusammensetzung der Einheiten der ersten Welle wurde von den Kommandeuren beider Verteidigungsabschnitte entsprechend den Berichten der militärischen Aufklärung der Organe des Innenministeriums über die Entwicklung der Situation in Ungarn, aber auch auf Ersuchen der Vertreter der sowjetischen Armee, präzisiert, unter deren Druck sich der Manövrierraum der ungarischen Aufständischen und ihre Anzahl schnell verkleinerte. Einer ihrer letzten Zufluchtsorte wurde das bewaldete Hügelland zwischen der Stadt Tatabanya und dem Fluß Bodrog südlich der slowakischen Grenze. Vom 6. bis zum 10. November wurden hier einige größere Gruppen Aufständischer festgestellt, die mit leichten und schweren Waffen ausgerüstet waren. Sie befanden sich vor allem im Raum Ostrihom-Szob (ungefähr 1000 Mann), nordöstlich von Ozd (bis 2000 Mann) und im Raum Putnok-Satoraljauhely (2000 Mann).

Auf der Grundlage von Informationen über Vorbereitungen zu ihrer Liquidierung durch sowjetische Einheiten entschied der Kommandeur des 2. Militärbezirks, die Verteidigung einiger Grenzabschnitte zu verstärken. Auf Empfehlung von Generaloberst Pawlowsky vom Generalstab der sowjetischen Armee gab er am 10. November einen Befehl zum Ausrücken der Panzerreserven der 4. Schützendivision – ihren Kern bildete das 9. Panzer-

[46] Der Plan basierte auf dem Gedanken einer schrittweisen Steigerung der Bereitschaftsmaßnahmen der Truppen des Warschauer Paktes im Hinblick auf die mögliche Erhöhung der internationalen Spannung und gleichzeitig als Mittel des militarischen und psychologischen Drucks auf die westlichen Staaten. (»Wir sind fest entschlossen, die Aggressoren durch Stärke zu vernichten und den Frieden im Nahen Osten zu erneuern.« Aus der Botschaft des Vorsitzenden des Ministerrats der UdSSR N.A. Bulganin an den britischen Premierminister A. Eden, in: Rude Pravo vom 6. November 1956). Der Chef des Generalstabs der tschechoslowakischen Armee ordnete auf der Grundlage des angeführten Plans mit sofortiger Wirkung an, die Fliegerverbände auf Reserveflugplätze zu verteilen, die Flugabwehrartillerie, die funktechnischen Formationen, den Truppenmeldedienst und die Einheiten der chemischen Abwehr zu aktivieren. In den Grenzdivisionen Westböhmens wurden Panzereinheiten, Selbstfahrlafetten-Einheiten sowie vorgeschobene Staffeln in Bereitschaft versetzt. Für die zweite Etappe der erhöhten Kampfbereitschaft bereitete der Generalstab Sperrflüge der Jagdflieger im Grenzgebiet vor, einen Plan zur Entfaltung operativer Sperren, den Abmarsch der Divisionen aus ihren Friedensgarnisonen und der Stäbe in Feldstellungen. In dieser Etappe war auch die Einberufung weiterer Reservisten zu außerordentlichen Übungen vorgesehen.

[47] Zusammengefaßte operative Meldung vom 9. November 1956, 20.00 Uhr, in: VHA Praha, MNO-GS, OS 1956, 2, 8-15b.

/Selbstfahrlafettenregiment – in den Raum Sturovo-Slovenske Darmoty.[48] Nach Kooperationsabsprachen mit Oberst Nekrassow von der Operationsabteilung des Stabes des Karpaten-Militärbezirks in Uzhorod ordnete er auch an, die Verteidigung südlich von Kosice durch das 10. Panzer-/Selbstfahrlafettenregiment aus Humenne zu verstärken.[49] Zur Führung der Einheiten der 18. Schützendivision, vor deren Verteidigungsabschnitt die Liquidierung der Gruppen ungarischer Aufständischer größtenteils stattfinden sollte, entsandte er den Chef des Stabes des 2. Militärbezirks, Generalmajor Svitacek.

Der Kommandeur der 18. Schützendivision stand zu dieser Zeit in ständiger Verbindung mit dem Kommando der an der slowakischen Grenze operierenden sowjetischen Truppen. Die Verbindung im Raum der slowakischen Gemeinde Vysne Nemecke, ungefähr 5 Kilometer nordwestlich von Uzhorod, wurde durch Verbindungsoffiziere beider Armeen sichergestellt.[50] In der Nacht vom 9. zum 10. November wurde in Vysne Nemecke das Zusammenwirken zwischen Vertretern der 18. Schützendivision und der sowjetischen Armee organisiert. Ziel war die Sicherstellung der Liquidierung von Aufständischen auf ungarischem Territorium im Waldmassiv unterhalb von Kosice. Als Vertreter der 18. Schützendivision nahmen daran teil der Chef des Stabes, Major Krejci, mit zwei operativen Offizieren und ein sowjetischer Berater beim Divisionskommandeur, Oberst Glintschikow. Die sowjetische Delegation wurde von dem bereits genannten Oberst Nekrassow geleitet. Den Einheiten der tschechoslowakischen Armee hat man dort erneut ihre Aufgabe eingeschärft, »die Grenze dicht zu halten und einen Übergang aufständischer Gruppen auf unser Territorium nicht zu erlauben.«[51]

Die Organisation des Zusammenwirkens in Vysne Nemecke ging in den frühen Morgenstunden des 11. November weiter, jetzt bereits in Anwesenheit des Stabschefs vom Kommando des 2. Militärbezirks, Generalmajor Svitacek, und des beauftragten Kommandeurs der 18. Schützendivision, Oberstleutnant Andrejcik. Die Vertreter der sowjetischen Armee informierten ausführlich über Aktionen, die am 10. November gegen die aufständischen Gruppen an der slowakisch-ungarischen Grenze eingeleitet worden waren. Gleichzeitig empfahlen sie dem Kommandeur der 18. Schützendivision, den Schutz der Grenzlinie im Abschnitt Sväty Kral (11 Kilometer südlich von Safarikovo, heute Tornala)-Buzica und Trstena bei Hornad (16 Kilometer südöstlich Kosice)-Michalany zu verstärken. Aufgrund dieses Ersuchens ordnete der Divisionskommandeur eine teilweise Umgruppierung der Kräfte des 63., 64. und 65. Schützenregiments an. Für den Fall eines

[48] Zusammengefaßte operative Meldung vom 11. November 1956, 8.00 Uhr, in: VHA Praha, MNO-GS, OS 1956, 2, 8-16b.

[49] Zusammengefaßte operative Meldung vom 10. November 1956, 20.00 Uhr, in: VHA Praha, MNO-GS, OS 1956, 2, 8-15b.

[50] Zusammengefaßte operative Meldung vom 7. November 1956, 20.00 Uhr, in: VHA Praha, MNO-GS, OS 1956, 2, 8-13b.

[51] Zusammengefaßte operative Meldung vom 10. November 1956, 8.00 Uhr, in: VHA Praha, MNO-GS, OS 1956, 2, 8-15b.

Durchbruchs der Aufständischen über die Grenze und der Aufstellung der Einheiten der ersten Welle hatte weiterhin das 10. Panzer-/Selbstfahrlafettenregiment aus der Reserve des Divisionskommandeurs einen Eingriff in Richtung Kosice-Keked und Kosice-Moldava nad Bodvou vorzubereiten. Der Kommandeur des 2. Militärbezirks befahl zugleich der 22. Luftlandebrigade, daß sie sich auf die Einnahme der Verteidigungslinien Panovce (4 Kilometer nordwestlich von Moldava nad Bodvou)-Saca und Secovce-Zemplinska Teplica vorbereite. Zur laufenden Präzisierung und Abstimmung zwischen tschechoslowakischen und sowjetischen Einheiten wurden eine direkte Telefonleitung Kosice-Uzhorod eingerichtet und Signale für die gegenseitige Truppenerkennung vereinbart.[52]

Maßnahmen zur Verstärkung einiger Abschnitte der Regimenter der ersten Welle unternahm auch der Kommandeur der 4. Schützendivision. Auf Ersuchen der Organe der Grenztruppen entschied er, daß die Regimentsbefehlshaber aus ihren Reserven Soldaten in Stärke von Gruppen bis Zügen zu den Verteidigungsstellungen in den Räumen Hrusov, Medvedov, Komarno, Sturovo, Sahy, Slovenske Darmoty und Modry Kamen entsenden.[53]

In den Tagen, als die sowjetischen Truppen die aufständischen Gruppen an der slowakisch-ungarischen Grenze liquidierten, wurde auf dem Territorium der Slowakei die höchste Konzentration der militärischen Kräfte erreicht. Zum 12. November kalkulierte man die Zusammensetzung der gesamten Verteidigungsgruppierung der Armee mit folgenden Zahlen: 26658 Mann (davon 13185 Reservisten), 358 Panzer, 141 Selbstfahrlafetten, 609 Geschütze anderen Typs und 82 einsatzfähige Flugzeuge. Davon wurden in der ersten Welle – bei den Einheiten der 4. und 18. Schützendivision – 14333 Mann eingesetzt (davon 9024 Reservesoldaten), 64 Panzer, 64 Selbstfahrlafetten und 318 Geschütze anderen Typs. Die Reserve des Kommandeurs des 2. Militärbezirks bildeten 5890 Mann (davon 1816 Reservisten), 131 Panzer, 9 Selbstfahrlafetten und 135 Geschütze anderen Typs. Die übrigen Mannschaften und deren Kriegsgerät gehörten zur Reserve des Ministers für Nationale Verteidigung.[54] Mit kleineren Veränderungen blieben die militärischen Einheiten in dieser Größenordnung bis zum 20. November erhalten.[55]

---

52 Zusammengefaßte operative Meldung vom 11. November 1956, 20.00 Uhr, in: VHA Praha, MNO GS, OS 1956, 2, 8-16b.

53 Zusammengefaßte operative Meldung vom 12. November 1956, 8.00 Uhr, in: VHA Praha, MNO-GS, OS 1956, 2, 8-17b.

54 Lagekarte der Truppen des 2. Militärbezirks, der Reserven des Ministeriums für Nationale Verteidigung, der Formationen der territorialen Luftabwehr und der Luftwaffe vom 12. November 1956, 8.00 Uhr, in: VHA Praha, MNO-GS, OS 1956, 2, 8-49b. Die angeführten Zahlen zur Kriegstechnik sind jedoch mit Einschränkungen zu sehen. Eine Reihe von Panzern und Selbstfahrlafetten war nicht fahrtüchtig und stark abgenutzt. Mängel gab es auch bei den Flugzeugen und anderem Gerät.

55 Eine Übersicht der Zahlen über Mannschaften und Kriegstechnik zum 18. November, 6.00 Uhr, zeigte, daß sich in den Verteidigungseinheiten der Truppen in der Slowakei insgesamt 27753 Mann (davon 13328 Soldaten der Reserve), 332 Panzer, 130 Selbstfahrlafetten, 564 Geschütze anderen Typs und 82 einsatzfähige Flugzeuge befanden. Bei den Einheiten der 4. und

Zu einer ausgedehnteren Verletzung der Grenzen durch ungarische Aufständische und zu Auseinandersetzungen mit Einheiten der tschechoslowakischen Armee kam es jedoch nicht. Die sowjetischen Truppen kombinierten direkte Angriffsaktionen gegen ungarische Abteilungen mit Umzingelungsmanövern und unterstützenden Schlägen »entlang der tschechoslowakischen Grenze mit dem Ziel, zu verhindern, daß Aufständische auf das Territorium der CSR gedrängt werden.«[56] In den Nachmittagsstunden des 13. November gelang es dennoch einer Gruppe von sieben Aufständischen, im Raum Vcelare (20 Kilometer südöstlich von Roznava) in die Slowakei zu gelangen. Die Gruppe wurde durch das Feuer von Angehörigen der Truppen des Innenministeriums aufgehalten und kehrte wahrscheinlich nach Ungarn zurück. Die Fahndungsaktion einer militärischen Einheit aus Roznava in Stärke von 60 Soldaten endete ohne Ergebnis.[57] Das war im Grunde der einzige größere Versuch einer Gruppe ungarischer Aufständischer, die Grenze zu überschreiten.[58]

Nach Berichten der Truppenaufklärung ergaben sich unter dem Druck sowjetischer Einheiten Aufständische im Raum Ozd am 11. November, bis zum 16. November »säuberten« motorisierte und Infanterieeinheiten der sowjetischen Armee das Waldmassiv westlich Satoraljaujhely, und am 17. November endeten die Kämpfe auch im Raum Ostrihom-Szob. Trotz fortgesetzten Widerstands kleinerer Gruppen von Aufständischen übernahmen die Kontrolle über das Gebiet an der slowakischen Grenze schrittweise Abteilungen der sowjetischen Okkupationstruppen und der ungarischen Grenzwacht, die der neuen »Revolutionären Arbeiter- und Bauern«-Regierung in Budapest treu ergeben war. Ihre Anstrengungen – zusammen mit der politischen und wirtschaftlichen Unterstützung durch Regierungen der übrigen Staaten des Warschauer Paktes –, das totalitäre politische und gesellschaftliche Machtsystem im Lande zu erneuern, bildeten die Voraussetzung zur Verringerung der Einheiten der tschechoslowakischen Armee an der slowakisch-ungarischen Grenze.

Schon am 14. November wurden durch den Befehl des Chefs des Generalstabs die ersten größeren Einheiten, bestehend aus Hörern der Infanterie-, Artillerie- und Panzerschulen, in ihre Garnison zurückverlegt. Drei Tage

---

18. Schützendivision befanden sich 14103 Mann (davon 9069 Reservisten), 62 Panzer, 62 Selbstfahrlafetten und 302 Geschütze anderen Typs. Die Reserven des Kommandeurs des 2. Militärbezirks bildeten 5999 Mann (davon 1814 Soldaten der Reserve), 101 Panzer und 139 Geschütze. Vgl. Zusammengefaßte operative Meldung vom 18. November 1956, 8.00 Uhr, in: VHA Praha, MNO-GS, OS 1956, 2, 8-24b.

[56] Zusammengefaßte operative Meldung vom 11. November 1956, 20.00 Uhr, in: VHA Praha, MNO-GS, OS 1956, 2, 8-16b.

[57] Zusammengefaßte operative Meldung vom 14. November 1956, 8.00 Uhr, in: VHA Praha, MNO-GS, OS 1956, 2, 8-22b.

[58] Außerdem wurden am 18. November im Raum Siatoros (10 Kilometer südlich von Filakovo) vier mit Pistolen bewaffnete Soldaten der ungarischen Armee durch Angehörige des Grenzschutzes verhaftet. Es wurde jedoch nicht nachgewiesen, daß es sich um Aufständische handelte. Vgl. Zusammengefaßte operative Meldung vom 20. November 1956, 8.00 Uhr, in: VHA Praha, MNO-GS, OS 1956, 2, 8-26b.

später, am 17. November, hat man von dem Brückenkopf bei Bratislava einen Teil der Einheiten der 4. Schützendivision abgezogen, und vom 21. November an weitere Formationen in ihre Garnisonen beordert. Zur gleichen Zeit wurden aus dem Raum Malacky-Turecky Vrch auch Regimenter der 3. mechanisierten Division zurückgeführt, das 32. Kampffliegerregiment nach Trencin zurückversetzt und am 23. November auf Beschluß des Ministers für Nationale Verteidigung die Stoßgruppe in Lest aufgelöst. Die Formationen des 2. Militärbezirks, die in ihre ständigen Garnisonen beordert worden waren, blieben allerdings in Bereitschaft.

Die Aufgaben der militärischen Einheiten, die weiter im Grenzbereich wirkten, erhielten wieder den Charakter einer verstärkten Grenzbewachung. Im Hinblick darauf ordnete der Chef des Generalstabs an, daß im Zusammenhang mit dem vorbereiteten Austausch der Reservesoldaten erneut – allerdings in beschränktem Maße – nur die motorisierten Formationen des Bezirks und der Divisionen, Schützenregimenter der 18. Division, das 8. Schützenregiment der 4. Division und das 92. Brückenbaubataillon zu ergänzen seien. Aufgrund dieser Anweisungen veränderte der Kommandeur des 2. Militärbezirks teilweise die Aufstellung der 4. Schützendivision. Wesentlich reduziert wurde auch die Zahl der Soldaten, die für die Kooperation mit Einheiten des Innenministeriums eingeteilt worden waren – bei der 4. Schützendivision auf 400 Mann und bei der 18. Schützendivision auf 393 Mann. Die Patrouillen auf der Donau hatten 4 Motorboote vom 52. Brückenbauregiment und 3 Boote vom 92. Brückenbaubataillon durchzuführen.[59]

Die Reservesoldaten wurden am 3. Dezember ausgetauscht. Aus den Formationen und Verbänden, die an der Grenzsicherung teilgenommen hatten, wurden insgesamt 14711 Mann entlassen, die in den Tagen vom 27. Oktober bis zum 6. November zu außerordentlichen militärischen Übungen einberufen worden waren.[60] An ihrer statt wurden 1573 neue Reservisten eingezogen, davon 952 zu motorisierten Einheiten und 621 zu Formationen, die bisher verstärkte Patrouillen- und Wachdienste im Grenzbereich gewährleistet hatten.[61]

Die schnelle »Beruhigung« der Situation an der Grenze zu Ungarn wurde am 2. Dezember gestört durch den Versuch einer Gruppe von ungefähr 10 bewaffneten ungarischen Staatsbürgern, im Raum südlich von Modry Kamen slowakischen Boden zu betreten. Am Schußwechsel waren aber diesmal keine Soldaten der tschechoslowakischen Armee beteiligt.[62] Es handelte sich

[59] Zusammengefaßte operative Meldung vom 28. November 1956, 8.00 Uhr, in: VHA Praha, MNO-GS, OS 1956, 2, 8-34b.

[60] Nach zusammenfassenden Angaben des Generalstabs wurden in dieser Zeit insgesamt 14840 Soldaten der Reserve, davon 1028 Offiziere und 13812 Unteroffiziere und Mannschaften, einberufen. Bericht des Chefs des Generalstabs über die Auswertung der Erfahrungen bei den Maßnahmen in der Zeit der außerordentlichen Ereignisse in Ungarn, in: VHA Praha, MNO-SM, KM 1957, 1, 1-3.

[61] Ebenda sowie zusammengefaßte operative Meldung vom 29. November 1956, 8.00 Uhr und vom 4. Dezember 1956.

[62] Zusammengefaßte operative Meldung vom 3. Dezember 1956, 8.00 Uhr, in: VHA Praha, MNO-GS, OS 1956, 2, 8-38b.

eigentlich um den letzten Zwischenfall, der an den unterdrückten Aufstand in Ungarn erinnerte. Nach dem 9. Dezember, als der Generalstab in Prag das Kriegstagebuch beendete, wurde an den Südgrenzen der Slowakei schrittweise normaler Dienstbetrieb eingeführt. Nach Aufzeichnungen der Organe des Innenministeriums wurden alle Maßnahmen zur Verstärkung der Grenzbewachung zum 21. Dezember aufgehoben.[63]

Die Tätigkeit der tschechoslowakischen Armee an der slowakisch-ungarischen Grenze kann nicht bewertet werden, ohne die Veränderung ihres Charakters im Zusammenhang mit der Entwicklung in Ungarn zu berücksichtigen. Von diesem Standpunkt aus ist es offensichtlich, daß in der Zeit vom 25. Oktober bis zum 3. November ausgegliederte militärische Einheiten »ausschließlich« am Schutz des totalitären Regimes in der Tschechoslowakei vor einer möglichen Beschädigung durch »konterrevolutionäre« Tendenzen des ungarischen Aufstandes teilnahmen. Diese Aufgabe blieb im Grunde auch nach dem 3. November bestehen. Die Entscheidung der politischen Führung der UdSSR über ein militärisches Eingreifen in Ungarn und seine Ziele veränderten aber ihr Ausmaß. Der reorganisierte Verband der Einheiten der tschechoslowakischen Armee wurde zum Bestandteil des Planes des sowjetischen Generalstabs zur bewaffneten Liquidierung des ungarischen Aufstandes. Obwohl Einheiten der tschechoslowakischen Armee an dessen Unterdrückung zweifellos nicht unmittelbar teilnahmen, unterstützten sie durch ihre Tätigkeit in dieser Phase indirekt das Eingreifen der sowjetischen Truppen.

Das Kommando der tschechoslowakischen Armee befand sich von Anfang an in einer sehr schwierigen Situation. Es ging nicht nur um den erwähnten Zustand der Truppen und den Prozeß der Reorganisation der Armee. Die Berichte und Informationen über die Entwicklung in Ungarn, die der Generalstab auswertete, waren oft widersprüchlich und sogar chaotisch. Das Zusammenwirken mit den Organen des Innenministeriums war nicht ausreichend, negative Auswirkungen zeitigten auch die »führende Rolle« der zentralen Organe der KPTsch und das ideologische Herangehen an Aufgaben der Armee. Schrittweise erhöhte sich auch das »Interesse« der sowjetischen militärischen Berater an der Tätigkeit der Truppen in der Slowakei. An den Verhandlungen des Kollegiums des Ministers für Nationale Verteidigung, das die angeführten Aufgaben löste, und an der Arbeit im Generalstab nahmen Vertreter der sowjetischen Armee wie Generalleutnant Bojkow, Generalleutnant Korotkow, Generalmajor Gritschin, Generalmajor Toronenko und andere teil. Diese »Zusammenarbeit« wurde auch auf niedrigere Kommandoebenen übertragen.

Eines ihrer wichtigsten Ergebnisse waren Erfahrungen bei der um eine Koordinierung des Vormarsches der tschechoslowakischen und sowjetischen Truppen beiderseits der Grenze. Außer den angeführten Fällen der Organisation des Zusammenwirkens und der Herstellung von Verbindungen zwischen

[63] Sicherheitsmaßnahmen – Ungarische Ereignisse, in: AMP Bratislava, kart. 18/1, KP-898, 78.

einigen weiteren Einheiten[64] entsprach jedoch das gesamte Niveau der Zusammenarbeit beider Armeen offensichtlich nicht den Erwartungen. Noch am 6. November machte der Chef des Generalstabs den Kommandeur des 2. Militärbezirks darauf aufmerksam, daß »die Verbindung mit Einheiten der sowjetischen Armee am südlichen Ufer der Donau, hauptsächlich im Raum Medvedov und Komarno, ungenügend ist.«[65] Es kam auch zu einigen Mißverständnissen und Zwischenfällen. Der bedeutsamste ereignete sich am 4. November, als in den Luftraum über Komarno zwei Flugzeuge vom Typ MIG-17 mit sowjetischen Hoheitszeichen durchbrachen und nach Annäherung der Jagdflugzeuge vom 2. Jagdfliegerregiment aus Bratislava »durch Richtungs- und Höhenmanöver auf ungarisches Territorium entkamen«. Am gleichen Tag griffen zwei sowjetische Flugzeuge gleichen Typs über Piestany an und beschädigten ein Flugzeug vom Typ Il-10 des 30. Kampffliegerregiments. Der Chef des Luftwaffenkommandos des tschechoslowakischen Generalstabs verbot deshalb »bis zur Klärung der Fragen des Zusammenwirkens mit der sowjetischen Luftwaffe der 34. Kampffliegerdivision das Aufsteigen«[66].

Tschechoslowakische Einheiten griffen in die bewaffneten Konflikte in der Nähe der slowakisch-ungarischen Grenze und an deren Linien nicht ein. Bestimmte »Gelegenheit« dazu hätten sie vor allem in der Anfangsetappe des revolutionären Ausbruchs in Ungarn gehabt. Kommandanten der ungarischen Grenzkräfte, die dem kommunistischen Regime treu ergeben waren, forderten in dieser Zeit einige Male militärische Hilfe im Kampf gegen die Aufständischen an. Die Kommandoorgane der tschechoslowakischen Armee lehnten es jedoch ab, diese zu gewähren.[67] Diese »Waffenruhe« wurde in vereinzelten Fällen auch von Verletzung des slowakischen Luftraums durch die ungarische Luftwaffe, der Beschießung slowakischen Territoriums oder bei Grenzverletzungen durch ungarische militärische Einheiten eingehalten.[68]

[64] Am 2. und 3. November wurde zum Beispiel eine Verbindung zwischen den Formationen der 9. Schützendivision und sowjetischen Panzereinheiten an den Brücken in Komarno geknüpft. Vgl. Zusammengefaßte operative Meldung vom 2. November 1956, 8.00 Uhr und vom 3. November 1956, 8.00 Uhr, in: VHA Praha, MNO-GS, OS 1956, 2, 8-10b.

[65] Anordnung des Chefs des Generalstabs zur Beseitigung der Mängel bei den Truppen des 2. Militärbezirks, in: VHA Praha, MNO-GS, OS 1956, 2, 8-12b.

[66] Zusammengefaßte operative Meldung vom 4. November 1956, 20.00 Uhr, in: VHA Praha, MNO-GS, OS 1956, 2, 8-10b.

[67] Am 26. Oktober zum Beispiel überschritt im Verlaufe des Kampfes der Aufständischen mit einem Bataillon der ungarischen Grenzwacht in Mosonmagyarovar ihr Kommandant »unsere Grenze bei Rusovec und forderte zwei Kompanien zur Unterstützung. Diese wurde nicht gewährt.« Vgl. Zusammengefaßte operative Meldung des Generalstabes vom 26. und 27. Oktober 1956, in: VHA Praha, MNO-GS, OS 1956, 2, 8-4b.

[68] Zur Verletzung des Luftraums durch ungarische Flugzeuge kam es am 30. Oktober bei Sturovo und am 3. November bei der Gemeinde Sahy. In beiden Fällen handelte es sich wahrscheinlich um Aufklärungsflüge der Aufständischen. Am Morgen des 27. Oktober gaben ungarische Panzer einige Schüsse auf die Eisenbahnstationen in Sturovo und Kamenice nad Hronom ab, und am 7. November gab es einen Schußwechsel mit einer von Ungarn aus beschossenen Militärwache im Raum Vrbovka (südlich Modry Kamen). Vgl. Zusammengefaßte operative Meldung vom 26. und 27. Oktober, 30. Oktober, 3. November und 8. November 1956, in: VHA Praha, MNO-GS, OS 1956, 2, 8-4b; 2, 8-9b; 2, 8-10b; 2, 8-14b.

Die Tätigkeit der Armee bestand deshalb vor allem in der Einschränkung illegaler Grenzübertritte aus Ungarn in die CSR.

In der Zeit vom 23. Oktober bis zum 19. November nahmen Soldaten und Angehörige der Verbände des Innenministeriums insgesamt 420 Personen bei Grenzübertrittsversuchen fest. Von ihnen waren 26 Personen – davon 17 bewaffnet – der »konterrevolutionären« Tätigkeit verdächtig. Ferner handelte es sich um 36 Angehörige der ungarischen Streitkräfte und 82 Funktionäre politischer und staatlicher Organe, die Schutz vor den Aufständischen suchten. Bei der Mehrheit der Festgehaltenen – insgesamt 276 Personen – stellte sich bei der Vernehmung als Grund für den Grenzübertritt der Einkauf von Lebensmitteln, schlechte Orientierung im Gelände oder Flucht vor der unsicheren Situation in Ungarn zu Verwandten in die Slowakei heraus.[69]

Der Einsatz militärischer Einheiten an der ungarischen Grenze hatte demnach vor allem politische Bedeutung. Den dramatischen Abschluß der Ereignisse im Nachbarland wertete das kommunistische Machtzentrum in der Tschechoslowakei noch vor deren Höhepunkt Ende Oktober als »sehr schweren Schlag gegen den großen Gedanken des proletarischen Internationalismus und der Solidarität der Werktätigen [...], der den Einfluß des sozialistischen Lagers und die Autorität der Sowjetunion schwächt.«[70] Bis zur Übernahme der These über den Ausbruch eines »konterrevolutionären Putsches« in Ungarn und über den »Verrat der revisionistischen Gruppe um I. Nagy« hielt man die Maßnahmen an der slowakisch-ungarischen Grenze im wesentlichen für eine interne Angelegenheit der CSR. Erst in der neuen Situation, als die Verpflichtung ausgerufen wurde, »aus ganzer Kraft diejenigen zu unterstützen, die für den Schutz der Volksdemokratie und des Sozialismus in Ungarn eintreten«[71], betrachtete man die Tätigkeit der Armee – ähnlich wie das Eingreifen der sowjetischen Truppen – schon aus dem Blickwinkel der »internationalen Pflicht«.[72]

---

[69] Bericht über die Vorbereitung und den moralisch-politischen Stand der Verbände des Innenministeriums während der außerordentlichen Maßnahmen im Zusammenhang mit den Ereignissen in Ungarn, Polen und Ägypten, in: Tagung des Politbüros des ZK der KPTsch am 21. Dezember 1956, in: SUA Praha, Archiv des ZK der KPTsch, 02, 2, 126, 162. Aus anderem Material geht hervor, daß im Zeitraum vom 23. Oktober bis zum 28. November 1368 ungarische Bürger illegal auf slowakisches Territorium kamen. Davon wurden 1264 nach Ungarn zurückgeschickt und der Rest – 104 Personen – wegen Verdachts konterrevolutionärer Tätigkeit in Untersuchungshaft genommen. Vgl. Bericht über den Aufenthalt und Übertritt ungarischer Bürger auf das Territorium der CSR, in: Tagung des Polibüros des ZK der KPTsch vom 3. Dezember 1956, in: SUA Praha, Archiv des ZK der KPTsch, 02, 2, 126, 158.

[70] Referat des Sekretärs des ZK der KPTsch, F. Cernik, auf der Tagung des erweiterten Bezirksaktivs der KPTsch in Ostrava am 25. Oktober 1956, in: SUA Praha, Archiv des Instituts für Marxismus/Leninismus des ZK der KPTsch, 19, 1, 5125.

[71] Schriftliches Material über die Ereignisse in Ungarn und Polen. Brief des ZK der KPTsch an die Bezirksausschüsse der Partei und das Zentralkomitee der Kommunistischen Partei der Slowakei vom 2. November 1956, in: VHA Praha, MNO-HPS 1956, 15-1, 5-1b.

[72] Bei einer Bewertung der Situation während der ungarischen Ereignisse führte A. Novotny auf der Tagung des ZK der KPTsch am 5. und 6. Dezember 1956 in seinem Referat aus, daß »wir uns stolz zu der Haltung bekennen, die wir eingenommen hatten, als wir auf Anfrage der sowjetischen Genossen völlig mit ihrem Standpunkt übereinstimmten, den revolutionären Kräf-

Es versteht sich von selbst, daß für die zentralen Organe der KPTsch und für die Armeeführung in den beschriebenen Zusammenhängen die Frage der politischen Zuverlässigkeit der ausgesuchten militärischen Einheiten Priorität hatte. Systematisch beobachtete man die Tätigkeit militärpolitischer Organe und die Entwicklung der Beziehungen zwischen Armee und Bevölkerung in der südlichen Slowakei. Die konkreten Maßnahmen richteten sich auf die Festigung der »politischen Einheit« der Truppen und bezweckten vor allem die »Erlangung einer hohen Kampfbereitschaft sowie die Vorbereitung und Erziehung der Soldaten zum Haß gegen die faschistischen Banden, die den bewaffneten Kampf gegen die Sache des Sozialismus in Ungarn entfesselt haben.«[73]

Unmittelbar nach der Herausgabe der Anordnung über die Verstärkung der Grenzsicherung überprüfte die Politische Hauptverwaltung des Ministeriums für Nationale Verteidigung die »moralisch-politischen Profile und Fähigkeiten« der Befehlshaber der eingesetzten Verbände und ihrer politischen Stellvertreter. Auf der Grundlage der Bewertung ihrer sozialen Herkunft, Nationalität, Mitgliedschaft in der KPTsch, des politischen Engagements, der charakterlichen Eigenschaften und der fachlichen Qualifikation kam sie zu dem Schluß, daß bei ihnen »keine grundsätzlichen Mängel« vorlägen und deshalb die »Erfüllung der aufgetragenen Aufgaben garantiert« sei.[74] Ähnlich wurde mit den Offizieren der niedrigeren Kommandoebenen verfahren.

Aus den zentralen Organen der Armee und anderen Institutionen – der militärpolitischen Akademie in Prag, der Militärakademie »K. Gottwald« in Brno, der Redaktion der Armeepresse und anderen – wurde eine große Anzahl Mitarbeiter zu den Einheiten geschickt, um an der ideologischen und politischen »Bearbeitung« der Soldaten teilzunehmen. Im breiten Umfang wurden auch verschiedene »Erziehungs«-Aktionen organisiert und eine Vielzahl von Agitationsmaterial bereitgestellt. Die Wirksamkeit dieser Maßnahmen wurde in regelmäßiger Berichterstattung über den moralisch-politischen Stand der Einheiten ausgewertet. Darin hieß es über die Kampfmoral, daß der überwiegende Teil der Soldaten »den konterrevolutionären Putsch in Ungarn verurteilt und seine volle Unterstützung für das ZK der KPTsch und

ten Ungarns maximale Hilfe, einschließlich militärischer Hilfe, zu leisten. Die Sowjetunion erfüllte konsequent ihre internationalistische Pflicht, und wir sind stolz, daß wir sie im entscheidenden Augenblick unterstützt haben.« Vgl. SUA Praha, Archiv des ZK der KPTsch, 01, 55.

[73] Schriftliches Material über die Ereignisse in Ungarn und Polen – Informationsbericht über die Situation vom 28. Oktober 1956, in: VHA Praha, MNO-HPS 1956, 15-1, 5-1b.

[74] Von den 40 überprüften Offizieren waren 38 in der KPTsch organisiert, 21 waren slowakischer, 18 tschechischer und einer ukrainischer Nationalität. Der einzige »ernsthafte Fehler«, den die Politische Hauptverwaltung beim Kommandeur des 10. Panzer-/Selbstfahrlafettenregiments »entdeckte«, war der Umstand, daß dessen Vater als Offizier »im Jahr 1948 zu 1 1/2 Jahren Gefängnis wegen staatsfeindlicher Tätigkeit verurteilt und aus der Armee entlassen wurde.« Schriftliches Material über die Ereignisse in Ungarn und Polen – Bericht über die kadermäßige Besetzung der Formationen im südlichen Teil der Slowakei, in: VHA Praha, MNO-HPS 1956, 15-1, 5-1b.

für die Regierung zum Ausdruck bringt.«[75] Anfang November wurde in den Berichten konstatiert, daß diese Tendenz »in falsche nationalistische Ansichten über Ungarn übergeht«, außerdem würden »Ansichten über die Gewährung militärischer Hilfe für die ungarische Arbeiterklasse bei der Liquidierung der Konterrevolution«[76] geäußert.

Verhältnismäßig oft kamen aber in den Berichten auch Informationen über abweichende Standpunkte der Soldaten vor. Für eine ganze Reihe von Angehörigen der militärischen Einheiten war die Entwicklung in Ungarn unklar. Man ersuchte um nähere Erläuterung von Fragen, die die Ursachen der »Auflösung« der ungarischen Armee, die Aufgaben und die Absichten der sowjetischen Truppen in Ungarn und die internationale Wertung ihres Eingreifens betrafen. Einige Soldaten äußerten Befürchtungen, ob diese Intervention »vom Westen nicht als Aggression und Einmischung in die inneren Angelegenheiten Ungarns bezeichnet würde.« Entschieden unangenehm zu beantworten war auch die Frage nach dem Unterschied zwischen den Februarereignissen 1948 in der Tschechoslowakei und der gegenwärtigen Situation in Ungarn und Polen.[77] Solche »unerwünschten« Ansichten brachten die politischen Organe gewöhnlich mit dem verbotenen Empfang ausländischer Rundfunksendungen und von Rundfunkstationen der ungarischen Aufständischen in Verbindung.[78]

Gleichzeitig »traten in der Armee einige Dutzend Fälle von feindlicher Einstellung und sogar des Auftretens gegen die Partei und die Armeeführung auf.«[79] Auf der Grundlage der Berichte eines weitgespannten Netzes von Informanten wurde ein Überblick über jene Soldaten gewonnen, die öffentlich oder in privaten Gesprächen ihre Unterstützung für die revolutionäre Entwicklung in Ungarn äußerten, die erwarteten, »daß etwas Ähnliches auch bei uns geschieht«, die Unzufriedenheit mit dem Eingreifen der sowjetischen Truppen gegen die Aufständischen bekundeten und es ablehnten, »auf das Volk zu schießen«.[80] Solche und ähnliche Standpunkte wurden bei 130 Angehörigen der Armee festgestellt, darunter bei 84 Offizieren.[81] Die

[75] Schriftliches Material über die Ereignisse in Ungarn und Polen – Informationsbericht vom 26. Oktober 1956, in: VHA Praha, MNO-HPS 1956, 15-1, 5-1b.

[76] Ebenda, Informationsbericht vom 9. November 1956.

[77] Ebenda, Informationsbericht vom 25.-27. Oktober 1956.

[78] Eine dieser Rundfunkstationen wandte sich direkt an die Soldaten der tschechoslowakischen Armee. Es handelte sich um die in Miskolc, die im Raum Satoralja-Uhaly an den örtlichen Rundfunk angeschlossen war und – nach Information der Politischen Hauptverwaltung – »Aufrufe zum Ungehorsam gegenüber den Kommandeuren und zum Terror gegen die Kommunistische Partei an unsere Soldaten in slowakischer und russischer Sprache sendete.« In: Ebenda, Informationsbericht vom 2. November 1956.

[79] Bericht des Chefs des Generalstabs über die Auswertung der Erfahrungen bei den Maßnahmen während der außerordentlichen Ereignisse in Ungarn, in: VHA Praha, MNO-HPS 1957, 1, 1-3.

[80] Schriftliches Material über die Ereignisse in Ungarn und Polen. Verzeichnis von 77 Armeeangehörigen und ihren »feindlichen« Äußerungen [ohne Titel], in: VHA Praha, MNO-HPS 1956, 15-1, 5-1b.

[81] Auswertung der Erfahrungen bezüglich der Erfüllung der Aufgaben und des moralisch-politischen Zustandes der Tschechoslowakischen Volksarmee während der Ereignisse in Ungarn, in: SUA Praha, Archiv des ZK der KPTsch, 042, 135, 156.

Führungs- und politischen Organe schritten gegen sie hart ein. Viele hat man vor Gericht gestellt, und 33 Offiziere wurden vom Minister für Nationale Verteidigung nicht nur aus der Armee entlassen, sondern auch noch zu Soldaten degradiert.[82]

Während der ungarischen Ereignisse war die Zusammenarbeit der Kommandeure und der politischen Mitarbeiter der Armee mit den Organen der kommunistischen Partei und der Staatsmacht in der Slowakei außerordentlich intensiv. Im Zentralkomitee der Kommunistischen Partei der Slowakei in Bratislava wurde aus Mitgliedern des Sekretariats, Mitarbeitern der Staatssicherheit und der Armee ein Stab gebildet, der auf der Grundlage täglicher Berichterstattung über die Situation die Tätigkeit der Organisationsstrukturen der Kommunistischen Partei der Slowakei operativ leitete und damit auch die der Staatsorgane und der gesellschaftlichen Organisationen.[83] Die Kommandeure der militärischen Verbände hielten bei der Festlegung der Pläne zur Grenzsicherung »Rücksprache mit Sekretären der KPTsch, den Organen des Innenministeriums und des Verwaltungsapparates im Rahmen von Bezirksstäben«, und in der Folgezeit nahmen sie regulär an »Tagungen der Bezirks- und Kreisausschüsse der Partei, an Versammlungen, Aktivtagungen teil und standen täglich mit den führenden Funktionären der Partei und der Verwaltung in Verbindung.«[84] Die Armee gewährte den slowakischen Kommunisten auch verhältnismäßig große materielle Hilfe, unter anderem Ausrüstungsmaterial für Einheiten der Volksmiliz, die in bestimmtem Umfang ebenfalls am Schutz der Grenzen mit Ungarn teilnahmen. Besonders »bedeutend« war die Überlassung von sechs Rundfunksendern an die zentralen Organe der KPS. Die Sender, davon zwei mit größerer und vier mit kleinerer Reichweite, waren an der slowakisch-ungarischen Grenze installiert und strahlten Sendungen ins ungarische Landesinnere aus. Sie waren vor allem bestimmt zur »Beeinflussung der politischen Atmosphäre und mittelbar auch der ökonomischen Situation unter besonderer Berücksichtigung der größeren Betriebe und Unternehmen.«[85]

Angehörige der militärischen Einheiten nahmen an vielen Bürgerversammlungen in Städten und Dörfern in der Südslowakei, an öffentlichen

[82] Von den 84 Offizieren wurde einer wahrscheinlich des Landesverrats beschuldigt und die übrigen der »staatsfeindlichen Tätigkeit und Agitation gegen die volksdemokratische Ordnung. 33 Offiziere wurden als Soldaten in die Reserve entlassen, und gegen einige von ihnen hat man Strafanzeige erstattet. Die übrigen Offiziere wurden nach der Disziplinarordnung bestraft [...]«. Von den 33 Soldaten im Grundwehrdienst wurden 5 zu Freiheitsstrafen von mindestens 8 Monaten verurteilt und die übrigen disziplinarisch bestraft. Ebenda.

[83] Bericht über die Tätigkeit der Kommunistischen Partei der Slowakei und die Durchsetzung ihrer führenden Rolle während der Ereignisse in Ungarn (vorgetragen auf der Tagung des Büros des ZK der KPS am 7. Dezember 1956), in: Slovensky narodni archiv [Slowakisches Nationalarchiv] (weiter: SNA) Bratislava, UV KSS, 933.

[84] Bericht des Chefs des Generalstabs über die Auswertung der Erfahrungen bei den Maßnahmen während der außerordentlichen Ereignisse in Ungarn, in: VHA Praha, MNO-SK, KM 1957, 1, 1-3.

[85] Tagung des Büros des ZK der KPS am 9. November 1956. Diskussionsbeitrag von A. Michalicka, in: SNA Bratislava, UV KSS, 933.

Versammlungen der örtlichen Organisationen der Kommunisten und Aktivtagungen der Beschäftigten von Industriebetrieben oder Mitgliedern landwirtschaftlicher Produktionsgenossenschaften teil. Erfahrene politische Agitatoren traten dort mit Referaten auf, deren Ziel es war, »Panikberichte über unsere Armee zu verhindern, die Einheit der Parteiausschüsse und eine hohe Moral der Armeeangehörigen zu sichern und in ihnen das Bewußtsein zu wecken, daß unsere Kraft in der Verbindung zwischen Armee, Partei und Volk liegt.«[86] Die Aktivität der Armee, die sich an die Bevölkerung der südlichen Slowakei richtete, wurde durch Aktionen von Kulturbrigaden der Armee ergänzt, die »mit ungarischen Programmen vor der Bevölkerung ungarischer Nationalität auftraten«.[87]

Der Erfolg dieser Agitationsarbeit durch Armeeangehörige, die übrigens nur einen Bruchteil der politischen Beeinflussung der Bürger des Grenzgebietes zu Ungarn ausmachte, ist schwer einzuschätzen. Tatsache bleibt, daß nach dem Archivmaterial der Sicherheitsorgane breitgefächerte offene Zustimmungserklärungen zum ungarischen Aufstand oder ablehnende Stellungnahmen zur Tätigkeit der tschechoslowakischen militärischen Einheiten in der Slowakei nicht festgestellt wurden. Auch die Bevölkerung ungarischer Nationalität stand in ihrer Mehrheit den Ereignissen in Ungarn passiv oder sogar ablehnend gegenüber.[88] Ausdruck dessen war auch die Kritik der Armeeführung im Zusammenhang mit dem »präventiven« Ausschluß von Reservesoldaten ungarischer Nationalität aus den Verzeichnissen der Reservisten, die zur Ergänzung der Truppen in der Slowakei eingezogen wurden.[89]

Gleichzeitig kam es jedoch auch zur Zunahme nationaler Spannungen, und ein Teil der Bevölkerung drückte in verschiedenen Formen seine Sympathie mit den ungarischen Aufständischen aus.[90] Berichten des Innenministeriums zufolge »war es möglich, eine Aktivierung chauvinistischer Ungarn

---

[86] Schriftliches Material über die Ereignisse in Ungarn und Polen. Entwurf für einen Diskussionsbeitrag in KPTsch-Versammlungen in zivilen Organisationen, in: VHA Praha, MNO-HPS 1956, 15-1, 5-1b.

[87] Bericht des Chefs des Generalstabs über die Auswertung der Erfahrungen bei den Maßnahmen während der außerordentlichen Ereignisse in Ungarn, in: VHA Praha, MNO-SM, KM 1957, 1, 1-3.

[88] Die Gründe für diese Haltung waren sehr unterschiedlich. Zu ihnen gehörten die Unzufriedenheit mit der Entwicklung in Ungarn, eventuell mit den beginnenden Exzessen, weiterhin die Identifizierung mit Grundelementen des Systems in der Tschechoslowakei, Befürchtungen vor nationalistischen Zwistigkeiten und ihren Folgen, die in den Erinnerungen an das Horthy-Regime und die Nachkriegsentwicklung in der südlichen Slowakei noch lebendig waren, ebenso die Nichtbereitschaft zur Konfrontation mit der Staatsmacht, die als stabile und aktionsfähige Kraft auftrat.

[89] In diesem Zusammenhang wurde auch die Tatsache kritisiert, daß Angehörige der tschechoslowakischen Einheiten in die südliche Slowakei in der Meinung kamen, daß »im Rücken der Feind sein werde, wie auch, daß sie auf ein Territorium mit ungarischer Bevölkerung kommen, von der anzunehmen ist, daß sie eine feindselige Haltung zur Armee einnehmen werde [...]«. Vgl. Diskussionsbeitrag von F. Dvorsky auf der Tagung des ZK der KPTsch vom 5.-6. Dezember 1956, in: SUA Praha, Archiv des ZK der KPTsch, 01, 51, 55.

[90] Schriftliches Material über die Ereignisse in Ungarn und Polen. Informationsbericht vom 28. Oktober 1956, in: VHA Praha, MNO-HPS 1956, 15-1, 5-1b.

zu beobachten, besonders lebhafte Bewegung wurde unter den Pfeilkreuzlern auf dem früher durch das faschistische Ungarn okkupierten Territorium beobachtet.«[91] In gewissem Umfang kam auch Unzufriedenheit mit dem Regime in der Tschechoslowakei zum Ausdruck. Es ereigneten sich einige Fälle kleinerer Sabotageakte, und in Kysucke Nove Mesto wurde ein Versuch »ernsterer Sabotage« festgestellt.[92] Die Sicherheitsorgane bekämpften solche Tendenzen mit großer Härte. Allein im Bezirk Kosice wurden 43 Personen verhaftet, die »in Trunkenheit unpassende Reden über Ungarn führten«.[93] Nervosität und Panikberichte verursachte auch die Einberufung von Reservesoldaten zu außerordentlichen militärischen Übungen. Am intensivsten wurden diese Phänomene in den Kreisen Poprad und Filakovo beobachtet.[94]

Im Resultat aller Aspekte der Tätigkeit der Armee stellten die ungarischen Ereignisse im Herbst 1956 – nach Äußerung des Chefs des Generalstabs – eine große »Belastungsprobe« dar.[95] Die Realisierung der Maßnahmen, die der Armee übertragen wurden oder an denen sie teilnahm, machte eine Reihe von Problemen in der organisatorischen Arbeit der Führungsorgane aller Ebenen, in der materiellen und anderen Versorgung der Truppen, im Mobilisierungssystem und in der Ausbildung deutlich. Ihre Analyse diente als Grundlage für die Ausarbeitung eines sogenannten Aktionsplanes des Ministeriums für Nationale Verteidigung für das Jahr 1957. Der Schwerpunkt der Aufmerksamkeit lag dabei auf der Auswertung von Erfahrungen hinsichtlich der politischen Zuverlässigkeit der Armee und ihrer Nutzbarmachung für den Schutz des kommunistischen Regimes in der Tschechoslowakei.

Auf allgemeiner und offizieller Ebene der Herrschaftsstruktur und der Armeeführung hat man die Tätigkeit der militärischen Einheiten in der Slowakei sehr positiv gewertet. Besonders hervorgehoben wurden hohe Moral, Patriotismus und internationalistisches Bewußtsein, Disziplin, Opferbereitschaft der Armeeangehörigen.[96] Über Fälle »staatsfeindlicher« Äußerungen unter Offizieren und Soldaten sprach man nur im engen Kreis der Führungs-

[91] Bericht über die Vorbereitung und den moralisch-politischen Zustand der Verbände des Innenministeriums während der außerordentlichen Maßnahmen im Zusammenhang mit den Ereignissen in Ungarn, Polen und Ägypten, in: SUA Praha, Archiv des ZK der KPTsch, 02, 2, 126, 162.

[92] Tagung des Büros des ZK der KPS am 7. Dezember 1956. Bericht über die Tätigkeit der Kommunistischen Partei der Slowakei und die Durchsetzung ihrer führenden Rolle während der Ereignisse in Ungarn, in: SNA Bratislava, UV KSS.

[93] Diskussionsbeitrag von F. Dvorsky auf der Tagung des ZK der KPTsch vom 5.-6. Dezember 1956, in: SUA Praha, Archiv des ZK der KPTsch, 01, 51, 55. Bis zum 5. November 1956 wurden auf dem gesamten Territorium der CSR 655 Strafverfolgungsmaßnahmen im Zusammenhang mit den ungarischen Ereignissen eingeleitet. Vgl. Einige Schlußfolgerungen zu den Ereignissen in Ungarn (grundlegendes Material), in: SUA Praha, Archiv des ZK der KPTsch, 100, 3, 371.

[94] Bericht des Chefs des Generalstabs über die Auswertung der Erfahrungen bei den Maßnahmen während der außerordentlichen Ereignisse in Ungarn, in: VHA Praha, MNO-SM, KM 1957, 1, 1-3.

[95] Ebenda.

[96] Tagung des ZK der KPS vom 12.-13. Dezember 1956. Bericht des Ersten Sekretärs des ZK der KPS K. Bacilek von der Tagung des ZK der KPTsch, in: SNA Bratislava, UV KSS.

organe, der Öffentlichkeit blieben sie praktisch unbekannt, weil das Image der Armee und des Regimes nicht zerstört werden durfte. Trotzdem wurden Ansichten laut, die aus verschiedenen Blickwinkeln heraus Einwände gegen das Auftreten der Armee und ihres Kommandos äußerten. Einigen Kritikern zufolge »entzog sich die Armee« angeblich »der Lenkung durch die Partei«, weil Entscheidungen durch die Kommando- und nicht durch die politischen Organe gefällt worden seien.[97]

Eine ernste Warnung für die kommunistische Führung des Staates und das Kommando der Armee stellte dementsprechend die Rolle der ungarischen Streitkräfte im Aufstand dar. Auf der Tagung des ZK der KPTsch im Dezember 1956 wurde der Hinweis laut, daß der Aufschwung der »konterrevolutionären« Bewegung in Ungarn unter anderem durch die Auflösung der ungarischen Armee ermöglicht wurde, deren Großteil für die Aufständischen Partei ergriff. Die internationale Abteilung des ZK der KPTsch erarbeitete gleichzeitig eine Analyse der Gründe dieser »Auflösung« als Synthese »warnender Erfahrungen« für die weitere Entwicklung der tschechoslowakischen Armee.[98] Das Interesse der Machtorgane konzentrierte sich auf die präventive Verstärkung der Kontrolle über die Armee durch die Führung der KPTsch und auf die Festigung ihres politischen und sozialen Profils.

Die auf der Analyse der militärpolitischen Zusammenhänge des ungarischen Aufstands aufbauende konkrete Ausarbeitung dieser Linie bildete den Hauptinhalt des im Frühjahr 1957 eingeleiteten Prozesses der Vertiefung des »sozialistischen« Charakters der Armee. Es handelte sich um eine breite Skala von Maßnahmen, die von der komplexen Bewertung einzelner Aspekte des Aufbaus des Führungskorps nach dem Februar 1948 über umfangreiche systematische Entlassungen ganzer Gruppen von Offizieren mit »fehlerhafter« Vergangenheit bis hin zur radikalen Anwendung des »Prinzips der führenden Rolle der Partei« in allen Bereichen der Organisation und des Lebens der Armee reichten.

Aus dem Tschechischen übersetzt von Dr. Daniela Schnitter (Berlin).

[97] Tagung des ZK der KPS vom 9. November 1956. Diskussionsbeitrag von P. David, in: SNA Bratislava, UV KSS.

[98] Zustand der Ungarischen Volksarmee und die Gründe ihrer Auflösung, in: SUA Praha, Archiv des ZK der KPTsch, 100, 3, 110, 371.

Zwischen den Krisen. Sozialer Wandel, ökonomische Rahmenbedingungen und Lebenslage in der DDR 1953–1956

von

BURGHARD CIESLA

Vorbemerkung

Das Jahr 1956 brachte der DDR erhebliche politische und wirtschaftliche Turbulenzen. Die Revision ideologischer Dogmen auf dem XX. Parteitag der KPdSU, das danach einsetzende politische »Tauwetter« und die Ereignisse in Polen und Ungarn blieben für den Osten Deutschlands nicht ohne Folgen. Doch obwohl Reformen zur Diskussion standen, der Führungsstil des SED-Chefs Walter Ulbricht unter starke Kritik geriet und die Unzufriedenheit im Land wieder spürbar anwuchs, überstand sowohl das persönliche Regiment Ulbrichts als auch das Herrschaftssystem der SED das Krisenjahr 1956 verhältnismäßig unbeschadet. Von nicht unerheblichem Einfluß war, daß Ulbricht auf die Enthüllungen des XX. Parteitages sehr schnell reagiert hatte. Als erster osteuropäischer Parteiführer setzte er sich in einer für ihn typischen pragmatischen Weise an die Spitze der Entstalinisierungsbewegung in der DDR. Ulbricht verschaffte sich so den notwendigen Handlungsspielraum, um die für ihn gefährlichen Ansätze für Reformen in den eigenen Reihen wieder abzuwürgen.[1]

Hierbei störte ihn zunehmend die Entwicklung in Polen, da die polnische Liberalisierung und der Emanzipationsprozeß gegenüber der UdSSR, gemessen an der blutigen ungarischen Tragödie, erfolgreich verlief. Die mögliche Vorbildwirkung für die DDR beunruhigte die SED-Führung deshalb zutiefst. Zumal von seiten der polnischen Presse die Herrschaftsmethoden Ulbrichts kritisiert wurden. Ulbricht war über diese »Äußerungen entarteter Journalisten in polnischen Zeitungen« sehr verärgert und warnte vor »Abweichlertum« im eigenen Bündnissystem. Aber nicht die politische Vorbildwirkung des polnischen »Tauwetters«, sondern das Ausbleiben wichtiger Rohstofflieferungen aus Polen trug in der DDR dazu bei, daß die Situation gefährlich ins Wanken geriet.[2] »Die Lage ist zur Zeit sehr ernst«, beschwor

---

[1] Weber, Hermann: Geschichte der DDR, München 1985, S. 275ff.; Kleßmann, Christoph: Zwei Staaten, eine Nation, Bonn 1988, S. 301ff.; Stern, Frank: Dogma und Widerspruch. SED und Stalinismus in den Jahren 1946 bis 1958, München 1992, S. 168ff.; Schirdewan, Karl: Aufstand gegen Ulbricht. Im Kampf um politische Kurskorrektur gegen stalinistische, dogmatische Politik, Berlin 1994, S. 76ff.

[2] Lemke, Michael: Die Berlinkrise 1958 bis 1963. Interessen und Handlungsspielräume der SED im Ost-West-Konflikt (=Zeithistorische Studien, Band 5), Berlin 1995, S. 45 und S. 74-79.

im November 1956 das SED-Politbüro in einem Brief die Führung in Moskau. Es sind »dringend Maßnahmen nötig, damit unter allen Umständen eine weitere Zuspitzung unserer wirtschaftlichen und politischen Situation vermieden wird«.[3] Doch eine »weitere Zuspitzung« blieb bekanntlich aus. Eine Wiederholung der Ereignisse vom Juni 1953 oder ein Führungswechsel fand nicht statt. Vielmehr gelang es Ulbricht, seine Position zu festigen und auszubauen. Weshalb wiederholte sich aber nach der politischen und ideologischen Öffnung des XX. Parteitages der 17. Juni 1953 nicht in der DDR? Warum blieben Reaktionen wie in Polen oder Ungarn im Osten Deutschlands weitgehend aus?

Zur Beantwortung dieser beiden Fragen werden im folgenden die sozialen Wandlungsprozesse in der DDR-Gesellschaft, die ökonomischen Rahmenbedingungen und die Lebenslage der Bevölkerung zwischen 1953 und 1956 näher untersucht sowie mit der Gesamtentwicklung der fünfziger Jahre verglichen. Bei der Darlegung des sozialen Wandels liegt der Schwerpunkt auf den Veränderungen in der Eigentumsordnung und der Sozialstruktur. Im Abschnitt über die »ökonomischen Rahmenbedingungen« wird besonders auf das Leistungsvermögen der DDR-Volkswirtschaft eingegangen. Die Untersuchung der Lebenslage der Bevölkerung zielt auf die Frage, inwieweit es der SED-Führung gelungen war, die möglichen konsumtiven, finanzpolitischen bzw. sozialen Ursachen für Streiks und Unruhen auszuschalten. Auf eine Analyse der maßgeblichen politischen Ereignisse[4] von 1952/53 bis 1956/57 mußte aufgrund der Themenausrichtung und aus Platzgründen verzichtet werden. An dieser Stelle sei auf die weiterführende Forschungsliteratur verwiesen.[5]

Sozialer Wandel

In den fünfziger Jahren etablierte die SED die fundamentalen Strukturen ihrer neuen politischen Ordnung. Sie erhob den Anspruch, ein gesellschaftli-

3 Versorgungsschwierigkeiten bei Lebensmitteln und Rohstoffen für die Industrie: Brief des Politbüros an die Staats- und Parteiführung der UdSSR, 6. 11. 1956, in: Hoffmann, Dierk/Schmidt, Karl-Heinz/Skyba, Peter (Hg.): Die DDR vor dem Mauerbau. Dokumente zur Geschichte des anderen deutschen Staates 1949-1961, München/Zürich 1993, S. 261f.

4 Beschluß des Aufbaus des Sozialismus in der DDR (2. Parteikonferenz der SED, 9.-12. Juli 1952); Tod Stalins (5. 3. 1953); Der »Neue Kurs« (Kommuniqué 9. Juni 1953, 15. Tagung des ZK der SED, 24.-26. 7. 1953); 17. Juni 1953; 17. Tagung des ZK der SED (ZK-Parteiausschlüsse, 22./23. 1. 1954); IV. Parteitag der SED (30. 3.-6. 4. 1954); Souveränitätsvertrag mit der UdSSR (20. 9. 1955); XX. Parteitag der KPdSU (14.-25. 2. 1956); 3. Parteikonferenz der SED (24.-30. 3. 1956); Ereignisse in Polen (ab Juni 1956) und Ungarn (ab Juli 1956).

5 Vgl. hierzu unter anderem Beiträge und Dokumenten-Veröffentlichungen im Deutschland-Archiv (DA) oder in den Beiträgen zur Geschichte der Arbeiterbewegung (BzG) nach 1990; Buchveröffentlichungen u.a.: Diedrich, Torsten: Der 17. Juni 1953 in der DDR, Berlin 1991; Mitter, Armin/Wolle, Stefan: Untergang auf Raten, München 1993; Kowalczuk, Ilko-Sascha/Mitter, Armin und Wolle, Stefan (Hg.): Der Tag X – 17. Juni 1953, Berlin 1995; Stern, Dogma und Widerspruch, a.a.O.

ches System planen zu können und die darin ablaufenden Entwicklungsprozesse zu beherrschen. Bezeichnend für diesen Konstituierungsprozeß waren die Beseitigung des Privateigentums an Produktionsmitteln und die damit verbundene Aufhebung der Trennung zwischen Politik und Ökonomie.[6] Schon zu Beginn des Jahrzehnts hatte die staatliche Verfügungsgewalt über die Produktionsmittel maßgeblich die Eigentumsordnung der DDR-Gesellschaft bestimmt. Der Anteil der staatlichen Wirtschaft[7] am Aufkommen des Nationaleinkommens (Nettoprodukt) lag 1950 bei mehr als 50 Prozent. Bis zum Ende der fünfziger Jahre wurde die staatliche Verfügungsgewalt weiter ausgedehnt, so daß 1960 der Anteil fast 90 Prozent betrug.[8] Die private Eigentumsform erfuhr damit eine deutliche Marginalisierung. Der Verdrängungsprozeß verlief jedoch mit unterschiedlicher Intensität. Nach dem Massenaufruhr vom Juni 1953 schlug die SED-Spitze eine moderatere Gangart bei der Veränderung der Eigentumsordnung in der DDR an, da sich 1956 der Anteil der sozialistischen Eigentumsform am Aufkommen des gesellschaftlichen Gesamtprodukts (Bruttoprodukt) nur geringfügig um 1,7 Prozent gegenüber 1953 erhöht hatte. Im Vergleich dazu war der Anteil von 1950 zu 1953 um 13,7 Prozent und 1960 gegenüber 1956 um 9,5 Prozent gestiegen.[9]

Die Veränderung der Eigentumsordnung bedingte gravierende Wandlungsprozesse in der Sozialstruktur der DDR-Bevölkerung. Sogenannte »kollektive Übergänge« von einer Klasse in eine andere prägten das gesellschaftliche Bild. Der selbständige Bauer oder Handwerker wurde zum Genossenschaftsmitglied, der Arbeiter zum Angehörigen des »Betriebskollektivs«, der Privateigentümer verlor seinen Besitz. Die damit verbundenen sozialen Verdrängungen und Abstiege wurden vielfach mit dem Verlassen der DDR beantwortet.[10] Gerade die Bevölkerungsverluste durch die Westabwanderungen verstärkten in der DDR-Gesellschaft die durch den Krieg und die Nachkriegszeit schon bestehenden Verwerfungen in der Bevölkerungs- und Sozialsstruktur. Insgesamt verließen 3,1 Millionen Menschen vom 1. 1. 1950 bis 13. 8. 1961 die DDR, etwa 40 Prozent davon wanderten zwischen 1953 und 1956 ab.[11] Aufgrund einer weitgehend konstanten Geburten und Sterberate bei einem leichten Geburtenüberschuß war jedoch die Bevölkerungszahl 1956 nur um eine halbe Million auf 17,6 Millionen gegenüber 1953 abgesunken.[12] Im Durchschnitt verschwand aus dem Land in diesem Zeitraum pro Jahr die Wohnbevölkerung einer Großstadt wie Mag-

[6] Solga, Heike: Auf dem Weg in eine klassenlose Gesellschaft? Berlin 1995, S. 64ff.; Schäfer, Bernhard: Gesellschaftlicher Wandel in Deutschland, Stuttgart 1995, S. 176ff.

[7] Volkseigene, genossenschaftliche und ab 1956 halbstaatliche Betriebe.

[8] Nach Staatliche Zentralverwaltung für Statistik (Hg.): Statistisches Jahrbuch der Deutschen Demokratischen Republik 1962, Berlin (Ost) 1962, S. 160.

[9] Nach ebenda, S. 5; Statistisches Jahrbuch der Deutschen Demokratischen Republik 1957, S. 5.

[10] Solga, Klassenlose Gesellschaft, a.a.O., S. 99 und S. 102.

[11] Schultze, Helmut: Vom Flüchtlingsstrom zur Massenflucht – die Bevölkerungsentwicklung. In: Hölder, Egon (Hg.): Im Trabi durch die Zeit – 40 Jahre Leben in der DDR, Wiesbaden 1992, S. 34; Statistisches Bundesamt (Hg.): Bevölkerungsstatistische Übersichten 1946 bis 1989, Wiesbaden 1993, S. 149.

[12] Bevölkerung am Jahresende des jeweiligen Jahres; ebenda, S. 24.

deburg und die einer mittleren Stadt in der Größenordnung von Greifswald.[13] Auch wenn dieser Vergleich statistisch etwas hinkt, so veranschaulicht er die starke Abwanderung trotz der ab Juni 1953 vorgenommenen Abbremsung der »sozialistischen Umgestaltung«.

Die hohen Abwanderungszahlen in den Westen waren vor allem durch den überhasteten Beschluß zum »Aufbau des Sozialismus« im Sommer 1952 und die damit einhergehenden Änderungen in den Eigentumsverhältnissen beeinflußt worden. Den radikalen Kurswechsel der SED faßten vor allem die Kleinbauern und privaten Unternehmer als Angriff auf ihre soziale Stellung auf. Diese als »bodenständig« geltenden Bevölkerungsgruppen wanderten danach verstärkt aus der DDR ab. Ein Höhepunkt wurde im ersten Halbjahr 1953 erreicht. Allein in diesem Zeitraum verließen mehr als 50 Prozent aller zwischen Januar 1951 und Juni 1953 registrierten Flüchtlinge das Land.[14] Die Folgen der Bauernflucht wurden sehr schnell spürbar. Zum Beispiel lagen im Frühjahr 1954 etwa 13 Prozent der gesamten Ackerfläche brach.[15] Das jährliche Zuwachstempo des Nettoproduktes der Land- und Forstwirtschaft war vor allem aus diesem Grund 1954 mit -1,5 Prozent rückläufig. Aber auch noch in den folgenden beiden Jahren wirkte sich die Kollektivierungskampagne von 1952/53 auf das Wachstumstempo der landwirtschaftlichen Produktion nachteilig aus.[16]

Bereits Ende Mai 1953 versuchte die SED, mit den »Maßnahmen zur Gesundung der politischen Lage« den Kollektivierungsdruck und damit den am deutlichsten ablaufenden sozialen Umschichtungsprozeß abzubremsen. Eine »künstliche Aufbringung der landwirtschaftlichen Produktionsgenossenschaften« (LPG) sollte unterbunden werden. Empfohlen wurde unter anderem: »Alle bestehenden LPG sind sorgfältig zu überprüfen und dieselben, die auf einer unfreiwilligen Basis geschaffen sind oder die sich als lebensunfähig gezeigt haben, sind aufzulösen«.[17] Nach der offiziellen Verkündung dieser Maßnahmen am 9. Juni 1953 lösten sich in der Tat bis zum Februar 1954 über 550 LPG wieder auf. Mindestens 33000 Mitglieder machten den Schritt vom »Ich zum Wir« wieder rückgängig und verließen die Genossenschaft.[18] Doch

---

[13] Nach ebenda, S. 149; die Wohnbevölkerung von Magdeburg lag 1955 bei 261392 Einwohnern und die von Greifswald bei 40771; StJb 1955, S. 16f.

[14] Nach Foitzik, Jan: Berichte des Hohen Kommissars der UdSSR in Deutschland aus den Jahren 1953/1954. In: Machtstrukturen und Entscheidungsmechanismen im SED-Staat und die Frage der Verantwortung (=Materialien der Enquete-Kommission »Aufarbeitung von Geschichte und Folgen der SED-Diktatur in Deutschland«, Band II, 2), Baden-Baden 1995, S. 1360; vgl. auch »Über die Maßnahmen zur Gesundung der politischen Lage in der Deutschen Demokratischen Republik«, in: Stöckigt, Rolf: Ein Dokument von großer historischer Bedeutung vom Mai 1953, in: BzG 5/1990, S. 651.

[15] Foitzik, Berichte, a.a.O., S. 1360.

[16] Statistisches Amt der DDR/Statistisches Bundesamt, Außenstelle Berlin (Hg.): Statistisches Jahrbuch des gesellschaftlichen Gesamtprodukts und des Nationaleinkommens 1989, Berlin 1990, S. 102; Foitzik, Berichte, a.a.O., S. 1445.

[17] Stöckigt, Dokument, a.a.O., S. 652.

[18] Schulz, Dieter: Ruhe im Dorf? Die Agrarpolitik von 1952/53 und ihre Folgen. In: Cerny, Jochen (Hg.): Brüche, Krisen, Wendepunkte (=KLIO'89), Leipzig/Jena/Berlin 1990, S. 108.

die Ankündigungen des »Neuen Kurses« konnten die Abwanderungsbewegungen in der Bauernschaft nicht in dem von der SED erwarteten Maße abfangen. So stammten im Zeitraum 1954/55 noch rund 30 Prozent aller Flüchtlinge aus den traditionell landwirtschaftlich geprägten Gebieten Mecklenburgs, Vorpommerns und Brandenburgs.[19]

Die private Eigentumsform dominierte die Landwirtschaft zwischen 1953 und 1956 nach wie vor. Daran änderte auch die weiter steigende Zahl der LPG-Neugründungen und -Mitglieder vorerst nichts, da nur etwa 30 Prozent der landwirtschaftlichen Nutzfläche im Jahre 1956 von Genossenschaften bewirtschaftet wurden.[20] Ein Blick auf die Mitgliederstruktur der LPG zwischen 1953 und 1955 zeigt außerdem, daß der Anteil derjenigen, die vor dem LPG-Eintritt Klein-, Mittel- oder Großbauern gewesen waren, von 58 Prozent 1953 auf 40 Prozent im Jahre 1955 gesunken war. Dagegen erhöhte sich der Anteil der Land- und Industriearbeiter im gleichen Zeitraum auf 55 Prozent. Der Anstieg der Gesamtzahl der LPG-Mitglieder um mehr als 50 Prozent (1953 zu 1955) war also vor allem ein Ergebnis der Neuaufnahmen von Land- bzw. Industriearbeitern gewesen.[21] Diese Entwicklung im Bereich der Landwirtschaft verdeutlicht, daß zeitweilig Ruhe im Prozeß des »kollektiven Übergangs« vom Einzelbauern zum Genossenschaftsbauern eingetreten war. Und ähnlich verhielt sich die Situation bei den Privatunternehmern, Händlern und Handwerkern.[22]

Vielmehr konzentrierte sich die SED-Führung zwischen 1953 und 1956 auf die Festigung und den Ausbau der Institutionenordnung. Der für Ulbricht und die SED machterhaltende Einsatz der sowjetischen Besatzungstruppen im Juni 1953 hatte frühzeitig erkennen lassen, daß die DDR »primär das Produkt internationaler Paktierungen und Interventionen und erst in zweiter Hinsicht eine sich selbst gestaltende und eigenständig verfaßte Gesellschaft«[23] war. Nach dem Juni 1953 setzte die SED alles daran, das zentralistische und vom Prinzip der Einzelleitung geprägte »Organisationsmodell« (Lepsius) auszubauen bzw. zu festigen.[24] Insofern fand zwischen 1953 und 1956 ein verstärkter Ausbau des Macht- und Verwaltungsapparates statt. Mit den staatsorganisatorischen Gesetzen von 1957, die das »Organisationsmodell« etwas effizienter gestalten sollten, fand diese Phase vorerst ihren Abschluß.[25]

---

[19] Nach Bericht der Hauptverwaltung Deutsche Volkspolizei über die illegale Abwanderung im Zeitraum 1954/55, ohne Datum, in: Die DDR vor dem Mauerbau, a.a.O., S. 226.

[20] Nach Hartmann, Thomas T.: Die Kooperation in der sozialistischen Landwirtschaft der DDR, Berlin 1971, S. 57.

[21] Nach Statistisches Jahrbuch der DDR 1955, a.a.O., S. 197.

[22] Vgl. hierzu auch den Abschnitt »Lebenslage der Bevölkerung« dieses Beitrages; ein Ausdruck für die zeitweilige »Ruhe« ist auch der weitgehend konstante Anteil des privaten Handels am Einzelhandelsumsatz oder das nur geringfügige Absinken des Anteils der privaten Eigentumsform am Aufkommen des Bruttoprodukts von 1956 gegenüber 1953; Statistisches Jahrbuch der DDR 1957, a.a.O., S. 5 und S. 354f.

[23] Lepsius, M. Rainer: Die Institutionenordnung als Rahmenbedingung der Sozialgeschichte der DDR. In: Kaelble, Hartmut u.a. (Hg.): Sozialgeschichte der DDR, , Stuttgart 1994, S. 17.

[24] Ebenda, S. 25.

[25] Hübner, Peter: Um Kopf und Kragen. In: Ostdeutsche Kulturgeschichte, 33/1993, S. 211.

Intensiv wurde vor allem der Ausbau des bewaffneten Machtapparates vorangetrieben, wobei dieser Prozeß immer auch im Zusammenhang mit dem Kalten Krieg gesehen werden muß. Allein im Jahr 1953 verdoppelte sich die Zahl der hauptamtlichen Mitarbeiter des Staatssicherheitsdienstes gegenüber dem Vorjahr auf 5000 Personen.[26] Im gleichen Jahr kam es zur Gründung der »Kampfgruppen der Arbeiterklasse«, mit denen sich die SED ein durchaus wirkungsvolles Machtinstrument auf Unternehmens- und Verwaltungsebene schuf. Die schon im August 1952 ins Leben gerufene Gesellschaft für Sport und Technik (GST) ging nach 1953 unter Hochdruck zur vormilitärischen Ausbildung der jüngeren Generation über.[27] Und mit dem Beschluß zur Schaffung der Nationalen Volksarmee (NVA) im Januar 1956 erhielt die bis dahin bestehende Kasernierte Volkspolizei (KVP) einen neuen Namen, neue Uniformen und eine bessere Bewaffnung. Auf der Grundlage dieses Spektrums an bewaffneten Kräften und mit Unterstützung der sowjetischen Truppen wollte die SED-Führung auf keinen Fall eine Wiederholung des 17. Juni 1953 zulassen. Davon zeugt stellvertretend der Politbürobeschluß über die »Maßnahmen zur Unterdrückung konterrevolutionärer Aktionen« vom 8. November 1956, der in einem Drei-Stufen-Plan das militärische Vorgehen im Falle ähnlicher Ereignisse wie in Polen und Ungarn festlegte.[28]

Der Ausbau des Macht- und Verwaltungsapparates zwang gleichzeitig zu einem weiteren Austausch der geistigen Eliten. Auch mußten die durch die Abwanderungsprozesse verlorengegangenen qualifizierten Fachkräfte ersetzt werden. Das bedeutete einmal den weiteren Ausbau des »sozialistischen Bildungssystems« und zum anderen die Schaffung einer »sozialistischen« Intelligenz. Ein Hauptaugenmerk wurde auf die Hochschulpolitik gerichtet, da vor allem die Absolventen der Hoch- und Fachschulen kurzfristig für den Elitenwechsel benötigt wurden. Die SED setzte dabei auf die seit 1946 bestehenden Arbeiter- und Bauern-Fakultäten (ABF).[29] Dadurch konnte bis 1956 die Zusammensetzung der Studentenschaft deutlich weiter zugunsten des Arbeiter- und Bauernanteils verschoben werden. Betrug der Anteil der Arbeiter- und Bauernkinder im Jahr 1951 noch rund 40 Prozent, so erhöhte er sich 1956 auf fast 60 Prozent.[30] Dieser Verschiebungsprozeß ging mit einer Benachteiligung der Kinder aus bürgerlichen Familien einher. Die Wirkungen der Benachteiligungen konnten durch politische Loyalität begrenzt werden.[31] Der sich verstärkende politische Einfluß der SED und ihrer Massenorganisationen an den Universitäten und Hochschulen führte zwangsläufig zu Reibungen und repressiven Maßnahmen, die unter anderem wiederum einen Anstieg der »Republikfluchten« unter den Studenten

---

[26] Foitzik, Berichte, a.a.O., S. 1360f. und S. 1365.
[27] Wörterbuch der Geschichte. A-K, Berlin (Ost) 1983, S. 399 und S. 545.
[28] Politbürobeschluß über »Maßnahmen zur Unterdrückung konterrevolutionärer Aktionen«, 8.11.1956, in: Die DDR nach dem Mauerbau, a.a.O., S. 263-267.
[29] Solga, Klassenlose Gesellschaft, a.a.O., S. 102ff.
[30] Nach StJb 1955, 65; StJb 1962, S. 117.
[31] Solga, Klassenlose Gesellschaft, a.a.O., S. 105.

und Lehrkräften zur Folge hatte.[32] Durch die gebotenen Aufstiegsmöglichkeiten und weitreichenden Vergünstigungen für ehemals unterprivilegierte Bevölkerungsschichten gelang es jedoch insgesamt, eine »dankbare Verbundenheit mit dem neuen gesellschaftlichen System«[33] unter der jüngeren Generation zu erzeugen. Bis Mitte der fünfziger Jahre legte die SED den Grundstein für eine nach ihren Vorstellungen handelnde »sozialistische« Intelligenz. Wenn man so will, bestätigen die Studentenproteste im Zuge der Ereignisse in Polen und Ungarn 1956 diese Feststellung, da die Forderungen[34] im Kern damals vor allem auf eine Verbesserung der Informationspolitik der SED und die Abschaffung des obligatorischen russischen Sprachunterrichts hinausliefen.[35]

Auch die Arbeiterschaft in den volkseigenen Industriebetrieben unterlag im Zeitraum 1953-1956 einem sozialen Veränderungsprozeß, der sich in der Verformung des traditionell hierarchischen Aufbaus der industriellen Betriebsbelegschaften zeigte. Die soziale und mentale Grenze zwischen Produktionsarbeitern, Leitungs- und Verwaltungspersonal in Industriebetrieben wurde dadurch unterlaufen. Gleichzeitig kam mehr und mehr eine Doppelstruktur zum Vorschein. Einmal »bestand die traditionelle Schichtung – Arbeiter, Meister, Techniker, Ingenieure, Verwaltungspersonal, technische und kaufmännische Führungskräfte – fort, (sie) wurde jedoch durch eine zweite Struktur, die sich foliengleich über die ursprüngliche legte, substantiell modifiziert. Der Aufbau von Betriebsparteiorganisationen der SED und der Gewerkschaften mit eigenen Leitungen, die in größeren Betrieben meist hauptamtlich besetzt waren, geriet in kurzer Zeit zu einem politischen Kontroll- und Lenkungssystem, das streng zentralistisch [...] ausgerichtet war und das die traditionelle Funktionshierarchie der Industriebetriebe nicht nur überlagerte, sondern faktisch neben der Betriebsleitung zu einem zweiten Leitungssystem wurde«.[36] Mit Hilfe dieser Doppelstruktur versuchte die SED, die »klassischen« Gegensätze zwischen Arbeitern und »alter« technischer Funktionselite in den Betrieben für ihre Zwecke zu kanalisieren. Durch diese Vorgehensweise konnte unter anderem das Konfliktpotential unter der Arbeiterschaft entschärft und in die gewünschte Richtung gelenkt werden.

---

32 Conelly, John: Zur »Republikflucht« von DDR-Wissenschaftlern in den fünfziger Jahren. In: Zeitschrift für Geschichtswissenschaft (ZfG) 1994, S. 331-344; vgl. hierzu auch von zur Mühlen, Patrik: Der »Eisenberger Kreis«, Bonn 1995, S. 82ff.

33 Zitiert bei Solga, Klassenlose Gesellschaft, a.a.O., S. 105.

34 Weitere Forderungen waren: z. B. Veränderungen in der Parteiführung gegen Ulbricht, Abschaffung des Gesellschaftswissenschaftlichen Grundstudiums, Gründung eines Studentenverbandes, Abschaffung der Freien Deutschen Jugend. Die aufgeführten Forderungen spielten zwar eine Rolle bei den Protesten, doch wurden sie entweder nur vereinzelt bzw. auf ein oder zwei Hochschulen/Universitäten beschränkt geltend gemacht; Reformforderungen an den Universitäten: Informationsbericht der ZK-Abteilung Wissenschaft und Propaganda, 29. 10. 1956, in: Die DDR vor dem Mauerbau, a.a.O., S. 256-260.

35 Ebenda.

36 Hübner, Kopf und Kragen, a.a.O., S. 215f.

Ökonomische Rahmenbedingungen

Das erste Jahrzehnt der DDR war durch ein sehr hohes extensives Wirtschaftswachstum gekennzeichnet. Das produzierte Nationaleinkommen hatte sich 1960 auf das 2,5fache des Jahres 1950 erhöht, der mittlere jährliche Zuwachs lag bei 11 Prozent.[37] In den darauffolgenden Jahren der DDR-Existenz konnte eine vergleichbare Wachstumsdynamik nicht mehr erreicht werden. Diese Entwicklung war unter anderem – ähnlich wie die in der Bundesrepublik – eine »Folge der allmählichen Ausschöpfung eines nach dem Krieg vorhandenen erheblichen Rekonstruktionspotentials, das eine Zeitlang weit über dem säkularen Durchschnitt liegende Wachstumsraten ermöglichte«.[38] Die zu Beginn der fünfziger Jahre zu verzeichnenden hohen jährlichen Zuwachsraten von 22 Prozent (1950), 27 Prozent (1951) und 13 Prozent (1952) weisen in diese Richtung.[39] Doch spätestens Mitte der fünfziger Jahre war das nach 1945 noch vorhandene Kapazitätsreaktiv der Wirtschaft weitgehend ausgeschöpft worden, d. h. die vorhandene wirtschaftliche Substanz ließ sich nicht mehr mit verhältnismäßig geringen Investitionen auf der Grundlage einer besseren Auslastung der Kapazitätsreserven oder durch Instandsetzungen erschließen.[40] Nach 1952 lag das mittlere jährliche Zuwachstempo des produzierten Nationaleinkommens schließlich nur noch bei acht Prozent (1953-60) im Vergleich zu rund 20 Prozent zwischen 1950 und 1952. Außerdem zeigten sich in den Jahren 1953 und 1956 größere Einbrüche in der Wachstumsdynamik.[41] Der 1953 stattgefundene Rückgang war ein Ergebnis der sich 1952/53 zuspitzenden gesellschaftlichen Krise in der DDR. Der Wachstumseinbruch des Jahres 1956 hatte, wie schon zu Beginn erwähnt, primär außenwirtschaftliche Ursachen, da wichtige Rohstoff- und Warenlieferungen aus Polen und Ungarn aufgrund der dortigen politischen Ereignisse ausgeblieben waren. In der DDR führte die Einstellung der Lieferungen zu empfindlichen Störungen im Wirtschaftsleben.[42] Ende des Jahres 1956 bot sich folgende Situation: »Durch Materialmangel sind in Betrieben des Maschinenbaues, der chemischen Industrie und der Leichtindustrie Stillstände und Einschränkungen der Produktion eingetreten. Besonders ernst ist die Walzstahlversorgung in Großbetrieben des Schwermaschinenbaues. Ungelöst ist nach wie vor die Kohle- und Koksversorgung, so daß z. B. im Eisenhütten-Kombinat Ost noch zwei Hochöfen stillstehen und die Versor-

---

37 Im folgenden einfaches arithmetisches Mittel; nach Bundesamt, StJb Nationaleinkommen 1989, S. 98-105.

38 Buchheim, Christoph: Die Wirtschaftsordnung als Barriere des gesamtwirtschaftlichen Wachstums in der DDR. In: Vierteljahrschrift für Sozial- und Wirtschaftsgeschichte, 2/1995, S. 194.

39 Bundesamt, StJb Nationaleinkommen 1989, a.a.O., S. 102.

40 Diedrich, Torsten: Aufrüstungsvorbereitung und -finanzierung in der SBZ/DDR in den Jahren 1948 bis 1953 und deren Rückwirkungen auf die Wirtschaft. In: Thoß, Bruno (Hg.): Volksarmee schaffen – ohne Geschrei!, München 1994, S. 295.

41 Bundesamt, StJb Nationaleinkommen 1989, a.a.O., S. 102f.

42 Buchheim, Barriere, a.a.O., S. 194; Steiner, André: Sowjetische Berater in den zentralen wirtschaftsleitenden Instanzen der DDR in der zweiten Hälfte der fünfziger Jahre. In: Jahrbuch für historische Kommunismusforschung 1993, Berlin 1993, S. 104 und S. 112.

gung der Großchemie mit Koks nicht gesichert ist. Die Produktion der Braunkohlenindustrie und ihre Vorbereitung auf den Winter wird sehr stark behindert durch den Mangel an Schienen und Schwellen«.[43] Aufgrund dieser prekären Lage mahnte das SED-Politbüro in Moskau an: »Diese Verhältnisse führen zu politisch sehr schlechten Diskussionen und erleichtern besonders in der augenblicklichen Situation die Arbeit des Gegners. [...] Wir haben alle unsere Möglichkeiten nochmals überprüft, können aber die Probleme nicht durch eigene Ressourcen lösen«.[44]

Die Ursachen für diese Wachstumseinbrüche und Krisensituationen lagen jedoch tiefer. Als wesentliche Einflußgröße wirkte hier vor allem die sowjetische Demontage- und Reparationspolitik. Mit dieser Politik hatte eine jahrelange Vernachlässigung des Ausbaus der Produktionskapazitäten stattgefunden. Besonders durch die Reparationsentnahmen aus der laufenden Produktion entzog die sowjetische Besatzungsmacht der Wirtschaft bis 1953 permanent Investitionsgüter.[45] Außerdem flossen bis 1954 in die Sowjetischen Aktiengesellschaften (SAG) bis zu ein Fünftel der Industrieinvestitionen, die damit der Kontrolle der DDR-Planer entzogen waren.[46] Dieser Prozeß setzte sich auch nach der offiziellen Beendigung der Reparationen zum 1. Januar 1954 indirekt weiter fort, da es zu »reparationsäquivalenten Leistungen« kam. Von 1954 bis 1957 stellte die DDR zum Beispiel in Form direkter und indirekter Ausgaben für den sowjetisch kontrollierten Uranbergbau der Wismut eine Summe von mehr als 1,5 Milliarden Mark bereit, die der Volkswirtschaft verlorenging. Das eigentliche Problem war aber kein finanzielles, sondern machte sich auf güterwirtschaftlicher Seite bemerkbar, da dringend in der Wirtschaft benötigte Güter der Wismut zugeteilt wurden.[47] Nach Abzug der Reparationsleistungen und Besatzungskosten reichten die Investitions- und Produktionsmöglichkeiten letztendlich nicht aus, um eine kontinuierliche Wirtschaftsentwicklung herbeizuführen. Die Konzentration auf Schwerpunkte wurde notwendig.[48] Bis 1955 galt als größtes Investitionsobjekt »das Eisenhüttenkombinat Ost, für das der Bau von zehn Hochöfen vorgesehen war. Ein weiteres neues metallurgisches Produktionszentrum sollte mit 20 Niederschachtöfen in Calbe entstehen. Für funf bereits vorhandene Stahlwerke – Brandenburg, Hennigsdorf, Riesa, Gröditz und Freital – waren wesentliche Produktionssteigerungen durch Neu- und Ausbau ge-

43 Die DDR vor dem Mauerbau, a.a.O., S. 261f.

44 Ebenda, S. 262.

45 Karlsch, Rainer: Die Auswirkungen der Reparationsentnahmen auf die Wettbewerbsfähigkeit der Wirtschaft in der SBZ/DDR. In: Schneider, Jürgen (Hg.): Wirtschaftsordnung und Wirtschaftspolitik in Deutschland 1933-1990, (zit. nach Manuskript).

46 Roesler, Jörg: Räumliche Auswirkungen der Wirtschaftspolitik im geteilten Deutschland: der ostdeutsche Raum. In: Wysocki, Josef (Hg.): Wirtschaftliche Integration und Wandel von Raumstrukturen im 19. und 20. Jahrhundert, Berlin 1994, S. 132.

47 Karlsch, Rainer: Allein bezahlt? Berlin 1993, S. 181ff.; die in »Allein bezahlt?« angegebenen Summen sind durch neue Ergebnisse des Autors hier ersetzt worden; derselbe, »Zu sozialen und wirtschaftlichen Aspekten des Uranbergbaus in der SBZ/DDR und der CSR« (Forschungsprojekt).

48 Diedrich, Aufrüstung, a.a.O., S. 295.

plant. [...] Gleichzeitig mit der Erweiterung der metallurgischen Basis sollte der Aufbau bzw. die grundlegende Rekonstruktion von 24 Betrieben des Schwermaschinenbaus beginnen«.[49]

Die Produktionsprofile der genannten Investitionsobjekte lassen die Konzentration auf die Grundstoff- und Schwerindustrie erkennen. Diese wirtschaftliche Schwerpunktsetzung bedeutete eine weitere ungünstige Verschiebung der traditionellen Industriestrukturen, die durch die sowjetischen Reparations- bzw. Außenhandelsforderungen, die damit verbundene Industrialisierung nach sowjetischem Vorbild und die Teilung Deutschlands herbeigeführt wurde. Zusätzlich signalisierten die anderen osteuropäischen Länder aufgrund der dort parallel vorangetriebenen Industrialisierung ebenfalls einen großen Bedarf an schwerindustriellen Ausrüstungen. In der Regel wurde eine unkomplizierte Maschinerie von den osteuropäischen Abnehmern bevorzugt, so daß eine konsequente Hinwendung zu innovativen Erzeugnislinien weitgehend verhindert wurde. Die geforderten Investitionsgüter der Außenhandelspartner entsprachen insgesamt nicht den internationalen Entwicklungstrends im Technologiebereich. Die DDR-Industrie mußte jedoch zwangsläufig ihre Fertigungskapazitäten an diesem Bedarf ausrichten. Nachteilig wirkte sich zusätzlich aus, daß die industriellen Erzeugnisstrukturen der DDR-Industrie zu Beginn der fünfziger Jahre von Technologieentwicklungen bestimmt wurden, die schon in der Zeit zwischen den beiden Weltkriegen als Innovationsprozesse auch in Deutschland begonnen hatten und sich nun weltweit in den entwickelten Industriestaaten entfalteten. Über dieses Technologieniveau verfügten die meisten ostdeutschen Industriebetriebe in der ersten Hälfte der fünfziger Jahre noch weitgehend, so daß der entstandene Abstand zum Weltmarkt im Bereich innovativer Technologien noch nicht so alarmierend hervortrat und ein gewisser Innovationsdruck fehlte.[50] Andererseits erweckte beispielsweise der Aufbau einer zivilen Flugzeugindustrie (1954-61) den Anschein, als ob die DDR die traditionellen hochinnovativen Industriestrukturen wieder in ihrer ursprünglichen Bedeutung aktivieren wollte. Schließlich wurden für eine Flugzeugproduktion ein flexibler Maschinenbau, eine hochentwickelte chemische und elektrotechnische Industrie sowie ein breites, qualitativ anspruchsvolles Zulieferspektrum benötigt. Doch das frühzeitige Scheitern des Experimentes im Frühjahr 1961 war auch ein Indiz für den entstandenen technologischen Rückstand durch den Strukturwandel in den fünfziger Jahren. Die noch aus der Vorkriegszeit herrührenden Möglichkeiten und Erfahrungen konnten nicht ausgeschöpft bzw. wiederbelebt werden.[51]

---

[49] Roesler, Jörg: Die Herausbildung der sozialistischen Planwirtschaft in der DDR. Aufgaben, Methoden und Ergebnisse der Wirtschaftsplanung in der zentralgeleiteten volkseigenen Industrie während der Übergangsperiode vom Kapitalismus zum Sozialismus, Berlin (Ost) 1978, S. 20f.

[50] Mühlfriedel, Wolfgang: Zur technischen Entwicklung in der Industrie der DDR in den 50er Jahren. In: Schildt, Axel/Sywottek, Arnold: Modernisierung im Wiederaufbau, Bonn 1993, S. 155-160; Karlsch, Auswirkungen, a.a.O.

[51] Ciesla, Burghard: »Intellektuelle Reparationen« der SBZ an die alliierten Siegermächte? In: Buchheim, Christoph (Hg.): Wirtschaftliche Folgelasten des Krieges in der SBZ/DDR, Baden-Baden 1995, S. 109.

Die Ausrichtung auf die Grundstoff- und Schwerindustrie führte schon 1953/54 zu erheblichen Problemen. Der Schwenk des »Neuen Kurses« zur Lebensmittel- und Leichtindustrie im Inland und die vergleichbaren Wechsel in der Wirtschaftspolitik in den anderen Ostblockländern ließen die Nachfrage nach Erzeugnissen des Schwermaschinenbaus plötzlich rapide zurückgehen.[52] Die ungünstige Absatzlage ergab für die Schwerindustrie eine verringerte Kapazitätsauslastung und einen Anstieg der Überplanbestände durch Auftragsstornierungen in den Jahren 1954 und 1955. Fertige und halbfertige Waren wurden mit Preisnachlässen bis zu 80 Prozent verschleudert. Aufwendige Produktionsumstellungen mußten vorgenommen werden. Im Energiemaschinenbau kam es zur Herstellung von Massenbedarfsartikeln, deren Anteil mit 1,3 Prozent (1954) und 3 Prozent (1955) an der Gesamtproduktion des Energiemaschinenbaus aber unbedeutend blieb. Die wenig effektiven Umstellungsprozesse vergrößerten die bestehenden Auslastungsprobleme in der Schwerindustrie noch weiter.[53] Trotz dieses enormen Einbruchs in der Absatzlage und obwohl es 1953/54 zu beachtlichen Umschichtungen bei den Investitionen zugunsten der Lebensmittel- und Leichtindustrie kam, blieb die Vorrangstellung der Schwerindustrie weiter bestehen. Schon ab 1954 wurde zumindest wieder signalisiert, daß die 1952 beschlossenen Ziele zum Aufbau des Sozialismus in Kraft blieben. Und im Volkswirtschaftsplan für 1956 räumte man der Schwerindustrie erneut Priorität ein.[54] Noch deutlicher wird diese Entwicklung bei einem Vergleich der Akkumulation und Konsumtion. Die nach dem Juni 1953 stattgefundene Umverteilung der Investitionen in den Bereich der Konsumtion hatte für die Akkumulation zur Folge, daß deren jährliche Zuwachsrate 1954 bei -23 Prozent lag. Doch schon 1955 waren die »alten« Verhältnisse wieder eingezogen, ein Großteil der Mittel floß in gewohnter Weise in die Erweiterung des industriellen Kapitalstocks.[55] Zwar gab es in abgeschwächter Form 1957 aufgrund der politischen Ereignisse des Vorjahres noch einmal eine ähnliche Konstellation wie 1954, doch insgesamt blieb die Diskrepanz zugunsten der Akkumulation weiterbestehen.[56]

Wie schon erwähnt, kam es in den fünfziger Jahren zu einem bemerkenswerten Anstieg der industriellen Produktion. Dieses enorme Wirtschaftswachstum verdeckte jedoch einen gravierenden Systemdefekt. Aus heutiger Sicht ist erkennbar, daß mit dem zentralplanwirtschaftlichen System zwar das extensive Wirtschaftswachstum wirksam stimuliert werden konnte, ein Umschalten auf intensives Wachstum jedoch weitgehend versagte. Gerade die Schwierigkeiten im Bereich der Rentabilität, Produktivität oder Kostensenkung deuteten schon frühzeitig auf diesen Mangel des Systems.[57] Nicht

[52] Steiner, Sowjetische Berater, a.a.O., S. 104.

[53] Roesler, Wirtschaftswachstum, a.a.O., 103; Christoph Buchheim, Wirtschaftliche Hintergründe des Arbeiteraufstandes vom 17. Juni 1953 in der DDR. In: VjZ 3/1990, S. 432.

[54] Ebenda, S. 431-433; Foitzik, Berichte, S. 1365.

[55] Hübner, Peter: Konsens, Konflikt und Kompromiß. Soziale Arbeiterinteressen und Sozialpolitik in der SBZ/DDR 1945-1970, Berlin 1995, S. 154.

[56] Bundesamt, StJb Nationaleinkommen 1989, a.a.O., S. 102.

[57] Buchheim, Barriere, a.a.O., S. 200.

von ungefähr wurde in den fünfziger Jahren immer wieder die Notwendigkeit der Verbesserung der qualitativen Faktoren geradezu beschworen, da dieser Seite des ökonomischen Handelns in den Ministerien und Betrieben wenig Aufmerksamkeit entgegengebracht wurde. Dort konzentrierten sich die Instanzen auf die Produktions- bzw. Planerfüllung. Wirtschaftlichkeitsberechnungen spielten dabei nur eine untergeordnete Rolle, da der Hauptanteil des Gewinns an den Staatshaushalt abgeführt und der gesamte Bedarf wieder aus dem Staatshaushalt zugeteilt wurde. Da keine unmittelbare Abhängigkeit zwischen dem Betriebsergebnis und den zur Verfügung stehenden Mitteln bestand, gab es auch keine wirksamen Anreize zur Kostensenkung und Gewinnerwirtschaftung in der Industrie bzw. in der gesamten Wirtschaft.[58] So ist es nicht verwunderlich, daß sich die Kennziffern der Selbstkostensenkung jährlich weiter verschlechterten und im Mittel etwa 25 Prozent der staatlichen Betriebe zwischen 1953 und 1956 mit Verlust arbeiteten.[59] Wobei hier immer das ständige Problem der mangelhaften materiell-technischen Versorgung der Produktion mit berücksichtigt werden muß. Den Aufstellungen der Volkswirtschaftspläne lagen andererseits vielfach auch Produktionsziele zugrunde, die ungenügend von den realen volkswirtschaftlichen Möglichkeiten und Reserven ausgingen. Die Schere zwischen Anspruch und Wirklichkeit kam markant im Krisenjahr 1956 zum Vorschein, als besonders die Lieferausfälle aus Polen die »realen Grenzen« der DDR-Volkswirtschaft sehr deutlich und nach kurzer Zeit anzeigten. Die Industrie und der Handel konnten die im Volkswirtschaftsplan für 1956 festgeschriebenen überspannten Verpflichtungen gegenüber dem Staatshaushalt nicht erfüllen. »Allein die Industrie hatte durch Nichterfüllung der Gewinnpläne die geplanten Abführungen an den Staatshaushalt nur zu 91 Prozent geleistet, aber gleichzeitig die vorgesehenen Ausgaben für ihre Finanzierung zu 124,9 Prozent in Anspruch genommen. Daraus resultierte ein Verlust von mehr als 2,3 Milliarden DM«.[60] Doch auch in den Jahren zuvor waren Haushaltszuschüsse für die Volkswirtschaft an der Tagesordnung. Besonders 1954 hatten sich die bekannten Probleme im Zuge des »Neuen Kurses« gezeigt. Zur Finanzierung der Verluste in der Volkswirtschaft mußten mehr als 1,5 Milliarden DM durch den Staatshaushalt bereitgestellt werden.[61]

Rentabilität, Gewinnerwirtschaftung und Wettbewerbsfähigkeit wurden jedoch noch durch andere Ursachen negativ beeinflußt. Die Demontageverluste (1945-1948) an moderner Produktionstechnik, der hohe Verschleißgrad und die insgesamt ungünstige Altersstruktur der genutzten Technik führten zu hohen Einbußen in der Fertigungsqualität und -kontinuität. Zusätzlich hielten die praktizierten Prinzipien der zentralen Planung »die Betriebe davon ab, an Erzeugnissen, die sich in der laufenden Produktion befanden, Verbesserungen vorzunehmen, weil die damit zwangsläufig verbundenen

58 Roesler, Herausbildung, a.a.O., S. 68-78; Steiner, Sowjetische Berater, a.a.O., S. 106f.
59 Nach Ebenda, S. 106, S. 109 u. S. 111; Roesler, Herausbildung, a.a.O., S. 251.
60 Steiner, Sowjetische Berater, a.a.O., S. 111.
61 Ebenda, S. 109; Foitzik, Berichte, a.a.O., S. 1386.

Störungen im Arbeitsablauf ökonomisch und moralisch nicht honoriert wurden«.[62]

Zur Lebenslage der Bevölkerung

Bei der Beurteilung der Lebenslage muß berücksichtigt werden, daß die Bevölkerung durch die Kriegs- und Nachkriegszeit stark geprägt worden war: Rationierungen, Ernährungs- und Versorgungskrise, Wohnraumknappheit, der Zusammenbruch eines sozialen Wertesystems, allgemeine Lebensunsicherheit und sozialer Abstieg bestimmten den Alltag der Menschen in den vierziger Jahren und reichten bis in die fünfziger Jahre hinein. Jede Verbesserung der Lebenslage wurde deshalb als Rückkehr in die »friedensmäßige« Versorgung angesehen, die als eine Art idealer Vergleichsmaßstab galt. Die Bevölkerung beurteilte ihre soziale Lage Anfang der fünfziger Jahre deshalb noch vorrangig nach dem Lebensstandard der Vorkriegszeit. Je deutlicher sich jedoch die Versorgungssituation der Bevölkerung in Westdeutschland und Westberlin zu verbessern begann, um so mehr verschob sich der Vergleichsmaßstab in diese Richtung. Insbesondere ab Mitte der fünfziger Jahre wurde das Konsumtionsniveau des Westens für den »Normalverbraucher« in der DDR zum eigentlichen Gradmesser.[63]

Die SED-Führung hatte die sich aus der schweren Kriegs- und Nachkriegszeit ergebende soziale Erwartungshaltung der Bevölkerung Anfang der fünfziger Jahre jedoch sträflich mißachtet. Die Aufbauentscheidung von 1952 führte zur gravierenden Absenkung der Lebenslage. Die Verlaufskurve des Lebensstandards sank unter das Niveau des Jahres 1947.[64] Eine solche Entwicklung mußte die Unzufriedenheit der Bevölkerung gefährlich anwachsen lassen. »Dabei ging es nicht nur um die größer werdenden Lücken im Warenangebot des Handels, auch häufigere Stromabschaltungen und ein unzulänglicher Berufsverkehr erschwerten die normale Lebenshaltung. Vor allem aber machten sich vielfach Nominal- und Reallohneinbußen durch die Streichung von Lohnzuschlägen, die Reduzierung von Überstunden, durch Normerhöhungen sowie durch Preissteigerungen und den Verlust von Fahrpreisermäßigungen bemerkbar. Insofern existierte schon eine beachtliche ›Sockelunzufriedenheit‹, als der Ministerratsbeschluß vom 28. Mai 1953 über die Erhöhung der Arbeitsnormen [...] offene Proteste und Unruhen auslöste«.[65] Nach den Ereignissen vom Juni 1953 vermied es die Führung um Walter Ulbricht vor allem tunlichst, »soziale Unzufriedenheit unter den Arbeitern über das noch beherrschbare Maß hinaus aufkommen zu lassen. Sie war eher dazu bereit, in anderen Bereichen der Gesellschaft Konflikte durchzu-

62 Mühlfriedel, Technische Entwicklung, a.a.O., S. 163.

63 Erker, Paul: Ernährungskrise und Nachkriegsgesellschaft, Stuttgart 1990; Jörg Roesler, Privater Konsum in Ostdeutschland 1950-1960. In: Modernisierung im Wiederaufbau, S. 290 u. S. 294.

64 Hübner, Konsens, a.a.O., S. 151.

65 Ebenda.

stehen«.[66] Gerade mit der verstärkten Hinwendung auf die Arbeiterschaft zeigte sich, welche Erfahrung die SED-Führung aus dem 17. Juni 1953 gezogen und bis zum Ende der DDR verinnerlicht hatte: »keine abrupten Veränderungen, weder in den Preisen noch in den Arbeitsnormen und auch nicht in der Lohnstruktur ».[67]

Bemerkenswert waren des weiteren die erheblichen Verbesserungen für die Existenz der bisher benachteiligten Intellektuellen, Handwerker und Privatunternehmer. Die erhöhte Aufmerksamkeit der SED-Führung wird am Beispiel der Steuerpolitik gegenüber den kleinen und mittleren Privatunternehmen 1953/54 erkennbar. Im zweiten Halbjahr 1953 wurden dieser Bevölkerungsgruppe eine Reihe zusätzlicher Steuervergünstigungen und Erleichterungen gewährt. Bis zu 25 Prozent des Gewinns durften für Investitionen im eigenen Unternehmen eingesetzt werden bei Abzug dieser Beträge von dem zu besteuernden Gewinn. Vorteilhaft für die Privatunternehmer war auch, daß eine Neubewertung des Kapitalstocks gemäß des tatsächlichen Zustandes und der damit verbundenen Abgaben an den Staat vorgenommen werden sollte. Auf diese Weise wurde versucht, die Privatunternehmer zur Erweiterung ihrer Betriebe und zur Mehrproduktion zu stimulieren. Jene Betriebe, die patentierte Produkte herstellten oder über ein Mehrschichtsystem verfügten, erhielten gleichfalls finanzielle Vergünstigungen. Hinzu kam, daß sich die Zahlungsmodalitäten der Steuerzahlungen vereinfachten bzw. sich die Strafen für Zahlungsverzögerungen reduzierten. Beachtlich war auch die Gewährung von Freiheitsgraden bei der Festlegung der Preise für Erzeugnisse des jeweiligen Privatunternehmens. Im privaten Sektor ergab sich plötzlich die günstige Situation, daß die Besteuerung der kleinen und mittleren Privatunternehmen zeitweilig niedriger als die von 1939 bzw. die Westdeutschlands war. Wobei zu berücksichtigen ist, daß westdeutsche Unternehmer bis zu 50 Prozent ihres Gewinns von der Steuer absetzen konnten. Gerade diese Vergünstigungen markieren den Grad der Abbremsung der »sozialistischen Umwälzung« nach 1953. Sie wirkten sich zeitweise äußerst positiv auf die Haltung eines großen Teils der Privatunternehmer, Händler und Handwerker aus.[68]

Wiederholt wurde nach dem Juni 1953 von dem scheinbar bewährten Instrument der Preissenkung Gebrauch gemacht, um durch Verbesserungen im konsumtiven Bereich eine schnelle soziale »Ruhigstellung« zu erreichen. Bis 1955 kam es zu einer Absenkung des Preisniveaus aller angebotenen Nahrungsmittel und Industriewaren in der DDR auf etwa 54 Prozent des Preisniveaus von 1950.[69] Im Juni 1956 wurden noch einmal die Preise für Textilien, Schuhe und einige Industriewaren gesenkt. Die Reduzierungen beliefen sich insgesamt auf rund 1 Milliarde Mark und entsprachen in ihrer Größenordnung zu 50 Prozent den DDR-Ausgaben für die militärische Aufrüstung

---

66 Ebenda, S. 157.

67 Lepsius, Institutionenordnung, a.a.O., S. 24.

68 Foitzik, Berichte, a.a.O., S. 1476-1479.

69 Roesler, Konsum, a.a.O., S. 292.

zwischen Sommer 1952 und Mitte 1953.[70] Allein diese Preissenkung verdeutlicht die großen Bemühungen der SED-Spitze, die sozialen Verhältnisse stabil zu halten und eine Wiederholung des Massenaufruhrs vom Juni 1953 nicht zuzulassen. Doch die Fonds für die Versorgung der Bevölkerung hatten sich inzwischen erheblich verringert und boten letztendlich nur noch wenig Spielraum für die Überbrückung einer möglichen kritischen Versorgungslage. So mußte auch wieder, entgegen der Propaganda, zum Mittel der Preiserhöhung gegriffen werden.[71] In einer Darstellung des Ministeriums der Finanzen wurde ausdrücklich darauf hingewiesen, »daß in den Jahren seit 1953 in einem immer stärkeren Maße die Bestände und Reserven bei einigen wichtigen Nahrungsgütern im Interesse der Erhöhung des Verbrauchs gesenkt wurden«.[72]

Als die Bevölkerung auf die Ereignisse in Polen und Ungarn sowie die Krisensituation im eigenen Land mit Hamsterkäufen reagierte, da mit einer Eskalierung der Entwicklung gerechnet wurde, bat die SED-Führung wie schon erwähnt Anfang November 1956 in Moskau um Hilfe: »Im Zusammenhang mit den letzten Ereignissen ist eine stärkere Nachfrage nach Lebensmitteln entstanden. Die Fonds für die Versorgung der Bevölkerung sind zu knapp. [...] Im Minimum bräuchten wir in diesen Wochen für die Versorgung im IV. Quartal 1956 noch folgende zusätzliche Lieferungen: Butter bzw. tierische Fette (3000 t), Fischkonserven (2500 t), Eier (30 Mio Stück) [...]«.[73] Diesem Hilferuf waren seit 1953 schon eine Reihe weiterer vorausgegangen. Und in der Tat gewährte die Sowjetunion Kredite, verzichtete auf Schuldenrückzahlungen und lieferte mehrfach zusätzlich Lebensmittel und Rohstoffe. Die durch die UdSSR erwiesene Hilfe hatte es maßgeblich ermöglicht, daß die entscheidenden Versorgungsprobleme bei Lebensmitteln und Rohstoffen überbrückt werden konnten.[74] Grundsätzlich zeigt die Entwicklung des Jahres 1956, daß sich das »ökonomische Reservoir für Preissenkungen« allmählich erschöpft hatte. Die Versuche, durch flexible Preisdifferenzen zwischen den bestehenden Preisebenen[75] den privaten Konsum in der DDR zu beeinflussen, verloren an Wirksamkeit.[76] Nicht nur aus diesem Grund wurde im Sommer 1956 über die Aufhebung der Rationierung wieder intensiver nachgedacht.[77] Ursprünglich war diese spätestens für das Jahr 1953 vorgesehen gewesen. Insbesondere deshalb, weil in der Bundesrepublik die Lebensmittel-

[70] Hübner, Konsens, a.a.O., 154; Diedrich, Aufrüstung, a.a.O., S. 326.
[71] Weber, Geschichte der DDR, a.a.O., S. 261f.
[72] Darstellung der Entwicklung des Verbrauchs und des Aufkommens bei den wichtigsten Nahrungsgütern und landwirtschaftlichen Erzeugnissen für den Zeitraum vom Jahre 1951 bis 1957, 2.7.1957, in: Bundesarchiv Abteilungen Potsdam (BAP), DE-1, Archivnummer (Nr.) 323, Bl. 31.
[73] Die DDR vor dem Mauerbau, a.a.O., Versorgungsschwierigkeiten, S. 261.
[74] Foitzik, Berichte, a.a.O., S. 1364; Lemke, Berlinkrise, a.a.O., S. 50ff.
[75] Damit sind die »Markenpreise« der Lebensmittelkarten und die Preise des »freien Verkaufs« durch die 1948 gegründete Handelsorganisation (HO) gemeint.
[76] Roesler, Konsum, a.a.O., S. 292f.
[77] Bilanzierung des Staatshaushalts aufgrund des Beschlusses der Regierungskommission für Aufhebung der Rationierung vom 19.9.1956, 17.9.1956, in: BAP, DE-1, Nr. 323, Bl. 27-29.

karte schon am 10. Januar 1950 endgültig aus dem Verkehr gezogen werden konnte. Im Gesetz zum 1. Fünfjahrplan (1951-55) aus dem Jahr 1951 hatten die Staatsplaner diese Zielsetzung jedenfalls noch so festgeschrieben.[78] Aber abgesehen davon, daß dieses Ziel gemessen an den Ressourcen weit überzogen war, führte der radikale wirtschaftspolitische Kurswechsel von 1952 dieses Vorhaben ad absurdum. Nach 1953 erhielt die SED-Führung die Kartenpreise schon allein aus politischen Gründen aufrecht, da »in der allmählichen Absenkung der überhöhten HO-Preise (der) Hauptweg zur Erhöhung des realen Einkommens«[79] gesehen wurde. Andererseits war die Rationierung »das einzige direkte Regulierungsinstrument für den privaten Konsum [...]. Die indirekten Regulierungsmöglichkeiten (Lohngestaltung, Preisfestsetzung, Steuerveränderungen) waren keineswegs so einfach und vor allem nicht so zielsicher zu handhaben wie ursprünglich gedacht«.[80]

Die 1953/54 stattgefundenen weitreichenden Mittelumverteilungen in den konsumtiven Bereich und die verfolgte Lohn-, Preis- und Steuerpolitik vergrößerten das bestehende Defizit im Staatshaushalt noch mehr. Deutlich sichtbar wurden diese Disproportionen zwischen den Geldeinkünften der Bevölkerung und dem Einzelhandelsumsatz. Zwischen Juni 1953 und September 1954 stiegen die Einnahmen der Bevölkerung um 3,1 Milliarden Mark.[81] Den wachsenden Einnahmen stand jedoch kein ausreichendes Warenangebot gegenüber. Die Kaufkraft der Bevölkerung konnte nicht »abgeschöpft« werden. Allein im 1. Halbjahr 1954 hatte sich dadurch der Geldumlauf um 22 Prozent erhöht.[82] In diesem Zusammenhang mahnte die sowjetische Seite in einem Memorandum an: »In Zukunft ist nicht zu dulden, daß eine Geldemission über die Bedürfnisse des Warenumsatzes erfolgt«.[83] Das war eine Warnung vor dem Versuch, die unzureichende güterwirtschaftliche Deckung mit der Notenpresse auszugleichen. Im darauffolgenden Jahr gelang es tatsächlich, die Geldemission zu reduzieren. Aber am Ende des Jahres 1956 lag der Geldumlauf schon wieder 17 Prozent über den Planvorgaben.[84]

Gemessen am Nahrungsmittel- und Güterverbrauch hatte sich die Lebenslage der Bevölkerung seit der Gründung der DDR dagegen deutlich verbessert. Der Pro-Kopf-Verbrauch solcher Grundnahrungsmittel wie Fleisch und Butter konnte sich von 1949 zu 1956 in etwa verdoppeln.[85] Zwar war das Niveau, von dem diese Verbesserungen ausgingen, sehr niedrig[86], doch zwischen 1953 und 1956 war es zumindest bei den Grundnahrungsmitteln

---

[78] Hübner, Konsens, a.a.O., S. 153.

[79] Hübner, Konsens, a.a.O., S. 153.

[80] Roesler, Konsum, a.a.O., S. 292.

[81] Foitzik, Bericht, a.a.O., S. 1363.

[82] Zschaler, Frank: Öffentliche Finanzen und Finanzpolitik in Berlin 1945-1961, Berlin/New York 1995, 156; Steiner, Sowjetische Berater, a.a.O., S. 107ff.

[83] Zitiert bei ebenda, S. 104

[84] Ebenda, S. 112.

[85] Nach StJb 1957, S. 218; StJb 1990, S. 54.

[86] Hübner, Konsens, a.a.O., S. 157.

gelungen, sich dem Verbrauchsniveau der Vorkriegszeit (1936) weitgehend anzunähern bzw. dieses zu überschreiten.[87] Andererseits blieb das Aufkommen der Landwirtschaft hinter der starken Verbrauchsentwicklung zurück. Dadurch »ergab sich im Laufe des 1. Fünfjahrplanes und auch in den folgenden Jahren eine immer größere Abhängigkeit der Nahrungsgüterversorgung vom Import«.[88]

Ein Vergleich des Einzelhandelsumsatzes nach Warengruppen zeigt, daß die Anteile von Nahrungsgütern, Genußmitteln, Schuhen und Bekleidung am gesamten Einzelhandelsumsatz 1956 gegenüber 1953 geringfügig zurückgegangen waren, bei einem gleichzeitigen leichten Anstieg des Industriewarenanteils um 5 Prozent.[89] Diese Entwicklung signalisierte eine in den kommenden Jahren sich anbahnende Schwerpunktverlagerung im Verbraucherverhalten der Bevölkerung. Die Anschaffung langlebiger technischer Konsumgüter (Waschmaschinen, Kühlschränke, Fernsehempfänger, PKW, Motorräder) spielte jedoch gemessen am Ausstattungsbestand je 100 Haushalte bis 1955 noch keine Rolle.[90] Vielmehr kam es durch den schon erwähnten Kaufkraftüberhang, die damit verbundenen steigenden Spareinlagen und angesichts der westdeutschen Entwicklung zum verstärkten Zwecksparen, das auf die Anschaffung hochwertiger Konsumgüter zielte.[91] Von 1953 zu 1956 hatten sich die Spareinlagen der Bevölkerung immerhin etwa um das 1,5fache erhöht.[92] Doch sowohl bei Nahrungsgütern als auch bei Konsumgütern bedeutete die rasch wachsende Kaufkraft der Bevölkerung, daß die Möglichkeiten der Bedarfsdeckung vielfach überschritten wurden, »so daß sich der Eindruck des fortbestehenden Mangels eher noch vertiefte, obwohl das Handelsvolumen insgesamt zunahm«.[93] In der Gesamttendenz vollzog sich jedoch im konsumtiven Bereich ab Mitte der fünfziger Jahre ähnlich wie in der Bundesrepublik ein Wechsel von der »Rekonstruktion« zum »Ausbau« bzw. von der »Wiederherstellung« zur »Modernisierung«.[94] Diese Tendenz wird auch durch die Entwicklung im Erholungs- und Freizeitbereich bestätigt. Dort gab es zum gleichen Zeitpunkt eine Verschiebung in Richtung »Normalisierung« der Verhältnisse. Immerhin hatten die vom Feriendienst des Freien Deutschen Gewerkschaftsbundes (FDGB) organisierten Reisen im Jahre 1955 die Millionengrenze überschritten. 1955 stieg die Zahl der FDGB-Urlaubsreisen um 76 Prozent gegenüber 1953.[95]

Noch schwerer lastete die durch den Zweiten Weltkrieg hervorgerufene flächendeckende schwierige Wohnraumsituation auf der Bevölkerung. Woh-

---

87 StJb 1955, S. 103; StJb 1957, S. 218; Roesler, Konsum, a.a.O., S. 295; Foitzik, Berichte, a.a.O., S. 1356.

88 BAP, DE-1, Nr. 323, Bl. 30.

89 StJb 1962, S. 516.

90 StJb 1990, S. 53.

91 Hübner, Konsens, a.a.O., S. 155.

92 StJb 1990, S. 52.

93 Hübner, Konsens, a.a.O., S. 156.

94 Roesler, Konsum, a.a.O., S. 301.

95 StJb 1990, S. 63.

nungen waren »Mangelware« erster Ordnung. Der »Neue Kurs« sah bei der Umverteilung der für die Schwerindustrie vorgesehenen Investitionen deshalb auch den »Ausbau und Neubau von Wohnungen«[96] vor. »Der Wohnungsbau ist zu erweitern«[97], hieß es jedoch nur wenig verheißungsvoll in der Entschließung der 15. ZK-Tagung der SED vom 24. bis 26. Juli 1953. Und in der Tat passierte auf diesem Gebiet bis 1956 recht wenig. Im Durchschnitt wurden zwischen 1953 und 1956 pro Jahr 33000 Wohnungen neu gebaut.[98] Der Neubau von Wohnungen konzentrierte sich dabei vor allem auf Industriestandorte wie zum Beispiel das neuerrichtete Eisenhüttenkombinat/Ost. Erst nach 1956 zeigte sich unter anderem mit der Forcierung der industriellen »Großblockbauweise« auf diesem Gebiet eine deutliche Veränderung, da allein im Jahre 1957 etwa die Hälfte der neugebauten Wohnungen des Zeitraumes 1953-1956 errichtet wurde.[99] Die Wohnungssituation wurde zudem noch durch die Zahl der wegen Baufälligkeit gesperrten Wohnungen zusätzlich belastet, die in etwa der Zahl der neugebauten Wohnungen entsprach.[100] Außerdem resultierte die zu verzeichnende Verbesserung in der quantitativen Wohnraumversorgung »zu mehr als der Hälfte aus der Abwanderung der Einwohner in den Westen und nur zum geringeren Teil aus dem Wohnungsbau; dieser entsprach in den 50er Jahren nur einem Zehntel der westdeutschen Fertigstellungen«.[101]

Ohne Zweifel gelang es der SED-Führung im Bereich der medizinischen Versorgung und Kinderbetreuung schon in den fünfziger Jahren, eine beachtliche Entwicklung durchzusetzen, die »gegenüber Westdeutschland Eigenes, Unverwechselbares und von breiten Schichten der DDR-Bevölkerung Akzeptiertes«[102] hervorbrachte. So begannen sich die durch den Krieg und die Nachkriegszeit entstandenen gesundheitlichen Folgen oftmals erst in den fünfziger Jahren für die Bevölkerung ernsthaft auszuwirken. Hier sei nur beispielgebend auf die durch Mangel- und Fehlernährung sowie schlechte Lebensbedingungen begünstigten mittel- und langfristig wirkenden Krankheiten verwiesen. Die Zusicherung einer unentgeltlichen, allgemein zugänglichen medizinischen und sozialen Betreuung wurde von der Bevölkerung gerade auch im Vergleich zum Westen Deutschlands hoch bewertet. Der Ausbau der medizinischen Betreuung in bis dahin unterversorgten ländlichen Gebieten durch Landambulatorien und Gemeindeschwesternstationen; der Aufbau des Impfwesens; der prophylaktische Gesundheitsdienst bis hin zur Kinderbetreuung sind in breiten Kreisen der Bevölkerung auf der Positivseite der Lebenslagerechnung geführt wor-

---

[96] Der Neue Kurs und die Aufgaben der Partei. 15. Tagung des Zentralkomitees der SED vom 24. bis 26. Juli 1953, Berlin (Ost) 1953, S. 44.

[97] Ebenda, S. 116.

[98] StJb 1990, S. 51.

[99] Vgl. Kosel, Gerhard: Unternehmen Wissenschaft, Berlin (Ost) 1989, S. 242; StJb 1990, S. 51.

[100] Hübner, Konsens, a.a.O., S. 160.

[101] Manzel, Karl-Heinz: Von der Wohnlaube zum Wohnblock – Ziel der »registrierten Antragstellung«, in: 40 Jahre, S. 255.

[102] Roesler, Konsum, a.a.O., S. 302.

den.[103] Daß die Qualität der medizinischen Versorgung in den fünfziger Jahren enorm zugenommen hatte, verdeutlicht der Rückgang der gestorbenen Säuglinge je 1000 Lebendgeborene von 78,3 (1949) auf 46,5 (1956).[104] Über das Niveau der Lebensverhältnisse der Bevölkerung gibt vor allem auch die Entwicklung der gemeldeten Tuberkuloseerkrankungen Auskunft, da gerade die Tuberkulose eine Begleiterscheinung katastrophaler bzw. ärmlicher Lebensbedingungen ist. Je 10000 Einwohner wurden 1949 noch 57 Erkrankungen gemeldet, im Jahre 1956 hatte sich diese Zahl auf 23 reduziert.[105] Die Zahl von Krankenhausbetten, Polikliniken, Ambulatorien oder des medizinischen Personals zeigt insgesamt eine weitgehend kontinuierliche Entwicklung schon seit Gründung der DDR und nicht erst seit 1953.[106]

Resümee

Es ist der SED nach den Ereignissen vom Juni 1953 verhältnismäßig schnell gelungen, ihre Machtpositionen wieder zu festigen. Der Ausbau der Institutionenordnung und die Stabilisierungsmaßnahmen des »Neuen Kurses« trugen maßgeblich dazu bei, daß die Grundstrukturen des Systems nicht angetastet wurden. Gerade die zwischen 1953 und 1956 stattgefundene Abbremsung der »sozialistischen Umgestaltung« und die damit verbundene zeitweilige »Ruhe« im Bereich der privaten Eigentumsform halfen mit, das System zu stabilisieren. Mit der Stärkung des Macht- und Verwaltungsapparates kam es gleichzeitig zu einer Forcierung des Elitenaustausches. Dadurch legte die SED Führung schon Mitte der fünfziger Jahre den Grundstein für eine »sozialistische Intelligenz«, die sich politisch loyal verhielt bzw. sich mit dem neuen gesellschaftlichen System identifizierte. Besonders wurde versucht, die Arbeiterschaft in der staatlichen Industrie einem sozialen Wandlungsprozeß zu unterwerfen. Indem die traditionellen hierarchischen Strukturen der industriellen Betriebsbelegschaften zugunsten eines Kontroll- und Lenkungssystems der SED sowie einer scheinbar größeren Mitbestimmung der Arbeiter verändert wurden, gelang es, das Konfliktpotential unter der Arbeiterschaft weitgehend zu entschärfen und in die gewünschte Richtung zu lenken. Die SED nutzte außerdem geschickt und wirkungsvoll die Funktion des Betriebes als sozialpolitische Versorgungsinstanz. Andererseits vermied die SED-Führung jede abrupte Veränderung in den Preisen, den Arbeitsnormen und in der Lohnstruktur. Gerade 1953/54 zeigte sich erstmals sehr deutlich, wie durch übertriebene Sozialstaatlichkeit die ökonomische Leistungsfähigkeit geschwächt wurde. Hier deutete sich die Wirkung einer Sozialpolitik an, die in den siebziger Jahren zu einem »starren Strukturele-

[103] Oertel, Ingrid/Ziesemer, Horst: Vom Aufbau des staatlich zentralgelenkten Gesundheits- und Sozialwesens zur kollektiv geleisteten Absicherung aller kritischen Lebenssituationen – das soziale und medizinische Netz, in: 40 Jahre, S. 265ff.

[104] StJb 1990, S. 64.

[105] StJb 1955, S. 60; StJb 1957.

[106] StJb 1990, S. 61-62.

ment« avancierte und die wirtschaftliche und gesellschaftliche Entwicklung der DDR erheblich zu lähmen begann.[107] Die ökonomischen Rahmenbedingungen und Entwicklungen der fünfziger Jahre lassen aber auch erkennen, wie klein der Spielraum für sozialpolitische Stabilisierungsmaßnahmen war. Die Hauptschwierigkeit der DDR-Wirtschaft bestand zwischen 1953 und 1956 vor allem in der Notwendigkeit, gleichzeitig drei Aufgaben von gleicher Priorität lösen zu müssen: die Erhöhung des privaten Verbrauchs, den Ausbau und die Modernisierung der Infrastruktur und die Absicherung der Investitionen in allen Industriezweigen. Angesichts der knappen Mittel bzw. Ressourcen, der begrenzten ökonomischen Möglichkeiten, der Mängel des planwirtschaftlichen Systems, der permanenten Arbeitskräfteverluste durch die Westabwanderung und der wirtschaftspolitischen Maßgaben mußte jede Bevorzugung zur Vernachlässigung anderer Zwecke führen und in schwierigen Situationen krisenhafte Wirkungen wie zum Beispiel 1956 hervorrufen.[108] Gerade die unvermindert fortdauernde Abwanderung in den Westen hatte aber auch den bekannten fatalen Effekt, daß einer möglichen breiten oppositionellen Massenbewegung in der DDR wichtige Träger bzw. Leitfiguren entzogen wurden.

Soziale Konflikte in der Gesellschaft konnten durch Weggang kompensiert werden. Diese Ventilfunktion spielte im Herbst 1956 unter anderem eine maßgebliche Rolle. Für die Ostdeutschen wirkte außerdem der Einmarsch sowjetischer Truppen in Ungarn in doppelter Weise deprimierend. Einmal wurden viele an die Ereignisse vom Juni 1953 erinnert. Andererseits war damit unmißverständlich klar, welche Folgen eine ähnliche Entwicklung in der DDR haben würde. So fügten sich viele »in ihr Schicksal« und zogen sich in die Privatsphäre zurück oder verließen das Land.[109] Der Rückzug in die Privatsphäre fiel um so leichter, je mehr sich die Lebenslage zwischen 1953 und 1956 gemessen am Lebensstandard der Vorkriegszeit verbessert hatte. Die SED-Führung wiederholte zumindest nicht den Fehler von 1952 und mißachtete nicht die soziale Erwartungshaltung der Bevölkerung. Obwohl die Versorgungslage im Westen ab Mitte der fünfziger Jahre zum eigentlichen Gradmesser wurde, darf nicht vergessen werden, daß die Bevölkerung bei der Beurteilung ihrer Lebenslage stark durch die Erfahrungen der Kriegs- und Nachkriegszeit geprägt worden war. Von dieser Perspektive aus wurden die steigenden Einnahmen, die Lohnerhöhungen, die Preissenkungen und die Zunahme des Pro-Kopf-Verbrauchs beim »Normalverbraucher« als beachtliche Verbesserungen der Lebenslage empfunden, obwohl der permanente Mangel fortbestand und im Vergleich zu Westdeutschland das Angebot und die Qualität unzureichend waren und das Preisniveau sich oftmals als überhöht erwies. Einen nicht zu unterschätzenden positiven Einfluß auf die Haltung großer Teile der Bevölkerung hatten die hohen Ausgaben für die ge-

[107] Lepsius, Institutionenordnung, a.a.O., S. 24ff.

[108] Cornelsen, Doris: Die Industriepolitik der DDR. In: Der X. Parteitag der SED, Köln 1980, S. 50-53.

[109] Buchheim, Wirtschaftliche Hintergründe, a.a.O., S. 433.

sundheitliche Betreuung in der DDR, die im Vergleich zur Bundesrepublik beachtliche Größen darstellten. Dagegen blieben die Ausgaben und Effekte im Bereich des Wohnungsbaus und der Sozialfürsorge (z. B. Renten) deutlich hinter der Entwicklung in Westdeutschland zurück.[110]

110 Foitzik, Berichte, a.a.O., S. 1484ff.

Die DDR zwischen Tauwetter und Kaltem Krieg. »Mutmassungen« über das Jahr 1956

von

STEFAN WOLLE

»1956« als imaginäres Generationserlebnis

Die Jahreszahl 1956 hat für viele Menschen heute noch einen besonderen Klang. Es schwingt da ein Ton von Hoffnung mit, aber auch von Resignation, Nostalgie und trotziger Selbstrechtfertigung. Es scheint sich um eines jener Generationserlebnisse zu handeln, die so schwer zu verifizieren sind, deren Existenz aber dennoch offensichtlich ist.

Es begann Ende Februar 1956 mit dem XX. Parteitag der KPdSU und der legendären »Geheimrede« Chruschtschows, und es endete mit der Tragödie des ungarischen Volksaufstandes im Oktober und November desselben Jahres.[1] Zeitgleich mit dem ungarischen Aufstand begann die Suez-Krise.[2] Die Welt schien vor einem neuen Krieg zu stehen. In der östlichen Propaganda wurden beide Ereignisse bewußt in Zusammenhang gebracht. Das Entsetzen über die sowjetische Intervention in Ungarn sollte durch die Empörung über das britisch-französische Eingreifen am Suezkanal kompensiert werden. Die berechtigte Kriegsangst sollte die Menschen dazu bringen, die Friedhofsruhe, die sich über den Ostblock senkte, als »kleineres Übel« zu akzeptieren.

Schon bei der ersten Musterung der Stichworte fällt auf, daß es sich um politische Erschütterungen handelte, deren Zentren durchweg außerhalb der DDR lagen. Lediglich in der Verhaftung und Verurteilung der sogenannten »Harich-Gruppe« fanden die Ereignisse ihren unmittelbaren Niederschlag auf die DDR. Doch diese Vorgänge trugen deutlich den Charakter einer bösartigen Replik Ulbrichts. Erst als in Budapest die Waffen schwiegen, wagte es die SED-Führung zurückzuschlagen.

Durch zahlreiche Zeugnisse ist überliefert, daß viele Menschen die Dramatik jenes Jahres tief empfunden haben. Der Literaturwissenschaftler Hans Mayer, der zu jener Zeit Professor in Leipzig war, spricht im »Turm von Babel« von dem »Entscheidungsjahr 1956«[3] und von einer »versäumten Revolution«.[4] Be-

---

[1] Vgl. Mitter, Armin/Wolle, Stefan: Untergang auf Raten. Unbekannte Kapitel der DDR-Geschichte, München 1993; dort auch umfangreiche Literaturangaben; neuerdings dazu: Engelmann, Roger/Schuhmann, Silke: Der Ausbau des Überwachungsstaates. Der Konflikt Ulbricht-Wollweber und die Neuausrichtung des Staatssicherheitsdienstes der DDR 1957. In: VjZ 43/(1995), S. 341-378.

[2] Vgl. Lorenzen, Jan N.: Die Haltung der DDR zum Suez-Krieg. Das Jahr 1956 als Zäsur in der Nahost-Politik der DDR. In: Deutschland Archiv 28/(1995), S. 278-285.

[3] Mayer, Hans: Der Turm von Babel. Erinnerungen an eine Deutsche Demokratische Republik, Frankfurt a.M. 1991, S. 116 et passim.

[4] Ebenda, S. 143.

reits 1984 hatte er in dem Erinnerungsbuch »Ein Deutscher auf Widerruf« geschrieben: »Mit dem Einsatz der Panzer in Budapest und dem Galgen für den ungarischen Ministerpräsidenten Imre Nagy [...] wurde auch über das Leben in der DDR entschieden.«[5]

Am Anfang stand die seelische Erschütterung über den Sturz des toten Stalin vom Podest der Gottgleichheit. Gerade die jüngeren Parteimitglieder, die ganz im Sinne des großen Stalin erzogen worden waren, begannen über eine grundsätzliche Änderung des Systems nachzudenken. Das »große Gespräch«, das Brecht in seinem nur teilweise veröffentlichten Brief nach dem 17. Juni 1953 von der Parteiführung gefordert hatte, schien nun endlich zu beginnen. Es folgte die Enttäuschung über den mangelnden Willen der SED-Führung, mehr als nur formelle Änderungen in der politischen Phraseologie und Ikonographie zuzulassen. Schließlich wurde der Machtwechsel in Polen mit großen Erwartungen begrüßt. Und als die Sowjetpanzer den Aufstand des ungarischen Volkes niederwalzten, stand man entsetzt vor einem Scherbenhaufen aller Hoffnungen und Illusionen.

»Es kam eine Nacht, die ungewöhnlich finster war. Zufällig saßen wir zusammen und hörten aus allen westlichen Rundfunkstationen neben den Berichten über Kämpfe in Budapest das große, kaum unterdrückte Hohngelächter über das Scheitern dessen, was sie ›Utopie‹ nannten.«[6] So schildert Christa Wolf in ihrem Buch »Nachdenken über Christa T.« die Reaktionen ihrer Romanfiguren auf die Ereignisse in Ungarn. Im freien Fluß der Assoziationen ist die Erinnerung an 1956 das einzige zeitlich fixierbare Ereignis. Sie steht an zentraler Stelle dieses, vordergründig gesehen, sehr »unpolitischen« Buches. Ganz offenbar ist dies ein Hinweis auf das Gewicht jener »ungewöhnlich finsteren Nacht« in der Kompositionsstruktur des Romans und der Entwicklungsgeschichte seiner autobiographisch geprägten Ich-Erzählerin. »Wir wußten ja selbst nicht, was das für eine Nacht war«, schreibt Christa Wolf weiter, »wir haben Jahre gebraucht, es zu wissen. Nur daß die Kämpfe der Alten auf einmal unsere Kämpfe wurden, das fühlten wir gleich mit großer Deutlichkeit. Und daß sie uns nicht gestatten würden, in die Rolle der Betrogenen zurückzuweichen. Doch auch die Rolle der eisern Gläubigen war abgesetzt, die Bühne, auf der man solche Rollen spielte, war verdunkelt. Ja ein plötzlicher Lichtwechsel hatte stattgefunden [...]«.[7]

1956 war das Jahr der großen Gefühle. Wenn man jedoch die Frage stellt, »was denn eigentlich gewesen« sei, kann die Antwort nur dünn ausfallen. Die Illusionen haben sich aufgelöst, die Hoffnungen sind zerronnen, die Utopie ist gescheitert, müßte das Fazit lauten. Doch ist jede Gegenwart immer auch eine Summe der Vorstellungen des Kommenden. Sie ist bestimmt von Hoffnungen, Ängsten, Phantasien, Wahnvorstellungen und Fehlperzeptionen der Zeitgenossen. Diese simple Tatsache geht der Geschichtsschrei-

[5] Mayer, Hans: Ein Deutscher auf Widerruf, 2 Bde., Frankfurt a.M. 1984, 2. Bd., S. 120f.

[6] Wolf, Christa: Nachdenken über Christa T., Halle/Saale 1968, zit. nach der Ausgabe des Luchterhand Verlages, Neuwied/Berlin 1969, S. 167.

[7] Ebenda.

bung oft verloren. Sie konzentriert sich auf die Wirklichkeit und vergißt die Möglichkeit. Sie neigt zur post-festum-Rationalisierung des Faktischen, zur Projektion der Gegenwart auf die Vergangenheit. Doch Geschichte ist nicht nur das Geschehene, sondern auch das Nicht-Geschehene. Geschichte ist immer auch »vergangene Zukunft«. Unter den tausendfachen Möglichkeiten kristallisiert sich dann eine einzige Wirklichkeit heraus. Es geht dabei nicht um die ebenso faszinierende wie spekulative Gedankenspielerei: »Was wäre gewesen, wenn [...]?« Es geht um die Möglichkeit als geschichtliches Faktum.

Es ist deutlich, daß der Historiker mit seinem traditionellen Handwerkszeug hier an die Grenzen seiner Möglichkeiten stößt, und es stellt sich die Frage, ob literarische Techniken des modernen Romans als Paradigma für die Geschichtsforschung brauchbar sind.

Geschichte als Roman

»Der Weg des Romans ist eine Art parallel zur Neuzeit verlaufende Geschichte«, schreibt Milan Kundera in seinem großen Essay »Die Kunst des Romans«.[8]

Er läßt diesen Weg mit Cervantes' »Don Quijote« beginnen. Der Ritter von der traurigen Gestalt trat in die Welt hinaus und konnte sie nicht mehr wiedererkennen. Die einzige göttliche Wahrheit war in hunderte von relativen Wahrheiten zerfallen. »Je mehr Wissen der Mensch sich aneignete, desto mehr verlor er die Ganzheit der Welt und auch sich selbst aus den Augen und versank auf diese Weise in dem, was Heidegger [...] mit einer schönen fast magischen Formel »Seinsvergessenheit« genannt hat.«[9]

»Die ›Leidenschaft des Erkenntnisstrebens‹, die Husserl zufolge das eigentliche Wesen der europäischen Geistigkeit ausmacht, hat sich des Romans bemächtigt, damit er das konkrete Leben des Menschen erforscht und vor der ›Seinsvergessenheit‹ schützt; damit die ›Lebenswelt‹ immer wieder ins Licht rückt. [...] Erkenntnis ist die einzige Moral des Romans«.[10]

Besser ließe sich auch der Sinn der Geschichtsschreibung kaum formulieren. Und doch werden Literatur und Geschichtswissenschaft meist als zwei feindliche Brüder wahrgenommen. Ihre Wesensart ist auch allzu unterschiedlich. Auf der einen Seite stehen der freie Flug der Phantasie, die Unverbindlichkeit der subjektiven Imagination und der scheinbar leicht erworbene Dichterlorbeer. Auf der anderen Seite die Kärrnerarbeit der strengen Faktenforschung, die nüchterne Fachsprache der Wissenschaft und die Seriosität des wissenschaftlichen Urteils.

Die Differenz geht jedoch viel tiefer. »Die Geschichtsschreibung ist mit der Geschichte der Gesellschaft, nicht mit der Geschichte des Menschen befaßt«, schreibt Milan Kundera. »Deshalb werden die historischen Ereignisse,

---

8 Kundera, Milan: Die Kunst des Romans. Essay, München/Wien 1987, S. 17.
9 Ebenda.
10 Ebenda.

die in meinen Romanen vorkommen, von den Geschichtsschreibern oft übersehen.«[11]

Nimmt man diesen Befund ernst, ergibt sich die Frage nach den Möglichkeiten einer Synthese.

Es ist ja nicht so, daß es in der Vergangenheit an Grenzgängern zwischen Wissenschaft und Literatur gefehlt hätte. Gerade in den seichteren Gewässern der Trivialliteratur tummeln sich seit Jahr und Tag so manche Freibeuter. Das von den Historikern aus den Minen der Vergangenheit gehobene Edelmetall sehen sie als leichte und gut verkäufliche Beute an. Und es gibt auch Piraten, die ganze Goldschiffe in ihre Raubnester geschleppt haben. Doch nicht hiervon soll die Rede sein.

An einem Beispiel soll aus der Perspektive des Historikers untersucht werden, ob die Erzähltechnik des modernen Romans als methodisches Paradigma für die Geschichtswissenschaft nutzbar gemacht werden kann.

Das Beispiel liefert der Roman »Mutmassungen über Jakob« von Uwe Johnson.[12] Die Handlung des Romans umfaßt die Tage vom 7. Oktober bis zum 10. November 1956. Es sind genau jene Tage, in denen die weltpolitische Doppelkrise kulminiert. Dabei ist der Roman weit davon entfernt, ein Tatsachenroman im landläufigen Sinne zu sein. Vordergründig geht es um den Tod des Streckendispatchers Jakob Abs, der bei der Überquerung der Bahngleise den Tod findet. War es ein Unfall, Selbstmord oder Mord? Die letzten Tage des Jakob Abs werden aus den verschiedenen Perspektiven untersucht, ohne daß der »Fall gelöst« wird. Es bleibt bei »Mutmassungen«, und der Begriff wird zur Metapher für das Nachdenken über die Möglichkeiten einer Gesellschaft.

Das Buch erschien drei Jahre nach den fraglichen Ereignissen, im September 1959, beim Suhrkamp Verlag in Frankfurt am Main. Ein Bestseller wurden die »Mutmassungen« nicht, aber die Literaturkritik horchte auf. Insbesondere die literarische Technik hatte es den Rezensenten angetan. Man sparte nicht mit großen Namen, wenn es galt, Uwe Johnson literaturgeschichtlich zu etikettieren. William Faulkner wurde in diesem Zusammenhang immer wieder genannt, aber auch James Joyce, Marcel Proust, Franz Kafka, Alfred Döblin und Robert Musil.

Seltsamerweise hat man das Buch nur ganz am Rande als Zeitanalyse gelesen. Erst nach dem Zusammenbruch der DDR entdeckte man Uwe Johnson als »DDR-Schriftsteller« im doppelten Sinne des Wortes. Die Tatsache, daß er seine Schul- und Universitätsjahre in der DDR verbracht hatte, tat man bis dahin eher als biographisches Kuriosum ab, als daß es in der Rezeption seiner Bücher eine Rolle gespielt hätte. Bestenfalls heftete man ihm das Etikett »Dichter beider Deutschland« an, wogegen er sich vehement gewehrt

---

11 Ebenda.

12 Johnson, Uwe: Mutmassungen über Jakob. Roman, Frankfurt a.M. 1959; zit. wird nach der Taschenbuchausgabe Edition Suhrkamp, Leipzig 1992, zum Autor vgl. die voluminöse Biographie von Bernd Neumann: Uwe Johnson, Hamburg 1994, die auch die ältere Literatur verzeichnet.

hat. Dabei dreht sich Uwe Johnsons gesamtes Werk, nicht zuletzt sein Opus magnum, die »Jahrestage«, um jene Jugendjahre in der DDR. Erstaunt stellt man nach 1989 fest, daß fast alle »Nachwendethemen« in dem 1959 erschienenen Buch enthalten waren.

»Der Schriftsteller Uwe Johnson«, schreibt Hans Mayer, »[...] hat in drei Romanen, die insgeheim eine Einheit bilden, das Romangeschehen jeweils mit einer der drei großen Staatskrisen, die er selbst noch erleben konnte, verbunden. 17. Juni 1953. Ungarischer Aufstand im Oktober/November 1956. Tschechenkrise des Jahres 1967/68.«[13]

In den »Mutmassungen« ist beispielsweise die Tätigkeit des Ministeriums für Staatssicherheit ausführlich und erstaunlich präzise thematisiert. Ohne daß der Autor diese Begriffe nennt, spielen konspirative Wohnungen, Beobachtungsprotokolle, Führungsoffiziere und IM-Werbungen eine Rolle. Die verborgene Welt also, die den politischen Diskurs seit dem Zusammenbruch der DDR bis zum Überdruß dominiert, ist mit erstaunlicher Sachkenntnis beschrieben. Die Frage des »Hierbleibens oder Weggehens« aus der DDR wird auf eine sehr differenzierte Weise behandelt. Der Alltag in der DDR wird in einer zwar skizzenhaften, aber präzisen Art beschrieben. Man hat dies viele Jahre überlesen oder doch irgendwie nicht für interessant gehalten.

Noch deutlicher wird dieser Widerspruch, wenn man sich der Editionsgeschichte des unveröffentlichten Romanerstlings »Ingrid Babendererde« erinnert.[14] Die Handlung spielt vor dem Hintergrund der Verfolgung der Jungen Gemeinde im Frühjahr 1953. Uwe Johnson bot den Roman in der kurzen »Tauwetterzeit« des Jahres 1956 mehreren DDR-Verlagen an. Doch trotz eines positiven Gutachtens fand sich in der DDR keine Möglichkeit der Veröffentlichung. Auf Vermittlung von Hans Mayer trat Uwe Johnson in Verbindung mit Peter Suhrkamp. Auf Anraten des späteren Verlagsleiters, Siegfried Unseld, lehnte der Suhrkamp-Verlag schließlich ebenfalls ab.

Im Westen waren der 17. Juni 1953, der Ungarnaufstand, die Staatssicherheit der DDR usw. auf Jahre hinaus keine literarischen Themen. Und im Osten verlangte man nach »schärferem Tobak«, als ihn Uwe Johnson zu bieten vermochte. George Orwells »1984« oder Wolfgang Leonhards Buch »Die Revolution entläßt ihre Kinder« gingen in zerlesenen Exemplaren von Hand zu Hand.

Uwe Johnson gehörte weder zu den Geheimtips der Szene noch wurde ihm in den »Giftabteilungen« der Bibliotheken der DDR die zweifelhafte Ehre höherer toxischer Grade zuteil.[15] In den Literaturlexika der DDR, die rückwirkend bis ins 18. Jahrhundert Zensuren für politisches Wohlverhalten verteilten, wird Uwe Johnson zwar als »bürgerlicher« Autor, jedoch nicht als

13 Mayer, Turm, a.a.O., S. 126.

14 Johnson, Uwe: Ingrid Babendererde. Reifeprüfung 1953, Frankfurt a.M. 1985.

15 In den Bibliotheken der DDR gab es ein kompliziertes, allerdings sehr uneinheitliches System diverser Sekretierungen; in der Staatsbibliothek Berlin waren die höheren »toxischen« Grade in der »Abteilung spezielle Forschungsliteratur« (ASF) gegen ein spezielles Zertifikat zugänglich; eine Stichprobe im Katalog hat ergeben, daß die Titel von Uwe Johnson keine Sperrvermerke trugen.

»extremer Antikommunist« geführt. Das Schicksal einer Rubrizierung unter die unverbesserlichen Feinde des Sozialismus oder gar das Verdikt einer literaturgeschichtlichen Vaporisierung blieben ihm erspart.[16] In der offiziösen »Deutschen Literaturgeschichte in Bildern« werden zwar Günter Grass und Wolfdietrich Schnurre getadelt, weil sie »zeitweilig ins Lager eines unverbrämten Antikommunismus« geraten seien. Johnson aber wird lediglich vorgeworfen, er bemühe sich um eine Position des »dritten Weges«.[17]

So falsch war die Rubrizierung unter die Anhänger des »Dritten Weges« nicht. Sie hört sich fast wie eine ironische Paraphrase auf den leitmotivisch wiederkehrenden Anfangssatz der »Mutmassungen« an: Er »ist immer quer über die Gleise gegangen.« Uwe Johnson blieb ein Wanderer zwischen den Welten und durch die Welt. Doch in allem, was er schrieb, blieb er auf eigenartige Weise seiner mecklenburgischen Heimat verbunden. Die fünfziger Jahre in der DDR ließen ihn nicht los, und vielleicht hat sie keiner besser beschrieben.

Oft hat man die Präzision von Johnsons skizzenhaften und sprachlich sperrigen Schilderungen gerühmt. Mit der gleichen Präzision schildert Johnson die politischen Vorgänge des Oktober 1956. Aufgrund der Radionachrichten, die Stasi-Oberst Rohls im Auto hört, Bemerkungen von Kollegen läßt sich geradezu eine Tageschronologie aufstellen, die mit der Romanhandlung korrespondiert. Dabei entwickelt der Autor eine spezielle Technik der wechselnden Erzählperspektiven.

So wie Jakob im Roman keine eigene Stimme hat und sich doch alles um diese Person dreht, sollen in der folgenden Studie die Ereignisse des Oktober 1956 im Fokus der Betrachtung stehen. Die Parallelen stechen ins Auge. So wie Jakob Abs eine »Nicht-Person« ist, geht es um ein »Nicht-Ereignis«.

Uwe Johnson hat in den Begleitumständen die drei Erzählebenen ausgeführt: neben der auktorialen Ebene des »Er-Erzählers« stehen die inneren Monologe der drei Hauptfiguren Gesine, Rohlfs und Dr. Blachs. Sie sind aus der Situation des unmittelbaren Erlebens geschrieben. Als dritte Ebene kommen Dialoge ungenannter Sprecher hinzu, welche die Ereignisse retrospektiv in Kenntnis des Endes der Romanhandlung kommentieren.[18]

Ganz ähnlich ließe sich eine historische Analyse strukturieren. Die zentrale Fragestellung, in unserem Falle die Frage nach dem Gewicht der Ereignisse des Jahres 1956 für die DDR, wird von verschiedenen Seiten betrachtet. Entscheidend ist zunächst die subjektive Perspektive des Autors. Er wirft

---

[16] Im »Lexikon deutschsprachiger Schriftsteller«, Leipzig 1967, wird Uwe Johnson im Sinne der sogenannten »Drei-Staaten-Theorie« als Westberliner Autor rubriziert; im Jahre 1986 erschien in der DDR der erste und einzige literaturwissenschaftliche Aufsatz über Uwe Johnson (Jürgen Grambow: Heimat im Vergangenen. In: Sinn und Form 1/1986, S. 134-157); während der »republikflüchtige« Autor 1960 als Übersetzer von Herman Melvilles »Israel Potter« in der Ausgabe der Dietrich'schen Verlagsbuchhandlung nicht genannt werden durfte, taucht sein Name in späteren Auflagen wieder auf; möglicherweise handelt es sich hierbei um einen jener vielen, in ihrer Bedeutung heute kaum noch nachzuvollziehenden Versuche, geistige Konterbande an den Instanzen vorbeizuschmuggeln.

[17] Deutsche Literaturgeschichte in Bildern, Bd. 2, Leipzig 1971, S. 389.

[18] Vgl. Neumann, Johnson, a.a.O., S. 330.

aus seiner Sicht die Frage auf, stellt sie in den größeren Zusammenhang weltpolitischer Ereignisse, macht sich ans Erzählen der Chronik der Ereignisse. Daran knüpfen sich kommentierend, belegend, relativierend Zeitzeugnisse unterschiedlichster Art: Akten aus den Archiven des Ministeriums für Staatssicherheit und der SED, Zeitungsberichte, Erinnerungen, literarische Werke. Der Zeitgeschichtler schöpft dabei aus einem praktisch unbegrenzten Fundus. Die Auswahl ist subjektiv, kaum nachprüfbar, oft zufällig und manchmal pragmatisch vom Duktus, Umfang und Abgabetermin der Arbeit bestimmt.

Die »polyperspektivische Kompositionstechnik«[19] Johnsons bedeutet nichts anderes als die Aufgabe der Position des allwissenden Erzählers. Handlungen und Personen werden aus unterschiedlichen Perspektiven geschildert, ganz so wie der Historiker verschiedene Quellen gegeneinander vergleicht. Das gleiche gilt für die vielgerühmte Montage- oder Collagetechnik Uwe Johnsons. Auch eine wissenschaftliche Untersuchung montiert ausgewählte Textstellen und versucht, sie zu kommentieren. Die Aussagen trifft der Historiker im Dialog, d.h. in antithetischer, wenn man es so nennen will, dialektischer oder besser »dialogischer« Form. Der Dialogpartner kann der Natur der Umstände gemäß nur das »alter ego« des Autors sein. Die literarische Technik Johnsons wird zum Paradigma der Geschichtsforschung. Letztendlich bleibt auch der Historiker immer bei »Mutmassungen«.

Das Wesen des Reformsozialismus

In nahezu jeder Diskussion über die DDR wird man mit hochgradig nebulösen Kategorien konfrontiert. Vom Traum des demokratischen Sozialismus ist die Rede, von den Hoffnungen des Prager Frühlings oder der Tauwetterperiode 1956, von den Illusionen des Herbstes 1989, vom Glauben an die Reformfähigkeit des Systems. Glaube, Traum, Illusion, Hoffnung [...], das Vokabular erinnert eher an ein pietistisches Damenkränzchen als an den politischen Diskurs über die Struktur eines Staatswesens. Und doch haben diese Kategorien in den Diskussionen zu Zeiten der DDR eine zentrale Rolle gespielt.

Dies ist als Beobachtung schon vor etwa fünfundzwanzig Jahren formuliert worden. »Ein Wort kam auf, als sei es neu erfunden«, heißt es in den »Erinnerungen an Christa T.«, »wir glaubten ihm näher zu sein denn je: ›Die Wahrheit‹ sagten wir, konnten es nicht lassen, diesen Namen immer wieder auszusprechen: Wahrheit, Wahrheit, als sei sie ein kleinäugiges Tier, das im Dunkeln lebt und scheu ist, das man aber überlisten und fangen kann, um es dann ein für allemal zu besitzen.« [20] Christa Wolf schreibt dies – ohne die Jahreszahl zu nennen – bezogen auf das Jahr 1956. Andere haben die Erfah-

[19] Riedel, Ingrid: Johnsons Darstellungsmittel und der Kubismus. In: Reinhard Baumgart, Reinhard (Hg.): Über Uwe Johnson, Frankfurt a. M. 1970, S. 59-74.

[20] Wolf, Nachdenken, a.a.O., S. 209.

rung in jenem Jahr gemacht, als »Nachdenken über Christa T.« erst im Mitteldeutschen Verlag zu Halle an der Saale erschien, dann ins Spannungsfeld des »Prager Frühlings« geriet und schließlich auf Weisung der Parteiobrigkeit aus dem Buchhandel »zurückgezogen« wurde.«[21]

Versuchen wir also die Träume ernst zu nehmen. Der Traum ist laut Sigmund Freud der Schlüssel zum Seelenleben des Individuums. Seine Symbolsprache weist den Analytiker auf die Wurzeln der Psychose, und in der Entschlüsselung der Traumsymbolik findet der Patient Heilung.

Eine Art »politischer Traumdeutung« wäre also zu inaugurieren. Sie hätte nach den realen Verletzungen in der Psyche des Kollektivs zu fragen und die Mechanismen ihrer Entstehung zu analysieren. Die Archäologie des politischen Traums begänne demzufolge mit der Analyse der Machtstrukturen.

Die totalitäre Macht ist ihrem inneren Wesen nach schwach. Diese innere Schwäche beruht auf einem einfachen, langfristig aber tödlichen Mechanismus. Durch die Unterdrückung der Gedanken- und Meinungsfreiheit, der Risikobereitschaft, der Phantasie und Kreativität entstand eine mentale Wüste. Dies allein wäre in den Augen der Machthaber kein Nachteil gewesen. Doch keine Gesellschaft, schon gar keine moderne Industriegesellschaft, kann ohne ein gewisses Quantum an Kritik, Phantasie, Kreativität, Intelligenz, Engagement und Risikobereitschaft existieren. Das wurde in der Regel schneller klar, als den Inhabern der Macht lieb sein konnte. Die Geschichte des kommunistischen Systems wurde aus diesem Grunde die Geschichte einer ständigen Pendelbewegung.

Das Aufkeimen von Hoffnung, die Träume von einer Demokratisierung, die Berufung auf die sozialistische Utopie waren Bestandteil des Systems. Durch sie wurde das bereits im Zustand der Todesstarre befindliche System in periodischen Abständen in künstliche Zuckungen versetzt. Das staatssozialistische System hatte einen heftigen Drang zu Reformen und Reförmchen, zu partieller Nachgiebigkeit und zeitweiligen Kompromissen. Tendenziell war dies ein Ausdruck der Schwäche, während die Arroganz der Macht immer dann durchbrach, wenn man sich stark fühlte.

Deswegen wurde permanent an ethische Werte appelliert. Die utopischen Wurzeln der Ideologie wurden beschworen, das Heroentum der frühen Kämpfe und Siege verherrlicht und unbeschadet der »materialistischen Weltanschauung« ein quasi-religiöser Idealismus gepredigt. In Konfrontation mit der Realität entstand dadurch ein Konfliktpotential, das sich immer wieder zu einer explosiven Mischung verdichtet hat.

Es waren die systemimmanenten Kritiker, die das System nicht zur Ruhe kommen ließen. So wie die mittelalterlichen Häretiker und Reformatoren meist Kleriker waren, kamen die kommunistischen Ketzer oft aus dem inne-

[21] Der Autor war zu dieser Zeit Buchhandelslehrling in der Universitätsbuchhandlung Berlin und erinnert sich, daß die beiden letzten Exemplare der »Christa T.« schnell aus dem Geheimschrank der »begehrten Bücher« in den Taschen von Kollegen verschwanden, als die Nachricht bekannt wurde, der Titel würde »zurückgezogen« werden. Keine Maßnahme war mehr geeignet, die Popularität des schmalen Bändchens zu erhöhen, das sonst vielleicht nicht so viele Leser gefunden hätte.

ren Zirkel der Macht. Am Anfang stand meist eine Glaubenskrise, am Ende der totale Bruch mit der offiziellen Kirche. Doch auch nach dem Abschied vom alleinseligmachenden Glauben blieb meist ein Rest von Trauer und Melancholie. Ganz so wie bei den mittelalterlichen Ketzerbewegungen waren es meist die Gläubigsten, die diesen Weg gingen.

Es ist kein Zufall, daß der periodische Pendelschlag in Richtung Modernisierung und Demokratisierung oft mit poetischen Metaphern aus der Begriffswelt der wechselnden Jahreszeiten belegt wurde. Der Romantitel »Tauwetter« wurde nach Stalins Tod zum Signum der gesamten Periode.[22] Als in Polen Gomulka an die Macht kam, sprach man vom »Frühling im Oktober«. Im Jahre 1968 lieh ein seit 1945 alljährlich stattfindendes Musikfestival, der »Prager Frühling«, der Aufbruchsperiode einen einprägsamen Namen.

Die Sprache ist oft der Schlüssel zum tieferen Verständnis der Zusammenhänge, zumindest aber ein Spiegel der kollektiven Mentalität. Die jahreszeitliche Metaphorik weist auf die Unausweichlichkeit, sozusagen die Naturnotwendigkeit des Ereignisses, aber auch auf dessen Periodizität. Auf das Tauwetter folgt neuer Frost, auf den Frühling folgt unausweichlich ein neuer Herbst. Wenn in Rußland während des Tauwetters das Eis der Flüsse bricht, bietet sich dem Betrachter ein großartiges Naturschauspiel, aber es ändert den Lauf des Stromes nicht. Wenn im Frühling in Prag der Flieder blüht, verwandeln sich die Gärten und Parks auf der Kleinseite in ein Blütenmeer, aber nach einigen Monaten ist die Pracht verblüht und verwelkt. Die Natursymbolik steht politisch gesehen für reformistische Bewegungen. Niemand nannte den 17. Juni 1953 oder den Ungarnaufstand einen politischen Frühling. Der schließliche Zusammenbruch des kommunistischen Systems ging in der DDR als »Wende« in den öffentlichen Sprachgebrauch ein. In Anlehnung an Kohls Wende von 1982 hatte Egon Krenz nach seiner Wahl zum Generalsekretär der SED am 18. Oktober 1989 davon gesprochen, die Partei hätte eine »Wende« eingeleitet. Was zunächst der Versuch einer sprachlichen Okkupation der demokratischen Volksbewegung war, wurde bald schon zum Understatement. Der nüchterne Begriff signalisiert, daß sich in Deutschland bald schon Alltagsprobleme in den Vordergrund schoben, die für politische Lyrik keinen Raum mehr ließen.

Die Herrschenden befanden sich in einem unlösbaren Dilemma. Sie standen vor der Wahl, durch den Mangel an Demokratie und Freiheit den Verfall des Systems in Kauf zu nehmen oder durch liberale Zugeständnisse den Machtverlust zu riskieren. Die pragmatische Variante war ein »Sowohl-Als-auch«, eine Schaukelpolitik, die dem Grundsatz folgte »Wasch mir den Pelz und mach mich nicht naß!«; eben jener Pendelschlag, der die Menschen immer wieder von neuem in die Illusion stürzte, die alte Menschheitsutopie von einer gerechten Gesellschaft ließe sich auf der Basis der kommunistischen Parteiherrschaft verwirklichen.

In der DDR wirkte sich dieser Mechanismus besonders unvermittelt aus. Das Fehlen einer inneren Legitimation machte sie besonders schwach. Im

[22] Der erste Band des Romans »Tauwetter« (Ottepelj) von Ilja Ehrenburg erschien 1954, der zweite Band 1956; eine dt. Übers. 1957 im Verlag Kultur und Fortschritt in Ost-Berlin.

Gegensatz zu den Nationalstaaten war ihre Existenz ganz auf Ideologie gegründet. Ihre Krisen waren »Krisen der Ideologie«. Die »Deutsche Demokratische Republik ist eine Utopie gewesen« schreibt Hans Mayer im »Turm von Babel«.[23] Das heißt aber auch, daß sie nicht »wirklich« war, im Sinne der Hegelschen Einheit von Wirklichkeit und Notwendigkeit. Sie ruhte auf einer abstrakten Idee. Die DDR war ein Luftgebilde aus schönen Worten. Eine Nation kann man nicht auflösen. Sie existiert, wie die polnische im vorigen Jahrhundert, weiter, auch wenn der Staat verschwindet. Die DDR aber wurde aufgelöst, wie man ein gescheitertes Experiment abbricht. Die Versuchsanordnung war offenbar falsch konzipiert.

Die Krisen in Ungarn, der Tschechoslowakei und Polen waren deswegen für die SED nicht nur Gefährdungen des Herrschaftssystems, sondern Existenzkrisen. Die Tatsache, daß in allen Krisen des sowjetischen Hegemonialsystems die DDR in unwandelbarer Gefolgschaftstreue zu Moskau stand, hat da ihre Wurzeln. Sie konnte sich, anders als die nationalstaatlichen Vasallen, von einer Lockerung der sowjetischen Vorherrschaft keine Erweiterung des Spielraums erhoffen.

Der »17. Juni 1953« spielt als singuläres Ereignis in der Geschichte der DDR eine gesonderte Rolle.[24] Die nachfolgenden Krisen, einschließlich der Endkrise des Jahres 1989, aber waren »fremdbestimmt«. Die Epizentren der Ereignisse lagen durchweg außerhalb der DDR. Im Jahre 1968 war der Prager Frühling mit einem ähnlich latenten Konflikt verbunden wie das Jahr 1956, und in den Jahren 1980/81 geriet das System durch die polnische Freiheitsbewegung an den Rand des Abgrunds, ohne daß dies allerdings innerhalb der DDR in ähnlicher Weise spürbar gewesen wäre.

Für die DDR-Bevölkerung ergab sich aus dieser weltpolitischen Konstellation eine innere Spannung. Auf der einen Seite stand die räumlich-geographische Entfernung vom Geschehen, auf der anderen Seite die innere Betroffenheit.

Niemand hat dies besser dargestellt als Uwe Johnson. Die Protagonisten des Romans erleben Geschichte am Radioempfänger. Bei aller inneren Beteiligung bleiben sie passiv. Sie erleiden Geschichte als Objekt. Johnson stellt diese atmosphärische Spannung zwischen der Dramatik historischer Vorgänge und dem »Unbeteiligtsein« der Menschen in der DDR meisterhaft her. Im Hintergrund laufen die Nachrichten aus Ungarn, die Menschen denken darüber nach, diskutieren darüber, sie sind »betroffen« im doppeltem Sinne des Wortes, doch ihr Alltag verändert sich nicht. Er trifft damit ein existentielles Grundgefühl des Lebens in der DDR. Es waren die Sowjetpanzer in Budapest, die über ihr Leben entschieden, und zwölf Jahre später die Panzer in Prag und schließlich noch einmal zwölf Jahre später in Warschau, Breslau und Danzig. Das Leben war immer anderswo.

---

23 Mayer, Turm, a.a.O., S. 248.

24 Grundsätzlich dazu: Kowalczuk, Ilko-Sascha/Mitter, Armin/Wolle, Stefan: Der Tag X – 17. Juni 1953. Die »innere Staatsgründung« der DDR als Ergebnis der Krise 1952/54, Berlin 1995.

Die Glaubenskrise

In der Nacht vom 25. zum 26. Februar 1956 wurden die Mitglieder der in Moskau weilenden SED-Delegation zum XX. Parteitag von einem Mitarbeiter des sowjetischen Zentralkomitees aus den Betten geholt.[25] Man teilte ihnen mit, daß N.S. Chruschtschow in einer geschlossenen Sitzung des Parteitages ein wichtiges Referat gehalten hat. Dann wurde die Rede vom Blatt übersetzt und von Karl Schirdewan mitgeschrieben.[26]

Am 29. Februar 1956 fand in Schloß Niederschönhausen eine Sitzung des Politbüros statt, auf welcher Ulbricht über den XX. Parteitag der KPdSU berichtete. Zu dieser Zeit waren bereits erste Meldungen über die Rede durchgesickert und über die westlichen Radiosender auch der DDR-Bevölkerung bekannt geworden. Wohl deswegen sah sich das Politbüro veranlaßt, Ulbricht zu beauftragen, eine »richtungweisende Arbeit« zu verfassen.[27]

Am 4. März erschien dieser Artikel im »Neuen Deutschland«. Er trug die wenig Spannung verheißende Überschrift »Über den XX. Parteitag der Kommunistischen Partei der Sowjetunion«.[28] In breiter Ausführlichkeit referierte Ulbricht die neuen Thesen der sowjetischen Bruderpartei und kam erst ganz am Schluß zum entscheidenden Punkt: »Wenn man von Genossen gefragt wird, ›ob Stalin zu den Klassikern des Marxismus gehört‹, kann man darauf antworten: Zweifellos hat Stalin nach dem Tode Lenins bedeutende Verdienste beim Aufbau des Sozialismus [...]. Als sich Stalin jedoch später über die Partei stellte und den Personenkult pflegte, erwuchsen der KPdSU und dem Sowjetstaat daraus bedeutende Schäden. Zu den Klassikern des Marxismus kann man Stalin nicht rechnen.«[29]

Diese lapidare Formulierung löste in den Reihen der SED ein seelisches Erdbeben aus. Ulbricht war einer von denen gewesen, die nicht müde wurden, den »weisen Lehrer der Völker« zu preisen. Jede Rede war mit Stalin Zitaten geschmückt. Stalins Name wurde stets in einem Atemzug mit Marx, Engels und Lenin genannt. Seine Schriften trugen kanonischen Charakter. Nun wurde eher beiläufig erklärt, ein »Klassiker« sei Stalin nicht mehr. Stefan Heym nannte diesen Satz »das großartigste Understatement der neueren Geschichte«.[30]

---

25 Schirdewan, Karl: Aufstand gegen Ulbricht, Berlin 1994, S. 77ff.; auf der Basis von Gesprächen mit Schirdewan und anderen Quellen sind die Ereignisse geschildert bei: Mitter/Wolle, Untergang, a.a.O., S. 168f.

26 Diese handschriftliche Version war bis zur Veröffentlichung des Redetextes in westlichen Zeitungen im Juni 1956, nach Aussagen von Schirdewan, die einzige in der DDR vorhandene Textfassung. Eine gekürzte Version wurde auf der 26. Tagung des Zentralkomitees (22. März 1956) und auf einer geschlossenen Sitzung der 3. Parteikonferenz der SED (24.-30. März 1956) vorgetragen. Als Schirdewan ins Kreuzfeuer innerparteilicher Kritik geriet, hat er das brisante Papier Ulbricht übergeben, um dem Vorwurf vorzubeugen, er hätte die Rede der westlichen Presse zugespielt. Im Nachlaß Ulbrichts und dem Bestand »Büro Ulbricht« fand sich das Aktenstück nicht.

27 Politbüro des ZK der SED, Reinschriftenprotokoll Nr. 7 vom 29.2.1956, SAPMO BArch, ZPA J IV 2,2,458.

28 Neues Deutschland vom 4. März 1956.

29 Ebenda.

30 Heym, Stefan: Nachruf, Berlin 1990, S. 600.

»Der erste Schock erfolgte im Leipziger Ratskeller«, erinnert sich Ralph Giordano, der damals Student in Leipzig und überzeugter Kommunist war. »Ein Dutzend von uns hockte zusammen, zu Salzsäulen erstarrt über das Unglaubliche, Unfaßbare: ein Widerspruch, ja ein einziger Blick in seiner Gegenwart habe schon genügt, jemanden auf Nimmerwiedersehen verschwinden zu lassen – die Garde der alten Bolschewiki durch ihn vernichtet – die Mehrzahl der Delegierten und Kandidaten des XVII. Parteitages der KPdSU getötet oder verhaftet – Lager – Massenverschleppung – Furcht der Bevölkerung um das nackte Leben über mindestens zwei Jahrzehnte hin? Es konnte nicht sein! Stalin, Verkörperung unserer Kraft, Symbol, Freund, Beschützer, Vater in der Ferne, Personifizierung der Revolution, allwissend, gütig, gerecht – Stalin nun ein gewalttätiger, von Verfolgungswahn besessener Monomane, eitel, bösartig, ein gemeiner Diktator? Es durfte nicht sein! Wir erhoben uns, wanderten durch die Straßen von Leipzig wie im Traum [...]«.[31]

Ganz ähnlich schildern Gerhard Zwerenz, Stefan Heym und Erich Loest die Seelenlage jüngerer Parteimitglieder nach dem XX. Parteitag.[32] Doch streng genommen enthielt die Rede Chruschtschows kaum etwas, das nicht vorher bekannt gewesen wäre. Die Verbrechen Stalins waren der Welt nicht verborgen geblieben. Manès Sperber schrieb viele Jahre später rückblickend: »Kein seiner Sinne mächtiger Zeitgenosse, insbesondere kein Intellektueller, dem alle Informationen zur Verfügung standen, gleichviel ob er Kommunist oder Sympathisant war, mußte an die Wahrheit der in den Moskauer Prozessen abgelegten Geständnisse glauben. Im Gegenteil verboten gesunder Menschenverstand sowie die leicht erlangbare Kenntnis des Vorlebens dieser Angeklagten, ebenso wie die Lektüre der offiziellen Presseberichte, diese Gerichtsverhandlungen auch nur einen einzigen Augenblick lang als authentisch anzusehen. Und niemand wußte es besser als intellektuelle Kommunisten und Sympathisanten, denn ihnen war seit vielen Jahren bekannt, wer und was diese Männer gewesen waren, was sie getan hatten ein Leben lang. Ich glaube jenen nicht, die erst zwanzig Jahre später, nach Chruschtschows unvollständigen Geständnissen, die Wahrheit erkannt zu haben behaupten, oder nachdem sie selbst in solchen Prozessen, etwa in Sofia, Budapest und Prag erlitten hatten, was vorher den Opfern Stalins angetan worden war.«[33]

Es mag sein, daß manche Information über die Schauprozesse, die Lager und den Terror der Geheimpolizei in der DDR nicht zugänglich gewesen war. Doch jeder hatte die beispiellose Vergötzung Stalins erlebt. Jeder wußte, daß von den Russen viele »abgeholt« worden waren und jeder wußte, was dies bedeutete. Es gilt auch bei den Verbrechen des Stalinismus der Grundsatz, daß jeder soviel wußte, wie er denn wissen wollte.

---

31 Krüger, Horst (Hg.): Das Ende einer Utopie. Hingabe und Selbstbefreiung früherer Kommunisten, Olten/Freiburg i. Br. 1963, S. 103f.

32 Zwerenz, Gerhard: Der Widerspruch. Autobiographischer Bericht, Frankfurt a.M. 1974; Loest, Erich: Durch die Erde ein Riß. Ein Lebenslauf, Frankfurt a.M. 1981.

33 Sperber, Manès: Bis man mir Scherben auf die Augen legt, Wien 1977, S. 141f.

Die DDR-Bevölkerung und die Entstalinisierung

Während der 3. Parteikonferenz wurde durch das MfS eine außerordentlich intensive Berichterstattung entfaltet. Insgesamt existieren von den »Berichten zur allgemeinen Situation« 16 Sonderinformationen zur 3. Parteikonferenz, 12 davon beschäftigen sich mit der Stimmung der Bevölkerung, vier weitere mit der sogenannten Feindtätigkeit, d.h. sie werteten die westlichen Rundfunksendungen und Pressestimmen aus. Diese Berichte wurden von der Abteilung Information des MfS speziell für die Parteispitze verfertigt und nach einem festgelegten Verteilerschlüssel an die Mitglieder des Politbüros sowie innerhalb des MfS-Apparates weitergeleitet. Der zweite Bericht, der am Eröffnungstage der 3. Parteikonferenz erstellt wurde, beschäftigt sich mit der Erwartungshaltung der Bevölkerung: »Am meisten tritt dabei hervor, daß genau so eine offene Aussprache und Kritik erwartet wird, wie das auf dem XX. Parteitag der KPdSU getan wurde, vor allem hofft man, daß noch weitere Ausführungen über Genossen Stalin gemacht werden.«[34] Hierzu führt der Bericht einige charakteristische Beispiele an: »Der Leiter der Reparaturbetriebe Quedlinburg äußerte: ›Es ist mir unverständlich, daß man Stalin wie einen Gott angebetet hat. Ich bin deshalb gespannt, was die 3. Parteikonferenz der SED dazu noch zu sagen hat bzw. inwieweit auch bei uns in der DDR ähnliche Fehler begangen worden sind.‹ [...] Unter mehreren ehemaligen SPD-Angehörigen aus Gardelegen/Magdeburg trat die Meinung auf, daß die 3. Parteikonferenz genau dieselben Beschlüsse fassen wird wie der XX. Parteitag, auch in der Frage des Personenkults. [...] Walter Ulbricht würde auf der 3. Parteikonferenz wegen seines diktatorischen Verhaltens bestimmt kritisiert.«[35]

In den Berichten des Staatssicherheitsdienstes wird deutlich, wie sehr sich die Kritik auf die Person Walter Ulbrichts konzentrierte. Dies betraf fast unterschiedslos alle Bevölkerungsschichten und ging hinein bis in Kreise von SED-Funktionären.

Auf der Berliner Bezirksdelegiertenkonferenz der SED hatte sich Ulbricht über »junge Genossen« mokiert, die »im Parteilehrjahr bestimmte Dogmen auswendig gelernt haben und nun erleben, daß einige Dogmen nicht mehr zum Leben passen«.[36] In einem Informationsbericht des MfS heißt es dazu: »Man ist weiterhin der Meinung, daß der Genosse Walter Ulbricht die jungen Menschen vor den Kopf gestoßen hat, als er vor den Genossen der Berliner Bezirksdelegiertenkonferenz erklärte, die jungen Genossen hätten die Stalinbiographie besser studiert als das ZK. Letzten Endes hätte ja das ZK die jungen Menschen dazu angehalten, diese Biographie zu studieren.«[37]

Bereits am 23. März, also am Tage vor der Eröffnung der 3. Parteikonferenz, richtete die Stasi eine eigene Berichtsserie unter dem Titel »Hetze gegen

---

34 Informationsbericht vom 24.3.1956, in: BStU, Allg. 89/59, Bl. 1.
35 Ebenda, Bl. 2.
36 Neues Deutschland vom 18. März 1956.
37 Informationsbericht vom 2.4.1956, in: BStU, Allg. 79/59, Bd. 1b, Bl. 6.

den Genossen Walter Ulbricht« ein. Insgesamt liegen fünf derartige Berichte vor, die kein sehr schmeichelhaftes Stimmungsbild zeichnen.

Seine ungeschickte Art, von Stalin abzurücken, schien für viele Menschen, gerade für SED-Mitglieder, das Maß voll zu machen. »Nach der Veröffentlichung des Berichtes des Genossen Walter Ulbricht über den XX. Parteitag«, hieß es in der Stasi-Information vom 19. April, »seiner Antworten auf Fragen der Berliner Bezirkskonferenz sowie während und nach der 3. Parteikonferenz wurden in stärkerem Maße Diskussionen bekannt, die eine offene Hetze gegen den Genossen Walter Ulbricht beinhalten. Derartige Diskussionen wurden bekannt unter Angestellten, Angehörigen der Intelligenz, Studenten, Arbeitern, Werktätigen und Genossenschaftsbauern sowie selbständigen Geschäftsleuten. Dabei ist zu verzeichnen, daß ein großer Teil dieser Personen Mitglieder der SED sind.«[38]

In dem dritten Bericht über Ulbricht heißt es einleitend wiederum, es wurden »[...] eine Anzahl Diskussionen bekannt, die sich in hetzerischer Weise gegen den Genossen Walter Ulbricht richten. Diese Diskussionen wurden vorwiegend von Mitgliedern der SED geführt.«[39] Dann wird ein Genosse mit den Worten zitiert: »Uns hat man 10 Jahre den Stalinismus eingeflößt, und auf einmal stellt man fest, daß er kein Klassiker ist. Wenn früher jemand etwas gegen Stalin sagte, ging er nach Sibirien ab«.[40] Ein Arbeiter aus dem Schwermaschinenbau Wildau meinte: »Ziegenbart wird in 14 Tagen nicht mehr auf seinem Posten sein.«[41] Und ein Friseur in Greifswald sprach aus, was viele dachten: »Wenn Ulbricht Charakter hätte, müßte er von selber zurücktreten.«[42]

Drohte im Herbst 1956 ein neuer »17. Juni«?

Spätestens seit dem Arbeiteraufstand in Poznan ging auch in der DDR das Gespenst eines neuen »17. Juni« um. Das Stimmungsbild, das die Berichte des MfS und der SED über die Reaktion auf den Aufstand in Poznan zeichnen, ist zwiespältig.[43] Immer wenn es um Polen ging, mischten sich in der DDR-Bevölkerung antipolnische Vorurteile mit Gefühlen der Solidarität. Auf der einen Seite werden Stimmen zitiert, die meinen, nun, da sich die Polen und die Russen in die Haare kriegen, würden die Ostgebiete bald wieder an Deutschland fallen. Auf der anderen Seite wurde von vielen die Parallele zum 17. Juni 1953 gezogen. »Das ist wieder ein Beweis dafür«, meinte laut Stasi-Bericht ein Arbeiter, »daß es der Bevölkerung in den Volksdemokratien genauso schlecht wie uns geht. Die wollen uns erzählen, daß der Arbeiter hinter ihnen steht, aber unter einer Arbeiter-und-Bauern-Macht haben wir

[38] Informationsbericht vom 19.4.1956, in: BStU, Allg. 89/59, Bl. 1.
[39] Informationsbericht vom 25.4.1956, in: BStU, Allg. 89/59, Bl. 1.
[40] Ebenda, Bl. 1.
[41] Informationsbericht vom 8.6.1956, in: BStU, Allg. 89/59, Bl. 2.
[42] Informationsbericht vom 27.6.1956, in: BStU, Allg. 80/59, Bd. 1b, Bl. 3.
[43] Mitter/Wolle, Untergang, a.a.O., S. 214ff.

etwas anderes verstanden. Aber dieser Aufstand wird auch nicht der letzte sein.«[44]

Auch in einer Publikation des Ostbüros der SPD wird die Situation ganz ähnlich eingeschätzt:« Heute, drei Jahre nach dem 17. Juni, grollt es in den Betrieben der Zone erneut. In diesen Wochen flammten in einer Reihe von Betrieben erneut lokale Streikkämpfe auf. Die Zeichen stehen erneut auf Sturm. Die Arbeiterschaft der Zone, die an den Juniaufstand nicht als eine Niederlage, sondern als einen Beweis ihrer unerschütterlichen Stärke zurückdenkt, sieht die Veränderungen in der UdSSR, die auch ein Erstarken der sowjetischen Arbeiter im Kampf gegen die Diktatur darstellen. Die Welt hat sich gewandelt, und niemand kann sagen, ob ein neuer Juni den Ostblock nicht ganz anders erschüttern würde, als es 1953 der Fall war.«[45]

Bei aller Unterschiedlichkeit der Perspektive und der Wortwahl ähnelt die Einschätzung des inneren Zustandes der DDR auffallend den Analysen des Ministeriums für Staatssicherheit. In zwei MfS-Berichten zu Lohn- und Prämienfragen wird bereits Anfang April 1956 ausführlich über die Mißstimmung der Arbeiter berichtet: »Unter einem Teil der Beschäftigten der verschiedensten Industriezweige wird die Meinung vertreten, daß ihre Entlohnung zu niedrig sei. Sie bringen ihren Unwillen darüber entweder in negativen Diskussionen zum Ausdruck, oder es wird vereinzelt eine bessere Bezahlung als Forderung erhoben. [...] Außerdem wurde in diesem Zusammenhang erklärt, daß bei uns das Mitbestimmungsrecht nur auf dem Papier stünde.«[46]

Wieder war es vor allem eine geplante Normerhöhung, die für Unruhe sorgte. Seit dem 17. Juni wußte jeder, welche politische Sprengkraft derartige Forderungen haben können. Genau hier lag für die SED-Führung der neuralgische Punkt. Die Unruhe in den eigenen Reihen ließ sich mit dem Hinweis auf den drohenden Klassenfeind immer unterdrücken. Auch mit einigen unbotmäßigen Studenten und Künstlern würde man fertig werden. Wenn sich aber der politische Unwille der Massen über die schlechten Lebensbedingungen mit der Forderung nach Demokratie und Freiheit verband, drohte die Situation für den kommunistischen Machtapparat existentiell gefährlich zu werden. Mit ihrem sicheren Machtinstinkt hatten das die Politbürokraten der SED offenbar erkannt. Schließlich waren die SED-Funktionäre in der Theorie der Revolution bestens geschult. Sie hatten bei Lenin gelernt, wie man ökonomische Forderungen politisch instrumentalisiert, um die Massen zu mobilisieren.

Eine erste Sonderinformation des MfS über Arbeitsniederlegungen stammt vom 11. Juni 1956. Dort wird über acht kleinere Streiks berichtet, bei denen es zumindest äußerlich um Lohnforderungen, Normen und Arbeitszeitfragen ging. Hinzu kamen zwei angedrohte Streiks, die noch rechtzeitig abgewendet werden konnten. Man muß sich bei allen derartigen Meldungen allerdings

[44] Informationsbericht vom 10.7.1956, in: BStU, Allg. 81/59, Bl. 4.
[45] Ost-Spiegel, Sozialdemokratischer Pressedienst, 1956/23.
[46] Informationsbericht vom 9.4.1956, in: BStU, Allg. 79/59, Bd. 1b, Bl. 1.

darüber im klaren sein, daß es in der DDR keine unpolitischen Streiks gab. Auch die kleinste Arbeitsniederlegung war, bedingt durch die Ideologie und die Machtverhältnisse, unausgesprochen auch ein politischer Streik.

Am 8. Juni kam es auf der Großbaustelle Stalinstadt zu einem Streik der Montagearbeiter des Stahlbaus Niesky. »Grund der Beschwerde waren schlechte Unterkunft und das Nichtvorhandensein von Leistungsnachweisen. Der parteilose Brigadier nahm kein Blatt vor den Mund: ›Unsere Unterkunft in Stalinstadt ist schlechter als ein früheres Gefängnislager, wir müssen auf Schilf schlafen und haben nicht einmal Wasser, damit wir uns waschen können. Die Unterkunft ist dreckig und verwahrlost und dafür verlangt man auch noch 1,50 DM pro Tag.«[47] Am 11. Juni wurde eine Delegation der Arbeiter im Stammbetrieb in Niesky vorstellig und »verlangte von der Betriebsleitung und BGL die sofortige Abstellung der Mißstände in Stalinstadt.«[48] Nachdem dies offenbar zugesagt worden war, nahmen die Arbeiter am gleichen Tag die Arbeit wieder auf.

Im Juli 1956 scheinen sich kleinere Streikaktionen im ganzen Lande gehäuft zu haben. Meist waren daran nur einzelne Brigaden oder Abteilungen beteiligt, und in der Regel ging es um rein wirtschaftliche Forderungen.

Im August und September 1956 kam es zu einer Vielzahl kleinerer und kurz befristeter Streiks. In einem Bericht vom 24. August 1956 heißt es: »Wiederum wurden aus einer Reihe Industriebetriebe Diskussionen über Lohnfragen bekannt. Die Beschäftigten bringen dabei nach wie vor ihre Unzufriedenheit und Mißstimmung [...] zum Ausdruck. [...] Vereinzelt werden auch Forderungen auf bessere Bezahlung erhoben sowie Arbeitsniederlegungen angedroht.«[49] Am 27. August gab es heftige Diskussionen im Kombinat Harzer Eisengruben im Kreis Wernigerode. »Die Kumpel diskutieren, wenn sich diese Zustände nicht ändern würden, wollen sie streiken. Ebenfalls würden sie sich nicht länger den Lohngruppenschwindel mit ansehen. Man soll hier eingreifen, ehe es zu spät sei. Außerdem wurde von einigen Genossen an das ZK, an den Genossen Walter Ulbricht sowie an den Genossen Grotewohl geschrieben und auch die Streikandrohung mitgeteilt.«[50] Am 10. September legten 200 Arbeiterinnen der Kleider- und Schürzenfabrik in Nordhausen die Arbeit nieder.[51] In einer Gesamtübersicht über die »Stimmung zu Lohnfragen« vom 21. September kann man lesen: »Wie bereits mehrfach berichtet, steht im Vordergrund der Diskussionen über Lohnfragen immer wieder die Meinung eines Teils der Beschäftigten in den verschiedensten Industriebetrieben, daß ihre Entlohnung zu niedrig sei.«[52]

Idealtypisch war etwa folgender Verlauf. Einige Arbeiter sind unzufrieden mit einer Gehaltseinstufung, der Höhe einer Lohnzahlung oder einer Prämie. Sie schicken eine Delegation zur Betriebsleitung und drohen mit Ar-

[47] Informationsbericht vom 19.6.1956, in: BStU, Allg. 80/59, Bd. 1b, Bl. 1.
[48] Ebenda.
[49] Informationsbericht vom 24.8.1956, in: BStU, Allg. 82/59, Bd. 1b, Bl. 1.
[50] Informationsbericht vom 27.8.1956, in: BStU, Allg. 82/59, Bd. 1b, Bl. 1.
[51] Informationsbericht vom 17.9.1956, in: BStU, Allg. 82/59, Bd. 1b, Bl. 1f.
[52] Informationsbericht vom 21.9.1956, in: BStU, Allg. 82/59, Bd. 1b, Bl. 1.

beitsniederlegung. Gelegentlich wird die Aufnahme der Arbeit verweigert. Nach ein oder zwei Stunden ist die Sache erledigt.

Man könnte derartige Vorfälle als Bagatelle betrachten. Doch jeder Unmut richtete sich angesichts der Verhältnisse fast zwangsläufig gegen das politische System. Jede Lohnforderung war so eine brisante politische Frage. Es war nicht einmal notwendig, politische Forderungen ausdrücklich zu formulieren. Ein Streik in der DDR war zu jedem Zeitpunkt, selbst wenn ein politischer Hintergrund seitens der Arbeiter ausdrücklich verneint wurde, ein politischer Streik. Dies ergab sich sowohl aus der Staatsideologie, die von der Herrschaft der Arbeiterklasse ausging und damit jede Streikaktion als konterrevolutionäre Aktion klassifizierte, als auch aus der Machtstruktur, in welcher die Gewerkschaft ein bloßes Anhängsel der allmächtigen Staatspartei war. Dieser Zusammenhänge waren sich sowohl die Berichterstatter des MfS bewußt als auch die streikenden Arbeiter. Jeder wußte damals, daß sich aus einem Steinchen eine Lawine mit unabsehbaren Folgen entwickeln konnte.

Im Spätsommer und Herbst häuften sich die Meldungen über kleinere Streikaktionen. In einer Übersicht vom 8. Oktober 1956 wurden sämtliche Arbeitsniederlegungen vom 1. Juli bis zum 7. Oktober in einer Liste erfaßt und territorial aufgeschlüsselt. Es handelte sich dabei um insgesamt 44 Streikaktionen. Erfaßt wurde für jeden Vorfall neben dem Datum und der Zahl der Beteiligten die Ursache des Streiks. Als Hauptursache hat man Unstimmigkeiten in Lohnfragen genannt (14 Fälle) sowie Normenfragen (10 Fälle). Direkte politische Forderungen traten nicht auf. Im analytischen Teil des Berichtes wurde ausgeführt:«[...] die Aufstellung [...] zeigt ein Ansteigen der Arbeitsniederlegungen im letzten Quartal. Die wesentlichen Ursachen liegen in Lohn- und Normenfragen [...]. Die Arbeitsniederlegungen fanden vorwiegend in Industriebetrieben statt.«[53]

Das Zentrum dieser Streikwelle war seit Anfang Oktober die Industriestadt Magdeburg. Diese Stadt war vor 1933 eine der Hochburgen der Arbeiterbewegung und am 17. Juni 1953 ein Zentrum des Volksaufstandes. Beide Faktoren werden stets angstvoll in den Stasi-Berichten vermerkt. Oft wird in Klammern hinter die Berichte von »Besonderen Vorkommnissen« der Hinweis gesetzt: »Konzentration ehemaliger SPD-Mitglieder« bzw. »Schwerpunkt 17.6.53«. Erstmalig tauchten auch in den westlichen Medien Berichte über Streiks in Magdeburg auf. Dies veranlaßte die Bezirksleitung Magdeburg, eine Gruppe westlicher Reporter durch Magdeburger Betriebe zu führen. Offenbar war diese Führung gut organisiert. Überall trafen die Westreporter auf »klassenmäßig gefestigte Arbeiter, die die Lügen und Provokationen des Gegners entschieden zurückwiesen«. Es gibt über diesen Besuch einen Bericht der SED-Bezirksleitung, der insofern psychologisch aufschlußreich ist, als auch in diesem streng geheimen Papier immer nur von »angeblichen Streiks« und »Lügenmeldungen« die Rede ist.[54] »[...] bei Aus-

[53] Informationsbericht vom 8.10.1956, in: BStU, Allg. 83/59, Bd. 1a.

[54] Informationsbericht der Bezirksleitung der SED Magdeburg an ZK der SED. Abt. Leitende Organe, Sektor Parteiinformation vom 24.10.1956, in: SAPMO BArch, ZPA IV 2,5,732, Bl. 39-46.

sprachen mit den ausländischen und westdeutschen Journalisten haben die Arbeiter in den Magdeburger Großbetrieben überwiegend mit Empörung deren unwahre Berichterstattung verurteilt. Diese Journalisten versuchten krampfhaft in den Betrieben etwas zu finden, womit sie ihre Meldungen rechtfertigen könnten. Im Karl-Marx-Werk wurden sie von den Arbeitern mit Pfuirufen empfangen, und die Kollegen brachen in Gelächter aus, als man ihnen die entsprechenden Zeitungsartikel vorlas. Die Kollegen verbaten sich energisch die Provokationen und Hetzmeldungen.«[55]

Auch Karl-Eduard von Schnitzler nahm in einer Fernsehdiskussion am 27. Oktober 1956, die am nächsten Tag im »Neuen Deutschland« im Wortlaut abgedruckt wurde, auf die Ereignisse in Magdeburg Bezug und sprach von den »Lügen über Magdeburg«.[56] Daß es sich keineswegs um Lügen handelte, zeigen die Berichte des Staatssicherheitsdienstes.

Bereits am 1. Oktober 1956 hatten die Arbeiter der Stahlgießerei des Magdeburger Ernst-Thälmann-Werkes die Arbeit niedergelegt. Anlaß hierfür war die Nachricht, daß die Verwaltung eine Neufestsetzung der Normen plane. Der Bericht vermerkt noch, daß als Wortführer der Arbeiter zwei Betriebsangehörige aufgetreten seien, die bereits am 17. Juni 1953 »negativ in Erscheinung getreten sind«.[57] Drei Tage später traten ungefähr hundert Arbeiter des Georgij-Dimitroff-Werkes in den Streik. Als Ursache wird die Unzufriedenheit über Lohndifferenzen genannt. Über den Streik vom 4. Oktober 1956 gibt es im Archiv der Staatssicherheit einen gesonderten Bericht.[58] Darin heißt es: »Seit März dieses Jahres gibt es unzufriedene Diskussionen über Lohnfragen. Zu diesem Zeitpunkt wurden die Arbeiter in die Lohngruppe VII eingestuft, aber nur nach Lohngruppe VI bezahlt. Die Betriebsleitung hatte versäumt, die alten Lohngruppen gesetzlich zu kündigen. Die Arbeiter stellten jetzt die Forderung, das weniger ausgezahlte Geld nachzuzahlen. Die Nachzahlung beträgt pro Arbeiter 400,- bis 500,- DM. Am 3.10.56 nach Schichtschluß um 14.00 Uhr fand eine Aussprache seitens der Werkleiter, Hauptbuchhalter und der Arbeiter statt, in deren Verlauf der Werkleiter äußerte, daß das Geld nachgezahlt werden muß. Der Hauptbuchhalter erklärte, daß er dazu keine Anweisung hätte. Bei Schichtbeginn am 4.10.56 wurden die Diskussionen fortgesetzt und dadurch die Arbeit nicht aufgenommen. Nach Bekanntwerden wurde seitens der BPO [Betriebs-Parteiorganisation] mit den Arbeitern diskutiert und erklärt, daß zunächst der Lohnausgleich für den Monat September 1956 gezahlt wird. Daraufhin nahmen die Arbeiter nach ca. 1 Stunde die Arbeit wieder voll auf. 12 Arbeiter wurden als Delegation zur Werkleitung gesandt.«[59] Streikdrohungen wurden in diesen Tagen auch aus anderen Magdeburger Betrieben gemeldet.

Gegen Mitte Oktober verdichteten sich die Streikmeldungen ganz deutlich. Welche Rolle dabei die Meldungen aus Polen spielten, ist schwer auszu-

55 Ebenda, Bl. 40.
56 Neues Deutschland vom 28. Oktober 1956.
57 Informationsbericht vom 8.10.1956, in: BStU, Allg. 83/59 1a.
58 Informationsbericht vom 5.10.1956, in: BStU, Allg. 83/59, Bd. 1b.
59 Ebenda, Bl. 1.

machen. In einem Bericht vom 24. Oktober 1956, der sich speziell mit der »Stimmung zu den Ereignissen in Polen« beschäftigt, heißt es sehr abwägend und differenzierend: »Bisher haben die Diskussionen über die gegenwärtige Lage in Polen und deren Auswirkungen noch keinen allzu großen Umfang angenommen. Der Inhalt der bekanntgewordenen Argumente spiegelt meistens die westliche Propaganda wider [...]. Vereinzelt gibt es in diesem Zusammenhang Spekulationen, daß es in der DDR bestimmt auch anders kommt, weil auch in der DDR viele Arbeiter unzufrieden sind.«[60] Auch jetzt gab es wieder, wie beim Poznaner Aufstand, antipolnische Stimmungen. So wird »gehofft, daß die Oder-Neiße-Grenze liquidiert wird«. Und es wird die Äußerung zitiert: »Jetzt haben sich die Russen und die Polen in den Haaren, dadurch werden wir wieder in den Besitz der Ostgebiete kommen.«[61]

Bereits einen Tag später, am 25. Oktober 1956, hieß es in einem zusammenfassenden Bericht über die »Situation in der DDR«: »Die Situation in der Industrie zeigt im Monat Oktober 1956 bis jetzt ein häufiges Auftreten von Arbeitsniederlegungen bzw. deren Androhung. Besonders seit den Veröffentlichungen der Westsender über Magdeburg nahmen die Diskussionen zu, in denen bei Unstimmigkeiten und Schwierigkeiten in den Betrieben von einem neuen 17. Juni gesprochen bzw. mit Arbeitsniederlegungen gedroht wird. Gleiche Anzeichen gibt es in der Landwirtschaft.«[62] Es werden Streiks aus dem Holzhafen Wismar, aus einem Industriebetrieb in Ludwigsfelde u.a. gemeldet. Auch hier standen Lohnforderungen im Vordergrund, doch wird in dem Bericht ein Arbeiter mit der Meinung zitiert, »daß dieser Zustand einem neuen 17. Juni entgegenführen kann«.[63] Aus der Bahnmeisterei Brandenburg wird ähnliches gemeldet. In einer Diskussion in Stalinstadt, dem späteren Eisenhüttenstadt, bei der es um Normfragen ging, wurde geäußert: »Es brennt schon überall, wann geht es bei uns los, wie in Magdeburg.« Am 19. Oktober wurde auf einer Diskussion in Ronneburg gesagt, »daß es Zeit wird, daß hier ebenfalls etwas passiert, denn nach dem 17.6.1953 hat man sehr schnell vieles geändert, was die Arbeiter wollten.«[64] In der Straßenbahn in Magdeburg sagte ein Arbeiter auf dem Weg zur Schicht zu seinen Kollegen:«[...] die haben bereits die VP [Volkspolizei] in Bereitschaft liegen. Auch in den anderen Betrieben soll wegen Herabsetzung des Lohnes Krach sein. Die Gewerkschaft hat versucht, die Angelegenheit bei uns in der Formerei zu schlichten, aber bloß mit Worten können sie bei uns nichts erreichen.« Die kritische Stimmung, die sich in solchen Meinungsäußerungen kundtat, schien im Oktober 1956 weite Kreise der Arbeiter erfaßt zu haben. Aus allen Teilen der Republik wurden solche erregten Diskussionen, kleinere spontane Arbeitsniederlegungen und Streikdrohungen gemeldet.

Die vielen Einzelvorkommnisse, die von den Verfassern der Informationsberichte als charakteristisch für die Gesamtlage ausgewählt wurden, erhalten

---

60 Informationsbericht vom 24.10.1956, in: BStU, Allg. 83/59, Bd. 1b.
61 Ebenda.
62 Informationsbericht vom 25.10.1956, in: BStU, Allg. 83/59, Bd. 1b.
63 Ebenda.
64 Ebenda.

ihren wirklichen Stellenwert jedoch erst vor dem Hintergrund der Nachrichten aus Polen und Ungarn sowie der Berichte über die wachsende Unruhe an den Universitäten. Zunehmend bekamen aber auch die Aktionen in den Betrieben einen politischen Charakter. Auf dem Omnibusbahnhof Berlin-Weißensee hatte sich, so meldet ein Bericht vom 25. Oktober, eine organisierte Gruppe gebildet, die den Plan gefaßt hatte, zu einem geeigneten Zeitpunkt »unter dem Vorwand von Lohnforderungen« den gesamten Ostberliner Omnibusverkehr lahmzulegen. Geplant war die Aktion für den 7., 8. oder 9. November 1956.[65] Im Feinstrumpfwerk Oberlungwitz im Erzgebirge legten die Lehrlinge »unter Hinweis auf die Ereignisse in Ungarn« die Arbeit nieder. Es gelang dem Parteisekretär des Werkes und dem Lehrausbilder, die Lehrlinge zur Wiederaufnahme der Arbeit zu bewegen.[66] In der Betriebsverkaufsstelle des VEB Berggold in Pößneck meinte eine Arbeiterin zu ihren Kolleginnen: »Deckt euch nur genügend mit Lebensmitteln ein, denn es wird nicht mehr lange dauern, dann wird es auch bei uns zum Aufstand kommen. Die Regierung ist selber daran schuld, denn 12 Jahre nach Kriegsende müßte der Lebenstandard (sic) viel besser sein.«[67] Zusammenfassend heißt es in dem Bericht: »Die Diskussionen über die Ereignisse in Polen nehmen einen immer größeren Umfang ein und sind meistens negativ. Positive Meinungen gibt es nur vereinzelt [...]. Die meisten negativen Diskussionen beinhalten, daß die Polen richtig handeln, denn der Lebensstandard in Polen sei sehr niedrig. Vereinzelt gibt es sogar Stimmen, daß es richtig ist, wenn Polen sich nicht mehr von der Sowjetunion kommandieren läßt. Verschiedentlich gibt es Tendenzen, ähnliches in der DDR zu verlangen.«[68]

Ende Oktober 1956 ging es nicht mehr um kleinere Betriebe in abgelegenen Gegenden der DDR. Am 27. Oktober eröffnete eine Nachricht aus Rostock den Reigen der täglichen Meldungen: »In der Neptunwerft herrscht seit einigen Tagen große Unzufriedenheit aufgrund des Materialmangels sowie über die durch Stromsperren notwendig gewordenen Nachtschichten.«[69] Am gleichen Tage wird berichtet: »Unter den Bauarbeitern der Magdeburger Baustellen (besonders der Wohnungsbauten) wird in den letzten Tagen die Diskussion geführt, von den übergeordneten Leitungen Material, besonders Zement zu fordern [...]. Einige Bauarbeiter erklärten, bei Nichtanlieferung von Material auf der Straße zu demonstrieren.«[70] Aus dem VEB Stern-Radio in Berlin wurde gemeldet, daß der »größte Teil der Beschäftigten [...] infolge Materialmangels nicht mehr [arbeitet] [...]. Unter den Arbeitern werden Vergleiche zur Lage in Polen gezogen.[71] Unter der Rubrik »Stimmung zu den Ereignissen in Polen und Ungarn« wird gemeldet: »Die Stimmung der Be-

[65] Informationsbericht vom 25.10.1956, in: BStU, Allg. 83/59.
[66] Ebenda.
[67] Ebenda.
[68] Ebenda.
[69] Informationsbericht vom 27.10.1956, in: BStU, Allg. 83/59, Bd. 1b.
[70] Ebenda.
[71] Ebenda.

völkerung hat sich nicht verändert. Den größten Raum nehmen weiterhin RIAS-Argumente ein. Es mehren sich die Äußerungen, daß es bei uns auch allmählich Zeit würde, daß Walter Ulbricht abgelöst wird.«[72]

Die Meldungen werden immer bedrohlicher. Am 29. Oktober 1956 meldet die Tagesinformation des MfS: »[...] unter den Arbeitern [tritt] eine große Verärgerung auf und führt verschiedentlich zu Androhung von Arbeitsniederlegung bzw. Voraussage eines neuen 17. Juni. Gleichzeitig werden diese Diskussionen in Zusammenhang mit den Ereignissen in Ungarn und Polen gebracht.«[73] Es folgt in dem Bericht eine lange Liste mit Einzelbeispielen. Ein Tischlermeister aus dem Vogtland wird mit der Äußerung zitiert: »In Polen und Ungarn tut sich was, bei uns fehlt nur noch der Anstoß. Im Feinstrumpfwerk Oberlungwitz stehen dann sofort 100 Mann bereit, die dann mit eingreifen würden.«[74] Im VEB Schachtbau Pörmitz in Thüringen meinten die Arbeiter: »Wir brauchen nur loszuschlagen, die anderen Betriebe warten darauf, daß wir anfangen.«[75] Ein Kumpel aus dem Wismutschacht 31 in Johanngeorgenstadt meinte: »Ein kleiner Funke würde genügen, um bei uns einen Aufstand anzufangen.«[76]

Um die Bevölkerung einzuschüchtern, ließ die SED-Führung in diesen Tagen Kampfgruppeneinheiten durch die Städte marschieren. Uwe Johnson schildert den gespenstischen Eindruck, den diese Aufmärsche hinterließen:»[...] in militärischer Ordnung und uniformem Anzug (in blauen Overalls aus Baumwollgewebe mit breiten Ledergürteln und Schulterriemen unter dunkelblauen Skimützen und mit roter Armbinde) zogen schweigende Männer neben dem Bürgersteig dahin starr geradeaus blickend und befremdlich lautlos auf den angefeuchteten Gummisohlen ihrer städtischen zivilen Schuhe: sie sangen nicht, und am Straßengitter unter den Zuschauern war nur spärlich und unterbrochen Murmeln hörbar. Ich bemühte mich um ein Grinsen in meinem Gesicht, vielleicht um wenigstens da Sicherheit einzurichten, und spasshaft schien die familienväterliche Unfreiwilligkeit in den Gesichtern der Marschierenden. Sie bedeuteten eben für sich nichts und waren anderseitig eingesetzt wie ein Foto neben einen längst vorbereiteten Text oder die Filmaufnahmen eines Vorgangs, von dem man bisher nur hat reden hören, ›jetzt ist es so weit‹. Aber das stille nässliche Schlurfen der Gummisohlen erheiterte mich überhaupt. Wandte mich ab mit meiner angestrengt besserwisserischen Miene und trat in den Windfang der Gaststätte; behielt aber als Bild und Unbehagen in meinem Gedächtnis das betroffene einsame Kopfschütteln einer zusehenden Frau, die neben mir gestanden hatte und ihre Einkaufstasche achtlos an sich zog [...]«.[77]

---

72 Ebenda.
73 Informationsbericht vom 29.10.1956, in: BStU, Allg. 83/59, Bd. 1b, Bl. 1.
74 Ebenda.
75 Ebenda.
76 Ebenda.
77 Johnson, Mutmassungen, a.a.O., S. 114.

Unruhe an den Universitäten

Im öffentlichen Bewußtsein sind in bezug auf das Jahr 1956 vor allem die Unruhen an den Universitäten geblieben. Gerhard Zwerenz beschreibt die damalige Stimmung unter den Studenten der Leipziger Universität: »Bis 1956 war unser Leben an der Universität und in der Partei trist und langweilig. Das änderte sich, als Chruschtschow im Frühjahr 1956 auf dem XX. Parteitag sein Geheimreferat über Stalin hielt. Die Kunde von diesem Vorgang drang in unsere Hörsäle und wurde zuerst als imperialistische Lüge angesehen. Hast du schon gehört? flüsterten wir einander zu – und wußten nicht recht, was davon zu halten war. Bis auch das Neue Deutschland die Entstalinisierung nicht mehr verheimlichen konnte. Da brachen die Dämme. In den Parteiversammlungen kam es zu erbitterten Auseinandersetzungen, die bisher führenden Funktionäre waren plötzlich isoliert, sie hatten immer zu Stalin und Ulbricht gehalten, und in den Parteigruppen argwöhnte man ganz richtig, die deutschen Funktionäre hemmten auch jetzt das von den Sowjets kommende Tauwetter. In einer Versammlung der Parteiorganisation des philosophischen Instituts kam es zuerst zum offenen Zusammenstoß. Ein Funktionär hatte in einem Referat das Tauwetter bagatellisiert. Ihm antworteten mehrere Diskussionsredner, und am Ende wurde unter dem frenetischen Beifall der Versammelten in nur wenig verschlüsselter Form die Absetzung Ulbrichts gefordert. Die alte stalinistisch orientierte Parteileitung war völlig isoliert, die Mitglieder standen geschlossen gegen ihre Funktionäre.«[78]

Ein Bericht vom 18. Mai 1956 beschreibt die gleichen Vorgänge aus der Sicht des MfS. Einleitend heißt es dort: »In den letzten Wochen standen unter den Studenten die Diskussionen über [den] XX. Parteitag der KPdSU [und die] 3. Parteikonferenz der SED und Urlaubsfahrten nach Westdeutschland im Mittelpunkt. Sehr rege und in großem Umfang wurde an fast allen Universitäten über den XX. Parteitag gesprochen. Allerdings standen nicht die politischen und ökonomischen Perspektiven im Mittelpunkt, sondern die Erklärungen über die Rolle und die Auswirkungen des Personenkultes, besonders in bezug auf Stalin. Zu bemerken war jedoch, daß eine ganze Reihe von Studenten verschiedener Fakultäten (z.B. verschiedener Institute der Philosophischen Fakultät in Leipzig) nicht in erster Linie bestrebt waren, die Schädlichkeit des Personenkultes zu erkennen, sondern es wurden vielmehr alle Veröffentlichungen über die Fehler Stalins wie Sensationen aufgegriffen und diskutiert. In diesem Zusammenhang gab es an der med[izinischen] Fakultät der Universität Leipzig vereinzelt auch Meinungen, die sich gegen die Presse-Artikel von Walter Ulbricht über die Fragen des Personenkultes richten. Teilweise wurde in provokatorischer Weise diskutiert und erwartet, daß die 3. Parteikonferenz zu Fehlern besonders Stellung nimmt. An der juristischen Fakultät wurde außerdem besonders darüber gesprochen, wie es möglich war, die Prozesse in der SU auf gefälschtem Material aufzubauen. Am Institut für Marxismus-Leninismus der Philosophi-

[78] Zwerenz, Gerhard: Der Widerspruch, Berlin 1992, S. 194f.

schen Universität wird gefragt, warum in unserer Partei nicht ebensolche Auseinandersetzungen eingeleitet werden wie in den Bruderparteien. (Dabei wird besonders auf die Ablösung verschiedener Funktionäre spekuliert.) [...] Auch in der Philosophischen Fakultät der Martin-Luther-Universität Halle-Wittenberg wird in ähnlicher Weise die Frage aufgeworfen, weshalb man sich bei uns nicht ebenfalls zum Personenkult äußert, mit den Worten des Genossen Walter Ulbricht über diese Frage sind sie nicht einverstanden. Sie erwarten täglich vom ZK dazu noch Erklärungen. [...] die Studenten der Karl-Marx-Universität Leipzig [waren] enttäuscht, weil die erwartete Kritik am Genossen Walter Ulbricht ausblieb.«[79]

Am 27. April erschien Ministerpräsident Grotewohl höchstselbst in der Humboldt-Universität, um die Wogen der Erregung zu glätten. Er gab sich väterlich und verständnisvoll. Immerhin verfügte er im Gegensatz zu Ulbricht über eine gewisse Ausdrucksfähigkeit. Er redete frei und nicht ohne Humor. Das Protokoll der Veranstaltung, die wörtlich aufgezeichnet wurde, verzeichnet einige Male Heiterkeit. Im Grunde aber bot der Ministerpräsident der DDR ein jammervolles Bild von Unentschlossenheit und Inkonsequenz. Als er nach Chruschtschows »Geheimrede« gefragt wurde, gab er zur Antwort: »Er hat keine »Geheimrede« gehalten. Das hat in allen Zeitungen gestanden, daß auf dem Parteitag eine geschlossene Sitzung stattgefunden hat, bei der Chruschtschow diese Rede gehalten hat. Das ist bekannt, und innerhalb unserer Partei haben wir diese Rede zur Veröffentlichung gekriegt, und soweit wir dazu die Erlaubnis hatten, haben wir das im Rahmen unserer Partei auch den Genossen mitgeteilt. Und wenn hier nun Menschen aufstehen und sagen: Ja, das ist eine Weltfrage, und ich verlange, daß man mir das vorlegt, kann ich nur sagen, ich bedaure, noch sind wir eine Sozialistische Einheitspartei, und die wirklich internen politischen Vorgänge, die uns berühren, gehen in erster Linie unsere Genossen an, und jeder, der ein weiteres und tiefes Interesse an unserer Arbeit hat, ist herzlich eingeladen, Mitglied unserer Partei zu werden und an unserem Parteileben teilzunehmen.«[80] Abgesehen von der Teilung der Menschheit in SED-Mitglieder, die geistig reif genug sind, die Wahrheit zu erfahren, und in politisch unmündige Nichtgenossen, war die Behauptung, die Parteimitglieder seien informiert worden, eine glatte Lüge. Nur im engsten Kreise von Funktionären hatte man eine gekürzte und politisch entschärfte Fassung der Chruschtschow-Rede verlesen. Auch das normale Parteimitglied war keineswegs würdig, aller Geheimnisse der Führungszirkel teilhaftig zu werden.

Auch in den Sommermonaten kehrte an den Universitäten keine Ruhe ein. In einer Analyse der »Feindtätigkeit« des MfS vom 21. Juli 1956 heißt es in dem betreffenden Abschnitt: »An verschiedenen Hoch- und Fachschulen traten in jüngster Vergangenheit provokatorische Tendenzen an den Tag, die sich hauptsächlich gegen die Regierung und die Parteiführung der SED richteten. Es machte sich besonders stark die Feindargumentation zu den Pro-

[79] Informationsbericht vom 18.5.1956, in: BStU, Allg. 80/59, Bd. 1a, Bl. 1f.
[80] SAPMO BArch, BPA, IV,4,12,055, Bl. 45.

blemen der Beseitigung des Personenkultes bemerkbar. Eine wesentliche Rolle spielen in diesem Zusammenhang die Studentengemeinden. Die augenblickliche Beruhigung an den Hoch- und Fachschulen ist darauf zurückzuführen, daß bis zu 90 Prozent der Hörer im Praktikum arbeiten und der Rest durch Prüfungen in Anspruch genommen ist.«[81]

An den Universitäten war seit dem Frühjahr 1956 ein deutliches Unruhepotential entstanden. An der Universität Greifswald hatte es bereits 1955 wegen der Übernahme der Ausbildung von Militärmedizinern erhebliche Auseinandersetzungen gegeben.[82] Nach Studentenprotesten waren 250 Kommilitonen verhaftet worden. Schließlich hatte man auf Intervention des Rektors alle bis auf zwei wieder auf freien Fuß gesetzt.

In der DDR waren solche Vorkommnisse absolut ungewöhnlich. Trotzdem fürchtete die Staatsmacht unter dem Eindruck der polnischen und ungarischen Ereignisse, die Studentenschaft könne auch in der DDR zu einem Kristallisationspunkt des Protestes werden.

Eine Analyse des Staatssicherheitsdienstes vom 2. Oktober 1956 greift noch einmal zurück auf die Entwicklung an den Hochschulen seit Anfang des Jahres. »Die Lage an den Universitäten und Hochschulen nach dem XX. Parteitag hat sich wesentlich geändert«, hieß es in dem Stasi-Papier.[83] »Im großen Umfange wurde an fast allen Universitäten über den XX. Parteitag gesprochen. Im Mittelpunkt dieser Aussprache standen nicht immer die bedeutenden politischen und ideologischen Perspektiven, sondern die Erklärungen über die Auswirkungen des Personenkultes, besonders in bezug auf den Genossen Stalin. Es wurde festgestellt, daß eine Reihe von Studenten verschiedener Fakultäten (z.B. Phil. Fak. Leipzig) bestrebt waren, aus Sensationslust sich in Besitz von Materialien zu setzen, die die Fehler Stalins charakterisieren.«[84] Es folgen die bereits bekannten Meinungen und Stellungnahmen, insbesondere die vielfach geäußerte Ansicht, daß Ulbricht nun verschwinden müsse. »Die 3. Parteikonferenz wurde nicht so umfangreich diskutiert wie der XX. Parteitag. Daß sie unter den Studentenkreisen nicht das gleiche Echo fand, liegt daran, daß sie nicht diese »Sensationen«, wie sie erwartet wurden, brachte. So waren z.B. Studenten der Universität Leipzig enttäuscht, weil die erhoffte Kritik an dem Genossen Ulbricht ausblieb. [...] Medizinstudenten äußerten, daß auf der 3. Parteikonferenz nichts Neues gesagt wurde. Sie vertraten die Meinung, es wäre so viel versprochen worden, aber nichts eingehalten.«[85] Schließlich geht der Bericht auf die Diskussionen ein, die durch das Westreiseverbot ausgelöst worden waren, auf die Resonanz, die der Aufstand in Poznan unter den Studenten ausgelöst

[81] Informationsbericht vom 21.7.1956, in: BStU, Allg. 81/59, Bl. 3.

[82] Krönig, Waldemar/Müller, Klaus-Dieter: Der Greifswalder Studentenstreik 1955. In: Deutschland Archiv 27/1994, S. 517-525; vgl. auch dies.: Anpassung, Widerstand, Verfolgung. Hochschule und Studenten in SBZ und DDR 1945-1961, Köln 1994.

[83] Analyse betr. Lage unter den Studenten nach dem XX. Parteitag, in: BStU, Bestand Minister, Order 297, Bl. 1.

[84] Ebenda.

[85] Ebenda, Bl. 2.

hatte, und einige andere Ereignisse. Dann schildert er Vorkommnisse bei der 500-Jahr-Feier der Universität Greifswald. »Dort gab es große Unzufriedenheit unter den Studenten in der Frage der Kartenversorgung zu den einzelnen Veranstaltungen. Das führte dazu, daß eine große Zahl von Studenten während der Festwochen nach Hause fuhr und nicht an den Feierlichkeiten teilnahm. Die in Greifswald verbliebenen Studenten führten in einigen Nächten Zusammenkünfte auf dem Marktplatz durch und zogen, Studentenlieder und Spottlieder auf die LPG, den Rektor, auf ihr Stipendium singend, durch die Stadt. Besonders negativ traten dabei die Theologie- und Chemiestudenten hervor.«[86] Mit Beginn des neuen Semesters brachten dann die Ereignisse in Polen und Ungarn neue Unruhe unter die Studenten.

Bereits vorher hatte das MfS berichtet, an der Humboldt-Universität bestehe ein »Jakubiner-Club« (sic!), der zwar inzwischen durch die Partei aufgelöst sei, trotzdem aber am 11. Oktober 1956 getagt hätte. Die etwa 50 Teilnehmer hätten gemeint: »Der Schritt der polnischen Jugend, neue Wege zu suchen [...], ist zu begrüßen. Sperrbibliotheken sollen allgemein zugänglich werden. Diskussion über das Buch ›Die Revolution entläßt ihre Kinder‹ von Wolfgang Leonhard. Dieses Buch ist allgemein bekannt. Es wurde festgestellt, daß der Autor in vielen Fällen recht habe. Über die »Geheimrede« des Genossen Chruschtschow wurde gesprochen und bemängelt, daß die Rede den Studenten vorenthalten wird, und sie sich durch andere ›Quellen‹ informieren müßten. Sie erklärten sich mit der Feststellung Togliattis einverstanden, daß der Stalinismus eine Entartung der Sowjetgesellschaft ist. Besonders wurde gegen die ungenügende Information durch das ›ND‹ Stellung genommen.«[87]

Ende Oktober spitzte sich die Lage Tag für Tag weiter zu. »Neben den bisher bekannt gewordenen 3 Hauptforderungen (objektive und schnelle Information durch die Presse, Abschaffung des obligatorischen Russischunterrichts, Bildung unabhängiger Studentenorganisationen) trat am 30.10.56 erstmalig die ernstzunehmende ›Forderung an alle Studenten‹ auf, den ›Anstoß zum deutschen Freiheitskampf‹ zu geben. In der Nacht vom 29. zum 30.10.56 wurde an der Wandzeitung der FDJ des physikalischen Institutes der Humboldt-Universität ein ›Aufruf an alle Studenten‹ angebracht.«[88] In dem Flugblatt, das als Anhang dem Stasi-Dokument beigefügt ist, hieß es: »Der Ernst der Lage macht es erforderlich, an das politische Verantwortungsgefühl aller Studenten zu appellieren. Die Entwicklung ist so weit vorangeschritten, daß wir den Bestrebungen der Großmächte, das deutsche Volk für immer am Boden zu halten, nicht mehr ohne unsere Antwort zusehen dürfen. Das bewußte Scheitern der beiden Genfer Konferenzen dürfte wohl jedem Deutschen die letzten Zweifel an diesen Bestrebungen genommen haben. Es gibt keine Macht der Welt, die daran interessiert ist, dem deutschen Volk seine Freiheit, Unabhängigkeit und sein geeintes Vaterland zurückzu-

86 Ebenda, Bl. 5.
87 Informationsbericht vom 25.10.1956, in: BStU, Allg. 83/59, Bl. 3.
88 Informationsbericht vom 31.10.1956, in: BStU, Allg. 83/59, Bl. 1.

geben. Allein wir Deutschen selbst können und müssen dieses große Ziel erzwingen [...]. Die letzten Ereignisse in Polen und Ungarn zeigen mit aller Deutlichkeit, daß dieser Kampf nicht aussichtslos sein wird. [...] Studenten! Verweigert die Tätigkeit in der kommunistischen Zwangsorganisation FDJ. Nutzt die Gelegenheit der Ausbildung an Waffen der GST, [...]. Zieht die Lehren aus dem Volksaufstand vom 17. Juni 1953. Die Masse der Bevölkerung wartet nur auf eine Initiative von oben.«[89]

In einer zusammenfassenden und ungewöhnlich langen Analyse des MfS vom 28. Oktober 1956 wurde ausgeführt: »Aus fast allen [...] Hochschulen zeigen sich Versuche der Studenten – teilweise unterstützt durch Professoren –, die Auseinandersetzungen in den Volksrepubliken Polen und Ungarn für Forderungen an die Führung der SED und den Staat auszunutzen. In Versammlungen, Diskussionen und vereinzelt auch in Resolutionen und Schreiben wird – oft im Einverständnis mit den FDJ-Leitungen – verlangt: »Änderungen im Hochschulbetrieb, nämlich vor allem Gründung einer ›unabhängigen‹ Studentenorganisation, Auflösung der FDJ-Hochschulgruppen, Abschaffung des obligatorischen gesellschaftlichen Grundstudiums und des Unterrichts in der russischen Sprache.« Heftige Angriffe richten sich besonders gegen die Berichterstattung der demokratischen Presse [...]. Die Mehrzahl der Studenten – auch die Mitglieder der SED – orientieren sich nach der Westpresse und vor allem nach den Meldungen des RIAS. Die Hochschulleitungen der SED und FDJ sind nur selten in der Lage, der feindlichen Argumentation entgegenzuwirken. Wie nach dem XX. Parteitag der KPdSU verstärken sich die Äußerungen gegen das Führungskollektiv der SED, besonders gegen W. Ulbricht, dessen Rücktritt wiederholt gefordert wird.«[90]

An der Humboldt-Universität folgten einige turbulente Tage. Am 3. November versammelten sich im Hörsaal der Anatomie die Studenten der Veterinärmedizin, um ihre Forderungen zu diskutieren. Es war der Partei nicht gelungen, diese Veranstaltung bereits im Vorfeld zu verhindern. Die Versammlung verabschiedete fünf Punkte. Neben den Forderungen nach Abschaffung des Pflichtunterrichts in Russisch und Gesellschaftswissenschaften wurden ein erweiterter Studentenaustausch in »Gesamtdeutschland« und mit dem Ausland, freier Reiseverkehr, die Verbesserung der Bereitstellung von westlicher Fachliteratur und die Rückgabe des Hauptgebäudes der Veterinärmediziner, in dem das Außenministerium der DDR residierte, verlangt.[91] Im Vergleich zu den 14 Punkten, die ihre Budapester Kommilitonen in der Nacht vom 22. zum 23. Oktober 1956 formuliert hatten, waren die Ostberliner Forderungen zurückhaltend und zudem in einem maßvollen Ton gehalten. Trotzdem überschritten die Studenten damit die Grenze, die der Staat zu akzeptieren bereit war.

Am 5. November versammelten sich rund 1000 Studenten am Brandenburger Tor, um ihre Forderungen in das Staatssekretariat für Hochschulwe-

89 Ebenda, Anhang.
90 Informationsbericht vom 28.10.1956, in: BStU, Allg. 83/59, Bd. 1b, Bl. 1.
91 Kreisleitung der SED, Humboldt-Universität Berlin, in: SAPMO BArch, BPA, IV,4,12 – 055.

sen zu bringen. Sie wurden aber von der Polizei nach Westberlin abgedrängt und anschließend daran gehindert, den Ostsektor wieder zu betreten. Vermutlich hatte man sich seitens der Studenten auf einen Sammelpunkt nahe der Sektorengrenze geeinigt, um im Zweifelsfalle schnell über die Demarkationslinie entwischen zu können.

Zu den Sicherheitsmaßnahmen, mit denen die Staatsmacht auf die Unruhe reagierte, gehörten auch strenge Ausweiskontrollen vor den Gebäuden der Universität. Angeblich wollte man damit verhindern, daß westliche Provokateure in die Universität eindringen. Am Morgen des 6. November weigerten sich jedoch viele Studenten der Veterinärmedizin, sich von »fakultätsfremden Personen« kontrollieren zu lassen. Vor dem Eingang des Institutsgeländes sammelte sich allmählich eine größere Zahl von Studenten, die jeden, der sich der Eingangskontrolle unterwarf, mit lauten Pfiffen und Pfuirufen begleiteten. Schließlich drängten die Studenten die Torwachen beiseite und drangen unkontrolliert in das Gebäude ein. Die Situation wurde kritisch. Eilig wurden 100 Studenten der als politisch zuverlässig geltenden Wirtschaftswissenschaftlichen Fakultät, der sogenannten »Wiwifak«, herangeholt. Es kam zu handgreiflichen Auseinandersetzungen.

Am Nachmittag traf sich der Dekan der Fakultät mit Vertretern des Staatssekretariats für Hoch- und Fachschulwesen. Die Professoren gaben schließlich nach und billigten sogar »disziplinarische Maßnahmen gegen Unruhestifter«.[92]

Am Abend fand im Hörsaal des Pathologischen Instituts eine Versammlung statt, an der etwa 400 Studenten teilnahmen. Alfred Neumann, der Berliner Bezirksparteichef, hielt eine Rede. Doch er stieß auf eisiges Schweigen. »[...] es [kam] zu keiner richtigen Diskussion«, wie dies im Bericht der SED Kreisleitung ausgedrückt wurde.[93] Nach dem Bericht der SED-Kreisleitung war ein Teil der Studenten von den Argumenten Neumanns so tief erschüttert, daß sie keine Worte mehr fanden. Dem Stasibericht zufolge hielten sich die Studenten an die Anweisung des RIAS, entweder »großen Krach zu veranstalten oder absolut zu schweigen«. Auch über das Ende der Veranstaltung existieren unterschiedliche Versionen. Im Bericht der SED heißt es, daß »[...] etwas mehr als ein Viertel der Anwesenden den Saal« verließ. Anschließend wurde bei einer Stimmenthaltung eine Resolution angenommen, in welcher der Regierung der DDR das Vertrauen ausgesprochen wird. Die SED-Kreisleitung wertete die Veranstaltung als Erfolg: »Der Verlauf der Versammlung zeigte, daß die gegnerischen Elemente nicht wagten, angesichts der klaren Argumentation des Genossen A. Neumann und der guten Vorbereitung der Versammlung, irgendeinen Krawall anzuzetteln.« Im Stasibericht heißt es dagegen lapidar: »Die Studenten verließen den Saal, als eine Resolution angenommen werden sollte.«[94] Im RIAS wurde gemeldet: »Ein großer Teil der Studenten verließ demonstrativ den Hörsaal«.[95] Im Parteiarchiv ist auch eine

---

[92] Ebenda.
[93] Ebenda.
[94] Informationsbericht vom 8.11.1956, in: BStU, Allg. 84/59, Bl. 12.
[95] RIAS-Meldung vom 7. November 1956, in: Politisches Bandarchiv des RIAS.

Mitschrift der Rede erhalten, die Alfred Neumann an diesem Abend gehalten hat. »Die Dinge sind im Prinzip eindeutig und klar«, meinte Neumann. »Man kann nur zu einer Lösung kommen, wenn man weiß, daß die Fragen prinzipiell sind. [...] Wir [...] sind bereit zu diskutieren, um die Fragen zu klären. Wir diskutieren aber nicht mehr, wenn irgendwelche Aktionen durchgeführt werden. [...] Es wird die Frage gestellt, warum bei uns keine freie Presse? Bei uns wird das veröffentlicht, was dem Arbeiter- und Bauernstaat dient. Wer die Presse besitzt, muß irgendwer sein. Bei uns ist es die Arbeiter- und Bauernmacht. In Westberlin sind es die imperialistischen Kräfte. Eine Freiheit, wie sie die Imperialisten wollen, können wir nicht zulassen.«[96] Das war klar und eindeutig, in gewisser Weise sogar ehrlich. Die Botschaft hieß: Wir haben die Macht und lassen nicht daran rütteln.

Die Abrechnung

Die Abrechnung der SED-Führung mit all jenen, die in der Stunde der Gefahr nicht eisern zur Parteilinie gestanden hatten, erfolgte langsam aber gründlich. Die Verhaftung von Wolfgang Harich bildete nur den Auftakt.[97] Es folgten weitere Verhaftungen, Prozesse, Aufdeckungen »parteifeindlicher Gruppierungen«, Relegationen von Studenten, Parteiausschlüsse, berufliche Disziplinierungsmaßnahmen. Sorgsam wurden die Rituale der Entlarvung, der kollektiven Demütigung, der Selbstbezichtigung der Opfer und schließlich der Verstoßung zelebriert. Auch die feine Unterscheidung zwischen echten Feinden und Verführten gehörte zu den festen Spielregeln. Letztere bekamen die Möglichkeit der Bewährung. Studenten konnten sich bei der praktischen Arbeit in der Produktion bewähren. Gefallene Marxismus-Dozenten oder Parteisekretäre wurden in ein Kreiskulturhaus verbannt, um dort beim einfachen Volk geistige Genesung zu erlangen.

Dem 33. Plenum des Zentralkomitees der SED, das vom 16. bis 18. Oktober 1957 tagte, hat eine Art »Abschlußbericht« über die Auseinandersetzungen des Jahres 1956 vorgelegen. Das Dokument trägt den Titel: »Analyse der Feindtätigkeit innerhalb der wissenschaftlichen und künstlerischen Intelligenz«.[98] Auf insgesamt 89 Seiten werden folgende Themen behandelt: Die staats- und parteifeindliche Gruppierung Harich-Janka, die Auswirkungen

---

96 Kreisleitung der SED, Humboldt-Universität Berlin, in: SAPMO BArch, BPA,IV,4,12 – 055.

97 Harich, Wolfgang: Keine Schwierigkeiten mit der Wahrheit. Zur nationalkommunistischen Opposition 1956 in der DDR, Berlin 1993; hier findet sich ein erster vollständiger Abdruck der berühmten »Plattform«, die bisher nur als Zusammenfassung bekannt war und nach der Öffnung der SED-Archive von verschiedenen Historikern eingesehen wurde; vgl. dazu ausführlich und quellenkritisch Mitter/Wolle, Untergang, a.a.O., S. 272ff.; Harich polemisiert in dem Band heftig gegen Walter Janka: Schwierigkeiten mit der Wahrheit, Reinbek b. Hamburg 1989, und Stefan Heym, der in seinem Roman Collin die Ereignisse in literarisch verschlüsselter Form aufgreift, vgl. außerdem: Der Prozeß gegen Walter Janka und andere. Eine Dokumentation, Reinbek b. Hamburg 1990; Just, Gustav: Zeuge in eigener Sache, Berlin 1990.

98 SAPMO BArch, ZPA, IV 2,1,182.

der Tätigkeit des Prof. Bloch, der Verrat des Prof. Kantorowicz. Hinzu kommen eine Reihe weiterer »Partei- und staatsfeindlicher Gruppierungen« an verschiedenen Universitäten und Hochschulen der DDR sowie einige Intellektuellenzirkel. Abschließend wird der »gegnerische Einfluß« in verschiedenen Publikationsorganen und anderen kulturellen Einrichtungen untersucht.

Eingangs wurde in dem als streng vertraulich eingestuften Material für die Mitglieder und Kandidaten des Zentralkomitees noch einmal der gesamte »Fall Harich« geschildert. »Die von den Imperialisten durchgeführte Politik der Aufweichung und Zersetzung der sozialistischen Staaten«, hieß es in dem Papier, »wird unter Zuhilfenahme aller Mittel und Möglichkeiten der psychologischen Kriegsführung betrieben mit der Absicht, die Moral der Bürger der sozialistischen Länder zu untergraben und dem Ziel, die Vernichtung der sozialistischen Staaten zu erreichen. In der DDR richtet der Feind seine Anstrengungen dabei vor allem auf Kreise der Intellektuellen mit dem Zweck, in den Köpfen dieser Personen Unklarheit und Verwirrung zu schaffen und auf diese Weise zu erreichen, daß die geistige Potenz gegen die Politik der Partei und Regierung wirksam wird.«[99]

Auch in dem SED-Papier wurde der XX. Parteitag als Ausgangspunkt der ideologischen und politischen Schwierigkeiten genannt. Es hieß dort: »Besonders nach dem XX. Parteitag der KPdSU, der 3. Parteikonferenz der SED und den internationalen Ereignissen im Herbst vorigen Jahres versuchten die imperialistischen Kreise durch Verfälschung und Verzerrung der Ergebnisse dieser beiden bedeutsamen Parteitagungen sowie durch lügnerische Berichte über die konterrevolutionären Ereignisse in Ungarn, der Politik der ›Aufweichung‹ in der DDR zum Erfolge zu verhelfen. Unter der Losung des Kampfes gegen den ›Stalinismus‹ und der Forderung nach ›absoluter Meinungsfreiheit‹ sollte eine allgemeine ›Fehlerdiskussion‹ entfacht, Verwirrung und Unsicherheit erzeugt und von der Lösung der auf diesen Tagungen festgelegten Aufgaben zur Sicherung des weiteren Aufbaues des Sozialismus abgelenkt werden [...]. Während der Zeit der Unruhen in der Volksrepublik Polen im Herbst 1956 forcierten die verschiedenen imperialistischen Geheimdienste ihre Tätigkeit über aufgeweichte Elemente aus den volksdemokratischen Ländern Polen und Ungarn zur politischen und moralischen Zersetzung der Intelligenz und der studentischen Jugend innerhalb der DDR. Während der konterrevolutionären Ereignisse in Ungarn wurde besonders die Zersetzungstätigkeit an der Humboldt-Universität verstärkt. [...] Die Absicht der Geheimdienste der Imperialisten bestand darin, während dieser Zeit Unruhen und offene Demonstrationen gegen die Regierung der DDR zu organisieren. Während der Aggression der englischen und französischen Imperialisten am Suezkanal (Ägypten) haben die Geheimdienste versucht, in der DDR Unruhen auszulösen, um damit die Kräfte des sozialistischen Lagers abzulenken und somit freie Hand für die Aggression am Suezkanal zu behalten. [...] So wurde vom Ministerium für Staatssicherheit ein Komplott auf-

[99] Ebenda, Bl. 1

gedeckt, das von ausländischen Geheimdiensten und Westberliner Agentenzentralen organisiert worden war, um unter den Studenten der Berliner Humboldt-Universität Unruhe zu stiften und sie zu Provokationen gegen die Arbeiter- und Bauernmacht zu mißbrauchen. Die Organisatoren dieses Komplotts waren der amerikanische Geheimdienst, der französische Geheimdienst und das sogenannte »Amt für Gesamtdeutsche Studentenfragen«, das von der Bonner Regierung finanziert wird. Feststellungen ergaben, daß die Studenten der Berliner Humboldt-Universität in den Tagen des November 1956 zu ähnlichen provokatorischen Ausschreitungen aufgewiegelt werden sollten, wie das durch ausländische Störzentralen in der Volksrepublik Ungarn geschah. Der amerikanische Geheimdienst beabsichtigte, durch einige als Agenten angeworbene Studenten schrittweise provokatorische Forderungen an der Humboldt-Universität zu Berlin zu verbreiten, dann zu Demonstrationen und schließlich zu offenen Provokationen überzugehen. Um unter den Studenten eine möglichst breite Plattform für diesen Plan zu finden, wurde von den Geheimdienststellen in Westberlin zuerst die Losung nach Abschaffung des Russischunterrichtes und des gesellschaftswissenschaftlichen Grundstudiums aufgestellt.«[100]

Es folgten zahlreiche Einzelheiten, die belegen sollen, daß die Unruhen von den westlichen Geheimdiensten organisiert worden waren. Immer wieder treffen wir in den Materialien der SED auf die paranoide Vorstellung, der Gegner hätte die Unruhe unter der DDR-Bevölkerung organisiert. Diese Zwangsvorstellung zieht sich wie ein roter Faden durch die gesamte Geschichte der DDR und noch im Herbst 1989 wurde von der Presse die Meinung verbreitet, der Klassenfeind würde die massenhafte Fluchtbewegung aus der DDR organisieren.

Das Dokument über die »Feindtätigkeit« enthielt auch eine statistische »Übersicht über die im Jahre 1957 festgenommenen Wissenschaftler, Assistenten, Studenten, Lehrer, Schüler sowie Journalisten und sonstige Angestellte aus Redaktionen«.[101] Nicht erfaßt wurden »Angestellte der technischen Intelligenz«. Der Übersicht zufolge wurden vier Lektoren, drei Dozenten, fünf wissenschaftliche Mitarbeiter, zwei Assistenten, vier Aspiranten, ein Studentenpfarrer, 48 Studenten, sechs Lehrer, sieben Oberschüler und zwei Schüler sowie fünf Journalisten, insgesamt also 87 Personen verhaftet. Bei den ihnen zur Last gelegten Verbrechen wird zwischen »Staatsverbrechen und Verrat, Untergrundtätigkeit und Spionage« differenziert. Zehn Personen wurde Staatsverbrechen und Verrat vorgeworfen, 53 Personen Untergrundtätigkeit, und 24 wurden wegen angeblicher Spionage vor Gericht gestellt. Es folgte ein zusammenfassender Bericht über die »staats- und parteifeindliche Gruppierung Harich-Janka«. Eingangs wurde wiederum massiv der Vorwurf der geheimdienstlichen Steuerung erhoben. Aus der Tatsache einer »geradezu organische[n] Übereinstimmung der konterrevolutionären Ideologie« mit den feindlichen Gruppierungen in Ungarn und Polen wird nach Ansicht der SED

---

[100] Ebenda, Bl. 2ff.
[101] Ebenda, Bl. 11.

»[...] die lenkende, nach einem einheitlichen Plan vorgehende Hand des Gegners« erkennbar.[102] Im Anschluß wird das Programm der Gruppe noch einmal aus der Sicht der SED-Führung analysiert und insbesondere auf die angeblichen feindlichen Einflüsse polnischer und ungarischer Intellektueller verwiesen, die auch namentlich aufgeführt werden.

Schließlich werden die Ereignisse, die zur Verhaftung führten, rekapituliert: »Das politisch-organisatorische Zentrum der konterrevolutionären Bestrebungen der Gruppierung um Harich war der Aufbau-Verlag [...] und die ihm angeschlossene Redaktion des ›Sonntag‹ [...]. Harich, der bei diesem Verlag eine Abteilung leitete, fand in der Person des Verlagsleiters Janka, im Chefredakteur des ›Sonntag‹, Zöger, und in dessen Stellvertreter, Just, Personen, die gleich ihm feindlicher Beeinflussung erlegen waren und aus den verschiedensten Motiven heraus gegen die Politik der Partei opponierten [...]. Da weder die Leitung noch die Parteileitung des Verlages sich dem konterrevolutionären Abgleiten in den Weg stellte, die staatspolitische Erziehung der Mitarbeiter und auch die parteierzieherische Arbeit stark vernachlässigt, dagegen aber der parteifeindlichen Diskussion Tür und Tor geöffnet wurde, erfolgte auch bei den übrigen Mitarbeitern eine ideologische Zersetzung.«[103] Aber auch außerhalb des Aufbau-Verlages verfügte Harich den Mitteilungen der Partei zufolge über ein breites Sympathisantenumfeld. Das ZK-Papier nannte eine ganze Reihe von Personen, darunter einige, die später im Dienste der Partei durchaus Karriere machten, und andere, die in den folgenden Jahren gänzlich mit der DDR brachen.

Schließlich analysierte der Bericht für das ZK noch einmal die Situation an den Universitäten. Einleitend hieß es: »An den Universitäten, Hochschulen und den ihnen angeschlossenen Instituten macht sich im wachsenden Umfange eine vom Feind organisierte politische Zersetzungstätigkeit bemerkbar. Unter dem Vorwand einer breiten Diskussion der Ergebnisse des XX. Parteitages der KPdSU, des VIII. Parteitages der Kommunistischen Partei Chinas, des 8. Plenums des ZK der Polnischen Vereinigten Arbeiterpartei und verschiedener Tagungen des ZK unserer Partei wird versucht, politisch-ideologische Unsicherheit zu stiften und darauf aufbauend die Universitäten und Hochschulen zu Zentren der konterrevolutionären Tätigkeit zu machen.«[104]

Der folgende Abschnitt ist Professor Ernst Bloch gewidmet. Dabei wird Harich als Kronzeuge angeführt und ausführlich ein Lebenslauf zitiert, den Harich in der Haft geschrieben hatte. Darin heißt es: »Ich muß heute rückblickend offen sagen, daß die zahllosen negativen Äußerungen von Bloch, den ich als Menschen und als alten bewährten Anhänger und aktiven Mitstreiter des Kommunismus sehr verehrte, in dem ich außerdem, trotz aller Differenzen, den bedeutendsten fortschrittlichen deutschen Denker der Gegenwart sah, ganz entschieden dazu beigetragen hatten, mich selbst in die

[102] Ebenda, Bl. 12.
[103] Ebenda, Bl. 18f.
[104] Ebenda, Bl. 34.

feindliche Einstellung hineinzutreiben, die meine politischen Verbrechen vom Herbst 1956 erklärt. Heute ist es mir nach langer reiflicher Überlegung nun vollständig klar, daß Bloch in der Vorgeschichte meiner Verbrechen im Grunde eine viel stärkere und verhängnisvollere Rolle gespielt hatte als zum Beispiel Janka und Just. [...] Bereits im Jahre 1953, nach dem 17.6., war ich vorübergehend den in der Intelligenz verbreiteten Stimmungen gegen den Ersten Sekretär des ZK der SED, Walter Ulbricht, erlegen. Dieser Stimmung erlag ich erneut und diesmal in noch stärkerem Maße, als sie nach dem XX. Parteitag der KPdSU, vom Westen systematisch geschürt, in der Parteiintelligenz wieder auflebte. Dabei war ich diesmal besonders stark von Äußerungen beeinflußt, die die von mir sehr stark verehrten Philosophen Prof. Georg Lukacs und Prof. Ernst Bloch zu mir über Walter Ulbricht taten. Ich zog den Schluß, daß bei uns ein ›Wechsel‹ in der Führung notwendig sei.«[105]

Im folgenden werden die negativen Einflüsse Blochs auf seine Studenten geschildert. In diesem Zusammenhang werden seine Assistenten Günther Zehm, Lothar Kleine, Jürgen Teller, Richard Lorenz sowie Gerhard Zwerenz und eine Reihe weiterer Personen aus Blochs Umfeld erwähnt. Das Papier enthält Auszüge aus Zehms Tagebuch, in denen es u.a. heißt: »Der Harich-Prozeß zeigt, wie weit das demokratische Recht bei uns schon wieder gediehen ist. Wenn das so weitergeht, dann sind wir bald wieder bei der nazistischen ›Selbstzersetzung‹, wonach private Tagebucheintragungen bestraft werden können. Die Anklageschrift bezieht sich im wesentlichen auf Dinge, die Harich evtl. vorgehabt haben könnte, zu deren Umsetzung er aber nie und nimmer gekommen ist. Ein widerlicher Wisch! Wie hier krampfhaft versucht wird, zu vertuschen, daß Harich sich durchaus im Rahmen der DDR und des Sozialismus hielt [...].«[106] Es wirkt wie ein Hohn, daß gerade diese Tagebuchaufzeichnung des inzwischen verhafteten Zehm angeführt wird. Doch möglicherweise hat das im Zentralkomitee niemand mehr gemerkt. Auch die Äußerung von Kleine wird ja kommentarlos wiedergegeben: »Je größer die Dummheit und die Fähigkeit, sich dumm zu stellen, ist, um so größere Möglichkeiten hat man bei uns, eine große Parteikarriere zu machen.«[107]

Schließlich werden noch eine Reihe weniger bekannte Fälle dargestellt, so z.B. die Verhaftung von vier Lektoren der Martin-Luther-Universität in Halle, die angeblich eine partei- und staatsfeindliche Gruppierung gebildet hätten, oder die Verhaftung von zwei Leipziger Assistenten und zwei Studenten, die laut ZK-Papier mit diesen in Verbindung gestanden hätten. Es wurde weiterhin der Fall von drei Germanistikstudenten der Hallenser Universität erwähnt, die Nachrichten aus Hetzsendungen westlicher Rundfunkstationen verbreitet und führende Funktionäre verleumdet hätten, sowie die Verhaftung von vier Studenten der Technischen Hochschule für Chemie Halle-Merseburg, die Flugblätter hetzerischen Inhalts verbreitet hätten. Ähnliches wurde auch aus dem Lehrerbildungsinstitut Neuzelle berichtet, wo zwei Stu-

105 Ebenda, Bl. 35f.
106 Ebenda, Bl. 39.
107 Ebenda, Bl. 41.

denten und eine Studentin Flugblätter des Ostbüros der SPD verbreitet und selbst ein Flugblatt entworfen hatten. An der Technischen Hochschule Ilmenau wurde bereits 1955 eine staatsfeindliche Gruppierung gebildet, die angeblich Kontakt zu republikflüchtigen ehemaligen Studenten unterhalten und sich mit diesen in Westberlin getroffen hatte. Im Juni 1957 kam es in Weimar zu einer größeren Verhaftungswelle. Davon betroffen waren der Pfarrer Martin Giersch, zwei Studenten der Hochschule für Architektur, drei Studenten und eine Studentin der Hochschule für Musik und eine Säuglingsschwester aus Weimar. »Dieser Personenkreis ist ständig unter dem Vorwand einer religiösen Begegnung in der Evangelischen Studentengemeinde bei Giersch zusammengetroffen. Dort wurden neben religiösen Problemen im zweiten Teil der Zusammenkunft ständig politische Fragen beraten, die sich gegen die DDR richteten. Zur weiteren feindlichen Beeinflussung wurden die Teilnehmer von Giersch zu Zusammenkünften in den sogenannten Patengemeinden in Westdeutschland delegiert. Diese Einflußnahme führte dazu, daß die Obengenannten nach einer Beratung bei Giersch am 21.6.1957, in der er besonders gegen die Volkswahlen Stellung nahm und indirekt zu Handlungen gegen die Wahlvorbereitung aufforderte, in Weimar Wahlplakate der FDJ abrissen und vernichteten.«[108]

In Leipzig wurde der Studentenpfarrer Siegfried Schmutzler verhaftet, dem vorgeworfen wurde, seit 1955 Studenten zu den Tagungen der Evangelischen Akademien in Westdeutschland geschickt zu haben und auf Veranstaltungen der Evangelischen Studentengemeinde am 5. und 6. November 1956 die Studenten in ihren Forderungen nach Abschaffung des marxistischen Grundstudiums und der Schaffung einer unabhängigen Studentenvertretung unterstützt zu haben.

Ausführlich wurde der »Donnerstagskreis«, der von Mitte Oktober bis zum 6. Dezember im Klub der Kulturschaffenden in der Jägerstraße tagte, beschrieben. »Die Bestrebungen dieses Kreises waren die gleichen wie die der oppositionellen Parteiintelligenz in Polen und Ungarn«, heißt es in dem ZK-Material. »[...] Die Teilnehmer hatten, von unbedeutenden Abweichungen abgesehen, eine übereinstimmend parteifeindliche und staatsfeindliche Einstellung und bildeten sich ein, den ›wahren und unverfälschten‹ Sozialismus vom ›Stalinismus‹ reinigen zu müssen.«[109]

Auch Uwe Johnson schildert diesen Kreis. Einer seiner Hauptfiguren, Dr. Jonas Blach, Assistent am Institut für Anglistik, besucht mit seinem Professor die Zusammenkunft. Zunächst wird der Abend aus der Perspektive des Blach in der ersten Person beschrieben. Es werden Vorsichtsmaßnahmen getroffen, die Blach zu recht für lächerlich hält. Ohnehin ist er skeptisch: »Denn diese Besprechungen werden nicht einmal mit Barrikaden enden und also mit Märtyrern im Zuchthaus. Sie wissen, ich komme gern mit, und ich halte es für Unsinn?«[110] Dann trifft er mit der »verehrungswürdigen Persön-

[108] Ebenda, Bl. 62.
[109] Ebenda, Bl. 64.
[110] Johnson, Mutmassungen, a.a.O., S. 116.

lichkeit«, die Züge von Ernst Bloch trägt, deren Teilnahme am Donnerstagskreis freilich fiktiv ist, zusammen. »Alle hatten sie etwas geleistet mit ihren Dichtungen und wissenschaftlichen Lehrbüchern, jahrelang hatten sie nachgegeben und sich kompromittieren lassen, damit sie bekannt wurden in den Zeitungen und mit Nationalpreisen und durch die Aktuelle Kamera, damit sie an diesen Abenden zusammenkommen konnten als das geistige Gewissen unseres Staatswesens und reden, wie es besser zu machen sei im Interesse eines sogenannten menschlichen Sozialismus.«[111] Es folgt ein innerer Monolog des Stasi-Offiziers Rohlfs, der das Treiben der Intelligenzler aus seiner Sicht beurteilt: »[...] Jugendfreund Blach, was haben Sie sich eigentlich gedacht in Ihrem klugen geschulten Kopf, als Sie Ihren Professor dahin begleiteten, wo der Pfeffer wächst? Erstens müssen Versammlungen angemeldet werden, das ist eine Polizeivorschrift: wissen Sie doch. Aber diese Besserwisser tun gerade so, als ob ihnen ein Haus gehört, wenn sie ein paarmal mit Erlaubnis darin getagt haben [...]. Sie stellen sich hin und reden über die künstliche Atmung der sozialistischen Moral, als hätten sie Veränderungen vor. Als hätten sie ein Ministerium und einen operativen Stab, als hätten sie die Ministerien insgesamt, und mein Wort gilt nicht mehr vor allen Türen. Sie finden es noch witzig, mit uns Versteck zu spielen [...]. Wer sind sie denn, daß sie die Wirklichkeit ersetzen können. Über die Auflösung rückständiger Landwirtschaftlicher Produktionsgenossenschaften würd' ich auch nicht reden, wenn ich nichts von Landwirtschaft verstehe: sie fangen ja mit schlechtem Gewissen an, und warum? weil sie allein sind.«[112]

Johnson trifft sehr genau die atmosphärische Spannung zwischen Konspiration und dem trotzigen Gestus, nichts Unerlaubtes zu tun, das Schwanken zwischen Bekennermut und ideologischer Diffusion, aber auch die Diktion und Denkweise der Parteiobrigkeit.

Zum Abschluß wurde mit den Publikationsorganen abgerechnet, in denen es im Herbst 1956 Versuche gegeben hat, die internen Diskussionen der Intellektuellen wenigstens in vorsichtigen Andeutungen an die Öffentlichkeit zu bringen. Der revisionistischen Abweichung angeklagt waren neben dem Allgemeinen Deutschen Nachrichtendienst (ADN) die »Wochenpost«, die satirische Wochenzeitung »Eulenspiegel«, die Monatszeitschrift »Das Magazin« und das Staatliche Rundfunkkomitee der DDR. Schließlich beklagte sich der Bericht noch über das laufende Programm des einzigen Kabaretts der Hauptstadt, der »Distel«. Es »[...] erscheinen zwei Personen mit Transparenten auf der Bühne. Ein Transparent trägt die Aufschrift ›Hoch‹, das andere ›Nieder‹. Auf die Frage, was das bedeute, wird geantwortet, das würde man erst nach dem XXI. Parteitag erfahren.«[113]

Solche Scherze war die Partei nicht mehr bereit zu dulden. Es legte sich Rauhreif über das Land. Die Schlußfolgerungen der Intellektuellen waren höchst unterschiedlicher Art. Einige gingen in den Westen, andere versuch-

---

111 Ebenda, S. 117.
112 Ebenda, S. 118f.
113 SAPMO BArch, ZPA, IV 2,1,182, Bl. 87.

ten die Sünden wider die Partei durch Überanpassung gutzumachen, wieder andere zogen sich zurück, »um auf bessere Zeiten zu warten«. Für die Motivation der letzteren Gruppe mag ein Zitat aus den in dem ZK-Papier zitierten Tagebüchern von Günter Zehm charakteristisch gewesen sein. Am 9. März 1957 trug er in sein Tagebuch ein: »Ich muß die große Kunst lernen, durch Schweigen zu reden. In der restaurativen Zeit, die jetzt angebrochen ist, werden wir Gelegenheit finden, die theoretische Fundamentierung jener revolutionären Bestrebungen auszuarbeiten, welche die Welt im stürmischen Jahr 1956 in Atem gehalten hat [...]«.[114]

Das Jahr 1956 und die Folgen

Der XX. Parteitag hatte eine große Verwirrung in die Reihen der Partei getragen. Doch schließlich waren die Veränderungen geringfügig geblieben. Selbst das Stalindenkmal in der gleichnamigen Allee in Ostberlin blieb noch bis 1961 stehen. Auch Stalinstadt behielt noch fünf Jahre seinen Namen, bis es in Eisenhüttenstadt umgetauft wurde. Stalins »Gesammelte Werke« blieben in den Bibliotheken stehen, sie wurden nur etwas weniger zitiert. Erst im November 1961 verschwanden die Bilder des Georgiers in den Abstellkammern. Ulbricht dagegen blieb an der Macht. Die SED-Führung hatte auf ihre Weise die richtigen Schlußfolgerungen aus den Ereignissen des Jahres 1956 gezogen. Sie gingen von der klaren Erkenntnis aus, daß ihr Regime auf den sowjetischen Bajonetten ruhte. Sie sahen sich selbst als Vollzugsorgan der Besatzungsmacht. Die einzige wirkliche Gefahr für ihre Macht ging von Moskau aus. Insofern saß der Schock des XX. Parteitages tief. Als aber sowjetische Panzer auf ungarische Aufständische schossen, war die Welt wieder in Ordnung. Ulbricht war aus den Konflikten außen- wie innenpolitisch gestärkt hervorgegangen. In Polen und Ungarn hatte das Regime gewankt. Man hatte versucht, durch Zugeständnisse und personelle Veränderungen die Massen zu beruhigen und wurde der Geister nicht mehr Herr, die man gerufen hatte. In der DDR war man dagegen eisern geblieben, hatte dem Feind keinerlei Zugeständnisse gemacht und dadurch die Stabilität gewahrt. Damit hatte sich Ulbricht in Moskau als der richtige Mann empfohlen. Die Gegenspieler im Politbüro, speziell Karl Schirdewan und Ernst Wollweber, wurden 1957 abserviert. Ein paar vorwitzige Phrasendrescher hatte man hinter Schloß und Riegel gebracht. Sollten sie nur im Westen darüber lamentieren. Je eisiger der Wind des Kalten Krieges wehte, desto besser für das unpopuläre Marionettenregime in Pankow.

Es bleibt festzuhalten, daß sich im Herbst 1956 in einem Punkt viele Analytiker einig waren. Die oben zitierten Arbeiter, Professor Havemann von der Humboldt-Universität, das Ministerium für Staatssicherheit, das Ostbüro der SPD, viele westliche Kommentatoren – alle miteinander hielten die Situation in der DDR für außerordentlich spannungsgeladen. Warum blieb

[114] Ebenda, Bl. 39.

es äußerlich ruhig im Lande, obwohl die erhofften und geforderten politischen Reformen ausblieben, obwohl der allgemein verhaßte Ulbricht im Amt blieb, obwohl die Staatsmacht zutiefst verunsichert war und in ihrem Prestige schwer angeschlagen?

Bei dem Versuch einer Beantwortung dieser Frage verläßt man notgedrungen den Boden gesicherter Tatsachen und betritt das weite Feld von Vermutungen und Spekulationen. Die sozialen Zugeständnisse dürften eine Rolle gespielt haben: Rentenerhöhung, Abschaffung der Lebensmittelmarken, ebenso die Bildung von Arbeiterräten und die Teilamnestie, von der auch viele politische Häftlinge betroffen waren. Doch waren diese Manöver zu durchsichtig, um die Menschen wirklich zu überzeugen. Es waren wohl auch weniger die partiellen Zugeständnisse als vielmehr die demonstrative Unnachgiebigkeit des Regimes, die den SED-Staat stabilisierten. Die Staatsmacht ließ ihre bewaffneten Betriebskampfgruppen aufmarschieren und signalisierte den Menschen: Wenn ihr es wirklich darauf ankommen laßt, gibt es Bürgerkrieg wie in Ungarn – vielleicht sogar einen dritten Weltkrieg. Diese Drohung war es wohl vor allem, die viele davor zurückschrecken ließ, bis zum Äußersten zu gehen. Der Aufstand vom 17. Juni 1953 war in den Köpfen der Herrschenden wie der Beherrschten präsent. Aber jeder wußte auch, wie dieser Tag geendet hatte. Ungarn schien nun eine noch weit blutigere Neuauflage des Juniaufstandes zu sein. Es hatte keinen Sinn, mit bloßen Händen gegen eine bis an die Zähne bewaffnete Armee vorzugehen. Also zogen die Menschen ihre Folgerungen. Die einen gingen in den Westen, die anderen richteten sich ein und begannen, auf bessere Zeiten zu warten.

Die Idee einer Synthese von Demokratie und Sozialismus war innerhalb der DDR im Jahre 1956 erstmalig deutlich formuliert worden. Doch die theoretische Debatte wurde, ehe sie wirklich begonnen hatte, von den Greifkommandos der Staatssicherheit abgebrochen. Dies ersparte der Idee allerdings auch die Mühseligkeiten der Ebene. Die Schwachstelle des Theoriengebäudes war schon damals die parallele Forderung nach freien Wahlen und nach Beibehaltung des Sozialismus. Daß demokratische Wahlen mit großer Sicherheit das Ende des Sozialismus und der sowjetischen Satellitenregime bedeuten würden, konnten oder wollten die Reformer nicht sehen.

In den frühen sechziger Jahren begann man wieder zu experimentieren. Die Betriebe sollten mehr Eigenverantwortung bekommen, die Kennziffern der Planung flexibler gestaltet werden. In den Satellitenstaaten nahm man solche Signale mehr oder weniger freudig auf. Ulbricht verkündete das NÖSPL. Das Zeitalter der großen Worte und der vielen kleinen Abkürzungen hatte begonnen. Professor Robert Havemann hielt im überfüllten Marx-Engels-Auditorium der Humboldt-Universität seine Vorlesungen über »Philosophische Probleme der Naturwissenschaften«, Wolf Biermann sang in einem umgebauten Kinosaal seine frechen Lieder. Dann kam mit dem 11. Plenum des ZK der SED im Dezember 1965 eine neue Eiszeit. Zweieinhalb Jahre später rollten die Panzer gegen die tschechische Reformpolitik. Mit Honeckers Machtantritt flogen wieder einige von jenen Schwalben durch die Lüfte, die bekanntlich noch keinen Sommer machen. Die Haare wurden länger und die Röcke kürzer, ohne daß dies die Tugendwächter der Partei noch aufzubringen vermochte. Einige Bücher gelangten vom Schreibtisch der Lektoren unter die Ladentische der Buchhändler. Doch mit der Biermann-Ausbürgerung im November 1976 war auch dieser kulturpolitische Honeymoon vorbei.

Dann kam der Hoffnungsträger Gorbatschow. Als der Generalsekretär der Kommunistischen Partei der Sowjetunion verkündete, »Der Sozialismus braucht die Demokratie wie die Luft zum Atmen«, war das vielen Menschen aus der Seele gesprochen. Andere empfanden die großen Worte wie einen verdorrten Blumenstrauß vom letzten Jahr. Trotzdem war der Aufbruch in den Revolutionsherbst ohne jeden Zweifel reformsozialistisch motiviert. Doch als die Idee die Massen ergriff, wandelte sie sich gründlich und richtete sich gegen ihre Urheber.

Es geschah genau das, was die Dogmatiker der SED immer gesagt hatten. Es gab keinen »dritten Weg« zwischen Sozialismus und Kapitalismus. Die »Bürgerliche Freiheit« bedeutete die Aufgabe des Sozialismus. Der Klassenfeind hielt Einzug und wollte, ganz so wie es die SED-Propaganda seit Jahren vorausgesagt hatte, die enteigneten Betriebe zurückhaben.

Die Reformsozialisten standen einsam und hilflos in der politischen Landschaft. Ihr politisches Gewicht war nur als Replik auf das Bestehende existent. Daß die SED-Nachfolgepartei sich heute »Partei des Demokratischen Sozialismus« nennen darf, ohne daß ihr Gelächter entgegenschlägt, ist die letzte Niederlage der Demokratischen Sozialisten der DDR. Es zeigt noch im Nachhinein ihre Schwäche, ihre Zerrissenheit und ihre Tragik. Es bleibt ihnen die Erinnerung, die, wie Jean Paul so trefflich bemerkte, das »einzige Paradies ist, aus dem niemand vertrieben werden kann«.

Natürlich sind solche Paradiese auch Tummelplätze der nachvollziehenden Rebellion. Nichts eignet sich besser für exkulpierende Legenden als politische Illusionen aus dem luftigen Reich der Phantasie. Doch politische Ideen sind keine eingetragenen Markenartikel.

Es bleibt die Frage, ob denn nun »alles umsonst« war. Damit verlassen wir den Boden empirischer Wissenschaft und betreten wieder das Reich der Mutmassungen. Die Kämpfe um das Ideal einer menschlichen Gesellschaft sind so umsonst oder so sinnvoll wie die Irrfahrten des Ritters Don Quijote.

»Was will Cervantes' großer Roman besagen?« fragt Kundera in dem eingangs zitierten Essay, und er gibt die Antwort: »Der Mensch wünscht sich eine Welt, in der Gut und Böse klar geschieden sind [...]. Auf diesem Verlangen beruhen Religionen und Ideologien. [...] Dieses ›Entweder-Oder‹ zeugt von der Unfähigkeit, der essentiellen Relativität der menschlichen Dinge ins Auge zu sehen, zeugt von der Unfähigkeit, die Abwesenheit des Höchsten Richters hinzunehmen. Auf Grund dieser Unfähigkeit ist es schwierig, die Weisheit des Romans (die Weisheit der Ungewißheit) zu akzeptieren und zu begreifen.«[115]

Im Kampf gegen die Zauberer und Riesen wird der Ritter von der traurigen Gestalt immer unterliegen, und doch bleibt er der Held der Geschichte.

---

[115] Kundera, Kunst, a.a.O., S. 15.

Solange Don Quijote im Morgengrauen den rostigen Harnisch anlegt, Rosinante sattelt und gemeinsam mit Sancho Pansa der aufgehenden Sonne entgegenreitet, gibt es Hoffnung. Es besteht kein Grund, den Mut zu verlieren. »Und sie sah nicht aus wie eine, die geweint hat; das wollen wir doch mal sagen.«[116] Mit diesen Worten enden die »Mutmassungen«.

116 Johnson, Mutmassungen, a.a.O., S. 308.

Die polnische Krise 1956 aus Moskauer Sicht

von

ALEXANDR M. ORECHOW

Ungeachtet eines recht soliden historiographischen Forschungsstandes ziehen die politischen Krisen und gesellschaftlichen Konflikte in den osteuropäischen Gesellschaften zur Zeit des Stalinismus die Aufmerksamkeit von Historikern und Politologen nach wie vor auf sich. Die Aktualität der Thematik erklärt sich wohl durch zwei Umstände: Zum einen herrscht ein gewisses soziales Interesse daran, zu klären, warum und auf welche Weise das »kommunistische Areal«, das seinerzeit von der Sowjetunion und ihren Verbündeten aufgebaut worden war, zusammenbrach. Zum anderen ergaben sich nach 1989 günstige Möglichkeiten zur Arbeit an bislang unzugänglichen historischen Quellen, insbesondere in polnischen Archiven und nach 1991 auch in Rußland. Dies ermöglichte einen Blick aus neuer Perspektive auf die gesellschaftlichen Prozesse in den Ländern des ehemaligen Ostblocks, legte neue forschungsleitende Aufgabenstellungen nahe.

Dank neuer gesellschaftspolitischer Paradigmen wurde die polnische Historiographie in den letzten Jahren um einige größere Monographien zum »Oktober 1956« bereichert, die auf Studien an neu erschlossenen Dokumenten aufbauen.[1] Unter ihnen zeichnet sich das Buch von M. Kula vor allem dadurch aus, daß es der Wissenschaft ein umfangreiches und völlig neuartiges, gleichwohl sehr interessantes Material aus der Diplomatie Großbritanniens, Frankreichs und der USA zur Verfügung stellt, von Institutionen also, die die polnischen Ereignisse 1956 akribisch verfolgten. Eine analoge Präsentation gleichartiger Dokumente aus dem sowjetischen Außenministerium würde – in Ergänzung der genannten Publikation – helfen, eine bedeutende Lücke hinsichtlich der genannten Ereignisse zu schließen. Doch wird man wohl auf bessere Zeiten warten müssen, denn allem Anschein nach geht die 1991 viel versprechend begonnene Epoche der Liberalisierungen im russischen Archivwesen schon ihrem Ende entgegen. Erwähnenswert bleibt, daß Moskauer Archivare und Historiker in den vergangenen Jahren einige interessante Akten ans Tageslicht brachten. Erinnert sei an die gediegene Reihe von Dokumentenpublikationen über die Ereignisse 1956 in Ungarn und die Einmischung der UdSSR in die inneren Angelegenheiten des ungarischen Volkes.[2]

---

1 Rykowski/Wladyka, Polska proba, a.a.O.; Dudek, A./Marszalkowski, T.: Walki uliczne w PRL 1956-1989 [Straßenkämpfe in der Volksrepublik Polen 1956-1989], Krakow 1992; Kula, M.: Paryz, Londyn, Waszyngton patrza na Pazdziernik 1956 r. w Polsce [Paris, London, Washington schauen auf den Oktober in Polen 1956], Warszawa 1992; Nalepa, Pacyfikacja, a.a.O.; Machcewicz, Polski rok, a.a.O.

2 Siehe beispielsweise die Zeitschrift »Istoritscheski archiw«, 1993, Nr. 4-6, sowie Sowjetski Sojus i wengerski krisis 1956 goda. Dokumenty [Die Sowjetunion und die Ungarnkrise 1956. Dokumente], Moskwa 1998.

Was die sowjetische und die postsowjetische Geschichtsschreibung anbelangt, so ging sie auf das Thema »Polnische Krise 1956« lange überhaupt nicht ein. Vor der »Perestrojka« gehörte das Thema faktisch zu den verbotenen. Nicht von ungefähr erschien in der UdSSR nur eine einzige Arbeit dazu, die wegen ihres Zeitgeistes heute zu recht vergessen ist. Eine unvoreingenommene Analyse der Quellen versuchte als erster S.M. Stezkewitsch, Professor an der Universität in St. Petersburg.[3] Des weiteren erschien ein größerer Artikel des Autors in einem Sammelband, der vom Institut für Slawistik und Balkanistik der Russischen Akademie der Wissenschaften herausgegeben wurde.[4] Hierfür wurden neue Dokumente aus Archiven in Moskau und Warschau genutzt.

Im folgenden sollen Forschungsergebnisse aus Quellenstudien vorgestellt werden, die in Moskau betrieben wurden. Der Untersuchungsgegenstand »Polnische Krise 1956« liegt hinlänglich weit zurück und stellt ein gutes Beispiel für Untersuchungen von Verfallsmechanismen totalitärer und autokratischer Regime dar, die – nur allzu lange von sozialistischer Phraseologie übertüncht – die Völker auf einen sozialen, politischen und ideologischen Irrweg brachten. Die Suche nach dokumentarischem Material führte in das Archiv der Außenpolitik der Russischen Föderation (AWP, vormals – der UdSSR) und in das Zentrum zur Aufbewahrung zeitgenössischer Dokumentation (ZChSD), das 1992 aus dem Verwaltungsarchiv des Apparats des ZK der KPdSU hervorging. Hinsichtlich gesellschaftspolitischer Prozesse in den Ländern Osteuropas ergänzen sich die Bestände der genannten Archive vorzüglich. Es finden sich auch Duplikate, denn in die ZK-Strukturen, insbesondere in die allgemeine Abteilung sowie in die für Kontakte mit anderen kommunistischen und Arbeiterparteien zuständige Abteilung, gingen seinerzeit viele Materialien zu Polen ein, so auch solche aus dem Außenministerium oder der Botschaft in Warschau.

Im AWP ist der Bestand »Referentur zu Polen« interessant. Er birgt eine reiche Sammlung von Quellen mit verschiedenartigen Informationen über soziale, wirtschaftliche, innen- und außenpolitische Gegebenheiten wie über das kulturelle Leben in Polen. Der Nutzung des Bestandes sind jedoch durch den Umstand, daß Findhilfsmittel nicht zugänglich sind, erhebliche Schwierigkeiten bereitet. Diese Eigentümlichkeit droht in einigen Fällen eine gewisse Manipulation zu begünstigen. Bestimmte Dokumente werden aus diesem oder jenem Grunde überhaupt nicht herausgegeben, selbst wenn, wie bei unserem 50 Jahre zurückliegenden Forschungsgegenstand, die 30-Jahre-Frist längst überschritten ist. Einige wichtige Quellen zu zentralen Aspekten der polnischen Krise 1956 sind nach wie vor gesperrt. Im ZChSD konnten Dos-

[3] Kratkaja istoria Polschi. S drewnejschich vremjon do naschich dnej [Kurze Geschichte Polens. Von den Anfängen bis zur Gegenwart], Moskwa 1993, S. 405-419.

[4] Orechow, A. M.: Obschtschestwenno-polititscheski krizis 1956 goda w Polsche: genesis i razwitije sobyti [Die gesellschaftlich-politische Krise des Jahres 1956 in Polen: Genese und Entwicklung der Ereignisse]. In: Novopasin, J. S. (Red.): Polititscheskije krisisy i konflikty 50-60 godow w Wostotschnoi Ewrope [Politische Krisen und Konflikte der fünfziger und sechziger Jahre in Osteuropa], Moskwa 1993, S. 10-55.

siers der Allgemeinen Abteilung, der Abteilung für Agitation und Propaganda, der Abteilung Wissenschaft und Hochschulwesen und anderer eingesehen werden. Wie den Bestandsübersichten zu entnehmen ist, verfügt das Archiv über eine reichhaltige Dokumentensammlung, die die Situation im Polen der fünfziger Jahre gut widerspiegelt. Unter den Polen betreffenden Papieren im Parteiarchiv finden sich neben Informationen aus dem Außenministerium auch solche aus anderen staatlichen Strukturen. Leider ist – aus außerwissenschaftlichen Gründen – nicht alles einsehbar.

Die Materialien der beiden genannten Archive lassen sich nach ihrer Art gruppieren in:

- Jahres- und Quartalsberichte der Botschaft der UdSSR;
- Aufzeichnungen (Tagebücher) von Botschaftsangestellten und Mitarbeitern des Außenministeriums zu Gesprächen mit politischen und Staatsfunktionären, Vertretern der polnischen Kultur und einfachen Bürgern Polens;
- Analysen (Informationsmaterial, Mitteilungen, Notizen) über wichtige Ereignisse im Leben der politischen Parteien Polens, über Wirtschaft und Kultur, zum Vorgehen der katholischen Kirche und anderes;
- Telegramme mit dringenden Mitteilungen zu unterschiedlichen Fragen;
- Presserundschauen.

In ihrer Summe zeigen die Materialien, daß Dokumentenpublikationen (in Zeitschriften oder Sammelbänden) heute eine Aufgabe von höchster Priorität sind. Natürlich bleiben sie unvollständig ohne Ergänzungen aus dem Präsidentenarchiv, zu dem derzeit nur wenige Auserwählte Zugang haben und aus dem finanzkräftige ausländische Forschungszentren in Einzelfällen schon wertvolles Gut herausholen konnten. Doch die Forschung zur osteuropäischen Nachkriegsgeschichte verlangt nach neuen Quellen. Nur mit ihrer Hilfe ist die Historiographie zu den früheren »Volksdemokratien« von Mythen, simplen Fälschungen und Ideologemen zu befreien.

Neuere Forschungen polnischer Historiker gestatten fundierte Aussagen über die Dynamik der Krise des politischen Systems in den fünfziger Jahren in Polen. Folgende vier Phasen lassen sich unterscheiden:

1. Die Genesis der Krise. Der Beginn der ersten Phase läßt sich etwa auf die Zeit zwischen dem 29. November und dem 1. Dezember 1954 datieren. In diesen Tagen fand in Warschau unter Wahrung strenger Geheimhaltung die berüchtigte Tagung des zentralen Parteiaktivs der PVAP statt, auf der die höchste Parteiführung erstmals Kritik an ihre Adresse vernahm, eine Kritik, die die prinzipiellen Grundlagen des Funktionierens des administrativen Kommandosystems in Polen betraf. Im weiteren Verlauf griff die kritische Stimmung über die Parteigrenzen hinaus um sich und erfaßte schrittweise die gesamte Gesellschaft. Zum Frühjahr 1956 hin endete diese erste Phase: Am 12. März verstarb unerwartet Boleslaw Bierut, und in den Chefetagen der PVAP setzte ein harter Kampf um die Macht ein. Vorerst konnte sich Edward Ochab durchsetzen; er wurde auf dem 6. ZK-Plenum zum Ersten Sekretär gewählt.

2. Das Ausreifen der Krise machte das Wesen der zweiten Phase aus, die etwa von Mitte März bis Mitte Oktober 1956 andauerte, also vom 6. bis zum 8. Plenum des ZK. Für diese Phase ist eine sintflutartige Zunahme von Widersprüchlichkeiten in den zentralen und bezirklichen (auf der Ebene der Wojewodschaften) Parteiinstanzen charakteristisch. Eine regelrechte Kritikwelle und ein Anwachsen innerorganisatorischer und ideologischer Widersprüche in der Bauernpartei, in der Demokratischen Partei, in den Gewerkschaften und in der Jugendbewegung wie auch in der katholischen Kirche und anderen gesellschaftlichen Organisationen sind zu beobachten. Nationale Minderheiten wurden wachgerüttelt.– Im Prozeß des Akutwerdens der gesamtgesellschaftlichen Krise spielten die tragischen Ereignisse vom 28. und 29. Juni in Poznan die Rolle eines Katalysators. Sie versetzten die polnische Gesellschaft in einen Schockzustand.
3. Die politische Krise (im normativen Sinn des Wortes) – während des 8. ZK-Plenums vom 19. bis 21. Oktober 1956 – endete mit einem radikalen Austausch der herrschenden Eliten.
4. Die Nachkrisenperiode (von der zweiten Dekade des Oktober 1956 bis Anfang Februar 1959) läßt sich als eine Periode der Stabilisierung des gesellschaftspolitischen Lebens in Polen charakterisieren, die für die folgenden zehn bis zwölf Jahre Beruhigung brachte, bis dann mit den Märzereignissen des Jahres 1968 erneut Zusammenstöße erfolgten.

Als Teil des östlichen Wirtschaftssystems war die polnische Volkswirtschaft mit sämtlichen Vorzügen, Nachteilen und Widersprüchen dieses Systems behaftet. Der polnische Sechsjahrplan der Volkswirtschaft orientierte sich, aufbauend auf einer Strategie der Schaffung nichtkapitalistischer Verhältnisse, auf eine Industrialisierung des Landes und eine Zwangskollektivierung in Landwirtschaft. Doch die fünfziger Jahre waren international von erheblicher Unausgewogenheit zwischen den verfeindeten Militärblöcken geprägt, die Militärausgaben Polens wuchsen unaufhaltsam. Die Mittel dafür wurden der Bevölkerung entzogen, das Lebensniveau sank stetig.

Die Vertreter der sowjetischen Diplomatie in Warschau widmeten dem Studium der wirtschaftlichen Konjunktur in Polen viel Aufmerksamkeit. 1954 konstatierte die Botschaft der UdSSR in ihren Berichten an das Moskauer Außenministerium eine schlechte Verfassung der polnischen Wirtschaft. Die Botschaft verfügte über Informationen, aus denen hervorging, daß der wichtigste Industriezweig Polens, die Kohleindustrie, auch in diesem Jahr unter Arbeitskräfteabwanderung und unter einem sehr geringen Mechanisierungsgrad bei Arbeiten unter Tage litt. Produktionswachstum und Planerfüllung waren nicht gesichert. Nur der Einsatz von Soldaten und Strafverfolgten konnte die Kohleindustrie einigermaßen hochhalten. Im März-April 1954 beispielsweise befanden sich unter den 230000 Bergleuten etwa 23500 Soldaten und 16500 Häftlinge. Die Arbeitszeit unter Tage betrug 8,5 Stunden, Fehlstunden wurden oft an Wochenenden oder im Anschluß an Fortbildungsveranstaltungen abgearbeitet. »Das erschüttert die Kohleindustrie in höchstem Maße; unter den Arbeitern kommt es zu Unzufriedenheit«, heißt es in der Quelle.[5] Gegenmaßnahmen wurden von der Regierung nicht ergriffen.[6] Schlechte Arbeit wurde auch in anderen Zweigen festgestellt.

Im Agrarbereich hielten die sowjetischen Autoren des Jahresberichtes von 1954 die Kollektivierung des polnischen Dorfes für das Kernproblem. Sie stellten ein abnehmendes Tempo bei der in Polen unpopulären Kollektivierung fest. Die Ursachen der Ineffizienz der PVAP-Agrarpolitik sahen sie in organisatorischen Schwächen von Partei, kommunalen Räten und landwirtschaftlichen Behörden.[7] Es verwundert nicht, daß derartige Argumente das Außenministerium nicht zufriedenstellten. Dort erwartete man eine tiefere Analyse von Zuständen in der Landwirtschaft Polens. Allerdings konnte man im Moskauer Außenministerium schon aus den spärlichen aber vielsagenden Fakten den Schluß ziehen, daß die Entwicklung der polnischen Wirtschaft ganz und gar nicht den Plandirektiven entsprach.

1955 stand es um die polnische Wirtschaft um keinen Deut besser, eher traf das Gegenteil zu. Folglich hielt auch das Absinken des Lebensniveaus an, insbesondere unter der Stadtbevölkerung. Hochrangige Vertreter der Macht verkündeten ein Wachstum der Reallöhne für die Jahre des Sechsjahrplans um 26 bis 27 Prozent.[8] Die negativen Reaktionen der öffentlichen Meinung auf derartige Erklärungen hielt eine in der sowjetischen Botschaft entstandene Presseanalyse fest: Die offiziellen Verlautbarungen riefen unmittelbares Mißtrauen hervor und würden in breiten Schichten des polnischen Volkes scharf kritisiert.[9]

Wie der Bericht der Botschaft der UdSSR für 1955 verdeutlichte, wurde die Rolle des Schwarzen Peters dem Chefideologen der polnischen Industrialisierung, Hilary Minc, zugeschoben, der für seine autoritären Methoden bei der Lösung wirtschaftlicher Probleme bekannt war. Im besagten Bericht hieß es: »In den letzten Jahren bildete sich in Polen eine solche Praxis heraus, daß – mit Ausnahme der die Landwirtschaft betreffenden – im wesentlichen alle Fragen der Ökonomie des Landes einzig vom Stellvertreter des Vorsitzenden des Ministerrats der Volksrepublik Polen, Genossen Minc, entschieden werden, der sich dabei auf den Apparat der Staatlichen Plankommission stützt. Die Rolle der Minister und sogar die der anderen Stellvertreter des Vorsitzenden des Ministerrats ist auf ein Minimum reduziert. Bei allem Respekt vor Genossen Minc als großem Kenner der polnischen Ökonomie kann nicht übersehen werden, daß eine solche persönliche Einzelleitung und die Unterdrückung selbständig verantwortlicher Führungstätigkeit der Ministerien in der Praxis großen Schaden anrichten«.[10]

Im April 1956 sandte der sowjetische Botschafter in Polen, P. K. Ponomarenko, an die IV. Europa-Abteilung des Außenministeriums der UdSSR folgende Information unter der Überschrift: »Analyse von Vergleichsdaten zum

5 AWP RF, f. 0122, op. 38 (1954), p. 317, d. 19, l. 7.
6 Ebenda, d. 18, l. 114.
7 Ebenda, op. 38-b (1954), p. 367, d. 1, l. 64.
8 Ebenda, op. 39 (1955), p.327, d. 19, l. 3, 80.
9 Ebenda, op. 40 (1956), p. 336, d. 11, l. 69.
10 Ebenda, l. 28.

Lebensniveau von Arbeitern, Bauern und Angestellten und die Perspektiven seiner Steigerung im neuen Fünfjahrplan«.[11] In diesem umfänglichen Dokument verdienen zwei Sentenzen Aufmerksamkeit: In Polen habe sich, erstens, in breiten Bevölkerungsschichten eine erhebliche Unzufriedenheit mit der wirtschaftlichen Lage angestaut und sei, zweitens, die soziale Sphäre zu einem »erstrangigen und scharfen politischen Problem« geworden. Die Richtigkeit solch pessimistischer Konstatierung sollte sich schon bald in vollem Umfang zeigen.

Nicht weniger Sorgen bereitete der Botschaft die ideologische Situation in Polen. In ihrem »politisch-wirtschaftlichen Überblick« über das erste Quartal 1954 stellte die Botschaft eine typische Simplifizierung heraus, die in ihrer ideologischen Hypostase einen Schlüssel zum Verständnis des Lebens in Polen darstellte: »In der Volksrepublik Polen ist der Einfluß der bürgerlichen Ideologie auf die polnische Bevölkerung groß. Vermittler dieses Einflusses sind die feindlichen Elemente innerhalb des Landes (der reaktionäre Teil der katholischen Geistlichkeit und der alten Intelligenz sowie die Kulaken) und ausländische Propagandazentren«.[12] In späteren Jahren beurteilten dann Botschaftsmitarbeiter die ideologischen Prozesse zwar differenzierter, doch durchgängig genauso negativ.

Aus einer Analyse der polnischen Presse im ersten Quartal des Jahres 1955 wurde für die IV. Europa-Abteilung des Außenministeriums ein Vermerk unter dem Titel »Über ernste Unzulänglichkeiten und Verzerrungen in einigen Fragen der ideologischen Arbeit der PVAP« erarbeitet, der das Datum 31.März trug.[13] In diesem Papier ist von »Tatsachen seriöser Verfehlungen in einem der wichtigsten Bereiche der ideologischen Arbeit – der Kunst« die Rede. Die Angelegenheit wurde während eines Treffens des sowjetischen Botschafters in Polen, N. A. Michailow, mit dem Kulturminister W. Sokorski erörtert. Letzterer, so die Quelle, »erklärte, daß sich unter polnischen Kunstschaffenden eine gefährliche antimarxistische Tendenz der Nichtanerkennung der führenden Rolle von Partei und Staat in Fragen der Kunstentwicklung zeigt«. Ein Teil der schaffenden Intelligenz in Polen zweifele an der PVAP-Politik in Sachen Literatur und Kunst und meine, in diesen Angelegenheiten wären nur Vertreter schöpferischer Berufe, nicht aber Parteibeamte kompetent. Diesen Standpunkt hatte auch J. Sekerska in ihrem Artikel »In der Kunst sollen Leute der Kunst entscheiden« vertreten, der am 2. März 1955 in der Wochenzeitschrift *Przeglad Kulturalny* erschien. Dieser Artikel wurde als Versuch gewertet, »die marxistisch-leninistische Weltanschauung zu revidieren«. In diesem Sinne bekam selbst *Trybuna Ludu* eine Schelte ab. Die Verantwortung für die Verbreitung von unliebsamen Ansichten in der polnischen Presse schob man dem Institut für Gesellschaftswissenschaften beim ZK der PVAP zu. Die Botschaft hielt das Institut offensichtlich für das »Wespennest« des polnischen Revisionismus.

---

[11] Ebenda, p. 340, d. 50, l. 9-58.
[12] AWP RF, f. 0122, op. 38 (1954), p. 317, d. 18, l. 133.
[13] Ebenda, op. 39-A (1955), p. 343, d. 14, l. 2-9.

Die sowjetische Botschaft verfolgte auch aufmerksam die polnische Diskussion zu Fragen der Literatur, insbesondere die kritischen Verlautbarungen an die Adresse des »sozialistischen Realismus« – ein neuralgischer Punkt der polnischen Literaturszene. Hinweise auf politische Differenzen unter Schriftstellern wurden gesammelt. Von alledem kündet heute Material, das, aus Warschau kommend, in jenen Abteilungen des Außenministeriums einging, die sich mit ideologischen Prozessen in den Ländern des sozialistischen Lagers befaßten. In einigen wichtigen Fällen ging die Information direkt an führende Funktionäre. Als *Nowa Kultura* im August 1955 das »Poem für Erwachsene« des bekannten polnischen Literaten Adam Wazyk veröffentlichte, informierte der sowjetische Botschafter P. K. Ponomarenko (ab Mai 1955 im Amt) Außenminister W. M. Molotow persönlich und ausführlich über den Inhalt des Gedichtes. Ohne in seiner Analyse der ideologischen Situation auch nur ein Wort über die Gründe für die zunehmende Unzufriedenheit mit dem herrschenden Regime zu verlieren, führte der Diplomat die Ursachen der in Literaturkreisen wachsenden kritischen Haltung auf einen vermeintlich äußeren Faktor zurück. Er schrieb: »In letzter Zeit lassen einige polnische Literatur- und Kunstschaffende unter dem Einfluß bürgerlicher Ideologie und antipolnischer Propaganda, wie sie von reaktionären Kreisen westlicher Länder verbreitet werden, feindselige Angriffe gegen Volkspolen und die herrschenden gesellschaftspolitischen Verhältnisse zu«. Den Botschafter beunruhigte – und das war auch angebracht –, daß das Gedicht allgemeines Interesse fand und zum Wachrütteln der Geister beitrug. Sein Autor hatte tatsächlich einen sehr wunden Punkt berührt, als er fragte, ob das wirkliche Leben im Land mit den Propagandalosungen der PVAP überein stimmte. Sein Gedicht verneinte die Frage. Im dramatischen Überschwang des Lebens von Bauarbeitern eines gigantischen metallurgischen Kombinats in Nowa Huta zeigte Wazyk die Diskrepanz zwischen ideologischen Postulaten und realem Alltag. »Faktisch wirft Wazyk der Partei und der polnischen Führung vor, die Arbeiterklasse betrogen zu haben«, schrieb Ponomarenko. »Aus dem Gedicht ist zu schlußfolgern, daß die Industrialisierung dem Volk nur Verelendung und Armut bringt.« Der Botschafter meinte, der »Einfluß reaktionärer feindlicher Ideologie und Propaganda unter der polnischen Intelligenz, vor allem unter Literatur- und Kunstschaffenden«, erfordere die besondere Aufmerksamkeit und Einflußnahme der PVAP-Führung.[14]

Sehr genau wurde auch der Streit um philosophische, politische und soziologische Fragen beobachtet. Sowjetische Botschaftsangestellte glaubten, Ausdruck »revisionistischer Tendenzen in der Philosophie« sei die Debatte über die Perspektiven der Humanwissenschaften, die von J. Chaljasinski, Adam Schaff und J. Sekerska im Herbst 1955 entfacht wurde. Auf Chaljasinskis Artikel »Probleme der Kultur und der modernen polnischen Humanwissenschaft«[15] wurde besonders hingewiesen. Nach Ansicht der so-

[14] Ebenda, l. 28-31.
[15] Nauka Polska, 2/1955.

wjetischen Botschaft ging der Autor von »antileninistischen Positionen« aus. Der bekannte polnische Soziologe hatte nämlich festgestellt, daß die Sozialwissenschaften nur unter den Bedingungen ideologischer Vielfalt und einer Konkurrenz theoretisch-methodologischer Schulen wirklich produktiv sein können. »Chaljasinski erklärte zu diesem Zeitpunkt noch nicht offen, daß er bürgerliche und marxistisch-leninistische Ideologie gleichberechtigt nebeneinanderstellen will, doch indem er sich gegen das ›Monopol einer Partei‹ aussprach, meinte er genau dies«, lesen wir in der Quelle.[16]

Adam Schaff, Direktor des Instituts für Gesellschaftswissenschaften und Chef der Fachzeitschrift *Mysl Filozoficzna*, bestimmte mit seinem Artikel »Der Marxismus und die Entwicklung der polnischen Humanwissenschaft«[17], der erwähnten Quelle zufolge, die Richtung der Debatte. »Unter dem Vorwand, den Angriff auf den Dogmatismus zu konzentrieren, wollte er fragen, ob es nicht an der Zeit sei, den Marxismus-Leninismus über Bord zu werfen«. An anderer Stelle »macht Schaff Feststellungen, die die Bedeutung von Arbeiten Lenins und anderer Marxisten in Zweifel ziehen«.[18] Größere Sünden waren damals gar nicht mehr denkbar! »Nachdem diese Ansichten Schaffs über Fachzeitschriften, andere Periodika und mündliche Äußerungen bei Diskussionen Verbreitung gefunden hatten, setzten heftige Angriffe auf den Marxismus-Leninismus ein, und zwar mit dem erklärten Ziel, ihn von Dogmen zu befreien und zu neuer schöpferischer Weiterentwicklung zu führen«.[19] Unsere Quelle resümierte: »Diese Artikel von Chaljasinski und Schaff bereiteten den Boden für offen revisionistische und dem Marxismus-Leninismus feindliche Artikel und öffentliche Auftritte«.[20] Zu den Revisionisten zählte man auch Professor Julian Hochfeld, PVAP-Abgeordneter des Sejm, und zwar wegen seiner Zweifel an der Leninschen These von den zwei Kulturen in jeder Nation, einer bürgerlichen und einer sozialistischen.[21] Mitte Mai sandte die Botschaft einen »Überblick über die Zeitung ›*Trybuna Ludu*‹«[22] an das KPdSU-Zentralkomitee, zu Händen des Chefideologen und ZK-Sekretärs D. T. Schepilow. Darin wurde das Zentralorgan der PVAP einer vernichtenden Kritik unterzogen, weil es der gesamtpolnischen Debatte freien Lauf gelassen und nicht rechtzeitig gegen die »revisionistischen Ausfälle« Stellung bezogen habe. Mit anderen Worten: nach Meinung der sowjetischen Diplomaten verließen die polnischen Marxisten kampflos die ideologische Arena.

Die über diplomatische Kanäle nach Moskau gelangte Information machte deutlich, daß in Polen eine Krisensituation herangereift war, die geeignet war, der »Einheit« der osteuropäischen Staaten des Warschauer Paktes einen ernsthaften Schlag zu versetzen. Im Verlauf des Jahres 1955 und zu Beginn

16 ZChSD, f. 5, op. 30, d. 229, l. 22-23.
17 Przeglad Kulturalny, 1955, Nr. 44.
18 ZChSD, f. 5, op. 30, d. 229, l. 27; Przeglad Kulturalny, 1955, Nr. 45.
19 ZChSD, f. 5, op. 30, d. 229, l. 28.
20 Ebenda, l. 30.
21 Ebenda, l. 63-64; Mysl Filozoficzna, 4/1955.
22 ZChSD, f. 5, op. 30, d. 169, l. 83-113.

des Jahres 1956 kristallisierten sich die wichtigsten Elemente der Krise im Bereich der Ideologie schon heraus.

In der Zwischenzeit nahmen die Ereignisse in Polen ihren Fortgang, und die außerordentlichen Neuigkeiten aus Moskau hatten erheblichen Anteil daran: Der XX. Parteitag der KPdSU, der vom 14. bis 25. Februar 1956 stattfand, verurteilte den Stalinkult. Die Offenbarungen über gröbste Mißachtung der Menschenwürde und kriminelle Handlungen der Partei- und Staatsführung in der UdSSR, die in Chruschtschows Bericht auf der geheimen Sitzung enthalten waren, erschütterten buchstäblich die gesamte Weltgemeinschaft. Bis dahin hatte die Öffentlichkeit in den Satellitenstaaten der UdSSR aus offiziellem Munde nichts über die Verbrechen des Stalinismus erfahren. Um so beeindruckender mußte das Moskauer Eingeständnis eines Genozids am eigenen Volk sein. Nachdem dies nun alles offenlag, war eine Rückkehr zu einem Machtsystem, das auf Massenterror setzte, unmöglich.[23]

Das Thema »XX. Parteitag« beherrschte die polnische Presse nachhaltig. Die polnische Diskussion um eine Entwicklung des politischen Systems und das weitere Schicksal des »sozialistischen Aufbaus« im Lande empfing daraus starke Impulse.[24] Die polnische Gesellschaft drängte nach einem Umbruch.

Die Medien lenkten die Aufmerksamkeit auf die Arbeit des polnischen Parlaments, des Sejm. Mit ihm verband man Hoffnungen auf einen Demokratisierungsprozeß und auf eine Öffnung der Gesellschaft. Nach Jahren unbeschreiblicher Stille im Sitzungssaal des Sejm waren dort nun scharfe Debatten über schwierige soziale und politische Probleme zu vernehmen. Unerwartet aktiv zeigten sich die Mitglieder der Fraktion der Demokratischen Partei. Die Fraktion der weltlichen Katholikengemeinschaft machte von sich reden. Nachhaltige Resonanz fand ein Exposé des Vorsitzenden des Ministerrates der Republik, Jozef Cyrankiewicz, vom 23. April 1956[25], in dem er sich als Verfechter demokratischer Reformen zu erkennen gab und die Abgeordneten aufrief, sich kritisch zur Regierungsarbeit zu äußern.

Im Zusammenhang mit dieser Aktivierung des polnischen Parlaments sandte P. K. Ponomarenko eine Mitteilung »über die 8. Sitzung des Sejm der Polnischen Volksrepublik« an das ZK der KPdSU. Der Botschafter maß ihr besondere Bedeutung bei, da sie, wie er schrieb, »die auf den Plenartagungen zu Fragen der Politik, Wirtschaft und Ideologie geführte Polemik in den Grundfragen charakterisiert, eine Polemik, die Ausdruck von Prozessen ist, welche in einigen sozialen Gruppen« nach dem XX.Parteitag der KPdSU vor sich gehen.[26] Die Mitteilung enthielt die kritische Analyse einer Zeitungskampagne gegen den Sejm in *Trybuna Ludu*, *Zycie Warszawy*, *Nowa Kultura*, *Przeglad kulturalny* und anderen polnischen Presseorganen. Scharf verurteilt wurde insbesondere der bekannte polnische Publizist Edmund

[23] Vgl. Rykowski/Wladyka, Polska proba, a.a.O., S. 118.

[24] Jelenski, K. A.: Po »trzesieniu ziemi« [Nach dem »Erdbeben«]. In: Kultura (Paryz) 5/1956, S. 3-22.

[25] Zycie Warszawy vom 24. Juni 1956.

[26] ZChSD, f. 5, op. 30, d. 169, l. 44.

Osmanczyk, der in der Presse und bei Auftritten im Sejm die Freiheit des Wortes eingeklagt hatte und mit den ideologischen Dogmen, wie sie in der UdSSR Verbreitung fanden, keinesfalls einverstanden sein wollte. Das Schlußurteil der Botschaft über die Arbeit des Sejm fiel in einer für das Denken der sowjetischen Apparatbürokratie jener Zeit typischen Weise aus: »Einerseits gab es auf der Sitzung viele heuchlerische, unrichtige und parteifeindliche Äußerungen, andererseits fehlte es an politisch scharfen, mobilisierenden Auftritten. Das konnte geschehen, weil die PVAP, wie schon in anderen Fällen, keine entsprechende organisatorische und politische Vorbereitung der Sitzung traf, sich nicht mit der Frage befaßte, wie die Sitzung verlaufen und welche Ergebnisse sie bringen wird. Wenngleich im Lande mehrere politische Parteien vereint in einer Nationalen Front existieren, – das ZK der PVAP hätte sich mit größerer politischer Verantwortung der Vorbereitung und dem Verlauf der zu Ende gegangenen Sitzung des Sejm widmen sollen.«[27] Ponomarenko hielt lediglich ein gut ausgearbeitetes, zielstrebig zu verfolgendes Szenario eines politischen Spiels ohne Gegner für effektiv.

Doch der Verlauf der Ereignisse ließ sich schon keiner noch so ausgeklügelten Regie mehr unterordnen. Die PVAP und ihre Führungskräfte, aufgerieben von inneren Widersprüchen, verloren immer mehr ihren Einfluß auf die gesellschaftspolitische Lage. Machtstrukturen wie die Staatssicherheitsbehörde und das Innenministerium wurden nicht nur für ihre groben Verstöße gegen die Gesetzlichkeit kritisiert. Man klagte sie der Alleinherrschaft während der vergangenen Periode des Stalinismus an. Die »vierte Macht«, die Presse, beherrschte die Gemüter und stellte die brennenden Probleme des Alltags auf die Tagesordnung. Die Unruhe erfaßte breiteste Bevölkerungskreise[28], in erster Linie jedoch die Mitglieder der aktivsten politischen Organisationen: der PVAP, der Demokratischen und der Bauernpartei, der Jugendbewegung und verschiedener Massenorganisationen (Gewerkschaften, Künstlerverbände).

Im Archiv des Außenministeriums der Russischen Föderation fanden sich Dokumente, die die ideologische Krise in den Reihen der Vereinigten Bauernpartei und deren Streben nach einem würdigeren Platz in der offiziellen politischen Szene widerspiegeln. Dies zeigte sich allerdings nicht sofort, denn noch 1955 gab es keinerlei Anzeichen einer Erneuerung in der Partei. Der II. Parteikongreß im März 1956 äußerte sich nicht zu den Problemen, die die polnische Gesellschaft in Wallung brachten. Offensichtlich war die konservative Parteiführung darauf bedacht, den Oppositionellen keine Tribüne zu bauen. Doch schon Anfang April sprach sich das Zentralorgan der Bauernpartei kategorisch für eine freie Diskussion aus.[29] Zwei Wochen später meldete sich der Stellvertretende Vorsitzende des Präsidiums des Hauptvorstan-

[27] Ebenda, l. 61.

[28] Die Struktur des Massenbewußtseins in Polen in der Mitte der fünfziger Jahre ist detailliert beschrieben und analysiert bei Machcewicz, Polski rok, a.a.O.

[29] Zielony Sztandar vom 8. April 1956.

des der Partei, Stefan Ignar, zu Wort. Er kritisierte in der Presse die Agrarpolitik der PVAP und klagte die Wiederherstellung der Gerechtigkeit gegenüber verfolgten Aktivisten der Bauernbewegung ein.[30] Auf der folgenden Plenarsitzung des Parteivorstandes im Mai stand Ignar schon an der Spitze der innerparteilichen Opposition. Sein Auftritt enthielt eine kritische Analyse der politischen Linie der Partei und ihrer sozialen Vorhaben.

In den Augen eines Beobachters aus der sowjetischen Botschaft war das Ausdruck von Stimmungen »rechter Elemente in der Partei«; verfolgte man die Absicht, die Bauern in eine gesamtpolnische Diskussion zu führen, bezweckte dies angeblich, »in das Bündnis von Arbeitern und Bauern einen Keil zu treiben und die Bauernpartei gegen die Polnische Vereinigte Arbeiterpartei zu stellen«. In der Notiz »Über die Lage in der Vereinigten Bauernpartei«[31] wurde Ignar vorgeworfen, er habe »vorgeschlagen, besondere Aufmerksamkeit der Entwicklung in Jugoslawien und den Möglichkeiten der Nutzung von Erfahrungen der Jugoslawen unter den Bedingungen der Volksrepublik Polen zu widmen«. Zu verwerfen sei die These Ignars, wonach »die Arbeiterklasse Polens Lohnarbeiter des Staates ist und nicht Herr der Produktion«, und die Verwaltungs- und Wirtschaftsbürokratie mit dem Parteiapparat Arbeiterklasse und Bauern daran hindern, wirkliche Eigentümer der Betriebe zu sein. »Ignar stellte die Frage nach Rolle und Bedeutung von staatlichem und genossenschaftlichem Eigentum und schlußfolgerte, gesellschaftliche Kooperative sei im Vergleich zu Staatseigentum die höher entwickelte Eigentumsform. Er ist der Ansicht, die Maschinen-Traktoren-Stationen müssen in die Verfügung spezieller Organe, bäuerlicher Räte, gegeben und die Technik der Maschinen-Traktoren-Stationen in Eigentum der Produktionsgenossenschaften überführt werden.« Dem Autor der Notiz schien das theoretisch unhaltbar.

Noch größere Sünden beging Ignar wohl, als er erklärte, »die Bauernpartei muß die Bauernmassen auf ihrem eigenen, von dem der PVAP unterschiedlichen Weg zum Sozialismus führen«, und »elf Jahre Arbeit der Bauernpartei unter den Bedingungen Volkspolens sind nutzlos vertane Zeit für die Bauernbewegung gewesen«. Eine solche Einschätzung bedeutete faktisch die Verurteilung des gesamten gesellschaftlichen Umbruchs in Nachkriegspolen und stellte Ignar automatisch in die Reihe der Gegner der Volksdemokratie. Die wichtigste Schlußfolgerung, die aus dem Auftritt Ignars gezogen wurde, lautete: »In der Führung der Vereinigten Bauernpartei herrscht keine einheitliche Sicht auf die Tätigkeit der Bauernpartei«.

Der Bericht des Vorsitzenden des Präsidiums des Hauptvorstandes, W. Kowalski, »Über die Aufgaben der Partei«, mit dem beabsichtigt war, das Verhältnis der Parteiführung zu den Ereignissen im Lande kritisch und vor dem Hintergrund der Entwicklung der letzten Jahre zu betrachten, bewirkte keine ablehnende Reaktion der Botschaft. Dabei ist bekannt, daß das Plenum nicht reibungslos verlief: Unter den 40 Diskussionsreden gab es mehre-

---

30 Zielony Sztandar vom 22. April 1956.
31 AWP RF, f. 0122, op. 40 (1956), p. 340, d. 51, l. 97-109.

re, die der konservativ-stalinistischen Haltung der Parteiführer nicht genehm waren.[32] Jozef Ozga-Michalski, der Vizemarschall des Sejm, und Kazimierz Banach stellten sich auf die Seite Ignars. Letztlich unterstützte die Mehrheit Kowalski, was als Ausdruck geistiger Trägheit und Furcht vor einer Spaltung zu werten ist. Dennoch erzielte die Opposition gewisse Erfolge: Eine informelle Debatte über wichtige Probleme der Parteiarbeit setzte ein; es dominierten Fragen über die Stellung der Partei im politischen System. Damit wurden Differenzierungsprozesse vorangetrieben und die Verständigung über notwendige Veränderungen der politischen Linie der Partei vertieft.

Stefan Ignar hatte von nun an das Vertrauen der sowjetischen Botschaft verloren. Im erwähnten Dokument heißt es: »Ignar ist der Typ eines kleinbürgerlichen politischen Akteurs, für den verschiedene politische Kombinationen ebenso charakteristisch sind wie Ausfälle in der Art wiederholter Rücktrittserklärungen. Auch provokatorische Schritte sind ihm nicht fremd«. Die Berufung Ignars auf den Posten des Vorsitzenden der Gesellschaft für polnisch-sowjetische Freundschaft bewertete die Botschaft sehr kritisch: »Diese Kandidatur ist als eine sehr unglückliche einzuschätzen. Ignar verfügt nicht über die notwendigen fachlichen Eigenschaften und die organisatorische Befähigung. Ignar hegt keinerlei Sympathien zur Sowjetunion, wenn nicht sogar das Gegenteil zutrifft; für die Arbeit der Organisation interessierte und interessiert er sich nicht.« Nach Meinung der Botschaft würde die Tätigkeit der Gesellschaft mit der Übernahme der Führung durch Ignar »tatsächlich beendet werden«. Folgende Empfehlung wurde festgehalten: »In der Parteiführung sollte auf Kowalski gesetzt werden, den derzeitigen Vorsitzenden des Präsidiums der Partei, der sich größerer Autorität erfreut als Ignar und loyal zur UdSSR und zur PVAP steht.«[33]

Weiter heißt es in dem Dokument: »Aus unserer Sicht ist einer der Gründe für die in der Vereinigten Bauernpartei entstandene Lage darin zu suchen, daß sich das ZK der PVAP extrem unzureichend mit der Tätigkeit dieser Partei und deren Führungszentrum befaßt, ihren politischen Einfluß auf die Bauernmassen unterschätzt und die politischen Stimmungen unter führenden Aktivisten der Vereinigten Bauernpartei wie auch die Beziehungen zwischen den Basisorganisationen der PVAP und der Bauernpartei nur ungenügend kennt.«[34] Die Verantwortung für die Aktivierung der Bauernpartei wurde demnach der PVAP zugeschrieben [...].

Der nach Mitgliederzahl drittstärksten politischen Organisation in der gesellschaftlichen Arena Polens, der Demokratischen Partei, schenkten die sowjetischen Diplomaten keine besondere Aufmerksamkeit. Zumindest finden sich über sie in russischen Archiven nur wenige, kaum aussagekräftige Dokumente. Das vorhandene Material zeichnet sich dadurch aus, daß es hauptsächlich auf veröffentlichte, insbesondere Presseinformationen zurückgreift. In den Jahresberichten der Botschaft der UdSSR figuriert die Demo-

---

[32] Zielony Sztandar vom 20. Mai 1956.
[33] AWP RF, f. 0122, op. 40 (1956), p. 340, d. 51. l. 108-109.
[34] Ebenda, l. 109.

kratische Partei lediglich unter Organisationsaspekten (Mitgliederbewegung, allgemeine Mitteilungen über Plenartagungen des Zentralkomitees). Dies geht offensichtlich auf die lang anhaltende Passivität der Partei und auf ihre komplizierte innere Entwicklung zurück.

Einen starken Impuls erhielt die politische Krise in Polen durch die tragischen Ereignisse in Poznan (Posen) am 28. und 29. Juni 1956. Die Massendemonstrationen und die nachfolgenden bewaffneten Zusammenstöße mit den Vertretern der Staatsmacht trafen die PVAP-Funktionäre aller Ebenen völlig unerwartet. So zumindest läßt es sich aus den Worten des ersten Sekretärs des Gebietskomitees Bydgoszcz der PVAP, W. Kruczek, schließen. Er berichtete, die zentrale Parteiführung in Warschau habe die Gebietskomitees mit großer Verspätung über den Aufstand informiert.[35]

In der polnischen wissenschaftlichen Literatur werden die Unruhen von Poznan hinlänglich breit und tiefgründig dargestellt. Was ist aus den Dokumenten des Archivs des sowjetischen Außenministeriums über die Ereignisse zu erfahren? Bedauerlicherweise läßt sich die Frage heute noch nicht ausreichend beantworten; ungeachtet der längst überschrittenen Sperrfrist weigert sich die Archivleitung unter diversen Vorwänden, die Bestände für die Forschung freizugeben.[36] Dabei ist es selbstverständlich von höchstem Interesse, welche Informationen über die Ereignisse in Poznan aus der sowjetischen Botschaft ins Moskauer Zentrum gelangten, und ob sie neue Hinweise für die Forschung enthalten.

Im übrigen ist die offizielle Bewertung der Ereignisse bekannt: Am 30. Juni 1956 veröffentlichte die Moskauer *Prawda* unter der bezeichnenden Überschrift »Feindliche Provokation einer imperialistischen Agentur« eine erste Mitteilung des TASS-Korrespondenten in Warschau. Der Verfasser stützte sich auf offizielle Verlautbarungen der polnischen Presse, die auf eine Erklärung von Premierminister Cyrankiewicz zurückgingen, der am 29. Juni die Ereignisse in Poznan in einer Rundfunkansprache als eine Provokation imperialistischer Agenten und des reaktionären Untergrunds qualifiziert hatte.[37] Wenig später, am 18. Juli, stellte Edward Ochab diese Einschätzung auf dem 7. Plenum des ZK der PVAP in Abrede. Für den Kreml jedoch blieb sie annehmbar, sie wurde sogar noch rasch in den Text der bekannten Erklärung des ZK der KPdSU »Über die Überwindung des Personenkults und seine Folgen« vom 30. Juli 1956 eingebaut.[38] Auch die sowjetischen Medien informierten in diesem Sinne.

Die Haltung N. S. Chruschtschows zu den Ereignissen in Poznan ist ebenfalls bekannt. Wertvolle neue Hinweise enthält die Aufzeichnung eines

[35] Ebenda, p. 336, d. 10, l. 62.

[36] So behaupteten Mitarbeiter des Außenpolitischen Archivs der Russischen Föderation (AWP RF), die sowjetische Botschaft in Warschau habe 1956, im ereignisreichsten Jahr der Krise, keinen Jahresbericht erstellt. Dem kann schwerlich Glauben schenken, wer die sowjetischen bürokratischen Gepflogenheiten jener Jahre kennt.

[37] Trybuna Ludu vom 30. Juni 1956.

[38] Prawda vom 2. Juli 1956.

Gespräches des sowjetischen Parteiführers mit dem Leiter einer Delegation italienischer Kommunisten in Moskau vom 10. Juli 1956, mithin knappe zwei Wochen nach der Tragödie (das veröffentlichte Dokument lagert im Präsidentenarchiv). »Die Ereignisse in Poznan«, sagte Chruschtschow, »verliefen nicht so, wie es die Arbeiter gewollt hatten. Sie wollten über einen Streik nicht hinausgehen, reaktionäre Kräfte verwandelten ihn jedoch in einen Aufstand. Der Aufstand war schnell vorbei, weil er nicht ausreichend vorbereitet war.« Daß in Poznan sogenannte »reaktionäre Kräfte« am Wirken gewesen waren, verstand Chruschtschow als ein Axiom. Wen rechnete er dazu? »Ich denke, die Ereignisse verliefen nicht ohne den Einfluß einer verbitterten Gruppe von Menschen, die aus der UdSSR zurückgekehrt waren. Zumal in Polen die PPS-Leute noch stark sind, und außerdem die Anhänger Mikolajczyks und der Katholiken. Diese Kräfte begannen zu agieren.«[39] – Soweit die Vorstellungen der farbigsten Figur der damaligen sowjetischen Partei- und Staatsführung.

Auf dem 7. Plenum des ZK der PVAP waren die Unruhen in Poznan eines der zentralen Themen. Während der Debatte wurde wiederholt die Meinung vertreten, daß die Ursachen des Aufbegehrens nicht in provokanten Aktivitäten umstürzlerischer Elemente zu suchen seien. Angaben sowjetischer Diplomaten zufolge erklärte das ZK-Mitglied Artur Starewicz, stellvertretender Chefredakteur der *Trybuna Ludu*, nach dem Plenum auf einer Versammlung des Krakauer Gebietskomitees der PVAP, »daß in Poznan keinerlei Provokateure auftraten, die Arbeiter erhoben nur ökonomische Forderungen«.[40] In den Unterlagen der sowjetischen Botschaft finden sich fragmentarische Zeugnisse über die Haltung der polnischen Bevölkerung zu den Unruhen in Poznan, ihr Hoffen auf Veränderungen im Land, auf eine Demokratisierung des gesellschaftlichen Systems in Polen.[41] Das 7. Plenum befaßte sich auch mit der Person Wladyslaw Gomulkas. Sein Schicksal als Politiker war allgemein bekannt, wenngleich die Sitzungen geheim gehalten und in den Zeitungen keinerlei Aufzeichnungen oder wenigstens eine Kurzdarstellung der Debatte veröffentlicht wurden.

In der ersten Augustdekade wurden – laut Botschaftsberichten – auf Versammlungen der Gebietsorganisationen der PVAP »die Notwendigkeit einer weiteren Demokratisierung des gesellschaftspolitischen Lebens im Land hervorgehoben, Tatbestände von Verstößen gegen die Gesetzlichkeit und Erscheinungen von Bürokratismus verurteilt und Beispiele für Überzentralisierung in der Leitung der Volkswirtschaft angeführt.« Vermerkt sind ein starkes Absinken des Lebensstandards und Preissteigerungen (»das Leben im Land wurde erheblich schwieriger«). Allerorts forderten Parteiorganisationen die Rückkehr Gomulkas auf seinen Parteiposten. In einem Dokument

[39] Chruschtschow, N. S.: »U Stalina byli momenty proswetlenija.« Sapis bessedy s delegaziei Italjanskoi kompartii [»Stalin hatte Momente geistiger Lichtblicke.« Niederschrift eines Gesprächs mit der Delegation der KPI]. In: Istotschnik, Moskwa 2/1994, S. 86, S. 90.

[40] AWP RF, f. 0122, op. 40 (1956), p. 336, d. 10, l. 58.

[41] Ebenda, l. 76f.

mit dem Titel »Gebietsversammlungen des Parteiaktivs (Kurzinformation)« lesen wir, daß beispielsweise in Lodz »einige der in der Debatte Auftretenden den Beschluß des ZK der PVAP bezüglich Gomulkas (gemeint ist offensichtlich der Beschluß über die sogenannte rechtsnationalistische Abweichung aus dem Jahr 1948 – A.O.) als richtig bezeichneten, gleichzeitig aber dafür eintraten, daß er seine Meinung zu den Beschlüssen des 7. Plenums sagt.« Von 40 Anfragen auf der Versammlung der Gebietsorganisation von Kielce betrafen 20 Gomulka. Man fragte unter anderem nach seinen Ansichten über die Kollektivierung in der Landwirtschaft, nach einer Bewertung der Ansichten Gomulkas von 1948 durch die derzeitige Parteiführung, nach den Gründen seiner Rehabilitierung und dergleichen mehr. Im Gebiet von Stalinogrod (Katowice) stellte man nach der Rehabilitierung Gomulkas ein kritischer werdendes Verhältnis der Bauern zu landwirtschaftlichen Produktionsgenossenschaften fest (bekanntlich hatte sich Gomulka sehr skeptisch zum sowjetischen Kolchos-Modell für die Genossenschaftsentwicklung im Dorf geäußert; er hielt dieses Modell für polnische Verhältnisse für ungeeignet).[42] Die sowjetische Botschaft verstand offenbar, daß mit der Rückkehr Gomulkas in die politische Szenerie früher oder später gerechnet werden mußte, obwohl er doch eben noch hinter den Kulissen gestanden hatte. Ochab bezeugte später, die Mitarbeiter der Botschaft hätten wiederholt mit dem in Ungnade gefallenen polnischen Kommunistenführer Kontakt aufgenommen, um zu sondieren, inwieweit er beabsichtigte, wieder in die Politik zurückzukehren.[43] – Zur Bestätigung dieser Behauptung müßten in russischen Archiven (aller Wahrscheinlichkeit nach im Archiv des Außenministeriums und im Präsidentenarchiv) Spuren dieser Kontaktaufnahmen gesucht werden.

Als in Moskau bekannt wurde, daß Edward Ochab eine Delegation der PVAP zum Parteitag der KP Chinas leiten[44] und auf dem Wege dorthin in Moskau Zwischenstation machen würde, bereitete die für Kontakte mit anderen kommunistischen Parteien zuständige ZK-Abteilung in Moskau eine Notiz vor »über einige Fragen der innenpolitischen Situation in der Volksrepublik Polen nach dem 7. Plenum der PVAP«, datiert vom 30. August 1956. Darin riet sie, hinsichtlich bestimmter Probleme mit Ochab zu sprechen. Dieser kündigte dem Außenministerium der UdSSR seine Ankunft in Moskau für den 11. September an und gleichzeitig seine Absicht, sich noch am selben Tag mit Anastas I. Mikojan zu treffen, seinerzeit Mitglied des Präsidiums des ZK der KPdSU und erster Stellvertreter des Vorsitzenden des Ministerrates der UdSSR.[45]

Zwei Fragen sollten mit dem Ersten Sekretär des ZK der PVAP erörtert werden: zum einen die für die sowjetische Führung inakzeptable Ausrichtung der polnischen Diskussion in der Presse und zum anderen die Aktivitä-

[42] Ebenda, p. 340, d. 52, l. 80-92.
[43] Toranska, Oni, a.a.O., S. 217.
[44] Protokoll Nr. 114 der Sitzung des Politbüros des ZK der PVAP vom 11. August 1956, in: AAN, VI, PZPR, 1674, k. 131.
[45] AWP RF, f. 0122, op. 38 (1956), p. 9, d. 126, l. 1.

ten in den Diskussionsclubs von Intellektuellen, die auf Initiative der Wochenzeitschrift *Po prostu* in Polen entstanden waren. Die Verfasser des besagten ZK-Dokuments meinten, die polnische Presse würde destruktiv auf die öffentliche Meinung einwirken. In den Diskussionsclubs sahen sie gar eine aktive Opposition zum bestehenden politischen Regime in Polen. Die verantwortlichen Mitarbeiter im ZK der KPdSU hatten von der polnischen Presse eine ausschließlich negative Meinung. Und wie sollte das auch anders sein? Der Mentalität eines hochgestellten sowjetischen Parteibeamten waren Dogmatismus und Illoyalität gegenüber unkonventionellen Ansichten und Theorien eigen. In besagtem Dokument hieß es, »die polnische Presse stellt ihre Seiten fortgesetzt antiparteilichen, feindlichen Stellungnahmen zur Verfügung«, die gegen die PVAP und »auf die Schwächung und Liquidierung der führenden Rolle der PVAP« zielen.[46] Mit unverhohlener Erregung schrieb man von einer »gesamtnationalen« Diskussion in der Presse. Der ungewohnt scharfe und offene Charakter der polnischen Publizistik paßte nicht in die sowjetische Stereotype von Demokratie. Als Propaganda antimarxistischer Ansichten galten Artikel von K. Walicki, veröffentlicht in *Po prostu* und *Trybuna Ludu*[47]. Als schädlich schätzte man Artikel von A. Weber[48], W. Grodek und R. Turski ein[49], weil sie das im Lande angewandte Modell des politischen Systems in Frage stellten und sich für eine umfassende Dezentralisierung der Verwaltung aussprachen. Die Artikel von A. Hajnicz in *Zycie Warszawy* wurden für schädlich erklärt, weil sie den Blick auf die dezentrale Wirtschaftsverwaltung in Jugoslawien lenkten.[50] Im Dokument hieß es, die polnischen Publizisten hätten energische Verurteilung dafür verdient, daß sie nicht klar und deutlich sagten, daß »das sowjetische sozialistische System und die Volksdemokratie in Polen schon vor dem XX. Parteitag, ungeachtet der Fehler und Entstellungen, weit über jeder bürgerlich-demokratischen Gesellschaft standen«[51].

In dem Gespräch mit Ochab sollten auch Erscheinungen von Antisemitismus und die diesbezügliche Debatte in der polnischen Presse zur Sprache kommen. Die Debatte wurde als eine »schädliche Kampagne« charakterisiert, die Initiative für die öffentliche Erörterung des Problems schrieb man den Mitarbeitern des Instituts für Gesellschaftswissenschaften beim ZK der PVAP, J. Sekerska und Leszek Kolakowski, zu. »Objektiv zielt sie darauf, die Führung der PVAP bei der Durchführung ihrer Arbeit zur Beförderung pol-

---

46 ZChSD, f. 5, op. 28, d. 398, l. 164.

47 Walicki, K.: O pewnych problemach panstwa w systemie dyktatury proletariatu [Über bestimmte Probleme der Machtausübung im System der Diktatur des Proletariats]. In: Po prostu vom 29. Juli 1956; ders.: W sprawie socjalistycznej demokracij [In Sachen sozialistische Demokratie]. In: Trybuna Ludu vom 26. August 1956.

48 Weber, A.: Demokratyczna tresc socjalizmu [Der demokratische Inhalt des Sozialismus]. In: Trybuna Ludu vom 24. August 1956.

49 Grodek, W./Turski, R.: Program [Das Programm]. In: Po prostu vom 5. August 1956.

50 Hajnicz, A.: Demokracja – ale jaka? [Demokratie – aber welche?]. In: Zycie Warszawy vom 17./18. Juni 1956; ders.: Kto sprawuje wladze? [Wer regiert?]. In: Zycie Warszawy vom 24. Juli 1956.

51 ZChSD, f. 5, op. 28, d. 398, l. 166.

nischer Nationalkader zu behindern«, hieß es in der Quelle.[52] Abschätzig vermerkt sie, die Zentralorgane der PVAP, die Zeitung *Trybuna Ludu* und die theoretische Zeitschrift *Nowe drogi*, hätten in diese »marktschreierische Pressekampagne« eingestimmt.

Die Diskussionsclubs wurden von den Verfassern der Notiz als günstiges Milieu für Feinde des sozialistischen Aufbaus gewertet. Es wurde festgehalten, daß die Redaktion *Po prostu* noch im April 1956 unter dem Patronat des Allpolnischen Komitees der Nationalen Front ein gesamtpolnisches Koordinationszentrum für das Netz der Clubs der Intelligenz (zum August 1956 gab es fast 130 solcher Clubs) eingerichtet hatte. Die Clubs, behaupteten die Verfasser, bestehen »aus Leuten, die eindeutig eine Konfrontation zwischen der Intelligenz und der Partei betreiben und sich auf vielfältige Weise von einer Führung durch die PVAP distanzieren«, was das herrschende Regime in Schwierigkeiten zu bringen schien. Weiter hieß es: »Es liegen Fakten vor, wonach reaktionäre Elemente die Clubs der Intelligenz in offizielle Zentren der Opposition zur PVAP umzuwandeln hoffen. Das ist besonders gefährlich im Zusammenhang mit den im Dezember d.J. anstehenden Wahlen zum Sejm.«[53] Nicht von ungefähr versuchte der sowjetische Botschafter P. K. Ponomarenko zu klären, inwieweit im ZK der PVAP der Boden bereitet und Maßnahmen getroffen waren, um der Opposition ein Ende zu machen. Er meldete ins Außenministerium der UdSSR: »Dem ZK der PVAP ist bekannt, daß die Clubs der jungen Intelligenz großen Schaden zufügen, weil sie den Samen legen für Desorganisation und Mißtrauen gegenüber der Partei und ihrer Führung. Gegenwärtig werden von den polnischen Genossen Maßnahmen zur Liquidierung dieser Clubs vorbereitet.«[54] Der Schlußteil der Notiz sollte die ganze Dramatik der entstandenen politischen Lage aufzeigen: »Die ernsten negativen Erscheinungen, die in der ersten Hälfte des Jahres 1956 in Polen zu beobachten waren, zeigen sich auch noch nach dem 7. Plenum des ZK der PVAP. Die Parteiorganisationen der PVAP setzen ihr liberales Verhalten gegenüber diversen Ausfällen feindlicher Elemente fort und ergreifen nicht die erforderlichen Maßnahmen zur Sicherung der notwendigen Führung bei der ideologischen Arbeit durch die Partei.«[55]

Wie das Treffen zwischen Edward Ochab und A. I. Mikojan verlief, ist nicht klar.[56] Hinlänglich bekannt ist das zentrale Thema des Meinungsaustausches, von dem in einem Brief Chruschtschows vom 22. Oktober 1956 an W. Gomulka die Rede ist. Demnach war das ZK der PVAP zu der Meinung gekommen, daß »es an der Zeit ist, die Einrichtung der sowjetischen Berater beim Komitee für öffentliche Sicherheit der Volksrepublik Polen abzuschaf-

[52] Ebenda, l. 169.

[53] Ebenda, l. 170.

[54] Ebenda, l. 121.

[55] Ebenda, l. 171.

[56] Die Mitteilung Ochabs über seine Reise nach China wurde vor dem Politbüro des ZK der PVAP am 2. Oktober 1956 verlesen. Leider enthält die protokollarische Aufzeichnung der Sitzung keine konkreten Hinweise auf den Aufenthalt Ochabs in Moskau. AAN, IV, PZPR, 1674, k. 167.

fen.« Mikojan erklärte daraufhin, »die Meinung der polnischen Genossen entspricht der prinzipiellen Linie« der KPdSU. Ochab schlug vor, andere Formen der Zusammenarbeit der Sicherheitsdienste zu finden, was sofort die Zustimmung der sowjetischen Seite fand. Angesprochen wurde auch der Abzug der sowjetischen Berater aus den Reihen der polnischen Armee.[57] Wahrscheinlich erörterte man auch Fragen der wirtschaftlichen Beziehungen beider Länder, insbesondere die Kohlelieferungen in die UdSSR und deren äquivalente Bezahlung, ein Problem der sowjetisch-polnischen zwischenstaatlichen Beziehungen, das im Herbst 1956 an Schärfe gewann.

Die fixe Idee, der polnischen Presse alle erdenklichen Sünden anzuhängen, spielte im unmittelbaren Verlauf der Krise wie auch bei ihrer Bewältigung eine besondere Rolle. Der Pluralismus in der polnischen Publizistik brachte die sowjetischen Führer zu der Auffassung, dem Land stünde Schlimmes bevor. Vergleichbare Ereignisse in Ungarn bestärkten sie in ihrer Sorge. Das erklärt auch, warum es gerade das sowjetisch-polnische Verhältnis in den Darstellungen der polnischen Presse und in der gesamten polnischen Öffentlichkeit war, was die Delegation der Präsidiums des ZK der KPdSU unter Leitung N. S. Chruschtschows am meisten beschäftigte. Sie traf am frühen Morgen des 19. Oktober 1956 gegen den Willen der polnischen Führung in Warschau ein, am Tag der Eröffnung des heiß erwarteten 8. Plenums des ZK der PVAP. An diesem Tag kehrte Wladyslaw Gomulka in die große Politik zurück, und die polnische Öffentlichkeit sah in ihm – und nur in ihm – den Mann, der das Land aus der Krise in die Demokratie führen werde.

In der wissenschaftlichen wie in der Erinnerungsliteratur sind die lebhaften Auseinandersetzungen zwischen der sowjetischen Delegation und Vertretern der polnischen Führung beschrieben, die im Belweder, dem Sitz des polnischen Staatsratsvorsitzenden, den ganzen 19. Oktober und die darauffolgende Nacht bis zum Morgengrauen andauerten.[58] Die polnische Presse kam wiederholt zur Sprache, war aber keineswegs Hauptdiskussionspunkt. Im Zentrum der Erörterung standen der bevorstehende Führungswechsel in den polnischen Chefetagen der Macht und die polnisch-sowjetischen zwischenstaatlichen und die Parteibeziehungen[59], vor allem aber die (unbegründete) Furcht der sowjetischen Vertreter vor einem möglichen Austritt Polens aus dem Warschauer Pakt.[60] Eine dramatische Wendung nahm das Gespräch in dem Moment, als Gomulka und seine Mitstreiter die Mitteilung des polnischen Innenministers erreichte, eine sowjetische Panzerabteilung nähere sich der polnischen Hauptstadt. Lebendig, wenngleich etwas ungenau, zeich-

---

[57] AAN, VI, PZPR, 2627, k. 176-177.

[58] N. S. Chruschtschow bezeugte: »Das Gespräch verlief grob, ohne Diplomatie. Wir erhoben unsere Forderungen und verlangten nach einer Erklärung für die Aktionen, die gegen die UdSSR gerichtet waren«. Vgl. Memuary Nikity Sergejewitscha Chruschtschowa [Memoiren N. S. Chruschtschows], Moskwa 1994, S. 73.

[59] VIII. Plenum Komitetu Centralnego PZPR, 19.-21. X. 1956. In: Nowe Drogi, 10/1956, S. 17f.

[60] Ptasinski, J.: Drugi zwrot. Gomulka u szczytu powodzenia [Die zweite Wende. Gomulka auf dem Gipfel des Erfolgs], Warszawa 1988, S. 37.

nete Chruschtschow die einsetzende Kollision in seinen Erinnerungen nach.[61] Zutreffend sind die Memoiren in dem Punkt, wo die Erklärung von Verteidigungsminister Konstantin Rokossowski auf dem 8. Plenum des ZK der PVAP über geplante und abgestimmte Manöver sowjetischer Truppen auf polnischem Gebiet[62] als Falschmeldung und Bluff enttarnt wird: Rokossowski verfolgte sowjetische Interessen in Polen. Wie auch immer, den sowjetischen Panzertruppen wurde schließlich Befehl gegeben, in ihre Ausgangsstellungen zurückzukehren. Ein militärischer Zusammenstoß konnte damit verhindert werden. Er war in hohem Maße wahrscheinlich gewesen, denn die Polen hätten nicht gezögert, ihre Ehre mit der Waffe in der Hand zu verteidigen.

Bekanntlich wurden die Wahl Gomulkas zum PVAP-Chef und die gründliche Erneuerung der politischen Führung zum Kulminationspunkt der Krise von 1956. Die Gegner der Reform des administrativen Kommandosystems erlitten eine vernichtende Niederlage. Nach dem Meeting von Tausenden am 24. Oktober in Warschau, auf dem der neue Führer, enthusiastisch unterstützt von Arbeitern großer Industriebetriebe, von Kreisen der Intelligenz und der studentischen Jugend, alle Polen zum Durchhalten und zur konstruktiven Arbeit aufrief, um das Land aus der schwierigen Situation herauszuführen, begann eine neue Etappe in der Entwicklung Polens, verbunden mit einer allmählichen Stabilisierung der Lage. Im Zuge der Krisenbewältigung wurde auch der Konflikt auf den obersten Etagen der Macht entschieden. Die internen Spannungen zwischen den Machtstrukturen und der Gesellschaft ließen nach, und die Gespräche im Belweder schufen die Grundlagen für qualitativ neue zwischenstaatliche Beziehungen zur UdSSR.[63]

Soweit die wesentlichsten Ereignisse der dramatischen Oktobertage, von Akteuren und Zeitzeugen »Oktoberrevolution« genannt. Alle angestauten Probleme konnten in diesen Tagen freilich nicht gelöst, geschweige denn die öffentliche Stimmung kurzfristig beruhigt werden. Der Erste Sekretär des PVAP-Gebietskomitees von Koszalin, S. Wasilewski, berichtete, daß »die politische Situation im Lande am Vorabend des 8. Plenums des ZK der PVAP so angespannt war, daß viele Parteiarbeiter keinen Ausweg aus der entstandenen Lage wußten«. Die Ursachen dafür seien in den »ungesunden gegenseitigen Beziehungen« der Mitglieder der oberen Parteiführung zu sehen. Die Zukunft sah Wasilewski dennoch optimistisch: »Die Sympathie, die das polnische Volk Gomulka entgegenbringt, erlaubt der neuen Mannschaft im Politbüro des ZK der PVAP, die Achtung des Volkes zu erringen, die vorgekommenen Fehler in Partei und Regierung zu korrigieren und das Volk anschließend mutig auf den Weg des Aufbaus des Sozialismus zu führen«, meinte er. Für falsch hielt er es, S. Jedrychowski, E. Morawski und R. Zam-

61 Memuary Chruschtschowa, a.a.O., S. 75f.
62 Nowe Drogi, 10/1956, S. 20.
63 Rykowski/Wladyka, Polska proba, a.a.O., S. 236.

browski ins Politbüro aufzunehmen, die er »prinzipienlose Parteiarbeiter« nannte. Zur Stimmung unter der Bevölkerung seines Gebietes hielt er fest, daß nach dem 8. Plenum »ein Teil der Bevölkerung unter dem Einfluß feindlicher Elemente und der reaktionär eingestellten Intelligenz offen zu antisowjetischen Aktionen überging. Einigen von ihnen gelang es, mit antisowjetischen Reden auf Meetings von Werktätigen aufzutreten.« So erklangen auf Kundgebungen in Slupsk und Bialogard, wo sowjetische Garnisonen disloziert waren, Forderungen nach Abzug der sowjetischen Truppen aus Polen. In staatlichen Geschäften wurden sowjetische Militärangehörige sowie Zivilisten, die in Polen lebten, nicht mehr bedient. In zahlreichen Gemeinden tauchten antisowjetische Parolen auf. Zusammenstöße im Alltag zwischen der Bevölkerung und sowjetischen Militärs mehrten sich. Dabei führten sich letztere gegenüber der örtlichen Bevölkerung gelegentlich auch nicht korrekt auf[64], womit natürlich nur Öl ins Feuer gegossen wurde.

Auf der Sitzung des PVAP-Stadtkomitees in Elblag (Elbing) wurden in der Debatte zwei einander ausschließende Standpunkte vertreten: Ein Teil der Redner sprach sich für den Erhalt der zwischenstaatlichen Beziehungen Polen-UdSSR aus, ein anderer Teil meinte, von einem freundschaftlichen Verhältnis zur UdSSR könne keine Rede sein.[65] In der Stadt Nysa (Neiße, Kreis Oppeln) riefen Studenten aus Wroclaw (Breslau) zu einer Massenkundgebung auf, um »den Abzug der sowjetischen Truppen aus Ungarn und Polen zu fordern«.[66] Auf einer Jugendversammlung in der Pädagogischen Fachschule in Opole (Oppeln) skandierte man unter anderem: »Wir fordern den Abzug der sowjetischen Truppen aus Ungarn und Polen!«[67] In Poznan (Posen) wurden in den ersten Novembertagen »erneut Studentendemonstrationen durch die Stadt organisiert mit der Forderung, die Einmischung sowjetischer Truppen in die inneren Angelegenheiten Ungarns zu beenden«; an Hochschulgebäuden prangte die ungarische Nationalflagge, an der Universität wurde zugunsten der Ungarn eine Spendensammlung veranstaltet.[68] Wie der Direktor der Schiffswerft in Gdansk (Danzig) berichtete, traten die studentische Jugend und ein Teil der Intellektuellen in den Tagen des 8. Plenums in der Stadt mit antisowjetischen und antisozialistischen Parolen auf Kundgebungen auf. »Diese Elemente versuchten, patriotisch gesinnte Polen für ihre Interessen zu mißbrauchen, unter der Losung der Souveränität Polens und der Demokratisierung des Lebens eine antisowjetische Hysterie zu entfachen und chaotische Zustände zu schaffen«.[69]

Interessant ist hier die Resonanz, die die politische Haltung des neuen PVAP-Führers fand: »In der ersten Zeit glaubte ein Teil der Bevölkerung [der Stadt Gdansk – A.O.], daß Genosse W. Gomulka in seiner Rede auf dem 8. Plenum des ZK der PVAP nur deshalb von Freundschaft zur Sowjetunion

[64] AWP RF, f. 0122, op. 40 (1956), p. 336, d. 10, l. 92-95.
[65] Ebenda, l. 104.
[66] Ebenda, l. 133f.
[67] Ebenda, l. 134.
[68] Ebenda, l. 128.
[69] Ebenda, l. 122.

sprach, weil das die Situation erforderte. Faktisch erwartete man, er würde anders handeln. Als jedoch zu sehen war, daß dem nicht so ist, begannen einige ihre Unzufriedenheit freier auszudrücken als noch in den Tagen der Meetings und Manifestationen. Schließlich tauchten Flugblätter auf, die zu Aktionen wie in Ungarn aufriefen.«[70] Wasilewski zufolge traten im Bezirk Koszalin nach dem 8. Plenum »nach wie vor antisowjetische Stimmungen hervor, die von feindlichen Elementen geschürt wurden«. Er hielt fest, »unter den Polen gibt es noch viele Nationalisten, selbstgefällige und böswillige Leute, die sich gegenwärtig an Fehlern festbeißen, die es in der Arbeit des ZK der PVAP und der polnischen Regierung gegeben hat. Sie bezichtigen die KPdSU und die Sowjetregierung der systematischen Einmischung in die inneren Angelegenheiten Polens sowie der mechanischen Übertragung von Fehlern im Zusammenhang mit dem Personenkult um Stalin.« Nach Meinung Wasilewskis war es »unangebracht, die breiten Massen mit dem Rechenschaftsbericht des Genossen N. S. Chruschtschow über den Personenkult um Stalin vertraut zu machen«, da die öffentliche Meinung weder in der UdSSR noch in Polen auf die Aufnahme einer solch dramatischen Information vorbereitet sei.[71] Auf einem Empfang des sowjetischen Generalkonsuls in Gdansk erklärte der Sekretär der Gebietsorganisation der Gesellschaft für polnisch-sowjetische Freundschaft, daß es »in einigen Kreisen der Bevölkerung eine negative Einstellung zum Einsatz sowjetischer Truppen bei der Niederschlagung der Konterrevolution in Ungarn gibt. Diese Meinung teilte auch er, und im Gespräch versuchte er, die Notwendigkeit des Abzugs der sowjetischen Truppen zu bekräftigen.«[72] In einer Information, die die sowjetischen Diplomaten aus Elblag (Elbing) erhielten, hieß es, dort habe während des sowjetischen Einmarsches in Ungarn »eine breite Kampagne zur Unterstützung des ungarischen Volkes begonnen. Die Intelligenzia der Stadt (vor allem Ärzte, Lehrer und Schauspieler) gründete ein spezielles Komitee, das unter der Bevölkerung Sammlungen von Geld, Lebensmitteln und Medikamenten organisiert«. In diesem Zusammenhang »verschlechterte sich das Verhältnis zu Sowjetbürgern in letzter Zeit erheblich. Privatpersonen wie Personen des öffentlichen Interesses nutzen jeden Anlaß, um den Russen die Rückkehr in ihr Land nahezulegen.«[73]

Ein weiteres Dokument jener Zeit wurde vom sowjetischen Konsul nach seinem Besuch in Gdansk verfaßt. Wie er schrieb, zielten im Gdansker Gebiet die unverhohlensten antisowjetischen Äußerungen gegen sowjetische Bürger und Militärangehörige auf den sofortigen Abzug aus Polen. Allein in der Stadt Poznan sei es im Verlauf der letzten sechs Tage vor dem Stab der sowjetischen Militäreinheit täglich zu Demonstrationen mit der Forderung gekommen, Wohngebäude zu räumen und das Land zu verlassen. Randalierer warfen in die Fenster der Wohnungen von Offiziersfamilien Stöcke und

[70] Ebenda, l. 123.
[71] Ebenda, l. 112f.
[72] Ebenda, l. 120.
[73] Ebenda, l. 103.

Flaschen. Sie stießen sowjetische Soldaten und deren Familienmitglieder aus Eisenbahnwaggons. Die Ausschreitungen gegen die sowjetische Einheit hörten erst auf, als sie nach Abstimmung mit dem sowjetischen Kommando aus dem Zentrum an den Stadtrand verlagert wurde.«[74]

Die hier angeführten Fakten gehören chronologisch gesehen in die letzten Oktober- und die ersten Novembertage des Jahres 1956. Sie betreffen nur die nordwestlichen und die südwestlichen Bezirke des Landes. Dennoch vermitteln sie in beeindruckender Weise ein (wenngleich unvollständiges) Bild von der Haltung der Polen zur Sowjetunion im Kontext der durchlebten tiefen politischen Krise. Erst nach der Unterzeichnung der gemeinsamen Deklaration der Volksrepublik Polen und der UdSSR am 18. November 1956 in Moskau[75], in der alle strittigen und die Polen provozierenden Angelegenheiten vermeintlich zugunsten Polens geklärt wurden, ebbte die Welle des Antisowjetismus ab.

Aus dem Russischen übersetzt von Dr. Elke Scherstjanoi (Berlin).

[74] Ebenda, l. 127.
[75] Prawda vom 19. Oktober 1956.

Der KGB und die Errichtung des Kadar-Regimes (November 1956). Dokumente aus dem ehemaligen Archiv des ZK der KPdSU

von

JELENA D. ORECHOWA, WJATSCHESLAW T. SEREDA, ALEXANDR S. STYKALIN

Die vorliegenden Dokumente beziehen sich auf den zweiten, den Schlußakt des ungarischen Dramas vom Herbst 1956 und bedürfen einiger Erklärungen.

Das Kadar-Regime, das in Ungarn länger als dreißig Jahre bestand, war zwar durch unterschiedliche Phasen gekennzeichnet, jedoch blieben die mehr als zweifelhaften Umstände der Machtübernahme immer seine Achillesferse. Diese Feststellung traf sogar noch zu, als es sich während einer Welle der Liberalisierung und Reformpolitik in den sechziger und siebziger Jahren auf dem Gipfel seiner Popularität befand. Denn ausschlaggebend blieb, daß seine Legitimation noch zweifelhafter war als die der Rakosi-Diktatur, die bei ihrer Etablierung Ende der vierziger Jahre wenigstens den Anschein äußerer Legalität gewahrt hatte.

Der Aufstand, der am 23. Oktober 1956 in Budapest ausbrach, hatte in einigen Tagen, trotz des Eingreifens der sowjetischen Truppen (möglicherweise auch dadurch beschleunigt), die früheren Machtstrukturen von der politischen Bühne weggefegt. Die örtliche Macht ging an die in den Städten und Bezirken gegründeten Revolutions- und Nationalkomitees über, und bis Ende Oktober siegte in Ungarn tatsächlich die demokratische Revolution, was das erste Beispiel dieser Art in der Geschichte des sozialistischen Lagers darstellte. Ihre Hauptforderungen – die Wiederherstellung der nationalen Souveränität, d.h. vor allem der Abzug der sowjetischen Truppen aus Ungarn, sowie die Durchführung freier Wahlen auf Mehrparteienbasis –, wurden nicht nur von Imre Nagy anerkannt, der seit dem 24. Oktober an der Spitze der ungarischen Regierung stand, sondern ebenfalls von der Mehrheit der erneuerten Parteifuhrung, einschließlich ihres Ersten Sekretärs Janos Kadar. »Der ruhmreiche Aufstand unseres Volkes hat in diesem Land das Joch des Rakosi-Systems abgeworfen, er garantiert dem Volk die Freiheit und dem Land die Unabhängigkeit, ohne die es keinen Sozialismus gibt und geben kann«[1], sagte Kadar, als er sich am 1. November im Radio an seine Landsleute wandte. Es gehörte zur Ironie des politischen Schicksals des Führers der ungarischen Kommunisten, daß er zu diesem Zeitpunkt nicht wußte, daß in Moskau einen Tag zuvor nach langem Zögern der Beschluß gefaßt worden war, den ungarischen »Aufruhr« mit schweren Waffen niederzuschlagen.

---

[1] Nepszabadsag vom 2. November 1956.

Ebenso war ihm nicht bekannt, daß die Schlüsselrolle bei der Ausschaltung der Regierung Imre Nagy und bei der Niederschlagung des »ruhmreichen Aufstandes« ausgerechnet ihm anvertraut werden würde.

Am Abend des 1. November wurden Ferenc Münnich und Janos Kadar, beide waren Minister der Regierung Imre Nagy, in die sowjetische Botschaft bestellt und nach einem Gespräch mit Botschafter Andropow heimlich nach Moskau ausgeflogen. Im Kreml war die Frage, auf wen man setzen soll, zu diesem Zeitpunkt jedoch noch nicht endgültig entschieden. Im Präsidium des ZK der KPdSU gab es eine heftige Auseinandersetzung, über die die kürzlich erschienenen Offenbarungen Anastas I. Mikojans über das berühmte Juniplenum des Jahres 1957, auf dem die sogenannte Malenkow-Molotow-Kaganowitsch-Verschwörung gegen Chruschtschow zerschlagen wurde, eine erste Vorstellung vermitteln. »Stellen Sie sich vor«, erklärte Mikojan den Genossen des ZK mit der ihm eigenen Lebhaftigkeit, »morgen, am 4. November, sollen unsere Truppen in ganz Ungarn in Aktion treten, aber heute abend ist noch nicht klar, wer an der Spitze der neuen Regierung Ungarns stehen wird, auf deren Aufruf hin und zu deren Unterstützung unsere Truppen ausrücken. Und warum das? Chruschtschow und Malenkow waren in Jugoslawien, sie trafen sich innerhalb von zwei Tagen mit den Rumänen, den Bulgaren, den Ungarn und den Jugoslawen, um deren Einverständnis für die Aktion unserer Truppen einzuholen. Ich war damit beschäftigt, Kadar, Münnich und andere aus Budapest herauszuholen; eine Regierung gab es noch nicht, es wurde erörtert, wen man an die Regierung bringen soll. Wir schlugen Kadar vor. Molotow beharrte darauf, daß Hegedüs, der ehemalige Ministerpräsident, an der Spitze stehen soll. Er fragte: Wer ist dieser Kadar? Wir kennen ihn nicht. Er machte ihn schlecht. Wir konnten uns über die Zusammensetzung der Regierung nicht einigen. Schukow sagte: Ich kann die Operation nicht verschieben, die Truppen haben bereits den Befehl zum Ausrücken erhalten. Molotow beharrte darauf, die alte Führung wieder einzusetzen. [...] Er bestand darauf, Rakosi und Gerö sollten die Möglichkeit erhalten, tätig zu werden.«[2]

Chruschtschow neigte bekanntlich anfangs einer Kandidatur Münnichs zu, mit dem er gut bekannt war, aber auf Drängen von Marschall Tito, der bei den Verhandlungen am 2. November eine sowjetische Intervention guthieß, fiel seine Wahl doch auf Kadar. Letzterer war nach Ansicht Titos eine eigenständigere Persönlichkeit und sah weniger nach einem Schützling Moskaus aus als der ehemalige Politemigrant Münnich, der einen großen Teil seines Lebens in der Sowjetunion verbracht hatte.

Im Kremlszenarium, wie man die Spezifik der Umwälzung bezeichnen könnte, erwies sich die Ausschaltung der Regierung Nagy als einziger noch nicht abgehakter Punkt. Auf der Sitzung des Präsidiums des ZK am 31. Oktober äußerte Chruschtschow den Gedanken, das Kabinett Nagy zu Ver-

---

[2] Poslednjaja »antipartinaja gruppa«. Stenografitscheski ottschot ijunskowo (1957g.) plenuma CK KPSS [Die letzte »antiparteiliche Gruppe«. Stenographische Niederschrift des Juni-Plenums (1957) des ZK der KPdSU]. In: Istoritscheski archiw 4/1993, S. 25f.

handlungen über den Abzug der Truppen einzuladen »und diese Frage zu lösen«. Wenn Nagy einverstanden sei, würde man ihn als »stellvertretenden Premier« in die neue Regierung einsetzen. Die unrealistische Idee von der Verhaftung der Regierung Nagy wurde indessen aufgegeben: Man einigte sich mit Tito darüber, daß die Jugoslawen über ihre Botschaft Nagy dazu überreden würden, seine Vollmachten abzugeben. Im übrigen war die bewährte Methode »Serowscher Diplomatie« auch dieses Mal von Nutzen.[3] In der Nacht zum 4. November, einige Stunden vor Beginn der Operation zur Besetzung der ungarischen Hauptstadt, entmachtete General Serow, nun schon Vorsitzender des KGB der UdSSR, die Armeeführung der Regierung Nagy, nachdem sie sich zu inszenierten Verhandlungen im Stab des Sonderkorps der sowjetischen Armee in der Nähe von Budapest eingefunden hatte.

Nach dem Beginn des sowjetischen Angriffs rief Imre Nagy die Bevölkerung des Landes im Radio zum passiven Widerstand gegen die »Okkupationstruppen und die Marionettenregierung« auf und nahm danach mit einer Gruppe von Anhängern das Asyl der jugoslawischen Botschaft in Anspruch. Kategorisch lehnte er es jedoch ab, seine Vollmachten niederzulegen. Für Kadar und einige Minister seiner selbsternannten Regierung, die am Morgen des 6. November in sowjetischen Panzerwagen nach Budapest gebracht wurden, stellte sich jetzt heraus, daß sie sich nicht nur in der Isolation vom eigenen Volk, sondern auch in der Situation einer Doppelherrschaft befanden. Die Karten des Kremlszenariums gerieten durcheinander.

Die Dokumente, die in der vorliegenden Auswahl veröffentlicht werden, legen Zeugnis darüber ab, auf welche Weise unter diesen Bedingungen die Herausbildung des Regimes Kadar vonstatten ging und welche Rolle in diesem Prozeß die sowjetischen Sicherheitsorgane spielten. Die Tatsachen zu diesem Aspekt der ungarischen Ereignisse wurden aus verständlichen Gründen lange Zeit verschwiegen. Denn vor allem durch das energische Wirken Iwan Serows, der sich praktisch vom ersten Tag des Aufstands, dem 24. Oktober, bis Anfang Dezember in Ungarn aufhielt, war es der Chruschtschow-Führung gelungen, den Aufstand nicht nur mit Gewalt niederzuschlagen, sondern auch relativ schnell eine unmöglich scheinende Konsolidierung der Lage zu erreichen. »Wir haben in Ungarn Ordnung geschaffen«, konstatierte Chruschtschow später nicht ohne Stolz in seinen »Erinnerungen« und meinte mit »Ordnung« die Wiederherstellung des im wesentlichen gleichen, nur äußerlich veränderten Einparteiensystems sowie die Abhängigkeit Ungarns von Moskau, was von den Teilnehmern des »Budapester Herbstes« entschieden abgelehnt wurde.

Auf den Schultern Kadars, der eingewilligt hatte, die neue ungarische Regierung zu leiten und der Intervention den Anschein von Rechtmäßigkeit zu verleihen, lag die offensichtlich nicht zu lösende Aufgabe, die Macht im

[3] Im Frühjahr 1945 hatte I. Serow, der damalige Stellvertreter L. Berijas im NKWD, fast die gesamte Spitze der polnischen Armia Krajowa durch Pseudoverhandlungen in eine Falle gelockt und verhaftet. S. Noskowa, A.F. (Hg.): NKWD i polskoje podpolje 1944-1945 (Po »ossobym papkam« J.W. Stalina) [Das NKWD und der polnische Untergrund 1944-1945 (nach den »persönlichen Mappen« J. W. Stalins)], Moskwa 1994.

Land zu reorganisieren. Zu deren Realisierung waren Repressionen erforderlich, zu denen Kadar und der kleine Kreis seiner Anhänger nach Aufdeckung der von Rakosi ausgegangenen Willkür moralisch nicht bereit waren. Daher zügelten ihre – nach Serows Ansicht – liberale Beziehung zu den »Feinden« sowie ihre anfänglichen Versuche, sich auf negative Reaktionen in der Bevölkerung zu berufen, das Ausmaß der Tätigkeit der sowjetischen Sicherheitsorgane und ihrer ungarischen Kollegen. Die Vertreter des Präsidiums des ZK der KPdSU G. Malenkow, M. Suslow und A. Aristow, die sich von Mitte November bis Anfang Dezember 1956 ebenfalls in einer unrühmlichen Mission in Budapest aufhielten, koordinierten und lenkten die Maßnahmen in politischer Hinsicht.

Die hier veröffentlichten Dokumente veranschaulichen die Evolution der Kadar-Regierung in den ersten Wochen nach dem 4. November 1956, den Prozeß, in dem ihre Mitglieder sich der offensichtlichen Tatsache bewußt wurden, daß die Umstände, unter denen sie an die Macht gelangt waren, ihnen keine Möglichkeit verschafften, wenigstens einige demokratische Errungenschaften der Revolution zu bewahren und die Lage im Lande mit möglichst geringen Opfern zu normalisieren. Die Meldungen Serows vom 9. November, Serows und Andropows vom 14. November *(Dokument Nr. 1 und 3)* belegen die Tatsache der Deportation von Ungarn in grenznahe sowjetische Gefängnisse, was die Regierung Chruschtschow damals mit Entrüstung vor der internationalen Gemeinschaft zurückgewiesen hatte.

Andererseits befanden sich, wie die Notiz des stellvertretenden Ministers für Innere Angelegenheiten der UdSSR Cholodkow *(Dokument Nr. 4)* bezeugt, selbst auf höchster Ebene der sowjetischen Hierarchie Personen, die durch das Ausmaß der Vergeltungsaktionen offensichtlich beunruhigt waren. Der Gerechtigkeit halber muß allerdings auch betont werden, daß die Vergeltungskampagne in Ungarn erst richtig in Gang kam, nachdem die sowjetischen Emissäre, deren Hauptaufgabe darin bestanden hatte, der ungarischen Führung zu helfen, die Partei und die Strukturen der Staatssicherheit zu erneuern, schon abgereist waren. Um den andauernden Widerstand der Gesellschaft zu brechen, wurden in Ungarn Mitte Dezember Internierungslager eingerichtet und eine außerordentliche Gerichtsbarkeit eingeführt, die als einziges Strafmaß nur die Todesstrafe festsetzen konnte. Es folgte eine Reihe von Geheimprozessen: Bis Anfang der sechziger Jahre wurden gegen die Teilnehmer des »Putsches«, einschließlich des Ministerpräsidenten Nagy und einiger seiner Anhänger, mehr als 300 Todesurteile gefällt. Zehntausende Aufständische, Mitglieder von Arbeiterräten und Nationalkomitees, Vertreter der Parteiopposition, Schriftsteller, Journalisten fanden sich plötzlich in Gefängnissen und Lagern wieder – später wurden sie praktisch alle rehabilitiert. Das war der wirkliche Preis für die verhältnismäßig schnelle »Konsolidierung« des Regimes Kadar.

Die Originale der abgedruckten Dokumente befinden sich im *Archiv des Präsidenten der Russischen Föderation*, die Kopien – mit Ausnahme des Dokuments Nr. 8 – sind im Fonds 89 des Moskauer *Zentrums für die Aufbewahrung zeitgenössischer Dokumente* deponiert. Die Dokumente wurden zwischenzeitlich in russischer Sprache in der Dokumentation *Sowetski sojus i wengerski Krisis 1956 goda. Dokumenty,* Moskwa 1998, veröffentlicht. Die nachstehenden Übersetzungen beruhen auf den unveröffentlichten Originaldokumenten.

Dokument 1:
Bericht von I. A. Serow[4] aus Budapest an das ZK der KPdSU

9. November 1956

An den Sekretär des ZK der KPdSU, Genossen N. S. Chruschtschow

Gestern sandte der Minister für öffentliche Sicherheit Genosse Münnich[5] an die Gebietsorganisationen einen Befehl, in dem er darauf hinwies, daß entgegen dem Verbot der Regierung[6] vor Ort Organe der Staatssicherheit geschaffen würden. Er befahl deshalb allen Mitarbeitern der Staatssicherheit, die Schaffung solcher Organe einzustellen und nach Hause zu gehen.

---

[4] Iwan A. Serow (1905-1990) war von 1954 bis 1958 Vorsitzender des KGB beim Ministerrat der UdSSR, Armeegeneral, von 1956 bis 1961 Mitglied des ZK der KPdSU. Seit 1939 in den Organen des Innenministeriums und der Staatssicherheit tätig, 1941-54 Stellvertreter des Volkskommissars (Ministers). 1944 leitete er die Aktionen zur Deportation der Tschetschenen, Inguschen, Kalmyken und der Krimtataren. 1945-47 Stellvertreter des Chefs der Sowjetischen Militäradministration in Deutschland. Im Oktober/November 1956 leitete er die Aktionen der sowjetischen Staatssicherheitsorgane in Ungarn, wofür er im Dezember mit dem Kutusow-Orden erster Klasse ausgezeichnet wurde. 1958-62 Chef der Hauptverwaltung für Aufklärung beim Generalstab der Streitkräfte der UdSSR. Anfang 1963, nachdem der amerikanisch-britische Agent Oleg W. Penkowski enttarnt worden war, wurde er von seiner Funktion entbunden, zum Generalmajor degradiert und verlor seinen Rang eines Helden der Sowjetunion. Im April 1965 wurde I. A. Serow wegen Mangels an politischer Wachsamkeit und Fehlern bei der Auswahl der Kader der Hauptverwaltung für Aufklärung, zudem wegen grober Verstöße gegen die sozialistische Gesetzlichkeit während seiner Arbeit in den Organen des NKWD/KGB sowie wegen Amtsmißbrauchs während seines Dienstes in Deutschland von der Kontrollkommission beim ZK der KPdSU aus der KPdSU ausgeschlossen.

[5] Ferenc Münnich (1886-1967) war Funktionär der ungarischen kommunistischen Partei. Nach dem Sturz des kommunistischen Regimes in Ungarn 1919 Emigration, 1922-36 in der Wirtschaft der UdSSR tätig; 1936-39 Teilnahme am Spanischen Bürgerkrieg, Kommandeur einer Interbrigade; 1941-45 in den Reihen der Roten Armee; 1945-49 Polizeichef von Budapest; 1949-56 im diplomatischen Dienst, Botschafter Ungarns in Finnland, Bulgarien, der UdSSR und Jugoslawien. Am 23./24. Oktober 1956, nach dem Beginn des Aufstands in Budapest, Kooptierung in die Zentrale Leitung der Ungarischen Partei der Werktätigen. Vom 26. bis zum 31. Oktober Mitglied des Präsidiums dieser Partei, am 27. Oktober wurde er als Innenminister der Regierung Imre Nagy bestätigt. Am 1. November flog er zusammen mit J. Kadar insgeheim nach Moskau. Seit dem 4. November Stellvertreter des Vorsitzenden der sogenannten Revolutionären Arbeiter-und-Bauern-Regierung Kadars, Minister für Verteidigung und Schutz der öffentlichen Ordnung, 1958-61 Vorsitzender des Ministerrats der UVR.

[6] Als Reaktion auf ständige Forderungen der Aufständischen erklärte F. Münnich, Innenminister der Regierung I. Nagy, am 28. Oktober 1956 die Auflösung der Staatssicherheitsorgane. Die am 4. November an die Macht gelangte Kadar-Regierung, in der Münnich die gleiche Funktion ausübte, hielt es, da die Staatssicherheitsorgane bei den Ungarn äußerst unpopulär waren, aus taktischen Gründen für notwendig, diesen Erlaß beizubehalten. Später wurden dann, wie auch das vorliegende Dokument bestätigt, die Strukturen der Staatssicherheit in verdeckter Form als »politische Abteilungen« des Innenministeriums und der lokalen Polizeiorgane wiederhergestellt.

Angesichts der Tatsache, daß sich die Sonderabteilungen der Divisionen in ihrer gesamten Tätigkeit zur Eliminierung der konterrevolutionären Aufrührer auf die ungarischen Mitarbeiter der Staatssicherheit stützen, die sich nach Einnahme der Städte durch die Truppen der Sowjetarmee gemeldet hatten, führte ich heute mit Genossen Münnich ein Gespräch und fragte ihn, wie er nach einem solchen Befehl die Arbeit zur Aufdeckung und Verhaftung konterrevolutionärer Elemente weiterzuführen gedenke. Genosse Münnich antwortete mir, er habe die Direktive auf der Grundlage von Weisungen der Regierung erlassen, wie sie in der Regierungserklärung[7] vorgesehen waren.

Nach einiger Zeit kam Genosse Kadar in das Arbeitszimmer des Genossen Münnich und sagte, er wolle ebenfalls mit mir sprechen. Im Verlauf der Unterredung ging Genosse Kadar auf folgende Fragen ein:

1. Bei ihm waren Vertreter mehrerer Gebiete, insbesondere des Gebiets Szolnok, und berichteten, Offiziere der Sowjetarmee würden viele Verhaftungen vornehmen; dabei würden neben konterrevolutionären Elementen auch einfache Teilnehmer des Aufstands verhaftet. Er meinte, das dürfe man nicht tun, da die Menschen, die am Aufstand teilgenommen hatten, große Furcht vor Vergeltungsmaßnahmen seitens der Regierung hätten. Dabei sei in der Regierungserklärung gesagt worden, daß diejenigen, die die Waffen niederlegen und den Widerstand einstellen, nicht bestraft würden. Die ungarische Regierung dürfe an solchen Personen keine Vergeltung üben, dürfe ihnen nicht mit Härte begegnen. Und weiter:

Wie der Vertreter des Gebiets Szolnok Kadar berichtete, kamen, als im Gebiet 40 Personen verhaftet wurden, Arbeitervertreter und erklärten, sie würden nicht mit der Arbeit beginnen, solange die Verhafteten nicht freigelassen werden. Und in anderen Gebieten gebe es Gerüchte, in Szolnok seien 6000 Personen verhaftet worden. Genosse Kadar gab an, bei der Verhaftung von Reaktionären seien ehemalige Mitarbeiter der Staatssicherheitsorgane in Aktion getreten, obwohl diese von der Regierung aufgelöst worden waren. »Es ist für uns dem Volk gegenüber sehr ungünstig, wenn Mitarbeiter der ungarischen Staatssicherheitsorgane an den Verhaftungen beteiligt sind. Sie müssen berücksichtigen, daß bei uns die Stimmung der Massen eine große Rolle spielt. Die sowjetischen Genossen und unsere Mitarbeiter der Staatssicherheit könnten durch Verhaftungen Empörung bei den Massen hervorrufen.«

Ich sagte, daß die Mitarbeiter der ungarischen Staatssicherheit zur Zeit eine positive Arbeit bei der Eliminierung der konterrevolutionären Aufrührer leisten. Nach einigen Tagen, wenn die Personen isoliert sein werden, die für die jetzige Regierung eine Gefahr darstellen, sollten diese Mitarbeiter in andere Arbeitsbereiche versetzt werden. Genosse Kadar und Genosse Münnich waren damit einverstanden.

Ich erläuterte Genossen Kadar, daß an die Sonderabteilungen der Divisionen die Weisung ergangen ist, alle Organisatoren des Aufstands, alle Personen, die den Truppen der Sowjetarmee bewaffneten Widerstand geleistet haben, sowie diejenigen Bürger zu verhaften, die zur Zeit der Regierung Nagy den Haß des Volkes gegen Kommunisten und Mitarbeiter der Staatssicherheit entfacht und das Volk aufgewiegelt hatten, so daß ein Teil von diesen erschossen, erhängt oder verbrannt wurde. Was die einfachen Teilnehmer des Aufstands betrifft, so werden diese nicht verhaftet. Genosse Kadar und Genosse Münnich stimmten zu, daß diese Weisung richtig sei.

---

[7] Gemeint ist der »Appell der Ungarischen Revolutionären Arbeiter-und-Bauern-Regierung an das ungarische Volk«, den die Kadar-Regierung am 4. November veröffentlicht hatte. Er enthielt insbesondere das Versprechen, keinen der Bürger, die sich an der mit dem 23. Oktober beginnenden Massenbewegung beteiligt hatten, zur Verantwortung zu ziehen.

Weiter fügte ich hinzu, es sei nicht ausgeschlossen, daß einzelne Personen verhaftet werden, die nicht zu den genannten Kategorien gehören. Deshalb würden alle Verhafteten sorgfältig überprüft und diejenigen freigelassen, die keine aktive Rolle beim Aufstand gespielt haben.

In Anbetracht der liberalen Einstellung der führenden Funktionäre Ungarns gegenüber den Feinden erteilte ich den Sonderabteilungen die Weisung, alle Verhafteten rascher aus den Gebieten und Städten auf die Station Tschop zu verlegen; außerdem wurden Fragen der Organisation von »Politabteilungen« in den Gebieten geklärt.

2. Weiterhin sagte Genosse Kadar, im Innenministerium (Budapest), wo sich eine große Anzahl von Mitarbeitern der Staatssicherheit konzentriere, sei eine ungesunde Situation entstanden, da sich unter den Mitarbeitern Personen befinden, die schon unter Rakosi in den Organen gearbeitet und eine negative Rolle gespielt haben. Er ist deshalb der Ansicht, diese Mitarbeiter müßten unverzüglich entfernt und mit anderen Arbeiten betraut werden. Er hält es außerdem für zweckmäßig, die Leitung der Verwaltung für Personenschutz[8] aufzulösen, da dies unehrliche Leute seien.

Ich äußerte den Wunsch, daß Genosse Münnich, wie wir vereinbart hatten, schneller den Befehl zur Organisation der Volkspolizei erteilt und daß er die ergebensten, ehrenhaftesten Mitarbeiter dafür auswählt; daß er zudem die »politische Abteilung« (Abteilung für Staatssicherheit) einrichtet, damit diese die Arbeit aufnehmen kann. Dann würden solche Fragen keine Rolle mehr spielen.

Dabei vereinbarten wir mit Genossen Münnich, daß in der Politabteilung des Zentrums nicht mehr als 20 bis 25 Personen offiziellen Status haben sollen, während die übrigen Mitarbeiter in einem geheimen Stellenplan geführt werden.

Zur »Politabteilung« werden gehören: Auslandsaufklärung, Gegenaufklärung, politischer Geheimdienst, Untersuchungsorgan, Spezialdienst für operative Technik.

Genosse Münnich sagte, er werde morgen einen entsprechenden Befehl unterzeichnen.

Über die Anzahl der Verhafteten nach Gebieten und die Beschlagnahme von Waffen werde ich gesondert Bericht erstatten.

I. Serow

ZChSD, Fonds 89, Bestand 45, Dokument Nr. 39.
Maschinenschriftliche Aufzeichnung eines Ferngesprächs.
Mit dem Vermerk versehen: »Über Geheimleitung empfangen 9. 11. 56.«

Dokument 2:
Bericht von I. A. Serow aus Budapest an das ZK der KPdSU

13. November 1956

An das ZK der KPdSU, Genossen N. S. Chruschtschow

---

[8] Hierbei handelt es sich um die Verwaltung zum Schutz der Zentralen Leitung der Ungarischen Partei der Werktätigen und der Regierung, die das Kadar-Regime geerbt hatte. Sie rekrutierte sich aus Günstlingen der ehemaligen kommunistischen Führer Rakosi und Gerö, so daß Kadar, der 1951 selbst Repressionen ausgesetzt war und drei Jahre im Gefängnis verbracht hatte, ihnen zu Recht mißtraute.

Ich berichte über die von den Organen der Staatssicherheit auf dem Territorium Ungarns geleistete Arbeit.

Am 10. und 11. November wurden 283 Personen verhaftet, vom ersten Tag der Operation an waren es insgesamt 4056 Personen, davon wurden 767 zur Station Tschop gebracht, gegen sie wurden Ermittlungsverfahren eingeleitet.

In den zwei Tagen wurden folgende Waffen beschlagnahmt: 168 Maschinengewehre, 7751 Handfeuerwaffen (Gewehre, Karabiner, Schnellfeuergewehre), 815 Pistolen, 1020 Handgranaten. Insgesamt wurden während der Operation beschlagnahmt: 298 Maschinengewehre, 116617 Gewehre, 2646 Pistolen und 5096 Handgranaten.

In Budapest und den Gebietszentren ist die Lage folgendermaßen: Nach uns vorliegenden Angaben gibt es unter der Bevölkerung immer noch eine große Anzahl von Waffen. Doch deren freiwillige Abgabe kommt nur langsam voran. Erst wenn durch Agenten das Vorhandensein von Waffen festgestellt wurde, können sie bei Haussuchungen beschlagnahmt werden.

Wie Agenten berichten, sei das darauf zurückzuführen, daß die BBC und andere feindliche Sender verstärkt propagieren, die Ungarn sollten durchhalten, die Vereinten Nationen würden Polizeikräfte entsenden.

Die meisten Betriebe in Budapest haben die Arbeit noch nicht wieder aufgenommen.[9] Das ist vor allem damit zu erklären, daß die örtlichen Machtorgane wenig Überzeugungsarbeit leisten; außerdem befinden sich die unter Imre Nagy geschaffenen Arbeiterkomitees[10] zum Teil unter dem Einfluß von Provokateuren aus den Reihen der Aufständischen, die dazu aufhetzen, zu streiken und an die Regierung alle möglichen Forderungen zu stellen. In den Gebietszentren gibt es ebenfalls Betriebe, die nicht gewillt sind, die Arbeit wieder aufzunehmen. So hielten beispielsweise in der Stadt Debrecen die Belegschaften von Betrieben Versammlungen ab, auf denen u.a. Forderungen nach Abzug der sowjetischen Truppen, nach Einführung des Leistungslohns, nach Entfernung von Apro[11] aus der Regierung gestellt wurden.

In der selben Stadt weigerten sich die Arbeiter der Druckerei, die Zeitung herzustellen, da ihnen einige Artikel nicht gefielen. Dabei drohten sie, die Druckmaschinen zu demolieren.

Wie wir feststellen konnten, erscheinen in einigen Städten regelmäßig Studenten in den Betrieben und agitieren die Arbeiter, zu streiken und der Sowjetarmee bewaffneten Widerstand zu leisten.

Heute ist ein Mitarbeiter der ungarischen Staatssicherheitsorgane mit einem aktiven Teilnehmer des Aufstands, dem Mitglied des Militärkomitees Oberstleutnant Istvan Marian[12], in Verbindung getreten, der eine Zusammenkunft der Budapester Stu-

---

9 Aus Protest gegen die sowjetische Intervention paralysierten für mehr als zwei Wochen Massenstreiks die Industrieproduktion und den Transport.

10 Gemeint sind die Arbeiterräte, die nach dem 23. Oktober überall in den Betrieben als Organe der Arbeiterselbstverwaltung gebildet worden waren und die eine Alternative zu den früheren kommunistischen Leitungsstrukturen sein sollten (ausführlicher dazu siehe beispielsweise: Lomax, B.: Hungary 1956, London 1976). Die Funktion alternativer örtlicher Machtorgane übernahmen die Nationalkomitees, die sich ebenfalls nach dem 24. Oktober in ganz Ungarn spontan herausbildeten.

11 Antal Apro (geb. 1913) war ab dem 4. November Mitglied der Regierung Kadar. Er hatte unter Rakosi verantwortliche Funktionen inne, 1953-56 Stellvertreter des Vorsitzenden des Ministerrats der UVR.

12 Istvan Marian (geb. 1924) war 1956 Leiter des Lehrstuhls für militärische Ausbildung an der Budapester Technischen Universität, einer der angesehensten Führer der revolutionären studentischen Jugend. Offenbar aufgrund eines Mißverständnisses stellt Serow ihn als einen be-

denten und deren Programm vorbereitet. Bei dieser Zusammenkunft sollen »die Lage unter den Studenten, ihre Verbindung zu den Betrieben, der Bestand an Waffen, Autos, Druckereien usw.« geklärt werden.

Im Programm werden Forderungen gestellt, die – von geringfügigen Veränderungen abgesehen – bereits während des Aufstands von den Studenten erhoben worden waren. Demnach sind sie der Ansicht,

1. daß jede weitere bewaffnete Operation zwecklos ist;
2. daß es notwendig ist, den Kampf für die sozialistische Demokratie fortzusetzen, daß dafür jedoch die entsprechenden politischen Bedingungen unerläßlich sind;
3. daß es erforderlich ist, Inlandstruppen aufzustellen, die dem nationalen Freiheitskampf treu und dem Volk ergeben sind; danach bestünde eine reale Aussicht auf den Abzug der sowjetischen Truppen;
4. sie erklären ihre Bereitschaft, mit der »provisorischen« Revolutionären Arbeiter-und-Bauern-Regierung zusammenzuarbeiten, und zwar dann, wenn diese die Forderungen des Volkes erfüllen wird;
5. fordern sie freie Wahlen und ein Mehrparteiensystem, wobei die Realisierung dieser Fragen zeitweilig aufgeschoben werden könne;
6. fordern sie, die Revolutionäre Arbeiter-und-Bauern-Regierung solle die Autonomie der Universitäten und Hochschulen garantieren;
7. bekunden sie die Absicht, eine breite Verbindung zu den Werktätigen der Betriebe, zur Bauernschaft und zur Intelligenz herzustellen.

Istvan erklärte sich bereit, die Zusammenkunft unter seine Regie zu nehmen und nach unserem Plan für die Zersetzung der studentischen Organisationen zu wirken.

Wie wir feststellen müssen, verhalten sich die Verantwortlichen der örtlichen Parteiorgane, der Staatsanwaltschaft und der Polizei nach wie vor liberal zu den von uns dingfest gemachten aktiven Teilnehmern der Ereignisse und finden verschiedene mildernde Umstände, um sie nicht strafrechtlich zur Verantwortung zu ziehen.

Ein solcher Standpunkt wird auch von führenden Funktionären der ungarischen Regierung zum Ausdruck gebracht, wobei sie als Motiv anführen, »das Volk nicht reizen zu wollen, da es ohnehin in schlechter Stimmung ist«.

Gestern warf Genosse Münnich erneut die Frage auf, ob die Verhaftungen in den Gebieten einzustellen seien, da die Arbeiter auf Verhaftungen mit Streiks reagierten. Besondere Unzufriedenheit errege es, daß die Verhafteten nach Sibirien gebracht werden[13] (dies verbreitet die BBC).

Dazu meine ich, daß in diesen Fragen keinerlei Zugeständnisse gemacht werden dürfen, da, wie die Praxis zeigt, das geringste Zugeständnis an die Reaktionäre eine Reihe zusätzlicher Forderungen und Drohungen nach sich zieht.

Verhaftungen werden nur beim Vorliegen konkreter, durch Aussagen bestätigter Hinweise auf feindliche Tätigkeit vorgenommen.

Gestern waren Genosse Kadar und vor allem Genosse Münnich stark erregt über die Verhaftung des Universitätsprofessors Tomas Nagy[14], der die Studentenschaft

---

wußten Informanten der ungarischen Staatssicherheit dar. Dem widerspricht jedoch das weitere Schicksal von I. Marian, der 1958 als Aktivist der »Konterrevolution« zu lebenslanger Haft verurteilt wurde.

[13] Zur zeitweiligen Deportation von Teilnehmern des Aufstands auf das Territorium der UdSSR siehe die Dokumente 3 und 4.

[14] Tomas Nagy (1914-1993). Bekannter Ökonom, 1936 KPU, ab 1947 Dozent an der Parteihochschule, 1954-81 Abteilungsleiter am Institut für Volkswirtschaft der Akademie der Wissenschaften sowie Professor. Nachdem sich mit Beginn der sowjetischen Intervention Imre Nagy und eine Gruppe seiner Anhänger in der jugoslawischen Botschaft verborgen hatten,

zum Aufstand geistig angestiftet hatte und der an allen gegen die Regierung gerichteten Aktionen aktiv beteiligt war. Tomas Nagy war zur jugoslawischen Botschaft gekommen, um mit Imre Nagy Verbindung aufzunehmen, hier wurde er auch festgesetzt. Die Bitte um Freilassung motivierte Genosse Münnich damit, daß Tomas sehr bekannt sei und die Studenten eine Demonstration organisieren könnten. Auf meine Erläuterung hin, wer Tomas sei, erklärte Genosse Münnich, ihm sei dessen regierungsfeindliche Einstellung bekannt, doch es sei besser, ihn freizulassen. Tomas wurde freigelassen.

Gestern nacht kam Genosse Münnich und bat darum, in Budapest eine Operation zur Verhaftung von 70 Personen einzuleiten. Dabei handelt es sich um Vertreter verschiedener Organisationen, die sich heute 15.00 Uhr zu einer Beratung treffen und Forderungen an die Regierung stellen wollten. Es wurden Maßnahmen zur Durchführung der Operation ergriffen.[15] Über die weiteren Ereignisse werden wir Bericht erstatten.

I. Serow

ZChSD, Fonds 89, Bestand 45, Dokument Nr. 42.
Maschinenschriftliche Aufzeichnung eines Ferngesprächs.
Mit dem Vermerk versehen: »Über Geheimleitung empfangen« und »Gen. Chruschtschow vorgelegt. Ins Archiv. 15. 11. 56. W. Tschernucha«.
W. Tschernucha war stellvertretender Leiter der Allgemeinen Abteilung des ZK der KPdSU.

Dokument 3:
Bericht von I. A. Serow und J. W. Andropow[16] aus Budapest an das ZK der KPdSU

14. November 1956

An das ZK der KPdSU

Im Verlauf des heutigen Tages riefen mehrmals die Genossen Kadar und Münnich (jeder einzeln) an und teilten mit, sowjetische Militärs hätten in einem Militärzug ungarische Jugendliche, die am bewaffneten Aufstand teilgenommen hatten, in die Sowjetunion (nach Sibirien) deportiert. Kadar und Münnich erklärten dazu, daß sie solche Aktionen von unserer Seite nicht billigten, weil damit angeblich ein Generalstreik der ungarischen Eisenbahner ausgelöst und die politische Lage im Land insgesamt verschlechtert würde. Heute abend verbreitete der Budapester Rundfunksender Kossuth

übernahm Tomas Nagy nach dem Zeugnis mehrerer Memoirenschreiber die Funktion des Vermittlers zwischen der Gruppe um Nagy und ihren in Freiheit befindlichen Gesinnungsgenossen. Er war Mitglied des Revolutionsausschusses der Intellektuellen, deshalb Parteiausschluß. Ab 1964 wieder Parteimitglied, führender Wirtschaftsreformer.

15 Gemeint ist die Versammlung der Vertreter der Budapester Arbeiterräte, die auf Initiative des Revolutionären Arbeiterrates von Ujpest im Rathaus dieses Budapester Stadtteils tagen wollte. Münnichs Bitte wurde erfüllt: Die Initiatoren der Versammlung wurden festgenommen, das Rathausgebäude durch sowjetische Panzer blockiert; allerdings fand die Versammlung am nächsten Tag doch noch in der Fabrik für Elektrolampen »Egyesült Izzo« statt. Dort wurde der Zentrale Arbeiterrat von Groß-Budapest konstituiert, dessen Widerstand zu brechen Kadar erst Mitte Dezember gelang, nachdem die außerordentliche Gerichtsbarkeit eingeführt und Massenverhaftungen der Führer von Arbeiterräten durchgeführt worden waren.

eine tendenziöse Meldung über die Deportation ungarischer Jugendlicher nach Sibirien.

Genosse Münnich äußerte die Bitte, das Kommando der sowjetischen Truppen solle offiziell in der Presse erklären, daß niemand aus Ungarn in die UdSSR deportiert worden sei und daß das auch künftig nicht geschehen werde. Von unserer Seite wurde Genossen Münnich gesagt, daß wir die Frage klären und ihm morgen die Antwort mitteilen werden.

Tatsächlich wurde heute, am 14. November, ein kleinerer Militärzug mit Verhafteten, gegen die als aktive Teilnehmer und Organisatoren des bewaffneten Aufstands Ermittlungsverfahren eingeleitet worden sind, zur Station Tschop gebracht. Der Militärzug überquerte die Grenze. Beim Transport des Zuges warfen die Gefangenen auf zwei Stationen Zettel aus dem Fenster, auf denen sie mitteilten, sie würden nach Sibirien gebracht. Ungarische Eisenbahner sammelten diese Zettel auf und erstatteten der Regierung davon Meldung. Auf unserer Seite wurde Weisung erteilt, die Verhafteten künftig in geschlossenen Autos unter verstärktem Geleit zu transportieren.

In dem morgigen Gespräch mit Genossen Münnich hat Genosse Serow vor, diesem zu sagen, daß wir angesichts des Fehlens von Gefängnissen in Ungarn, die für die Verwahrung der Gefangenen geeignet sind und in denen objektive Ermittlungen durchgeführt werden können, die Absicht hatten, eine kleinere Gruppe von Verhafteten in einen Raum unweit der sowjetisch-ungarischen Grenze zu bringen.

Die Genossen Suslow und Aristow wurden darüber informiert.

Serow
Andropow

ZChSD, Fonds 89, Bestand 45, Dokument Nr. 44.
Maschinenschriftliche Aufzeichnung eines Ferngesprächs.
Mit dem Vermerk versehen: »Über Geheimleitung empfangen«.

Dokument 4:
Bericht von M. N. Cholodkow[17] an den Innenminister der UdSSR N. P. Dudorow[18]

15. November 1956

Streng geheim

An den Innenminister der UdSSR

---

[16] Juri W. Andropow (1914-1984) war von 1954 bis 1957 Botschafter der UdSSR in Ungarn, ab 1957 Leiter der Abteilung des ZK der KPdSU für die Beziehungen zu den kommunistischen und Arbeiterparteien der sozialistischen Länder, 1967-82 Vorsitzender des KGB beim Ministerrat der UdSSR, 1982-84 Generalsekretär des ZK der KPdSU, 1983-84 Vorsitzender des Präsidiums des Obersten Sowjets der UdSSR.

[17] M. N. Cholodkow (1904-1978) war Stellvertreter des Innenministers der UdSSR. Hielt sich im November 1956 in Uschgorod auf, organisierte die Aufnahme der verhafteten Teilnehmer des ungarischen Aufstands, die von Truppen der Sowjetarmee eingeliefert wurden. Der schriftliche Bericht vom 16. November wurde mit einem Begleitbrief von N. P. Dudorow ins ZK der KPdSU gesandt. Dem Dokument war eine Erklärung von zwei verhafteten ungarischen Offizieren beigefügt, die ihre Nichtbeteiligung an den Ereignissen und ihre Loyalität gegenüber der Kadar-Regierung erklärten.

[18] N. P. Dudorow (1906-1977), Mitglied des ZK der KPdSU, 1956-60 Innenminister der UdSSR.

Genossen N. P. Dudorow

Hiermit erstatte ich Bericht, daß ich in Erfüllung Ihrer Weisung am 6. November des laufenden Jahres mit einer Gruppe von Mitarbeitern des Innenministeriums und dem Vertreter des Verteidigungsministeriums der UdSSR, Oberst Beresin, in Mukatschewo eintraf. Dort setzte ich mich mit dem Vertreter des Kommandos der sowjetischen Truppen, Generaloberst Komarow, in Verbindung und besprach mit ihm das Verfahren und den Ort für die Aufnahme der von den Truppen der Sowjetarmee festgenommenen Teilnehmer der konterrevolutionären Erhebung in Ungarn. Es wurde beschlossen, daß alle von den Truppen der Sowjetarmee Festgenommenen in das Gefängnis von Uschgorod zu bringen sind.

Am 7. November des laufenden Jahres orientierte mich Genosse I. A. Serow in einem Gespräch über die Geheimleitung darauf, daß es sich bei den Festgenommenen um vier- bis fünftausend Personen handeln wird. Davon ausgehend traf ich gemeinsam mit den Vertretern des Innenministeriums der Ukrainischen SSR die Entscheidung, daß zur Verteilung der Festgenommenen außer dem Gefängnis von Uschgorod auch die Gefängnisse in Stryj, Drohobytsch, Tschernowzy und Stanislaw heranzuziehen sind.

Die ersten Verhafteten trafen am 8. November im Uschgoroder Gefängnis ein. An diesem Tag kamen 22 Personen aus Debrecen und Miskolc an.

Nach dem Stand vom 15. November 1956 waren im Gefängnis von Uschgorod *846*[19] Verhaftete (darunter 23 Frauen) eingetroffen, von denen *463* Personen zur weiteren Verwahrung in das Gefängnis von Stryj, Gebiet Drohobytsch, transportiert wurden. Die nächsten Schübe werden auf die Gefängnisse von Stanislaw, Tschernowzy und Drohobytsch verteilt.

Die Verhafteten unterliegen dem Regime, wie es für Untersuchungsgefangene vorgesehen ist.

Der größte Teil der Verhafteten kam aus Budapest und Umgebung (*548* Personen), Veszprem (*90* Personen), Kaposvar (*45* Personen), Szombathely[20] (*55* Personen) und aus Miskolc (*20* Personen).

Unter den Eingetroffenen befinden sich eine große Zahl von Mitgliedern der Partei der Ungarischen Werktätigen, von Angehörigen der ungarischen Armee und von Studenten, außerdem *68* Minderjährige (Jahrgänge 1939 bis 1942), davon 9 Mädchen. Während der Aufnahme der Verhafteten kam es nicht zu Ausschreitungen.

Es muß festgestellt werden, daß es für einen großen Teil der Verhafteten keine ordentlich ausgefertigten Dokumente gibt. Die vorhandenen Unterlagen bestehen in der Hauptsache aus kurzen Auskünften der örtlichen ungarischen Machtorgane oder der Gegenaufklärung der Sowjetarmee, aus Meldungen von Armeeangehörigen oder aus Listen, in denen lediglich Angaben über die Einstellung der Verhafteten enthalten sind.

Viele der Verhafteten stellten uns die Frage, warum sie sich als ungarische Staatsbürger auf sowjetischem Territorium befänden. Sie erklärten, sie hätten sich weder gegen die Ungarische Revolutionäre Arbeiter-und-Bauern-Regierung noch gegen die sowjetischen Truppen erhoben.

Die Angehörigen der ungarischen Armee Mihaly Szepesi und Laszlo Szölösi wandten sich mit einem Brief an uns (Kopie liegt bei), in dem sie behaupten, sie seien ehrliche Kommunisten und sehr betrübt darüber, daß sie in einer für Ungarn so schweren Zeit nicht aktiv für die Regierung Janos Kadar kämpfen können.

---

19 Die kursiven Ziffern wurden handschriftlich in das Dokument eingetragen.
20 Falsche Schreibweise im russischen Original bei Veszprem, Kaposvar und Szombathely.

Der Leutnant der ungarischen Armee György Vig, aus Miskolc hier eingeliefert, erklärte, er habe am Aufstand nicht teilgenommen. Als Dolmetscher in einem Truppenteil der ungarischen Armee habe er bis zu seiner Verhaftung im Auftrag seiner Truppenführung zum Kommando der Sowjetarmee Verbindung gehalten und die Bewegung der sowjetischen Truppen in Miskolc unterstützt. Er sagte weiter, die anderen verhafteten Ungarn, die sich mit ihm in einer Zelle befinden, insbesondere Rudolf Földvari[21] (Mitglied des ZK der Partei der Ungarischen Werktätigen, Parlamentsabgeordneter, Erster Sekretär des Gebietskomitees der Partei der Ungarischen Werktätigen von Borsod), seien Anhänger Janos Kadars und Freunde der Sowjetunion, ihre Verhaftung sei irrtümlich erfolgt; sie seien fest davon überzeugt, daß die sowjetischen Genossen ihre Angelegenheit sorgfältig untersuchen würden und daß man sie rehabilitieren werde. (Auf Weisung von Gen. I. A. Serow wurde Rudolf Földvari nach Debrecen verlegt.)

Unter den aus Szolnok in das Gefängnis von Uschgorod Eingelieferten befindet sich auch der Chefarzt der städtischen Poliklinik Andras Sebök[22], der der Ermittlung zufolge als aktiver Teilnehmer des Aufstands verhaftet wurde; er soll auf einer Kundgebung der Aufständischen dazu aufgerufen haben, sich an die USA und die UNO um Hilfe zu wenden.

Im Gespräch mit uns bestätigte er sein Auftreten auf der Kundgebung und erklärte, sein einziges Ziel sei es gewesen, die auf dem Platz versammelte riesige Volksmenge, die sehr erregt war, von bewaffneten Aktionen gegen die Truppen der Sowjetarmee abzuhalten, die den in der Stadt stationierten ungarischen Truppenteil eingekreist und entwaffnet hatten.

Am 13. November 1956 wurde Andras Sebök freigelassen und nach Ungarn geschickt.

Auch andere Verhaftete beteuerten ihre Unschuld und baten darum, ihre Fälle rascher zu untersuchen.

Wie aus Gesprächen mit Verhafteten sowie aus der Tatsache zu entnehmen ist, daß es für viele von ihnen keine ordentlich ausgestellten Dokumente über ihre Festnahme, für manche nicht einmal Eintragungen in Listen gibt, mußten die Truppen der Sowjetarmee bei der Aufspürung und Festnahme von Teilnehmern am Aufstand unter sehr schwierigen und komplizierten Bedingungen operieren.

Das belegen auch Gespräche mit Offizieren der Sowjetarmee, die die Verhafteten nach Uschgorod brachten.

So berichtete der Hauptmann der Gegenaufklärung Slygostjew, der eine Gruppe von Verhafteten aus Debrecen und Miskolc begleitete, daß sie bei einer Operation zur Verhaftung von Aufständischen, an der er persönlich teilnahm, in Dörfer kamen, in denen es keinerlei Staatsgewalt gab und wo von niemandem zu erfahren war, wer von den Einwohnern des Ortes an konterrevolutionären Aktionen teilgenommen hatte.

Dies sowie die Tatsache, daß sich unter den Verhafteten Minderjährige im Alter von 14 bis 17 Jahren, darunter Mädchen, befinden, gibt Grund zu der Annahme, daß es unbegründete Verhaftungen gegeben haben könnte.

Es erscheint notwendig, zu den Orten, an denen sich ungarische Bürger in Haft befinden, möglichst bald verantwortliche und kompetente Mitarbeiter (vielleicht auch

[21] Rudolf Földvari (geb. 1921) war von 1953-54 Mitglied des Politbüros der Zentralen Leitung der Ungarischen Partei der Werktätigen, ab 1954 Erster Sekretär des Gebietskomitees von Borsod der Ungarischen Partei der Werktätigen, Anhänger von Imre Nagy. Während der Oktoberereignisse trat er in den Arbeiterrat des Gebiets ein. Wenige Tage nach seiner Verhaftung wurde er aus dem Gefängnis von Uschgorod entlassen und kehrte nach Miskolc zurück, wo er weiterhin den Arbeiterrat leitete. 1958 wurde er zu lebenslanger Haft verurteilt.

[22] Falsche Schreibweise im russischen Original.

ungarische) zu schicken, die sich zügig mit den Angelegenheiten aller in den Gefängnissen befindlichen Personen befassen und die unbegründet Verhafteten freilassen.

Dies erscheint um so dringender geboten, da, wie dem an Sie gerichteten telegraphischen Bericht des Innenministers der Ukrainischen SSR, Genossen Browkin, vom 15. November des laufenden Jahres zu entnehmen ist, die Verhafteten eine beschleunigte Untersuchung ihrer Fälle verlangen und ihre Unzufriedenheit darüber äußern, daß sie im Gefängnis festgehalten werden, vor Ort aber nur 8 Untersuchungsrichter des KGB und der Staatsanwaltschaft zur Untersuchung der Fälle tätig sind.

Viele der Verhafteten wandten sich an uns und an die Verwaltung des Gefängnisses mit der Bitte, ihre Angehörigen von ihrem Schicksal zu unterrichten und sie davon in Kenntnis zu setzen, daß sie am Leben sind, denn zum Zeitpunkt ihrer Festnahme sei, wie die Verhafteten erklärten, unter der Bevölkerung das Gerücht verbreitet worden, die Verhafteten würden nach Sibirien oder zur Erschießung abtransportiert.

Die Verhafteten baten auch um die Erlaubnis, Zeitungen zu lesen und Rundfunk zu hören, einige äußerten Unzufriedenheit über das Essen.

An Ort und Stelle wurde von mir verfügt, alle Verhafteten auf die Ernährung nach der zweiten Norm, d.h. wie für kurzzeitig Inhaftierte, umzustellen (was die Ausgabe von Tabak einschließt) und ihnen die Möglichkeit zu geben, die bei ihnen beschlagnahmten Forint nach dem offiziellen Kurs in sowjetisches Geld umzutauschen, damit sie über die Gefängnisverkaufsstelle die nötigsten Bedarfsgegenstände (Seife, Zahnbürsten, Zahnpulver usw.) erwerben können.

Zudem halte ich folgendes für zweckmäßig:

1. Den Verhafteten ist zu erlauben, ungarische Zeitungen zu lesen, die unter der Kontrolle der Organe der Ungarischen Revolutionären Arbeiter-und-Bauern-Regierung erscheinen. Die Lieferung solcher Zeitungen in die Gefängnisse ist durch das Kommando der sowjetischen Truppen in Ungarn zu organisieren.
2. Der ungarischen Regierung sollte der Vorschlag unterbreitet werden, daß die ungarischen Machtorgane den Angehörigen der Verhafteten mitteilen, letztere würden von ungarischen Organen festgehalten und seien gesund (ohne Angabe des Aufenthaltsortes).
3. Die ungarischen Bürger, die freigelassen werden und in ihre Heimat zurückkehren sollen, sind den Einrichtungen des Innenministeriums auf der Grenzstation Tschop zu überstellen, danach sollte ihre Übergabe an Vertreter der ungarischen Machtorgane erfolgen. Im Zusammenhang damit ist das Kommando der sowjetischen Truppen in Ungarn zu beauftragen, mit der Regierung der Ungarischen Volksrepublik das Verfahren für die Übernahme dieser Personen durch die ungarischen Organe sowie den Transport zu ihrem Bestimmungsort abzusprechen.

Cholodkow

ZChSD, Fonds 89, Bestand 45, Dokument Nr. 46. Original.

Dokument 5:
Bericht von I. A. Serow aus Budapest an das ZK der KPdSU

19. November 1956
Sondermappe

An das ZK der KPdSU, Genossen Chruschtschow

Hiermit berichte ich über die von den Organen der Staatssicherheit auf dem Territorium Ungarns geleistete Arbeit.

1. In den letzten Tagen wurden von den Staatssicherheitsorganen 1278 Personen festgenommen, 102 von ihnen wurden verhaftet. Beschlagnahmte Waffen: 293 Maschinengewehre, 33445 Handfeuerwaffen (Gewehre, Karabiner, Maschinenpistolen, Pistolen), 57500 Handgranaten.

Insgesamt wurden während der Operation 4700 Personen festgenommen, davon 1400 verhaftet. 860 Personen wurden in die Gefängnisse der Städte Uschgorod und Stryj gebracht und sitzen dort ein. In der ganzen Zeit wurden folgende Waffen beschlagnahmt: 1228 Maschinengewehre, 178660 Handfeuerwaffen (Gewehre, Karabiner, Maschinenpistolen, Pistolen) und 63460 Handgranaten.

In den ersten Tagen kam es beim Abtransport von Festgenommenen und Verhafteten vor, daß Truppenkommandeure selbständig, d.h. ohne mit den Sonderabteilungen und den Staatssicherheitsorganen Verbindung aufzunehmen, Verhaftete zur Station Tschop schickten, und die Lager des Innenministeriums nahmen sie in Gewahrsam, ohne sich wegen des Fehlens von Untersuchungsmaterialien für diese Personen mit uns abzustimmen. So nahm der Leiter des Lagers des Innenministeriums in Uschgorod 68 Schüler einer Gewerbeschule auf, die vom Kommandeur einer in Budapest stationierten Division geschickt worden waren. Auf Weisung von Genossen I. S. Konjew[23] wurde diese Gruppe von Jugendlichen nach Budapest zurückgebracht und freigelassen.

Gemeinsam mit Genossen I. S. Konjew haben wir den Bericht des Mitarbeiters des Innenministeriums, Genosse Cholodkow, zur Kenntnis genommen. Dieser hatte sich einige Tage in Uschgorod aufgehalten und erklärte, dort würden viele Personen festgehalten, die unbegründeterweise verhaftet worden seien. Als Beispiel nennt er das Mitglied des ZK der Ungarischen Partei der Werktätigen, den Parlamentsabgeordneten und Ersten Sekretär des Gebiets von Miskolc[24] Rudolf Földvari. Dieser stand während des Aufstands an der Spitze des sogenannten Revolutionskomitees und betrieb eine feindselige Propaganda gegen die Sowjetunion, er trat im Rundfunk auf und rechtfertigte die konterrevolutionären Handlungen der Aufständischen. Während Földvaris Tätigkeit wurden 62 Kommunisten und Mitarbeiter der Staatssicherheit verhaftet, 8 Personen wurden von der Menge in Stücke gerissen.[25] Földvari stellte zusammen mit anderen Aufständischen über Rundfunk und durch Flugzeuge Verbindung mit Österreich und Westdeutschland her und bat darum, UNO-Truppen einzusetzen.

Nach Bildung der Regierung Kadar weigerte sich Földvari, diese anzuerkennen und erklärte, wer Kadar anerkenne, werde als Konterrevolutionär betrachtet. Insofern gab es wohl genügend Grund für seine Verhaftung.

---

[23] I. S. Konjew (1897-1973) war Mitglied des ZK der KPdSU, 1956-61 Erster Stellvertreter des Verteidigungsministers der UdSSR, 1956-60 gleichzeitig Oberkommandierender der vereinigten Streitkräfte des Warschauer Paktes. Leitete im November 1956 unmittelbar die militärischen Operationen auf dem Territorium Ungarns.

[24] Es handelt sich um das Gebiet Borsod, dessen Verwaltungszentrum Miskolc ist.

[25] Gemeint sind die tragischen Ereignisse in Miskolc vom 26. Oktober, wo auf Demonstranten vor der Polizeiverwaltung das Feuer eröffnet wurde, das 16 Menschenopfer forderte. Daraufhin stürmte die Menschenmenge das Polizeigebäude und rächte sich an 7 Polizisten. Indem er Chruschtschow informiert, bemüht sich Serow, ein Bild massenhaften Terrors in den Tagen des Aufstands zu zeichnen. Deshalb erwähnt er lediglich die Fälle von Lynchjustiz und die Gewaltakte, die von den Aufständischen zugelassen wurden (insgesamt wurden zu dieser Zeit einige Dutzend Menschen Opfer solcher Exzesse). Zugleich ist aber in keinem von Serows Berichten die Rede von den Opfern der Schüsse auf friedliche Demonstranten in mehreren Städten Ungarns vor und nach dem 4. November, deren Zahl viel höher lag.

Neulich stellte Genosse Kadar die Frage, ob es möglich wäre, Földvari aus dem Gefängnis zu entlassen. Als ihm mitgeteilt wurde, welche Verbrechen Földvari begangen hat, räumte Genosse Kadar ein, Földvari sei dazu fähig, doch, fügte er hinzu, er sei ein Mensch, der jeder Macht aktiv dienen werde, und wenn man ihn jetzt freiließe, würde er auch für die jetzige Regierung aktiv arbeiten. Es wurde beschlossen, Földvari freizulassen.[26]

Das in dem Bericht von Genossen Cholodkow genannte Beispiel des verhafteten Arztes der städtischen Poliklinik, Andras Sebök, entspricht ebenfalls nicht der Wirklichkeit.

Wie sich bei der Untersuchungsarbeit zeigt, legen die inhaftierten aktiven Feinde und Organisatoren große Halsstarrigkeit an den Tag und gestehen ihre Schuld nicht ein. Ihre Schuld leugnen sogar Verhaftete, die am Ort des Verbrechens mit der Waffe in der Hand gefaßt wurden. So erklären sich Beteuerungen von Inhaftierten über ihre Unschuld, wie sie im Bericht des Mitarbeiters des Innenministeriums Gen. Cholodkow genannt werden.

Von uns wurde veranlaßt, daß die Angelegenheiten der Inhaftierten, die sich in den Gefängnissen von Uschgorod und Stryj befinden, nochmals überprüft und in Ordnung gebracht werden. Zu diesem Zweck wurden aus den Untersuchungsorganen des KGB zwei Gruppen qualifizierter Untersuchungsrichter dorthin geschickt.

2. In Budapest werden weiterhin einzelne Flugblätter verteilt, die gegen die Regierung Kadar gerichtet sind und zu Streiks aufrufen. In den Flugblättern werden provokatorische Behauptungen verschiedener Art über die Sowjetarmee, über Erschießungen usw. aufgestellt.

Durch Agenten wurde festgestellt, daß die Flugblätter von Studentenorganisationen hergestellt werden. In diesem Zusammenhang wurden von uns sieben Studenten verhaftet, die an der Spitze der regierungsfeindlichen Tätigkeit standen. Einer der Verhafteten, der Student Örs Borbely, gab an, daß sich im Gebäude der Budapester Universität Waffen befänden. Bei einer Durchsuchung wurden beschlagnahmt: zwei Maschinengewehre, 60 Gewehre und Maschinenpistolen und eine große Menge Munition.

Wie wir durch Agentenberichte erfuhren, werden im Dokumentarfilmstudio von Budapest sowie im Filmstudio »Magyarfilm« in versiegelten Safes Filmstreifen mehrerer Kameraleute aufbewahrt, die die Ereignisse in Budapest gefilmt haben. In diesem Zusammenhang wurde ein Streifen von mehr als 2600 Metern beschlagnahmt. Wie die vorläufige Prüfung ergab, hatten die Urheber der Filmaufnahmen im Auge, die »Empörung des Volkes über die bestehende Macht« festzuhalten. Daneben beweisen diese Aufnahmen die Exzesse, Pogrome, Plünderungen und Verhöhnungen, die faschistische Gruppen, vor allem Jugendliche, begangen haben. Die Kameraleute verwendeten besondere Aufmerksamkeit auf Filmaufnahmen, die die von der Sowjetarmee angerichteten Zerstörungen in Budapest zeigen. Es gibt viele Bilder, die als Entlarvungsmaterial gegen imperialistische Kreise und faschistische Elemente genutzt werden können, von denen Kommunisten und andere Personen verhaftet, erschossen und erhängt wurden. Der Film wurde nach Moskau zur Bearbeitung geschickt, danach wird er im ZK der KPdSU vorgestellt werden.

[26] Nach seiner Rückkehr nach Miskolc weigerte sich R. Földvari, mit der Regierung Kadar zusammenzuarbeiten und leitete den Gebietsarbeiterrat. Im Juli 1958 wurde er zu lebenslänglicher Haft verurteilt.

3. Gestern wurden der Kommandeur der Luftstreitkräfte Ungarns, Oberst Ferenc Nador, und ein Major der ungarischen Armee, der sich in Nadors Begleitung befand, mit unseren Mitteln aus der Privatwohnung des jugoslawischen Militärattachés Vukmirovic[27] herausgeholt.

Beim Verhör gab Nador an, daß während des Aufstands ein Militärkomitee der Republik Ungarn[28] gebildet worden sei, dem er angehört habe. Alle seine Handlungen stimmte Nador mit dem jugoslawischen Militärattaché Vukmirovic ab und erhielt von diesem Anweisungen. So unterbreitete er beispielsweise auf Anregung von Vukmirovic im Militärkomitee den Vorschlag, sich an die UNO zu wenden, damit diese Beobachter nach Ungarn schicke. Nach dem Einrücken der Truppen der Sowjetarmee verbarg sich Nador mit seiner Familie auf Vorschlag von Vukmirovic in dessen Wohnung. Dabei hatte Vukmirovic gegenüber Nador behauptet, die sowjetischen Truppen würden Terrorakte gegen ungarische Bürger durchführen und alle Offiziere der ungarischen Armee als Kriegsgefangene in Lager bringen.

Wie Nador weiter angab, kam am 2. November der Militärattaché der USA, Oberst Dullan (?), und erklärte in einem offenherzigen Gespräch, Ungarn und die USA seien jetzt befreundete Länder, deren Bemühungen gegen die Sowjetunion gerichtet seien; in diesem Zusammenhang bat er auch darum, ihm eine Beschreibung der elektronischen Einrichtung des Flugzeugs MIG-17 zu übergeben. In den letzten Tagen von Nadors Aufenthalt in Vukmirovič Wohnung erörterten sie unter Beteiligung des jugoslawischen Botschafters in Ungarn Soldatic[29] mehrfach die mögliche Zusammen-

---

[27] Vukmirovic war in Wirklichkeit stellvertretender Militärattaché Jugoslawiens.

[28] Gemeint ist das Revolutionäre Verteidigungskomitee, das am 31. Oktober im Verteidigungsministerium der UVR von Vertretern revolutionärer Teile der Armee und der bewaffneten Jugend gegründet worden war.

[29] Dalibor Soldatic war 1953-56 Botschafter Jugoslawiens in Ungarn. Durch seine Vermittlung wurden zwischen der jugoslawischen und der ungarischen Führung bis zum 21. November Gespräche geführt über das Schicksal Imre Nagys und der Personen seiner Umgebung sowie über das Schicksal ihrer Familien. Durch ihre Bevollmächtigten (G. M. Malenkow, M. A. Suslow, A. B. Aristow), die sich seit dem 10. November in Budapest aufhielten, behielt die sowjetische Seite den Verlauf der Gespräche unter Kontrolle und bestimmte in vieler Hinsicht die Position der ungarischen Seite. Die jugoslawische Seite beharrte darauf, daß entweder Garantien für die persönliche Sicherheit der Angehörigen der Gruppe um Nagy in Ungarn gegeben werden oder daß ihnen die Ausreise nach Jugoslawien gestattet wird. Die Regierung Kadar lehnte mal die Bedingungen der Jugoslawen ab, mal erweckte sie den Anschein, zu Zugeständnissen bereit zu sein und erklärte sich einverstanden mit den jugoslawischen Forderungen. Wie aus Dokumenten hervorgeht, die sich im *Zentrum für die Aufbewahrung zeitgenössischer Dokumente* befinden, legten Malenkow, Suslow und Aristow am 17. November dem ZK der KPdSU folgenden Vorschlag vor: Nagy und seine Gruppe sollten beim Verlassen der Botschaft verhaftet und nach Rumänien gebracht werden. Wie sie berichteten, hatte Kadar den Vorschlag angenommen (mit der rumänischen Seite war dieser Plan vorläufig abgestimmt worden). Unterdessen wurden die ungarisch-jugoslawischen Gespräche fortgesetzt, und am 21. November wurde folgende Übereinkunft erzielt: Kadar gab im Namen der ungarischen Regierung eine schriftliche Garantie für die Sicherheit von Nagy und seiner Gruppe und versprach, sie wegen ihrer früheren Tätigkeit nicht zur Verantwortung zu ziehen. Über das Weitere berichtet eine Note des Staatssekretariats für Auswärtige Angelegenheiten der SFRJ, die dem Botschafter der UVR am 22. November 1956 übergeben wurde: I. Nagy und die Personen seiner Umgebung »verließen am 22. November 1956 um 18.30 Uhr freiwillig die jugoslawische Botschaft und nahmen in einem Autobus Platz, der ihnen vom Stellvertreter des Regierungschefs und Minister für Streitkräfte und öffentliche Sicherheit Dr. Ferenc Münnich für die Fahrt nach Hause zur Verfügung gestellt worden war [...]. Beim Einsteigen der genannten Personen in den Autobus mischten sich sowjetische Militärs mit der Forderung ein, sie hätten

setzung einer neuen ungarischen Regierung unter Imre Nagy, wobei sie davon ausgingen, daß sich die Regierung Kadar nicht lange halten werde. Täglich wurden sie aus Belgrad beraten und erhielten Anweisungen. Oberst Nador sollte in dieser Regierung einen Ministerposten erhalten.

In den letzten Tagen soll sich die Situation angeblich verändert haben. Aus Belgrad war die Anweisung gekommen, der Botschafter Jugoslawiens solle sich über Genossen Kadar um die Einbeziehung von Imre Nagy und seinen Anhängern in die Regierung bemühen. Heute wurde unter einem geeigneten Vorwand eine Unterredung mit den Verhafteten Zoltan Vas und Zoltan Szanto geführt[30]. Beide gaben an, daß Imre Nagy ihnen gestern, am 18. November, erklärt habe, aus Belgrad sei die Mitteilung gekommen, daß ihm und seiner Gruppe politisches Asyl in Jugoslawien gewährt werde. In diesem Zusammenhang habe der jugoslawische Botschafter Soldatic ihnen abgeraten, in die Stadt zu fahren.

4. Die Lage in den einzelnen Gebieten Ungarns hat sich nach wie vor noch nicht stabilisiert. In vielen Betrieben wird noch nicht gearbeitet, man hält Versammlungen ab und stellt verschiedene Forderungen an die Regierung. Es gibt vereinzelte Erscheinungen von Bandenunwesen, zu deren Eliminierung die entsprechenden Maßnahmen ergriffen wurden.

Über den weiteren Verlauf werde ich Bericht erstatten.

I. Serow

ZChSD, Fonds 89, Bestand 45, Dokument Nr. 48.
Maschinenschriftliche Aufzeichnung eines Ferngesprächs.
Mit dem Vermerk versehen: »Über Geheimleitung empfangen 19. 11. 56«.

Dokument 6:
Bericht von I. A. Serow aus Budapest an das ZK der KPdSU

24. November 1956
Sondermappe

An das ZK der KPdSU, Genossen N. S. Chruschtschow

---

die Personen in dem Autobus abzutransportieren, und ein Vertreter sowjetischer Militärorgane setzte sich ungeachtet des entschiedenen Protests des jugoslawischen Gesandten in Budapest in den Autobus. Der jugoslawische Gesandte schickte daraufhin den diplomatischen Mitarbeiter Milan Georgievic und den Militärattaché Milan Drobac mit der Gruppe von Imre Nagy mit, damit sie sich persönlich davon überzeugen, daß die genannten Personen nach Hause gebracht werden. Indessen wurde der Autobus zum Gebäude der sowjetischen Stadtkommandantur geleitet, wo ein Oberstleutnant der Sowjetarmee M. Drobac und M. Georgievic dazu zwang, den Autobus zu verlassen. Auf den Protest des Militärattachés M. Drobac erklärte der genannte sowjetische Oberstleutnant, er führe nur den Befehl seines Kommandeurs aus. Danach fuhr der Autobus mit den genannten Personen, geleitet von sowjetischen Panzerfahrzeugen, in unbekannte Richtung davon.« Vgl. ZChSD, Fonds 89, Opis 2, Delo 5, l. 22f.

30 Zoltan Szanto (1893-1977) und Zoltan Vas (1903-1983) waren Reformkommunisten aus dem Kreis um Nagy, die zusammen mit diesem am 4. November in der jugoslawischen Botschaft Zuflucht suchten. Wie der bekannte Philosoph György Lukacs, Kulturminister im Kabinett von Imre Nagy, zeigten sie mehr Bereitschaft zu Kompromissen gegenüber der Regierung Kadar. Alle drei verließen die jugoslawische Botschaft bereits am 18. November, wurden aber sofort verhaftet und später zusammen mit den anderen Mitgliedern der Nagy-Gruppe nach Rumänien gebracht.

Hiermit berichte ich über die von den Staatssicherheitsorganen in Ungarn geleistete Arbeit.

Nach dem Stand vom 23. November wurden von den Organen der Staatssicherheit und der Polizei in den Gebieten und in Budapest 1473 Personen verhaftet und 5820 festgenommen, letztere wurden von den Untersuchungsorganen überprüft. Beschlagnahmt wurden bis zu diesem Zeitpunkt 1250 Maschinengewehre, 181766 Handfeuerwaffen (Gewehre, Karabiner, Maschinenpistolen, Pistolen) und 64063 Handgranaten.

In den letzten Tagen wurden folgende Personen verhaftet: Jozsef Dudas[31] – von Beruf Ingenieur, einer der Führer des Aufstands in Budapest.

Dudas wurde von unseren Agenten unter dem Vorwand, zu Unterredungen mit dem Ministerpräsidenten aufgefordert worden zu sein, herausgeholt und unterwegs festgenommen. In einem vorläufigen Verhör gab Dudas an, er sei 1946 in der Angelegenheit Rajk verhaftet worden und bis 1954 in Haft gewesen. Während der Ereignisse im Oktober in Budapest hatte Dudas die Kundgebung auf dem Szena-Platz organisiert, auf der eine Reihe von Forderungen an die Regierung gestellt worden waren. In der Folgezeit führte er den Kampf der Aufständischen auf dem Szena-Platz an. Dort fand auch die Zusammenkunft der Vertreter aller Aufständischen von Budapest statt, bei der Dudas zum Vorsitzenden des Nationalkomitees von Budapest gewählt wurde. Danach besetzte er zusammen mit den Aufständischen die Redaktion der Zeitung *Szabad Nep* (Organ der Partei der Ungarischen Werktätigen), und am 3. November erhielt er von Imre Nagy die Weisung, Barrikaden vor dem Redaktionsgebäude zu errichten und die sowjetischen Truppen nicht durchzulassen[32]. Am 8. November wurde Dudas verwundet, so daß er nicht mehr am Kampf teilnehmen konnte. Ein Untersuchungsverfahren wurde eingeleitet.

In einem Budapester Kindergarten wurde Janos Szabo[33] verhaftet, ein aktiver Führer des Aufstands und Organisator des Widerstands in Budapest, den die Aufständischen »Onkel Szabo« nannten. In der Vergangenheit war Szabo der Fahrer von Imre Nagy. Wie Szabo angibt, ging er nach der Einnahme von Budapest durch die Truppen der Sowjetarmee mit einer Gruppe von 300 Aufständischen in die Berge im Norden

---

[31] Jozsef Dudas (1912-1957). Ingenieur, mit 14 Jahren schloß er sich der kommunistischen Bewegung an, verbrachte mehr als fünf Jahre im Gefängnis. Während des Zweiten Weltkriegs nahm er an der ungarischen Widerstandsbewegung teil. 1945 Vertreter der Partei der kleinen Landwirte im Stadtrat von Budapest. Ende 1946 wurde er verhaftet wegen »Verschwörung gegen die Republik«, 1948 freigelassen, 1949 aber im Zusammenhang mit dem Fall Laszlo Rajk erneut verhaftet und 1954 aus der Haft entlassen. Nach dem 23. Oktober 1956 einer der radikalsten Führer der Aufstandsbewegung in Budapest. Im Namen der Aufständischen führte er Gespräche mit der Regierung Nagy über die Erfüllung der Forderungen der Aufständischen (insbesondere über den Abzug der sowjetischen Truppen). Nach dem 4. November setzte er den bewaffneten Widerstand fort. Am 21. November von sowjetischen Militärs verhaftet, am 19. Januar 1957 nach dem Urteil eines Sondergerichts hingerichtet.

[32] Die Mitteilung Serows über eine solche Anweisung von Nagy läßt sich anhand der schriftlichen Quellen nicht bestätigen.

[33] Janos Szabo (1897-1957) war einer der populärsten Führer der Aufständischen. 1945-49 Mitglied der Ungarischen Partei der Werktätigen, arbeitete als LKW-Fahrer. Seit 1949 mehrmals unter der falschen Anschuldigung verhaftet, in Verbindung zur jugoslawischen Aufklärung zu stehen. Während des Aufstands schloß er sich einer bewaffneten Abteilung an, ihm wurde die Kontrolle über die Aktionen der Aufständischen im gesamten Bezirk Buda übertragen. Am 19. November 1956 wurde er verhaftet, im Januar 1957 nach dem Urteil eines Sondergerichts hingerichtet. Die Mitteilung, Szabo sei der Fahrer von Nagy gewesen, entspricht nicht der Wahrheit.

des Landes. Die Aufständischen trennten sich nach und nach von ihm, warfen die Waffen weg und ergaben sich. Nachdem sich seine Abteilung aufgelöst hatte, kam er ebenfalls nach Budapest zurück, wo er festgenommen wurde.

Verhaftet wurde auch Bela Schannen, Journalist, in der Vergangenheit aktiver Anhänger des Horthy-Regimes, Sekretär des sogenannten Revolutionskomitees des Journalistenverbands. Schannen hatte am 13. November des laufenden Jahres zusammen mit dem Journalisten Gimes (wird gesucht) eine Beratung von 150 Schriftstellern organisiert, bei der er dazu aufrief, der Regierung Kadar das Mißtrauen auszusprechen und in allen Druckereien und Verlagen Streiks auszurufen[34].

In Szolnok wurde Gyula Jakab verhaftet, ein Einwohner von Budapest, der im Komitat Szolnok Geld und Nahrungsmittel für die Aufständischen sammelte. Gyula Jakab hatte in Budapest friedliche Bewohner und sowjetische Soldaten getötet. Als er sich in der Stadt Besenyeszeg aufhielt, drohte er den Bewohnern damit, daß er und seine 200 Gefolgsleute den Vorsitzenden des Revolutionskomitees töten, die Polizei zerschlagen und das Dorf in Brand setzen würden.

Am gleichen Ort wurde auch der Angestellte des Szegeder Betriebs »Finommechanika«[35], Sandor Szurmai, verhaftet, der während des Aufstands Vorsitzender des »Revolutions«-Komitees seines Betriebes war. Ungeachtet der Aufforderung der Militärkommandantur zur Herausgabe der Waffen, hielt Sandor Szurmai in seinem Betrieb 2 Maschinengewehre, 3 Gewehre, 47 Handgranaten und eine große Menge Munition versteckt.

In der Stadt Szigetvar[36], Komitat Baranya, wurde Jozsef Biro, Schüler eines Gymnasiums, verhaftet, der regierungsfeindliche Flugblätter verteilt und zu Diversionsakten gegen die Eisenbahn aufgerufen hatte.

In Szeged wurde Kara Miros verhaftet, ein Schauspieler, der 1954 aus Ungarn nach Westdeutschland, und zwar nach München, geflohen war, wo er beim *Sender »Freies Europa«* arbeitete und provokatorische Meldungen aller Art über die Lage in Ungarn verbreitete.

Gegen alle Verhafteten wurden Untersuchungsverfahren eingeleitet.

Am 22. November tauchte in Budapest ein Flugblatt auf, in dem es hieß, daß »alle, die gegen die Regierung Kadar und die russische Einmischung in die Angelegenheiten des Landes sind, am 23. November zwischen 14 und 16 Uhr nicht auf die Straße gehen sollen; die menschenleeren Straßen werden Kadar und unseren geschätzten Freunden, den Russen, zeigen, daß sie hier überflüssig sind. Die UNO wird ebenfalls unsere Wünsche zur Kenntnis nehmen müssen«.

Das Organ des ZK der Partei veröffentlichte gestern ebenfalls einen Artikel, in dem unter Hinweis auf die Monatsfrist, die seit den Ereignissen verstrichen ist, zu einem einstündigen Schweigen aufgerufen wird. Im Ergebnis blieb nahezu die gesamte Bevölkerung von Budapest den Straßen fern, sie waren von 14 bis 15 Uhr menschenleer.

---

[34] Die Organisationen der ungarischen Intelligenz, vor allem der Schriftsteller- und der Journalistenverband, spielten bereits in den Monaten vor dem 23. Oktober eine wichtige Rolle in der Reformbewegung. Nach dem 4. November wurden auf den Sitzungen dieser Verbände mehrere Resolutionen mit der Forderung nach Abzug der sowjetischen Truppen angenommen. Näheres dazu siehe: Sereda, W. T./Stykalin, A. S.: Is istorii odnowo protiwostojanija: Sojus wengerskich pissatelej w obschtschestwennoi borbe serediny 50-ch godow [Aus der Geschichte einer Widerstandsbewegung: Der Bund ungarischer Schriftsteller in der gesellschaftlichen Auseinandersetzung Mitte der fünfziger Jahre]. In: Polititscheskije krisissy 50-60-ch godow w Wostotschnoi Jewrope, Moskwa 1993.

[35] Falsche Schreibweise im russischen Original.

[36] Falsche Schreibweise im russischen Original.

Einwohner, die um 14 Uhr auf der Straße waren, gingen rasch in die Häuser oder in die Höfe der Häuser und standen dort bis 15 Uhr.

Heute wird im ZK der Partei die Frage der Ablösung des Chefredakteurs der Parteizeitung erörtert[37].

Über die Reaktion der Bevölkerung im Zusammenhang mit dem Abtransport der Gruppe um Nagy berichte ich gesondert.

Serow

ZChSD, Fonds 89, Bestand 45, Dokument Nr. 51.
Maschinenschriftliche Aufzeichnung eines Ferngesprächs.
Mit dem Vermerk versehen: »Über Geheimleitung empfangen 24. 11. 56.«

Dokument 7: Bericht von I. A. Serow aus Budapest an das ZK der KPdSU

27. November 1956

An das ZK der KPdSU, Genossen N. S. Chruschtschow

Hiermit berichte ich über die von den Organen der Staatssicherheit in Ungarn geleistete Arbeit.

1. Zur Zeit sind ernsthafte staatsfeindliche Erscheinungen im Land nicht zu verzeichnen. Die in letzter Zeit Festgenommenen werden von den lokalen Organen der Staatssicherheit überprüft. Festgenommene, über die kein Material vorliegt, das sie feindlicher Tätigkeit überführt, werden registriert und freigelassen. Bei einigen von ihnen, die von operativem Interesse sind, wird eine Beobachtung durch Agenten organisiert.

Nach dem Stand vom 26. November beträgt die Gesamtzahl der Inhaftierten 1473, davon werden 768 Personen in Uschgorod festgehalten, die übrigen in Gefängnissen der örtlichen Organe der ungarischen Staatssicherheit. Die Arbeit der Staatssicherheit zur Aufspürung feindlicher Elemente erfolgt gegenwärtig durch den Einsatz von Agenten.

2. In den meisten Industriestädten Ungarns haben die Betriebe die Arbeit wieder aufgenommen. Über 60 Prozent der Arbeiter sind zur Arbeit erschienen. An einigen Orten wird die Wiederaufnahme der Arbeit verzögert durch das Fehlen von Kohle, Rohstoffen und Elektroenergie. Die örtlichen Machtorgane ergreifen Maßnahmen zur Versorgung dieser Betriebe.

Im Zusammenhang mit dem Abtransport von Imre Nagy und seiner Gruppe gab es vereinzelt Forderungen von Arbeiterräten, »Unterredungen mit Imre Nagy zu organisieren, damit man sich davon überzeugen kann, daß er sich freiwillig nach Rumänien begeben hat«.

Am 24. November sandte der Budapester Rat Vertreter zum Stadtkommandanten Gen. Grebennik[38] mit der Bitte, »eine Delegation zu Nagy schicken zu dürfen, damit

---

[37] Der Chefredakteur der Zeitung *Nepszabadsag*, Lajos Feher, wurde am 24. November 1956 wegen einiger »fehlerhafter« Veröffentlichungen und seiner Ablehnung der scharfen Unterdrückung der gegen die sowjetische Militärpräsenz opponierenden Kräfte seiner Funktion enthoben.

[38] K. J. Grebennik, Garde-Generalmajor, ab 4. November 1956 sowjetischer Militärkommandant von Budapest.

dieser gefragt werden kann, ob er freiwillig aus Ungarn ausgereist sei und ob er nicht die Absicht habe, zur politischen Tätigkeit zurückzukehren«.

Der Kommandant gab eine Erklärung ab, seitdem wurde die Frage nicht wieder gestellt.

3. Nach uns vorliegenden Informationen wird für die amerikanische Botschaft die Anwesenheit von Kardinal Mindszenty[39] in ihrer Mission zur Belastung. Nachdem es die ungarische Regierung abgelehnt hatte, Mindszenty die Möglichkeit zur Ausreise zu geben, wandten sich die Amerikaner an den Papst, doch dieser lehnte ebenfalls jede Hilfe in dieser Angelegenheit ab.

Wir schickten einen Agenten zu Mindszenty in die Botschaft mit dem Vorschlag, ihn illegal außer Landes zu bringen. Dabei besteht die Absicht, Mindszenty, wenn er darauf eingeht, nach Verlassen der Botschaft festzunehmen[40].

Nach Agentenmeldungen, die wir heute erhielten, hatte Mindszenty seine persönlichen Dokumente und alle Dokumente des Komitees für die Angelegenheiten der katholischen Kirche[41] dem Vikar Imre Szabo zur Aufbewahrung übergeben. Bei einer Haussuchung konnten die Dokumente beschlagnahmt werden; ihre Übersetzung wird organisiert.

4. Die Zahl der Personen, die nach Österreich zu fliehen versuchen, ist immer noch sehr hoch (bis zu 700 Personen innerhalb von 24 Stunden). Wie aus Verhören von Festgenommenen hervorgeht, ist das Hauptmotiv für die Flucht die von der Feindpropaganda aufgestellte Behauptung von der bevorstehenden Bestrafung der am Aufstand Beteiligten.

5. Nach vorliegenden Agentenmeldungen wird in Budapest unter Schriftstellern, Journalisten und führenden Mitgliedern der bürgerlichen Parteien die regierungsfeindliche Tätigkeit fortgesetzt. Bei illegalen Treffs mit einzelnen Mitgliedern von Arbeiterkomitees werden diese zu Streiks und Sabotageakten angestiftet, wobei ihnen politische und moralische Unterstützung versprochen wird. Besonders feindselig eingestellte Personen wurden von uns verhaftet.

6. Zur exakteren Organisation der Tätigkeit der ungarischen Staatssicherheitsorgane haben wir zum Vortrag bei Genossen Kadar folgende Dokumente vorbereitet:

a) Struktur der Aufklärung, der Gegenaufklärung und anderer Dienste auf zentraler wie auf lokaler Ebene. Bei dieser Struktur ist vorgesehen, daß nur eine geringe Anzahl von Mitarbeitern offiziellen Status erhält, die übrigen aber über inoffizielle Stellenpläne geführt werden. Dies geschieht, um die tatsächliche zahlenmäßige Stärke der Organe zu verbergen; denn den Mitarbeitern der Staatssicherheitsorgane gegenüber herrscht große Feindseligkeit;

---

39 Joszef Mindszenty (1892-1975). Ab 1945 Kardinal, Primas der katholischen Kirche in Ungarn. Wurde 1948 verhaftet und 1949 unter falschen Anschuldigungen zu lebenslanger Haft verurteilt. Nach seiner Befreiung am 31. Oktober 1956 wurde er eine der Schlüsselfiguren der ungarischen Revolution. Am 4. November mußte er sich in der amerikanischen Botschaft in Budapest verbergen.

40 Dem KGB gelang es nicht, diesen Plan zu verwirklichen. Mindszenty verließ erst 1971 die US-amerikanische Botschaft und reiste auf der Grundlage einer Regierungsvereinbarung zwischen Ungarn und dem Vatikan nach Wien.

41 Gemeint ist offenbar die Kanzlei der katholischen Kirche in Ungarn.

b) unterbreitet wird auch ein Vorschlag zur Organisation der Polizeiorgane und deren Verstärkung. Dabei soll der Chef der Hauptverwaltung der Polizei Pöcze[42] abgelöst werden, da sein Verhalten während des Aufstands verdächtig war. In einigen Fällen unterstützte er die Aufständischen, gegenwärtig bleibt er untätig. Genosse Münnich hat Genossen Kadar kompromittierendes Material über Pöcze vorgelegt, und dieser war einverstanden mit dessen Ablösung;
c) zur Verbesserung des Grenzdienstes, zur Verstärkung des Grenzschutzes sowie zur Reduzierung der Fälle ungestrafter Grenzverletzungen bereiteten wir ein Dokument über Struktur und Personalbestand der Grenztruppen vor;
d) zur Unterstützung der ungarischen Freunde bei der Organisation der operativen Arbeit unterbreiteten wir den Vorschlag, den Beraterstab des KGB von 27 Personen zu bestätigen, von denen 18 Personen für die Arbeit der Staatssicherheit, 5 für die Polizei und 4 für Spezialtechnik vorgesehen sind.
Die Genossen Malenkow[43], Suslow[44] und Aristow[45] wurden darüber informiert.

I. Serow

ZChSD, Fonds 89, Bestand 45, Dokument Nr. 53.
Maschinenschriftliche Aufzeichnung eines Ferngesprächs.
Mit dem Vermerk versehen: »Über Geheimleitung empfangen 27. 11. 56.«

Dokument 8:
Bericht von G. M. Malenkow, M. A. Suslow, A. B. Aristow und I. A. Serow aus Budapest an das ZK der KPdSU

30. November 1956
Streng geheim
Sondermappe

An das ZK der KPdSU

Mit den Genossen Kadar und Münnich berieten wir konkrete Schritte zur Durchführung eines Gerichtsprozesses gegen jene Verbrecher, die beim Wüten der Reaktion in Ungarn Greueltaten verübt haben. Beide sind völlig einverstanden damit, daß es notwendig ist, diesen Prozeß zum gegenwärtigen Zeitpunkt zu organisieren.

Wir unterbreiteten den Genossen Kadar und Münnich unsere Überlegungen zur Bildung eines revolutionären Militärtribunals der Republik.

Die ungarischen Genossen beharrten darauf, daß der Prozeß vor einem Militärgericht geführt werde, wie das von den in Ungarn geltenden Gesetzen vorgesehen ist. Das Militärgericht hat das Recht, schnelle Entscheidungen zu treffen; für begangene Verbrechen kann es als höchstes Strafmaß für Zivilpersonen den Tod durch den Strang, für Militärangehörige den Tod durch Erschießen aussprechen.

---

[42] Tibor Pöcze (geb. 1919) war Generalmajor der Polizei. 1954-57 Stellvertreter des Innenministers der UVR, im November 1956 auch Chef der Hauptverwaltung der Polizei.

[43] G. M. Malenkow (1902-1988), 1946-57 Mitglied des Politbüros (Präsidiums) des ZK der KPdSU, 1955-57 Stellvertreter des Vorsitzenden des Ministerrats der UdSSR.

[44] M. A. Suslow (1902-1982), 1955-82 Mitglied des Politbüros (Präsidiums) des ZK der KPdSU, 1947-82 Sekretär des ZK.

[45] A. B. Aristow (1903-1973), 1955-60 Sekretär des ZK der KPdSU.

Wie die Genossen Kadar und Münnich sagten, wäre für die Bildung eines revolutionären Militärtribunals der Republik die Verabschiedung eines neuen Gesetzes erforderlich, letzteres werde aber dadurch erschwert, daß das Präsidium der Ungarischen Volksrepublik, das dieses Gesetz bestätigen müßte, zur Zeit nicht annähernd vollzählig sei. Und die Annahme eines solchen Gesetzes allein durch Istvan Dobi[46] würde ihrer Meinung nach eine Verletzung geltender Verfassungsnormen bedeuten, wodurch sich sowohl Istvan Dobi als auch das Präsidium schuldig machen würden.

Das Militärgericht besitze, wie die ungarischen Genossen sagen, im Volk die erforderliche Autorität, eine Verurteilung zum Erschießen oder Erhängen durch dieses Organ würde im Land den nötigen Eindruck machen.

Die ungarischen Genossen haben unter Beteiligung des Genossen Serow für den Gerichtsprozeß eine Gruppe von sechs bis acht Personen ausgewählt, die den bewaffneten Aufstand in Budapest unmittelbar leiteten, Kommunisten verhafteten und erschossen.

Zu den Personen, die vor das Militärgericht gestellt werden sollen, gehören:

Jozsef Dudas, 54 Jahre[47], einer der Organisatoren des Aufstands, Anführer der aufständischen Abteilungen in Buda; Janos Szabo, 59 Jahre, Anführer der bewaffneten Abteilungen auf dem Szena-Platz; Laszlo Zolomy, 40 Jahre[48], ehemaliger Offizier der Horthy-Armee, war Stellvertreter des Kommandeurs der aufständischen bewaffneten Kräfte von Budapest, während des Aufstands war er Mitglied des »Revolutionskomitees« des Verteidigungsministeriums, er übergab den Aufständischen die Rundfunkstation, für deren Schutz er zuständig war.

Außer diesen Personen werden einige Aufständische vor Gericht gestellt, die unmittelbar Greueltaten verübten und Bürger erschossen.

Für die Personen, die vor das Militärgericht kommen sollen, werden gegenwärtig die Ergebnisse des Untersuchungsverfahrens zusammengestellt, dafür werden noch zwei bis drei Tage benötigt, danach erfolgt die Übergabe der Untersuchungsergebnisse und der Anklageschriften an das Militärgericht.

Malenkow
Suslow
Aristow
Serow

APRF, Fonds 3, Bestand 64, Mappe 489, Bl. 238-239.
Maschinenschriftliche Aufzeichnung eines Ferngesprächs.
Mit dem Vermerk versehen: »Über Geheimleitung empfangen«.

Dokument 9:
Schreiben von F. Münnich und J. Kadar an N. S. Chruschtschow

3. Dezember 1956

[46] Istvan Dobi (1898-1968), 1952-67 Vorsitzender des Präsidiums der UVR.
[47] J. Dudas war 1956 44 Jahre alt.
[48] Laszlo Zolomy (1916-1990), Offizier des Generalstabs. Am 23. Oktober, als die Aufständischen das Gebäude des ungarischen Rundfunks stürmten, war er Chef des militärischen Schutzes des Rundfunkkomitees. Für seine Beteiligung an den Ereignissen auf Seiten von Imre Nagy wurde er zu zehn Jahren Haft verurteilt.

An das Präsidium des ZK der KPdSU
An Genossen Nikita Sergejewitsch Chruschtschow, Moskau

In unserer Besprechung mit Genossen I. A. Serow erzielten wir darin Übereinstimmung, daß für die ungarischen Organe der Staatssicherheit, der Miliz und des Grenzschutzes 23 sowjetische Berater benötigt werden. Nach unserer Ansicht könnten diese 23 Genossen den entsprechenden Organen helfen, den Kampf gegen die Konterrevolution besser zu organisieren.

Wir bitten das Präsidium des ZK der KPdSU, der Einladung der genannten sowjetischen Fachleute seine Zustimmung zu geben.[49]

Ferenc Münnich
Janos Kadar
Budapest

ZChSD, Fonds 80, Bestand 45, Dokument Nr. 60.
Maschinenschriftliche Aufzeichnung eines Ferngesprächs.

Aus dem Russischen übersetzt von Dr. Rolf Semmelmann (Berlin).

[49] Der zustimmende Beschluß des Präsidiums des ZK der KPdSU erfolgte am 14. Dezember 1956.

Literaturhinweise

Adomeit, Hannes: Die Sowjetmacht in internationalen Krisen und Konflikten. Verhaltensmuster, Handlungsprinzipien, Bestimmungsfaktoren, Baden-Baden 1983
Albert, Andrzej [d.i. Roszkowski, Wojciech]: Najnowsza historia Polski 1918-1980, Londyn 1989
Alexejew, Walentin: Wengrijà 56, proryw zepi, Moskwa 1996
Anderson, Andy: Die Ungarische Revolution 1956, Hamburg 1977
Anpassung, Widerstand, Verfolgung. Hochschule und Studenten in SBZ und DDR 1945-1961, Köln 1994
Arendt, Hannah: Die ungarische Revolution und der totalitäre Imperialismus, München 1957
Az 1956-os magyar forradalom kronologiaja. A farradalom elözmenyei, alakulasa es utoelete. Tanulmanyok es kronologia. Magyar Füzetek, Paris 1989

Bekes, Csaba: New Findings on the 1956 Hungarian Revolution. In: Cold War International History Project Bulletin, Washington 2/1992
Beyrau, Dietrich/Bock, Ivo (Hg.): Das Tauwetter und die Folgen. Kultur und Politik in Osteuropa nach 1956, Bremen 1988
Blazynski, Zbigniew: Mowi Jozef Swiatlo. Za kulisami bezpieki i partii, Londyn 1985
Borun, J.: PZPR: Pazdziernik 1956 r. In: Pazdziernik '56, Warszawa 1987
Buchheim, Christoph: Wirtschaftliche Hintergründe des Arbeiteraufstandes vom 17. Juni 1953 in der DDR. In: VfZ 3/1990
Brus, Wlodzimierz/Kende, Paul/Mlynar, Zdenek: »Normalisierungsprozesse« im sowjetisierten Mitteleuropa. Ungarn, Tschechoslowakei, Polen, Köln 1982
Brzezinski, Zbignew K.: Der Sowjetblock – Einheit und Konflikt, Köln-Berlin 1962

Carrère d'Encausse, Hélène: La déstalinisation commence, Bruxelles 1984
Chruschtschow, Nikita S.: U Stalina byli momenty proswetlenija. Sapis bessedy s delegaziei Italjanskoi kompartii. In: Istotschnik, Moskwa 1994
Chruschtschow, Sergei: Nikita Chruschtschow. Krisissy i rakety, Moskwa 1994
Ciesla, Burghard: »Intellektuelle Reparationen« der SBZ an die alliierten Siegermächte? Begriffsgeschichte, Diskussionsaspekte und ein Fallbeispiel – Die deutsche Flugzeugindustrie 1945-1946. In: Buchheim, Christoph (Hg.): Wirtschaftliche Folgelasten des Krieges in der SBZ/DDR, Baden-Baden 1995
Conelly, John: Zur »Republikflucht« von DDR-Wissenschaftlern in den fünfziger Jahren. In: Zeitschrift fur Geschichtswissenschaft 1994
Cox, Terry (Hg.): Hungary 1956 – Forty Years on (= The Journal of Communist Studies and Transition Politics, Vol. 13/Nr. 2, June 1997), London

Dahrendorf, Ralph: Class and Class Conflict in Industrial Society, London 1969
Dallin, David: Sowjetische Außenpolitik nach Stalins Tod, Köln-Berlin 1961
Detre, Paul: Die Landwirtschaft im volksdemokratischen Ungarn. In: Osteuropa, Jg. 7 (1957), H. 10
Deutsche Literaturgeschichte in Bildern, Bd. 2, Leipzig 1971
Diedrich, Torsten: Der 17. Juni 1953 in der DDR. Bewaffnete Gewalt gegen das Volk, Berlin 1991
Dudek, Antoni/Marszalkowski, T.: Walki uliczne w PRL 1956-1989, Krakow 1992

Engelmann, Roger/Schuhmann, Silke: Der Ausbau des Überwachungsstaates. Der Konflikt Ulbricht-Wollweber und die Neuausrichtung des Staatssicherheitsdienstes der DDR 1957. In: VfZ 43/1995
Erker, Paul: Erneuerungskrise und Nachkriegsgesellschaft. Bauern und Arbeiterschaft in Bayern 1943-1953, Stuttgart 1990

Feher, Ferenc/Heller, Agnes: Diktatur über die Bedürfnisse, Hamburg 1979
Feher, Ferenc/Heller, Agnes: Ungarn '56. Geschichte einer antistalinistischen Revolution, Hamburg 1982
Fejtö, François: Die Geschichte der Volksdemokratien, Graz/Wien 1972
Filtzer, Donald: Die Chruschtschow-Ära. Entstalinisierung und die Grenzen der Reform in der UdSSR, 1953-1964, Mainz 1995
Foitzik, Jan: Die stalinistischen »Säuberungen« in den ostmitteleuropäischen kommunistischen Parteien. Ein vergleichender Überblick. In: Weber, Hermann/Staritz, Dietrich (Hg.): Kommunisten verfolgen Kommunisten. Stalinistischer Terror und »Säuberungen« in den kommunistischen Parteien Europas seit den dreißiger Jahren. Berlin 1993, S. 401-423
Foitzik, Jan: Berichte des Hohen Kommissars der UdSSR in Deutschland aus den Jahren 1953/1954. Dokumente aus dem Archiv für Außenpolitik der Russischen Föderation. In: Machtstrukturen und Entscheidungsmechanismen im SED-Staat und die Frage der Verantwortung, (=Materialien der Enquete-Kommission »Aufarbeitung von Geschichte und Folgen der SED-Diktatur in Deutschland«, Band II/2), Baden-Baden 1995
Foitzik, Jan: »Hart und konsequent ist der neue politische Kurs zu realisieren«. Ein Dokument zur Politik der Sowjetunion gegenüber der DDR nach Berijas Verhaftung im Juni 1953. In: Deutschland Archiv 1/2000, S. 32-49
Foreign Relations of the United States, 1955-1957. Eastern Europe, Washington 1990
Fricke, Karl Wilhelm: Politik und Justiz in der DDR. Zur Geschichte der politischen Verfolgungen 1945-1968. Bericht und Dokumentation, Köln 1979/1990

Gal, Eva/Hegedüs, Andras B./Litvan, György/Rainer, Janos M.: A »Jelcin-Dosszie«. Szoviet dokumentumok 1956-rol, Budapest 1993
Glaser, Edeltraud: Budapest: Der Ungarn-Aufstand 1956, München 1986
Gluchowski, L. W.: Poland, 1956. Krushchev, Gomulka and the »Polish October«. In: Cold War International History Project Bulletin 5/1995
Gosztony, Peter (Hg.): Der ungarische Volksaufstand in Augenzeugenberichten, Düsseldorf 1966
Grot, Leszek/Konecki, Tadeusz/Nalepa, Edward: Pokojowe dzieje Wojska Polskiego, Warszawa 1988
Györkei, Jenö/Horvath, Miklos: Szovjet katonai intervencio 1956, Budapest 1996

Hacker, Jens: Der Ostblock – Entstehung, Entwicklung und Struktur 1939-1980, Baden-Baden 1983
Harich, Wolfgang: Keine Schwierigkeiten mit der Wahrheit. Zur nationalkommunistischen Opposition 1956 in der DDR, Berlin 1993
Hartmann, Thomas T.: Die Kooperation in der sozialistischen Landwirtschaft der DDR. Theoretische Grundlagen, Formen und praktische Beispiele, Berlin 1971
Hefty, Andras P.: Schwerpunkte der Außenpolitik Ungarns 1945-1973, München 1980
Hegedüs, Andras: Im Schatten einer Idee. Eine Befragung von Z. Zsille zur Vergangenheitsbewältigung eines Stalinisten, Zürich 1986

Hegedüs, Andras: Elet egy eszme arnyekabman, Budapest 1989
Hegedüs, Andras B./Rainer, Janos M. (Hg.): A Petöfi Kör vitai hiteles jegy zökonyvek alapjan, Budapest 1991
Hegedüs, Andras B./Kende, Peter/Litvan, György/Rainer, Janos M. (Hg.): Döntes a Kremlben, 1956. A szovjet partelnökseg vitai Magyarorszagrol, Budapest 1996
Hegedüs, Andras B./Wilke, Manfred (Hg.): Satelliten nach Stalins Tod. Der »Neue Kurs«, 17. Juni 1953 in der DDR, Ungarische Revolution 1956, Berlin 2000
Heinemann, Winfried/Wiggershaus, Norbert (Hg.): Das Internationale Krisenjahr 1956. Polen, Ungarn, Suez (=Beiträge zur Militärgeschichte, hg. vom Militärischen Forschungsamt, Bd. 48), München 1999
Heym, Stefan: Nachruf, Berlin 1990
Hianyzo lapok 1956 törteneböl. Dokumenturok a volt SzKP KB leveltarabol. Valogatta, az elöszot es a jegyzetek irta Vjacseszlav Szereda es Alekszandr Sztikalin, Budapest 1993
Hodos, Georg Hermann: Schauprozesse. Stalinistische Säuberungen in Osteuropa 1948-1954, Berlin 1990
Hoensch, Jörg K.: Sowjetische Osteuropapolitik 1945-1975, Kronberg/Ts. 1977
Hoffmann, Dierk/Schmidt, Karl-Heinz/Skyba, Peter (Hg.): Die DDR vor dem Mauerbau. Dokumente zur Geschichte des anderen deutschen Staates 1949-1961, München/Zürich 1993
Hübner, Peter: Um Kopf und Kragen. Zur Geschichte der innerbetrieblichen Hierarchien im Konstituierungsprozeß der DDR-Gesellschaft. In: Ostdeutsche Kulturgeschichte, Mitteilungen aus der kulturwissenschaftlichen Forschung (MKF) 33/1993
Hübner, Peter: Konsens, Konflikt und Kompromiß. Soziale Arbeiterinteressen und Sozialpolitik in der SBZ/DDR 1945-1970, Berlin 1995

Irving, David: Aufstand in Ungarn. Die Tragödie eines Volkes, Hamburg 1981

Janka, Walter: Schwierigkeiten mit der Wahrheit, Reinbek b. Hamburg 1989
Janka, Walter: Spuren eines Lebens, Reinbek 1991
Johnson, Uwe: Ingrid Babendererde. Reifeprüfung 1953, Frankfurt/Main 1985
Johnson, Uwe: Mutmassungen über Jakob, Frankfurt/Main 1959
Just, Gustav: Zeuge in eigener Sache. Die fünfziger Jahre in der DDR, Frankfurt/Main 1990

Kaplan, Karel: Ceskoslovensko v letech 1948-1953, Praha 1991
Kaplan, Karel: Ceskoslovensko v letech 1953-1966, Praha 1992
Kaplan, Karel: Sovetsti poradci v Ceskoslovensku 1949-1956, Praha 1993
Kaplan, Karel: Socialni souvislosti krizi komunistickeho rezimu 1953-1957 a 1968-1975. In: Sesity Ustavu pro soudube dejiny AV CAV 9/1993
Karlsch, Rainer: Allein bezahlt? Die Reparationsleistungen der SBZ/DDR 1945-53, Berlin 1993
Kaspar, Jan: XX. sjezd KSSS a vyvoj KSC v roce 1956, kandidatska prace, Praha o.J.
Kersten, Krystyna: Historia polityczna Polski 1944-1956, Warszawa 1986
Kiraly, Ernö: Die Arbeiterselbstverwaltung in Ungarn, München 1961
Kircheisen, Inge (Hg.): Tauwetter ohne Frühling. Das Jahr 1956 im Spiegel blockinterner Wandlungen und internationaler Krisen, Berlin 1995
Kleßmannn, Christoph: Zwei Staaten, eine Nation. Deutsche Geschichte 1955-1970, Bonn 1988

Kleßmann, Christoph/Stöver, Bernd (Hg.): 1953 – Krisenjahr des Kalten Krieges in Europa, Köln u.a. 1999
Kopacsi, Sandor: Die ungarische Tragödie. Wie der Aufstand 1956 liquidiert wurde, Stuttgart 1979
Koppelt, Olaf: Ungarische Tragödie, München 1987
Kosel, Gerhard: Unternehmen Wissenschaft. Die Wiederentdeckung einer Idee. Erinnerungen, Berlin (Ost) 1989
Kowalczuk, Ilko-Sascha/Mitter, Armin/Wolle, Stefan: Der Tag X – 17. Juni 1953. Die »innere Staatsgründung« der DDR als Ergebnis der Krise 1952/54, Berlin 1995
Kowalczuk, Ilko-Sascha: Frost nach einem kurzen Tauwetter: Opposition, Repressalien und Verfolgungen 1956/57 in der DDR. Eine Dokumentation des MfS. In: Jahrbuch für Historische Kommunismusforschung 1997, Berlin 1997, S. 167-215
Kowalski, Lech: Generalowie, Warszawa 1992
Kramer, Mark: Hungary and Poland, 1956. Khrushchev's CPSU CC Presidium Meeting on East European Crises, 24 October 1956. In: Cold War International History Project Bulletin 5/1995
Kratkaja istorija Polschi s drevnich vremen do naschich dnej, Moskwa 1993
Krönig, Waldemar/Müller, Klaus-Dieter: Der Greifswalder Studentenstreik 1955. In: Deutschland Archiv 27/1994
Krüger, Horst (Hg.): Das Ende einer Utopie. Hingabe und Selbstbefreiung früherer Kommunisten, Olten/Freiburg i. Br. 1963
Kula, Marcin: Paryz, Londyn, Waszyngton patrza na Pazdziernik 1956 r. w Polsce, Warszawa 1992
Kusak, Alexej: Kultura a politika v Ceskoslovensku 1945-1956, Praha 1998

Lajos, Iszak/Szabo, R.: 1956 plakataja es röplapjai. Oktober 22 – november 5. összeallitotta es szerkesztette, Budapest 1991
Lasky, Melvyn J. (Hg.): Ein Weißbuch. Die ungarische Revolution. Die Geschichte des Oktober-Aufstandes nach Dokumenten, Meldungen, Augenzeugenberichten und dem Echo der Weltöffentlichkeit, Berlin 1958
Lemke, Michael: Die Berlinkrise 1958 bis 1963. Interessen und Handlungsspielräume der SED im Ost-West-Konflikt, Berlin 1995
Lepsius, M. Rainer: Die Institutionenordnung als Rahmenbedingung der Sozialgeschichte der DDR. In: Kaelble, Hartmut u.a. (Hg.): Sozialgeschichte der DDR, Stuttgart 1994
Lexikon deutschsprachiger Schriftsteller, Leipzig 1967
Litvan, György/Bak, Janos M. (Hg.): Die ungarische Revolution 1956. Reform – Aufstand – Vergeltung, Wien 1994
Loest, Erich: Durch die Erde ein Riß. Ein Lebenslauf, Frankfurt/Main 1981
Löwenthal, Richard/Meissner, Boris (Hg.): Der Sowjetblock zwischen Vormachtkontrolle und Autonomie, Köln 1984
Lomax, Bill: Hungary, 1956, London 1976
Lomax, Bill: Hungarian workers' councils in 1956, Boulder (Col.) 1990
Lorenzen, Jan N.: Die Haltung der DDR zum Suez-Krieg. Das Jahr 1956 als Zäsur in der Nahost-Politik der DDR. In: Deutschland Archiv 28/1995
Los, Robert: Przelom 1956. Od protektoratu do ograniczonej suwerennosci. In: Wiez 1/1995

Machcewicz, Pawel: Polski rok 1956, Warszawa 1993

Maier, Klaus A./Wiggershaus, Norbert (Hg.): Das Nordatlantische Bündnis 1949-1956, München 1993
Malaschenko, Ewgeni I.: Ossobyi korpus w ogne Budapeschta. In: Wojenno-istoritscheski Schurnal 10-11/1993 und 1/1994
Marat, Stanislaw/Snopkiewicz, Jacek: Ludzie bezpieki, Warszawa 1990
Mayer, Hans: Ein Deutscher auf Widerruf, Frankfurt/Main 1984
Mayer, Hans: Der Turm von Babel. Erinnerungen an eine Deutsche Demokratische Republik, Frankfurt/Main 1991
Mazowiecki, Wojciech: Wydarzenia 3. Maja 1946, Paryz 1989
Memuary N. S. Chruschtschowa. In: Woprosy istorii 5/1994
Meray, Tibor: Die Revolution des Intellekts, München 1959
Meray, Tibor: Dreizehn Tage, die den Kreml erschütterten, München 1961
Meray, Tibor: Nagy Imre elete es halala, München 1981
Meuschel, Sigrid: Legitimation und Parteiherrschaft in der DDR. Zum Paradox von Stabilität und Revolution in der DDR 1945-1989, Frankfurt/Main 1992
Meyer, Thomas/Mlynar, Zdenek (Hg.): Die Krise des Sowjetsystems und der Westen. Ökonomie, Ideologie, Politik und Perspektiven der Ost-West-Beziehungen, Köln 1986
Micunovic, Veljko: Tito követe voltam. Moszkva 1956-1958, Budapest 1990
Miedwiedew, Roj: Chruszczow. Biografia polityczna, Warszawa 1990
Mitter, Armin/Wolle, Stefan: Untergang auf Raten. Unbekannte Kapitel der DDR-Geschichte, München 1993
Mühle, Eduard: Der »ungarische Herbst« 1956 und die Ablösbarkeit kommunistischer Herrschaft in Ostmitteleuropa. In: Zeitschrift für Geschichtswissenschaft 1/1999
Mühlen, Patrik von zur: Der »Eisenberger Kreis«. Jugendwiderstand und Verfolgung in der DDR 1953-1958, Bonn 1995
Mühlfriedel, Wolfgang: Zur technischen Entwicklung in der Industrie der DDR in den 50er Jahren. In: Schildt, Axel und Sywottek, Arnold (Hg.): Modernisierung im Wiederaufbau. Die westdeutsche Gesellschaft der 50er Jahre, Bonn 1993
Müller-Enbergs, Helmut. Der Fall Rudolf Herrnstadt. Tauwetterpolitik vor dem 17. Juni, Berlin 1991
Mussatow, Waleri L.: O wengerskych sobytijach: 35 let spustja. In: Kentawr Moskwa 1-2/1992

Nalepa, Edward J.: Oficerowie radzieccy w Wojsku Polskim w latach 1943 1968, Warszawa 1992
Nalepa, Edward J.: Pacyfikacja zbuntowanego miasta. Wojsko Polskie w Czerwcu 1956 r. w Poznaniu w swietle dokumentow wojskowych, Warszawa 1992
NATO Information Service (Hg.): Text of Final Communiqués 1949-1974, Brussels o.J.
Nenethne, Vagyi Karola/Sipos, Levente: Az MSzMP ideiglenes vesetötestületeinek jegyzökönyvei. Bd. 1. 1956 november 11 – 1957 januar 14, Budapest 1993
Neschinski, L. B. (Hg.): Sowjetskaja wneschnaja politika w gody »Cholodnoj wojny« (1945-1985), Moskwa 1995
Der Neue Kurs und die Aufgaben der Partei. 15. Tagung des Zentralkomitees der SED vom 24. bis 26. Juli 1953, Berlin (Ost) 1953
Nowak-Jezioranski, Jan: Wojna w eterze, Krakow 1991
Nowak-Jezioranski, Jan: Polska z oddali, Krakow 1992
Nowopaschin, Juri S. (Hg.): Polititscheskije krisissy i konflikty 50-60-ch godow w Wostotschnoj Jewrope, Moskwa 1993

Orechow, A. M. (Hg.): Soziokulturnyje prozessy w stranach wostotschnoi Ewropy (posle wtoroi mirowoi wojny), Moskwa 1992
Orechowa, E. D./Sereda, W. T./Stykalin, A. S. (Hg.): Sowetski sojus i wengerski krisis 1956 goda. Dokumenty, Moskwa 1998

Paczkowski, Andrzej: Krotki kurs historii Departamentu X. In: Krytyka 41-42/1993
Paczkowski, Andrzej: Referendum z 30 czerwca 1946 r. Przebieg i wynuki, Warszawa 1993
Paczkowski, Andrzej: Pol wieku dziejow Polski 1939-1989, Warszawa 1995
Pajorek, Leszek: Sprawa tzw. spisku w wojsku. Proces glowny. In: Stalinizm w Wojsku Polskim 1945-1956, Pila 1990
Der X. Parteitag der SED. 35 Jahre SED Politik. Versuch einer Bilanz. Vierzehnte Tagung zum Stand der DDR-Forschung in der Bundesrepublik, 9. bis 10. Juni 1981, Köln 1981
Pichoja, R. G.: Sowetski Sojus: Istorija wlasti 1945-1991, Moskwa 1998
Pioro, T.: Armia ze skaza, Warszawa 1994
Poksinski, Jerzy: Tatar-Utnik-Nowocki, Warszawa 1992
Polititscheskije krisissy i konflikty 50-60-ch godow w Wostotschnoj Ewrope, Moskwa 1993
Praeger, Frederick A.: Imre Nagy on Communism. In Defense of the New Course, New York 1957
Der Prozess gegen Walter Janka und andere. Eine Dokumentation, Reinbek b. Hamburg 1990
Przesilenia i zwroty w dziejach Polski Ludowej, Zeszyty Naukowe WAP, Warszawa 1982
Ptasinski, Jan: Drugi zwrot. Gomulka u szczytu powodzenia, Warszawa 1988

Radvanyi, Janos M.: The other side of the story: five Documents of the Yeltsin-File. In: The New Hungarian Quarterly 129/1993
Rainer, Janos M.: Szovjet dönteshozatal Magyarorszagrol 1956-ban. In: 1956-os Intezet, Evkönyv II/1993
Rainer, Janos M.: Nagy Imre, Politikai eletrajz, 2 Bde., Budapest 1996, 1999
Rauchersteiner, Manfred: Spätherbst 1956. Die Neutralität auf dem Prüfstand, Wien 1981
Revesz, Laszlo: Ausstrahlungen der ungarischen Volkserhebung auf die kommunistischen Staaten in Osteuropa. In: Ungarn-Jahrbuch 13/1984-85
Roesler, Jörg: Die Herausbildung der sozialistischen Planwirtschaft in der DDR. Aufgaben, Methoden und Ergebnisse der Wirtschaftsplanung in der zentralgeleiteten volkseigenen Industrie während der Übergangsperiode vom Kapitalismus zum Sozialismus, Berlin (Ost) 1978
Roesler, Jörg: Räumliche Auswirkungen der Wirtschaftspolitik im geteilten Deutschland: der ostdeutsche Raum. In: Wysocki, Josef (Hg.): Wirtschaftliche Integration und Wandel von Raumstrukturen im 19. und 20. Jahrhundert, Berlin 1994
Rykowski, Zbyslaw/Wladyka, Wieslaw: Polska proba. Pazdziernik '56, Krakow 1989

Schäfer, Bernhard. Gesellschaftlicher Wandel in Deutschland. Ein Studienbuch zur Sozialstruktur und Sozialgeschichte, Stuttgart 1995
Schirdewan, Karl: Aufstand gegen Ulbricht, Berlin 1994
Schmidt, Karl-Heinz: Als Stalin starb. Die Reaktion des SED-Regimes und der Bevölkerung im Spiegel interner Berichte. In: Schroeder, Klaus (Hg.): Geschichte und Transformation des SED-Staates, Berlin 1994

Schoeder, Klaus: Der SED-Staat. Geschichte und Strukturen der DDR, München 1998
Schultze, Helmut: Vom Flüchtlingsstrom zur Massenflucht – die Bevölkerungsentwicklung. In: Hölder, Egon (Hg.): Im Trabi durch die Zeit – 40 Jahre Leben in der DDR, Wiesbaden 1992
Schulz, Dieter: Ruhe im Dorf? Die Agrarpolitik 1952/53 und ihre Folgen. In: Cerny, Jochen (Hg.): Brüche, Krisen, Wendepunkte. Neubefragung von DDR-Geschichte, Leipzig/Jena/Berlin 1990
Sesina, Marija R.: Schokowaja terapija: Ot 1953-go k 1956 godu. In: Otetschestwennaja istorija 2/1995
Simon, Jeffrey (ed.): Cohesion and Dissention in Eastern Europe: Six Crises, New York 1983
Simon, Jeffrey (ed.): NATO-Warsaw Pact Force Mobilization, Washington 1988
Solga, Heike: Auf dem Weg in eine klassenlose Gesellschaft? Klassenlagen und Mobilität zwischen Generationen in der DDR, Berlin 1995
Sowjetski Sojus i wengerski krisis 1956 goda. Dokumenty [Die Sowjetunion und die Ungarnkrise 1956. Dokumente], Moskwa 1998
Sperber, Manès: Bis man mir Scherben auf die Augen legt, Wien 1977
Spittmann, Ilse/Fricke, Wilhelm (Hg.): 17 Juni 1953. Arbeiteraufstand in der DDR, Köln 1982
Staatliche Zentralverwaltung für Statistik (Hg.): Statistisches Jahrbuch der Deutschen Demokratischen Republik 1962, Berlin (Ost) 1962
Statistisches Amt der DDR (Hg.): Statistisches Jahrbuch des gesellschaftlichen Gesamtprodukts und des Nationaleinkommens 1989, Berlin 1990
Statistisches Bundesamt (Hg.): Bevölkerungsstatistische Übersichten 1946 bis 1989, Wiesbaden 1993
Statisztikai evköyv 1949-1955. (Statistisches Jahrbuch 1949-1955), Hg.: Központi Statisztikai Hivatal (Zentralamt für Statistik)
Steiner, André: Sowjetische Berater in den zentralen wirtschaftsleitenden Instanzen der DDR in der zweiten Hälfte der fünfziger Jahre. In: Jahrbuch für Historische Kommunismusforschung 1993, Berlin 1993
Stern, Frank: Dogma und Widerspruch. SED und Stalinismus in den Jahren 1946 bis 1958, München 1992
Sto sorok bessed s Molotowym. Is dnewnika F. Tschujewa, Moskwa 1991
Stöckigt, Rolf: Ein Dokument von großer historischer Bedeutung vom Mai 1953. In: BzG 5/1990
Stykalin, Aleksandr S., Orechowa, Jelena D.: Wengerskie sobytia 1956 goda i posizia rukowodstwa SSSR. In: Slawjanowedenie 3/1994
Szabo, Balint: Az »Ötvenes evek«. Elmelet es politika a szocialista epites elsö idöszakaban Magyarorszagon 1948-1957, Budapest 1986
Szasz, Zoltan M.: Die Politik Kadars. In: Hinter dem Eisernen Vorhang 11/1962
Szlachic, Franciszek: Gorzki smak wladzy. Wspomnienia, Warszawa 1990
Szücs, Miklos: Ezredes voltam 1956-ban a vezerkarnal, Budapest 1989

Taubinger, Laszlo M: Die Industrialisierung Ungarns. In: Ost-Probleme 18/1955
Thoß, Bruno (Hg.): Volksarmee schaffen – ohne Geschrei! Studien zu den Anfängen einer ›verdeckten Aufrüstung‹ in der SBZ/DDR 1947-1952, München 1994
Tibor, Hajdu: Az 1956-os Magyar Forradalom Törtenetenek Dokumentacios es Kutato Intezete 1992, Budapest 1992
Timmermann, Heinz: Chruschtschow und das kommunistische Parteiensystem, Köln 1986

Timmermann, Heiner (Hg.): Ungarn nach 1945, Saarbrücken 1990
Tischler, Janos: A lenygel partvezetes es az 1956-os forradalom, Budapest 1994
Toranska, Teresa: Oni, Warszawa 1989

Vasari, Emilio: Die ungarische Revolution 1956. Ursachen, Verlauf, Folgen, Stuttgart 1981
Der Volksaufstand in Ungarn. Bericht des Sonderausschusses der Vereinten Nationen, Frankfurt am Main 1957

Weber, Hermann: Geschichte der DDR, München 1985, 3. Auflage: 2000
Wengrija, Aprjel-Oktjabr 1956 goda. In: Istoritscheskij archiw 4-5/1993
Werblan, Andrzej: Rozmowy kierownictwa PZPR z delegacja KPZR. Nieznane dokumenty z pazdiernika 1956 r. In: Dzis Warszawa 4/1995
Wilke, Manfred/Crusius, Reinhard (Hg.): Entstalinisierung. Der XX. Parteitag und seine Folgen, Frankfurt/Main 1977
Wilke, Manfred/Müller, Hans-Peter: SED-Politik gegen die Realitäten, Köln 1990
Wladyka, Wieslaw: Na czolowce. Prasa w pazdzierniku 1956 roku, Warszawa 1989
Wojsko Polskie w Czerwcu 1956r. w Poznaniu w swietle dokumentow wojskowych, Warszawa 1992

Zenczykowski, Tadeusz: Polska Lubelska 1944, Warszawa 1990
Ziemkowski, A.: Ofiary i straty ludzkie. In: Poznanski Czerwiec 1956, Poznan 1990
Zschaler, Frank: Öffentliche Finanzen und Finanzpolitik in Berlin 1945-1961. Eine vergleichende Untersuchung von Ost- und West-Berlin, Berlin/New York 1995
Zwerenz, Gerhard: Der Widerspruch. Autobiographischer Bericht, Frankfurt/Main 1974

Autoren des Bandes

Ciesla, Burghard, Dr. phil., wissenschaftlicher Mitarbeiter am Zentrum für Zeithistorische Forschung, Potsdam

Foitzik, Jan, Dr. phil., M. A., wissenschaftlicher Mitarbeiter am Institut für Zeitgeschichte München, Außenstelle Berlin

Horváth, Miklós, Dr. phil., Oberst, wissenschaftlicher Mitarbeiter am Institut für Militärgeschichte, Budapest

Madry, Jindřich, Dr. phil., Rentner, war bis 1968 (Berufsverbot aus politischen Gründen) wissenschaftlicher Mitarbeiter am Institut für Geschichte der Tschechoslowakischen Armee, Prag

Machcewicz, Pawel, Dr. phil., wissenschaftlicher Mitarbeiter am Institut für politische Studien der Polnischen Akademie der Wissenschaften, Warschau

Orechow, Alexandr M., Dr. phil., wissenschaftlicher Mitarbeiter am Institut für Slawistik und Balkanistik der Russischen Akademie der Wissenschaften, Moskau

Orechowa, Jelena Dawydowna, leitende Archivarin des Zentrums zur Aufbewahrung zeitgenössischer Dokumente, Moskau

Paczkowski, Andrzej, Dr. phil. habil., stellvertretender Direktor am Institut für politische Studien der Polnischen Akademie der Wissenschaften, Warschau

Pajórek, Leszek, Dr. phil., Berufssoldat (Hauptmann) und wissenschaftlicher Mitarbeiter am Militärhistorischen Institut der Polnischen Armee, Warschau

Sereda, Wjatscheslaw Timofejewitsch, wissenschaftlicher Mitarbeiter am Institut für Slawistik und Balkanistik der Russischen Akademie der Wissenschaften, Moskau

Štaigl, Jan, Dr. phil., Oberstleutnant, wissenschaftlicher Mitarbeiter am Militärhistorischen Institut der Slowakischen Armee, Bratislava

Stykalin, Aleksandr Sergejewitsch, Dr. phil., leitender wissenschaftlicher Mitarbeiter am Institut für Slawistik und Balkanistik der Russischen Akademie der Wissenschaften, Moskau

Varga, György T., Dr. phil., Abteilungsleiter im Ungarischen Staatsarchiv, Budapest

Vida, István, Dr. phil., wissenschaftlicher Mitarbeiter am Institut für Geschichte der Ungarischen Akademie der Wissenschaften, Budapest

Wolle, Stefan, Dr. phil., wissenschaftlicher Mitarbeiter an der Humboldt-Universität zu Berlin.

Übersetzer:

Ruth Kibelka, Berlin

Dr. Andras Mihalyhegyi, Budapest

Dr. Elke Scherstjanoi, Berlin

Dr. Daniela Schnitter, Berlin

Dr. Rolf Semmelmann, Berlin

Personenregister